Tableaux de l'économie française

Édition 2017

STATISTIQUE PUBLIQUE

Insee

Coordination Jean-Philippe de Plazaola, Élisabeth Rignols

Directeur de la publication Jean-Luc Tavernier

Directeur de la collection Séverine Mayo-Simbsler

Rédaction Mariam Besbes, Françoise Martial, Irène Naudy-Fesquet, Patricia Roosz, Joëlle Tronyo

Composition Info Color (Gap) - www.info-color.fr

Couverture **Coordination :** Séverine Mayo-Simbsler
Conception et réalisation : Ineiaki Global Design

Éditeur Institut national de la statistique et des études économiques
18, boulevard Adolphe Pinard, 75675 PARIS CEDEX 14
www.insee.fr

Avertissement

Sauf mention contraire, les données nationales se réfèrent à la France métropolitaine et aux cinq départements d'outre-mer (sauf mention contraire Mayotte est inclus dans les données de la France). Le terme République française concerne la France et les collectivités d'outre-mer.

Les données chiffrées sont parfois arrondies (selon les règles mathématiques). Le résultat arrondi d'une combinaison de données chiffrées (qui fait intervenir leurs valeurs réelles) peut se trouver légèrement différent de celui que donnerait la combinaison de leurs valeurs arrondies.

Les comparaisons internationales s'appuient en général sur les données issues d'organismes internationaux (Eurostat, ONU, etc.) qui peuvent diverger des sources produites par les instituts nationaux de statistiques, notamment pour l'Insee, pour les données françaises. En effet, ces organismes effectuent souvent des ajustements de champ ou de méthode, d'ampleur souvent réduite, afin de produire des données comparables d'un pays à l'autre.

Sauf précision contraire, les indicateurs relatifs à l'Union européenne (UE) figurant dans cet ouvrage portent sur l'UE à 28.

Signes conventionnels utilisés

///	Absence de résultat due à la nature des choses
...	Donnée non disponible
e	Donnée estimée
n.s.	Donnée non significative
p	Donnée provisoire
r	Donnée révisée par rapport à l'édition précédente
€	Euro
k	Millier
M	Million
Md	Milliard

Les clés des *Tableaux de l'économie française*

Numéro du thème et de la double page

11.4 Prix à la consommation

Les mots en gras et en couleur sont définis plus bas ou dans la rubrique « Définitions » en annexes

Une présentation synthétique sur chaque double-page

Après trois ans de ralentissement, la variation de l'**indice des prix à la consommation (IPC)** devient nulle en moyenne annuelle entre 2014 et 2015, pour la première fois depuis soixante ans. Cette relative inertie masque des évolutions contraires avec, d'une part des baisses marquées comme les prix de l'énergie et, dans une moindre mesure, des produits manufacturés, et d'autre part des hausses de prix notamment dans les services et un renchérissement des produits alimentaires. De même, les tendances ont évolué en cours d'année : orienté à la baisse en début d'année (– 0,4 % en janvier), le taux d'**inflation** mesuré par la variation sur un an en fin d'année de l'IPC se redresse pour s'établir à + 0,2 % fin 2015. Mesuré à partir de l'**indice des prix à la consommation harmonisé (IPCH)**, il suit le même mouvement en France et dans l'ensemble de la zone euro. L'indicateur d'**inflation sous-jacente** qui exclut les composantes les plus volatiles de l'indice des prix à la consommation (énergie, produits frais et mesures fiscales) augmente davantage en cours d'année, quant à lui, pour s'établir à + 0,9 % fin 2015.

Engagée à partir du 2nd semestre 2014, la chute des produits pétroliers se poursuit en 2015. Comme en 2014, cette baisse est plus marquée pour les combustibles liquides (– 17,6 % sur un an, fin 2015) que pour pour les carburants (– 9,3 % pour le gazole, – 6,7 % pour l'essence fin 2015), du fait des écarts de taxation sur ces produits. De même, les prix du gaz se contractent en 2015 (– 7,2 % fin 2015). *A contrario* ceux de l'électricité poursuivent leur hausse (+ 4,2 %).

En 2015, la baisse des prix des produits manufacturés se prolonge avec toutefois des évolutions assez différentes selon les produits. Ainsi, les reculs des prix des médicaments et des produits pharmaceutiques s'accentuent (– 3,9 % fin 2015, après – 2,9 % fin 2014), en raison des mesures de maîtrise des dépenses de santé. En outre, les prix des articles d'habillement et des chaussures se replient légèrement (– 0,2 % fin 2015, contre + 0,3 % fin 2014).

Même s'ils ont ralenti, les prix des services restent relativement dynamiques en 2015 (+ 1,2 % en moyenne, après + 1,7 % en 2014, année au cours de laquelle ils avaient été tirés à la hausse par les relèvements de taux de TVA). En 2015, les loyers, pour la plupart indicés sur les évolutions de l'inflation, augmentent modérément. De plus, les prix des services de transport sont globalement en baisse. En revanche, les prix des services postaux accélèrent nettement en moyenne (+ 8,9 %, après + 4,1 % en 2014) tandis que ceux des télécommunications se redressent (+ 0,6 %, après – 0,1 %).

En 2015, les prix de l'alimentation augmentent en moyenne de 0,4 % (après un recul de 0,8 % en 2014) du fait du rebond des prix des produits frais (+ 5,3 % en moyenne en 2015, après – 4,1 % l'année précédente). Hors produits frais, les prix de l'alimentation diminuent de 0,2 % en moyenne en 2015. ■

Des définitions pour comprendre les concepts clés de la double page

Toutes les définitions sont regroupées dans la rubrique « Définitions » en annexes

Définitions

Indice des prix à la consommation (IPC) : instrument de mesure de l'inflation. Il permet d'estimer, entre deux périodes données, la variation moyenne des prix des produits consommés par les ménages. C'est une mesure synthétique de l'évolution de prix des produits, à qualité constante. Il est publié chaque mois au *Journal Officiel*. L'indice des prix hors tabac sert à indexer de nombreux contrats privés, des pensions alimentaires, des rentes viagères et aussi à revaloriser le Smic. L'indice retenu pour le Smic est celui des « ménages du 1er quintile de la distribution des niveaux de vie, hors tabac ». Voir la suite de cette définition dans la rubrique « Définitions » en annexes.

Indice des prix à la consommation harmonisé (IPCH), inflation, inflation sous-jacente : voir rubrique « Définitions » en annexes.

Pour en savoir plus

- « En décembre 2015, le prix du pétrole chute à nouveau », *Informations rapides* n° 12, Insee, janvier 2016.
- « Indice des prix à la consommation – moyennes annuelles 2014 et 2015 », *Informations rapides* n° 6, Insee, janvier 2016.
- « Décembre 2015 – Le taux d'inflation annuel de la zone euro en hausse à 0,2 % », *Communiqué de presse* n° 12, Eurostat, janvier 2016.
- Indices et séries statistiques (www.insee.fr).

Des publications téléchargeables gratuitement pour approfondir le sujet

Adresses des sites Internet à retrouver dans la rubrique « Adresses utiles » en annexes

Retrouvez le TEF sur www.insee.fr dans la collection « Insee Références »

Une orientation vers le site www.insee.fr sur lequel vous trouverez l'ouvrage en ligne ainsi que les données mises à jour au fur et à mesure de leur disponibilité en attendant la prochaine édition papier

Titre de la double-page

Unité

Évolution de l'indice des prix à la consommation par fonction de consommation en 2015

en %

Fonction de consommation	Pondération[1] 2015	Évolution 15/14 Moyenne annuelle	Évolution 15/14 Glissement déc. à déc.[2]
Ensemble (y c. tabac)	**10 000**	**0,0**	**0,2**
Ensemble (hors tabac)	**9 801**	**0,0**	**0,0**
Alimentation, boissons non alcoolisées	1 495	0,4	0,5
Produits alimentaires	1 360	0,5	0,6
Boissons non alcoolisées	135	– 0,5	– 0,6
Boissons alcoolisées et tabac	367	0,6	0,6
Boissons alcoolisées	168	0,9	1,1
Tabac	199	0,3	0,3
Habillement et chaussures	451	– 0,9	– 0,2
Habillement	350	– 1,2	– 0,3
Chaussures y c. réparation	101	0,3	0,0
Logement, chauffage, éclairage	1 441	0,4	– 0,2
Loyers d'habitation	609	0,6	0,5
Entretien et réparation courante du log.	146	1,3	1,1
Distribution d'eau et autres services	188	1,5	1,5
Chauffage, éclairage	498	– 0,6	– 2,0
Meubles, équip. ménager, entretien maison	579	0,0	0,5
Meubles, tapis, revêtements de sol	159	0,1	0,4
Articles de ménage en textile	42	0,7	1,7
Appareils ménagers	86	– 1,5	– 0,6
Verrerie, vaisselle, ustensiles de ménage	63	0,2	1,4
Outillage pour la maison et le jardin	56	0,6	0,2
Entretien courant de l'habitation	173	0,1	0,6
Santé	1 008	– 1,2	– 1,4
Médicaments et produits pharmaceutiques	441	– 3,4	– 3,9
Médecine non hospitalière	567	0,5	0,5
Transport	1 504	– 1,5	– 1,1
Achats de véhicules	335	0,8	1,9
Utilisation de véhicules personnels	890	– 3,0	– 2,2
Services de transport	279	0,9	– 1,1
Communications	257	0,4	1,0
Services postaux	18	8,9	8,8
Matériel de téléphonie et de télécopie	19	– 11,3	– 8,8
Services de téléphonie et de télécopie	220	0,6	1,2
Loisirs et culture	792	0,2	0,9
Équipements audio-visuels, photo et informatiques	136	– 4,3	– 1,7
Autres biens durables (loisirs)	33	0,7	1,4
Autres articles et équip. de loisirs	209	– 0,1	0,7
Services récréatifs et culturels	245	1,7	1,1
Presse, livres et papeterie	141	2,1	2,5
Voyages touristiques tout compris	28	1,2	5,4
Éducation	23	1,5	1,2
Hôtellerie, cafés, restaurants	797	1,4	1,6
Restauration et cafés	613	1,3	1,3
Services d'hébergement	184	1,7	2,9
Autres biens et services	1 286	1,2	1,2
Soins personnels	290	– 0,2	0,1
Effets personnels (non définis ailleurs)	115	0,8	1,0
Protection sociale	434	1,6	1,4
Assurances	250	2,6	2,9
Services financiers	67	0,7	0,7
Autres services	130	1,0	0,7

1. Les pondérations de l'indice sont calculées chaque année à partir de la consommation des ménages au sens de la comptabilité nationale.
2. Évolution de l'indice de décembre 2015 par rapport à l'indice de décembre 2014.
Note : base 100 en 2015.
Champ : ensemble des ménages.
Source : Insee, indice des prix à la consommation.

Champ, source, notes de lecture, précisions sur les données en bas de chaque tableau ou graphique

Quelques hausses et baisses de prix en 2015

glissement annuel de déc. à déc. en %

Hausses	15/14	Baisses	15/14
Pommes de terre	+ 9,4	Combustibles liquides	– 17,6
Services postaux	+ 8,8	Gazole	– 9,3
Fruits de mer surgelés	+ 7,1	Matériel de téléphonie et de télécopie	– 8,8
Poissons frais	+ 7,0	Sucre	– 8,1
Fruits secs et fruits à coque	+ 5,8	Appareils photo et caméras	– 7,3
Transport maritime de passagers	+ 5,5	Gaz	– 7,2
Centres de vac., camping, auberges de jeunesse et héberg. similaires	+ 5,4	Transport combiné de passagers	– 6,9
Forfaits touristiques	+ 5,4	Essence	– 6,7
Fruits frais	+ 5,4	Produits pharmaceutiques	– 4,9
Journaux et publications périodiques	+ 4,7	Transport aérien de passagers	– 4,0

Note : évolution de l'indice de décembre 2015 par rapport à l'indice de décembre 2014.
Source : Insee, indice des prix à la consommation.

Des tableaux concernant la France y compris les DOM sauf indication contraire

Évolution de l'indice des prix à la consommation de 1990 à 2015

par rapport à l'année précédente en %

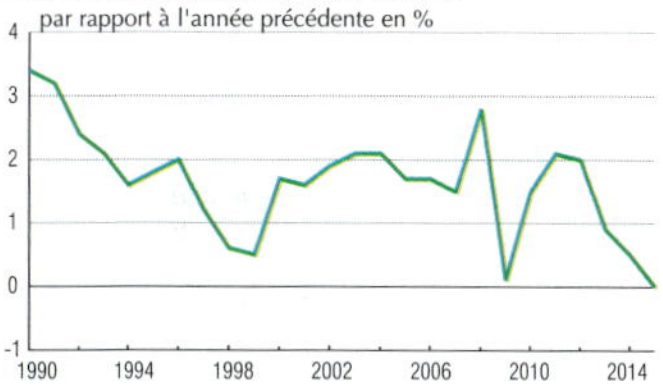

Note : la variation annuelle de l'indice des prix à la consommation est l'évolution de l'indice moyen annuel. Cet indice est la moyenne arithmétique des douze indices mensuels.
Source : Insee, indice des prix à la consommation.

Des graphiques d'illustration

Évolution des indices des prix à la consommation harmonisés dans la zone euro et dans l'UE en 2015

glissement annuel de déc. à déc. en %

	15/14		15/14
Allemagne	0,2	Lettonie	0,4
Autriche	1,1	Lituanie	– 0,2
Belgique	1,5	Luxembourg	0,9
Chypre	– 0,6	Malte	1,3
Espagne	– 0,1	Pays-Bas	0,5
Estonie	– 0,2	Portugal	0,3
Finlande	– 0,2	Slovaquie	– 0,5
France	**0,3**	Slovénie	– 0,6
Grèce	0,4	**Zone euro**	**0,2**
Irlande	0,2	**UE**	**0,2**
Italie	0,1		

Note : évolution de l'indice de décembre 2015 par rapport à l'indice de décembre 2014.
Source : Eurostat.

Des données de cadrage européennes ou mondiales

Titre du thème

Édition 2017

Tableaux de l'économie française

Territoire - Population

Emploi - Revenus

Conditions de vie - Société

Territoire Population

Territoire
Développement durable
Population

1.1 Pays du Monde

La **population mondiale** en 2016 est de 7,4 milliards et devrait atteindre 8,5 milliards d'ici 2030, 9,7 milliards en 2050 et 11,2 milliards en 2100 d'après le scénario moyen des projections des Nations unies. La majorité de l'augmentation prévue incombe à un petit nombre de pays africains à la fécondité élevée ou à des pays ayant déjà une grande population. Sur la période 2015-2050, neuf pays devraient concentrer la moitié de la **croissance démographique** mondiale : l'Inde, le Nigéria, le Pakistan, la République démocratique du Congo, l'Éthiopie, la Tanzanie, les USA, l'Indonésie et l'Ouganda.

La Chine et l'Inde sont les pays les plus peuplés du monde avec chacun plus d'un milliard de personnes, représentant respectivement 19 % et 18 % de la population mondiale. La population de l'Inde devrait dépasser celle de la Chine en 2022. En 2015, parmi les dix pays les plus peuplés du monde, un est en Afrique (Nigéria), cinq en Asie (Bangladesh, Chine, Inde, Indonésie et Pakistan), deux en Amérique latine (Brésil et Mexique), un en Amérique du Nord (États-Unis) et un en Europe (Russie). Parmi eux, le Nigéria, classé au 7e rang dans le monde, voit sa population augmenter le plus rapidement au point qu'elle pourrait dépasser celle des États-Unis vers 2050, le pays devenant alors le troisième le plus peuplé au monde. En 2050, six pays devraient dépasser les 300 millions d'habitants : la Chine, l'Inde, l'Indonésie, le Nigéria, le Pakistan et les États-Unis.

Entre 2015 et 2050, avec un taux de croissance démographique le plus élevé, le continent africain représenterait plus de la moitié de la croissance de la population mondiale. Sur la période, le nombre d'habitants de 28 pays africains devraient plus que doubler.

Au cours des dernières années, la fécondité mondiale a diminué presque partout, même en Afrique malgré le **taux de fécondité** le plus élevé des continents. Ce ralentissement de la croissance de la population mondiale dû à la baisse de la fécondité, couplée à l'allongement de la vie, engendre une augmentation du nombre de personnes âgées. Celui des personnes de plus de 60 ans devrait plus que doubler d'ici 2050 et plus que tripler d'ici 2100. Un vieillissement démographique important est prévu pour l'Europe avec plus d'un tiers de sa population âgée de plus de 60 ans en 2050. En Amérique latine, dans les Caraïbes et en Asie, une personne sur quatre sera âgée de plus de 60 ans à la même période. L'Afrique, avec une forte population jeune, verra également sa population vieillir, la proportion des plus de 60 ans passant de 5 % aujourd'hui à 9 % en 2050. L'**espérance de vie à la naissance** a augmenté de manière significative dans les pays les moins avancés au cours de ces dernières années. Les plus pauvres ont gagné en moyenne six ans, de 56 ans pour les personnes nées entre 2000 et 2005 à 62 ans pour celles nées entre 2010 et 2015. Ce gain est à peu près le double de la hausse pour le reste du monde. ■

Définitions

Taux de fécondité : le taux de fécondité à un âge donné (ou pour une tranche d'âges) est le nombre d'enfants nés vivants des femmes de cet âge au cours de l'année, rapporté à la population moyenne de l'année des femmes de même âge. Par extension, le taux de fécondité est le rapport du nombre de naissances vivantes de l'année à l'ensemble de la population féminine en âge de procréer (nombre moyen des femmes de 15 à 50 ans sur l'année). À la différence de l'indicateur conjoncturel de fécondité, son évolution dépend en partie de l'évolution de la structure par âge des femmes âgées de 15 à 50 ans.

Croissance démographique, espérance de vie à la naissance, Organisation des Nations Unies (ONU), population mondiale (estimations et projections), seuil de renouvellement des générations : voir rubrique « Définitions » en annexes.

Pour en savoir plus

- « Perspectives des migrations internationales 2016 », OCDE, septembre 2016.
- « World population data sheet », Population Reference Bureau, août 2016.
- « World Population Prospects – The 2015 revision», ONU, juillet 2015.
- « Tout savoir sur la population – Tous les pays en graphiques », www.ined.fr.

Retrouvez le TEF sur www.insee.fr dans la collection « Insee Références »

Population et densité des principaux pays du monde en 2016

Pays	Population en millions[1]	Densité moyenne en hab/km²
Europe	***738,8***	**33**
dont : Allemagne	80,7	231
Autriche	8,6	104
Belgique	11,4	376
Biélorussie	9,5	47
Bulgarie	7,1	65
Croatie	4,2	76
Danemark	5,7	134
Espagne	46,1	92
Estonie	1,3	31
Finlande	5,5	18
France métropolitaine	**64,7**	**118**
Grèce	10,9	85
Hongrie	9,8	108
Irlande	4,7	68
Italie	59,8	203
Lettonie	2,0	31
Lituanie	2,9	45
Luxembourg	0,6	222
Malte	0,4	1 311
Moldavie	4,1	124
Norvège	5,3	14
Pays-Bas	17,0	504
Pologne	38,6	126
Portugal	10,3	113
République tchèque	10,5	137
Roumanie	19,4	84
Royaume-Uni	65,1	269
Russie	143,4	9
Serbie	8,8	101
Slovaquie	5,4	113
Slovénie	2,1	103
Suède	9,9	24
Suisse	8,4	212
Ukraine	44,6	77
Afrique	**1 216,1**	**41**
dont : Afrique du Sud	55,0	45
Algérie	40,4	17
Côte-d'Ivoire	23,3	73
Égypte	93,4	94
Éthiopie	101,9	102
Ghana	28,0	123
Kenya	47,3	83
Madagascar	24,9	43
Maroc	34,8	78
Mozambique	28,8	37
Niger	20,7	16
Nigéria	187,0	205
Ouganda	40,3	202
Rép. dém. du Congo	79,7	35
Sénégal	15,6	81
Soudan	41,2	23
Tanzanie	55,2	62
Tunisie	11,4	73
Zimbabwe	16,0	41
Amérique du Nord	**360,5**	**19**
dont : Canada	36,3	4
États-Unis	324,1	35
Amérique latine, Caraïbes	**641,0**	**32**
dont : Argentine	43,8	16
Brésil	209,6	25
Chili	18,1	24
Colombie	48,7	44
Cuba	11,4	107
Équateur	16,4	66
Guatemala	16,7	156
Mexique	128,6	66
Pérou	31,8	25
Vénézuela	31,5	36
Asie	**4 436,2**	**143**
dont : Afghanistan	33,4	51
Arabie Saoudite	32,2	15
Bangladesh	162,9	1 252
Chine[2]	1 382,3	147
Corée du Nord	25,3	210
Corée du Sud	50,5	519
Inde	1 326,8	446
Indonésie	260,6	144
Irak	37,5	86
Iran	80,0	49
Japon	126,3	347
Malaisie	30,8	94
Myanmar (Birmanie)	54,4	83
Népal	28,9	201
Ouzbékistan	30,3	71
Pakistan	192,8	250
Philippines	102,3	343
Syrie	18,6	101
Thaïlande	68,1	133
Turquie	79,6	103
Viet Nam	94,4	305
Océanie	**39,9**	**5**
dont Australie	24,3	3
Monde	**7 432,7**	**57**

1. Estimations de population en milieu d'année. 2. Les données de la Chine ne comprennent pas Hong Kong (7,3 millions d'habitants, et 6 996 habitants par km² en 2016) et Macao (0,6 million d'habitants et 19 971 habitants par km² en 2016).
Source : ONU (World Population Prospects: The 2015 revision).

Population en 2016 et projections de population en 2050

en millions d'habitants

Rang en 2050	Pays	2016	2050
1	Inde	1 327	1 705
2	Chine[1]	1 382	1 348
3	Nigéria	187	399
4	États-Unis	324	389
5	Indonésie	261	322
6	Pakistan	193	310
7	Brésil	210	238
8	Bangladesh	163	202
9	Rép. dém. du Congo	80	195
10	Éthiopie	102	188
11	Mexique	129	164
12	Égypte	93	151
13	Philippines	102	148
14	Tanzanie	55	137
15	Russie	143	129
16	Viet Nam	94	113
17	Japon	126	107
18	Ouganda	40	102
19	Turquie	80	96
20	Kenya	47	96
21	Iran	80	92
22	Irak	38	84
23	Soudan	41	80
24	Royaume-Uni	65	75
25	Allemagne	81	75
26	Niger	21	72
27	**France[2]**	**65**	**71**
	Monde	**7 433**	**9 725**

1. Les données de la Chine ne comprennent pas Hong Kong (7,3 millions d'habitants en 2016) et Macao (0,6 million d'habitants en 2016). 2. France métropolitaine.
Note : les chiffres de population correspondent à la projection moyenne de l'ONU.
Source : ONU (World Population Prospects: The 2015 revision).

1.2 Union européenne

La reprise de l'activité au sein de l'**Union européenne (UE)** se confirme en 2015 : le **produit intérieur brut (PIB)** progresse de 2,2 % en volume, après + 1,6 % en 2014. Toutefois, avec 22,2 % du PIB mondial, l'UE perd son statut de premier ensemble économique et passe derrière les États-Unis (24,5 %) tout en se maintenant devant la Chine (15,0 %). Ce recul de la part du PIB de l'UE s'explique en partie par un effet de taux de change : l'euro se déprécie d'environ 16 % en 2015 face au dollar. Si la production industrielle européenne augmente légèrement, + 4,0 % depuis 2010, sa croissance reste relativement lente par rapport aux autres pays membres du G20. Sur la même période, elle progresse de 11,3 % aux États-Unis et de plus de 24 % en Turquie. La part des dépenses de R&D est particulièrement élevée en Asie. Elle dépasse 4 % en Corée du Sud et atteint 3,6 % au Japon et 2,7 % aux États-Unis. Plus modeste dans l'UE (2 points de PIB), elle s'avère toutefois bien supérieure à celle de la Russie ou de l'Afrique du Sud (respectivement 1,2 et 0,7 point de PIB).

Si le solde des échanges de biens et services dépasse 3 points de PIB dans l'UE en 2015, il révèle toutefois de fortes disparités : il est largement excédentaire aux Pays-Bas (10,8 %) et en Allemagne (7,6 %) ; il est en revanche déficitaire en France (– 1,4 %) et au Royaume-Uni (– 2,1 %).

La structure démographique de l'UE est celle d'une économie développée, la part de la population âgée de 65 ans ou plus (18,9 % de la population totale) dépassant celle des moins de 15 ans (15,6 %). Avec un PIB par habitant de 37 829 dollars en 2015, l'UE occupe une position comparable à celle du Japon mais très en retrait à celle des États-Unis (56 066 dollars par habitant). Au sein de l'UE, le PIB par habitant, mesuré en **standard de pouvoir d'achat**, indique de fortes disparités : à l'exception du Luxembourg et de l'Irlande, le niveau supérieur s'établit à environ 125 % de la moyenne de l'UE dans les pays d'Europe du Nord, en Allemagne et en Autriche. À l'inverse, il est inférieur de plus de moitié à la moyenne de l'UE en Bulgarie (46 %).

Ces disparités se lisent également dans les **taux de chômage** : la moyenne de l'UE se situe à 9,4 % de la population active âgée de 15 à 74 ans, masquant des pics à 24,9 % en Grèce ou 22,1 % en Espagne, et des *minima* qui s'établissent à 4,6 % en Allemagne ou 5,3 % au Royaume-Uni. De même, le **taux d'emploi**, proportion des personnes employées parmi la population totale en âge de travailler, est de 65,6 % au sein de l'UE, mais il tombe à 55,8 % en Croatie et même à 50,8 % en Grèce, alors qu'il atteint 75,5 % en Suède ou 74,0 % en Allemagne et aux Pays-Bas. Malgré une accélération de l'activité économique en 2015, mais dans un contexte de chômage élevé, l'inflation est restée nulle en moyenne dans l'UE. ■

Définitions

Union européenne (UE) : association volontaire, économique et politique, de 28 États européens en 2015, visant à assurer le maintien de la paix en Europe et à favoriser le progrès économique et social. Sans équivalent dans le monde, l'UE est dotée d'institutions communautaires auxquelles les États membres délèguent ou transmettent l'exercice de certaines compétences. L'UE dispose ainsi de compétences propres dans des domaines comme la politique agricole commune, la pêche ou la politique commerciale. L'un des objectifs majeurs de la construction européenne, le marché intérieur, constitue un marché unique au sein duquel les biens, les services, les capitaux et les personnes doivent pouvoir circuler librement. L'euro est la monnaie commune de 19 États membres.

Dépense intérieure de recherche et de développement, indice des prix à la consommation harmonisé (IPCH), produit intérieur brut (PIB), standard de pouvoir d'achat (SPA), taux de chômage, taux d'emploi, Traité de Maastricht : voir rubrique « Définitions » en annexes.

Pour en savoir plus

- « L'UE en 2015 – Rapport général sur l'activité de l'Union européenne », Commission européenne, 2016.
- « The EU in the world », Eurostat, édition 2016.
- « Le commerce extérieur de l'Irlande en 2015 », Direction Générale du Trésor, mars 2016.
- « La France dans l'Union européenne », *Insee Références*, édition 2014.

Retrouvez le TEF sur www.insee.fr dans la collection « Insee Références »

Pays membres de l'UE en 2015

	Part de la population ayant moins de 15 ans en %	Part de la population ayant 65 ans ou plus en %	Taux d'emploi des 15 à 64 ans en %	Taux de chômage[1] des 15 à 74 ans en %	PIB total en millions de SPA[2]	PIB par habitant en SPA[2]	Solde des échanges de biens et services en % du PIB	Variation annuelle des prix à la consommation[3] en %
Allemagne	13,2	21,0	74,0	4,6	2 939 434	36 000	7,6	0,1
Autriche	14,3	18,5	71,1	5,7	316 271	36 600	4,0	0,8
Belgique	17,0	18,0	61,8	8,5	378 359	33 700	1,7	0,6
Bulgarie	13,9	20,0	62,9	9,2	95 794	(p) 13 300	1,4	– 1,1
Chypre	16,4	14,6	62,7	15,0	(p) 19 956	(p) 23 500	0,3	– 1,5
Croatie	14,7	18,8	55,8	16,3	70 441	16 700	2,8	– 0,3
Danemark	17,0	18,6	73,5	6,2	201 676	35 500	6,2	0,2
Espagne	15,2	18,5	57,8	22,1	(p) 1 215 096	(p) 26 200	2,5	– 0,6
Estonie	16,0	18,8	71,9	6,2	27 804	21 200	4,2	0,1
Finlande	16,4	19,9	68,5	9,4	171 201	31 200	– 0,5	– 0,2
France	**(p) 18,6**	**(p) 18,4**	**63,8**	**10,4**	**(p) 2 017 785**	**(p) 30 300**	**(p) – 1,4**	**0,1**
Grèce	14,5	20,9	50,8	24,9	(p) 220 074	(p) 20 300	(p) – 0,2	– 1,1
Hongrie	14,5	17,9	63,9	6,8	193 560	19 700	8,9	0,1
Irlande	(p) 22,1	(p) 13,0	63,3	9,4	230 389	49 600	31,8	0,0
Italie	13,8	21,7	56,3	11,9	1 669 486	27 500	3,1	0,1
Lettonie	15,0	19,4	68,1	9,9	36 573	18 500	– 1,1	0,2
Lituanie	14,6	18,7	67,2	9,1	61 390	21 100	– 0,6	– 0,7
Luxembourg	16,7	14,2	(e) 66,1	6,4	44 251	77 800	33,0	0,1
Malte	14,3	18,5	63,9	5,4	10 959	25 400	2,9	1,2
Pays-Bas	16,7	17,8	74,1	6,9	(p) 623 583	(p) 36 800	10,8	0,2
Pologne	15,0	15,4	62,9	7,5	756 851	(e) 19 700	2,8	– 0,7
Portugal	(e) 14,4	(e) 20,3	63,9	12,6	(e) 230 610	(e) 22 300	0,8	0,5
Rép. tchèque	15,2	17,8	70,2	5,1	263 413	25 000	6,2	0,3
Roumanie	(e) 15,5	(e) 17,0	61,4	6,8	(p) 323 485	(p) 16 300	(p) – 0,5	– 0,4
Royaume-Uni	(e) 17,7	(e) 17,7	72,7	5,3	2 058 050	31 600	– 2,1	0,0
Slovaquie	15,3	14,0	62,7	11,5	120 307	22 200	2,4	– 0,3
Slovénie	14,8	17,9	65,2	9,0	48 983	23 700	9,1	– 0,8
Suède	17,3	19,6	75,5	7,4	348 762	35 600	4,8	0,7
UE	**(e)(p) 15,6**	**(e)(p) 18,9**	**65,6**	**9,4**	**14 692 954**	**28 800**	**3,3**	**0,0**

1. Moyenne annuelle.
2. Standard de pouvoir d'achat, unité de mesure facilitant les comparaisons internationales.
3. Taux de variation entre 2014 et 2015 de la moyenne annuelle de l'indice des prix à la consommation harmonisé (IPCH) global.
Source : Eurostat.

Situation de l'UE dans le monde

	PIB[1]	Part du PIB mondial	Commerce de biens et services	Dépenses intérieures de R&D[2]	Production industrielle	Consommation intérieure brute d'énergie	Taux de chômage des 15 ans et plus[3]	Taux de chômage des 15 à 24 ans[4]	Variation annuelle des prix à la consommation[5]
	2015 en dollars par habitant	2015 en %	2014 en % du PIB		2015 en base 100 en 2010	2013 en M de tonnes	2014 en %		15/14 en %
Afrique du Sud	13 032	0,4	– 2,0	0,7	…	141,3	24,9	51,3	4,5
Arabie saoudite	55 161	0,9	13,0	…	…	192,2	5,7	30,2	2,2
Argentine	(e) 20 861	0,8	0,0	0,6	…	80,6	7,3	18,8	10,6
Australie	(e) 45 821	1,7	0,0	2,1	113,3	129,1	6,1	13,3	1,5
Brésil	15 065	2,4	– 3,0	…	89,1	293,7	6,8	17,0	9,0
Canada	44 310	2,1	– 1,0	1,6	109,9	253,2	6,9	13,5	1,1
Chine	13 171	15,0	3,0	2,0	…	3 009,5	4,1	6,4	1,4
Corée du Sud	34 549	1,9	5,0	4,3	107,7	263,8	3,5	10,0	0,7
États-Unis	56 066	24,5	– 4,0	2,7	111,3	2 188,4	6,2	13,4	0,1
Inde	4 159	2,9	– 3,0	…	111,6	775,4	4,9	10,7	5,9
Indonésie	(e) 10 051	1,2	0,0	…	…	213,6	5,9	21,6	6,4
Japon	(e) 37 372	5,6	– 3,0	3,6	97,4	454,7	3,6	6,3	0,8
Mexique	(e) 18 078	1,6	– 1,0	0,5	109,7	191,3	4,9	9,6	2,7
Russie	(e) 24 469	1,8	7,0	1,2	107,3	730,9	5,2	13,7	15,5
Turquie	(e) 19 917	1,0	– 4,0	1,0	124,3	116,5	9,9	17,8	7,7
UE	**37 829**	**22,2**	**1,4**	**2,0**	**104,0**	**1 666,6**	**10,2**	**21,9**	**0,0**

1. Données 2009 pour l'Inde ; 2011 pour le Brésil ; 2013 pour l'Indonésie et la Russie ; 2014 pour l'Afrique du Sud, l'Arabie Saoudite et la Chine.
2. Dépenses intérieures brutes ; données 2012 pour l'Afrique du Sud ; données 2013 pour l'Australie et les États-Unis.
3. Données pour les principales villes et aires métropolitaines en Argentine ; personnes de 16 et plus enregistrées et vivant en aires urbaines en Chine.
4. Principales villes et aires métropolitaines pour l'Argentine ; personnes sans emploi et cherchant un emploi pour le Brésil ; données 2010 pour la Chine ; 16 à 24 ans pour les États-Unis ; données 2012 pour l'Inde ; données 2013 pour l'Indonésie.
5. Taux de variation annuel ; données 2013 pour l'Argentine.
Sources : Eurostat ; FMI ; OCDE.

1.3 Régions - Départements

Au 1er janvier 2016, la population de la France atteint 66,7 millions d'habitants dont 2,1 millions dans les départements d'outre-mer (DOM).

La réforme territoriale, qui est entrée en vigueur le 1er janvier 2016, redécoupe le territoire métropolitain en 13 **régions** au lieu de 22 auparavant. Si les écarts de taille des régions se réduisent, la population reste inégalement répartie sur le territoire : trois français sur dix habitent dans l'une des deux régions les plus peuplées (Île-de-France et Auvergne-Rhône-Alpes) mais ne représentant que 13 % du territoire. La population est particulièrement concentrée dans les communes densément peuplées ou de densité intermédiaire : ces dernières rassemblent près des deux tiers de la population française. L'Île-de-France reste de loin la plus densément peuplée avec 1 011 habitants/km^2, soit près de 10 fois plus que la **densité** moyenne française, DOM compris.

Entre 2009 et 2016, toutes les régions de métropole gagnent des habitants, les plus dynamiques étant la Corse et l'Occitanie. Ces deux régions attirent bien plus de personnes qu'elles n'en voient partir alors que dans le même temps, les naissances compensent tout juste les décès. Le Nord et le Nord-Est attirent peu d'habitants. En effet, la Bourgogne-Franche-Comté, le Grand Est et les Hauts-de-France progressent le moins, en raison d'un solde migratoire négatif à peine compensé par l'excédent des naissances par rapport aux décès. En Île-de-France, la population s'est accrue au même rythme que la moyenne nationale, cette évolution résultant cependant d'une combinaison de deux phénomènes : le **solde naturel** y est le plus élevé de France métropolitaine et le solde migratoire particulièrement négatif.

La population de Nouvelle Aquitaine est composée de la plus forte part de seniors. La situation du Limousin influence cette situation puisque près d'un habitant du Limousin sur trois a 60 ans ou plus. Le sud-est de la France, Corse et Provence-Alpes-Côte d'Azur, compte également une forte proportion de seniors. Hors DOM, l'Île-de-France et les Hauts-de-France ont les populations les plus jeunes : un habitant sur trois a moins de 25 ans.

Dans les DOM, la Guyane et Mayotte ont les populations les plus jeunes : la moitié des Guyanais a moins de 25 ans ; plus de la moitié des habitants de Mayotte a moins de 18 ans. La Martinique est, quant à elle, dans la moyenne nationale, avec environ trois habitants sur dix âgés de moins de 25 ans. Entre 2009 et 2016, la Guyane a connu la plus forte augmentation de population des DOM (+ 2,3 % par an en moyenne) grâce à un solde naturel très élevé. À l'inverse, en Martinique, le nombre d'habitants a diminué de 0,7 % par an en moyenne, en raison d'un déficit d'entrées sur le territoire, que le solde naturel positif n'a pas permis de compenser. ■

Définitions

Densité de population : rapport entre l'effectif de la population d'une zone géographique et la superficie de cette zone. Le résultat s'exprime généralement en nombre d'habitants par kilomètre carré.

Solde apparent des entrées et des sorties : différence entre la variation totale de la population au cours de la période considérée et le solde naturel. Il diffère du solde migratoire en raison de l'aléa de sondage et des erreurs de mesures liées au recensement de la population. La différence entre le solde apparent et le solde migratoire est appelée « ajustement ».

Solde naturel : différence entre le nombre de naissances et le nombre de décès enregistrés au cours d'une période. Les mots « excédent » ou « accroissement » sont justifiés par le fait qu'en général le nombre de naissances est supérieur à celui des décès. Mais l'inverse peut se produire, et le solde naturel est alors négatif.

Département, région : voir la rubrique « Définitions » en annexes.

Pour en savoir plus

- « Bilan démographique 2016 – À nouveau en baisse, la fécondité atteint 1,93 enfant par femme en 2016 », *Insee Première* n° 1630, janvier 2017.
- « La prédominance démographique des plus grandes communes s'atténue », *Insee Focus* n° 74, janvier 2017.
- « La France et ses territoires – Une nouvelle approche des espaces à forte et faible densité », *Insee Références*, édition 2015.

Retrouvez le TEF sur www.insee.fr dans la collection « Insee Références »

Évolution de la population par région de 2009 à 2016

	Estimations de population au 1er janvier 2016 en milliers	Variation annuelle moyenne 16/09 en %			Densité moyenne au 1er janvier 2016 en hab/km²
		Totale	Due au solde naturel	Due au solde apparent des entrées et des sorties[1]	
Grand Est	5 558,3	0,1	0,2	– 0,1	97
Nouvelle Aquitaine	5 943,1	0,6	0,0	0,6	71
Auvergne-Rhône-Alpes	7 940,7	0,8	0,4	0,4	114
Bourgogne-Franche-Comté	2 820,2	0,0	0,1	– 0,1	59
Bretagne	3 310,3	0,6	0,1	0,5	122
Centre-Val de Loire	2 587,0	0,3	0,2	0,1	66
Corse	330,4	1,1	0,0	1,1	38
Île-de-France	12 142,8	0,5	0,9	– 0,4	1 011
Occitanie	5 830,2	0,9	0,2	0,7	80
Hauts-de-France	6 030,3	0,2	0,4	– 0,2	190
Normandie	3 343,2	0,2	0,2	0,0	112
Pays de la Loire	3 744,0	0,8	0,4	0,4	117
Provence-Alpes-Côte d'Azur	5 024,2	0,4	0,3	0,1	160
France métropolitaine	**64 604,6**	**0,5**	**0,4**	**0,1**	**119**
Guadeloupe	395,7	– 0,2	0,6	– 0,8	232
Guyane	262,5	2,3	2,4	– 0,1	3
Martinique	376,8	– 0,7	0,4	– 1,1	334
Mayotte	235,1	...	...	...	629
La Réunion	851,0	0,6	1,2	– 0,6	340
France y c. Mayotte	**66 725,8**	**...**	**...**	**...**	**105**
France hors Mayotte	**66 490,7**	**0,5**	**0,4**	**0,1**	**105**

1. Le solde apparent des entrées et des sorties est calculé comme la différence entre la variation de population et le solde naturel.
Sources : IGN ; Insee, estimations de population, code officiel géographique.

Évolution de la population par département de 2009 à 2016

	Estimation de population au 1er janvier 2016[1] en milliers	Variation annuelle moyenne 16/09 en %
01 Ain	640,4	1,2
02 Aisne	537,9	– 0,1
03 Allier	343,0	0,0
04 Alpes-de-Hte-Pce	161,6	0,2
05 Hautes-Alpes	140,4	0,5
06 Alpes-Maritimes	1 083,8	0,1
07 Ardèche	325,4	0,5
08 Ardennes	277,0	– 0,3
09 Ariège	152,7	0,1
10 Aube	310,4	0,3
11 Aude	368,7	0,6
12 Aveyron	280,3	0,2
13 Bouches-du-Rhône	2 025,4	0,4
14 Calvados	694,6	0,3
15 Cantal	145,8	– 0,3
16 Charente	354,2	0,1
17 Charente-Maritime	643,7	0,6
18 Cher	308,9	– 0,1
19 Corrèze	240,4	– 0,2
2A Corse-du-Sud	155,4	1,4
2B Haute-Corse	175,0	0,9
21 Côte-d'Or	534,6	0,3
22 Côtes-d'Armor	598,4	0,3
23 Creuse	119,1	– 0,5
24 Dordogne	416,3	0,1
25 Doubs	537,8	0,3
26 Drôme	506,2	0,7
27 Eure	603,9	0,5
28 Eure-et-Loir	435,5	0,3
29 Finistère	908,7	0,2
30 Gard	746,6	0,9
31 Haute-Garonne	1 355,9	1,4
32 Gers	191,6	0,3
33 Gironde	1 566,8	1,3
34 Hérault	1 137,0	1,4
35 Ille-et-Vilaine	1 054,2	1,1
36 Indre	223,0	– 0,6
37 Indre-et-Loire	610,2	0,5
38 Isère	1 260,9	0,7
39 Jura	260,0	– 0,1
40 Landes	408,0	1,0
41 Loir-et-Cher	334,4	0,3
42 Loire	762,1	0,3
43 Haute-Loire	227,4	0,3
44 Loire-Atlantique	1 378,6	1,2
45 Loiret	675,0	0,5
46 Lot	172,4	– 0,1
47 Lot-et-Garonne	334,2	0,2
48 Lozère	75,8	– 0,3
49 Maine-et-Loire	814,7	0,6
50 Manche	499,4	0,0
51 Marne	573,0	0,2
52 Haute-Marne	179,2	– 0,5
53 Mayenne	306,7	0,1
54 Meurthe-et-Moselle	730,6	0,0
55 Meuse	189,7	– 0,3
56 Morbihan	749,0	0,6
57 Moselle	1 043,9	0,0
58 Nièvre	210,2	– 0,7
59 Nord	2 617,3	0,3
60 Oise	826,8	0,4
61 Orne	285,2	– 0,3
62 Pas-de-Calais	1 477,4	0,2
63 Puy-de-Dôme	649,8	0,5
64 Pyrénées-Atlantiques	673,8	0,5
65 Hautes-Pyrénées	228,6	– 0,1
66 Pyrénées-Orientales	474,8	0,9
67 Bas-Rhin	1 120,9	0,3
68 Haut-Rhin	764,2	0,3
69 Rhône	1 840,8	1,1
70 Haute-Saône	237,0	– 0,1
71 Saône-et-Loire	554,9	0,0
72 Sarthe	570,0	0,2
73 Savoie	431,8	0,7
74 Haute-Savoie	807,2	1,5
75 Paris	2 199,8	– 0,2
76 Seine-Maritime	1 260,2	0,1
77 Seine-et-Marne	1 403,2	0,9
78 Yvelines	1 425,8	0,2
79 Deux-Sèvres	374,7	0,3
80 Somme	570,9	0,0
81 Tarn	388,5	0,5
82 Tarn-et-Garonne	257,5	1,1
83 Var	1 054,2	0,7
84 Vaucluse	558,8	0,5
85 Vendée	674,0	1,1
86 Vienne	436,1	0,3
87 Haute-Vienne	375,8	0,0
88 Vosges	369,4	– 0,4
89 Yonne	341,0	– 0,1
90 Territoire de Belfort	144,7	0,2
91 Essonne	1 297,5	1,0
92 Hauts-de-Seine	1 607,6	0,4
93 Seine-Saint-Denis	1 599,8	0,8
94 Val-de-Marne	1 386,7	0,7
95 Val-d'Oise	1 222,4	0,6
France métropolitaine	**64 604,6**	**0,5**
971 Guadeloupe	395,7	– 0,2
972 Martinique	376,8	– 0,7
973 Guyane	262,5	2,3
974 La Réunion	851,0	0,6
975 Mayotte	235,1	...
France y c. Mayotte	**66 725,8**	**...**
France hors Mayotte	**66 490,7**	**0,5**

1. Résultats provisoires arrêtés fin 2016.
Source : Insee, estimations de population.

1.4 Villes et communes de France

Au cours des trois dernières décennies, la population des **unités urbaines** en France métropolitaine a augmenté de plus de 20 %. Ce phénomène a conjugué une extension de la superficie des **villes** à une densification de peuplement. L'attractivité des grandes villes conforte un système urbain dominé en premier lieu par Paris, et en second lieu par un ensemble de 14 unités urbaines de 400 000 habitants ou plus, situées sur le littoral, le long des fleuves et près des frontières. L'unité urbaine de Paris rassemble aujourd'hui comme en 1982 plus du quart de la population urbaine.

La répartition d'ensemble des villes qui « gagnent » ou qui « perdent » des habitants se superpose assez bien à la géographie de la France en croissance (arc atlantique, Sud-méditerranée, vallée du Rhône, Île-de-France) et à celle de la France qui connaît des difficultés héritées de la régression des industries anciennes (Nord, Est, Centre). Au-delà de ce constat, le premier facteur explicatif de la croissance de la population des villes est la dynamique de l'emploi qui y est offert. Un autre facteur favorable pour une ville est d'être située dans la **couronne** d'un grand pôle d'**aire urbaine** et de bénéficier de son effet d'entraînement. Les villes situées dans la couronne des grands pôles d'emploi enregistrent une croissance démographique en général plus forte que leur **ville-centre**, illustrant le mouvement de périurbanisation. Sur les trente dernières années, ce phénomène souffre peu d'exceptions et résulte, en première approche, de l'attractivité résidentielle des communes des couronnes des pôles d'emploi.

Au 1er janvier 2016, la France, hors Mayotte, compte 35 868 **communes**. Au 1er janvier 2014, les 35 868 communes françaises, hors Mayotte, rassemblent 65,907 millions d'habitants, soit 1,602 million de plus qu'en 2009. De 2009 à 2014, la population a progressé de 0,5 % en moyenne par an. Au cours de cette période, la population de nombreuses grandes communes, y compris Paris, correspondant elles-mêmes le plus souvent à des villes-centres, a augmenté moins vite que la moyenne nationale. En revanche, les plus petites communes, faisant plus souvent partie des couronnes des grands **pôles urbains**, ont bénéficié majoritairement d'une croissance démographique supérieure à la tendance nationale, en lien avec le phénomène de périurbanisation évoqué précédemment.

L'évolution de la population des communes reflète les évolutions différenciées de population entre villes-centres et couronnes des grands pôles urbains. En effet, en 2014, les cent communes les plus peuplées regroupent 21,5 % de la population française, cette proportion est en net retrait par rapport à 1962 (27,2 %). Cela s'explique à parts égales par la baisse de la prépondérance de Paris et par celle des 49 communes suivantes les plus peuplées. Dans une moindre mesure, les communes classées entre le 50e et le 100e rang national ont elles aussi perdu de leur poids démographique. La baisse de la part de la population des plus grandes communes s'est surtout réalisée au profit des communes de taille intermédiaire, situées entre le 500e et le 5 000e rang. Celles-ci bénéficient depuis cinquante ans de la forte croissance démographique de la périphérie des grands centres urbains. ■

Définitions

Aire urbaine : ensemble de communes constitué par un pôle urbain (unité urbaine) de plus de 1 500 emplois, et par des communes rurales ou unités urbaines (couronne périurbaine) dont au moins 40 % de la population résidente ayant un emploi travaille dans le pôle ou dans des communes attirées par celui-ci. On distingue les « grandes aires urbaines » autour de pôles comptant plus de 10 000 emplois et les « moyennes et petites aires » concentrant de 1 500 à 10 000 emplois. Voir la suite de cette définition dans la rubrique « Définitions » en annexes.

Agglomération (ou unité urbaine), commune, couronne, pôle urbain, population légale, population municipale, ville, ville-centre : voir rubrique « Définitions » en annexes.

Pour en savoir plus

- « La prédominance démographique des plus grandes communes s'atténue », *Insee Focus* n° 74, janvier 2017.
- « Adaptation du recensement à la dynamique des communes qui franchissent le seuil des 10 000 habitants », *Économie et Statistique* n° 483-484-485, Insee, avril 2016.

Retrouvez le TEF sur www.insee.fr dans la collection « Insee Références »

Taille des communes les plus peuplées

Rang	Commune	Population municipale 2014	Rang	Commune	Population municipale 2014	Rang	Commune	Population municipale 2014
1	Paris	2 220 445	26	Tours	136 125	51	Versailles	85 461
2	Marseille	858 120	27	Limoges	134 577	52	Courbevoie	84 658
3	Lyon	506 615	28	Amiens	132 479	53	Colombes	84 392
4	Toulouse	466 297	29	Perpignan	120 605	54	Fort-de-France	83 651
5	Nice	343 895	30	Metz	117 619	55	Aulnay-sous-Bois	82 314
6	Nantes	298 029	31	Boulogne-Billancourt	116 927	56	Saint-Pierre	81 583
7	Strasbourg	276 170	32	Besançon	116 690	57	Cherbourg-en-Cotentin	80 959
8	Montpellier	275 318	33	Orléans	114 977	58	Aubervilliers	80 273
9	Bordeaux	246 586	34	Mulhouse	111 167	59	Rueil-Malmaison	79 204
10	Lille	233 897	35	Saint-Denis	110 733	60	Pau	77 489
11	Rennes	213 454	36	Rouen	110 618	61	Le Tampon	76 796
12	Reims	183 042	37	Argenteuil	108 865	62	Champigny-sur-Marne	76 450
13	Le Havre	172 807	38	Caen	106 538	63	Calais	76 402
14	Saint-Étienne	170 761	39	Montreuil	104 748	64	Antibes	75 731
15	Toulon	165 584	40	Saint-Paul	104 634	65	Béziers	75 701
16	Grenoble	160 779	41	Nancy	104 321	66	Saint-Maur-des-Fossés	75 285
17	Dijon	153 668	42	Roubaix	95 600	67	La Rochelle	74 998
18	Nîmes	151 075	43	Tourcoing	95 329	68	Cannes	73 744
19	Angers	151 056	44	Nanterre	93 509	69	Saint-Nazaire	69 350
20	Villeurbanne	148 543	45	Avignon	92 209	70	Mérignac	69 301
21	Saint-Denis	144 642	46	Vitry-sur-Seine	91 188	71	Drancy	68 955
22	Le Mans	143 813	47	Créteil	91 042	72	Colmar	68 784
23	Aix-en-Provence	142 149	48	Dunkerque	89 160	73	Ajaccio	68 587
24	Clermont-Ferrand	141 365	49	Poitiers	87 435	74	Issy-les-Moulineaux	67 360
25	Brest	139 384	50	Asnières-sur-Seine	86 799	75	Bourges	66 528

Source : Insee, RP 2014.

Principales aires urbaines de France

Rang	Aire urbaine	Population municipale 2013	Variation relative annuelle 13/08 en %	Nombre de communes[2]	Rang	Aire urbaine	Population municipale 2013	Variation relative annuelle 13/08 en %	Nombre de communes[2]
1	Paris	12 405 426	0,5	1 794	26	Béthune	369 795	0,2	122
2	Lyon	2 237 676	1,1	511	27	Valenciennes[1]	367 992	0,1	90
3	Marseille - Aix-en-Provence	1 734 277	0,2	90	28	Le Mans	346 686	0,5	124
4	Toulouse	1 291 517	1,4	453	29	Reims	319 059	0,3	238
5	Bordeaux	1 178 335	1,3	255	30	Brest	315 982	0,3	52
6	Lille[1]	1 175 828	0,4	125	31	Pointe-à-Pitre - Les Abymes	315 684	0,2	16
7	Nice	1 004 826	0,0	129	32	Perpignan	313 861	1,2	66
8	Nantes	908 815	1,2	114	33	Genève (SUI) - Annemasse[1]	300 200	2,7	114
9	Strasbourg[1]	773 447	0,4	267	34	Amiens	294 595	0,2	257
10	Rennes	700 675	1,4	190	35	Bayonne[1]	291 443	1,1	60
11	Grenoble	684 398	0,6	197	36	Le Havre	290 037	– 0,3	81
12	Rouen	660 256	0,3	293	37	Mulhouse	286 730	0,4	65
13	Toulon	611 978	0,2	40	38	Limoges	283 050	0,2	96
14	Montpellier	579 401	1,5	116	39	Nîmes	264 647	1,4	50
15	Douai - Lens	539 322	– 0,2	103	40	Dunkerque	257 269	– 0,2	57
16	Avignon	518 981	0,4	97	41	Poitiers	257 233	0,6	103
17	Saint-Étienne	515 240	0,3	117	42	Besançon	248 899	0,5	262
18	Tours	487 023	0,6	144	43	Pau	241 495	0,1	167
19	Clermont-Ferrand	472 943	0,6	185	44	Annecy	225 173	1,4	69
20	Nancy	432 788	– 0,1	285	45	Chambéry	220 118	1,0	87
21	Orléans	425 495	0,5	138	46	Lorient	216 977	0,4	29
22	Angers	407 295	0,7	133	47	Saint-Nazaire	215 408	0,7	29
23	Caen	405 409	0,4	268	48	La Rochelle	209 453	0,9	63
24	Metz	389 898	0,0	218	49	Saint-Denis (La Réunion)	197 256	0,0	3
25	Dijon	380 236	0,4	295	50	Troyes	192 445	0,4	149

1. Partie française.
2. Au 1er janvier 2015.
Source : Insee, RP 2013.

2.1 Environnement

En 2014, la **dépense de protection de l'environnement** s'établit à 47,6 milliards d'euros (Md€). La gestion des déchets (36 %) et l'assainissement des eaux usées (27 %) constituent les principaux postes de ce total. Depuis 2000, cette dépense augmente de 3,5 % en moyenne annuelle, alors que la croissance du produit intérieur brut (PIB) en valeur est de 2,6 % sur cette période. Toutefois, le poids de ces dépenses reste modeste : 1,4 % du PIB.

Parmi les 47,6 Md€ de dépense, les entreprises sont les principaux financeurs (41 %), suivies des administrations (31 %) puis des ménages (26 %). En 2014, selon l'**enquête annuelle sur les investissements pour protéger l'environnement (Antipol)**, les établissements industriels employant 20 salariés ou plus ont consacré 1,6 Md€ à des investissements ou des études pour protéger l'environnement. Les secteurs de l'énergie, de l'industrie agroalimentaire et de la chimie, dont les activités sont davantage susceptibles d'affecter l'environnement, contribuent pour près de 60 % à ces investissements. Plus du tiers des montants investis visent à protéger la qualité de l'air ou à limiter les émissions de gaz à effet de serre. Les administrations soutiennent de nombreuses dépenses comme les mesures agro-environnementales, le bonus-malus sur les véhicules, les subventions aux agences de l'eau. Les dépenses des ménages concernent principalement l'eau et les déchets *via* leurs factures d'eau et la taxation des déchets.

L'environnement occupe une place croissante dans l'appareil de formation initiale tant par le nombre de diplômes proposés que par le nombre d'inscrits. Malgré des effectifs légèrement en baisse sur l'année scolaire 2014-2015, les formations environnementales restent attractives avec 94 900 élèves et étudiants. La création de nouveaux diplômes contribue à la progression des effectifs. L'offre de formations environnementales se concentre majoritairement sur les domaines « traditionnellement » environnementaux que sont le domaine de l'énergie, la prévention des pollutions et la protection de la nature.

La qualité de l'air, liée à la baisse des émissions, s'est améliorée ces quinze dernières années. Les concentrations moyennes de polluants diminuent et les dépassements des normes pour la protection de la santé concernent moins de zones. Ces améliorations sont cependant fragiles car elles dépendent pour partie des conditions météorologiques.

Les **sols artificialisés**, 9,3 % du territoire, continuent de s'étendre sous l'effet de la poussée de l'urbanisation, mais leur progression semble se stabiliser depuis 2008. Quant aux aires protégées françaises, elles ont progressé en nombre et en surface sur la période 1998-2015. Début 2015, les surfaces sous protections réglementaires couvrent 1,4 % du territoire métropolitain et 28,7 % du territoire des DOM. ■

Définitions

Sol artificialisé : surface retirée de son état naturel (friche, prairie naturelle, zone humide etc.), forestier ou agricole, qu'elle soit bâtie ou non et qu'elle soit revêtue (exemple : parking) ou non (exemple : jardin de maison pavillonnaire). Les surfaces artificialisées incluent donc également les espaces artificialisés non bâtis (espaces verts urbains, équipements sportifs et de loisirs etc.) et peuvent se situer hors des aires urbaines, à la périphérie de villes de moindre importance voire de villages, à proximité des dessertes du réseau d'infrastructures ou encore en pleine campagne (phénomène d'urbanisme diffus).

Biodiversité, convention de Ramsar, dépense de protection de l'environnement, enquête annuelle sur les investissements pour protéger l'environnement (Antipol), parc national, parc naturel régional (PNR) : voir rubrique « Définitions » en annexes.

Pour en savoir plus

- « Rapport de la Commission des Comptes et de l'économie de l'environnement – Les comptes de l'environnement 2014 », *Datalab*, SoeS, à paraître.
- « Formations environnementales : dynamique et caractéristiques de l'année scolaire 2014-2015 », *Datalab-Essentiel* n° 71, SOeS, décembre 2016.
- « Bilan de la qualité de l'air en France en 2015 », *Datalab* n° 3, SOeS, octobre 2016.
- « Les investissements pour protéger l'environnement baissent légèrement en 2014 », *Insee Focus* n° 62, septembre 2016.

Retrouvez le TEF sur www.insee.fr dans la collection « Insee Références »

Occupation physique du territoire

en milliers d'hectares

	2006	2010	2014
Sols bâtis	756	833	923
Sols revêtus ou stabilisés	2 160	2 324	2 456
Autres sols artificialisés	1 653	1 736	1 725
Sols agricoles	28 591	28 259	28 030
Sols boisés	17 042	16 994	17 033
Landes	2 787	2 856	2 815
Sols nus naturels	942	967	967
Zones humides et sous les eaux	864	901	915
Zones interdites	125	50	55
Surface totale	**54 919**	**54 919**	**54 919**
dont surfaces artificialisées en %	*8,3*	*8,9*	*9,3*

Champ : France métropolitaine.
Source : SSP, enquêtes Teruti et Teruti-Lucas.

Dépenses liées à l'environnement

en millions d'euros courants

	2000 (r)	2010 (r)	2014 (p)
Protection de l'environnement (1)	**29 508**	**44 427**	**47 645**
Air	1 665	3 373	2 757
Eaux usées	9 838	12 753	12 708
Déchets	9 316	14 927	17 040
Sol, eaux souterraines et de surface	715	1 642	1 541
Bruit	1 544	1 911	1 910
Biodiversité et paysages	1 159	1 750	2 147
Déchets radioactifs	570	729	653
Recherche et développement	3 083	3 587	5 006
Administration générale	1 617	3 754	3 883
Dépense de gestion des ressources (2)	**13 829**	**19 494**	**20 601**
Adduction en eau potable	10 423	13 955	13 889
Récupération	3 406	5 539	6 713
Dépense liée à l'environnement (1)+(2)	**43 337**	**63 921**	**68 246**
Espaces verts urbains	2 131	3 188	3 822
Énergies renouvelables	...	23 848	24 913

Source : SOeS.

Espaces protégés et gérés en 2016

	France métropolitaine		DOM		France	
	Nombre	Surface totale en km²	Nombre	Surface totale en km²	Nombre	Surface totale en km²
Arrêtés préfectoraux de protection de biotope	808	1 602	36	316	844	1 918
Zones relevant de la Convention de Ramsar	32	7 684	5	2 753	37	10 436
Réserves de biosphère (zone centrale, zone tampon et aires de coopération)	12	38 940	1	2 470	13	41 410
Sites Natura 2000	...	111 640	...	...	...	...
dont : ZPS au titre de la directive « Oiseaux »[1]	*392*	*79 066*	...	...	...	...
propositions de SIC et de ZSC au titre de la directive « Habitats »[2 3]	*1 364*	*75 573*	...	...	...	...
Parcs nationaux	7	14 388	3	38 232	10	52 620
dont cœurs de parc	*7*	*4 097*	*3*	*21 508*	*10*	*25 605*
Réserves naturelles nationales et de Corse	157	2 594	13	3 040	170	5 634
Réserves nationales de chasse et de faune sauvage	9	360	0	0	9	360
Réserves biologiques domaniales ou forestières	235	426	10	1 274	245	1 700
Parcs naturels régionaux (PNR)	49	80 935	2	6 968	51	87 903
Parc naturel marin	4	11 896	1	68 313	5	80 209

1. ZPS : Zones de protection spéciale.
2. SIC : Sites d'intérêt communautaire.
3. ZSC : Zone spéciale de conservation.
Source : SOeS.

Occupation physique des sols de l'Union européenne en 2012

en % de la superficie totale

	Forêts[1]	Sols cultivés	Prairies	Eaux et zones humides	Zones artificielles[2]	Landes[3]	Sols nus[3]		Forêts[1]	Sols cultivés	Prairies	Eaux et zones humides	Zones artificielles[2]	Landes[3]	Sols nus[3]
Allemagne	33	33	23	2	8	1	1	Lettonie	56	14	21	6	2	1	1
Autriche	48	18	23	2	6	1	3	Lituanie	39	27	27	4	3	0	1
Belgique	25	28	32	1	13	0	0	Luxembourg	31	18	37	1	12	0	1
Bulgarie	43	32	17	1	2	4	1	Malte	5	27	11	1	33	15	8
Chypre	30	19	15	1	7	21	7	Pays-Bas	13	23	38	11	12	2	1
Danemark	18	49	21	2	7	1	1	Pologne	36	34	22	2	4	1	1
Espagne	37	28	14	1	4	12	5	Portugal	44	18	15	2	6	12	3
Estonie	61	11	16	7	2	2	1	Rép. tchèque	39	34	20	2	4	1	1
Finlande	72	5	4	16	2	1	1	Roumanie	31	36	25	3	2	2	1
France	**32**	**31**	**27**	**2**	**6**	**2**	**1**	Royaume-Uni	20	22	40	5	7	6	1
Grèce	37	23	11	2	4	19	3	Slovaquie	46	28	19	1	3	2	1
Hongrie	24	47	19	3	4	2	1	Slovénie	60	12	21	1	4	1	1
Irlande	13	5	67	7	4	2	2	Suède	76	4	5	12	2	1	1
Italie	35	32	15	3	8	5	2	**UE à 27**	**41**	**25**	**20**	**5**	**5**	**4**	**2**

1. Y c. autres zones boisées.
2. Les zones artificielles comprennent les constructions couvertes, les zones construites non-bâties et les équipements linéaires (routes et voies ferrées).
3. Les landes sont des zones dominées par des arbustes et des plantes ligneuses, les sols nus des zones sans végétation ou recouvertes de lichens.
Source : Eurostat.

2.2 Utilisation des ressources

La sobriété de l'utilisation des ressources est un des quatre enjeux de la **stratégie nationale de transition écologique vers un développement durable 2015-2020 (SNTEDD)** qui a été adoptée en Conseil des ministres le 4 février 2015. Pour y répondre, elle invite à s'engager dans l'économie circulaire et sobre en carbone en mettant en place une politique industrielle plus économe en ressource, en limitant la production de déchets et en les recyclant, en s'appuyant davantage sur les énergies renouvelables et en préservant quantitativement et qualitativement les masses d'eau continentales.

En 2013, la **consommation intérieure de matières (DMC)** s'élève à 784 millions de tonnes, soit une baisse de 6 % par rapport à 1990 alors que sur la même période, le produit intérieur brut en volume croît d'environ 40 %. Cette baisse de la DMC depuis 2008, consécutive à une période haussière, trouve principalement son origine dans la contraction de l'activité dans le secteur de la construction. Entre 1990 et 2007, la DMC par habitant est stable, à environ 14 tonnes par habitant, avant de baisser à 12 tonnes par habitant de 2008 à 2013.

Près de 328 millions de tonnes de déchets sont produits en France en 2014, dont 71 % issus du secteur de la construction et 9 % des ménages. Les **déchets municipaux** collectés en 2015 (hors déblais et gravats) représentent 33 millions de tonnes, dont la moitié par le biais de la collecte sélective. La mise en décharge des déchets municipaux baisse tendanciellement. Dans le même temps, la part des déchets recyclés passe de 13 % en 2000 à 22 % en 2015. Le taux de **recyclage** matière et organique des déchets municipaux atteint 40 %.

En réponse à la **directive-cadre sur l'eau (DCE)**, la France s'est fixé comme objectif un bon état pour deux tiers de ses masses d'eau continentales en 2015. Selon l'état des lieux de 2013, cet objectif est atteint pour les eaux souterraines, avec 67 % de masses d'eau en bon **état chimique** et 91 % en bon **état quantitatif**. Pour les eaux de surface, avec 43 % de masses d'eau en bon **état écologique** et 48 % en bon état chimique, ce n'est pas encore le cas.

La part des **énergies renouvelables (EnR)** dans la consommation finale brute d'énergie en France s'élève à 14,9 % en 2015. La croissance importante des EnR depuis 2005 (+ 48 %) est principalement due à l'essor des biocarburants, des pompes à chaleur et de la filière éolienne. Le développement du solaire photovoltaïque et de la **biomasse** solide pour le chauffage y contribue également. Le rythme auquel se développent les EnR demeure cependant insuffisant au regard des objectifs visés par la France pour 2020. Alors que la part des EnR dans la consommation finale brute d'énergie a progressé de 5,7 points en dix ans, elle devra progresser de 8,1 points supplémentaires durant les cinq prochaines années pour atteindre l'objectif de 23 % fixé par l'Union européenne à la France pour 2020. ■

Définitions

Biomasse : ensemble des matières organiques pouvant devenir des sources d'énergie. Elles peuvent être utilisées soit directement (bois énergie) soit après une méthanisation de la matière organique (biogaz) ou de nouvelles transformations chimiques (biocarburant). Elles peuvent aussi être utilisées pour le compostage.

Consommation intérieure apparente de matières (Domestic Material Consumption, DMC) : correspond à l'ensemble des matières physiquement consommées par la population présente sur le territoire.

Déchets municipaux, directive-cadre sur l'eau (DCE), énergies renouvelables (EnR), état chimique de l'eau, état écologique de l'eau, état quantitatif de l'eau, prélèvements d'eau par usage, productivité matières, recyclage, ressources matérielles, stratégie nationale de transition écologique vers un développement durable 2015-2020 (SNTEDD), tonne-équivalent pétrole (tep) : voir rubrique « Définitions » en annexes.

Pour en savoir plus

- « Bilan énergétique de la France pour 2015 », *Datalab*, SOeS, novembre 2016.
- « Les énergies renouvelables en France en 2015 », *Datalab*, SOeS, août 2016.
- « Matières mobilisées par l'économie française : une baisse stabilisée depuis la crise de 2008 », *Chiffres & statistiques* n° 761, SOeS, mai 2016.
- Indicateurs de suivi de la SNTEDD 2015-2020.

Retrouvez le TEF sur www.insee.fr dans la collection « Insee Références »

Consommation intérieure de matières et productivité matières

en millions de tonnes

	1990	1995	2000	2005	2010 (r)	2012 (r)	2013
Biomasse	204,1	216,8	249,2	228,0	226,6	239,3	235,6
Minerais métalliques et produits principalement métalliques	29,6	22,8	23,3	18,7	15,0	14,5	16,9
Minéraux non métalliques	446,3	416,8	459,5	451,7	394,6	388,8	390,6
Combustibles fossiles (charbon, pétrole, gaz naturel)	145,9	139,1	149,1	153,5	138,8	134,0	135,2
Autres	5,2	3,5	3,1	5,1	6,1	5,8	5,3
Consommation intérieure apparente de matières (DMC)	**831,1**	**798,9**	**884,1**	**857,0**	**781,1**	**782,4**	**783,6**
Productivité matière (PIB en volume/DMC, €/kg)	1,7	1,9	2,0	2,2	2,6	2,6	2,6
DMC/habitant (en t/hab)	14,3	13,5	14,6	13,7	12,1	12,0	12,0

Sources : DGDDI ; Sessi ; SOeS ; SSP, Agreste ; Unicem.

État des masses d'eau au regard de la directive-cadre sur l'eau en 2013

en % des masses d'eau

	Eau de surface		Eau souterraine	
	État écologique[1]	État chimique[1]	État quantitatif[1]	État chimique[1]
Très bon	12,3	///	///	///
Bon	31,1	48,2	90,6	67,0
Moyen	41,5	///	///	///
Médiocre	10,3	///	///	///
Mauvais	3,8	15,9	9,4	32,8
Indéterminé	1,0	35,9	///	0,2
Total	**100,0**	**100,0**	**100,0**	**100,0**

1. Voir définitions en annexes.
Sources : Agences et offices de l'Eau ; directions régionales de l'environement (DOM) ; délégations de bassins ; Onema ; ministère en charge de l'environnement.

Consommation finale brute d'énergie renouvelable par filière

en milliers de tep

	2005	2015
Hydraulique renouvelable normalisé	5 686	5 259
Éolien normalisé	96	1 718
Solaire photovoltaïque	2	666
Énergie marine	41	42
Géothermie électrique et thermique	115	128
Solaire thermique	49	159
Pompe à chaleur	203	1 986
Biomasse et déchets	8 506	9 446
Biogaz	90	305
Biocarburant	591	2 996
Consommation finale brute d'EnR[1]	**15 379**	**22 705**

1. Énergie renouvelable.
Source : SOeS.

Production de déchets en France en 2014

en millions de tonnes

	Déchets minéraux non dangereux	Déchets non minéraux non dangereux	Déchets dangereux	Total
Agriculture et pêche	///	0,9	0,3	1,2
Industrie	4,4	18,6	2,8	25,8
Construction	216,5	12,7	2,6	231,8
Tertiaire	0,8	17,4	1,5	19,7
Traitement des déchets, assainissement, dépollution	1,7	16,3	3,1	21,1
Ménages	2,8	25,4	0,2	28,4
Total	**226,2**	**91,3**	**10,5**	**328,0**

Source : SOeS.

Devenir des déchets ménagers et assimilés par mode de traitement

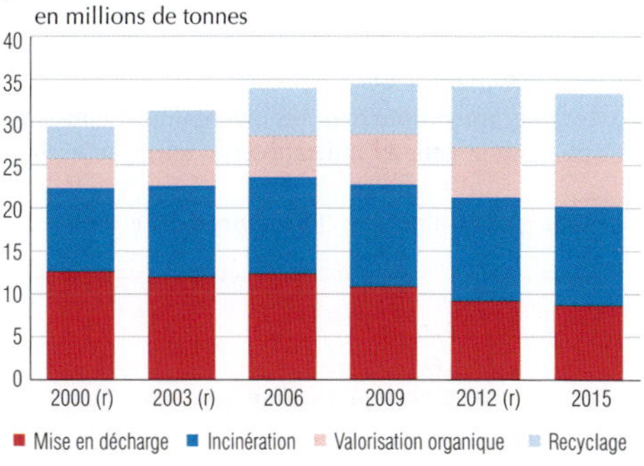

Champ : hors déblais et gravats.
Sources : Ademe ; SOeS.

Déchets municipaux générés et part des énergies renouvelables dans l'UE

	Déchets municipaux générés en kg par habitant		Part des énergies renouvelables dans la consommation finale brute d'énergie en %	
	2005 (r)	2014	2005 (r)	2014
Allemagne	565	618	6,7	13,8
Autriche	575	566	23,8	33,1
Belgique	482	436	2,3	8,0
Bulgarie	588	442	9,4	18,0
Chypre	688	617	3,1	9,0
Croatie	336	387	23,8	27,9
Danemark	662	758	16,0	29,2
Espagne	588	435	8,4	16,2
Estonie	433	357	17,5	26,5
Finlande	478	482	28,8	38,7
France	**530**	**509**	**9,6**	**14,3**
Grèce[1]	442	509	7,0	15,3
Hongrie	461	385	4,5	9,5
Irlande[1]	731	586	2,9	8,6
Italie	546	488	7,5	17,1
Lettonie	320	325	32,3	38,7
Lituanie	387	433	17,0	23,9
Luxembourg	672	616	1,4	4,5
Malte	623	600	0,2	4,7
Pays-Bas	599	527	2,5	5,5
Pologne	319	272	6,9	11,4
Portugal	452	453	19,5	27,0
Rép. tchèque	289	310	6,0	13,4
Roumanie	383	249	17,6	24,9
Royaume-Uni	581	482	1,4	7,0
Slovaquie	273	321	6,4	11,6
Slovénie	494	432	16,0	21,9
Suède	477	438	40,6	52,6
UE[2]	**516**	**474**	**9,0**	**16,0**

1. Données 2013 pour les déchets municipaux.
2. UE à 27 en 2005 pour les déchets municipaux.
Source : Eurostat.

2.3 Changement climatique et effet de serre

Le réchauffement de la température moyenne mondiale est très net. L'écart par rapport à la moyenne de la période de référence 1961-1990 est presque systématiquement positif depuis le début des années 1980. La décennie 2001-2010 a été plus chaude de 0,21 °C que la décennie 1991-2000 et se situe 0,48 °C au-dessus de la moyenne 1961-1990. L'année 2015, avec une température moyenne supérieure de 0,74 °C à la moyenne 1961-1990, se classe au premier rang parmi les années les plus chaudes depuis 1850. Comme à l'échelle mondiale, l'évolution des températures moyennes annuelles en France métropolitaine montre un réchauffement net depuis 1900. Ce réchauffement est particulièrement marqué depuis les années 1980. Sur la période 1959-2009, la tendance observée est d'environ + 0,30 °C par décennie. En France, 2014, 2011 et 2015 ont été les trois années les plus chaudes observées depuis 1990.

En 2013, les émissions mondiales de **gaz à effet de serre (GES)** (y compris **UTCF**) initialement couverts par le **protocole de Kyoto** ont atteint 54 milliards de tonnes **équivalent CO_2**, les émissions de CO_2 représentant près de 73 % de ce total. Les émissions mondiales de CO_2 (hors UTCF) ont progressé de plus de 58 % entre 1990 et 2014 avec des évolutions contrastées selon les pays. La Chine, premier émetteur mondial en 2014, se distingue par un quadruplement de ses émissions depuis 1990.

En 2014, les émissions françaises sur le sol national de GES hors UTCF s'établissent à 459 millions de tonnes équivalent CO_2 ; 73 % de ces émissions sont des émissions de CO_2. Les émissions de GES de la France ont diminué de 6 % par rapport à 2013 et de 16 % par rapport à 1990. L'utilisation d'énergie est la principale source d'émissions de GES en France avec 70 % des émissions en 2014. Le secteur le plus émetteur est celui des transports (29 %), tandis que celui de l'énergie est relativement peu émetteur (9 %) en raison de l'importance de la production électrique nucléaire. Entre 2013 et 2014, les secteurs qui ont le plus contribué à la baisse des émissions en France sont le résidentiel-tertiaire (– 16 %) et l'industrie de l'énergie (– 25 %). Parmi les émissions de GES sur le territoire métropolitain, celles de CO_2 ont diminué entre 1995 et 2015 de 14 % et de 23 % par personne.

En 2015, en se limitant aux émissions de CO_2 uniquement, l'**empreinte carbone** induite par la demande intérieure de la France s'élève à 532 millions de tonnes équivalent CO_2. Elle est supérieure de 11,7 % à celle de 1995 du fait d'une forte augmentation du contenu en CO_2 des produits importés (+ 76 %) alors même que les émissions sur le sol national pour satisfaire la demande nationale se contractent (– 23 %). Cependant, compte tenu de l'accroissement de la population, l'empreinte carbone par personne de 2015 est très proche de celle de 1995. Mais à l'instar des émissions de CO_2 comptabilisées dans l'**inventaire national**, l'empreinte CO_2 décroît également depuis le milieu des années 2000. ■

Définitions

Équivalent CO_2 : méthode de mesure des émissions de gaz à effet de serre qui prend en compte le pouvoir de réchauffement de chaque gaz relativement à celui du CO_2.

Gaz à effet de serre (GES) : les principaux gaz responsables de l'effet de serre, dont les émissions sont encadrées par le protocole de Kyoto, sont le dioxyde de carbone (CO_2), le méthane (CH_4), l'oxyde nitreux (N_2O) et les gaz fluorés (HFC, PFC et SF_6). Les émissions de ces gaz sont pondérées par leurs potentiels de réchauffement global (PRG) et exprimées en équivalent CO_2 pour donner un total d'émissions en équivalents CO_2.

UTCF : utilisation des terres, leur changement et la forêt. C'est une catégorie utilisée dans les inventaires d'émissions de gaz à effet de serre qui couvre les émissions et les absorptions de ces gaz liées à l'utilisation des terres, leur changement et à la forêt.

Empreinte carbone, inventaire national, pouvoir de réchauffement global d'un gaz (PRG), protocole de Kyoto : voir rubrique « Définitions » en annexes.

Pour en savoir plus

- « Chiffres clés du climat – France et Monde », *Datalab*, SoeS, édition 2017, novembre 2016.
- « Météo-France et le climat 2015 », Météo-France.
- 21e Conférence des parties (COP22) : http://www.cop21.gouv.fr.

Retrouvez le TEF sur www.insee.fr dans la collection « Insee Références »

Évolution des émissions de gaz à effet de serre au titre du protocole de Kyoto de 1990 à 2014

en % par rapport à 1990

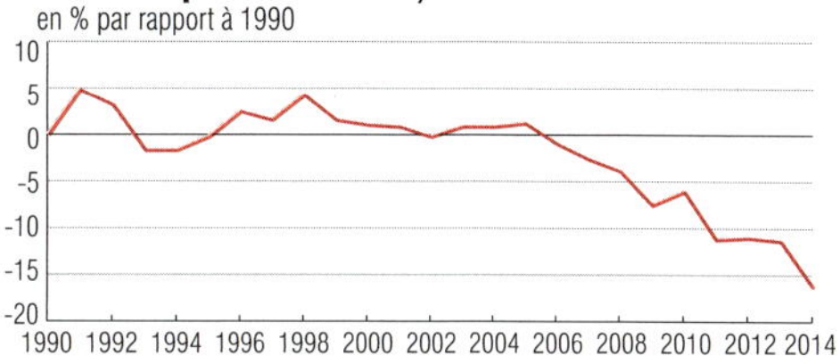

Note : évolution du pouvoir de réchauffement global (PRG).
Champ : France y c. Saint-Martin.
Source : Citepa.

Écart à la moyenne des températures de la période 1961-1990

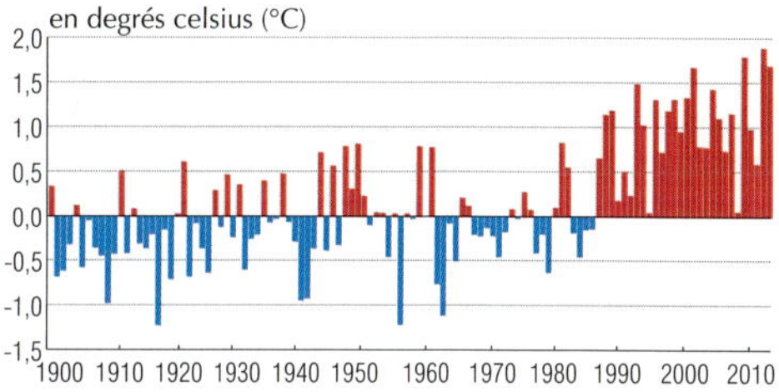

Note : le dernier point affiché correspond à l'année 2015.
Champ : France métropolitaine.
Source : Météo-France.

Émissions de gaz à effet de serre hors UTCF par secteur d'activité

en millions de tonnes équivalent CO_2

	1990 (r)	2000 (r)	2005 (r)	2015 (e)
Transports[1]	121	141	144	135
Industrie manufacturière	147	128	117	85
Agriculture et sylviculture	95	96	92	91
Résidentiel, tertiaire, institutionnel et commercial	90	96	107	92
Industrie de l'énergie[2]	78	71	73	46
Traitement des déchets[3]	17	23	23	19
Total hors UTCF	**548**	**554**	**555**	**469**

1. Trafic domestique uniquement.
2. Y c. l'incinération des déchets avec récupération d'énergie.
3. Hors incinération des déchets avec récupération d'énergie.

Note : l'année 1990 est la valeur de référence dans le cadre du protocole de Kyoto.
Source : Citepa.

Évolution des émissions de CO_2 selon l'approche empreinte carbone et l'inventaire national

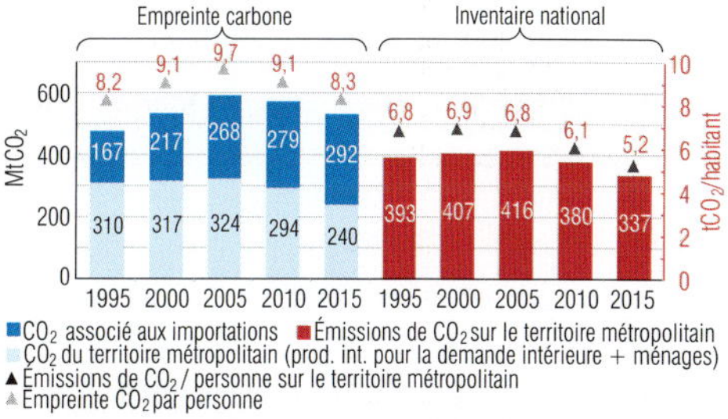

Note : l'empreinte carbone de la demande finale intérieure représente les émissions de CO_2 induites, en France et à l'étranger, par la consommation de la population résidant en France ; l'inventaire national représente les émissions de CO_2 sur le sol national, liée à la production et à la consommation finale des ménages (chauffage, transport).
Sources : AIE ; calculs SOeS d'après Eurostat ; Citepa ; DGDDI ; Insee.

Émissions de CO_2 hors UTCF dans le monde

	en millions de t CO_2		en t CO_2 par habitant	
	2014	14/90 en %	2014	14/90 en %
Amérique du Nord	6 357	11,0	13,2	– 16,0
dont : Canada	*566*	*26,2*	*15,9*	*– 1,9*
États-Unis	*5 335*	*6,9*	*16,5*	*– 15,8*
Amérique latine	1 306	101,8	2,6	45,2
dont Brésil	*501*	*130,5*	*2,5*	*71,0*
Europe et ex-URSS	6 142	– 26,5	6,8	– 31,4
dont : Russie	*1 766*	*– 25,7*	*12,4*	*– 22,8*
UE	***3 415***	***– 21,4***	***6,7***	***– 26,1***
dont France	***324***	***– 16,3***	***5,0***	***– 25,4***
Afrique	1 188	78,1	1,0	– 3,2
Moyen-Orient	2 272	179,1	12,8	67,3
Extrême-Orient	16 833	213,0	4,3	133,1
dont : Chine	*10 541*	*337,1*	*7,6*	*261,9*
Corée du Sud	*610*	*127,6*	*12,3*	*97,4*
Inde	*2 342*	*258,9*	*1,8*	*125,0*
Japon	*1 235*	*5,6*	*10,1*	*5,2*
Océanie	454	49,4	15,0	9,9
Soutes internationales maritimes et aériennes	1 117	78,2	///	///
Émissions mondiales de CO_2	**35 669**	**58,4**	**4,9**	**15,3**

Champ : émissions liées à la combustion d'énergie fossile et aux procédés industriels (par exemple fabrication du ciment hors consommation d'énergie).
Ces émissions représentent 85 % des émissions totales de CO_2 dans le monde, soit 65 % des émissions de GES.
Sources : Banque mondiale ; SOeS d'après EDGAR.

Émissions de gaz à effet de serre hors UTCF dans l'UE

en millions de tonnes d'équivalent CO_2

	1990	2000	2014			
			Total	*dont énergie*	*dont agriculture*	*dont process. Industriels*
Allemagne	1 246	1 041	900	*762*	*66*	*61*
Autriche	79	80	76	*51*	*7*	*16*
Belgique	146	149	114	*82*	*10*	*20*
Bulgarie	104	58	57	*43*	*5*	*5*
Chypre	6	8	8	*6*	*1*	*1*
Croatie	31	25	23	*16*	*2*	*3*
Danemark	71	71	51	*37*	*11*	*2*
Espagne	286	385	329	*238*	*37*	*38*
Estonie	40	17	21	*19*	*1*	*1*
Finlande	71	70	59	*44*	*6*	*6*
France	**548**	**554**	**459**	***320***	***79***	***40***
Grèce	105	128	101	*75*	*9*	*12*
Hongrie	94	74	57	*40*	*7*	*6*
Irlande	56	69	58	*35*	*19*	*3*
Italie	522	554	419	*340*	*30*	*30*
Lettonie	26	10	11	*7*	*3*	*1*
Lituanie	47	19	19	*11*	*4*	*3*
Luxembourg	13	10	11	*9*	*1*	*1*
Malte	2	3	3	*2*	*0*	*0*
Pays-Bas	222	220	187	*154*	*18*	*11*
Pologne	473	392	380	*309*	*30*	*30*
Portugal	61	84	65	*44*	*7*	*6*
Rép. tchèque	199	151	126	*95*	*8*	*15*
Roumanie	255	142	112	*77*	*18*	*12*
Royaume-Uni	797	714	524	*425*	*45*	*35*
Slovaquie	75	50	41	*27*	*3*	*9*
Slovénie	19	19	17	*13*	*2*	*1*
Suède	72	69	54	*39*	*7*	*6*
UE	**5 665**	**5 168**	**4 282**	***3 322***	***436***	***374***

Source : Agence européenne de l'environnement.

3.1 Évolution de la population

Au 1er janvier 2017, la France compte 66,991 millions d'habitants, dont 64,860 millions vivent en métropole. Au cours de l'année 2016, la population a augmenté de 265 000 personnes, soit une hausse de 0,4 %, comme en 2015. De même que les années précédentes, cette progression est principalement due au **solde naturel**, + 198 000 personnes en 2016. Le **solde migratoire** est estimé à 67 000 personnes. À champ constant (hors Mayotte), la population continue ainsi de croître, mais plus modérément que précédemment. En effet, la croissance démographique était de l'ordre de + 0,5 % entre 2009 et 2014 et aux environs de + 0,7 % au cours de la première moitié des années 2000.

En 2016, le solde naturel est inférieur de 7 000 personnes à celui de 2015 et devient ainsi le plus faible enregistré depuis 1976 (+ 182 000). Il a beaucoup diminué en 2015, en raison du plus grand nombre de décès survenus cette année là et, dans une moindre mesure, au recul des naissances. En 2016, la baisse du solde naturel, plus modéré qu'en 2015, s'explique par la diminution du nombre de naissances.

Si les tendances démographiques récentes se poursuivaient, la France compterait 76,5 millions d'habitants au 1er janvier 2070, soit 10,7 millions de plus qu'en 2013, date du dernier recensement. D'après ce scénario central des **projections démographiques 2013-2070**, la hausse de la population concernerait essentiellement les personnes de 65 ans ou plus (+ 10,4 millions). Le solde naturel serait le moteur principal de la croissance en début de période. Puis, vers 2050, la croissance démographique serait davantage tirée par le solde migratoire. À la fin de la période de projection, le solde naturel progresserait de nouveau et rejoindrait le niveau du solde migratoire.

Au 1er janvier 2016, la population de l'Union européenne (UE) compte 510,1 millions de résidents, contre 508,3 millions au 1er janvier 2015. Au cours de l'année 2015, 5,1 millions de naissances ont eu lieu dans l'UE, tandis que 5,2 millions de personnes sont décédées ; l'UE connaît ainsi pour la première fois un solde naturel négatif. La variation restante (positive) correspond essentiellement à l'apport du solde migratoire. Les États les plus peuplés de l'UE demeurent l'Allemagne, la France, le Royaume-Uni et l'Italie. Ensemble, ils réunissent plus de la moitié (54 %) de la population de l'UE.

En 2016, la **population mondiale** est estimée à 7,4 milliards de personnes. L'Asie reste le continent le plus peuplé de la planète. L'Europe ne représente plus que 10 % de la population mondiale alors qu'elle en représentait le double en 1960. À l'inverse, la part de la population africaine a presque doublé, passant de 9 % en 1960 à 16 % en 2016. ■

Définitions

Solde naturel : différence entre le nombre de naissances et le nombre de décès enregistrés au cours d'une période. Les mots « excédent » ou « accroissement » sont justifiés par le fait qu'en général le nombre de naissances est supérieur à celui des décès. Mais l'inverse peut se produire, et le solde naturel est alors négatif.

Projections démographiques 2013-2070 : elles projettent chaque année le nombre d'hommes et de femmes de chaque âge vivant en France à partir d'hypothèses sur l'évolution de la fécondité, de la mortalité et du solde migratoire.

Population mondiale (estimations et projections), renouvellement des générations, solde apparent des entrées-sorties, solde migratoire, taux d'accroissement naturel (ou taux d'excédent naturel), taux de mortalité, taux de natalité : voir rubrique « Définitions » en annexes.

Pour en savoir plus

- « Bilan démographique 2016 : À nouveau en baisse, la fécondité atteint 1,93 enfant par femme en 2016 », *Insee Première* n° 1630, janvier 2017.
- « Projections de population 2013-2070 pour la France », *Document de travail* n° F1606, Insee, novembre 2016.
- « Démographie européenne », *communiqué de presse* n° 134, Eurostat, juillet 2016.

Retrouvez le TEF sur www.insee.fr dans la collection « Insee Références »

Composantes de l'évolution démographique

en milliers

	Population au 1er janvier[1]	Naissances vivantes[2]	Décès[2]	Solde naturel[2]	Solde migratoire évalué[3]	Ajustement
1985	56 444,7	796,1	560,4	235,7	39,4	0,0
1990	57 996,4	793,1	534,4	258,7	77,4	– 52,3
1995	59 280,6	759,1	540,3	218,7	42,2	– 54,1
2000	60 508,2	807,4	540,6	266,8	72,0	94,5
2005	62 730,5	806,8	538,1	268,7	92,2	94,6
2010	64 612,9	832,8	551,2	281,6	38,9	0,0
2012	65 241,2	821,0	569,9	251,2	72,3	0,0
2013	65 564,8	811,5	569,2	242,3	100,0	0,0
2014	66 127,3	818,6	559,3	259,3	67,0	0,0
2015	66 453,6	798,9	593,7	205,3	67,0	0,0
2016	66 725,8	785,0	587,0	198,0	67,0	0,0
2017	66 990,8	...	...	...	...	...

1. Résultats provisoires arrêtés à fin 2016 pour 2015, 2016 et 2017.
2. Résultats provisoires pour 2016.
3. Résultats provisoires arrêtés à fin 2016 pour 2014, 2015 et 2016.
Champ : France hors Mayotte jusqu'en 2013 et France y c. Mayotte à partir de 2014.
Source : Insee, estimations de population et statistiques de l'état civil.

Taux de natalité et taux de mortalité

pour 1 000 habitants

	Taux de natalité	Taux de mortalité	Taux de variation naturelle
1985	14,1	9,9	4,2
1990	13,6	9,2	4,4
1995	12,8	9,1	3,7
2000	13,3	8,9	4,4
2005	12,8	8,5	4,3
2010	12,9	8,5	4,4
2012	12,6	8,7	3,9
2013	12,3	8,7	3,6
2014 (p)	12,3	8,4	3,9
2015 (p)	12,0	8,9	3,1
2016 (p)	11,7	8,8	2,9

Champ : France hors Mayotte jusqu'en 2013 et y c. Mayotte à partir de 2014.
Source : Insee, estimations de population et statistiques de l'état civil.

Taux d'accroissement annuel de la population dans l'UE

pour 1 000 habitants

	Solde naturel		Solde migratoire		Accroissement total	
	2000	2015 (p)	2000	2015 (p)	2000	2015 (p)
Allemagne	– 0,9	– 2,3	2,0	14,1	1,2	11,8
Autriche	0,2	0,2	2,2	14,2	2,3	14,4
Belgique	1,1	1,0	1,3	6,1	2,4	7,2
Bulgarie	– 5,1	– 6,2	0,0	– 0,6	– 5,1	– 6,7
Chypre	4,5	3,9	5,7	– 2,4	10,2	1,5
Croatie	– 1,5	– 4,0	– 11,7	– 4,3	– 13,2	– 8,2
Danemark	1,7	1,0	1,9	7,4	3,6	8,4
Espagne	0,9	– 0,1	9,7	– 0,2	10,6	– 0,2
Estonie	– 3,8	– 1,0	– 2,3	3,0	– 6,1	2,0
Finlande	1,4	0,5	0,5	2,3	1,9	2,8
France[1 2 3]	**4,4**	**3,1**	**2,7**	**1,0**	**7,1**	**4,1**
Grèce	– 0,2	– 2,7	5,8	– 3,3	5,6	– 6,0
Hongrie	– 3,7	– 4,0	1,6	1,5	– 2,1	– 2,5
Irlande	6,1	7,7	8,4	– 1,4	14,5	6,4
Italie	– 0,2	– 2,7	0,9	0,5	0,7	– 2,1
Lettonie	– 5,0	– 3,3	– 6,9	– 5,4	– 12,0	– 8,7
Lituanie	– 1,4	– 3,5	– 5,8	– 7,7	– 7,2	– 11,3
Luxembourg	4,5	3,7	7,9	19,6	12,4	23,3
Malte	3,8	2,0	2,3	9,7	6,1	11,7
Pays-Bas	4,2	1,4	3,6	3,3	7,7	4,6
Pologne	0,3	– 0,7	– 0,5	– 0,3	– 0,2	– 1,0
Portugal	1,4	– 2,2	6,5	– 1,0	7,9	– 3,2
Rép. tchèque	– 1,8	0,0	– 2,7	1,5	– 4,5	1,5
Roumanie	– 0,9	– 3,8	– 0,2	– 1,8	– 1,1	– 5,6
Royaume-Uni	1,2	2,7	2,4	6,1	3,6	8,8
Slovaquie	0,5	0,3	– 4,1	0,6	– 3,7	0,9
Slovénie	– 0,2	0,4	1,4	0,2	1,2	0,6
Suède	– 0,3	2,4	2,7	8,1	2,4	10,6
UE	**0,6**	**– 0,3**	**2,2**	**3,7**	**2,8**	**3,5**

1. Pour 2000 : solde apparent au lieu de solde migratoire.
2. Source Insee pour les données relatives à la France.
3. Champ : France hors Mayotte pour 2000, France y c. Mayotte pour 2015.
Source : Eurostat.

Évolution de la population dans le monde

en millions

	1960	1970	1980	1990	2000	2010	2015	2016	Évolution annuelle moyenne 2016/1960 en %
Afrique	**284,9**	**365,6**	**478,0**	**631,6**	**814,1**	**1 044,1**	**1 186,2**	**1 216,1**	**2,6**
Afrique orientale	84,3	110,4	147,5	198,2	259,4	342,7	394,5	405,5	2,8
Afrique centrale	32,2	40,8	53,1	70,9	96,1	130,6	152,0	156,5	2,9
Afrique septentrionale	63,7	82,9	106,9	140,1	171,9	203,7	223,9	228,0	2,3
Afrique méridionale	19,7	25,5	33,0	42,0	51,5	59,1	62,6	63,3	2,1
Afrique occidentale	84,9	106,0	137,4	180,3	235,2	308,0	353,2	362,8	2,6
Amérique latine et Caraïbes	**221,2**	**288,5**	**365,0**	**446,9**	**526,9**	**599,8**	**634,4**	**641,0**	**1,9**
Caraïbes	20,7	25,3	29,7	34,2	38,3	41,6	43,2	43,5	1,3
Amérique centrale	51,4	69,7	92,4	114,8	138,8	161,1	172,7	175,0	2,2
Amérique méridionale	149,1	193,5	242,9	297,9	349,8	397,1	418,4	422,5	1,9
Amérique du Nord	**204,2**	**231,0**	**254,2**	**280,6**	**313,7**	**344,1**	**357,8**	**360,5**	**1,0**
Asie	**1 686,7**	**2 120,4**	**2 625,6**	**3 202,5**	**3 714,5**	**4 169,9**	**4 393,3**	**4 436,2**	**1,7**
Asie orientale	788,1	978,1	1 173,4	1 368,6	1 496,3	1 575,3	1 612,3	1 618,8	1,3
Asie centrale méridionale	618,6	774,8	980,3	1 239,7	1 507,1	1 765,1	1 890,3	1 915,1	2,0
Asie méridionale orientale	213,8	281,5	358,1	445,7	526,2	596,7	633,5	640,6	2,0
Asie occidentale	66,2	86,0	113,8	148,6	185,0	232,7	257,2	261,8	2,5
Europe	**605,6**	**657,2**	**693,9**	**721,1**	**726,4**	**735,4**	**738,4**	**738,8**	**0,4**
Europe orientale	253,6	276,4	295,0	310,0	303,8	294,6	292,9	292,5	0,3
Europe septentrionale	81,8	87,3	89,8	92,0	94,4	99,7	102,4	102,9	0,4
Europe méridionale	117,9	127,6	138,5	143,4	145,1	153,4	152,3	152,2	0,5
Europe occidentale	152,3	165,9	170,5	175,6	183,2	187,8	190,8	191,3	0,4
Océanie	**15,8**	**19,7**	**23,0**	**27,0**	**31,1**	**36,4**	**39,3**	**39,9**	**1,7**
Monde	**3 018,3**	**3 682,5**	**4 439,6**	**5 309,7**	**6 126,6**	**6 929,7**	**7 349,5**	**7 432,7**	**1,6**

Note : estimations et projections de population en milieu d'année.
Source : ONU (World Population Prospects: The 2015 revision).

3.2 Population par âge

Au 1er janvier 2017, la France compte 66,991 millions d'habitants. La population française continue de vieillir. Les personnes âgées d'au moins 65 ans représentent 19,2 % de la population, soit une progression de 3,9 points en vingt ans. La hausse est de 2,6 points sur la même période pour les habitants âgés de 75 ans ou plus, qui représentent près d'un habitant sur dix au 1er janvier 2017. En revanche, la part des jeunes âgés de moins de 20 ans a reculé de 1,7 point dans le même temps pour s'établir à 24,5 %. Les habitants âgés de 20 à 59 ans représentent, quant à eux, un peu plus de la moitié de la population, soit une baisse de 3,5 points en vingt ans.

Selon les **projections de population** de l'Insee, si les tendances démographiques observées jusqu'ici se maintiennent, la France compterait 76,5 millions d'habitants au 1er janvier 2070. D'après ce scénario central, la quasi-totalité de la hausse de la population d'ici 2070 concernerait les personnes âgées de 65 ans ou plus. L'augmentation serait particulièrement forte pour les personnes de 75 ans ou plus : elle représenterait presque les trois quarts de la hausse totale. Jusqu'en 2040, la proportion des personnes de 65 ans ou plus progressera fortement : à cette date, environ un habitant sur quatre aura 65 ans ou plus. Cette forte augmentation est inéluctable et correspond à l'arrivée dans cette classe d'**âge** de toutes les **générations** issues du *baby-boom*. Après 2040, la part des 65 ans ou plus continuerait à progresser mais plus modérément.

En 2070, la France compterait plus d'une personne âgée de 65 ans ou plus pour deux personnes âgées de 20 à 64 ans. Elle pourrait également compter 270 000 centenaires. Quant aux habitants de moins de 20 ans, leur nombre baisserait légèrement, et leur part dans la population perdrait 3,2 points pour atteindre 21,3 % en 2070. Enfin, le nombre de personnes âgées de 20 à 59 ans progresserait légèrement pour se fixer à 33,8 millions. Leur part serait alors de 44,2 %. La pyramide des âges de la France de 2070 renvoie l'image d'une répartition de la population par âge très équilibrée. L'empreinte des grands chocs démographiques passés (seconde guerre mondiale et *baby-boom*) aura disparu.

D'après les projections de population établies par Eurostat, la population de l'Union européenne devrait culminer à 526 millions d'habitants vers 2050 et redescendre progressivement à 520 millions à l'horizon 2070. Elle connaîtrait un important vieillissement. En effet, en 2070, la population âgée d'au moins 65 ans serait de 146 millions de personnes et celle de plus de 80 ans atteindrait 63 millions, représentant respectivement 28,1 % et 12,2 % de la population européenne. Parallèlement, le nombre d'enfants âgés de moins de 15 ans diminuerait graduellement à partir de 2020, sa proportion restant à peu près constante sur la période de projection (autour de 15 %). La population âgée de 15 à 64 ans diminuerait également régulièrement pour passer à 56,9 % en 2070. ■

Définitions

Âge : l'âge est la durée écoulée depuis la naissance. Il peut être calculé selon deux définitions, soit l'âge par génération ou âge atteint dans l'année, soit l'âge en années révolues. L'âge généralement utilisé est l'âge atteint dans l'année. Il correspond à la différence entre l'année de l'événement et l'année de naissance de l'individu. L'âge en années révolues est l'âge au dernier anniversaire. Aussi, à la date de l'événement, dans une même génération, l'âge en années révolues n'est pas le même pour toutes les personnes.

Génération : ensemble des personnes nées la même année civile. Exemple : « la génération 1946 ».

Projections de population, pyramide des âges : voir rubrique « Définitions » en annexes.

Pour en savoir plus

- « Bilan démographique 2016 – À nouveau en baisse, la fécondité atteint 1,93 enfant par femme en 2016 », *Insee Première* n° 1630, janvier 2017.
- « 21 000 centenaires en 2016 en France, 270 000 en 2070 ? », *Insee Première* n° 1620, novembre 2016.
- « Projections de population à l'horizon 2070 – Deux fois plus de personnes de 75 ans ou plus qu'en 2013 », *Insee Première* n° 1619, novembre 2016.
- « Près de 27 millions de personnes âgées de 80 ans ou plus dans l'Union européenne », *Communiqué de presse* n° 185, Eurostat, septembre 2016.

Pyramide des âges au 1er janvier 2017

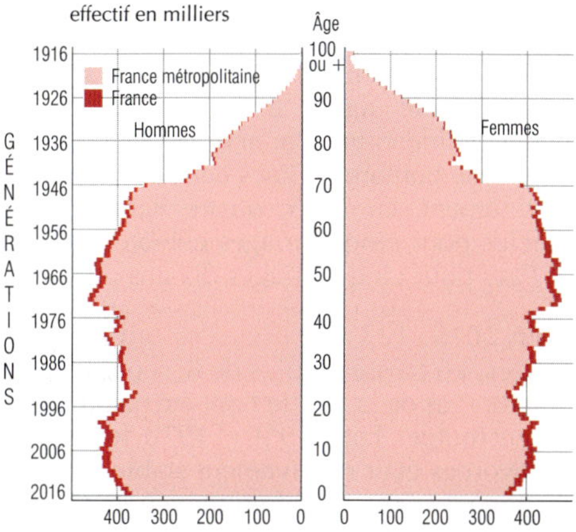

Source : Insee, estimations de population (résultats provisoires arrêtés fin 2016).

Population par groupe d'âges

en %

Au 1er janvier	Moins de 20 ans	20 ans à 59 ans	60 ans ou plus	*dont 75 ans ou plus*	Ensemble en milliers
France métropolitaine					
1901[1]	34,3	53,0	12,7	*2,5*	38 485,9
1910[1]	33,6	53,7	12,7	*2,5*	39 089,0
1920	31,3	54,9	13,8	*2,8*	38 383,0
1930	30,1	55,7	14,2	*2,9*	40 912,1
1946	29,5	54,4	16,0	*3,4*	40 125,2
1950	30,1	53,6	16,2	*3,8*	41 647,3
1960	32,3	51,0	16,7	*4,3*	45 464,8
1970	33,1	48,9	18,0	*4,7*	50 528,2
1980	30,6	52,4	17,0	*5,7*	53 731,4
1990	27,8	53,2	19,0	*6,8*	56 577,0
2000	25,6	53,8	20,6	*7,2*	58 858,2
2010	24,5	52,7	22,8	*8,9*	62 765,2
2012	24,4	51,9	23,7	*9,1*	63 376,0
2013	24,4	51,6	24,1	*9,1*	63 697,9
2014	24,3	51,3	24,4	*9,2*	64 027,8
2015 (p)	24,3	50,9	24,8	*9,3*	64 343,9
2016 (p)	24,3	50,6	25,2	*9,3*	64 604,6
2017 (p)	24,2	50,3	25,5	*9,2*	64 859,6
France[2]					
1991	27,7	53,2	19,0	*6,6*	58 280,1
2000	25,8	53,8	20,4	*7,1*	60 508,2
2010	24,8	52,6	22,6	*8,8*	64 612,9
2012	24,6	52,0	23,5	*9,0*	65 241,2
2013	24,5	51,6	23,9	*9,0*	65 564,8
2014	24,6	51,2	24,2	*9,1*	66 127,3
2015 (p)	24,6	50,9	24,5	*9,1*	66 453,6
2016 (p)	24,6	50,5	24,9	*9,1*	66 725,8
2017 (p)	24,5	50,2	25,3	*9,1*	66 990,8

1. France métropolitaine hors Bas-Rhin, Haut-Rhin et Moselle.
2. France hors Mayotte jusqu'en 2013 et y c. Mayotte à partir de 2014.
Source : Insee, estimations de population.

Pyramide des âges en 2070

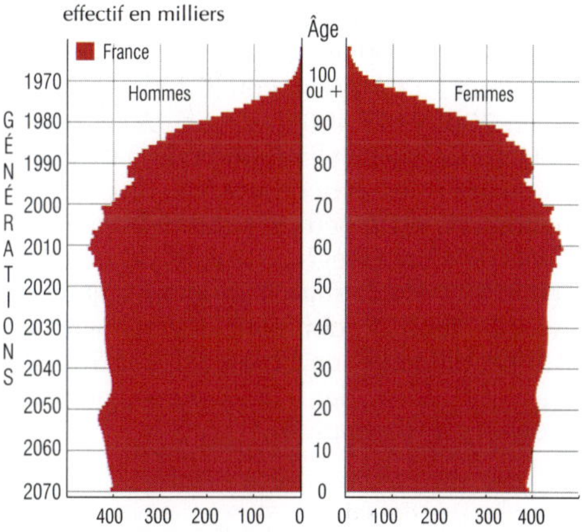

Source : Insee, projections de population 2013-2070.

Projection de population par grand groupe d'âges

en %

	Population au 1er janvier en millions	Moins de 20 ans	20 ans à 59 ans	60 ans à 64 ans	65 ans à 74 ans	75 ans ou plus
2020	67,8	24,4	49,4	6,1	10,8	9,3
2025	69,1	23,7	48,3	6,2	11,0	10,8
2030	70,3	23,0	47,4	6,2	11,2	12,2
2035	71,4	22,4	46,5	6,2	11,4	13,5
2040	72,5	22,2	46,1	5,6	11,5	14,6
2050	74,0	22,3	44,9	5,7	10,8	16,3
2060	75,2	21,7	44,9	5,5	10,7	17,2
2070	76,4	21,3	44,2	5,8	10,8	17,9

Source : Insee, scénario central des projections de population 2013-2070.

Population et structure par âge dans le monde en 2015

en %

	Moins de 15 ans	15 à 64 ans	65 ans ou plus
Afrique	**41,0**	**55,5**	**3,5**
Afrique orientale	43,4	53,4	3,1
Afrique centrale	45,4	51,7	2,9
Afrique septentrionale	32,1	62,6	5,2
Afrique méridionale	30,0	65,1	4,9
Afrique occidentale	43,8	53,4	2,8
Amérique latine, Caraïbes	**25,7**	**66,7**	**7,6**
Caraïbes	25,1	65,6	9,4
Amérique centrale	28,6	65,1	6,3
Amérique méridionale	24,6	67,4	8,0
Amérique septentrionale	**18,7**	**66,4**	**14,9**
Asie	**24,5**	**68,0**	**7,5**
Asie orientale	16,8	72,2	11,0
Asie centrale méridionale	29,5	65,1	5,4
Asie méridionale orientale	26,5	67,5	5,9
Asie occidentale	30,1	64,8	5,1
Europe	**15,7**	**66,7**	**17,6**
Europe orientale	15,9	69,4	14,7
Europe septentrionale	17,6	64,4	18,0
Europe méridionale	14,5	65,4	20,1
Europe occidentale	15,5	64,7	19,8
Océanie	**23,5**	**64,6**	**11,9**
Australie et Nouvelle Zélande	18,9	66,0	15,0
Melanésie	36,1	60,4	3,5
Micronésie	29,6	64,3	6,1
Polynésie	29,8	63,7	6,5
Monde	**26,1**	**65,7**	**8,3**

Source : ONU (Demographic Yearbook 2015).

3.3 Mariages - Pacs - Divorces

En 2016, en France, 235 000 mariages ont été célébrés, dont 228 000 entre personnes de sexe différent et 7 000 entre personnes de même sexe. Le nombre de mariages, qui baissait de manière quasi continue depuis le pic de l'an 2000, malgré quelques années de pause (2005, 2010 ou 2012), est relativement stable depuis 2013.

Les mariages entre personnes de sexe différent sont toujours de plus en plus tardifs : en 2016, les hommes se marient en moyenne à 37,8 ans et les femmes à 35,3 ans, soit environ cinq ans plus tard qu'en 1996. Cette année-là, les hommes se mariaient alors en moyenne à 32,6 ans et les femmes à 30,0 ans. À l'inverse, l'âge des mariés de même sexe diminue très légèrement en 2016. En considérant l'ensemble des couples, constitués de personnes mariées ou non, ceux dans lesquels l'homme est plus jeune que la femme deviennent plus fréquents : 10 % des couples formés dans les années 1960 et 16 % de ceux formés dans les années 2000.

En 2016, 49 % des couples mariés de même sexe sont des couples de femmes. Cette proportion n'a cessé de progresser depuis 2013, année de la promulgation de la loi ouvrant le mariage aux personnes de même sexe. De 42 % en 2013, elle a atteint 46 % en 2014, puis 47 % en 2015.

En 2015, 189 000 **pactes civils de solidarité (Pacs)** ont été conclus, soit 15 000 de plus qu'en 2014. Après avoir atteint un niveau record en 2010, le nombre de Pacs avait baissé en 2011, pour la première fois depuis sa création fin 1999, de façon concomitante avec l'aménagement de la fiscalité. Ainsi, depuis le 1er janvier 2011, les couples qui se marient ou concluent un Pacs n'ont plus la possibilité de signer trois déclarations de revenus différentes l'année de leur union. Depuis, le nombre de Pacs conclus augmente continûment. En 2015, quatre Pacs ont été conclus pour cinq mariages célébrés, contre un Pacs pour cinq mariages dix ans plus tôt.

En 2015, 123 668 **divorces** ont été prononcés, en baisse de plus de 8 % par rapport à 2010. Plus de la moitié l'ont été par consentement mutuel. Entre 1950 et 1970, le nombre de divorces était relativement stable et s'établissait à 33 000 par an en moyenne. Durant les quinze ans qui ont suivi, de plus en plus de couples mariés ont divorcé. La nouvelle législation de 1975 sur le divorce, qui introduit notamment le divorce par consentement mutuel, a accéléré le mouvement déjà en cours. En 1986, 108 400 divorces ont été prononcés. S'en est ensuivi une période de relative stabilité, jusqu'au début des années 2000. Une nouvelle augmentation du nombre de divorces s'est amorcée en 2003, avec un pic en 2005 (155 300 divorces). 2005 est en effet l'année qui suit l'adoption de la loi visant à simplifier les procédures de divorce. Le phénomène est à peu près stabilisé en 2007, année où l'on enregistre autant de divorces qu'en 2004. Par la suite, le nombre annuel de divorces tend à diminuer légèrement, de 133 900 divorces en 2010 à 123 500 en 2014. En 2015, la baisse du nombre de divorces s'interrompt. ■

Définitions

État civil : depuis la Révolution, un cadre législatif régit l'enregistrement des naissances, mariages, décès, de même que les autres faits relatifs à l'état des personnes (divorces, reconnaissances, légitimations, adoptions). C'est sur cette base que s'est élaboré le recueil de données pour l'établissement des statistiques de l'état civil.

Taux de divorce : rapport du nombre de divorces prononcés dans l'année à la population totale moyenne de l'année.

Taux de nuptialité : rapport du nombre de mariages de l'année à la population totale moyenne de l'année.

Divorce, état matrimonial légal, pacte civil de solidarité (Pacs) : voir rubrique « Définitions » en annexes.

Pour en savoir plus

- « Bilan démographique 2016 - À nouveau en baisse, la fécondité atteint 1,93 enfant par femme en 2016 », *Insee Première* n° 1630, janvier 2017.
- « De plus en plus de couples dans lesquels l'homme est plus jeune que la femme », *Insee Première* n° 1613, septembre 2016.
- « 123 500 divorces en 2014 – Des divorces en légère baisse depuis 2010 », *Insee Première* n° 1599, juin 2016.
- « 241 300 mariages en 2014 – Une légère hausse due aux mariages entre personnes de même sexe », *Insee Focus* n° 55, mars 2016.

Retrouvez le TEF sur www.insee.fr dans la collection « Insee Références »

Mariages et nuptialité

	Mariages	Taux de nuptialité	État matrimonial antérieur des époux en %		Âge moyen[1] au premier mariage en années	
	en milliers	pour 1 000 hab.	Homme célibataire	Femme célibataire	Hommes	Femmes
France métropolitaine						
1970	393,7	7,8	92,1	92,5	24,7	22,6
1980	334,4	6,2	87,5	88,5	25,1	23,0
1990	287,1	5,1	83,2	84,1	27,6	25,6
2000	297,9	5,0	81,5	82,4	30,2	28,0
2010	245,3	3,9	79,4	80,7	31,8	30,0
2014 (p)	235,3	3,7	80,1	80,8	32,6	30,9
2015 (p)	230,4	3,6	80,1	80,8	32,7	31,0
2016 (p)	230,0	3,6	...	...	...	...
France						
2000	305,2	5,0	81,4	82,5	30,2	28,1
2010	251,7	3,9	79,4	80,8	31,8	30,0
2014 (p)	241,3	3,6	80,2	81,0	32,6	30,9
2015 (p)	236,3	3,5	80,2	80,9	32,7	31,0
2016 (p)	235,0	3,5	...	...	...	...

1. Âge moyen calculé pour une génération fictive d'hommes et de femmes qui auraient à tout âge les taux de primo-nuptialité calculés l'année considérée.
Lecture : en 2015, 80,9 % des épouses se mariaient pour la première fois.
Champ : France y c. Mayotte à partir de 2014.
Source : Insee, statistiques de l'état civil et estimations de population.

Femmes déjà mariées à divers âges par génération

en %

Génération	Pourcentage de femmes mariées à la fin de l'année où elles atteignent l'âge indiqué					
	20 ans	22 ans	24 ans	30 ans	40 ans	50 ans
1946	34,1	58,8	74,3	88,5	92,1	93,0
1956	31,6	51,6	63,8	78,0	84,0	86,1
1966	9,8	20,9	33,7	57,4	69,9	73,4
1976	3,0	7,3	16,3	44,2	58,2	///
1986	1,7	4,4	9,3	26,2	///	///
1996	0,4	///	///	///	///	///

Lecture : fin 2016, à 20 ans, 0,4 % des femmes nées en 1996 ont déjà été mariées une fois.
Champ : France métropolitaine.
Source : Insee, statistiques de l'état civil et estimations de population.

Divorces et divortialité

en milliers

	Année du jugement					
	2000	2005	2010	2013	2014	2015
Nombre de divorces	116,7	155,3	133,9	124,9	123,5	123,7
Taux brut de divorces pour 1 000 habitants	1,92	2,47	2,07	1,90	(p) 1,86	(p) 1,86

Champ : France hors Mayotte jusqu'en 2013 et y c. Mayotte à partir de 2014.
Sources : Insee ; ministère de la Justice - SDSE.

Proportion de mariages déjà rompus suivant la durée et l'année du mariage

en divorces pour 100 000 mariages

Année du mariage	Durée du mariage						
	0 an	5 ans	10 ans	15 ans	20 ans	25 ans	30 ans
1970	17	3 638	9 661	15 224	20 011	23 679	26 145
1980	15	6 487	14 337	20 727	25 976	30 233	33 066
1990	21	8 229	17 825	25 462	31 558	36 199	///
2000	9	9 967	20 763	28 935	///	///	///
2010	47	8 917	///	///	///	///	///
2015	37	///	///	///	///	///	///

Lecture : pour 100 000 mariages célébrés en 1980, 33 066 ont été rompus avant 30 ans de mariage.
Champ : France métropolitaine.
Sources : Insee ; ministère de la Justice - SDSE.

Mariages et Pacs conclus

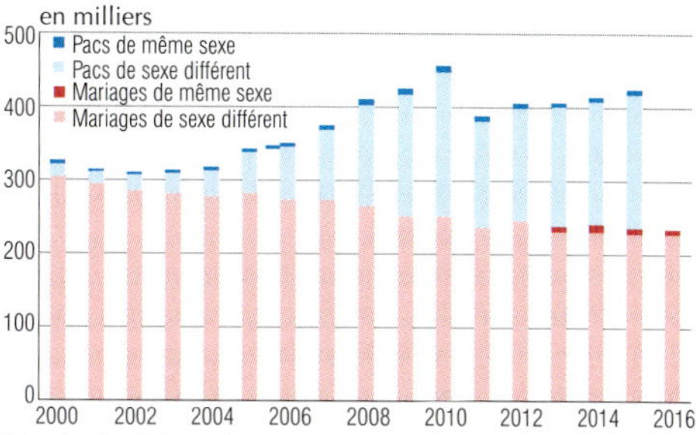

Note : données 2016 non disponibles pour les Pacs et provisoires pour les mariages.
Champ : France hors Mayotte jusqu'en 2013 et y c. Mayotte à partir de 2014.
Sources : Insee, statistiques de l'état civil ; ministère de la Justice - SDSE

État matrimonial légal des personnes de 15 ans ou plus

en %

	2011	2012	2013 (p)	2014 (p)	2015 (p)	2016 (p)
Célibataire	38,3	38,6	39,1	40,4	40,8	41,2
Marié	46,6	46,2	46,1	45,4	44,9	44,3
Veuf	7,6	7,5	7,2	6,8	6,8	6,7
Divorcé	7,6	7,7	7,5	7,4	7,6	7,8

Lecture : le 1er janvier 2016, parmi les personnes de 15 ans ou plus, 44,3 % sont mariés.
Note : âge en années révolues.
Champ : France hors Mayotte jusqu'en 2013 et y c. Mayotte à partir de 2014.
Source : Insee, estimations de population.

Nuptialité et divortialité dans les pays de l'UE

pour 1 000 habitants

	Taux de nuptialité		Taux de divorce	
	1980	2014	1980	2014
Allemagne	6,3	4,8	1,8	2,1
Autriche[1 2]	6,2	4,3	1,8	2,0
Belgique[1 3]	6,7	3,8	1,5	2,3
Bulgarie	7,9	3,4	1,5	1,5
Chypre[1 2]	7,7	6,4	0,3	2,4
Croatie[4]	7,2	4,6	1,2	1,4
Danemark	5,2	5,0	2,7	3,4
Espagne	5,9	3,4	///	2,2
Estonie	8,8	4,7	4,1	2,4
Finlande	6,1	4,5	2,0	2,5
France métropolitaine[5]	**6,2**	**3,7**	**1,5**	**1,9**
Grèce[4]	6,5	4,9	0,7	1,5
Hongrie	7,5	3,9	2,6	2,0
Irlande[1 3]	6,4	4,5	///	0,6
Italie	5,7	3,1	0,2	0,9
Lettonie	9,8	6,3	5,0	3,1
Lituanie	9,2	7,6	3,2	3,3
Luxembourg	5,9	3,0	1,6	2,6
Malte	8,8	6,7	///	0,8
Pays-Bas	6,4	3,9	1,8	2,1
Pologne	8,6	5,0	1,1	1,7
Portugal[4]	7,4	3,0	0,6	2,2
Rép. tchèque	7,6	4,3	2,6	2,5
Roumanie	8,2	5,9	1,5	1,4
Royaume-Uni[1 6]	7,4	4,5	2,6	2,0
Slovaquie	7,9	4,9	1,3	1,9
Slovénie	6,5	3,2	1,2	1,2
Suède	4,5	5,5	2,4	2,7

1. Données divortialité 2012. 2. Données nuptialité 2013. 3. Données nuptialité 2012. 4. Données divortialité 2013. 5. Source Insee pour les données relatives à la France. 6. Données nuptialité 2011.
Note : le divorce est autorisé en Espagne depuis 1981, en Irlande depuis 1995 et à Malte depuis 2011.
Source : Eurostat.

3.4 Ménages - Familles

En 2013, la France compte 28,5 millions de **ménages**. Un peu plus d'un tiers d'entre eux est constitué d'une seule personne ; ils regroupent 16 % de la population vivant dans un ménage, soit trois points de plus qu'en 1999. Avant 50 ans, les personnes habitant seules dans leur logement sont surtout des hommes, mais les femmes sont largement majoritaires après 75 ans (huit sur dix), celles-ci survivant souvent à leur conjoint. La part des ménages constitués d'un **couple** sans enfant au domicile a également augmenté (26 %). Dans les deux cas, le vieillissement de la population est largement en cause.

En 2013, 28 % des ménages comptent au moins un enfant mineur vivant avec un ou deux parents (voire un parent et un beau-parent). Sur les 8 millions de **familles** avec enfant(s) de moins de 18 ans, 1,8 million sont des **familles monoparentales**, soit 22 %. Cette part a fortement augmenté depuis 1999. Dans 84 % des cas, les enfants résident principalement avec leur mère. Les familles monoparentales comptent en moyenne moins d'enfants au domicile que les couples avec enfants (1,6 contre 1,8). Ainsi, en 2013, 6 familles monoparentales sur 10 ne comptent qu'un enfant mineur, contre 4 sur 10 pour les couples avec enfant(s). En parallèle, la part des familles nombreuses diminue. En 2013, 16,5 % des familles avec enfant(s) comprennent au moins trois enfants mineurs au domicile contre 18 % en 1999.

En 2012, les familles avec enfant(s) mineur(s) résident pour l'essentiel dans l'espace des grandes **aires urbaines,** soit huit familles sur dix. Au sein des grandes aires urbaines, ce sont les **villes-centres** qui accueillent, proportionnellement au nombre de ménages, le moins de familles avec enfant(s) mineur(s) (22 familles avec enfant(s) mineur(s) pour 100 ménages). Les familles sont à l'inverse d'autant plus fréquentes que l'on s'éloigne des villes-centres : en banlieue des villes-centres vivent 31 familles pour 100 ménages et 34 pour 100 ménages dans les **couronnes** des grands **pôles urbains**. Ces espaces concentrent une part importante de logements de grande taille à des prix accessibles, tout en restant à proximité des emplois.

Les différences entre les villes-centres et leur périphérie étaient encore plus marquées dans le passé. En effet, depuis 1990, dans un contexte où la part des familles diminue globalement, les villes-centres des grandes aires urbaines perdent moins de familles que leurs couronnes.

Les villes-centres, les communes du nord et du sud de la France ainsi que les départements d'outre-mer sont les territoires qui comptent davantage de familles dont les parents sont sans emploi et où se concentre la pauvreté. À l'exception du nord de la France, ce sont aussi les territoires qui comptent davantage de familles monoparentales. La part des familles nombreuses est nettement plus faible dans la moitié sud de la France. ■

Définitions

Famille : partie d'un ménage comprenant au moins deux personnes et constituée soit d'un couple formé d'un homme et d'une femme, marié ou non, avec ou sans enfant(s), soit d'un adulte avec un ou plusieurs enfants. On compte 18,0 millions de familles en France en 2013. Les seuls enfants pris en compte dans les familles sont les personnes célibataires n'ayant elles-mêmes pas d'enfant et vivant avec au moins un de leurs deux parents, sans limite d'âge.

Ménage : ensemble des occupants d'un même logement, sans que ces personnes soient nécessairement unies par des liens de parenté. Un ménage peut ne comprendre qu'une seule personne. Au sens du recensement de la population, les personnes vivant dans des habitations mobiles, les mariniers, les sans-abri et les personnes vivant en communauté (maisons de retraite, résidences universitaires, maisons de détention...) sont considérées comme vivant hors ménage. Il y a égalité entre le nombre de ménages et le nombre de résidences principales.

Aire urbaine, couple, couronne, famille monoparentale, famille recomposée, ménage complexe, pôle urbain, recensement de la population, ville-centre : voir rubrique « Définitions » en annexes.

Pour en savoir plus

- « France, portrait social », *Insee Références*, édition 2016.
- « Où vivent les familles en France ? », *Insee Première* n° 1582, janvier 2016.
- « Couples et familles », *Insee Références*, édition 2015.

Retrouvez le TEF sur www.insee.fr dans la collection « Insee Références »

Ménages selon la structure familiale

en milliers

	1999		2008		2013	
		en %		en %		en %
Ménage composé uniquement						
d'un homme seul	3 022,8	12,4	3 767,9	13,8	4 203,4	14,7
d'une femme seule	4 468,9	18,4	5 314,0	19,5	5 679,3	19,9
d'un couple sans enfant	5 965,7	24,5	7 054,7	25,9	7 325,0	25,7
d'un couple avec enfant(s)	7 688,9	31,6	7 488,1	27,5	7 427,4	26,0
dont avec enfant(s) de moins de 18 ans	*6 075,7*	*25,0*	*6 075,1*	*22,3*	*6 060,8*	*21,3*
d'une famille monoparentale	1 840,3	7,6	2 218,9	8,1	2 449,1	8,6
dont avec enfant(s) de moins de 18 ans	*1 102,6*	*4,5*	*1 434,7*	*5,3*	*1 585,3*	*5,6*
Ménages complexes	1 345,7	5,5	1 426,6	5,2	1 432,9	5,0
dont avec enfant(s) de moins de 18 ans	*422,5*	*1,7*	*365,4*	*1,3*	*358,7*	*1,3*
Total	**24 332,3**	**100,0**	**27 270,2**	**100,0**	**28 517,1**	**100,0**

Note : les enfants sont comptabilisés sans limite d'âge, les enfants de moins de 18 ans le sont en âge révolu.
Champ : population des ménages.
Source : Insee, RP1999 à RP2013 exploitations complémentaires.

Structure des familles avec enfants de moins de 18 ans

en milliers

	2008		2013	
		en %		en %
Couples avec enfant(s)	6 270,6	79,4	6 241,7	77,8
Familles monoparentales	1 624,0	20,6	1 784,1	22,2
Femmes seules avec enfant(s)	1 392,8	17,6	1 504,1	18,7
Hommes seuls avec enfant(s)	231,3	2,9	280,0	3,5
Total	**7 894,6**	**100,0**	**8 025,8**	**100,0**

Champ : population des ménages, familles avec au moins un enfant de 0 à 17 ans (en âge révolu).
Source : Insee, RP2008 et RP2013 exploitations complémentaires.

Familles selon le nombre d'enfants âgés de moins de 18 ans

en milliers

	2008		2013	
		en %		en %
1 enfant	3 574,3	45,3	3 615,2	45,0
2 enfants	3 010,8	38,1	3 087,4	38,5
3 enfants	1 015,0	12,9	1 023,7	12,8
4 enfants ou plus	294,5	3,7	299,5	3,7
Total	**7 894,6**	**100,0**	**8 025,8**	**100,0**

Champ : population des ménages, familles avec au moins un enfant de 0 à 17 ans (en âge révolu).
Source : Insee, RP2008 et RP2013 exploitations complémentaires.

Personnes vivant seules dans leur logement selon l'âge

en %

	2008			2013		
	Ensemble	Hommes	Femmes	Ensemble	Hommes	Femmes
15 à 19 ans	4,4	3,8	5,0	5,2	4,7	5,8
20 à 24 ans	18,2	17,8	18,7	19,1	18,7	19,5
25 à 39 ans	14,5	17,7	11,4	14,9	18,3	11,6
40 à 54 ans	12,8	15,1	10,7	13,9	16,8	11,2
55 à 64 ans	18,4	14,9	21,7	20,2	17,3	22,8
65 à 79 ans	27,5	16,1	36,6	27,1	17,2	35,4
80 ans ou plus	49,3	25,2	62,5	49,0	26,1	62,0
Ensemble des 15 ans ou plus	**17,9**	**15,6**	**20,0**	**19,0**	**16,9**	**20,9**

Champ : population des ménages, personnes de 15 ans ou plus.
Source : Insee, RP2008 et RP2013 exploitations principales.

Évolution de la taille des ménages

nombre moyen d'occupants par résidence principale

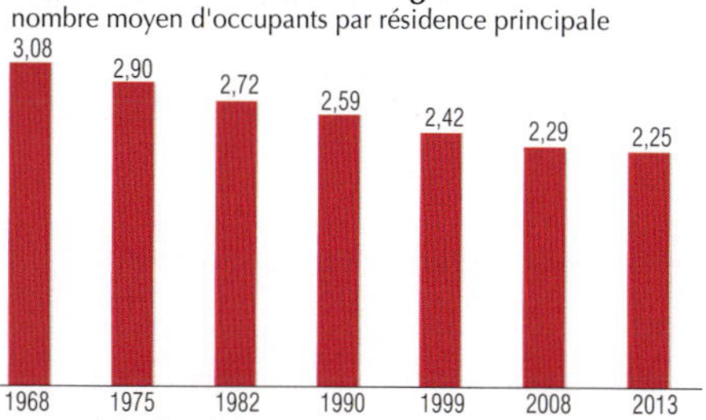

Champ : population des ménages.
Source : Insee, RP1968 sondage au 1/4 - RP1975 sondage au 1/5 - RP1982 sondage au 1/4 - RP1990 dépouillement exhaustif - RP1999 à RP2013 exploitations principales.

Taille des ménages dans l'UE en 2014

	Taille moyenne des ménages en nombre de personnes	% de ménages composés	
		d'une personne	de cinq personnes ou plus
Allemagne	2,0	40,5	3,4
Autriche	2,2	37,0	6,0
Belgique	2,3	34,3	6,5
Bulgarie	2,6	24,2	8,6
Chypre	2,7	20,8	12,7
Croatie	2,8	24,6	13,7
Danemark	2,0	45,2	4,3
Espagne	2,5	24,6	5,9
Estonie	2,2	36,0	5,4
Finlande	2,0	40,9	4,8
France	**2,2**	**35,2**	**5,2**
Grèce	2,5	25,7	6,3
Hongrie	2,4	32,3	7,1
Irlande	2,7	21,4	12,0
Italie	2,4	32,9	5,0
Lettonie	2,4	32,2	7,4
Lituanie	2,3	36,0	5,3
Luxembourg	2,4	33,3	7,7
Malte	2,6	23,3	7,2
Pays-Bas	2,2	36,9	5,4
Pologne	2,8	23,9	14,5
Portugal	2,6	21,4	5,4
Rép. tchèque	2,4	27,9	5,0
Roumanie	2,9	22,1	14,2
Royaume-Uni	2,3	29,1	5,6
Slovaquie	2,8	25,7	14,5
Slovénie	2,5	29,2	6,8
Suède	2,1	39,9	5,0
UE	**2,4**	**31,7**	**6,5**

Source : Eurostat, EU-Silc.

3.5 Natalité - Fécondité

En 2016, 785 000 bébés sont nés en France, soit 14 000 de moins qu'en 2015 (– 1,7 %). En 2015 déjà, les 799 000 **naissances** de l'année correspondaient à 20 000 naissances de moins qu'en 2014. Cette deuxième année de baisse ramène le nombre de naissances à son niveau de 1999, sans pour autant atteindre le point bas de 1994 (741 000 naissances hors Mayotte).

En 2016, la baisse du nombre des naissances s'explique par la diminution de la population féminine en **âge** de procréer et par la baisse de sa fécondité. Les femmes âgées de 20 à 40 ans, les plus fécondes, sont de moins en moins nombreuses depuis le milieu des années 1990. Elles sont 8,4 millions en 2016, contre 8,9 millions en 2006 et 9,2 millions en 1996.

En 2016, l'**indicateur conjoncturel de fécondité (ICF)** français s'établit à 1,93 enfant par femme. Il était de 1,96 en 2015 et de 2,00 en 2014. Ces deux années de baisse font suite à huit années de relative stabilité. En 2006, l'ICF était de 2,00 enfants par femme et a ensuite oscillé autour de ce chiffre jusqu'en 2014.

La baisse récente de la fécondité est plus marquée chez les femmes âgées de 25 à 29 ans. Leurs **taux de fécondité** ont nettement diminué depuis 2014. À cette date, 100 femmes de ces âges ont 12,3 enfants ; elles en ont 11,9 en 2015, puis 11,5 en 2016. Ce mouvement de baisse, qui a démarré pour cette tranche d'âges dans les années 2000, s'est ainsi accentué sur les deux dernières années.

La fécondité des femmes plus jeunes (15 à 24 ans), stable entre 2000 et 2010 environ, poursuit sa tendance à la baisse, mais moins fortement que chez les 25-29 ans. Leur taux de fécondité est passé de 2,7 enfants pour 100 femmes en 2015 à 2,6 en 2016. La fécondité des femmes de 30 à 34 ans s'est stabilisée à 12,9 enfants pour 100 femmes en 2016. Au-delà de 35 ans, la fécondité qui n'avait cessé de progresser depuis le début des années 1980 se stabilise depuis 2014. L'âge moyen à la maternité se stabilise à 30,4 ans ; il a progressé de 0,7 an depuis 2006.

En 2015, 41 000 nouveau-nés ont une mère de 40 ans ou plus, soit 5,1 % d'entre eux. Pour la quasi-totalité de ces bébés (93 %), la mère a entre 40 et 44 ans. Les naissances de mères de 45 ans ou plus sont ainsi relativement rares. La part des mères de 40 ans ou plus ne cesse d'augmenter depuis le début des années 1980. Mais être mère à ces âges n'est pas nouveau. Les maternités dites « tardives » sont en effet fréquentes tout au long de la première moitié du XXe siècle. L'évolution de la part des maternités tardives dépend du taux de fécondité des femmes de 40 ans ou plus et de la part des femmes de cet âge dans la population féminine.

En 2014, dans l'Union européenne les niveaux les plus élevés pour les indicateurs conjoncturels de fécondité sont observés en France, en Irlande, en Suède et au Royaume-Uni. ■

Définitions

Taux de fécondité : le taux de fécondité à un âge donné (ou pour une tranche d'âges) est le nombre d'enfants nés vivants des femmes de cet âge au cours de l'année, rapporté à la population moyenne de l'année des femmes de même âge. Par extension, le taux de fécondité est le rapport du nombre de naissances vivantes de l'année à l'ensemble de la population féminine en âge de procréer (nombre moyen des femmes de 15 à 50 ans sur l'année). À la différence de l'indicateur conjoncturel de fécondité, l'évolution du taux de fécondité dépend en partie de l'évolution de la structure par âge des femmes âgées de 15 à 50 ans.

Âge, état civil, génération, indicateur conjoncturel de fécondité (ICF), naissance, renouvellement des générations, taux de natalité : voir rubrique « Définitions » en annexes.

Pour en savoir plus

- « Bilan démographique 2016 – À nouveau en baisse, la fécondité atteint 1,93 enfant par femme en 2016 », *Insee Première* n° 1630, janvier 2017.
- « France, portrait social », *Insee Références*, édition 2016.
- « En 2015, un nouveau-né sur vingt a une mère de 40 ans ou plus, comme en 1948 », *Insee Focus* n° 64, septembre 2016.
- « Plus de 5,1 millions de bébés sont nés en 2014 », *Communiqué de presse* n° 49, Eurostat, mars 2016.

Retrouvez le TEF sur www.insee.fr dans la collection « Insee Références »

Évolution de la natalité et de la fécondité

	Naissances vivantes en milliers	Taux de natalité en ‰	Indicateur conjoncturel de fécondité pour 100 femmes
France métropolitaine			
1950	862,3	20,6	294,7
1980	800,4	14,9	194,5
1990	762,4	13,4	177,8
2000	774,8	13,1	187,4
2015	760,4	(p) 11,8	(p) 192,4
2016 (p)	747,0	11,5	189,4
France[1]			
2000	807,4	13,3	189,3
2015	798,9	(p) 12,0	(p) 195,5
2016 (p)	785,0	11,7	192,5

1. France hors Mayotte jusqu'en 2013 et y c. Mayotte à partir de 2014.
Source : Insee, estimations de population et statistiques de l'état civil.

Taux de fécondité selon l'âge de la mère

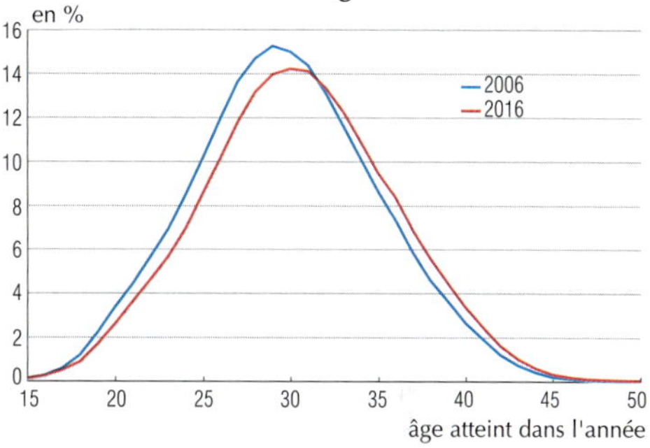

Lecture : en 2016, 100 femmes de 25 ans ont mis au monde 8,5 enfants. Dix ans plus tôt, 100 femmes du même âge avaient mis au monde 10,2 enfants.
Champ : France hors Mayotte pour 2006 et France y c. Mayotte pour 2016.
Source : Insee, estimations de population et statistiques de l'état civil.

Naissances de 1900 à 2016

Champ : France métropolitaine, enfants nés vivants.
Source : Insee, statistiques de l'état civil.

Naissances selon l'âge de la mère

	Nombre de naissances pour 100 femmes					Âge moyen des mères
	15-24 ans	25-29 ans	30-34 ans	35-39 ans	40-50 ans	
1995	3,3	13,2	10,0	4,0	0,4	28,9
2000	3,3	13,4	11,7	5,0	0,5	29,3
2005	3,2	12,8	12,3	5,7	0,6	29,6
2015 (p)	2,7	11,9	12,9	7,0	0,8	30,4
2016 (p)	2,6	11,5	12,9	7,0	0,8	30,4

Champ : France hors Mayotte jusqu'en 2013 et y c. Mayotte à partir de 2014.
Source : Insee, estimations de population et statistiques de l'état civil.

Nombre moyen d'enfants à divers âges par génération

pour 100 femmes

Génération	Âge atteint à la fin de l'année								
	20 ans	22 ans	24 ans	26 ans	28 ans	30 ans	35 ans	40 ans	50 ans
1946	26,2	59,3	96,3	131,1	158,2	176,9	204,8	214,8	216,9
1956	22,4	46,2	75,9	107,7	134,8	158,2	196,2	210,9	214,1
1966	10,9	25,2	46,2	72,7	100,1	127,2	175,9	197,2	202,1
1976	6,7	15,5	30,5	52,5	80,1	109,9	169,5	197,3	///
1986	7,0	16,7	31,5	52,8	79,4	107,6	///	///	///
1988	6,7	16,0	30,3	50,6	75,7	///	///	///	///
1990	6,5	15,3	28,6	47,3	///	///	///	///	///
1992	6,3	14,7	26,8	///	///	///	///	///	///
1994	6,0	13,7	///	///	///	///	///	///	///
1996	5,4	///	///	///	///	///	///	///	///

Lecture : à la fin de l'année où elles ont atteint 20 ans, 100 femmes nées en 1996 ont déjà mis au monde 5,4 enfants au cours de leur vie.
Champ : France métropolitaine.
Source : Insee, estimations de population et statistiques de l'état civil.

Naissances selon la nationalité des parents

en %

	2000	2005	2015
Les deux parents français	84,8	81,2	76,7
Un parent français, un parent étranger	8,7	11,7	14,4
Père étranger, mère française	5,1	6,4	6,8
Père français, mère étrangère	3,6	5,3	7,6
Les deux parents étrangers	6,5	7,1	8,9
Total (en milliers)	**807,4**	**806,8**	**798,9**

Champ : France y c. Mayotte en 2015.
Source : Insee, statistiques de l'état civil.

Natalité et fécondité dans l'UE en 2015

	Naissances vivantes en milliers	Taux de natalité en ‰	Indicateur conjoncturel de fécondité[2]	Âge moyen à la maternité en années[2]
Allemagne	738,0	9,0	1,47	30,9
Autriche	84,4	9,8	1,47	30,4
Belgique	122,3	10,9	1,74	30,3
Bulgarie	66,0	9,2	1,53	27,3
Chypre	9,2	10,8	1,31	31,0
Croatie	37,5	8,9	1,46	29,8
Danemark	58,2	10,2	1,69	30,9
Espagne	417,3	9,0	1,32	31,8
Estonie	13,9	10,6	1,54	29,6
Finlande	55,5	10,1	1,71	30,5
France[1]	**798,9**	**12,0**	**2,00**	**30,3**
Grèce	91,8	8,5	1,30	31,1
Hongrie	92,1	9,4	1,44	29,5
Irlande	65,9	14,1	1,94	31,6
Italie	485,8	8,0	1,37	31,5
Lettonie	22,0	11,1	1,65	29,2
Lituanie	31,5	10,8	1,63	29,4
Luxembourg	6,1	10,7	1,50	31,4
Malte	4,3	10,0	1,42	30,1
Pays-Bas	170,0	10,0	1,71	31,1
Pologne	369,3	9,7	1,32	29,1
Portugal	85,5	8,3	1,23	30,7
Rép. tchèque	110,8	10,5	1,53	29,9
Roumanie	185,0	9,3	1,52	27,5
Royaume-Uni	777,2	11,9	1,81	30,2
Slovaquie	55,6	10,3	1,37	28,8
Slovénie	20,6	10,0	1,58	30,2
Suède	114,9	11,7	1,88	31,0
UE	**5 091,3**	**10,0**	**1,58**	**30,4**

1. Données pour la France, source Insee.
2. Données 2014.
Source : Eurostat.

3.6 Espérance de vie - Mortalité

En France, en 2016, l'**espérance de vie à la naissance** progresse à nouveau, après avoir diminué en 2015. Dans les conditions de mortalité de 2016, une femme vivrait en moyenne 85,4 ans et un homme 79,3 ans. L'espérance de vie des femmes retrouve, en 2016, son niveau de 2014 et celle des hommes s'accroît de 0,1 an par rapport à 2014. En 2014, pour les femmes, l'espérance de vie à la naissance est la plus élevée en Espagne et en Italie (86 ans), tandis que pour les hommes elle culmine en Italie et à Chypre (81 ans). En France, en vingt ans, l'espérance de vie des femmes a progressé de 3,4 ans et celle des hommes de 5,2 ans. De ce fait, l'écart d'espérance de vie entre les hommes et les femmes continue de se réduire : il était de 7,9 ans en 1996, de 7,1 ans en 2006 et s'établit à 6,1 ans en 2016. Il reste toutefois important par rapport à d'autres pays européens. Aux Pays-Bas, au Royaume-Uni, à Chypre et en Suède, il est de près de 4 ans en 2014 (6,2 ans pour la France en 2014). À l'inverse, environ 10 ans d'espérance de vie séparent les hommes et les femmes dans les trois pays baltes. En 2016, l'**espérance de vie à 60 ans** retrouve quasiment son niveau de 2014, après avoir diminué en 2015. Dans les conditions de mortalité de 2016, une femme de 60 ans peut espérer vivre encore en moyenne 27,6 ans (soit 0,1 an de moins qu'en 2014) et un homme 23,2 ans (soit 0,1 an de plus qu'en 2014). En vingt ans, l'espérance de vie à 60 ans a progressé de 2,6 ans pour les femmes et 3,5 ans pour les hommes.

En 2016, on enregistre 587 000 décès en France (7 000 décès de moins qu'en 2015, soit – 1,1 %). L'année 2016 succède à une année 2015 marquée par une forte hausse des décès (+ 34 000 décès, soit + 6,1 % par rapport à 2014). La baisse de 2016 ne compense pas l'importante augmentation de 2015. Ces deux dernières années se situent en effet dans la tendance à la hausse amorcée au début des années 2010, du fait de l'arrivée des générations nombreuses du *baby-boom* à des âges de forte mortalité. En 2015 s'étaient ajoutés des événements conjoncturels défavorables (épidémie de grippe importante et épisodes de canicule) qui ont accru les **taux de mortalité** à chaque âge. En 2016, l'épidémie de grippe hivernale et les deux épisodes de canicule estivaux ont eu peu d'impact sur la mortalité au niveau national. La légère hausse du **taux de mortalité infantile** en 2016 reste dans les limites de la fluctuation habituelle de cet indicateur. La mortalité infantile est en effet relativement stable depuis une quinzaine d'années, après avoir fortement diminué entre 1950 et 2000. Elle se situe autour de 3,8 enfants décédés avant l'âge d'un an pour 1 000 naissances vivantes. ■

Définitions

Espérance de vie à la naissance : l'espérance de vie à la naissance ou espérance de vie, représente la durée de vie moyenne – autrement dit l'âge moyen au décès – d'une génération fictive soumise aux conditions de mortalité de l'année. Elle caractérise la mortalité indépendamment de la structure par âge.

État civil : depuis la Révolution, un cadre législatif régit l'enregistrement des naissances, mariages, décès, de même que les autres faits relatifs à l'état des personnes (divorces, reconnaissances, légitimations, adoptions). C'est sur cette base que s'est élaboré le recueil de données pour l'établissement des statistiques de l'état civil.

Taux de mortalité infantile : rapport entre le nombre d'enfants décédés à moins d'un an et l'ensemble des enfants nés vivants.

Espérance de vie à l'âge x, taux de mortalité : voir rubrique « Définitions » en annexes.

Pour en savoir plus

- « Bilan démographique 2016 – À nouveau en baisse, la fécondité atteint 1,93 enfant par femme en 2016 », *Insee Première* n° 1630, janvier 2017.
- « 594 000 personnes décédées en France en 2015 – Plus de décès hivernaux qu 'en 2014 », *Insee Focus* n° 65, octobre 2016.
- « Plus d'un million de personnes dans l'UE sont décédées d'une crise cardiaque ou d'un AVC », *Communiqué de presse* n° 91, Eurostat, mai 2016.
- « Le nombre de décès va augmenter en France dans les prochaines années », *Population & Sociétés* n° 531, Ined, mars 2016.

Retrouvez le TEF sur www.insee.fr dans la collection « Insee Références »

Évolution des décès et de la mortalité

	Décès en milliers	Taux de mortalité en ‰	Taux de mortalité infantile en ‰
1985	560,4	9,9	...
1990	534,4	9,2	...
1995	540,3	9,1	5,0
2000	540,6	8,9	4,5
2005	538,1	8,5	3,8
2010	551,2	8,5	3,6
2013	569,2	8,7	3,6
2014	559,3	(p) 8,4	3,5
2015	593,7	(p) 8,9	3,7
2016 (p)	587,0	8,8	3,8

Champ : France hors Mayotte jusqu'en 2013 et y c. Mayotte à partir de 2014.
Source : Insee, estimations de population et statistiques de l'état civil.

Espérance de vie à la naissance et taux de mortalité infantile de 1950 à 2016

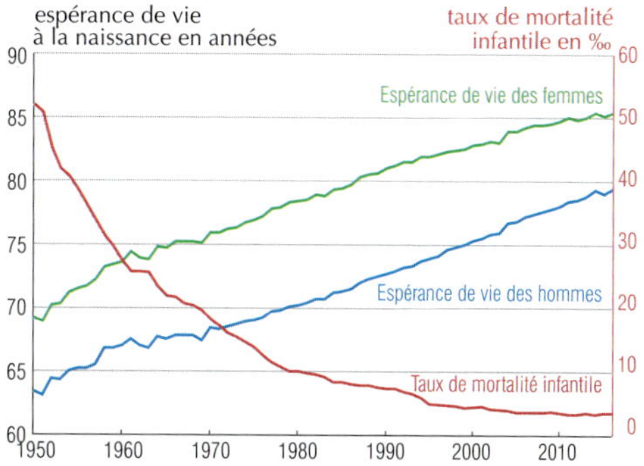

Champ : France métropolitaine.
Source : Insee, estimations de population et statistiques de l'état civil.

Décès annuels en France métropolitaine de 1901 à 2016

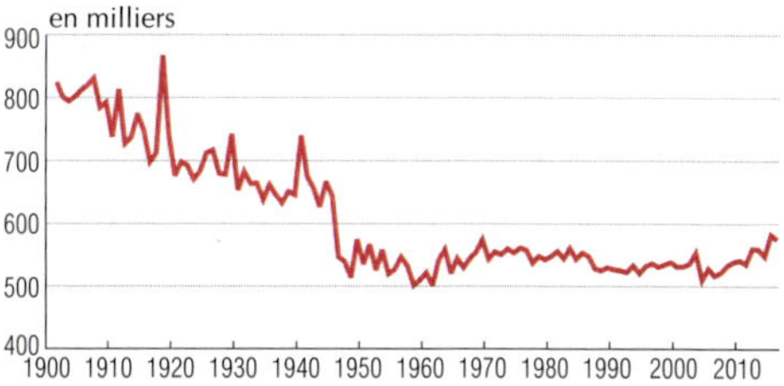

Note : les nombres de décès pendant la Première Guerre mondiale ne comprennent pas les pertes militaires, soit approximativement 1 350 000 personnes entre 1914 et 1918. Les nombres de décès pour la période 1939-1945 ne comprennent pas non plus les décédés par faits de guerre, soit approximativement 600 000 personnes.
Source : Insee, statistiques de l'état civil.

Évolution de l'espérance de vie selon l'âge

en années

	Hommes			Femmes		
	2000	2005	2016 (p)	2000	2005	2016 (p)
0 an	75,2	76,7	79,3	82,8	83,8	85,4
1 an	74,6	76,0	78,7	82,1	83,1	84,7
20 ans	56,0	57,4	59,9	63,4	64,3	65,8
40 ans	37,2	38,4	40,7	43,9	44,8	46,2
60 ans	20,4	21,4	23,2	25,6	26,4	27,6

Champ : France hors Mayotte pour 2000 et 2005 et y c. Mayotte pour 2016.
Source : Insee, estimations de population et statistiques de l'état civil.

Espérance de vie, taux de mortalité et taux de mortalité infantile dans le monde en moyenne 2015-2020

	Espérance de vie à la naissance		Taux de mortalité	Taux de mortalité infantile
	Hommes en années	Femmes en années	en ‰	en ‰
Europe				
Allemagne	79,3	83,8	11,3	3
Autriche	79,7	84,4	9,5	3
Belgique	79,1	83,7	9,7	3
Bulgarie	71,1	78,0	15,6	8
Danemark	78,9	82,6	9,6	4
Espagne	80,5	85,8	9,1	3
Estonie	72,5	81,6	12,7	3
Finlande	78,8	84,1	9,9	2
France	**80,0**	**85,6**	**9,1**	**3**
Grèce	78,8	84,3	11,3	2
Hongrie	71,9	79,1	13,5	4
Irlande	79,5	83,5	6,6	2
Italie	81,3	86,0	10,2	2
Lettonie	69,5	79,1	15,4	6
Lituanie	68,2	79,3	16,2	3
Norvège	80,2	84,0	7,9	2
Pays-Bas	80,3	83,8	8,8	3
Pologne	74,1	81,8	10,4	4
Portugal	78,8	84,4	10,7	3
Rép. tchèque	76,3	81,9	10,6	2
Roumanie	71,6	78,7	13,7	8
Royaume-Uni	79,4	83,1	9,1	4
Russie	64,7	76,1	14,3	7
Slovaquie	73,0	80,3	10,2	4
Suède	81,1	84,4	9,0	2
Suisse	81,6	85,5	8,0	3

	Espérance de vie à la naissance		Taux de mortalité	Taux de mortalité infantile
	Hommes en années	Femmes en années	en ‰	en ‰
Afrique				
Afrique du Sud	55,7	59,3	12,6	34
Congo (Rép. dém. du)	58,4	61,4	9,6	66
Égypte	69,6	74,1	5,9	16
Kenya	61,1	65,5	7,6	48
Nigéria	53,3	54,1	12,2	68
Soudan	62,6	65,8	7,5	48
Tanzanie	65,2	67,7	6,3	32
Amérique				
Argentine	73,2	80,6	7,5	12
Brésil	71,8	79,1	6,3	16
Canada	80,8	84,4	7,5	4
Colombie	71,2	78,3	6,1	15
États-Unis	77,3	81,9	8,4	5
Mexique	75,2	79,9	4,9	16
Asie				
Bangladesh	71,6	74,3	5,3	26
Chine	75,0	78,1	7,4	10
Inde	67,7	70,6	7,3	34
Indonésie	67,4	71,7	7,2	22
Japon	80,8	87,3	10,9	2
Pakistan	65,8	67,8	7,2	63
Philippines	65,4	72,4	6,8	21
Océanie				
Australie	81,1	85,0	6,7	3
Nouvelle-Zélande	80,8	84,0	6,9	4
Papouasie-Nlle-Guinée	61,1	65,5	7,6	45

Note : les données de ce tableau sont issues de projections pour la période de 2015 à 2020.
Source : ONU (World Population Prospects: The 2015 revision).

3.7 Étrangers - Immigrés

En 2013, 4,1 millions d'**étrangers** et 5,8 millions d'**immigrés** vivent en France, soit respectivement 6,2 % et 8,9 % de la population totale. L'immigration en France est un phénomène ancien. Après une stabilisation dans les années 1990, la population des immigrés augmente à nouveau depuis 1999. Jusqu'au milieu des années 1970, les flux d'immigration étaient majoritairement masculins, comblant les besoins de main-d'œuvre nés de la reconstruction d'après-guerre, puis de la période des Trente Glorieuses. Depuis, la part des femmes est croissante, qu'il s'agisse de regroupement familial ou non. En 2013, 51 % des immigrés sont des femmes, contre 44 % en 1968. Elles sont majoritaires parmi les immigrés nés en Europe (à l'exception du Portugal) et, depuis peu, parmi ceux nés en Afrique hors Maghreb. Parmi les immigrés du Maghreb et de Turquie, les femmes sont minoritaires, même si leur part augmente depuis 1990.

Depuis 1975, les origines géographiques des immigrés présents en France se diversifient. La part des immigrés originaires d'Europe se réduit et atteint 36 % en 2013 (66 % en 1975). Cette baisse est notamment le fait des immigrés d'Espagne et d'Italie dont les effectifs diminuent en raison des décès ou de retour au pays. Depuis 1999, les origines des immigrés européens sont de plus en plus variées, avec une part croissante d'immigrés nés en Europe de l'Est ou au Royaume-Uni. En 2013, 43,5 % des immigrés sont nés dans un pays du continent africain. Les personnes nées au Maghreb représentent 29,6 % de l'ensemble des immigrés, proportion stable depuis les années 1980. L'immigration d'Afrique subsaharienne est plus récente et concerne surtout des pays autrefois sous administration française. Enfin, 14,5 % des immigrés sont originaires d'Asie. La migration en provenance des pays d'Asie s'est accrue sur la période récente, principalement depuis la Chine.

En 2015, le flux annuel des acquisitions de la **nationalité** française, avec 113 608 nouveaux Français, progresse par rapport à 2014 : les acquisitions de la nationalité par décret et les acquisitions par déclaration augmentent respectivement de 6,9 % et 9,4 %. Parmi ces dernières, ce sont les acquistions par mariage qui sont en hausse tandis que les déclarations anticipées (mineurs nés en France de parents étrangers) baissent. L'âge à l'arrivée et la durée de présence en France expliquent la propension à acquérir la nationalité française. En effet, plus une personne arrive jeune, plus le taux d'acquisition de la nationalité française augmente et s'avère, à long terme, élevé. Les immigrés arrivés très jeunes ont un taux d'acquisition de plus de 65 % après plus de 27 ans de présence, alors que ceux arrivés adultes ont des taux inférieurs. Après 27 ans de présence, le taux d'acquisition n'évolue quasiment plus. ■

Définitions

Immigrés : population constituée des personnes nées étrangères à l'étranger et résidant en France. Elle comprend donc en partie des personnes qui, depuis leur arrivée, ont acquis la nationalité française. À l'inverse, elle exclut les Français de naissance nés à l'étranger et résidant en France et les étrangers nés en France.

Naturalisation : le fait de naturaliser français un étranger consiste à lui accorder la condition de citoyen français à part entière. Une naturalisation, par décision de l'autorité publique, ne peut être accordée qu'à l'étranger justifiant d'une résidence habituelle en France pendant les cinq années qui précèdent le dépôt de sa demande (sauf cas de réduction ou de suppression du stage de cinq ans prévus par le code civil).

Étranger, nationalité, titre de séjour : voir rubrique « Définitions » en annexes.

Pour en savoir plus

- « France, portrait social », *Insee Références*, édition 2016.
- « En 2014, les États membres de l'UE ont octroyé la nationalité à près de 900 000 personnes », *communiqué de presse* n° 1113, Eurostat, juin 2016.
- « L'acquisition de la nationalité française des immigrés : quels déterminants ? », *Infos migrations* n° 85, DSED, juin 2016.
- « La localisation géographique des immigrés – Une forte concentration dans l'aire urbaine de Paris », *Insee Première* n° 1591, avril 2016.

Retrouvez le TEF sur www.insee.fr dans la collection « Insee Références »

Acquisitions de la nationalité française

	2000	2014	2015	
				part en %
Acquisitions enregistrées	**141 455**	**103 609**	**111 878**	**98,5**
Acquisitions par décret	77 478	57 610	61 564	54,2
naturalisations	68 750	55 010	58 858	51,8
réintégrations	8 728	2 600	2 706	2,4
Acquisitions par déclaration	63 977	45 999	50 314	44,3
déclaration anticipée	35 883	25 043	24 159	21,3
par mariage	26 056	19 725	25 044	22,0
autres déclarations	2 038	1 231	1 111	1,0
Acquisitions sans formalités	**8 570**	**2 004**	**1 730**	**1,5**
Total	**150 025**	**105 613**	**113 608**	**100,0**

Sources : ministère de l'Intérieur ; ministère de la Justice, SDSE.

Étrangers actifs selon la catégorie socioprofessionnelle

effectifs en milliers

	2014 (r)	2015	
			Part d'étrangers dans la CSP en %
Artisans, commerçants et chefs d'entreprise (10 salariés ou +)	129,5	142,2	8,2
Cadres et professions intellectuelles supérieures	191,6	200,5	4,2
Professions intermédiaires	226,9	220,0	3,2
Employés	533,9	501,9	6,2
Ouvriers	604,8	643,3	10,4
Chômeurs n'ayant jamais travaillé	49,1	51,6	11,2
Ensemble[1]	**1 751,4**	**1 774,5**	**6,2**
dont salariés	*1 246,5*	*1 243,7*	*5,4*

1. Hors catégorie socioprofessionnelle non déclarée.
Note : les chômeurs sont classés dans leur ancienne catégorie socioprofessionnelle.
Champ : France métropolitaine, population des ménages, actifs de 15 ans ou plus.
Source : Insee, enquêtes Emploi.

Immigrés selon le pays de naissance en 2013

	Part en %	Effectif en milliers
Europe	**36,5**	**2 127**
Union européenne à 27	**31,8**	**1 852**
Espagne	4,2	246
Italie	5,0	289
Portugal	10,4	607
Royaume-Uni	2,6	150
Autres pays de l'UE à 27	9,6	560
Autres pays d'Europe	4,7	275
Afrique	**43,5**	**2 540**
Algérie	13,0	760
Maroc	12,2	710
Tunisie	4,4	259
Autres pays d' Afrique	13,9	811
Asie	**14,5**	**840**
Turquie	4,3	249
Cambodge, Laos, Viet Nam	2,8	161
Autres pays d'Asie	7,4	431
Amérique, Océanie	**5,6**	**328**
Total	**100,0**	**5 835**

Source : Insee, RP 2013, exploitation principale.

Population étrangère et immigrée par sexe et âge en 2013

en %

	Étrangers	Immigrés
Part des hommes	50,5	48,7
Part de la population ayant :		
moins de 15 ans	16,8	4,8
15 à 24 ans	9,5	8,5
25 à 54 ans	48,7	54,4
55 ans ou plus	25,0	32,3
Nombre (en milliers)	**4 084**	**5 835**
Poids dans la population totale	**6,2**	**8,9**

Source : Insee, RP 2013 exploitation principale.

Taux de chômage selon la nationalité en 2015

en %

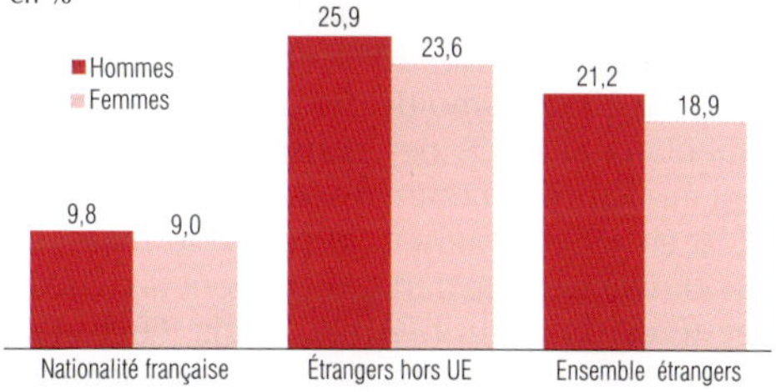

Champ : France métropolitaine, personnes actives agées de 15 ans ou plus.
Source : Insee, enquête Emploi.

Population étrangère dans les pays de l'Union européenne en 2015

	Population totale au 1er janvier		Population active[4]	
	Étrangers[3] en milliers	Part en %	Étrangers[3] en milliers	Part en %
Allemagne	7 540	9,3	4 304	10,5
Autriche	1 131	13,2	624	14,5
Belgique	1 300	11,6	583	11,8
Bulgarie	66	0,9	4	0,1
Chypre	145	17,1	81	19,5
Croatie	37	0,9	3	0,2
Danemark	422	7,5	257	9,0
Espagne	4 454	9,6	2 729	12,0
Estonie	191	14,6	92	14,0
Finlande	219	4,0	90	3,4
France[1]	**4 356**	**6,6**	**1 769**	**6,1**
Grèce	822	7,6	349	7,4
Hongrie	146	1,5	25	0,6
Irlande	551	11,9	329	15,7
Italie	5 014	8,2	2 791	11,2
Lettonie	298	15,0	124	12,8
Lituanie	22	0,8	9	0,6
Luxembourg	259	45,9	144	52,5
Malte	27	6,4	8	4,4
Pays-Bas	773	4,6	382	4,4
Pologne	108	0,3	47	0,3
Portugal	395	3,8	130	2,6
Rép. tchèque	457	4,3	111	2,1
Roumanie[2]	89	0,4	10	0,1
Royaume-Uni	5 422	8,4	3 391	10,7
Slovaquie	62	1,1	7	0,3
Slovénie	102	4,9	38	3,9
Suède	731	7,5	333	6,6

1. France métropolitaine pour la population active.
2. Données 2009 pour la population active.
3. Personnes non citoyennes du pays dans lequel elles résident, apatrides inclus.
4. Population âgée de 15 à 64 ans.
Source : Eurostat.

3.8 Femmes et hommes

En France, les femmes ont acquis progressivement des droits équivalents à ceux des hommes mais, dans les faits, les inégalités persistent. En politique, en dépit de progrès récents dus en partie à la **parité** imposée pour certaines élections, les femmes restent minoritaires parmi les élus. Au niveau international, la France passe de la 36e place en juin 2012 à la 63e en septembre 2016 en termes de part des femmes dans la chambre basse du Parlement. Avec 26 % de femmes à l'Assemblée nationale, la France est loin derrière la tête du classement : le Rwanda (64 %). Depuis les élections municipales de 2014, la part de conseillères municipales est de 40 %, contre 35 % en 2008. En 2015, la moitié des conseillers départementaux et 48 % des conseillers régionaux sont des femmes, contre respectivement 9 % et 27 % en 1998. Pourtant, le caractère masculin du pouvoir persiste particulièrement au niveau des têtes d'exécutif. Ainsi, seuls 16 % des maires sont des femmes. Dans les départements et les régions, la progression du nombre de conseillères ne s'est pas traduite par une répartition paritaire de la présidence des conseils. D'une part, les femmes ne sont que dix à la tête des départements. D'autre part, si la part des femmes présidentes de conseils régionaux a bondi entre 2010 et 2015, cette évolution est due, non pas à une augmentation spectaculaire de leur nombre, mais à la diminution du nombre de régions.

Les emplois occupés par les hommes et par les femmes ne sont pas les mêmes. En 2015, un ouvrier sur cinq est une ouvrière et plus de trois employés sur quatre sont des femmes. Ces parts sont stables depuis le début des années 1980. Plus diplômées que les hommes à la sortie du système éducatif, les femmes ont vu leur présence fortement augmenter parmi les cadres et professions intellectuelles supérieures et dans les professions intermédiaires. Cette progression est surtout portée par les secteurs de l'enseignement et de la santé. Les femmes restent minoritaires parmi les artisans, commerçants et chefs d'entreprise et leur part continue de diminuer chez les agriculteurs. Depuis 2013, le **taux de chômage** des hommes est devenu plus élevé que celui des femmes (respectivement 10,5 % et 9,5 % en 2015) et l'écart continue de s'accroître. Ce phénomène est à relier notamment à la baisse marquée de l'emploi dans l'industrie et la construction, ainsi qu'à celle de l'intérim, activités qui emploient principalement des hommes, alors que le développement des activités tertiaires est plus favorable à l'emploi féminin.

Les hommes et femmes de moins de 65 ans vivant seuls ont des **niveaux de vie** proches quand ils sont dans la même situation d'activité. En revanche, les écarts sont importants parmi les **familles monoparentales** : le niveau de vie moyen des mères isolées représente 76 % de celui des pères isolés en 2014. Les femmes ont plus fréquemment que les hommes un niveau de vie inférieur au **seuil de pauvreté**, respectivement 14,7 % et 13,4 % en 2014. ■

Définitions

Parité : la notion de parité constitue le fondement des politiques de lutte contre les inégalités entre les hommes et les femmes. Au nom de ce principe ont été édictées plusieurs lois visant à réduire les disparités dans les domaines des salaires, de l'emploi, de l'éducation, de la représentation des femmes dans les instances de pouvoir politique, économique et social.

Couple, déciles et rapports interdéciles, famille monoparentale, médiane, niveau de vie, pauvreté monétaire et seuil de pauvreté, revenu salarial, taux d'activité, taux de chômage, temps partiel : voir rubrique « Définitions » en annexes.

Pour en savoir plus

- « Femmes et hommes, l'égalité en question », *Insee Références*, édition 2017.
- « Guide de la parité », Haut conseil de l'Égalité entre les femmes et les hommes (HCE|fh), août 2016.
- « Emploi, chômage, revenus du travail », *Insee Références*, édition 2016.
- « Atteintes psychologiques et agressions verbales entre conjoints – Des atteintes plus fréquentes et plus graves à l'encontre des femmes », *Insee Première* n° 1607, juillet 2016.
- « Femmes et hommes : regards régionaux sur l'égalité », *Insee Première* n° 1585, mars 2016.

Retrouvez le TEF sur www.insee.fr dans la collection « Insee Références »

Activité et conditions d'emploi selon le sexe et la composition familiale en 2015

en %

	Taux d'activité		Temps complet		Temps partiel	
	Femmes	Hommes	Femmes	Hommes	Femmes	Hommes
Personnes seules	35,2	60,0	76,1	89,0	23,9	11,0
Familles monoparentales	59,3	57,5	69,6	88,6	30,4	11,4
Couples sans enfant	40,8	40,3	72,5	90,8	27,5	9,2
Couples avec enfant(s)	67,4	77,0	66,5	94,1	33,5	5,9
dont : avec un enfant	*71,0*	*78,6*	*68,3*	*86,7*	*31,7*	*13,3*
avec deux enfants	*73,0*	*83,2*	*72,4*	*94,2*	*27,6*	*5,8*
avec trois enfants ou plus	*54,6*	*79,2*	*65,2*	*94,6*	*34,8*	*5,4*
Autres ménages	47,6	57,8	56,7	92,9	43,3	7,1
Ensemble	**51,6**	**60,9**	**69,6**	**91,9**	**30,4**	**8,1**

Champ : France métropolitaine, population des ménages, personnes de 15 ans ou plus (âge courant).
Source : Insee, enquête Emploi.

Distribution du revenu salarial annuel en 2013

en euros courants

	Hommes	Femmes	Ensemble
1er décile (D1)	2 945	1 994	2 409
2e décile (D2)	8 561	5 878	7 084
3e décile (D3)	14 512	10 120	12 098
4e décile (D4)	17 568	13 948	15 801
Médiane (D5)	**19 993**	**16 582**	**18 259**
6e décile (D6)	22 663	18 847	20 755
7e décile (D7)	26 059	21 567	23 843
8e décile (D8)	31 208	25 341	28 202
9e décile (D9)	41 346	31 693	36 547
Rapport interdécile (D9/D1)	**14,0**	**15,9**	**15,2**
D9 / Médiane	**2,1**	**1,9**	**2,0**
Médiane / D1	**6,8**	**8,3**	**7,6**

Note : depuis le 1er janvier 2013, les cotisations patronales pour complémentaire santé obligatoire (CPCSO) ne sont plus exonérées d'impôt sur le revenu et entrent de ce fait dans le calcul du revenu salarial. Les revenus salariaux renseignés pour 2012 ne sont donc pas comparables avec ceux mesurés en 2013.
Champ : France, hors salariés agricoles, hors apprentis-stagiaires et hors salaires versés par des particuliers-employeurs.
Source : Insee, Panel tous salariés.

Proportion de femmes élues au parlement dans quelques pays du monde

en % de sièges

	Chambre unique ou basse	2e Chambre ou Sénat
Algérie	32	7
Allemagne	37	41
Arabie saoudite	20	///
Australie	29	37
Bangladesh	20	///
Brésil	10	16
Canada	26	39
Chine	24	///
Espagne	39	38
États-Unis	19	20
Éthiopie	39	32
France	**26**	**25**
Inde	12	11
Indonésie	17	///
Italie	31	28
Japon	10	21
Mexique	42	34
Nigéria	6	7
Pakistan	21	18
Royaume-Uni	30	26
Russie	14	17
Rwanda	67	39
Suède	44	///
Suisse	32	15
Turquie	15	///
UE[1]	**37**	///

1. Parlement européen. Note : situation au 1er septembre 2016.
Source : Union interparlementaire.

Participation des femmes à la vie politique française

part des femmes en %

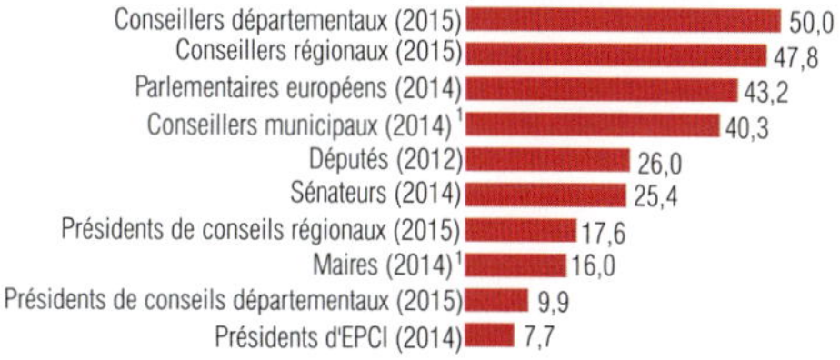

1. Ensemble des communes.
Sources : Haut conseil à l'égalité entre les femmes et les hommes ; Assemblée nationale ; ministère de l'Intérieur ; Sénat.

Femmes dans la société et sur le marché du travail dans l'UE

en %

	Femmes pour 100 hommes		Part des femmes avec le niveau de l'enseignement supérieur[2]		Part des femmes dans la population active	
	2000	2015	2000	2015	2000	2015
Allemagne	104,9	103,8	39,1	44,4	43,9	46,7
Autriche	106,9	104,4	41,0	49,3	43,8	47,0
Belgique	104,5	103,4	51,6	54,7	43,0	46,4
Bulgarie	105,2	105,7	59,5	60,8	46,8	46,8
Chypre	103,3	105,7	48,4	57,9	43,2	48,9
Croatie	(e) 107,9	107,2	…	56,5	…	46,5
Danemark	102,3	101,3	51,5	57,0	46,8	47,5
Espagne	104,1	103,5	49,6	53,7	39,7	46,3
Estonie	114,6	113,8	64,1	63,3	48,3	48,3
Finlande	105,0	103,3	55,0	57,7	48,0	48,8
France	**106,1**	**106,4**	**52,8**	**54,9**	**45,0**	**48,1**
Grèce	103,3	106,1	46,7	52,8	39,9	44,7
Hongrie	110,1	109,9	53,2	57,7	44,7	45,9
Irlande	101,3	102,4	51,5	55,5	41,1	45,3
Italie	106,5	106,1	48,9	57,2	38,7	42,5
Lettonie	117,1	118,0	56,9	66,4	48,2	49,6
Lituanie	113,6	117,0	57,8	61,5	49,4	50,5
Luxembourg	103,0	99,7	42,9	49,3	39,9	45,6
Malte	101,6	99,9	39,5	51,9	30,1	38,9
Pays-Bas	102,2	101,9	44,6	50,2	43,3	46,8
Pologne	106,3	106,6	56,7	59,6	46,1	45,1
Portugal	107,3	110,7	59,0	61,3	45,6	49,5
Rép. tchèque	105,5	103,6	43,8	52,6	44,9	44,2
Roumanie	104,5	104,7	45,2	52,2	45,9	42,4
Royaume-Uni	105,3	103,1	46,9	52,6	45,6	46,9
Slovaquie	105,7	105,2	48,2	56,7	45,8	45,1
Slovénie	104,8	101,8	55,2	58,9	46,1	46,0
Suède	102,3	100,1	53,6	58,0	48,0	48,0
UE[1]	**105,5**	**104,8**	**48,1**	**53,5**	**43,8**	**46,1**

1. UE hors Croatie pour 2000. 2. Femmes âgées de 15 à 64 ans ayant atteint le niveau de l'enseignement supérieur.
Source : Eurostat.

Emploi
Revenus

Travail - Emploi
Revenus - Salaires

4.1 Population active

En 2015, selon l'**enquête Emploi**, la **population active** au sens du **Bureau international du travail (BIT)** est estimée à 28,7 millions de personnes de 15 ans ou plus en France métropolitaine. Elle regroupe 25,8 millions d'actifs ayant un emploi et 2,9 millions de personnes au chômage. Le reste de la population âgée de 15 ans ou plus constitue la population dite « inactive », c'est-à-dire les personnes ne travaillant pas et ne recherchant pas activement un emploi ou n'étant pas disponibles rapidement pour en occuper un.

En dix ans, la population active a augmenté de 1,4 million de personnes. Cette hausse est avant tout portée par les seniors, mais elle est également due à une présence accrue des femmes sur le marché du travail. Entre 2005 et 2015, le **taux d'activité** des femmes de 15-64 ans a ainsi progressé de 3,2 points pour atteindre 67,6 % quand celui des hommes est resté quasi-stable (+ 0,3 point) pour s'établir à 75,5 % en 2015. Les seniors ont largement contribué à la hausse de la population active ces dernières années : le nombre d'actifs âgés de 50 à 64 ans a augmenté de 1,8 million depuis 2005. La part des 50-64 ans parmi les actifs de 15-64 ans est ainsi passée de 22,5 % en 2005 à 27,7 % en 2015. Avec les restrictions d'accès aux dispositifs de cessation anticipée d'activité et le recul progressif de l'âge de départ à la retraite (relèvement de l'âge légal et allongement de la durée de cotisation requise pour le taux plein), la participation des seniors au marché du travail a progressé de façon ininterrompue malgré la crise de 2008. Le taux d'activité des personnes âgées de 50 à 64 ans est ainsi passé de 56,6 % en 2005 à 64,2 % en 2015. Cette hausse se poursuit en 2015 (+ 1,2 point), mais à un rythme moindre qu'en 2012 (année de forte progression avec + 2,5 points), en raison de l'assouplissement des conditions de départ en retraite anticipée pour carrière longue et du cadencement du relèvement de l'âge légal. Cette hausse est d'autant plus prononcée que l'on considère des âges avancés : le taux d'activité des 55-59 ans augmente de 1,0 point et celui des 60-64 ans de 2,7 points. Le taux d'activité des jeunes de 15 à 24 ans augmente légèrement (+ 0,2 point) ; celui des jeunes hommes est stable à 40,5 % tandis que celui des jeunes femmes est en hausse de 0,5 point pour s'établir à 34,2 %.

Selon le scénario central des **projections de population active**, le nombre d'actifs devrait progresser dans les prochaines décennies pour atteindre 30,1 millions en 2030 et 31,2 millions en 2060. La part des 55 ans ou plus dans la population active devrait continuer d'augmenter. Du fait du vieillissement de la population, le ratio rapportant le nombre d'actifs au nombre d'inactifs de plus de 60 ans devrait diminuer pour atteindre 1,5 en 2060.

En 2015, dans l'Union européenne, le taux d'activité des personnes de 15 à 64 ans progresse légèrement (+ 0,2 point), pour s'établir à 72,5 %. Le **taux d'emploi** croît davantage (+ 0,8 point, 65,6 % en 2015). En termes de taux d'activité comme de taux d'emploi, la France se situe en dessous de la moyenne européenne, loin derrière des pays comme la Suède, les Pays-Bas, l'Allemagne, le Danemark, le Royaume-Uni, dont les taux d'emploi dépassent 70 %. Le taux d'emploi des femmes en France est toutefois supérieur à la moyenne européenne. ■

Définitions

Population active au sens du BIT : regroupe la population active occupée au sens du BIT (« personnes ayant un emploi ») et les chômeurs au sens du BIT.

Taux d'activité : rapport entre le nombre d'actifs et l'ensemble de la population.

Bureau international du travail (BIT), enquête Emploi, population active occupée au sens du BIT, projections de population active, sous-emploi, taux d'emploi : voir rubrique « Définitions » en annexes.

Pour en savoir plus

- « Emploi, chômage, revenus du travail », *Insee Références*, édition 2016.
- « Emploi, chômage, population active : rebond de l'emploi salarié en 2015 », *Dares Analyses* n° 035, Dares, juillet 2016.
- « Une photographie du marché du travail en 2015 : Le chômage se stabilise, mais les chômeurs de longue durée restent nombreux », *Insee Première* n° 1602, juin 2016.
- « Projections à l'horizon 2060 – Des actifs plus nombreux et plus âgés », *Insee Première* n° 1345, avril 2011.

Retrouvez le TEF sur www.insee.fr dans la collection « Insee Références »

Taux d'activité selon le sexe et l'âge

en %

	1990	2000	2010	2015
Hommes	**75,9**	**75,3**	**74,9**	**75,5**
15 à 24 ans	47,5	40,5	42,6	40,5
25 à 49 ans	96,4	95,2	94,8	93,2
50 à 64 ans	56,9	59,0	60,9	67,5
dont 55 à 64 ans	*40,8*	*35,8*	*45,0*	*55,1*
Femmes	**58,2**	**62,6**	**65,8**	**67,6**
15 à 24 ans	40,3	33,2	35,2	34,2
25 à 49 ans	75,2	80,3	83,9	83,3
50 à 64 ans	37,9	46,3	53,6	61,1
dont 55 à 64 ans	*27,3*	*27,9*	*39,5*	*50,4*
Ensemble	**67,0**	**68,9**	**70,3**	**71,5**

Champ : France métropolitaine, population des ménages, personnes de 15-64 ans.
Source : Insee, enquêtes Emploi.

Projections de population active

	2020	2040	2060
Nombre d'actifs (en millions)	29,6	30,4	31,2
Part des femmes (en %)	48,1	47,3	46,9
Part des 15-24 ans (en %)	9,9	10,1	10,1
Part des 25-54 ans (en %)	73,3	72,2	72,0
Part des 55 ans ou plus (en %)	16,8	17,7	17,9
Taux d'activité des 15-69 ans (en %)	67,7	69,4	69,7
Nombre d'actifs rapporté au nombre d'inactifs de 60 ans ou plus[1]	1,9	1,6	1,5

1. Ratio calculé sur la population totale qui intègre les personnes vivant dans des habitations mobiles ou résidant en collectivité.
Champ : France métropolitaine, population des ménages, personnes de 15 ans ou plus.
Source : Insee, projections de population active 2010-2060, scénario central.

Personnes en emploi selon la catégorie socioprofessionnelle

en %

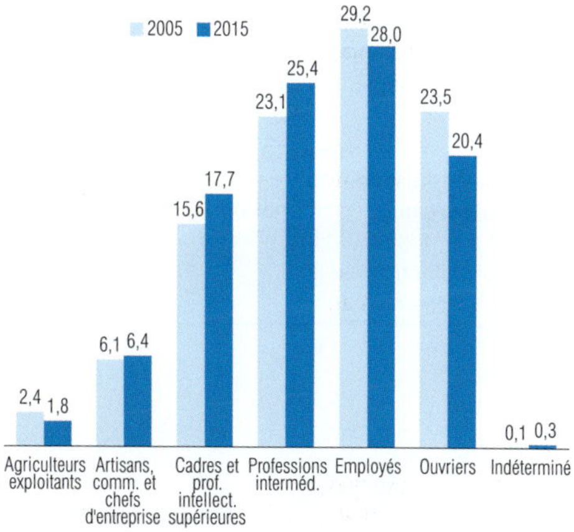

Champ : France métropolitaine, population des ménages, personnes en emploi de 15 ans ou plus.
Source : Insee, enquêtes Emploi.

Population active par sexe et âge en 2015

en milliers

	Hommes	Femmes	Total
15 à 24 ans	1 475	1 228	2 703
25 à 49 ans	9 274	8 563	17 837
50 à 64 ans	4 003	3 879	7 882
dont 55 à 64 ans	*2 113*	*2 092*	*4 205*
65 ans ou plus	179	126	305
Population de 15 ans ou plus	**14 932**	**13 795**	**28 726**
dont 15 à 64 ans	*14 752*	*13 669*	*28 422*

Champ : France métropolitaine, population des ménages, personnes de 15 ans ou plus.
Source : Insee, enquête Emploi.

Population active et population active occupée

	2013	2014	2015
Population active (en millions)	28,6	28,7	28,7
Population active occupée (en millions)	25,8	25,8	25,8
dont femmes (en %)	*47,9*	*48,2*	*48,3*
dont non-salariés (en %)	*11,3*	*11,5*	*11,5*
Part des actifs occupés en sous-emploi (en %)	6,5	6,4	6,6
Part des employés en sous-emploi (en %)	11,8	11,6	11,9
Part des ouvriers en sous-emploi (en %)	6,0	5,6	5,8
Part des femmes en sous-emploi (en %)	9,8	9,5	9,7

Champ : France métropolitaine, population des ménages, personnes de 15 ans ou plus.
Source : Insee, enquêtes Emploi.

Taux d'activité et taux d'emploi dans l'UE en 2015

	Population active	Taux d'activité	Taux d'emploi en %		
	en millions	en %	Hommes	Femmes	Ensemble
Allemagne	41,1	77,6	78,0	69,9	74,0
Autriche	4,3	75,5	75,1	67,1	71,1
Belgique	4,9	67,6	65,5	58,0	61,8
Bulgarie	3,3	69,3	65,9	59,8	62,9
Chypre	0,4	73,9	66,7	59,0	62,7
Croatie	1,9	66,8	60,1	51,5	55,8
Danemark	2,9	78,5	76,6	70,4	73,5
Espagne	22,8	74,3	62,9	52,7	57,8
Estonie	0,7	76,7	75,3	68,5	71,9
Finlande	2,6	75,8	69,3	67,7	68,5
France	**29,1**	**71,2**	**67,1**	**60,6**	**63,8**
Grèce	4,7	67,8	59,3	42,5	50,8
Hongrie	4,5	68,6	70,3	57,8	63,9
Irlande	2,1	70,0	68,7	57,9	63,3
Italie	25,0	64,0	65,5	47,2	56,3
Lettonie	1,0	75,7	69,9	66,4	68,1
Lituanie	1,4	74,1	68,0	66,5	67,2
Luxembourg	0,3	70,9	71,3	60,8	66,1
Malte	0,2	67,6	76,2	51,0	63,9
Pays-Bas	8,7	79,6	79,0	69,2	74,1
Pologne	17,1	68,1	69,2	56,6	62,9
Portugal	4,9	73,4	66,9	61,1	63,9
Rép. tchèque	5,2	74,0	77,9	62,4	70,2
Roumanie	8,9	66,1	69,5	53,2	61,4
Royaume-Uni	31,7	76,9	77,6	68,0	72,7
Slovaquie	2,7	70,9	69,5	55,9	62,7
Slovénie	1,0	71,8	69,2	61,0	65,2
Suède	5,0	81,7	77,0	74,0	75,5
UE	**237,6**	**72,5**	**70,9**	**60,4**	**65,6**

Champ : population des ménages, personnes de 15-64 ans.
Source : Eurostat, enquêtes sur les forces de travail.

4.2 Chômage

En 2015, selon l'**enquête Emploi**, la France métropolitaine compte 2,9 millions de **chômeurs au sens du Bureau international du travail (BIT)**. En moyenne sur 2015, le **taux de chômage** s'établit à 10,0 % de la population active en France métropolitaine, soit 0,1 point de plus qu'en 2014. Par ailleurs, 1,4 million de personnes sont sans emploi et recherchent un emploi sans être disponibles, ou souhaitent travailler mais ne recherchent pas un emploi (qu'elles soient disponibles ou non pour en occuper un). Ces personnes ne vérifient pas tous les critères pour être considérées comme chômeurs, mais forment ce qu'on appelle le « **halo** » **autour du chômage**.

Entre 2014 et 2015, le taux de chômage de la population âgée de 25 à 49 ans augmente de 0,1 point tout comme celui des personnes âgées de 50 à 64 ans. La hausse est plus marquée chez les jeunes : le taux de chômage des 15-24 ans croît de 0,5 point en 2015. Après avoir fortement augmenté avec la crise (+ 5,8 points entre 2008 et 2013), le taux de chômage des jeunes s'est globalement stabilisé depuis. Il s'établit ainsi à 24,0 % en 2015, tandis que celui des personnes de 25 à 49 ans atteint 9,4 % et celui des 50 ans ou plus 6,8 %. Avant l'âge de 25 ans, de nombreux jeunes poursuivent encore des études (et ne sont majoritairement pas actifs) et ceux déjà présents sur le marché du travail ont un profil particulier : ils ont terminé leurs études plus tôt que le reste de leur génération et sont en moyenne moins diplômés ; ils ont donc un risque de chômage plus élevé. Rapportée à l'ensemble de la population (actifs et inactifs), la part de chômeurs chez les jeunes est de 9,0 % en 2015, soit seulement 0,7 point de plus que pour les 25-49 ans.

En 2015, le taux de chômage augmente chez les hommes (+ 0,3 point), tandis qu'il diminue légèrement chez les femmes (– 0,1 point). Depuis 2013, le taux de chômage est plus élevé pour les hommes que pour les femmes (respectivement 10,5 % contre 9,5 % en 2015). Les ouvriers et employés restent les catégories sociales les plus touchées par le chômage. Ainsi, le taux de chômage des ouvriers est presque quatre fois plus élevé que celui des cadres.

La part des **chômeurs de longue durée** qui s'établit à 42,8 % en 2015, est beaucoup plus élevée au sein des chômeurs seniors (60,2 %). L'ancienneté moyenne au chômage est de 14,6 mois en 2015, après 14,2 mois en 2014.

En 2015, le taux de chômage s'établit à 9,4 % dans l'ensemble de l'Union européenne. Il culmine à 24,9 % en Grèce, suivie de l'Espagne (22,1 %), tandis que l'Allemagne affiche le taux le plus faible (4,6 %). Le taux de chômage en France se situe au-dessus de la moyenne européenne. ■

Définitions

Chômeur au sens du BIT : personne âgée de 15 ans ou plus qui :
– est sans emploi la semaine de référence ;
– est disponible pour prendre un emploi dans les 15 jours ;
– a cherché activement un emploi dans le mois précédent ou en a trouvé un qui commence dans moins de trois mois.
Un chômeur au sens du BIT n'est pas forcément inscrit à Pôle emploi (et inversement). Voir la suite de cette définition dans la rubrique « Définitions » en annexes.

Chômeur de longue durée : actif au chômage depuis plus d'un an.

Enquête Emploi : réalisée par l'Insee depuis 1950, l'enquête Emploi est la seule source statistique qui permet de mesurer le statut d'activité (emploi, chômage, inactivité) au sens du Bureau international du travail (BIT). Depuis 2003, elle est réalisée en continu sur toutes les semaines de l'année.

Taux de chômage : rapport entre le nombre de chômeurs et le nombre d'actifs.

Halo autour du chômage : voir rubrique « Définitions » en annexes.

Pour en savoir plus

- « Emploi, chômage, revenus du travail », *Insee Références*, édition 2016.
- « Une photographie du marché du travail en 2015 », *Insee Première* n° 1569, juin 2016.
- « Conjoncture de l'emploi et du chômage au 4e trimestre 2015 », *Dares Indicateurs* n° 020, Dares, avril 2016.
- « Le taux de chômage diminue de 0,1 point au quatrième trimestre 2015 », *Informations rapides* n° 60, Insee, mars 2016.

Retrouvez le TEF sur www.insee.fr dans la collection « Insee Références »

Durée et circonstances du chômage

	2014	2015
Ancienneté moyenne de chômage (en mois)		
Ensemble	**14,2**	**14,6**
Hommes	14,7	15,2
Femmes	13,7	13,9
Proportion de chômeurs au chômage depuis 1 an ou plus (en %)		
Ensemble	**42,7**	**42,8**
15 à 24 ans	29,2	27,3
25 à 49 ans	42,6	42,9
50 ans ou plus	58,4	60,2
Hommes	**44,1**	**43,8**
Femmes	**41,0**	**41,6**
Circonstance de perte d'emploi (en %)		
Fin d'emploi à durée limitée	43,5	43,1
Licenciement	18,5	18,2
Démission	6,2	6,1
Autres circonstances[1]	31,7	32,6

1. Dont personnes n'ayant jamais travaillé.
Champ : France métropolitaine, population des ménages, personnes de 15 ans ou plus.
Source : Insee, enquêtes Emploi.

Taux de chômage par sexe et âge

en %

	1980	1990	2000	2010	2015
Hommes	**3,6**	**6,0**	**7,0**	**8,7**	**10,5**
15 à 24 ans	8,2	13,0	15,1	22,2	25,1
25 à 49 ans	2,5	5,0	6,3	7,7	9,6
50 à 64 ans	3,2	4,5	5,4	5,5	7,6
65 ans ou plus	0,4	0,2	0,0	2,3	2,1
Femmes	**7,3**	**9,7**	**9,5**	**9,1**	**9,5**
15 à 24 ans	15,9	17,6	17,3	23,0	22,7
25 à 49 ans	5,1	8,7	9,3	8,4	9,1
50 à 64 ans	4,9	6,2	6,0	5,6	6,4
65 ans ou plus	0,2	0,4	0,0	2,6	1,8
Ensemble	**5,1**	**7,6**	**8,1**	**8,9**	**10,0**
15 à 24 ans	11,6	15,1	16,1	22,6	24,0
25 à 49 ans	3,5	6,6	7,7	8,0	9,4
50 à 64 ans	3,8	5,2	5,7	5,5	7,0
65 ans ou plus	0,3	0,3	0,0	2,4	2,0

Champ : France métropolitaine, population des ménages, actifs de 15 ans ou plus.
Source : Insee, enquêtes Emploi.

Taux de chômage entre 1985 et 2015

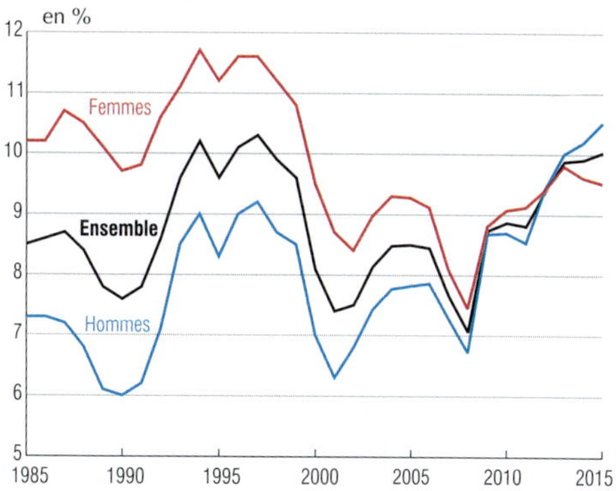

Champ : France métropolitaine, population des ménages, actifs de 15 ans ou plus.
Source : Insee, enquêtes Emploi.

Nombre de chômeurs

en milliers

	1980	1990	2000	2010	2015
Hommes	509	841	994	1 288	1 570
Femmes	709	1 048	1 140	1 217	1 312
Total	**1 218**	**1 889**	**2 134**	**2 505**	**2 882**

Champ : France métropolitaine, population des ménages, chômeurs de 15 ans ou plus.
Source : Insee, enquêtes Emploi.

Taux de chômage selon la catégorie socioprofessionnelle ou le diplôme

en %

	2003	2010	2015
Catégorie socioprofessionnelle			
Cadres	3,5	3,7	4,0
Professions intermédiaires	4,2	4,6	5,8
Employés	7,7	8,9	10,2
Ouvriers	9,4	12,8	14,6
Diplôme			
Brevet des collèges, CEP ou sans diplôme	11,3	14,5	16,8
Baccalauréat, CAP ou BEP	7,4	8,4	10,5
Bac + 2	5,3	5,1	6,3
Diplôme supérieur	6,4	5,3	6,2
Ensemble	**8,1**	**8,9**	**10,0**

Champ : France métropolitaine, population des ménages, actifs de 15 ans ou plus.
Source : Insee, enquêtes Emploi.

Chômage dans l'UE en 2015

	Nombre total de chômeurs	Évolution 15/14	Taux de chômage		
			Hommes	Femmes	Ensemble
	en milliers	en milliers	en %	en %	en %
Allemagne	1 950	– 140	5,0	4,2	4,6
Autriche	252	7	6,1	5,3	5,7
Belgique	422	– 1	9,1	7,8	8,5
Bulgarie	305	– 80	9,8	8,4	9,2
Chypre	63	– 7	15,1	14,8	15,0
Croatie	309	– 18	15,7	17,0	16,3
Danemark	181	– 11	5,9	6,4	6,2
Espagne	5 056	– 554	20,8	23,6	22,1
Estonie	42	– 8	6,2	6,1	6,2
Finlande	252	20	9,9	8,8	9,4
France	**3 047**	**21**	**10,8**	**9,9**	**10,4**
Grèce	1 197	– 77	21,8	28,9	24,9
Hongrie	308	– 35	6,6	7,0	6,8
Irlande	204	– 39	10,9	7,7	9,4
Italie	3 032	– 204	11,3	12,7	11,9
Lettonie	98	– 10	11,1	8,6	9,9
Lituanie	134	– 24	10,1	8,2	9,1
Luxembourg	18	2	5,9	7,2	6,4
Malte	11	0	5,5	5,2	5,4
Pays-Bas	614	– 46	6,5	7,3	6,9
Pologne	1 304	– 263	7,3	7,7	7,5
Portugal	648	– 81	12,4	12,9	12,6
Rép. tchèque	268	– 56	4,2	6,1	5,1
Roumanie	624	– 5	7,5	5,8	6,8
Royaume-Uni	1 741	– 255	5,5	5,1	5,3
Slovaquie	314	– 45	10,3	12,9	11,5
Slovénie	90	– 8	8,1	10,1	9,0
Suède	387	– 24	7,5	7,3	7,4
UE	**22 872**	**– 1 930**	**9,3**	**9,5**	**9,4**

Champ : population des ménages, personnes actives de 15 à 74 ans.
Source : Eurostat, enquêtes sur les forces de travail.

4.3 Politiques d'emploi

Les dispositifs ciblés de la politique de l'emploi prennent la forme d'aides à l'emploi, de stages de formation professionnelle ou de **mesures de retrait d'activité** anticipé. En 2015, le nombre total d'entrées dans les dispositifs croît de 5,4 %, porté par la croissance du nombre d'embauches en emploi aidé (+ 7,9 %). Le nombre de départs en retraite anticipée augmente également en 2015 (+ 3,9 %) tandis que les entrées en **formation des personnes en recherche d'emploi** diminuent de 1,2 %.

Les entrées en **contrats aidés – contrat unique d'insertion (CUI)**, **emploi d'avenir** ou emploi dans le secteur de l'insertion par l'activité économique (IAE) – augmentent de 11,0 %, en 2015, en raison notamment de nouvelles mesures en faveur de l'emploi intervenues au printemps (100 000 contrats aidés supplémentaires). Dans le secteur marchand, la création d'un contrat à destination des jeunes rencontrant des difficultés d'insertion, le CIE-starter, explique la hausse particulièrement forte des embauches en **contrats initiative emploi (CUI-CIE)**. Dans le secteur non marchand, la baisse apparente des embauches en **contrats d'accompagnement dans l'emploi (CUI-CAE)** est due à la poursuite de la mise en œuvre de la réforme du financement de l'IAE qui a conduit au transfert d'une partie de ces contrats vers l'IAE. Les emplois d'avenir achèvent leur montée en charge et les embauches diminuent pour la première fois. Le nombre de **contrats en alternance** augmente de 3,2 %. Par ailleurs, depuis 2013, les embauches de jeunes en contrat de travail à durée indéterminée (CDI) bénéficient d'une exonération temporaire de cotisations chômage. En partie du fait de cette mesure, les entrées dans les emplois aidés progressent de 8,4 %.

Fin 2015, le nombre de bénéficiaires des dispositifs ciblés de la politique de l'emploi augmente de 1,0 % par rapport à l'année précédente et s'établit à 1 958 000. En 2015, les femmes sont les principales bénéficiaires des CUI dans le secteur non marchand (73 % des nouveaux bénéficiaires sont des femmes), mais elles sont minoritaires dans l'ensemble des autres dispositifs. En particulier, elles ne représentent que 39 % des entrées en formation en alternance et 34 % des départs anticipés en retraite.

En 2014, les **dépenses pour les politiques du marché du travail (PMT)** s'élèvent à 53 Md€, soit 2,5 % du produit intérieur brut (PIB). Elles ont crû sensiblement (+ 3,6 %), dans un contexte de faible croissance économique. L'essentiel de cette hausse provient de l'augmentation des dépenses associées aux contrats aidés marchands et non marchands (respectivement + 47 % et + 37 %) qui résulte principalement de la montée en charge des emplois d'avenir.

En 2014, la France figure parmi les pays de l'Union européenne qui consacrent le plus d'effort aux interventions sur le marché du travail. C'est au Danemark, aux Pays-Bas, en Espagne, en Finlande et en Belgique que la part des dépenses pour les politiques du marché du travail dans le PIB est la plus forte. ■

Définitions

Contrats en alternance : contrat d'apprentissage qui permet à des 16-25 ans de travailler et de suivre un enseignement en alternance conduisant à l'obtention d'un diplôme ou d'un titre à finalité professionnelle ; contrat de professionnalisation qui vise à permettre l'acquisition, par les 16-25 ans et les demandeurs d'emploi de 26 ans ou plus, d'une qualification professionnelle en relation avec les besoins identifiés par les branches professionnelles.

Formation des personnes en recherche d'emploi :toute formation suivie par des personnes sans emploi, qui en cherche un, inscrites ou non à Pôle emploi, avec un statut de stagiaire de la formation professionnelle. Ce statut octroie une rémunération ou, a minima, la prise en charge de la protection sociale pendant la formation.

Contrat aidé, contrat d'accompagnement dans l'emploi (CAE), contrat initiative emploi (CIE), contrat unique d'insertion (CUI), dépenses pour les politiques du marché du travail (PMT), emploi aidé, emploi d'avenir, mesures de retrait d'activité : voir rubrique « Définitions » en annexes.

Pour en savoir plus

- « Les dépenses en faveur de l'emploi et du marché du travail en 2014 », *Dares Résultats* n° 72, Dares, décembre 2016.
- « Les dispositifs spécifiques d'emploi aidé et de formation au 2e trimestre 2016 », *Dares Indicateurs* n° 59, Dares, octobre 2016.
- « L'apprentissage en 2015 », *Dares Analyses* n° 44, Dares, septembre 2016.

Retrouvez le TEF sur www.insee.fr dans la collection « Insee Références »

Principaux dispositifs ciblés de la politique d'emploi

en milliers

	Entrées en dispositif[2]		Bénéficiaires en fin d'année[3]	
	2014 (r)	2015	2014 (r)	2015
Emploi aidé	**1 799**	**1 941**	**1 462**	**1 477**
Contrat aidé	575	638	463	480
dont : contrat d'accompagnement dans l'emploi (CUI-CAE)	*277*	*250*	*201*	*202*
contrat initiative emploi (CUI-CIE)	*49*	*92*	*30*	*35*
emploi d'avenir	*89*	*77*	*112*	*116*
insertion par l'activité économique (IAE)	*160*	*220*	*120*	*126*
Contrat en alternance	448	462	573	569
Autre emploi aidé	776	841	425	428
dont : aide aux chômeurs créateurs d'entreprise	*187*	*174*	*204*	*201*
embauche de jeunes en CDI[1]	*560*	*642*	*129*	*136*
Formation des personnes en recherche d'emploi	**668**	**660**	**251**	**250**
Retraits d'activité	**170**	**177**	**225**	**231**
Total	**2 637**	**2 779**	**1 939**	**1 958**

1. Exonération temporaire de la contribution patronale d'assurance chômage pour l'embauche de jeunes en CDI.
2. Entrées initiales et reconductions.
3. Données corrigées des variations saisonnières.
Champ : France métropolitaine.
Sources : Acoss ; ASP ; Cnav ; Dares ; DSS ; Pôle emploi.

Nouveaux bénéficiaires des principaux dispositifs ciblés de la politique d'emploi en 2015 selon le sexe et l'âge

en %

	Sexe		Âge		
	Hommes	Femmes	Moins de 25 ans	de 25 à 54 ans	55 ans ou plus
Emploi aidé					
dont : contrat d'accompagnement dans l'emploi (CUI-CAE)	*26,9*	*73,1*	*12,9*	*71,9*	*15,1*
contrat initiative emploi (CUI-CIE)	*55,3*	*44,7*	*23,1*	*66,3*	*10,6*
emploi d'avenir	*49,8*	*50,2*	*82,9*	*17,1*	*0,0*
insertion par l'activité économique (IAE)	*59,0*	*41,0*	*25,1*	*67,1*	*7,8*
contrat en alternance	*60,6*	*39,4*	*83,5*	*16,3*	*0,2*
aide à la création d'entreprises[1]	*60,0*	*40,0*	*15,4*	*79,3*	*5,3*
Formation des personnes en recherche d'emploi[1]	**54,6**	**45,4**	**32,9**	**63,3**	**3,7**
Retraits d'activité	**65,8**	**34,2**	**0,0**	**0,5**	**99,5**

1. Les données portent sur l'année 2014.
Sources : ASP ; Cnav ; Dares ; DSS ; Pôle emploi.

Dépenses pour les politiques du marché du travail

en millions d'euros

	2000	2005	2010 (r)	2013 (r)	2014	14/13 en % en euros constants
Services du marché du travail	**2 513**	**4 074**	**5 985**	**5 562**	**5 581**	**– 0,2**
Mesures actives	**14 660**	**11 596**	**14 858**	**12 672**	**14 136**	**11,0**
Formation professionnelle	5 456	5 206	6 480	6 018	6 173	2,1
Incitations à l'emploi	2 135	1 780	1 307	587	864	46,6
Emploi protégé	1 254	1 455	2 112	1 998	2 017	0,5
Création directe d'emploi	5 777	3 091	3 902	3 117	4 287	36,9
Aide à la création d'entreprises[1]	38	64	1 056	952	795	– 17,0
Soutiens	**19 855**	**27 429**	**29 596**	**32 702**	**33 297**	**1,3**
Maintien et soutien du revenu en cas de perte d'emploi	17 263	26 451	29 399	32 633	33 257	1,4
Préretraites	2 592	978	198	69	40	– 42,5
Total	**37 027**	**43 098**	**50 439**	**50 936**	**53 014**	**3,6**
Dépenses totales (en % du PIB)	2,5	2,4	2,5	2,4	2,5	///

1. Estimation : les montants des exonérations de cotisations sociales ne sont pas connus en totalité.
Source : Dares.

Dépenses pour les politiques du marché du travail dans les pays de l'UE en 2014

en % du PIB

	Total	*dont mesures actives*	*dont soutiens*		Total	*dont mesures actives*	*dont soutiens*		Total	*dont mesures actives*	*dont soutiens*
Allemagne	1,6	*0,3*	*0,9*	**France**	**2,5**	***0,7***	***1,5***	Pologne	0,8	*0,4*	*0,3*
Autriche	2,2	*0,6*	*1,4*	Grèce	0,9	*0,3*	*0,5*	Portugal	1,9	*0,5*	*1,3*
Belgique	2,7	*0,5*	*1,9*	Hongrie	1,1	*0,8*	*0,3*	Rép. tchèque	0,6	*0,2*	*0,2*
Bulgarie	0,6	*0,2*	*0,4*	Irlande	2,6	*0,7*	*1,8*	Roumanie	0,2	*0,0*	*0,1*
Chypre	1,0	0,1	*0,9*	Italie	1,9	*0,3*	*1,6*	Royaume-Uni[1]	0,7	*0,1*	*0,3*
Croatie	0,6	*0,2*	*0,4*	Lettonie	0,5	*0,1*	*0,4*	Slovaquie	0,5	*0,2*	*0,3*
Danemark	3,2	*1,4*	*1,4*	Lituanie	0,4	*0,2*	*0,2*	Slovénie	1,0	*0,3*	*0,6*
Espagne	3,0	*0,4*	*2,4*	Luxembourg	1,3	*0,5*	*0,8*	Suède	1,9	*1,1*	*0,6*
Estonie	0,6	*0,1*	*0,4*	Malte	0,5	*0,1*	*0,3*				
Finlande	2,8	*0,9*	*1,8*	Pays-Bas	3,0	*0,6*	*2,2*				

1. Données 2010.
Sources : Eurostat ; Dares.

4.4 Durée et organisation du temps de travail

Entre 1950 et 2015, la **durée annuelle du travail** de l'ensemble des salariés a diminué de 26 % en France. Jusqu'au milieu des années 1960, cette durée a peu varié, et c'est à partir de 1965 et jusqu'en 1982 qu'une part importante de la baisse intervient, en grande partie en raison de réductions collectives (4e semaine de congés payés en 1968, 5e semaine et 39 h en 1981). La durée du travail s'est à nouveau repliée dans les années 1990 avec l'accroissement du **temps partiel** puis avec le passage à 35 h, avant de se stabiliser à partir de 2002.

De faible ampleur dans les années 1960, le travail à temps partiel s'est beaucoup développé depuis. En 2015, le taux de temps partiel en France est de 19 %, contre 8 % quarante ans plus tôt. Il est proche de la moyenne de l'Union européenne (20 %) mais en-deçà de celui des Pays-Bas qui culmine à 51 %. Comme en Europe, le travail à temps partiel est majoritairement féminin en France. Il concerne 30 % des femmes contre 8 % des hommes. Dans une forte proportion (43 %), le temps partiel est « subi » et constitue une composante du **sous-emploi**. Les emplois à temps partiel sont souvent occupés aussi par les jeunes, les seniors et les salariés peu qualifiés et faiblement diplômés.

Certaines personnes en activité pratiquent des **horaires de travail atypiques**. En 2015, le travail du samedi est le plus fréquemment cité (39 %), suivi du travail du soir (25 %). La proportion d'agriculteurs, d'artisans-commerçants et de chefs d'entreprise travaillant le week-end et ayant des horaires tardifs ou variables d'une semaine à l'autre est supérieure à celle des salariés. Parmi les salariés, les cadres déclarent travailler chez eux et le soir plus souvent que la moyenne. Les employés, quant à eux, travaillent en forte proportion le samedi (44 %) et à un degré moindre le dimanche (24 %). Les ouvriers sont, pour leur part, plus concernés que la moyenne par le travail de nuit (13 %) et les horaires alternés (15 %). Le travail de nuit domine dans le tertiaire et concerne notamment les salariés dans la fonction publique et dans les entreprises privées de services. Les cinq familles professionnelles les plus représentatives du travail de nuit sont les conducteurs de véhicules, les policiers et militaires, les infirmières, les aides soignantes et les ouvriers qualifiés des industries de process. Le travail de nuit demeure majoritairement masculin malgré la présence croissante de femmes.

En 2015, sur une fenêtre d'observation d'un mois, 21 % des personnes ayant un emploi ont travaillé au moins un dimanche. Elles exercent notamment des professions dans les domaines de la sécurité des personnes et des biens, de la continuité de la vie sociale et de la permanence des soins. Les salariés travaillant le dimanche sont presque toujours concernés par le travail du samedi et souvent par les horaires tardifs ou variables. ■

Définitions

Durée annuelle du travail des salariés : temps de travail réellement effectué par les salariés au cours de l'année. Elle est calculée au niveau de la branche. Elle tient compte de la durée hebdomadaire théorique d'un temps complet, du nombre de semaines dans l'année et des corrections suivantes : travail à temps partiel, congés, chômage partiel, arrêts maladie, maternité et accidents du travail, grèves et heures supplémentaires dès lors que celles-ci sont déclarées et payées par l'employeur.

Temps partiel : temps de travail inférieur à la durée légale du travail ou à la durée conventionnelle si celle-ci est inférieure. Le travail à temps partiel peut être mis en place sur l'initiative de l'employeur ou du salarié.

Durée collective hebdomadaire du travail, durée légale du travail, horaires de travail atypiques, sous-emploi : voir rubrique « Définitions » en annexes.

Pour en savoir plus

- « Le travail du dimanche en 2015 », *Dares Résultats* n° 83, Dares, décembre 2016.
- « La durée du travail, indicateurs principaux », *Dares Résultats* n° 80, Dares, décembre 2016.
- « Pratiques et impact des activités réduites », *Études et Recherches* n° 8, Pôle emploi, août 2016.
- « 10 millions de travailleurs à temps partiel dans l'UE auraient préféré travailler plus », *Communiqué de presse* n° 99, Eurostat, mai 2016.

Retrouvez le TEF sur www.insee.fr dans la collection « Insee Références »

Horaires de travail atypiques et organisation du travail en 2015

en %

	Travail[1]					Horaires alternés	Horaires variables d'une semaine à l'autre
	le soir[2]	la nuit[3]	le samedi	le dimanche	au domicile[4]		
Catégorie socioprofessionnelle							
Agriculteurs exploitants	41	12	85	69	32	0	43
Artisans, commerçants et chefs d'entreprise	38	9	71	31	40	0	35
Cadres et prof. intellect. sup.	34	8	32	19	37	1	20
Professions intermédiaires	26	8	34	20	18	6	19
Employés	19	8	44	24	3	6	22
Ouvriers	20	13	28	12	1	15	14
Ensemble	**25**	**9**	**39**	**21**	**15**	**6**	**20**

1. Au moins une fois au cours des 4 semaines précédant l'enquête Emploi. 2. Entre 20 heures et minuit. 3. Entre minuit et 5 heures. 4. S'il n'est pas le lieu de travail.
Lecture : en 2015, 34 % des cadres travaillaient au moins une fois le soir au cours des 4 semaines précédant l'enquête Emploi.
Champ : France métropolitaine, population des ménages, personnes en emploi de 15 ans ou plus (âge au 31 décembre).
Source : Insee, enquête Emploi.

Temps partiel selon le sexe en 2015

en %

	Hommes	Femmes	Ensemble
Actifs occupés (en milliers)	**13 361**	**12 483**	**25 844**
Actifs à temps complet	92,1	69,6	81,2
Actifs à temps partiel[1]	7,9	30,4	18,8
moins de 15 heures	1,4	4,5	2,9
de 15 à 29 heures	4,3	15,9	9,9
30 heures ou plus	1,6	9,0	5,2
non renseigné	0,6	1,0	0,8

1. Y c. les personnes n'ayant pas déclaré d'horaires habituels.
Note : taux calculés par rapport à l'ensemble des actifs occupés.
Champ : France métropolitaine, population des ménages, personnes en emploi de 15 ans ou plus.
Source : Insee, enquête Emploi.

Durée annuelle du travail des salariés entre 1950 et 2015

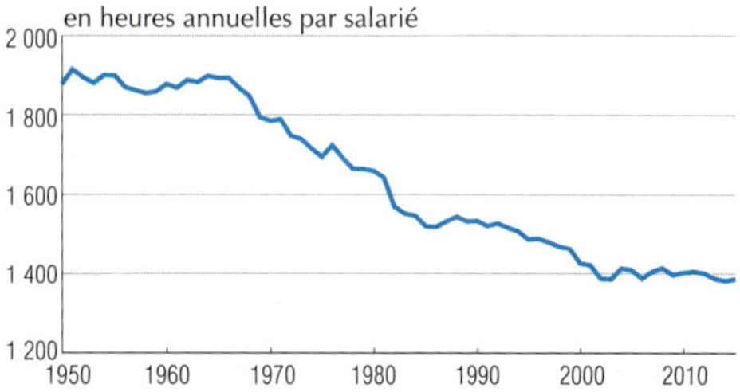

Source : Insee, comptes nationaux - base 2010.

Le travail du dimanche en 2015

en %

	Salariés travaillant le dimanche sur un mois donné		
	au moins deux dimanches	un seul dimanche	aucun dimanche
Hommes	11,1	6,5	82,4
Femmes	13,0	6,5	80,6
Diplôme			
Supérieur au bac	12,2	9,2	78,6
Baccalauréat ou équivalent	11,7	6,2	82,1
CAP, BEP	13,4	5,6	81,1
Brevet des collèges, aucun diplôme	10,4	4,7	84,8
Employeur			
État et collectivités locales	18,1	10,4	71,5
Autre	10,3	5,4	84,3
Effectif salariés (en milliers)	**2 750**	**1 483**	**18 627**

Note : salariés travaillant le dimanche sur une période d'observation de 4 semaines.
Champ : France métropolitaine, actifs salariés occupés au sens du BIT.
Source : Insee, enquête Emploi.

Heures supplémentaires déclarées par salarié

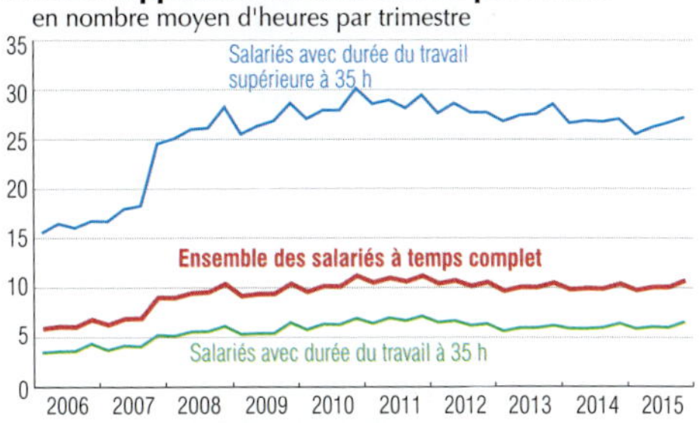

Champ : France métropolitaine, salariés à temps complet dans des entreprises de dix salariés ou plus des secteurs concurrentiels.
Source : Dares, enquêtes Acemo.

Durée du travail hebdomadaire et temps partiel dans l'UE en 2015

	Durée hebdomadaire en heures[1]		Travailleurs à temps partiel en % de l'emploi total		
	Non salariés	Salariés	Hommes	Femmes	Ensemble
Allemagne	48,9	40,5	11,0	47,4	28,0
Autriche	52,4	41,5	11,2	47,4	28,2
Belgique	54,5	39,1	10,1	41,6	24,7
Bulgarie	43,8	41,0	2,0	2,8	2,4
Chypre	47,2	41,8	11,2	16,5	13,8
Croatie	44,1	40,5	5,6	8,4	6,9
Danemark	48,5	37,9	16,8	35,2	25,4
Espagne	48,1	40,1	7,9	25,2	15,7
Estonie	42,2	40,7	6,6	15,2	10,8
Finlande	46,9	39,0	11,5	19,8	15,5
France	**51,1**	**39,0**	**8,0**	**30,4**	**18,8**
Grèce	50,8	40,9	6,8	13,2	9,5
Hongrie	43,1	40,7	4,4	8,1	6,0
Irlande	49,3	39,0	13,0	34,4	22,8
Italie	45,8	38,8	8,5	32,5	18,5
Lettonie	42,0	40,4	4,9	10,8	7,9
Lituanie	40,7	39,6	6,1	10,5	8,3
Luxembourg	48,6	40,3	6,1	34,5	18,9
Malte	47,6	40,4	7,9	27,9	15,6
Pays-Bas	48,7	39,0	28,3	77,1	50,8
Pologne	46,7	41,1	4,9	10,5	7,4
Portugal	48,7	41,4	10,6	14,4	12,5
Rép. tchèque	46,6	40,8	3,1	10,4	6,3
Roumanie	38,7	40,7	9,4	10,6	9,9
Royaume-Uni	46,0	42,4	13,2	42,2	26,7
Slovaquie	45,5	40,9	4,3	8,3	6,0
Slovénie	45,6	41,0	7,8	14,4	10,8
Suède	48,1	39,9	15,5	37,5	26,0
UE	**47,3**	**40,3**	**10,0**	**32,7**	**20,4**

1. Personnes travaillant à temps complet.
Champ : population de 15 ans ou plus.
Source : Eurostat.

4.5 Emploi de la fonction publique

En France, au 31 décembre 2014, la **fonction publique** emploie 5,6 millions de salariés. Près de la moitié (44 %) travaille dans la fonction publique de l'État (FPE), 35 % dans la fonction publique territoriale (FPT) et 21 % dans la fonction publique hospitalière (FPH). Dans l'ensemble des trois versants de la fonction publique, on décompte 192 400 bénéficiaires de **contrats aidés**, soit une hausse de 14,2 % par rapport à 2013.

Entre fin 2013 et fin 2014, les effectifs de la fonction publique progressent de façon moins marquée que l'année précédente. Hors contrats aidés, la hausse est de 0,3 % (après + 0,6 % en 2013). L'emploi y compris contrats aidés augmente, quant à lui, de 0,7 % (après + 1,5 % en 2013), soit 40 300 agents supplémentaires. Dans la FPE, l'emploi y compris contrats aidés est stable, après une hausse de 1,0 % l'année précédente. En revanche, il continue de progresser dans les deux autres versants : + 0,9 % dans la FPH et + 1,5 % dans la FPT (contre respectivement + 1,7 % et + 2,0 % en 2013). Au sein de la FPE, l'augmentation des effectifs des **établissements publics** administratifs (EPA) compense la baisse du nombre d'agents des ministères. Le ministère de l'Écologie perd 8,5 % de ses effectifs (– 5 300 postes) suite notamment au transfert de postes vers un nouvel établissement public, le centre d'études et d'expertise sur les risques, l'environnement, la mobilité et l'aménagement (CEREMA). Le ministère de la Défense perd, pour sa part, 3,8 % de ses emplois. À l'inverse, le ministère de la Justice et le ministère de l'Intérieur gagnent respectivement 1 500 postes (+ 2,0 %) et 2 600 postes (+ 0,9 %) par rapport à 2013. Enfin, l'emploi est relativement stable au ministère de l'Éducation nationale. Dans la FPT, l'évolution des effectifs des organismes intercommunaux reste dynamique (+ 3,4 %, après + 5,0 %) de même que celle des communes (+ 1,5 %, après + 1,8 %). Deux facteurs expliquent l'essentiel de ces augmentations : la hausse du nombre de bénéficiaires de contrats aidés et celle des effectifs de la filière de l'animation, suite notamment à la généralisation des nouveaux rythmes scolaires. L'emploi augmente plus modérément dans les organismes départementaux et dans les régions. Dans la FPH, la hausse des effectifs atteint 2,8 % dans les établissements médico-sociaux non rattachés à des centres hospitaliers ; elle est moins marquée dans les hôpitaux (+ 0,7 %).

En 2014, le nombre d'agents relevant du **statut** « fonctionnaires » augmente dans les trois versants de la fonction publique. Ils représentent 62 % des agents dans la FPE, 74 % dans la FPT et 71 % dans la FPH.

La répartition par catégorie hiérarchique est très différente selon les versants de la fonction publique. Dans la FPE, 52 % des salariés appartiennent à la catégorie dont la qualification est la plus élevée (catégorie A) contre 31 % dans la FPH et 9 % dans la FPT. Les agents de la catégorie C restent, quant à eux, plus nombreux dans la FPT (77 %) et dans la FPH (50 %). ■

Définitions

Fonction publique : on distingue trois versants de la fonction publique. La fonction publique de l'État (FPE), la fonction publique territoriale (FPT) et la fonction publique hospitalière (FPH). Voir la suite de cette définition dans la rubrique « Définitions » en annexes.

Statuts des agents de la fonction publique : on distingue les salariés de la fonction publique par leur statut de fonctionnaire, contractuel, militaire, bénéficiaire de contrat aidé ou « autre catégorie et statut ». Voir la suite de cette définition dans la rubrique « Définitions » en annexes.

Contrat aidé, emploi aidé, établissement public, poste principal dans la fonction publique, système d'information sur les agents des services publics (Siasp) : voir rubrique « Définitions » en annexes.

Pour en savoir plus

- « L'emploi dans la fonction publique en 2014 », *Point Stat,* DGAFP, juillet 2016.
- « L'emploi dans la fonction publique en 2014 », *Insee Première* n° 1586, mars 2016.
- « Les agents en position de mobilité au 31 décembre 2014 », *Stats Rapides,* DGAFP, février 2016.
- « En 2014, l'emploi dans la fonction publique reste en hausse mais ralentit », *Informations rapides* n° 303, Insee, décembre 2015.

Retrouvez le TEF sur www.insee.fr dans la collection « Insee Références »

Effectifs des trois versants de la fonction publique

en milliers

Au 31 décembre	2010[1]	2011	2012	2013	2014
Ensemble de la fonction publique d'État	2 507,5	2 466,2	2 450,8	2 476,5	2 475,6
Ensemble de la fonction publique territoriale	1 876,2	1 881,8	1 912,8	1 951,4	1 981,5
Fonction publique hospitalière	1 130,4	1 145,2	1 153,2	1 172,6	1 183,6
Total	**5 514,2**	**5 493,2**	**5 516,8**	**5 600,4**	**5 640,7**

1. Hors Établissement Français du Sang.
Champ : France hors Mayotte, postes principaux, y c. contrats aidés.
Source : Insee, Siasp.

Effectifs de la fonction publique de l'État

en milliers

Au 31 décembre	2013	2014
Éducation, enseignement supérieur et recherche	1 396,3	1 405,7
Économie, finances et industrie	164,6	161,5
Intérieur	287,8	290,4
Logement, transports et développement durable	81,6	79,6
Justice	78,2	79,7
Affaires sociales, santé et travail	101,9	102,7
Défense	281,1	270,7
Autres	85,0	85,3
Total	**2 476,5**	**2 475,6**
dont : ministères	*1 928,0*	*1 913,6*
établissements publics à caractère administratif	*548,5*	*562,0*

Note : ministères et ministères de tutelle des établissements publics administratifs de statut de droit public.
Champ : France hors Mayotte, postes principaux, y c. contrats aidés.
Source : Insee, Siasp.

Effectifs de la fonction publique par catégorie statutaire au 31 décembre 2014

effectifs en milliers

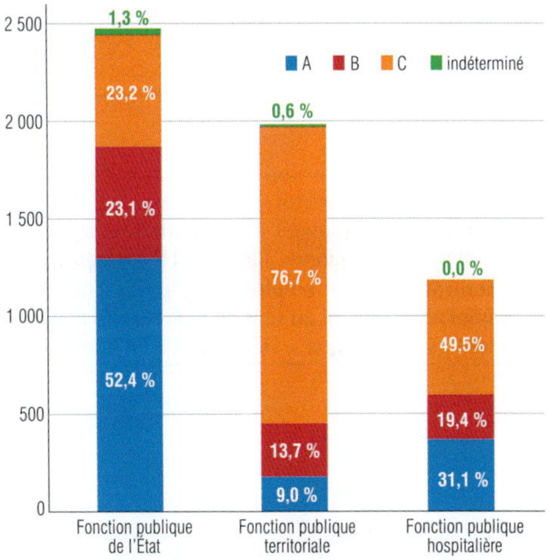

Note : une catégorie hiérarchique a été attribuée aux contractuels selon leur code grade et tous les bénéficiaires de contrats aidés sont classés ici en catégorie C.
Champ : France hors Mayotte, postes principaux, y c. contrats aidés.
Source : Insee, Siasp.

Effectifs de la fonction publique hospitalière

en milliers

Au 31 décembre	2013	2014
Hôpitaux	1 033,2	1 040,4
dont médecins[1]	*112,8*	*114,9*
Établissements médicaux sociaux[2]	139,4	143,3
dont médecins[1]	*1,9*	*1,9*
Total	**1 172,6**	**1 183,6**

1. Y c. internes ; hors praticiens hospitalo-universitaires recensés avec les effectifs de la fonction publique de l'État.
2. Y c. établissements d'hébergement pour personnes âgées.
Champ : France hors Mayotte, postes principaux, y c. contrats aidés.
Source : Insee, Siasp.

Effectifs de la fonction publique de l'État par statut

en milliers

Au 31 décembre	2013	2014
Fonctionnaires	1 529,4	1 537,9
Militaires	309,8	303,4
Contractuels, autres catégories et statuts	561,4	551,3
dont : ouvriers d'État	*33,3*	*31,2*
enseignants des établissements privés sous contrat	*139,8*	*141,6*
Bénéficiaires de contrats aidés	75,9	83,0
Total	**2 476,5**	**2 475,6**

Note : ministères et ministères de tutelle des établissements publics administratifs de statut de droit public.
Champ : France hors Mayotte, postes principaux, y c. contrats aidés.
Source : Insee, Siasp.

Effectifs de la fonction publique territoriale

en milliers

Au 31 décembre	2013	2014
Régions	82,1	82,8
Fonctionnaires	70,9	71,6
Contractuels, autres catégories et statuts	10,2	9,9
Bénéficiaires de contrats aidés	0,9	1,3
Départements	369,0	371,0
Fonctionnaires	285,8	287,1
Contractuels, autres catégories et statuts	76,1	75,5
dont assistants maternels et familiaux	*35,7*	*36,1*
Bénéficiaires de contrats aidés	7,2	8,4
Secteur communal[1]	1 500,3	1 527,7
Fonctionnaires	1 096,4	1 109,3
Contractuels, autres catégories et statuts	339,3	341,3
dont assistants maternels et familiaux	*14,6*	*14,0*
Bénéficiaires de contrats aidés	64,6	77,1
Total	**1 951,4**	**1 981,5**
dont bénéficiaires de contrats aidés	*72,6*	*86,8*

1. Y c. OPHLM, caisses de crédit municipal, régies et EPA locaux.
Note : collectivités territoriales et établissements publics à caractère administratif (EPA).
Champ : France hors Mayotte, postes principaux, y c. contrats aidés.
Source : Insee, Siasp.

4.6 Emploi par âge

Le **taux d'emploi** des 15-64 ans s'établit en France métropolitaine à 64,3 % en 2015, soit une hausse de 0,1 point par rapport à 2014. Alors qu'il progressait avant la crise de 2008, le taux d'emploi a perdu 0,8 point entre 2008 et 2009, et a peu varié depuis. Cette stabilité masque cependant des dynamiques opposées entre les femmes et les hommes. Pour les femmes, le taux d'emploi augmente de 0,2 point par rapport à 2014 et de 1,3 point depuis 2010, tandis que pour les hommes, il diminue de 0,2 point sur un an et de 0,8 point sur cinq ans. En 2015, au sein des 15-64 ans, les hommes demeurent cependant plus fréquemment en **emploi** que les femmes (respectivement 67,5 % et 61,1 %).

Le taux d'emploi des seniors âgés de 50 à 64 ans s'élève à 59,7 % en 2015, gagnant 1,0 point par rapport à 2014. Il a été dynamique ces dernières années en lien avec des sorties plus tardives du marché du travail, dans un contexte de restriction d'accès aux dispositifs de cessation anticipée d'activité et de recul de l'âge de départ à la retraite : il a progressé de 5,7 points depuis 2010. Le taux d'emploi des 55-64 ans enregistre une hausse encore plus marquée (+ 1,8 point par rapport à 2014 et + 9,1 points depuis 2010) pour atteindre en France métropolitaine 48,8 % en 2015. Il reste cependant encore inférieur à la moyenne de l'Union européenne, qui se situe à 53,3 %, et bien en-deçà de celui de la Suède (74,5 %), de l'Allemagne (66,2 %), du Danemark (64,7 %) ou du Royaume-Uni (62,2 %).

Le taux d'emploi des 15-24 ans s'établit à 28,4 % en 2015. Il est stable depuis deux ans, après avoir perdu 3,0 points entre 2008 et 2013. Le taux d'emploi des 25-49 ans baisse régulièrement. À 79,9 % en 2015, il a perdu 0,4 point par rapport à 2014 et 2,2 points par rapport à 2010.

En 2015, 27 % des jeunes en emploi bénéficient d'un **contrat aidé**. L'alternance, et notamment l'apprentissage, est la forme d'emploi aidé la plus répandue chez les jeunes. La part des jeunes de moins de 26 ans parmi les nouveaux recrutements s'établit à 36 %, en baisse de 4,7 points en un an. Dans le secteur non marchand, les entrées moins importantes en **emploi d'avenir**, dispositif très ciblé sur les jeunes, ne sont pas compensées par des recrutements plus nombreux en **contrats uniques d'insertion - contrats d'accompagnement dans l'emploi (CUI - CAE)**. Ainsi, la part des jeunes parmi les embauches sur contrat aidé dans le secteur non marchand chute de plus de 5 points par rapport à 2014. Dans le secteur marchand, les nouveaux **contrats initiative emploi - starter (CIE - starter)** compensent, en revanche, aisément la baisse des emplois d'avenir, permettant une hausse du nombre des nouveaux bénéficiaires de moins de 26 ans. Cependant, cette hausse est moins rapide que celle du nombre total des recrutements, ce qui, par rapport à 2014, conduit à une diminution de 5 points de la part des jeunes parmi les embauches sur contrat aidé dans le secteur marchand. Sur les **contrats uniques d'insertion - contrats initiative emploi (CUI - CIE)** classiques, la part des seniors parmi les nouvelles embauches augmente très légèrement en 2015. ■

Définitions

Taux d'emploi : rapport entre le nombre de personnes ayant un emploi et le nombre total de personnes. Il peut être calculé sur l'ensemble de la population d'un pays, mais on se limite le plus souvent à la population en âge de travailler, généralement définie, en comparaison internationale, comme les personnes âgées de 15 à 64 ans.

Contrat aidé, contrat d'accompagnement dans l'emploi (CAE), contrat initiative emploi (CIE), contrat initiative emploi - starter (CIE - starter), contrat unique d'insertion (CUI), emploi aidé, emploi au sens du BIT, emploi d'avenir, enquête Emploi, intérim, taux de chômage, taux d'emploi sous-jacent : voir rubrique « Définitions » en annexes.

Pour en savoir plus

- « Les contrats uniques d'insertion et les emplois d'avenir en 2015 », *Dares Résultats* n° 047, Dares, septembre 2016.
- « Emploi, chômage, revenus du travail », *Insee Références*, édition 2016.
- « Emploi, chômage, population active : rebond de l'emploi salarié en 2015 », *Dares Analyses* n° 035, Dares, juillet 2016.

Retrouvez le TEF sur www.insee.fr dans la collection « Insee Références »

Statut des emplois par âge en 2015

en %

	15-24 ans	25-49 ans	50 ans ou plus	Ensemble des 15 ans ou plus
Non salariés	**2,2**	**10,3**	**16,7**	**11,5**
Salariés	**97,8**	**89,7**	**83,3**	**88,5**
Intérimaires	6,2	2,3	0,9	2,2
Apprentis	16,1	0,2	0,0	1,4
Contrats à durée déterminée[1]	31,5	8,4	4,8	9,2
Contrats à durée indéterminée[2]	43,9	78,8	77,6	75,7
Total	**100,0**	**100,0**	**100,0**	**100,0**
Emploi total (en milliers)	**2 054**	**16 160**	**7 630**	**25 844**

1. Y c. les emplois aidés.
2. Y c. les emplois aidés, les salariés sans contrat, ainsi que les fonctionnaires stagiaires et les titulaires du secteur public.
Champ : France métropolitaine, population des ménages, personnes de 15 ans ou plus en emploi.
Source : Insee, enquête Emploi.

Jeunes de moins de 26 ans dans les différents dispositifs de politique de l'emploi

en milliers

Au 31 décembre	2000	2014 (r)	2015 (p)
Alternance	**579**	**562**	**568**
Apprentissage	359	398	397
Contrats de professionnalisation	0	164	171
Contrats de qualification, d'orientation et d'adaptation	220	0	0
Emploi marchand hors alternance	**77**	**25**	**42**
Contrats uniques d'insertion - contrats initiative emploi (CUI-CIE)[1]	36	5	16
Emplois d'avenir marchands	0	20	26
Autres mesures[2]	41	0	0
Emploi non marchand	**163**	**102**	**101**
Contrats uniques d'insertion - contrats d'accompagnement dans l'emploi (CUI-CAE)[3]	0	29	30
Emplois d'avenir non marchands	0	73	71
Contrats-emploi solidarité	36	0	0
Contrats-emploi consolidé	10	0	0
Emplois jeunes	118	0	0
Total	**820**	**689**	**711**
Part des emplois aidés parmi les emplois occupés par les jeunes (en %)	30	27	27

1. Contrats initiative emploi (CIE) avant 2010.
2. Exonérations de charges sociales pour les embauches de jeunes (Pactes et PAJ), exonérations de 25% et 50% à l'embauche de jeunes, primes à l'embauche dans l'artisanat, exonérations de 50% de charges sociales pour les embauches de chômeurs de longue durée.
3. Contrats d'accompagnement dans l'emploi (CAE) avant 2010.
Champ : France métropolitaine, hors mesures d'abattement temps partiel, Accre et insertion par l'activité économique.
Source : Dares.

Taux d'emploi par âge entre 1975 et 2015

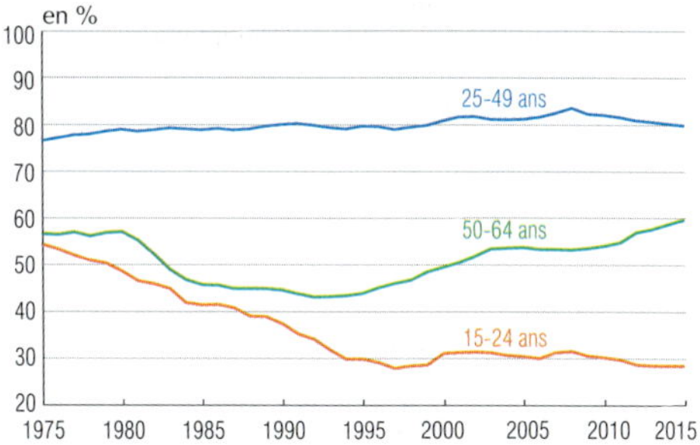

Champ : France métropolitaine, population des ménages.
Source : Insee, enquêtes Emploi.

Taux de chômage selon le diplôme des personnes sorties de formation initiale depuis 1 à 4 ans

en %

	2003	2005	2014	2015
Diplômés du Brevet ou non diplômés	33,4	38,2	53,0	51,4
Diplômés du 2e cycle du secondaire[1]	14,7	17,8	24,1	24,2
Diplômés du supérieur	10,0	9,5	11,6	11,6
Ensemble	**15,2**	**16,6**	**20,1**	**19,9**

1. Comprend les diplômés de BEP, CAP, baccalauréat et équivalents.
Note : données rétropolées sur la période 2003-2012 suite au changement du questionnaire de l'enquête Emploi en 2013. Cette rétropolation ne permet pas de corriger d'éventuelles ruptures liées aux modifications du questionnement sur la formation.
Champ : France métropolitaine, population des ménages, personnes actives de 15 ans ou plus ayant terminé leurs études initiales depuis 1 à 4 ans.
Source : Insee, enquêtes Emploi.

Taux d'emploi des seniors entre 1975 et 2015

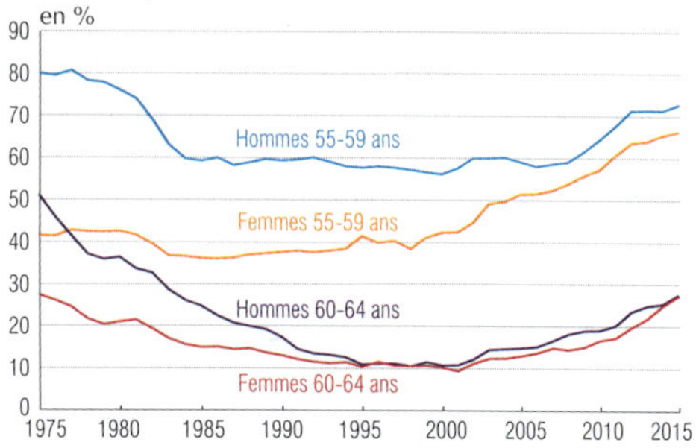

Champ : France métropolitaine, population des ménages.
Source : Insee, enquêtes Emploi.

Taux d'emploi par âge dans l'UE en 2015

en %

	15 à 24 ans	25 à 54 ans	55 à 64 ans	Ensemble
Allemagne	45,3	83,7	66,2	74,0
Autriche	51,3	83,5	46,3	71,1
Belgique	23,4	78,5	44,0	61,8
Bulgarie	20,3	76,1	53,0	62,9
Chypre	25,5	76,5	48,5	62,7
Croatie	19,0	72,2	39,0	55,8
Danemark	55,4	82,1	64,7	73,5
Espagne	17,9	69,4	46,9	57,8
Estonie	36,3	83,0	64,5	71,9
Finlande	40,5	80,0	60,0	68,5
France	**27,8**	**79,4**	**48,6**	**63,8**
Grèce	13,0	64,5	34,3	50,8
Hongrie	25,7	80,6	45,3	63,9
Irlande	28,7	74,1	55,6	63,3
Italie	15,6	68,2	48,2	56,3
Lettonie	34,5	79,2	59,4	68,1
Lituanie	28,3	81,6	60,4	67,2
Luxembourg	29,1	82,6	38,4	66,1
Malte	45,5	77,4	40,3	63,9
Pays-Bas	60,8	82,2	61,7	74,1
Pologne	26,0	79,5	44,3	62,9
Portugal	22,8	78,8	49,9	63,9
Rép. tchèque	28,4	84,5	55,5	70,2
Roumanie	24,5	77,4	41,1	61,4
Royaume-Uni	50,1	82,4	62,2	72,7
Slovaquie	23,3	78,1	47,0	62,7
Slovénie	29,6	82,9	36,6	65,2
Suède	43,9	85,6	74,5	75,5
UE	**33,1**	**78,0**	**53,3**	**65,6**

Champ : population des ménages, population des 15-64 ans.
Source : Eurostat, enquêtes sur les forces de travail.

4.7 Emploi par activité

Selon l'enquête Emploi, en 2015, 25,8 millions de personnes occupent un **emploi au sens du Bureau international du travail (BIT)**, en France métropolitaine. En 2015, 13,9 % des personnes en emploi de 15 ans ou plus travaillent dans le **secteur d'activité** de l'industrie, 6,4 % dans la construction, 2,7 % dans l'agriculture et 75,8 % dans le **secteur tertiaire**. Près d'un tiers des personnes occupées travaillent plus précisément dans le secteur de l'administration publique, de l'enseignement, de la santé humaine et de l'action sociale.

La part du tertiaire dans l'emploi a gagné 21 points au cours des quatre dernières décennies. Sur la même période, la part de l'industrie s'est quasiment réduite de moitié (– 12 points) et celles de l'agriculture et de la construction ont perdu respectivement 8 et 3 points.

Le développement du secteur tertiaire a particulièrement bénéficié à l'emploi féminin. Tandis que la part des femmes dans ce secteur représente 55,7 % des emplois en 2015, elle n'est que de 28,0 % dans l'industrie, de 29,3 % dans l'agriculture et de 10,6 % dans la construction. En quarante ans, la population féminine en emploi a progressé de près de 50 %. En 2015, 12,5 millions de femmes sont en emploi, soit 48,3 % de l'emploi total.

En 2015, 10,3 % des emplois sont occupés par des personnes qui travaillent dans leur entreprise depuis moins d'un an. Cette proportion est la plus élevée dans le tertiaire. Dans l'agriculture et dans l'industrie, la majorité des personnes a au moins dix ans d'ancienneté.

Entre 2014 et 2015, l'emploi total mesuré par les comptes nationaux progresse en France de 0,4 %. Dans les services principalement marchands l'emploi accélère : il s'accroît de 122 000 **emplois en équivalent-temps plein (EQTP)**, notamment grâce au raffermissement de la branche des services aux entreprises et, dans une moindre mesure, de la branche hébergement-restauration. Dans les branches principalement non marchandes l'emploi décélère légèrement (+ 44 000 EQTP, après + 58 000 EQTP en 2014). *A contrario*, l'emploi dans la construction et l'industrie se replie, respectivement de 40 000 et 29 000 EQTP.

Le volume de travail **intérimaire** en EQTP, évalué par la Dares à partir des fichiers pôle emploi des déclarations des agences d'intérim, augmente de 5,4 % entre 2014 et 2015, après + 1,8 % en 2014. Il progresse de 9,7 % dans le secteur tertiaire, de 5,5 % dans l'industrie et recule de 3,1 % dans la construction.

En 2014, la France figure parmi les pays européens dont le poids du secteur tertiaire est le plus élevé : il y est supérieur de 6,5 points à la moyenne de l'Union européenne. Les poids de l'agriculture et de l'industrie-construction y sont en revanche plus faibles, inférieurs de 2,2 et de 4,3 points respectivement, en regard de la moyenne de l'UE. ■

Définitions

Secteur d'activité : regroupe des entreprises de fabrication, commerce ou service qui ont la même activité principale (au regard de la nomenclature d'activité économique considérée). L'activité d'un secteur n'est donc pas tout à fait homogène et comprend des productions ou services secondaires qui relèveraient d'autres items de la nomenclature que celui du secteur considéré. Au contraire, une branche regroupe des unités de production homogènes.

Secteur tertiaire : recouvre un vaste champ d'activités qui va du commerce à l'administration, en passant par les transports, les activités financières et immobilières, les services aux entreprises et les services aux particuliers, l'éducation, la santé et l'action sociale. Le périmètre du secteur tertiaire est de fait défini par complémentarité avec les activités agricoles et industrielles (secteurs primaire et secondaire).

Emploi au sens du BIT, emploi en équivalent-temps plein (EQTP), enquête Emploi, intérim : voir rubrique « Définitions » en annexes.

Pour en savoir plus

- « Emploi, chômage, revenus du travail », *Insee Références*, édition 2016.
- « Emploi, chômage, population active : rebond de l'emploi salarié en 2015 », *Dares Analyses* n° 035, Dares, juillet 2016.
- « L'économie française », *Insee Références*, édition 2016.

Retrouvez le TEF sur www.insee.fr dans la collection « Insee Références »

Population en emploi selon le sexe et le secteur d'activité

en %

	2014			2015		
	Femmes	Hommes	Total	Femmes	Hommes	Total
Agriculture, sylviculture et pêche	**1,6**	**3,8**	**2,8**	**1,6**	**3,7**	**2,7**
Industrie	**8,3**	**19,1**	**13,9**	**8,1**	**19,3**	**13,9**
Ind. extractives, énergie, eau, gestion des déchets et dépollution	0,7	2,4	1,6	0,7	2,2	1,5
Fabr. de denrées alim., de boissons et de prod. à base de tabac	2,0	2,6	2,3	2,1	2,9	2,5
Cokéfaction et raffinage	0,0	0,1	0,0	0,0	0,1	0,0
Fabr. d'équip. élec., électroniques, inform. ; fabr. de machines	1,0	2,6	1,8	1,0	2,7	1,9
Fabrication de matériels de transport	0,6	2,5	1,6	0,6	2,5	1,6
Fabrication d'autres produits industriels	3,9	9,0	6,5	3,7	8,9	6,4
Construction	**1,5**	**11,4**	**6,6**	**1,4**	**11,1**	**6,4**
Tertiaire	**87,7**	**64,5**	**75,7**	**87,8**	**64,6**	**75,8**
Commerce ; réparation d'automobiles et de motocycles	12,5	13,2	12,9	12,4	13,1	12,8
Transports et entreposage	3,0	7,8	5,4	3,1	8,0	5,6
Hébergement et restauration	3,6	3,5	3,5	3,8	3,8	3,8
Information et communication	1,9	3,6	2,8	1,7	4,0	2,8
Activités financières et d'assurance	3,9	2,7	3,3	4,0	2,7	3,4
Activités immobilières	1,8	1,5	1,6	1,7	1,4	1,5
Activités scientifiques et techniques ; services adm. et de soutien	8,8	10,1	9,5	9,2	9,8	9,5
Adm. publique, enseignement, santé humaine et action sociale	44,3	18,7	31,0	44,8	18,5	31,2
Autres activités de services	7,9	3,5	5,6	7,2	3,4	5,2
Activité indéterminée	**0,9**	**1,1**	**1,0**	**1,1**	**1,4**	**1,2**
Total	**100,0**	**100,0**	**100,0**	**100,0**	**100,0**	**100,0**
Effectif (en milliers)	**12 434**	**13 389**	**25 823**	**12 483**	**13 361**	**25 844**

Lecture : en moyenne en 2015, 1,6 % des femmes ayant un emploi travaille dans le secteur de l'agriculture, de la sylviculture et de la pêche.
Note : les intérimaires sont classés dans le secteur utilisateur.
Champ : France métropolitaine, personnes des ménages, personnes en emploi de 15 ans ou plus.
Source : Insee, enquêtes Emploi.

Ancienneté dans l'entreprise par secteur d'activité en 2015

en %

	Moins d'un an d'ancienneté	10 ans ou plus d'ancienneté	Ensemble en milliers
Agriculture	8,0	57,0	694
Industrie	7,0	50,1	3 586
Construction	9,8	35,3	1 651
Tertiaire	10,9	45,1	19 593
Ensemble	**10,3**	**45,2**	**25 844**

Note : les intérimaires sont classés dans le secteur utilisateur.
Champ : France métropolitaine, personnes des ménages, personnes en emploi de 15 ans ou plus.
Source : Insee, enquête Emploi.

Volume de travail intérimaire

en milliers

	2014 (r)	2015	15/14 en %
Agriculture	2,8	2,7	– 2,0
Industrie	227,9	240,4	5,5
Construction	99,7	96,7	– 3,1
Tertiaire	189,6	208,1	9,7
Total	**520,0**	**547,9**	**5,4**

Note : volumes calculés en moyenne sur l'année en emplois équivalent-temps plein.
Source : Dares, fichiers pôle emploi des déclarations des agences d'intérim.

Part des femmes dans l'emploi en 2015

en %

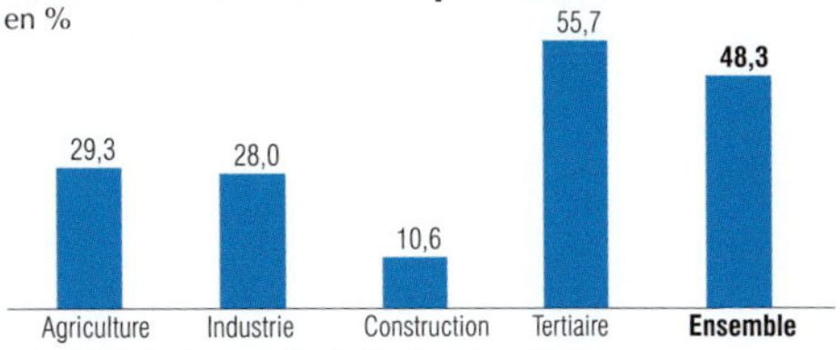

Note : les intérimaires sont classés dans le secteur utilisateur.
Champ : France métropolitaine, personnes des ménages, personnes en emploi de 15 ans ou plus.
Source : Insee, enquête Emploi.

Emploi total par grand secteur dans l'UE en 2014

	Répartition par grand secteur en %			Emploi total en milliers
	Agriculture	Industrie construction	Tertiaire[1]	
Allemagne	1,5	24,6	73,9	42 703
Autriche	4,4	23,0	72,5	4 269
Belgique	1,3	18,2	80,6	4 560
Bulgarie	19,4	25,0	55,6	3 434
Chypre	3,8	15,2	81,0	350
Croatie	9,5	26,9	63,7	1 575
Danemark	2,6	17,4	80,0	2 771
Espagne	4,0	17,8	78,2	18 176
Estonie	3,7	28,8	67,4	606
Finlande	4,5	22,4	73,1	2 499
France	**2,8**	**17,6**	**79,6**	**27 311**
Grèce	12,5	13,9	73,6	3 906
Hongrie	6,7	27,1	66,2	4 171
Irlande	5,7	18,3	76,0	1 914
Italie	3,7	23,7	72,5	24 343
Lettonie	7,4	23,7	68,8	877
Lituanie	9,2	24,7	66,1	1 318
Luxembourg	1,2	19,7	79,2	395
Malte	1,7	19,1	79,2	188
Pays-Bas	2,2	14,9	82,9	8 738
Pologne	11,5	30,2	58,3	15 726
Portugal	11,3	22,8	65,9	4 513
Rép. tchèque	3,3	36,8	59,9	5 109
Roumanie	29,3	28,5	42,2	8 661
Royaume-Uni	1,4	15,8	82,8	30 723
Slovaquie	3,3	31,1	65,6	2 223
Slovénie	8,3	29,3	62,4	930
Suède	2,3	20,6	77,1	4 735
UE	**5,0**	**21,9**	**73,1**	**226 686**

1. Y c. les activités des ménages en tant qu'employeurs, les activités extra-territoriales et les sans réponse.
Champ : population en emploi de 15 ans ou plus.
Source : Eurostat, enquêtes sur les forces de travail.

5.1 Salaires dans les entreprises

En 2014, le **salaire** mensuel **moyen en équivalent-temps plein (EQTP)** d'une personne travaillant dans le secteur privé ou dans une entreprise publique est de 2 225 euros nets des cotisations et contributions sociales. Correction faite de l'inflation, le **salaire net** moyen augmente de 0,5 % en euros constants par rapport à 2013, après deux années de baisse (– 0,3 % en 2013 et – 0,4 % en 2012). Le **Smic** horaire brut a été revalorisé de 1,1 % au 1er janvier 2014.

Le salaire net moyen augmente en euros constants dans l'industrie (+ 1,1 %) et dans le tertiaire (+ 0,5 %), tandis qu'il baisse très légèrement dans la construction (– 0,1 %). En 2014, le salaire net moyen en EQTP progresse pour toutes les catégories socioprofessionnelles. C'est pour les employés que l'augmentation est la plus sensible (+ 0,7 % en euros constants, après + 0,2 % en 2013), en particulier dans les activités commerciales et les services aux entreprises. Pour les ouvriers, le salaire net moyen progresse dans une moindre mesure (+ 0,4 % en euros constants, après – 0,3 % en 2013), comme pour les cadres (+ 0,4 % en euros constants, après – 1,1 %). Le salaire net moyen des cadres est soutenu par une hausse marquée pour les femmes (+ 1,3 %), notamment dans deux secteurs qui rassemblent près de la moitié des cadres : les services aux entreprises et les services mixtes. Le salaire net moyen des professions intermédiaires augmente, quant à lui, plus modérément (+ 0,3 % en euros constants).

Le salaire net **médian** en EQTP s'élève à 1 783 euros par mois, en 2014. En EQTP, les 10 % de salariés les moins bien rémunérés perçoivent un salaire net mensuel inférieur à 1 206 euros. En haut de l'échelle, les 10 % de salariés les mieux rémunérés gagnent au moins 3 599 euros par mois. Par rapport à 2013, les salaires nets augmentent à tous les niveaux de l'échelle salariale avec des hausses sensiblement plus marquées dans le haut de l'échelle. Les inégalités augmentent donc dans la moitié haute de l'échelle salariale. Au total, le **rapport entre le neuvième et le premier décile** de salaire augmente légèrement, à 3,0. En 2014, une salariée gagne, en moyenne, en EQTP, 18,5 % de moins que son homologue masculin (18,6 % y compris contrats aidés). Cependant, le salaire net moyen des femmes progresse plus que celui des hommes : + 0,9 % contre + 0,4 % en euros constants. Ainsi, dans l'ensemble, l'écart de salaire moyen entre femmes et hommes continue de baisser tendanciellement. Entre 2013 et 2014, il diminue en moyenne de 0,5 point. À secteur d'activité, âge, catégorie socioprofessionnelle et condition d'emploi (temps complet, temps partiel) donnés, l'écart de salaire moyen entre femmes et hommes continue aussi de se réduire. Il atteint 9,6 % en 2014, soit 0,3 point de moins qu'en 2013. ■

Définitions

Salaire moyen en équivalent-temps plein (EQTP) : salaire converti à un temps plein pendant toute l'année, quel que soit le volume de travail effectif. Pour un agent ayant occupé un poste de travail durant six mois à 80 % et ayant perçu au total 10 000 euros, le salaire en EQTP est de 10 000 / (0,5 x 0,8) = 25 000 euros par an. Pour calculer le salaire moyen en EQTP ou sa distribution, tous les postes y compris ceux à temps partiel sont pris en compte au prorata de leur volume de travail effectif (soit 0,5 x 0,8 = 0,4 EQTP dans l'exemple précédent).

Temps non complet : les emplois à temps non complets regroupent les personnes embauchées sur des postes à temps complet qui ont fait le choix de travailler à temps partiel et les personnes embauchées sur des postes à temps non complet.

Déciles et rapports interdéciles, déclaration annuelle de données sociales (DADS), effet de structure, médiane, salaire brut ou net, salaire minimum interprofessionnel de croissance (Smic) : voir rubrique « Définitions » en annexes.

Pour en savoir plus

- « Salaires dans le secteur privé – En 2014, le salaire net moyen augmente de 0,5 % en euros constants », *Insee Première* n° 1617, septembre 2016.

Retrouvez le TEF sur www.insee.fr dans la collection « Insee Références »

Salaires mensuels moyens nets de tous prélèvements selon le sexe et la catégorie socioprofessionnelle en 2014

	Montants mensuels nets en euros courants				Évolution 14/13 en euros constants en %		
	Hommes	Femmes	Ensemble	F/H en %	Hommes	Femmes	Ensemble
Cadres[1]	4 407	3 524	4 104	– 20,0	0,2	1,3	0,4
Professions intermédiaires	2 419	2 082	2 272	– 13,9	0,6	0,2	0,3
Employés	1 739	1 584	1 631	– 8,9	0,9	0,5	0,7
Ouvriers	1 750	1 462	1 702	– 16,5	0,4	1,0	0,4
Ensemble	**2 410**	**1 962**	**2 225**	**– 18,6**	**0,4**	**0,9**	**0,5**

1. Y c. les chefs d'entreprise salariés. Champ : salariés en équivalent-temps plein du secteur privé et des entreprises publiques, y c. bénéficiaires de contrats aidés et hors apprentis, stagiaires, salariés agricoles et salariés des particuliers-employeurs.
Source : Insee, DADS (fichier semi-définitif).

Évolutions annuelles des salaires moyens

en euros constants et en %

	2005	2008	2014
Salaire net moyen	**1,0**	**0,4**	**0,7**
Salaire net moyen à structure constante	0,9	– 0,3	0,3
Incidence des effets de structure sur le salaire net	0,1	0,7	0,4
indice des prix à la consommation	1,8	2,8	0,5

Champ : salariés en équivalent-temps plein du secteur privé et des entreprises publiques, hors bénéficiaires de contrats aidés, apprentis, stagiaires, salariés agricoles et salariés des particuliers-employeurs.
Source : Insee, DADS (fichier semi-définitif).

Salaires horaires nets par sexe et par catégorie socioprofessionnelle

en euros courants

	2013 (r)	2014	14/13[2] en %
Salariés à temps complet	**14,69**	**14,80**	**0,3**
Hommes	15,55	15,65	0,1
Femmes	13,16	13,32	0,7
Cadres[1]	26,35	26,56	0,3
Professions intermédiaires	14,76	14,88	0,3
Employés	10,86	10,98	0,6
Ouvriers	11,17	11,26	0,3
Smic (151,67 heures)	**7,39**	**7,44**	**0,2**
Salariés à temps non complet	**12,25**	**12,48**	**1,3**
Hommes	14,01	14,24	1,1
Femmes	11,41	11,61	1,2
Cadres[1]	22,80	22,91	0,0
Professions intermédiaires	13,68	13,73	– 0,2
Employés	9,66	9,73	0,3
Ouvriers	9,73	9,82	0,4

1. Y c. chefs d'entreprise salariés. 2. En euros constants.
Champ : salariés en équivalent-temps plein du secteur privé et des entreprises publiques, y c. bénéficiaires de contrats aidés et hors apprentis, stagiaires, salariés agricoles et salariés des particuliers-employeurs.
Source : Insee, DADS (fichier semi-définitif).

Distribution des salaires mensuels nets de tous prélèvements en 2014

en euros courants

Déciles	Hommes	Femmes	Ensemble	F/H en %
D1	1 257	1 164	1 206	– 7,4
D2	1 419	1 279	1 349	– 9,9
D3	1 565	1 386	1 480	– 11,4
D4	1 717	1 500	1 620	– 12,6
Médiane (D5)	**1 893**	**1 636**	**1 783**	**– 13,5**
D6	2 113	1 812	1 988	– 14,2
D7	2 425	2 051	2 264	– 15,4
D8	2 955	2 402	2 716	– 18,7
D9	3 940	3 100	3 599	– 21,3
D9/D1	**3,1**	**2,7**	**3,0**	///

Lecture : en 2014, 10 % des salariés en équivalent-temps plein du secteur privé et des entreprises publiques, y c. bénéficiaires de contrats aidés, gagnent un salaire mensuel net inférieur à 1 206 euros.
Champ : salariés en équivalent-temps plein du secteur privé et des entreprises publiques, y c. bénéficiaires de contrats aidés et hors apprentis, stagiaires, salariés agricoles et salariés des particuliers-employeurs.
Source : Insee, DADS (fichier semi-définitif).

Écart de salaires mensuels nets entre les hommes et les femmes

en euros courants

	2013 (r)	2014
Hommes	2 389	2 410
Femmes	1 935	1 962
Ensemble	**2 202**	**2 225**
Différentiel F/H (en %)	– 19,0	– 18,6

Champ : salariés en équivalent-temps plein du secteur privé et des entreprises publiques, y c. bénéficiaires de contrats aidés et hors apprentis, stagiaires, salariés agricoles et salariés des particuliers-employeurs.
Source : Insee, DADS (fichier semi-définitif).

Salaires mensuels moyens nets selon le secteur d'activité

	2014 en euros	14/13[1] en %
Ind. extractives, énergie, eau, gestion des déchets et dépollution	2 770	1,2
Fabr. de denrées alimentaires, de boissons et de produits à base de tabac	1 965	1,0
Cokéfaction et raffinage	3 607	– 2,4
Fabr. d'équip. élect., électroniques, informatiques et fabrication de machines	2 763	1,8
Fabrication de matériels de transport	2 925	1,5
Fabrication d'autres produits industriels	2 343	1,0
Construction	2 039	– 0,1
Commerce et réparation	2 035	0,9
Transports et entreposage	2 202	0,3
Hébergement et restauration	1 613	0,0
Information et communication	3 174	0,4
Activités financières et d'assurance	3 342	1,3
Activités immobilières	2 276	– 0,1
Activités scientifiques et techniques, services adm. et de soutien	2 235	0,8
Adm. publique, enseignement, santé humaine et action sociale	1 790	– 0,2
Autres activités de services	1 935	0,0

1. En euros constants.
Champ : salariés en équivalent-temps plein du secteur privé et des entreprises publiques, y c. bénéficiaires de contrats aidés et hors apprentis, stagiaires, salariés agricoles et salariés des particuliers-employeurs.
Source : Insee, DADS (fichier semi-définitif).

Salaires annuels bruts moyens dans quelques pays de l'UE en 2015

en euros

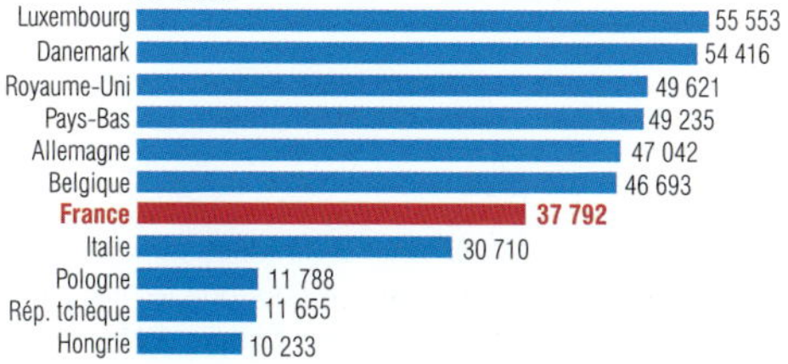

Champ : salaire moyen pour un célibataire sans enfant.
Source : Eurostat.

5.2 Salaires dans la fonction publique

Dans l'ensemble de la **fonction publique**, en 2014, le **salaire mensuel brut moyen en équivalent-temps plein** (y compris bénéficiaires de contrats aidés) d'un agent s'élève à 2 661 euros. Déduction faite des prélèvements sociaux, le **salaire net** mensuel moyen (incluant les bénéficiaires de contrats aidés) s'établit à 2 205 euros. Dans l'ensemble de la fonction publique, la **rémunération nette moyenne des personnes en place (RMPP)**, présentes tout au long de 2013 et 2014 chez le même employeur avec la même quotité de travail, augmente de 1,8 % en **euros constants**.

En 2014, déduction faite des prélèvements sociaux, le salaire net moyen en équivalent-temps plein d'un agent de la fonction publique de l'État (FPE), tous emplois et catégories confondus (y compris bénéficiaires de contrats aidés), s'établit à 2 477 euros par mois. En 2014, il diminue de 0,2 % en euros constants, sous l'effet notamment d'une hausse du nombre de bénéficiaires de contrats aidés. La rémunération nette moyenne des personnes en place chez le même employeur et avec la même quotité de temps de travail pendant l'ensemble de l'année 2013 et 2014, soit près de deux tiers des agents, progresse de 1,6 % en euros constants dans la FPE, du fait notamment de leur progression de carrière.

En 2014, le salaire net moyen en équivalent-temps plein d'un agent de la fonction publique territoriale (FPT) s'établit, tous emplois et catégories confondus, à 1 877 euros par mois. Il progresse en un an de 0,8 % en euros constants. La hausse des effectifs de contrats aidés pèse sur cette évolution. Entre 2013 et 2014, le salaire net moyen des fonctionnaires de la FPT (80 % des effectifs) augmente de 1,4 % en euros constants. La rémunération nette moyenne des personnes en place chez le même employeur en 2013 et 2014, soit près de deux tiers des effectifs en 2014, progresse de 2,1 % en euros constants.

Un agent de la fonction publique hospitalière (FPH) perçoit en moyenne, en 2014, un salaire net en équivalent-temps plein (incluant les bénéficiaires de contrats aidés) de 2 223 euros par mois (2 274 euros dans le **secteur hospitalier public**). Le salaire net moyen augmente, entre 2013 et 2014, de 0,3 % en euros constants dans la FPH. La rémunération nette moyenne des personnes en place chez le même employeur en 2013 et 2014 progresse de 1,5 % en euros constants. Comme dans les deux autres versants de la fonction publique, la RMPP a bénéficié du ralentissement de l'inflation en 2014.

Les écarts salariaux observés entre les trois versants de la fonction publique résultent principalement d'effets de structure : on compte davantage de cadres dans la fonction publique de l'État et hospitalière que dans la fonction publique territoriale. Cette dernière compte, pour sa part, plus d'employés et d'ouvriers que la fonction publique hospitalière. ■

Définitions

Rémunération nette moyenne des personnes en place (RMPP) : salaire net moyen des personnes présentes chez le même employeur avec la même quotité de travail, au cours d'une période de temps considérée (par exemple deux années consécutives).

Salaire brut ou net : le salaire est le paiement du travail convenu entre un salarié et son employeur. Le salaire brut correspond à l'intégralité des sommes perçues par le salarié au titre de son contrat de travail, avant toute déduction de cotisations obligatoires. Le salaire net (de prélèvements sociaux) est le salaire que perçoit effectivement le salarié.

Catégories d'emploi de la fonction publique, décomposition de l'évolution du salaire moyen, établissement public, fonction publique, indice de traitement brut ou net, prix courants et prix constants, salaire moyen en équivalent-temps plein, secteur hospitalier public (SHP), traitement indiciaire brut : voir rubrique « Définitions » en annexes.

Pour en savoir plus

- « Rapport annuel sur l'état de la fonction publique », édition 2016, DGAFP, novembre 2016.
- « Les salaires dans la fonction publique territoriale », *Insee Première* n° 1616, septembre 2016.
- « Les salaires dans la fonction publique d'État », *Insee Première* n° 1612, juillet 2016.

Retrouvez le TEF sur www.insee.fr dans la collection « Insee Références »

Salaires mensuels nets moyens dans la fonction publique territoriale en 2014

	Effectifs en %	Salaires en euros courants	14/13 en % en euros constants
Catégorie d'emploi			
Fonctionnaires	79,3	1 952	1,4
dont[1] : catégorie A	*9,4*	*3 280*	*0,1*
catégorie B	*14,4*	*2 299*	*0,1*
catégorie C	*76,2*	*1 723*	*1,5*
Autres salariés	20,7	1 591	– 1,3
Type de collectivité			
Communes	55,2	1 787	1,1
CCAS[2] et caisses des écoles	6,8	1 677	1,1
EPCI[3] à fiscalité propre	11,3	1 951	0,4
Autres structures intercommunales	3,5	1 845	0,9
Départements	14,5	2 089	0,4
Incendie - Secours	2,9	2 540	0,4
Régions	4,6	1 957	1,5
Autres collectivités locales	1,2	2 086	0,3
Ensemble	**100,0**	**1 877**	**0,8**

1. En % de l'ensemble des titulaires.
2. Caisses communales d'action sociale.
3. Établissements publics de coopération intercommunale.
Champ : salariés en équivalent-temps plein des collectivités territoriales (y c. bénéficiaires de contrats aidés, hors militaires et assistants maternels).
Source : Insee, Siasp.

Salaires mensuels nets moyens dans le secteur hospitalier public en 2014

	Salaires en euros courants	14/13 en %
Médecins et pharmaciens	4 964	0,4
Cadres adm. et de direction	3 695	0,4
PI[1] soignantes et sociales	2 324	0,2
PI[1] administratives et techniques	2 108	0,2
Agents de service[2] et employés administratifs	1 720	1,7
Ouvriers	1 668	1,8
Ensemble[3]	**2 274**	**0,8**

1. Professions intermédiaires. Les professions intermédiaires « soignantes » sont constituées des infirmiers, des sages-femmes, des spécialistes de la rééducation et des techniciens médicaux. Les PI « sociales » regroupent les assistantes sociales et les éducateurs spécialisés.
2. Les « agents de service » recouvrent les agents de services hospitaliers, les aides-soignants et les ambulanciers.
3. Y c. non ventilés ; hors stagiaires, étudiants.
Champ : salariés en équivalent-temps plein mensualisé ; hors internes, externes, assistants maternels et familiaux ; y c. bénéficiaires de contrats aidés.
Sources : Insee, Siasp ; DGAFP.

Salaires mensuels nets moyens dans la fonction publique de l'État en 2014

	Effectifs en %	Salaires en euros courants	14/13 en % en euros constants
Fonctionnaires	73,1	2 646	*0,2*
dont[1] : catégorie A	*64,9*	*2 893*	*– 0,2*
catégorie B	*19,2*	*2 410*	*– 0,1*
catégorie C	*15,7*	*1 913*	*1,2*
Autres salariés	26,9	2 019	– 0,8
Ensemble	**100,0**	**2 477**	**– 0,2**
Enseignants	45,6	2 531	– 0,3
Non enseignants	54,4	2 432	– 0,2
Ministères	75,5	2 531	0,1
EPA[2]	24,5	2 309	– 0,8

1. En % de l'ensemble des titulaires.
2. Établissements publics administratifs.
Champ : salariés en équivalent-temps plein ; hors militaires ; y c. bénéficiaires d'emplois aidés.
Source : Insee, Siasp.

Évolution moyenne de l'indice de traitement brut

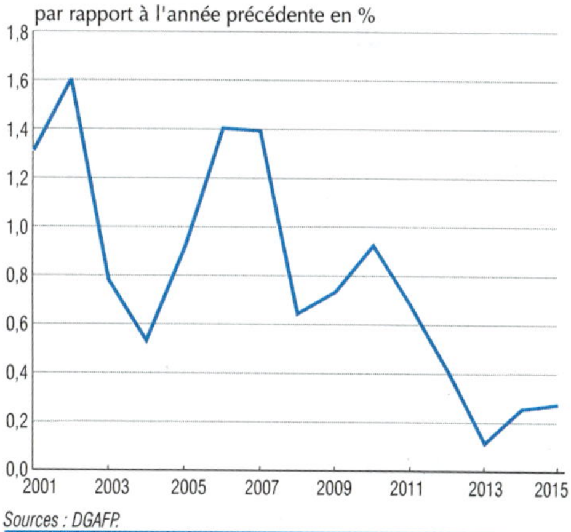

Sources : DGAFP.

Salaires mensuels nets moyens dans la fonction publique selon la catégorie socioprofessionnelle en 2014

en euros courants

	Fonction publique de l'État (FPE)		Fonction publique territoriale (FPT)		Fonction publique hospitalière (FPH)	
	Salaires	14/13 en %	Salaires	14/13 en %	Salaires	14/13 en %
Cadres	3 054	0,0	3 273	1,3	4 725	0,3
Professions intermédiaires	2 243	– 0,5	2 224	1,0	2 288	0,2
Employés, ouvriers	1 996	1,7	1 657	1,6	1 698	1,6
Ensemble	**2 477**	**0,3**	**1 877**	**1,3**	**2 223**	**0,8**

Champ : agents en équivalent-temps plein mensualisé, y c. bénéficiaires de contrats aidés, des services civils des ministères de l'État et des établissements publics administratifs hors militaires (FPE), des collectivités territoriales hors militaires, assistants maternels et familiaux (FPT) et des établissements publics ayant une activité économique principale hospitalière hors internes, externes, assistants maternels et familiaux (FPH).
Sources : Insee, Siasp ; DGAFP.

5.3 Salaire minimum - Coût du travail

Au 1er janvier 2016, le montant mensuel brut du **salaire minimum interprofessionnel de croissance (Smic)** est de 1 466,6 euros pour 151,67 heures de travail, soit une revalorisation de 0,6 % entre janvier 2015 et janvier 2016. En dix ans, le Smic horaire brut a augmenté de 17 %, passant de 8,27 euros en juillet 2006 à 9,67 euros en 2016, dans le même temps les prix augmentaient de 12 %. Le minimum de traitement brut dans la fonction publique s'élève à 1439,4 euros au 1er juillet 2016.

Au 1er janvier 2016, 1,6 million de salariés des entreprises du secteur concurrentiel (hors apprentis et intérimaires) bénéficient de la revalorisation du Smic, soit 10,5 % des salariés de ces entreprises. La proportion de salariés ayant bénéficié de la revalorisation du Smic au 1er janvier 2016 est légèrement inférieure à celle du 1er janvier 2015 (11,1 %, soit – 0,6 point). La proportion de bénéficiaires de la revalorisation du Smic baisse dans plus de la moitié des branches professionnelles et des secteurs d'activité. Le recul est le plus marqué dans les regroupements de branches du « commerce principalement alimentaire » et dans l'« agro-alimentaire ». Cette proportion baisse également dans le « commerce-réparation d'automobiles et de motocycles » et la « santé humaine-action sociale » mais augmente fortement dans l'« hébergement-restauration ». Au 1er janvier 2016, la proportion de salariés concernés par la revalorisation du Smic reste la plus importante dans l'« hébergement-restauration » (38 %). La part des bénéficiaires de la revalorisation du Smic est beaucoup plus élevée pour les salariés à temps partiel que ceux à temps complet (24 % contre 7 %) et dans les entreprises de moins de dix salariés (24 % contre 7 % pour celles de dix salariés ou plus).

La France fait partie des pays de l'Union européenne dont le **coût** horaire **de la main-d'œuvre** est élevé (35,1 euros en 2015 pour l'ensemble de l'industrie, de la construction et des services, hors administration publique et hors apprentis). Elle se situe derrière le Danemark, la Belgique, la Suède et le Luxembourg. Le coût horaire du travail est souvent plus élevé dans les secteurs où la main-d'œuvre est plus qualifiée et qui concentrent les plus grandes entreprises, comme l'« énergie » ou les « activités financières et d'assurance ». En revanche, il est le plus faible dans l'« hébergement-restauration », qui emploie une main-d'œuvre peu qualifiée et bénéficie donc davantage des allègements de cotisations sur les bas salaires. En France, le coût du travail dans le secteur marchand non agricole dont l'évolution est mesurée par l'indice du coût du travail-salaires et charges, a ralenti pour se stabiliser à un rythme de progression proche de 1 % en 2015, en moyenne annuelle. Plusieurs mesures ont contribué à cette modération, notamment la mise en place en 2013 du **crédit d'impôt pour la compétitivité et l'emploi (CICE)**, puis en 2015, dans le cadre du Pacte de responsabilité et de solidarité, la baisse du taux de cotisation patronale pour les salaires inférieurs à 1,6 Smic. ■

Définitions

Salaire horaire de base ouvrier et employé (SHBOE) : il s'agit du salaire horaire brut de base, avant déduction des cotisations sociales et avant versement de prestations sociales dont les salariés pourraient bénéficier, pour la population des ouvriers et employés. Le salaire horaire de base ouvrier et employé (SHBOE) ne comprend donc ni les primes (sauf, le cas échéant, la prime liée à la réduction du temps de travail), ni les heures supplémentaires.

Coût de la main-d'œuvre, crédit d'impôt pour la compétitivité et l'emploi (CICE), minimum mensuel garanti dans la fonction publique, salaire minimum dans l'Union européenne, salaire minimum interprofessionnel de croissance (Smic) : voir rubrique « Définitions » en annexes.

Pour en savoir plus

- « La revalorisation du Smic au 1er janvier 2016 », *Dares Analyses* n° 68, Dares, novembre 2016.
- « Emploi, chômage, revenus du travail », *Insee Références*, édition 2016.
- « Les coûts horaires de la main-d'œuvre compris en 2015 entre 4,1 € et 41,3 € selon les États membres », *Communiqué de presse* n° 61, Eurostat, avril 2016.
- « Indice du coût du travail dans l'industrie, la construction et le tertiaire – Quatrième trimestre 2015 », *Informations rapides* n° 67, Insee, mars 2016.

Retrouvez le TEF sur www.insee.fr dans la collection « Insee Références »

Pouvoir d'achat du Smic et du salaire horaire de base ouvrier et employé

	1990	1995	2000	2005	2010	2013	2014	2015
Smic horaire brut en moyenne annuelle (en euros)	4,70	5,53	6,31	7,82	8,86	9,43	9,53	9,61
Évolution en moyenne annuelle du pouvoir d'achat (en %)								
Du Smic horaire brut	0,8	1,4	0,5	3,8	– 0,5	0,4	0,6	0,8
Du Smic horaire net[1]	0,9	1,1	0,5	3,9	– 0,3	0,3	0,3	0,7
Du salaire horaire de base des ouvriers et employés[2]	1,5	0,7	3,4	1,2	0,4	0,9	0,9	1,2
Indice des prix à la consommation[3]	3,4	1,7	1,7	1,8	1,5	0,9	0,5	0,0

1. CSG et CRDS non déduites. 2. L'indice de salaire horaire de base des ouvriers et employés (SHBOE) remplace l'indice de salaire horaire de base des ouvriers (SHBO) depuis 2013. Le SHBO avait remplacé à partir de décembre 1998 le taux de salaire horaire des ouvriers. 3 . Y c. tabac.
Sources : Dares ; Insee.

Montant brut du Smic

en euros

	Smic horaire	Smic mensuel pour 151,67 heures de travail	Hausse en %
2012 (au 1er janvier)	9,22	1 398,4	0,3
2012 (au 1er juillet)	9,40	1 425,7	2,0
2013 (au 1er janvier)	9,43	1 430,2	0,3
2014 (au 1er janvier)	9,53	1 445,4	1,1
2015 (au 1er janvier)	9,61	1 457,5	0,8
2016 (au 1er janvier)	9,67	1 466,6	0,6
2017 (au 1er janvier)	9,76	1 480,3	0,9

Source : ministère du Travail, de l'Emploi, de la Formation professionnelle et du Dialogue social.

Salariés ayant bénéficié de la revalorisation du Smic de 2016

en %

Au 1er janvier	Ensemble des salariés	Salariés à temps partiel
Industries extractives	3,4	n.s.
Industrie manufacturière	5,2	14,7
Production et distribution d'énergie[1]	0,5	1,2
Production et distrib. d'eau ; assainiss.[2]	1,9	3,8
Construction	8,2	22,9
Commerce ; réparation d'auto. et de moto.	11,4	23,6
Transports et entreposage	5,7	7,7
Hébergement et restauration	38,3	61,8
Information et communication	2,5	7,2
Activités financières et d'assurance	2,9	7,9
Activités immobilières	11,1	24,0
Act. spécialisées, scient. et techniques	6,0	21,8
Activités de services adm. et de soutien	12,0	13,0
Enseignement (hors enseig. public)	7,7	9,3
Santé humaine et action sociale[3]	20,0	30,1
Arts, spectacles et act. récréatives	14,2	18,8
Autres activités de services	22,3	32,7
Ensemble	**10,5**	**24,3**

1. Électricité, gaz, vapeur et air conditionné. 2. Y c. gestion des déchets et dépollution. 3. Hors fonction publique hospitalière et associations de loi 1901 de l'action sociale.
Champ : France métropolitaine, ensemble des salariés sauf apprentis, stagiaires, intérimaires ; ensemble des secteurs sauf agriculture, administration, syndicats de copropriété, associations de loi 1901 de l'action sociale, activités des ménages, activités extraterritoriales.
Source : Dares, enquêtes Acemo.

Coût horaire du travail selon l'activité

en euros

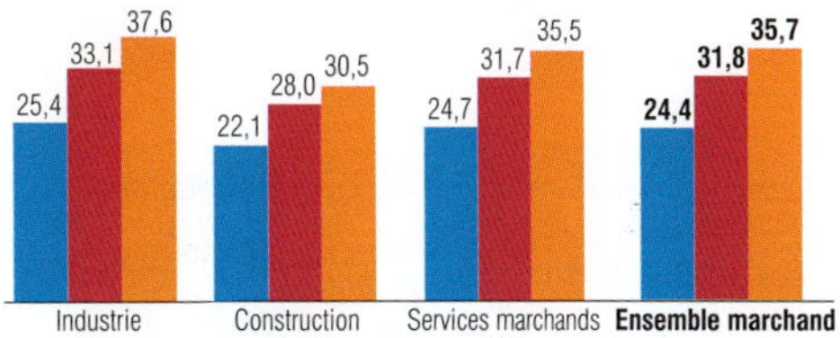

Champ : ensemble des secteurs marchands (secteurs B à N de la Nace), entreprises de 10 salariés ou plus, apprentis inclus.
Source : Eurostat, données annuelles du coût de la main-d'œuvre.

Évolution du salaire moyen et du salaire minimum de 1982 à 2014

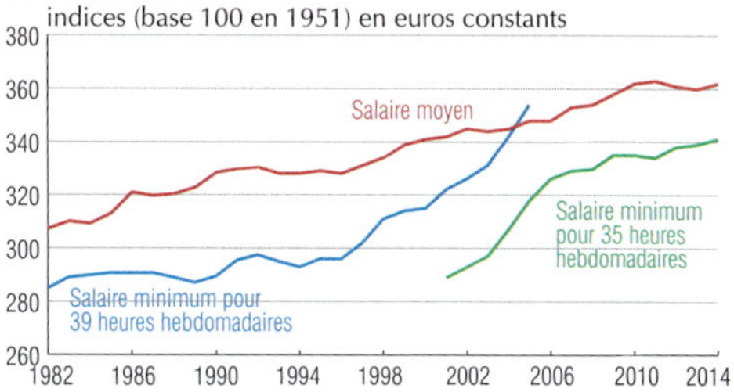

Note : de 2000 à 2005, le salaire minimum est représenté à la fois pour 39 h et pour 35 h. À partir de 2006, seul le salaire minimum pour 35 h demeure représenté.
Champ : salariés à temps complet du secteur privé et des entreprises publiques, y c. les apprentis et les stagiaires ; salaires nets de prélèvements.
Source : Insee.

Salaire mensuel minimum et coût horaire de la main-d'œuvre dans l'UE

	Salaire minimum brut en euros par mois[1]		Coût de la main-d'œuvre en 2015
	2015	2016	en euros par heure[2]
Allemagne	(r) 1 440	1 440	32,2
Autriche	///	///	32,4
Belgique	1 502	1 502	39,1
Bulgarie	184	215	4,1
Chypre	///	///	15,6
Croatie	396	408	9,6
Danemark	///	///	41,3
Espagne	757	764	21,2
Estonie	390	430	10,3
Finlande	///	///	33,0
France	**1 458**	**1 467**	**35,1**
Grèce	684	684	///
Hongrie	333	351	7,5
Irlande	1 462	1 546	30,0
Italie	///	///	28,1
Lettonie	360	370	7,1
Lituanie	300	350	6,8
Luxembourg	1 923	1 923	36,2
Malte	720	728	13,0
Pays-Bas	1 502	1 525	34,1
Pologne	410	434	8,6
Portugal	589	618	13,2
Rép. tchèque	332	366	9,9
Roumanie	218	232	5,0
Royaume-Uni	1 379	1 512	25,7
Slovaquie	380	405	10,0
Slovénie	791	791	15,8
Suède	///	///	37,4

1. Au 1er semestre de l'année considérée.
2. Coût horaire par salarié en équivalent-temps plein (hors apprentis) dans les entreprises de l'industrie, de la construction et des services (hors administration publique, défense et sécurité sociale obligatoire).
Source : Eurostat.

5.4 Revenus des ménages

En 2015, le **revenu disponible brut (RDB)** des ménages augmente de 1,4 % en valeur, après + 0,8 % en 2014. Parallèlement, le prix de la dépense de consommation finale baisse (– 0,2 %) pour la première fois depuis 2009, si bien que le **pouvoir d'achat** du RDB connaît sa plus forte hausse (+ 1,6 %) depuis 2009. Compte tenu de la croissance de la population, le pouvoir d'achat au niveau individuel, c'est-à-dire par **unité de consommation**, progresse de 1,1 % (après + 0,1 % en 2014). La progression du RDB est d'abord imputable à l'accélération des revenus nets d'activité (avec une contribution de + 1,0 point, après + 0,3 point en 2014). Bien qu'en décélération pour la troisième année consécutive, les **prestations sociales** en espèces soutiennent le RDB (contribution de + 0,7 point), tandis que la contribution des revenus du patrimoine est négative (– 0,1 point). La légère baisse des revenus du patrimoine des ménages tient essentiellement à la forte diminution des revenus tirés de leurs placements en assurance-vie. Les dividendes perçus par les ménages progressent nettement. Les intérêts reçus et versés par les ménages se replient fortement sous l'effet de la baisse des taux d'intérêt. Enfin, les impôts courants pèsent légèrement à la baisse sur le RDB, comme l'année précédente.

Les salaires nets perçus par les ménages progressent plus vite qu'en 2014 (+ 1,4 %, après + 0,6 %) en raison de l'accélération du salaire moyen par tête alors que l'emploi progresse au même rythme qu'en 2014. Les cotisations sociales ralentissent nettement (+ 1,3 %, après environ + 4,0 % en moyenne les trois années précédentes), avec une progression toutefois plus rapide des cotisations salariales obligatoires que des cotisations employeurs du fait de la baisse des cotisations familiales à la charge des employeurs au 1er janvier 2015 dans le cadre du Pacte de responsabilité et de solidarité. Ces mesures expliquent également en partie le rebond (+ 3,7 %, après trois années de recul) du revenu mixte net des entrepreneurs individuels, dont les cotisations diminuent (– 1,0 %), après une croissance annuelle moyenne de 3,5 % les trois années précédentes.

Les prestations sociales en espèces reçues par les ménages poursuivent leur décélération en 2015 : + 1,9 %, après + 2,2 % en 2014, + 2,9 % en 2013 et + 3,8 % en 2012. Les prestations familiales se replient, sous l'effet principalement de la mise en oeuvre de la modulation des allocations familiales en fonction des revenus à partir du 1er juillet 2015. Les prestations vieillesse décélèrent notamment sous l'effet du gel des pensions de base au 1er octobre 2014. En revanche, les prestations chômage demeurent dynamiques en raison d'une situation encore dégradée sur le marché du travail.

Après avoir fortement ralenti ces deux dernières années, les impôts courants sur le revenu et le patrimoine accélèrent légèrement (+ 1,7 %, après + 1,5 % en 2014). ■

Définitions

Pouvoir d'achat : quantité de biens et de services que l'on peut acheter avec le revenu disponible brut (RDB). Son évolution est liée à celles des prix et des revenus. Ainsi, si les prix augmentent quand les revenus sont constants, le pouvoir d'achat diminue, alors que si la hausse des revenus est supérieure à celle des prix, le pouvoir d'achat augmente.

Revenu primaire : revenu directement lié à une participation des ménages au processus de production. La majeure partie des revenus primaires des ménages est constituée de la rémunération des salariés, laquelle comprend les salaires et les cotisations sociales. Ces revenus comprennent aussi des revenus de la propriété résultant du prêt ou de la location d'actifs financiers ou de terrains (intérêts, dividendes, revenus fonciers, etc.).

Déflateur, prestations sociales (ou transferts sociaux), revenu disponible brut des ménages (RDB), unité de consommation : voir rubrique « Définitions » en annexes.

Pour en savoir plus

- « Le revenu réel des ménages par habitant en hausse dans la zone euro et dans l'UE28 », *communiqué de presse* n° 149, Eurostat, juillet 2016.
- « Les revenus et le patrimoine des ménages », *Insee Références*, édition 2016.
- « L'économie française », *Insee Références*, édition 2016.
- « Revenus d'activité des non-salariés en 2013 », *Insee Première* n° 1604, juin 2016.

Retrouvez le TEF sur www.insee.fr dans la collection « Insee Références »

Revenu disponible brut des ménages

en milliards d'euros

	2009	2010	2011	2012	2013	2014	2015
Salaires et traitements bruts	755,2	777,2	795,3	811,5	820,8	828,8	841,7
Cotisations sociales à la charge des salariés	101,4	103,4	104,6	108,8	113,8	117,5	120,8
Salaires et traitements nets	653,8	673,8	690,7	702,7	707,1	711,3	721,0
Prestations sociales autres que transferts sociaux en nature	406,8	419,4	428,9	445,1	458,2	468,3	477,3
Revenus salariaux et sociaux	1 060,6	1 093,2	1 119,6	1 147,8	1 165,3	1 179,6	1 198,2
Excédent brut d'exploitation et revenu mixte brut	278,7	280,9	286,6	289,8	286,9	288,8	291,8
Cotisations des non salariés	27,2	28,1	27,8	29,1	30,3	31,0	30,7
Revenu disponible brut (RDB)	**1 255,3**	**1 285,4**	**1 311,4**	**1 318,3**	**1 321,9**	**1 332,8**	**1 352,0**

Champ : ménages y c. entreprises individuelles.
Source : Insee, comptes nationaux - base 2010.

Évolution du revenu disponible brut et du pouvoir d'achat des ménages

en %

	09/08	10/09	11/10	12/11	13/12	14/13	15/14
Revenu disponible brut (RDB)	0,1	2,4	2,0	0,5	0,3	0,8	1,4
Évolution de l'indice du prix de la dépense de consommation finale des ménages	– 1,5	1,2	1,8	1,4	0,6	0,1	– 0,2
Pouvoir d'achat du RDB[1]	1,6	1,2	0,2	– 0,9	– 0,4	0,7	1,6
Pouvoir d'achat par personne	1,1	0,7	– 0,3	– 1,4	– 0,8	0,3	1,2
Pouvoir d'achat par ménage	0,7	0,3	– 0,7	– 1,7	– 1,2	– 0,1	0,9
Pouvoir d'achat par unité de consommation	1,0	0,6	– 0,4	– 1,5	– 1,0	0,1	1,1
Population moyenne	0,5	0,5	0,5	0,5	0,5	0,5	0,4
Nombre de ménages	0,9	0,9	0,9	0,8	0,9	0,8	0,7
Nombre d'unités de consommation	0,7	0,6	0,6	0,6	0,6	0,6	0,5

1. Évolution déflatée à l'aide de l'indice du prix de la dépense de consommation finale des ménages.
Champ : ménages y c. entreprises individuelles.
Source : Insee, comptes nationaux - base 2010.

Évolution du RDB et du pouvoir d'achat des ménages

par rapport à l'année précédente en %

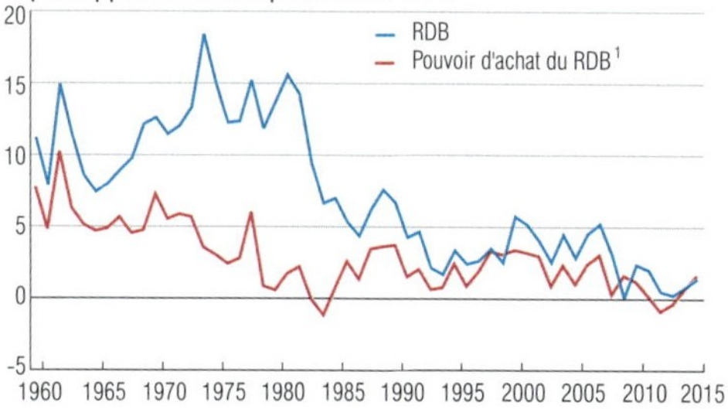

1. Évolution déflatée à l'aide de l'indice du prix des dépenses de consommation finale des ménages.
Source : Insee, comptes nationaux - base 2010.

Contributions à l'évolution du pouvoir d'achat des ménages

en points

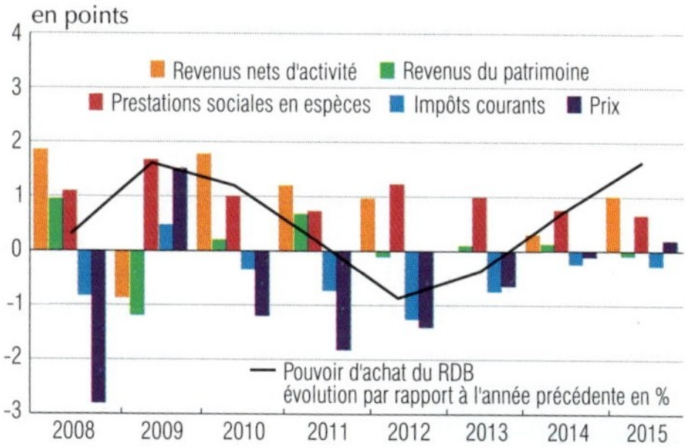

Source : Insee, comptes nationaux - base 2010.

Revenu disponible des ménages par habitant dans l'UE en 2014

	Revenu médian[1] en euros	Revenu médian[1] en SPA[2]		Revenu médian[1] en euros	Revenu médian[1] en SPA[2]		Revenu médian[1] en euros	Revenu médian[1] en SPA[2]
Allemagne	19 733	19 299	**France**	**21 199**	**19 307**	Pologne	5 336	9 560
Autriche	23 211	21 662	Grèce	7 680	8 610	Portugal	8 229	10 125
Belgique	21 705	19 591	Hongrie	4 512	7 559	Rép. tchèque	7 622	11 091
Bulgarie	3 311	6 754	Irlande	19 477	15 997	Roumanie	2 195	4 090
Chypre	14 400	15 762	Italie	15 759	15 274	Royaume-Uni	20 584	16 933
Croatie	5 225	7 740	Lettonie	5 203	7 320	Slovaquie	6 809	9 806
Danemark	27 861	19 987	Lituanie	4 823	7 595	Slovénie	11 909	14 328
Espagne	13 269	14 195	Luxembourg	34 320	28 271	Suède	27 120	20 614
Estonie	7 217	9 241	Malte	12 787	15 501	**UE**	**15 777**	...
Finlande	23 702	19 250	Pays-Bas	20 891	18 805			

1. Revenu par unité de consommation.
2. Standard de pouvoir d'achat : unité monétaire artificielle utilisée pour neutraliser les différences de niveaux de prix entre les pays.
Note : revenu annuel.
Source : Eurostat.

5.5 Niveaux de vie - Pauvreté

En 2014, le **niveau de vie** annuel moyen des individus s'établit à 23 270 euros. La moitié des individus a un niveau de vie inférieur à 20 150 euros (soit 1 679 euros par mois). Pour une famille composée d'un couple avec deux enfants de moins de quatorze ans, cela correspond à un **revenu disponible** de 42 320 euros par an (soit 3 530 euros par mois). Les revenus sont inégalement répartis : les 20 % des individus aux niveaux de vie les plus modestes détiennent 8,7 % de la masse des niveaux de vie, contre 38,3 % pour les 20 % des individus les plus aisés.

Entre 2013 et 2014, le niveau de vie médian est pratiquement inchangé (+ 0,2 %) en euros constants. Dans le bas de la distribution, le premier **décile** (D1) ne connaît pas, en 2014, la hausse observée en 2013 (– 0,2 %, après + 1,1 %). Entre le deuxième décile et la **médiane**, la distribution des niveaux de vie est en légère hausse (entre + 0,2 % et + 0,6 %). Au-dessus de la médiane, le niveau de vie est plutôt en baisse (la diminution la plus forte étant de 0,5 % pour le huitième décile). Les inégalités restent stables en 2014 : le **rapport interdécile** (D9/D1) se maintient à 3,5.

Parmi les personnes de 18 ans ou plus, le niveau de vie annuel médian des chômeurs (14 170 euros) est inférieur de 37 % à celui des personnes en emploi (22 320 euros). Il est également inférieur de 27 % à celui des inactifs. En 2014, parmi les inactifs, ce sont les retraités qui ont le niveau de vie médian le plus élevé avec 20 720 euros. Les autres inactifs (femmes au foyer, étudiants, personnes dans l'incapacité de travailler, etc.) ont le niveau de vie médian le plus faible parmi les inactifs : 15 540 euros, soit 25 % de moins que les retraités.

Le **seuil de pauvreté** est calculé par rapport à la médiane de la distribution des niveaux de vie. Le seuil officiel en France et dans l'Union européenne (UE) correspond à 60 % du niveau de vie médian et s'établit à 1 008 euros par mois pour une personne seule en 2014. 8,8 millions de personnes vivant avec un niveau de vie inférieur à ce seuil, le **taux de pauvreté** au seuil de 60 % de la médiane est de 14,1 % en 2014, soit un niveau très proche de celui de 2013 (14,0 %).

En 2014, 2,8 millions d'enfants vivent dans des **ménages** dont le niveau de vie est inférieur à 1 008 euros par mois, soit un taux de pauvreté de 19,8 %. Les enfants pauvres vivent plus fréquemment dans des familles monoparentales. Le taux de pauvreté des enfants dépend également de la situation de leurs parents ou de la personne de référence du ménage vis-à-vis du marché de l'emploi. C'est dans les ménages avec un ou des adultes au chômage ou inactifs que la pauvreté des enfants est la plus fréquente.

Au sein de l'UE, en 2014, la République tchèque affiche le taux de pauvreté le plus faible (9,7 %). Suivent ensuite les Pays-Bas, le Danemark, la Slovaquie et la Finlande avec des taux compris entre et 12,1 % et 12,4 %. À l'opposé, la Roumanie, les pays baltes, l'Espagne, la Bulgarie et la Grèce ont les taux de pauvreté les plus élevés, supérieurs à 21 %. ■

Définitions

Niveau de vie : revenu disponible du ménage divisé par le nombre d'unités de consommation (UC), appelées aussi « équivalent-adulte », qui permettent de tenir compte de la taille du ménage et des économies d'échelle réalisées en son sein. Le niveau de vie est donc le même pour tous les individus d'un même ménage. Les unités de consommation sont généralement calculées selon l'échelle d'équivalence dite de l'OCDE modifiée qui attribue 1 UC au premier adulte du ménage, 0,5 UC aux autres personnes de 14 ans ou plus et 0,3 UC aux enfants de moins de 14 ans.

Déciles et rapports interdéciles, enquête revenus fiscaux et sociaux (ERFS), indice de Gini, médiane, ménage, pauvreté monétaire et seuil de pauvreté, revenu disponible des ménages, taux de pauvreté, unité de consommation : voir rubrique « Définitions » en annexes.

Pour en savoir plus

- « Les niveaux de vie en 2014 », *Insee Première* n° 1614, septembre 2016.
- « Inégalités de niveaux de vie et pauvreté en 2013 », *in* « Les revenus et le patrimoine des ménages », *Insee Références*, édition 2016.
- « Une décomposition des différences de niveaux de vie des actifs et des retraités en Europe », *Dossier mensuel*, Conseil d'orientation des retraites, février 2016.

Retrouvez le TEF sur www.insee.fr dans la collection « Insee Références »

Taux de pauvreté selon l'âge et le sexe en 2014

en %

Âge au 31 décembre	Seuil à 50 %		Seuil à 60 %	
	Femmes	Hommes	Femmes	Hommes
Moins de 18 ans	11,8	10,9	20,6	19,1
18 à 29 ans	13,9	11,6	21,2	18,3
30 à 49 ans	8,2	6,8	14,2	11,6
50 à 59 ans	8,0	7,2	12,8	11,8
60 à 74 ans	3,0	3,9	7,0	7,7
75 ans ou plus	4,0	2,4	10,0	7,0
Ensemble	**8,4**	**7,7**	**14,7**	**13,4**
Pers. pauvres (en milliers)	**2 698**	**2 334**	**4 714**	**4 046**

Champ : France métropolitaine, personnes vivant dans un ménage dont le revenu déclaré au fisc est positif ou nul et dont la personne de référence n'est pas étudiante.
Sources : CCMSA ; Cnaf ; Cnav ; DGFiP ; Insee, enquête ERFS.

Niveau de vie annuel moyen des individus selon la composition du ménage en 2014

	Nombre total d'individus en milliers	Niveau de vie en euros
Ménages dont la personne de référence a moins de 65 ans	**49 733**	**22 810**
Personnes seules	5 784	20 890
dont : hommes actifs	*2 589*	*22 740*
femmes actives	*1 956*	*21 210*
Familles monoparentales	5 663	16 110
dont : mères inactives	*1 131*	*11 510*
mères actives	*3 562*	*16 480*
Couples	36 207	24 340
dont : homme actif - femme inactive sans enfant	*1 169*	*28 210*
homme actif - femme inactive avec trois enfants ou plus	*2 272*	*16 730*
couples d'actifs sans enfant	*4 607*	*30 090*
couples d'actifs avec trois enfants ou plus	*4 949*	*22 820*
Ménages complexes	2 078	19 690
Ménages dont la personne de référence a 65 ans ou plus	**12 494**	**25 080**
Total des individus	**62 227**	**23 270**

Note : sont considérés comme enfants, les enfants célibataires de la personne de référence ou de son conjoint sans limite d'âge.
Champ : France métropolitaine, personnes vivant dans un ménage dont le revenu déclaré au fisc est positif ou nul et dont la personne de référence n'est pas étudiante.
Sources : CCMSA ; Cnaf ; Cnav ; DGFiP ; Insee, enquête ERFS.

Pauvreté des enfants selon l'activité des parents en 2014

en %

	Structure de la population	
	des enfants pauvres	des enfants non pauvres
Un couple	**57,1**	**84,9**
Deux actifs occupés	10,9	62,0
Un actif occupé, un chômeur	6,7	6,3
Un actif occupé, un inactif	20,5	14,9
Deux chômeurs	2,6	0,4
Un chômeur, un inactif	10,0	0,8
Deux inactifs	6,4	0,5
Une personne seule	**37,5**	**12,4**
Un actif occupé	12,4	10,8
Un chômeur	8,6	0,6
Un inactif	16,5	1,0
Autres[1]	**5,4**	**2,7**
Total	**100,0**	**100,0**

1. Enfants ne vivant pas dans un ménage de type parent(s) et enfant(s).
Note : pauvreté au seuil de 60 % des personnes de moins de 18 ans.
Champ : France métropolitaine, personnes vivant dans un ménage dont le revenu déclaré au fisc est positif ou nul et dont la personne de référence n'est pas étudiante.
Sources : CCMSA ; Cnaf ; Cnav ; DGFiP ; Insee, enquête ERFS.

Niveau de vie et indicateurs d'inégalité

	2012[2]	2013	2014
Niveaux de vie annuel en euros[1]			
1er décile (D1)	10 670	10 790	10 770
Médiane (D5)	20 120	20 100	20 150
9e décile (D9)	38 070	37 380	37 260
Rapports interdéciles			
D9/D1	3,6	3,5	3,5
D9/D5	1,9	1,9	1,8
D5/D1	1,9	1,9	1,9
Masses de niveau de vie détenues			
S20 (en %)	8,5	8,8	8,7
S50 (en %)	29,9	30,6	30,6
S80 (en %)	60,7	61,8	61,7
Indice de Gini	0,305	0,291	0,293

1. En euros constants de 2014.
2. L'enquête a été rénovée en 2012 (voir définition en annexes).
Lecture : les 20 % les plus modestes disposent en 2014 de 8,7 % de la somme des revenus disponibles par UC (S20).
Champ : France métropolitaine, personnes vivant dans un ménage dont le revenu déclaré au fisc est positif ou nul et dont la personne de référence n'est pas étudiante.
Sources : CCMSA ; Cnaf ; Cnav ; DGFiP ; Insee, enquêtes ERFS.

Taux de pauvreté selon le seuil

	Seuil à 50 %		Seuil à 60 %	
	Nombre en milliers	Taux en %	Nombre en milliers	Taux en %
1970	5 785	12,0	8 649	17,9
1990	3 751	6,6	7 848	13,8
2000	4 165	7,2	7 838	13,6
2005	4 270	7,2	7 766	13,1
2010	4 755	7,8	8 617	14,1
2010[1]	4 677	7,7	8 520	14,0
2011	4 856	7,9	8 729	14,3
2012	4 977	8,1	8 540	13,9
2012[2]	5 245	8,5	8 824	14,3
2013	4 953	8,0	8 648	14,0
2014	5 032	8,1	8 760	14,1

1. À partir de 2010, les estimations de revenus financiers mobilisent l'enquête Patrimoine 2010.
2. L'enquête a été rénovée en 2012 (voir définition en annexes).
Champ : France métropolitaine, personnes vivant dans un ménage dont le revenu déclaré au fisc est positif ou nul et dont la personne de référence n'est pas étudiante.
Sources : CCMSA ; Cnaf ; Cnav ; DGFiP ; Insee, enquêtes ERF et ERFS.

Taux de pauvreté après transferts sociaux dans quelques pays de l'UE en 2014

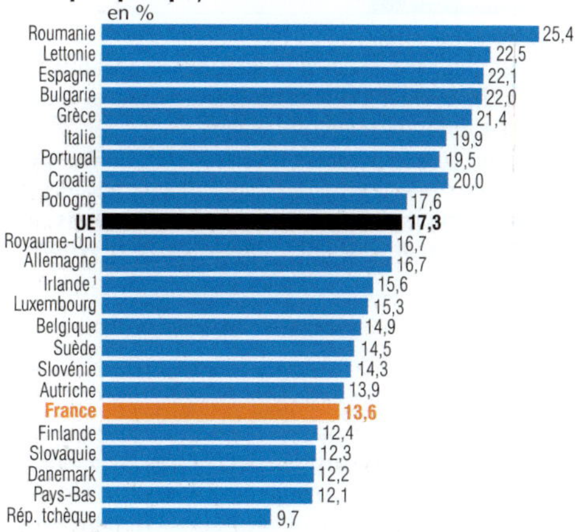

1. Données 2013.
Note : taux de pauvreté fixé à 60 % du revenu disponible équivalent médian national.
Source : Eurostat.

5.6 Retraites

En fin d'année 2014, 15,8 millions de personnes, vivant en France ou à l'étranger, sont retraitées de droit direct d'au moins un régime français. La croissance du nombre de retraités de droit direct s'inscrit dans la tendance des trois dernières années, avec une progression de 1,3 % par rapport à la fin de 2013, soit 199 000 personnes supplémentaires contre 360 000 personnes par an en moyenne entre 2006 et 2010. Ce ralentissement s'explique principalement par la réforme des retraites de 2010, qui repousse progressivement l'âge légal d'ouverture des droits à partir de juillet 2011. Le régime général des salariés du privé géré par la **caisse nationale d'assurance vieillesse (Cnav)** est le régime le plus important en termes d'effectifs avec 12,9 millions de bénéficiaires d'un droit direct au 31 décembre 2014.

Le montant moyen de la **pension** de droit direct, tous régimes confondus, s'établit à 1 322 euros bruts mensuels par retraité en décembre 2014, soit 1,2 % de plus qu'à la fin de 2013 en euros courants comme en euros constants. Il croît entre 2006 et 2014 au rythme annuel moyen d'environ un point de pourcentage en plus de l'inflation. Cette croissance résulte de l'évolution des pensions des personnes déjà retraitées ainsi que du renouvellement de la population de retraités. Le mécanisme de remplacement des retraités les plus âgés, décédés en cours d'année, par de nouveaux retraités disposant en général de carrières salariales plus favorables, est qualifié « d'effet de noria ». Ce dernier est particulièrement marqué pour les femmes. Le montant moyen de pension de droit direct s'élève à 1 007 euros mensuels pour les femmes contre 1 660 euros pour les hommes.

L'amélioration du niveau des pensions de retraite a entraîné une diminution régulière du nombre d'allocataires du **minimum vieillesse** de 1968 à 2003. Depuis 2004, ce nombre décroît plus lentement. À la fin 2014, 554 000 personnes bénéficient d'une allocation du minimum vieillesse visant à leur garantir un minimum de ressources : **allocation supplémentaire du minimum vieillesse (ASV)** ou **allocation de solidarité aux personnes âgées (ASPA)**. Une revalorisation exceptionnelle au 1er octobre 2014 (+ 1,0 %), venue s'ajouter à celle du 1er avril 2014 (+ 0,6 %), porte le minimum vieillesse à 800 euros mensuels pour une personne seule, lui permettant ainsi un gain de pouvoir d'achat de 0,5 % en moyenne sur l'année.

En complément des régimes obligatoires par répartition, une retraite supplémentaire facultative permet à certains retraités de compléter leurs revenus. En 2014, les produits d'épargne retraite individuels souscrits hors du cadre professionnel représentent 913 000 bénéficiaires d'une rente et 3,1 millions d'adhérents dont 2,3 millions pour les seuls **plans d'épargne retraite populaire (PERP)**. Au total, les dispositifs de retraite supplémentaire représentent 196,7 milliards d'euros d'**encours**. ■

Définitions

Allocation de solidarité aux personnes âgées (ASPA) : allocation différentielle versée aux personnes âgées (65 ans ou plus ou 60 ans en cas d'inaptitude) disposant de faibles ressources, quel que soit le nombre de trimestres validés auprès de régimes de retraite. Elle remplace depuis le 1er janvier 2007 les anciennes prestations du minimum vieillesse (premier et second étage).

Allocation supplémentaire du minimum vieillesse (ASV), caisse nationale d'assurance vieillesse (Cnav), contrats relevant du Code général des impôts (CGI), encours (ou provisions mathématiques), fonds de pension des élus locaux (FONPEL), minimum vieillesse, pension de retraite, plan d'épargne pour la retraite collective (Perco), plan d'épargne retraite d'entreprise (PERE), plan d'épargne retraite populaire (PERP), PREFON : voir rubrique « Définitions » en annexes.

Pour en savoir plus

- « Évolutions et perspectives des retraites en France », *Rapport annuel*, Conseil d'orientation des retraites, juin 2016.
- « Les retraités et les retraites », édition 2016, *collection Études et statistiques*, Drees, avril 2016.
- « L'exercice européen de projection des dépenses de retraites : à l'horizon 2060, leur poids dans le PIB reculerait fortement en France », *Insee Analyses* n° 21, août 2015.

Retrouvez le TEF sur www.insee.fr dans la collection « Insee Références »

Cotisants, retraités et rapport démographique du régime général de 1975 à 2015

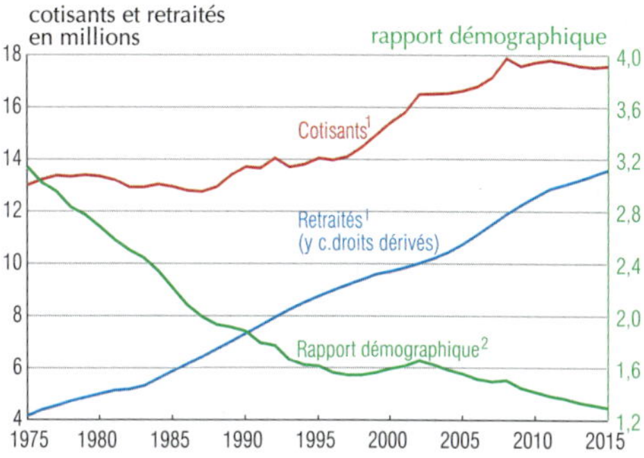

1. Effectifs au 31 décembre jusqu'en 1981, au 1er juillet à partir de 1982.
2. Nombre de cotisants rapporté au nombre de retraités.
Note : rupture de série en 2000 pour les retraités suite au non dénombrement des liquidations par anticipation.
Champ : France métropolitaine.
Source : Cnav.

Retraités et bénéficiaires du minimum vieillesse

en milliers

Au 31 décembre	2005	2010	2014
Retraités ayants droit	13 260	15 080	15 828
Bénéficiaires du minimum vieillesse	609	576	554

Champ : bénéficiaires d'un avantage principal de droit direct, nés en France ou à l'étranger, résidant en France ou à l'étranger, vivants au 31/12 de l'année pour les retraités ayants droit ; France entière pour les bénéficiaires du minimum vieillesse.
Source : Drees, EACR, EIR, modèle ANCETRE, enquête sur les allocations du minimum vieillesse 2014.

Montants des encours des dispositifs de retraite supplémentaire facultative fin 2014

en millions d'euros

	Montant	en %
Dispositifs de retraite supplémentaire souscrits dans un cadre personnel ou assimilé	**43 156**	**22**
PERP[1]	12 380	6
Produits destinés aux fonct. ou aux élus locaux (PREFON, COREM, CRH, FONPEL, CAREL-MUDEL)	23 660	12
RMC (retraite mutualiste du combattant)[2]	6 856	3
Autres contrats souscrits individuellement[3]	260	0
Dispositifs de retraite supplémentaire souscrits dans un cadre professionnel	**153 496**	**78**
Professions indépendantes (à titre individuel)	37 532	19
Contrats Madelin[1]	32 738	17
Contrats « Exploitants agricoles »[1]	4 794	2
Salariés (à titre collectif)	115 964	59
PERCO	10 300	5
Contrats de type art. 39 du CGI[1]	39 269	20
Contrats de type art. 82 du CGI[1]	3 962	2
Contrats de type art. 83 du CGI[1]	57 125	29
PERE[1]	504	0
REPMA[3], ancien PER « Balladur »	2 495	1
Autres contrats souscrits collectivement	2 309	1
Ensemble des dispositifs	**196 652**	**100**

1. Estimations obtenues après recalage des données collectées auprès des organismes d'assurance, d'après les sources FFSA.
2. Série redressée à partir de données estimées.
3. Régime de prévoyance mutualité agricole.
Champ : ensemble des contrats en cours de constitution et de liquidation.
Sources : Drees, Enquête Retraite supplémentaire de 2014 ; FFSA ; AFG.

Recettes et dépenses du régime général en droits constatés

en millions d'euros

	2014	2015	15/14 en %
Cotisations sociales	74 179	76 315	2,9
Cotisations prises en charge par l'État	925	1 048	13,2
Impôts et taxes affectés	12 624	14 534	15,1
Transferts entre organismes	5 671	5 656	– 0,3
Fonds de solidarité vieillesse	22 316	22 436	0,5
Produits divers	1 205	1 491	23,8
Total des recettes	**116 921**	**121 479**	**3,9**
Prestations légales	108 121	110 640	2,3
Prestations extra-légales	271	276	1,6
Prestations IEG[1]	1 615	1 626	0,7
Transferts	5 248	6 569	25,2
Diverses charges techniques	673	636	– 5,5
Dotations aux provisions	789	727	– 7,9
Charges diverses	1 359	1 319	– 2,9
Total des dépenses	**118 076**	**121 793**	**3,1**
Solde	**– 1 156**	**– 314**	///

1. Industries électriques et gazières.
Source : Cnav.

Montant des pensions moyennes brutes

en euros courants

Au 31 décembre	2005	2010	2014
Montant mensuel moyen par retraité	1 062	1 216	1 322
Évolutions annuelles[1] (en %)			
Montant mensuel brut	3,2	1,9	1,2
Montant mensuel corrigé de l'inflation[2]	1,7	0,1	1,2

1. En glissement annuel au 31/12 de l'année.
2. Corrigé de l'évolution de l'indice des prix y c. tabac pour la France.
Champ : bénéficiaires d'un avantage principal de droit direct, nés en France ou à l'étranger, résidant en France ou à l'étranger, vivants au 31 décembre de l'année ; tous régimes confondus.
Source : Drees, EACR, EIR, modèle ANCETRE.

Dépenses de pensions dans quelques pays de l'UE en 2014

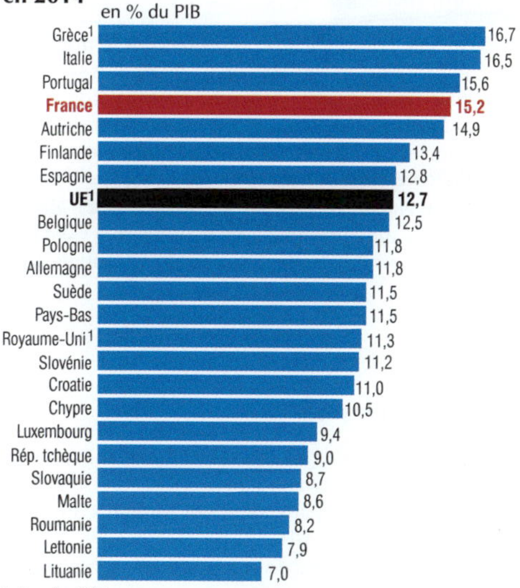

1. Données 2013.
Source : Eurostat.

5.7 Protection et aide sociale

En 2015, les dépenses de **protection sociale** progressent de 1,4 %, soit un rythme moindre que le PIB en valeur, tandis que l'évolution des ressources s'en approche (+ 2,0 %). De ce fait, le déficit de la protection sociale se résorbe de moitié en 2015 par rapport à 2014 avec 3,9 milliards d'euros (Md€), après 7,9 Md€.

Le montant servi au titre des **prestations sociales**, qui englobe 94 % du total des dépenses, s'élève à 701,0 Md€ en 2015. Il augmente ainsi de 1,6 %, après + 2,2 % en 2014. Cette croissance nominale est la plus basse observée depuis 1981. Seule la dynamique des prestations du risque emploi est plus soutenue en 2015 (+ 3,2 %) qu'en 2014 (+ 1,5 %). Le nombre de demandeurs d'emploi indemnisés par l'assurance chômage ou le régime de solidarité augmente en effet de 5,6 % en moyenne annuelle. Les dépenses afférentes à la maladie augmentent de 2,5 %, soit un rythme de croissance légèrement moindre qu'en 2014 (+ 2,6 %). Les prestations du risque vieillesse-survie, qui représentent près de 46 % de l'ensemble des prestations sociales, progressent de 1,2 %, après + 2,1 % en 2014, sous l'effet d'une inflation atone et de départs à la retraite moins nombreux. Les dépenses liées à l'invalidité n'augmentent que de 1,6 % en 2015, après + 3,4 % en 2014. Les prestations du risque pauvreté-exclusion sociale sont elles aussi moins dynamiques (+ 2,5 %, après + 5,2 %). Les prestations des risques famille (+ 0,5 %) et logement (+ 0,8 %) sont presque stables, en lien avec la stagnation des indices de revalorisation. Les prestations du risque accidents du travail et maladies professionnelles (AT-MP) continuent de baisser (– 3,7 %).

Les ressources de la protection sociale s'établissent à 743,0 Md€ en 2015, et progressent de 2,0 %, après + 2,5 % en 2014.

Au 31 décembre 2015, en France hors Mayotte, 4,3 millions de prestations d'**aide sociale départementale (ASD)** sont allouées par les départements au titre de l'aide aux personnes âgées, aux personnes handicapées, à l'enfance ou à l'insertion. Les personnes âgées sont bénéficiaires de 1,4 million de prestations, dont 1,3 million au titre de l'**allocation personnalisée d'autonomie (APA)**. Le nombre de mesures d'**aide sociale à l'enfance (ASE)** augmente légèrement (324 000 mesures fin 2015).

Au 31 décembre 2014, 4,1 millions de personnes sont allocataires de l'un des **minima sociaux**. Parmi elles, 1,9 million bénéficient du **revenu de solidarité active (RSA)** « socle » et 1,0 million de l'**allocation aux adultes handicapés (AAH)**. ■

Définitions

Aide sociale : destinée aux personnes qui se trouvent dans l'impossibilité de faire face à un état de besoin en raison du handicap, de la vieillesse ou de difficultés sociales ou économiques, elle dispense des prestations et des services répartis en quatre domaines principaux : l'aide aux personnes âgées, l'aide aux personnes handicapées, l'aide sociale à l'enfance, et l'aide aux personnes en situation de précarité. Depuis le 1er janvier 1984, la quasi-totalité de l'aide sociale a été transférée aux départements. La gestion de l'allocation du Revenu minimum d'insertion (RMI) puis du Revenu de solidarité active (RSA) socle l'a été au 1er janvier 2004.

Aide au logement, aide sociale à l'enfance (ASE), aide sociale départementale (ASD), allocation aux adultes handicapés (AAH), allocation personnalisée d'autonomie (APA), cotisations sociales, minima sociaux, prélèvements obligatoires, prestations sociales, protection sociale, revenu de solidarité active (RSA) : voir rubrique « Définitions » en annexes.

Pour en savoir plus

- « Dépenses d'aide sociale départementale : une croissance toujours soutenue par le RSA en 2015 », *Études et résultats* n° 991, Drees, janvier 2017.
- « Fin 2015, les départements ont attribué 4,3 millions de prestations d'aide sociale », *Études et résultats* n° 984, Drees, novembre 2016.
- « Compte provisoire de la protection sociale : une baisse du déficit en 2015 », *Études et résultats* n° 983, Drees, novembre 2016.

Retrouvez le TEF sur www.insee.fr dans la collection « Insee Références »

Familles bénéficiaires des principales prestations familiales

en milliers

Au 31 décembre	2014 (r)	2015	15/14 en %
Allocations familiales (AF)	5 038	5 032	– 0,1
Complément familial (CF)	865	881	1,8
Allocation de rentrée scolaire (ARS)	3 089	3 128	1,3
Allocation d'éducation de l'enfant handicapé (AEEH)	233	242	4,1
Allocation de soutien familial (ASF)	756	760	0,4
Prime à la naissance ou à l'adoption[1]	50	49	– 1,8
Allocation de base (AB)	1 881	1 805	– 4,0
Prestation partagée d'éducation de l'enfant (PrePare) ou complément de libre choix d'activité (CLCA)[2]	495	455	– 7,9
CMG[3] assistante maternelle et AFEAMA[4]	759	750	– 1,2
CMG[3] garde d'enfants à domicile et AGED[5]	60	60	– 0,7
CMG[3] structure[6]	49	58	18,3
Prestation d'accueil du jeune enfant (PAJE)	2 303	2 205	– 4,2

1. Effectifs en décembre. 2. Y c. COLCA : complément optionnel de libre choix d'activité. PrePare depuis le 1er janvier 2015. 3. Complément de libre choix du mode de garde. 4. Aide à la famille pour l'emploi d'une assistante maternelle agréée. 5. Allocation de garde d'enfant à domicile. 6. Micro-crèche ou association, entreprise qui emploie une assistante maternelle ou une garde à domicile.
Champ : tous régimes.
Sources : Cnaf ; Drees ; Pôle emploi.

Comptes de la protection sociale

en milliards d'euros

	2015 (p)	15/14 (p) en %
Emplois (hors transferts)[1]	**747,0**	**1,4**
Prestations sociales	701,0	1,6
Autres (charges financières...)[2]	45,9	– 1,7
Ressources (hors transferts)[1]	**743,0**	**2,0**
Cotisations sociales	457,0	1,1
Cotisations sociales effectives	401,1	1,1
Cotisations sociales imputées	55,8	1,2
Impôts et taxes affectés	183,2	0,0
Contributions publiques	83,4	12,4
Autres (produits financiers...)[2]	19,4	0,2
Solde	**– 3,9**	///

1. Les emplois et ressources sont présentés ici hors flux internes aux régimes de protection sociale.
2. Y c. emplois et ressources du compte de capital.
Source : Drees, comptes de la protection sociale.

Bénéficiaires de l'aide sociale départementale

en milliers

Au 31 décembre	2014 (r)	2015 (p)	15/14 en %
Aide aux personnes âgées	1 392,9	1 400,4	0,5
Aide aux personnes handicapées	479,8	501,3	4,5
Aide sociale à l'enfance	322,1	324,3	0,7
Aide sociale au titre de l'insertion	1 988,7	2 039,1	2,5

Champ : France hors Mayotte.
Sources : CCMSA ; Cnaf ; Dares ; Drees, enquêtes Aide sociale.

Ratios macro-économiques de la protection sociale

en %

	2012 (r)	2013 (r)	2014	2015 (p)
Prestations de protection sociale / PIB	31,5	31,9	32,2	32,1
Prestations de protection sociale / RDBa[1]	39,1	39,9	40,3	40,4
Ressources de la protection sociale / PIB	33,1	33,6	34,0	34,1
Part des PO[2] finançant la protection sociale	66,4	66,1	66,9	67,0

1. Revenu disponible brut ajusté des ménages.
2. Prélèvements obligatoires.
Sources : Drees, comptes de la protection sociale ; Insee, comptes nationaux - base 2010.

Barèmes des minima sociaux

valeurs mensuelles en euros

Au 1er janvier 2016	Montants maximaux[3]	Plafonds de ressources
Revenu de solidarité active (RSA)	524,16	524,16
Allocation de solidarité spécifique (ASS)	494,27	1 137,50
Allocation équivalent retraite (AER)[1]	1 067,32	1 684,33
Allocation temporaire d'attente (ATA)[2]	348,27	RSA
Allocation aux adultes handicapés (AAH)	807,65	807,65
Allocation de solidarité aux personnes âgées	800,00	800,00
Allocation supplémentaire d'invalidité	403,76	702,00
Allocation veuvage (AV)	602,12	752,65

1. Allocation supprimée à compter du 1er janvier 2011 excepté pour les personnes qui en bénéficiaient déjà à cette date.
2. Le plafond de l'ATA correspond au montant forfaitaire du RSA selon la composition familiale.
3. Montant maximal sur un mois « moyen » calculé (365 jours/12) pour l'ASS, l'AER et l'ATA.
Note : barèmes pour une personne seule (personne isolée sans enfant pour le RSA) ; montant maximal pour un taux normal pour l'ASS, pour les deux premières années pour l'AV.
Source : Législation.

Allocataires de minima sociaux

en milliers

Au 31 décembre	2013 (r)	2014	14/13 en %
Alloc. aux adultes handicapés (AAH)	1 022,3	1 040,5	1,8
Alloc. supplémentaire vieillesse (ASV) et ASPA[1]	557,8	554,1	– 0,7
Allocation de solidarité spécifique (ASS)	452,9	471,7	4,2
Alloc. supplémentaire d'invalidité (ASI)	81,1	79,5	– 2,1
ATS-R[2] et AER-R[3]	22,0	11,1	– 49,7
Allocation temporaire d'attente (ATA)	53,5	53,8	0,7
Allocation veuvage (AV)	7,5	7,5	0,0
Revenu de solidarité (RSO)	10,4	9,8	– 5,6
Revenu de solid. active (RSA) « socle » France entière	1 812,4	1 898,6	4,8
Ensemble des minima sociaux	**4 019,9**	**4 126,7**	**2,7**

1. L'allocation de solidarité aux personnes âgées est entrée en vigueur le 13/01/07. Elle se substitue, pour les nouveaux bénéficiaires, aux anciennes allocations du minimum vieillesse, notamment à l'ASV.
2. Allocation transitoire de solidarité de remplacement.
3. Allocation équivalent retraite de remplacement.
Note : le RSA remplace le RMI et l'API dans les DOM à partir du 1er janvier 2011 (1er janvier 2012 à Mayotte). Seule une partie du RSA (le « RSA socle ») est considérée comme un minimum social.
Sources : CDC ; CCMSA ; Cnaf ; CNAMTS ; Cnav ; Drees ; FSV ; Pôle emploi.

Prestations de protection sociale en 2015

en milliards d'euros

	2015 (p)	15/14 (p) en %
Santé	246,7	2,2
Maladie	201,0	2,5
Invalidité	38,9	1,6
Accidents du travail et maladies professionnelles	6,8	– 3,7
Vieillesse-survie	317,1	1,2
Vieillesse	279,0	1,3
Survie	38,0	0,6
Famille	54,3	0,5
Emploi	44,2	3,2
Chômage	40,6	3,1
Insertion et réinsertion prof.	3,6	3,8
Logement	18,1	0,8
Pauvreté-exclusion sociale	20,6	2,5
Total des prestations sociales	**701,0**	**1,6**

Source : Drees, comptes de la protection sociale.

Conditions de vie
Société

Consommation
Logement
Justice
Santé - Handicap - Dépendance
Enseignement - Éducation

6.1 Consommation des ménages

En 2015, en volume, la **dépense de consommation finale des ménages** augmente plus fortement qu'en 2014 (+ 1,5 %, après + 0,7 %). Elle contribue pour 0,8 point à la croissance du produit intérieur brut. Toutefois, son rythme d'évolution reste encore inférieur à celui d'avant-crise. La **consommation effective des ménages**, qui inclut en outre les dépenses directement financées par la collectivité, progresse un peu plus vite que la dépense de consommation des ménages en 2015. En effet, la **dépense de consommation individualisable** des administrations publiques (+ 1,6 %) et celle des **institutions sans but lucratif au service des ménages (ISBLSM)** (+ 2,2 %) sont un peu plus dynamiques.

En valeur, le **revenu disponible brut des ménages** s'accroît à un rythme plus soutenu qu'en 2014. Cette évolution intervient dans un contexte de reflux des prix. En conséquence, après déjà un rebond en 2014, le **pouvoir d'achat** accélère nettement. C'est d'ailleurs sa plus forte hausse depuis 2009. Comme le pouvoir d'achat de l'ensemble des revenus perçus par les ménages, le revenu moyen par unité de consommation est en nette croissance, après être resté stable en 2014. Le pouvoir d'achat du **revenu arbitrable** individuel accélère également car les **dépenses « pré-engagées »**, qui viennent en déduction du revenu disponible, augmentent moins vite que les autres dépenses. Cette moindre hausse est due à la baisse des prix des dépenses énergétiques dans les logements et au repli de la consommation en assurances et services financiers.

Les achats d'automobiles, neuves ou d'occasion, contribuent le plus à la hausse de la dépense en 2015 ; ils rebondissent nettement, après plusieurs années de forte baisse. Comme en 2014, les voitures à essence soutiennent le marché du neuf : leur nombre d'immatriculations s'accroît fortement alors que le recul s'intensifie pour les voitures diesel qui deviennent minoritaires. Les ménages privilégient toujours les petites voitures économes bien que la part de ces dernières diminue. Les **dépenses liées au logement** se redressent du fait de la hausse du budget chauffage, après une année 2014 particulièrement douce. La consommation alimentaire accélère.

En 2015, la dépense de consommation en biens et services de l'économie de l'information continue de diminuer en valeur : la baisse marquée et ininterrompue des prix se poursuit et la dépense en volume décélère nettement. Marqué par le recul des achats de tablettes, le marché des équipements informatiques se stabilise. La consommation de produits de l'électronique grand public reflue à nouveau sous l'effet du ralentissement des ventes de téléviseurs et de consoles de jeux. Les services de télécommunications se contractent pour la première fois. En revanche, le marché des téléphones mobiles demeure extrêmement dynamique. ■

Définitions

Dépense de consommation finale des ménages : recouvre les dépenses effectivement réalisées par les ménages résidents pour acquérir des biens et des services destinés à la satisfaction de leurs besoins. Les produits correspondants ne sont pas stockés, mais considérés comme consommés au moment de leur achat, même s'ils sont durables (voitures, électroménagers, meubles, etc.). La dépense de consommation finale des ménages inclut la part des dépenses de santé, d'éducation, de logement, restant à leur charge, après remboursements éventuels. Elle inclut également les loyers imputés qui sont représentatifs des services de logement produits par les propriétaires qui occupent leur propre logement.

Consommation effective des ménages, dépense de consommation en logement, dépense de consommation individualisable, dépenses pré-engagées, institutions sans but lucratif au service des ménages (ISBLSM), pouvoir d'achat, revenu arbitrable, revenu disponible brut des ménages (RDB) : voir rubrique « Définitions » en annexes.

Pour en savoir plus

- « En 2015, la hausse du pouvoir d'achat dope la consommation des ménages », *Insee Première* n° 1601, juin 2016.
- « Les comptes de la nation en 2015 – Le PIB et le pouvoir d'achat des ménages accélèrent, l'investissement se redresse », *Insee Première* n° 1597, mai 2016.
- « L'économie française », *Insee Références*, édition 2016.

Retrouvez le TEF sur www.insee.fr dans la collection « Insee Références »

Consommation des ménages par fonction

	Consommation en milliards d'euros	Variation annuelle en volume en %			Poids dans la valeur de la consommation effective en %	
	2015	2013 (r)	2014 (r)	2015	2005	2015
Alimentation et boissons non alcoolisées	**154,9**	**1,2**	**0,7**	**1,1**	**9,9**	**10,1**
Produits alimentaires	141,5	1,2	0,6	0,9	9,2	9,2
dont : pain et céréales	*25,0*	*1,8*	*0,7*	*2,0*	*1,5*	*1,6*
viandes	*36,9*	*– 0,1*	*– 0,9*	*– 1,2*	*2,5*	*2,4*
poissons et fruits de mer	*8,5*	*– 1,3*	*– 1,3*	*– 0,7*	*0,6*	*0,6*
lait, fromages et oeufs	*20,6*	*1,5*	*0,3*	*1,2*	*1,3*	*1,3*
fruits et légumes	*29,5*	*2,9*	*2,6*	*1,3*	*1,9*	*1,9*
Boissons non alcoolisées	13,5	1,1	0,9	4,0	0,8	0,9
Boissons alcoolisées et tabac	**41,1**	**– 2,9**	**– 2,9**	**1,3**	**2,6**	**2,7**
Boissons alcoolisées	20,7	0,2	– 1,1	1,2	1,3	1,3
Tabac	20,5	– 5,8	– 4,6	1,4	1,3	1,3
Articles d'habillement et chaussures	**45,0**	**– 0,8**	**0,2**	**1,2**	**3,7**	**2,9**
Logement, chauffage, éclairage	**306,9**	**0,9**	**– 1,4**	**1,3**	**18,6**	**19,9**
dont : location de logement	*223,1*	*1,0*	*1,1*	*1,3*	*13,6*	*14,5*
chauffage, éclairage	*48,7*	*1,8*	*– 12,5*	*3,1*	*2,9*	*3,2*
Équipement du logement	**57,3**	**– 1,6**	**0,6**	**0,9**	**4,2**	**3,7**
Santé	**49,0**	**1,7**	**1,6**	**2,5**	**3,0**	**3,2**
Transport	**152,1**	**– 2,0**	**0,4**	**2,3**	**10,8**	**9,9**
dont : achats de véhicules	*38,8*	*– 8,0*	*0,4*	*5,8*	*3,1*	*2,5*
carburants, lubrifiants	*34,2*	*– 1,4*	*0,4*	*0,9*	*2,7*	*2,2*
services de transports	*27,7*	*1,2*	*0,7*	*2,0*	*1,6*	*1,8*
Communications	**30,5**	**14,5**	**6,7**	**3,7**	**2,5**	**2,0**
Loisirs et culture	**97,1**	**– 1,6**	**1,1**	**1,3**	**7,4**	**6,3**
Éducation	**10,8**	**4,3**	**0,5**	**1,9**	**0,6**	**0,7**
Hôtels, cafés et restaurants	**79,1**	**– 1,2**	**0,6**	**1,8**	**5,0**	**5,1**
Autres biens et services	**137,8**	**1,8**	**2,2**	**0,5**	**9,0**	**8,9**
dont : soins personnels	*30,0*	*0,4*	*1,8*	*1,7*	*1,9*	*2,0*
assurances	*45,4*	*4,1*	*1,2*	*– 0,6*	*2,8*	*2,9*
Correction territoriale	**– 5,7**	**– 4,9**	**– 35,1**	**– 11,3**	**– 0,8**	**– 0,4**
Dépense de consommation des ISBLSM[1]	**45,6**	**1,0**	**1,8**	**2,2**	**2,6**	**3,0**
Dépense de consommation des APU[2]	**339,2**	**1,4**	**1,8**	**1,6**	**21,0**	**22,0**
dont : santé	*154,7*	*2,5*	*3,5*	*2,6*	*9,5*	*10,0*
éducation	*95,1*	*0,4*	*1,0*	*0,8*	*6,3*	*6,2*
Consommation effective des ménages	**1 540,7**	**0,7**	**0,9**	**1,6**	**100,0**	**100,0**

1. Institutions sans but lucratif au service des ménages.
2. Dépenses de consommation des administrations publiques en biens et services individualisables.
Source : Insee, comptes nationaux - base 2010.

Évolution du revenu disponible et du pouvoir d'achat des ménages

par rapport à l'année précédente en %

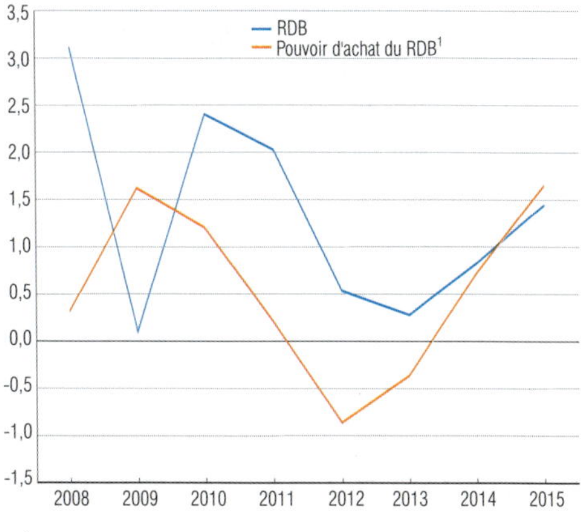

1. Évolution déflatée à l'aide de l'indice du prix des dépenses de consommation finale des ménages.
Source : Insee, comptes nationaux - base 2010.

Dépense de consommation des ménages par fonction de consommation dans quelques pays de l'UE en 2014

en %

	Allemagne	Espagne	France	Italie	Royaume-Uni
Produits alimentaires et boissons non alcoolisées	10,2	13,0	13,3	14,2	8,6
Boissons alcoolisées, tabac et narcotiques	3,3	4,0	3,5	4,2	4,0
Articles d'habillement et articles chaussants	4,9	4,4	3,9	6,1	5,7
Logement, eau, électricité, gaz et autres combustibles	24,3	23,8	26,3	24,4	24,3
Ameublement, équipement ménager et entretien courant de la maison	6,7	4,1	5,0	6,1	4,7
Santé	5,4	4,2	4,2	3,3	1,8
Transports	14,2	11,5	13,1	12,0	14,1
Communications	2,7	2,6	2,6	2,3	2,0
Loisirs et culture	9,5	6,8	8,4	6,6	10,0
Enseignement	0,8	1,8	0,9	1,0	1,8
Restaurants et hôtels	5,3	14,5	6,7	9,7	9,6
Autres biens et services	12,8	9,3	12,1	10,0	13,3
Total	**100,0**	**100,0**	**100,0**	**100,0**	**100,0**

Source : Eurostat.

6.2 Équipement des ménages

En 2015, la consommation des **ménages** en **biens durables** augmente de 4,7 % en volume, après + 2,8 % en 2014 et deux années de recul en 2013 et 2012. La hausse de la consommation en 2015 est tirée par celle des automobiles.

La très grande majorité des ménages français disposent désormais d'un téléviseur couleur, d'un lave-linge, d'un congélateur, d'un four à micro-ondes ou d'une voiture. En revanche, un peu moins de six ménages sur dix seulement possèdent un lave-vaisselle, produit qui connaît une diffusion plus lente, mais régulière.

Le taux d'équipement en téléphone fixe se stabilise depuis quelques années, aux alentours de 90 %. Le fait de posséder un téléphone fixe est notamment très lié à l'âge, mais aussi au nombre de personnes présentes dans le foyer ainsi qu'au niveau de revenus. Trois quarts des Français disposent à la fois d'un téléphone fixe, d'un téléphone mobile et d'un accès fixe à l'**internet**. Toutefois, c'est la connexion à l'internet qui reste la moins répandue : deux personnes sur dix n'ont pas de connexion à leur domicile. Le fait d'avoir un micro-ordinateur à domicile augmente la probabilité d'avoir également accès à l'internet : parmi les personnes ayant un micro-ordinateur, 96 % ont également une connexion internet. Le taux d'équipement en micro-ordinateur est fortement corrélé à l'âge : en 2015, les plus jeunes (12-17 ans) ont quasiment tous accès à un ordinateur à leur domicile (97 %).

En 2015, les ménages multimotorisés représentent 35 % de l'ensemble des ménages, part quasi stable depuis 2010. Selon les sources du Comité des constructeurs français d'automobiles (CCFA), presque tous les ménages habitant les zones rurales ou les zones périurbaines possèdent un véhicule. D'après le CCFA, en région parisienne, 60 % des ménages sont motorisés alors que dans les autres agglomérations françaises, les **taux de motorisation** sont proches de 80 %. En 2015, 79 % des ménages âgés de plus de 65 ans sont motorisés, alors qu'ils n'étaient que 69 % en 2000. Parmi les ménages modestes (moins de 15 000 euros par an), 60 % sont équipés d'une voiture. Les ouvriers sont très motorisés (91 %), tandis que les employés sont relativement moins équipés (80 %).

En 2014, dans l'Union européenne (UE), 8 % des personnes n'ont pas les moyens financiers de posséder une voiture, proportion stable par rapport à 2013. Elles sont 37 % en Roumanie, près de 25 % en Lettonie, en Bulgarie et en Hongrie. Par ailleurs, près de 20 % des Roumains et 17 % des Bulgares n'ont pas les ressources financières pour posséder un ordinateur. C'est trois à quatre fois plus que dans l'ensemble de l'UE (5 %). ■

Définitions

Biens durables : au sens de la comptabilité nationale, biens de consommation ou de production dont l'utilisation s'étend sur une longue période et dont la valeur diminue lentement avec le temps, voire s'apprécie dans certains cas. Une conséquence de ce phénomène est qu'un bien durable conserve une valeur après usage et qu'il peut exister un marché de l'occasion. Les véhicules, les meubles et l'équipement ménager ou de loisir sont des biens de consommation durables. Les machines servant au processus de production des entreprises sont des biens de production durable.

Internet : ensemble de réseaux mondiaux interconnectés qui permet à des ordinateurs et à des serveurs de communiquer efficacement au moyen d'un protocole de communication commun (IP). Ses principaux services sont le *web*, le FTP, la messagerie et les groupes de discussion.

Ménage, taux de motorisation : voir rubrique « Définitions » en annexes.

Pour en savoir plus

- « Équipement des ménages 1996-2014 (enquêtes EPCV et SRCV) », *Insee Résultats* n° 175 Société, novembre 2016.
- « L'industrie automobile française », *Analyse et statistiques 2016*, CCFA, septembre 2016.
- « En 2015, la hausse du pouvoir d'achat dope la consommation des ménages », *Insee Première* n° 1601, juin 2016.
- « L'économie française », *Insee Références*, édition 2016.
- « Baromètre du numérique », Arcep et Conseil Général de l'Économie (CGE), novembre 2015.

Retrouvez le TEF sur www.insee.fr dans la collection « Insee Références »

Équipement des ménages en biens durables selon l'âge de la personne de référence en 2014

en %

	16-24 ans	25-39 ans	40-59 ans	60 ans ou plus	Ensemble
Congélateur	67,7	88,6	93,4	92,9	91,4
Four à micro-ondes	90,9	91,9	91,2	84,0	88,6
Lave-linge	79,0	95,5	97,1	96,7	96,0
Lave-vaisselle	n.s.	58,0	64,8	55,5	58,4
Téléviseur couleur	90,6	95,5	96,5	98,5	96,8
Magnétoscope ou lecteur DVD	57,7	77,9	80,3	68,5	74,5
Téléphone fixe	60,9	84,4	91,8	94,5	90,2
Téléphone portable	98,6	98,9	97,1	78,7	90,5
Micro-ordinateur (y compris portable)	95,7	95,4	90,5	56,8	78,9
Connexion à l'internet	91,0	94,2	87,6	54,5	76,5
Voiture	77,9	87,0	89,4	77,8	84,1
2 voitures ou plus	n.s.	40,7	45,5	23,9	35,5

Champ : France métropolitaine, ensemble des ménages dont la personne de référence a 16 ans ou plus.
Source : Insee, SRCV-Silc.

Évolution de la consommation de biens durables

en %

	Évolution annuelle en volume		Poids dans la valeur de la consommation en 2015
	2014 (r)	2015	
Automobiles	0,1	6,1	3,2
dont automobiles neuves	*– 0,2*	*4,7*	*2,2*
Téléviseurs	11,9	– 4,9	0,2
Réfrigérateurs, congélateurs	3,9	2,2	0,1
Lave-linge	4,1	1,8	0,1
Meubles	– 0,5	2,4	1,2
Autres biens durables[1]	5,5	5,1	3,5
Ensemble des biens durables	**2,8**	**4,7**	**8,3**

1. Matériel téléphonique, lecteurs de DVD, lave-vaisselle, appareils de cuisson, caravanes, cycles et motocycles, etc.
Source : Insee, comptes nationaux - base 2010.

Taux d'équipement des ménages en biens durables en 2014

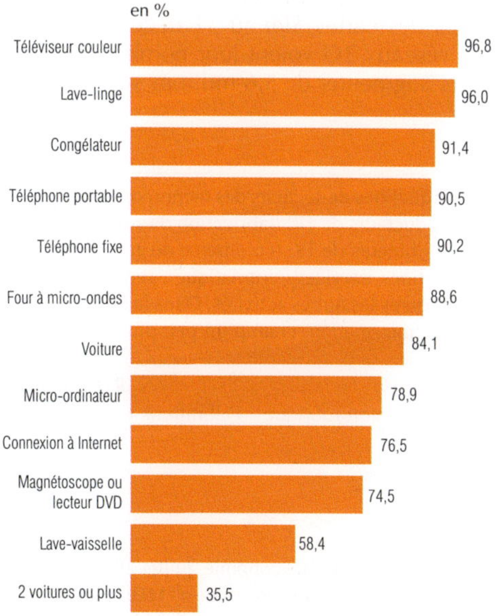

Champ : France métropolitaine, ensemble des ménages dont la personne de référence a 16 ans ou plus.
Source : Insee, SRCV-Silc.

Équipement automobile des ménages

en %

	1990	2000	2010	2015 (p)
Ménages motorisés	76,8	80,3	83,5	82,9
Monomotorisés	50,5	50,7	47,6	48,4
Bimotorisés	23,0	25,4	30,7	29,4
Trimotorisés ou plus	3,3	4,2	5,2	5,1
Ménages non motorisés	23,2	19,7	16,5	17,1
Âge moyen du véhicule (en années)	5,9	7,3	8,0	8,9
Durée moyenne de détention (en années)	3,7	4,4	5,0	5,5
Voitures particulières d'occasion	50,0	56,1	58,9	58,5

Sources : Ademe ; CCFA ; Insee ; SOeS ; TNS-Sofres.

Manque d'équipement des personnes en biens durables au sein de l'UE en 2014

en % de la population

	Personnes n'ayant pas les moyens de posséder		
	une voiture	un ordinateur	un lave-linge
Allemagne	6,8	3,0	0,5
Autriche	6,0	1,8	0,3
Belgique	7,1	2,3	1,5
Bulgarie	24,3	17,4	9,8
Chypre	1,7	3,2	0,3
Croatie	8,6	5,3	1,2
Danemark	8,6	0,9	0,9
Espagne	6,0	7,2	0,3
Estonie	14,0	3,6	1,2
Finlande	8,5	1,7	0,6
France	**3,0**	**2,3**	**0,6**
Grèce	10,6	10,8	1,3
Hongrie	24,2	11,1	1,1
Irlande	7,2	5,3	0,3
Italie	2,4	2,0	0,3
Lettonie	24,7	10,3	4,4
Lituanie	13,0	6,8	2,3
Luxembourg	2,2	1,1	0,2
Malte	3,3	2,9	0,5
Pays-Bas	7,3	1,2	0,3
Pologne	8,9	5,0	0,5
Portugal	8,9	7,3	1,4
Rép. tchèque	9,4	3,5	0,4
Roumanie	37,1	19,8	11,0
Royaume-Uni	9,1	5,0	0,5
Slovaquie	14,3	6,5	0,9
Slovénie	4,2	3,7	0,4
Suède	2,6	0,7	0,0
UE	**8,4**	**4,9**	**1,1**

Lecture : en 2014, 8,4 % des personnes de l'UE ne possèdent pas de voiture pour cause de ressources insuffisantes.
Source : Eurostat.

6.3 Multimédias

En 2015, 78 % des personnes résidant en France ont utilisé l'**internet** au cours des trois derniers mois, contre seulement 56 % en 2007. Les plus âgés rattrapent leur retard : 47 % des 60 ans ou plus utilisent l'internet en 2015 contre 14 % en 2007. Les pratiques se développent et se diversifient et, parmi elles, les achats et ventes en ligne sont de plus en plus prisés. Le développement accéléré de l'**internet mobile** accompagne ces évolutions : en 2015, plus d'une personne sur deux résidant en France a déjà navigué sur internet en dehors de chez elle, *via* un ordinateur portable, un téléphone portable, une tablette ou un autre appareil mobile ; elles n'étaient que 10 % sept ans auparavant.

En 2015, les taux d'équipements pour les supports désormais « classiques » que sont le téléphone fixe et le micro-ordinateur (fixe ou portable) refluent légèrement. La baisse est plus nette pour le multi-équipement en micro-ordinateur. Les connexions à l'internet à domicile progressent d'un point pour s'établir à 83 % et l'équipement en téléphone mobile (92 %, + 3 points) devance désormais l'équipement en téléphone fixe (89 %). En revanche, l'équipement des ménages en tablettes tactiles et en *Smartphones* continue de progresser à un rythme soutenu. La suprématie des *Smartphones* sur le marché de la téléphonie mobile se renforce encore : ils représentent 84 % des téléphones acquis en 2015 (77 % en 2014).

Les usages liés à l'internet sur téléphone mobile continuent de se développer : navigation sur le *web*, consultation des courriels et téléchargement d'applications. Les nouvelles pratiques mesurées par le baromètre numérique de l'Arcep depuis 2014 bénéficient de la même tendance : 36 % des personnes interrogées utilisent un téléphone mobile pour la géolocalisation. L'usage des messageries instantanées (*WhatsApp, Facebook Messenger, Hangouts...*) pour échanger des messages ou téléphoner se diffuse également dans la population.

La croissance du nombre d'abonnements à l'internet fixe est depuis deux ans portée par celle des abonnements au **très haut débit**. Ces derniers représentent 16 % des abonnements à l'internet. Par ailleurs, plus de deux abonnés à l'internet haut et très haut débit sur trois peuvent, dans le cadre de leur forfait, accéder à la télévision. La quasi-totalité des souscriptions à l'internet est couplée à un service de téléphonie en **large bande**. À l'inverse, le nombre d'abonnements téléphoniques via le **réseau téléphonique communal (RTC)** recule, entraînant, depuis 2009, une baisse du nombre total d'abonnements au service téléphonique depuis les lignes fixes.

L'extension de la couverture 3G et 4G contribue à l'augmentation du nombre de clients actifs sur ces réseaux. Le nombre d'utilisateurs 4G double en un an et représente 31 % des cartes *Sim* au 31 décembre 2015. Les réseaux 3G voient leur nombre d'utilisateurs augmenter de 5,6 millions sur un an. ■

Définitions

Technologies de l'information et de la communication (TIC) : sont qualifiés de secteurs des technologies de l'information et de la communication (TIC) selon l'OCDE, les secteurs producteurs de TIC (fabrication d'ordinateurs et de matériel informatique, de TV, radios, téléphone...), les secteurs distributeurs de TIC (commerce de gros de matériel informatique,...) et les secteurs des services de TIC (télécommunications, services informatiques, services audiovisuels,...). Par complémentarité, les secteurs « non-TIC » désignent toutes les autres activités. Dans la nouvelle base de comptabilité nationale, on parle de produits de l'économie de l'information, champ un peu plus large que le champ traditionnel des TIC.

ADSL, haut débit ou large bande, internet ou *web*, internet mobile, réseau téléphonique communal (RTC), taux de pénétration du téléphone mobile ou d'internet, très haut débit (THD) : voir rubrique « Définitions » en annexes.

Pour en savoir plus

- « Rapport public d'activité de l'Arcep 2015 », Arcep, juillet 2016.
- « Enquête sur les TIC et le commerce électronique 2015 », *Insee Résultats* n° 86 Économie, juillet 2016.
- « En 2015, la hausse du pouvoir d'achat dope la consommation des ménages », *Insee Première* n° 1601, juin 2016.
- « Enquête sur les TIC auprès des ménages 2007 à 2015 », *Insee Résultats* n° 179 Société, mars 2016.
- « Baromètre du numérique », Arcep et Conseil Général de l'Économie (CGE), novembre 2015.

Retrouvez le TEF sur www.insee.fr dans la collection « Insee Références »

Usage de différents matériels multimédia selon la catégorie socioprofessionnelle en 2015

en %

	Utilisation d'un ordinateur[1]	Connexion à l'internet[1]	Connexion à l'internet tous les jours ou presque	Connexion à l'internet mobile[1]	Connexion à l'internet sur le lieu de travail[1]
Agriculteurs, artisans et commerçants	87,3	89,8	71,1	62,2	55,7
Cadres et professions libérales	97,4	98,5	90,5	86,4	92,2
Professions intermédiaires	96,0	98,1	83,3	78,4	78,9
Employés	88,3	90,6	71,0	65,5	52,8
Ouvriers	81,0	84,5	58,7	58,8	36,4
Ensemble	**90,2**	**92,6**	**75,1**	**70,8**	**63,4**

1. Au cours des trois derniers mois.
Champ : actifs occupés de 15 ans ou plus vivant en France dans un ménage ordinaire.
Source : Insee, enquête Technologies de l'information et de la communication.

Abonnements et volumes de communications électroniques

	2014 (r)	2015 (p)	15/14 en %
Abonnements (en millions)			
Abonnements sur réseaux fixes	39,0	38,9	– 0,3
dont voix sur large bande	*24,9*	*26,1*	*4,8*
Abonnements haut et très haut débit	26,0	26,9	3,4
dont très haut débit (≥ 30 Mbit/s)	*3,0*	*4,3*	*43,9*
Clients des réseaux mobiles	79,9	82,7	3,4
dont : cartes "MtoM"	*8,3*	*10,6*	*27,9*
parc actif 3G	*42,9*	*48,5*	*13,1*
parc actif 4G	*11,0*	*22,0*	*100,9*
Volumes (en milliards de minutes)			
Au départ des réseaux fixes	91,7	84,5	– 7,9
Voix sur large bande	65,6	61,3	– 6,5
Réseau téléphonique commuté	26,2	23,2	– 11,4
Au départ des réseaux mobiles	147,1	151,8	3,2
SMS/MMS émis (en milliards d'unités)	200,6	206,5	2,9

Source : Arcep.

Internet et téléphonie mobile dans quelques pays du monde en 2015

	Utilisateurs d'internet	Abonnés à la téléphonie mobile	
	Taux de pénétration[1]	En millions	Taux de pénétration[1]
Allemagne	87,6	96	116,7
Australie	84,6	32	132,8
Brésil	59,1	258	126,6
Canada	88,5	29	81,9
Chine	50,3	1 306	93,2
Espagne	78,7	51	107,9
États-Unis	74,6	382	117,6
France	**84,7**	**67**	**102,6**
Inde	26,0	1 011	78,8
Italie	65,6	93	151,3
Japon	93,3	159	125,1
Pays-Bas	93,1	21	123,5
Pologne	68,0	57	148,7
Roumanie	55,8	23	107,1
Royaume-Uni	92,0	80	125,8
Russie	73,4	227	160,0

1. Pour 100 habitants.
Source : International Telecommunication Union.

Consommation des produits de l'économie de l'information de 1990 à 2015

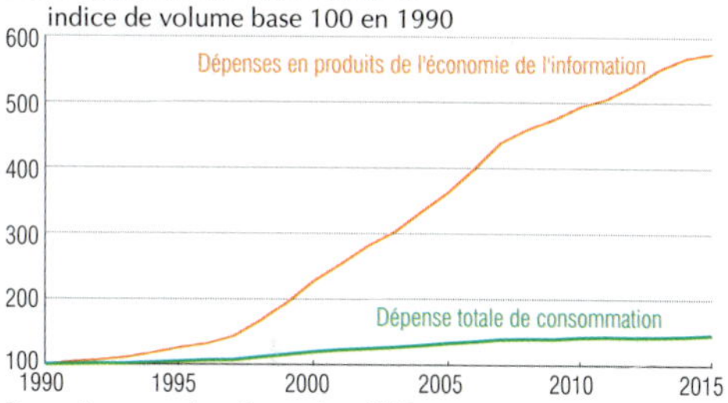

Source : Insee, comptes nationaux - base 2010.

Accès et utilisation d'internet dans l'UE en 2015

en %

	Ménages ayant accès à internet	Particuliers utilisant quotidiennement internet	
		Ensemble des 16-74 ans	*dont 16-24 ans*
Allemagne	90	75	*94*
Autriche	82	68	*92*
Belgique	82	73	*92*
Bulgarie	59	46	*80*
Chypre	71	63	*93*
Croatie	77	60	*95*
Danemark	92	87	*95*
Espagne	79	64	*91*
Estonie	88	77	*97*
Finlande	90	85	*97*
France	**83**	**68**	***87***
Grèce	68	55	*89*
Hongrie	76	63	*90*
Irlande	85	67	*91*
Italie	75	62	*88*
Lettonie	76	66	*95*
Lituanie	68	56	*88*
Luxembourg	97	92	*98*
Malte	82	69	*97*
Pays-Bas	96	85	*94*
Pologne	76	52	*93*
Portugal	70	55	*93*
Rép. tchèque	79	63	*93*
Roumanie	68	37	*75*
Royaume-Uni	91	83	*93*
Slovaquie	79	60	*91*
Slovénie	78	61	*92*
Suède	91	82	*94*
UE	**83**	**67**	***91***

Champ : ménages comptant au moins une personne âgée de 16 à 74 ans.
Source : Eurostat.

6.4 Culture - Loisirs - Sports

Les dépenses liées à la culture et aux loisirs progressent en 2015 à un rythme voisin de celui de 2014 (+ 1,3 % en volume, après + 1,1 %). Le dynamisme de la consommation en services récréatifs et sportifs, en jouets et en articles pour activités de plein air et jardinage y contribue. En repli depuis cinq ans (avec une baisse cumulée de 9,8 % entre 2009 et 2014), la consommation des ménages en livres retrouve timidement le chemin de la croissance (+ 1,1 % en volume). En revanche, les ménages se détournent encore un peu plus de la presse (– 4,5 % en volume, après – 5,1 %). De même, les ventes physiques de disques et celles de DVD déclinent toujours. Les achats de musique en ligne *via* le *streaming* par abonnement se développe.

On compte 16 300 établissements de lecture publique en France : 7 100 bibliothèques et 9 200 points d'accès au livre. En 2014, sept Français sur dix ont lu au moins un livre dans l'année, et ils lisent en moyenne 15 livres par an. Enfin, le nombre de lecteurs de livres numériques est en progression : 18 % des Français en ont lu au moins une fois.

Le cinéma est la sortie culturelle la plus répandue. L'année 2015 compte quasiment autant de spectateurs qu'en 2014 : 39,1 millions d'individus âgés de 6 ans et plus sont allés au moins une fois au cinéma dans l'année, contre 39,2 millions en 2014. Les 20-24 ans demeurent les plus gros consommateurs de cinéma avec un nombre moyen d'entrées annuel toujours supérieur à celui de toutes les autres tranches d'âge : 6,3 entrées par an contre 5,3 en moyenne, toutes classes d'âges confondues. Les seniors (50 ans et plus) sont toutefois ceux qui génèrent le plus d'entrées : ils réalisent 37,9 % des entrées en salles en 2015, contre 30,4 % pour les moins de 25 ans.

Au cours de la saison 2014-2015, les 1 200 représentations des quatre théâtres nationaux (Comédie-Française, théâtres nationaux de la Colline, de l'Odéon et de Strasbourg) ont accueilli plus de 625 000 spectateurs. La fréquentation moyenne par représentation progresse par rapport à la saison précédente (+ 3,0 %). Si le cirque et en particulier ses formes contemporaines trouvent aussi une place dans les théâtres et les lieux de diffusion pluridisciplinaires, la diffusion des arts de la rue passe essentiellement par les festivals. On dénombre ainsi plus de 350 festivals d'arts du cirque ou d'arts de la rue.

Le tourisme est un moyen d'accès à la culture : en quelques années, la part des Français faisant rimer tourisme et culture a progressé. La part des Français ayant visité un musée, une exposition, un monument ou un site historique, lors d'un déplacement touristique, a progressé, passant de 12 % en 2010 à 14 % en 2014.

En 2015, 18,3 millions de **licences sportives** et autres types de participation (ATP) sont délivrés par les fédérations sportives agréées par le ministère en charge des sports, soit une augmentation de 1,4 % par rapport à 2014. Les fédérations multisports ont délivré un nombre croissant de licences (+ 1,6 %), évolution plus importante cette année que pour les fédérations unisport, qu'elles soient olympiques ou non olympiques (respectivement + 1,4 % et + 1,2 %). ■

Définitions

Licence sportive : acte unilatéral de la fédération sportive qui permet la pratique sportive et la participation aux compétitions, et le cas échéant (selon les statuts de la fédération) la participation au fonctionnement de la fédération.

Musée national : les musées nationaux sont les musées dont les collections appartiennent à l'État et qui sont placés sous la tutelle de la Direction générale des patrimoines du ministère de la Culture et de la Communication. Ce sont soit des établissements publics, soit des services à compétence nationale. Ils font partie des musées de France.

Dépenses de services culturels et récréatifs : voir rubrique « Définitions » en annexes.

Pour en savoir plus

- « L'évolution du public des salles de cinéma », *Les études du CNC*, Centre national du cinéma et de l'image animée, septembre 2016.
- « En 2015, la hausse du pouvoir d'achat dope la consommation des ménages », *Insee Première* n° 1601, juin 2016.
- « Chiffres clés 2016, statistiques de la culture et de la communication », Deps, mai 2016.

Retrouvez le TEF sur www.insee.fr dans la collection « Insee Références »

Fréquentation des principaux établissements culturels nationaux

en milliers d'entrées

	2000	2005	2010	2015
Bibliothèque nationale de France	975	1 022	944	813
Centre Georges-Pompidou	2 371	2 327	3 133	3 059
dont collections permanentes du Musée d'art moderne	*1 558*	*1 128*	*1 526*	*1 523*
Château de Chambord	743	651	730	783
Château de Fontainebleau	353	317	381	470
Musée de la musique	...	119	148	396
Musée Guimet	11	313	224	338
Musée de la céramique	33	31	///	...
Musée du Louvre	6 095	7 511	8 345	8 525
Musée d'Orsay	2 344	2 929	2 986	3 440
Musée du Quai Branly	///	///	1 326	1 301
Musée Rodin	608	603	722	...
Musée et domaine nat. de Versailles	2 863	4 480	6 088	7 400
Parc et grande halle de la Villette	434	632	389	384
Cité des sciences et de l'industrie	3 080	3 186	2 674	2 013
Palais de la Découverte	637	630	663	541

Source : Deps.

Activité des théâtres nationaux

	Saison 2012-2013	Saison 2013-2014	Saison 2014-2015
Représentations	**1 153**	**1 173**	**1 177**
Entrées totales (en milliers)	**593**	**605**	**625**
Payantes	526	553	575
Gratuites	67	52	51

Note : tous spectacles, non compris les tournées.
Champ : Comédie-Française, théâtres nationaux de la Colline, de l'Odéon et de Strasbourg.
Source : Deps.

Structure des dépenses culturelles et de loisirs en 2015

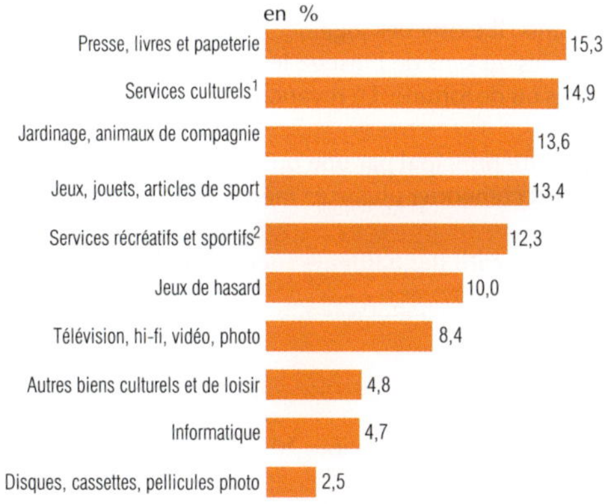

1. Cinéma, spectacles vivants, musées, abonnements audiovisuels (y c. redevance TV), dév. de tirage de photos, etc.
2. Sport, location de matériel sportif, fêtes foraines, parcs d'attractions, voyages à forfait, week-ends, etc.
Source : Insee, comptes nationaux - base 2010.

Production de livres

en milliers

	1990	2000	2014	2015
Titres édités	**39,1**	**51,8**	**98,3**	**106,8**
Nouveautés	20,3	25,8	43,6	44,2
Réimpressions[1]	18,8	26,0	54,7	62,6
Exemplaires produits	**386 200**	**422 900**	**553 241**	**535 600**
Nouveautés	212 300	243 000	344 246	327 200
Réimpressions[1]	173 900	179 900	208 995	208 400

1. Retirage à l'identique d'un titre non publié dans l'année civile.
Champ : non compris les encyclopédies en fiches et fascicules.
Source : SNE.

Fréquentation de la bibliothèque numérique Gallica

en millions

	2010	2012	2013	2014	2015
Visites	7,4	11,0	14,2	15,3	16,0
Pages vues	134,8	176,5	240,0	272,0	330,0
Nombre d'images numériques validées	1,9	2,3	3,4	2,2	3,0

Sources : Deps ; BNF.

Licences sportives et autres titres de participation par fédération agréée

en milliers

	2014 (r)	2015	15/14 en %
Fédérations unisport olympiques	**9 448,1**	**9 579,8**	**1,4**
F. f. de football	2 018,0	2 135,2	5,8
F. f. de tennis	1 085,4	1 052,1	– 3,1
F. f. d'équitation	689,0	673,0	– 2,3
F. f. de judo-jujitsu et disc. associées	625,9	605,7	– 3,2
F. f. de basketball	577,4	600,2	3,9
F. f. de handball	515,6	513,2	– 0,5
F. f. de rugby	450,9	434,5	– 3,6
F. f. de golf	408,4	407,6	– 0,2
F. f. de canoë-kayak	364,2	383,6	5,3
F. f. de voile	294,8	301,8	2,4
F.f. de natation	304,0	300,9	– 1,0
F.f. d'athlétisme	270,2	289,3	7,1
F.f. de gymnastique	298,9	287,4	– 3,9
F.f. de tennis de table	202,4	199,2	– 1,6
F.f. de tir	171,5	182,1	6,2
F.f. de badminton	180,9	181,9	0,6
F.f. de triathlon	115,9	134,7	16,2
F.f. de volley-ball	124,6	124,9	0,2
F.f. de ski	130,4	124,1	– 4,8
F.f. de cyclisme	119,4	120,0	0,6
Autres fédérations unisport	500,6	528,3	5,5
Fédérations unisport non olympiques	**2 546,2**	**2 576,4**	**1,2**
Fédérations multisports	**6 069,4**	**6 166,3**	**1,6**
Total	**18 063,7**	**18 322,5**	**1,4**

Champ : licences et autres titres de participation délivrés par les fédérations sportives agréées par le ministère des Sports.
Source : MEOS.

7.1 Logement

Au 1er janvier 2016, le nombre de **logements** s'élève à 35,4 millions en France hors Mayotte. Le parc progresse tendanciellement, sur un rythme d'environ 1 % par an. Les **résidences principales** représentent 82,4 % du parc, les **résidences secondaires** et les logements occasionnels 9,4 % et les **logements vacants** 8,3 %.

En 2016, l'habitat individuel représente 56 % des logements : il est majoritaire parmi les résidences principales comme parmi les résidences secondaires et logements occasionnels. Après avoir progressé entre 1999 et 2008, sa part recule légèrement. En effet, le nombre de logements collectifs augmente plus vite que celui de logements individuels du fait des évolutions récentes de la construction neuve. Ainsi, à partir de 2013, les logements achevés dans l'année sont plus nombreux dans le collectif que dans l'individuel, alors que c'était l'inverse avant 2008.

Au 1er janvier 2016, le parc locatif des bailleurs sociaux compte en France hors Mayotte 4,8 millions de logements (hors logements non conventionnés appartenant à une société d'économie mixte) selon le **répertoire du parc locatif social (RPLS)**. Il progresse de 1,7 % par rapport à l'année précédente (79 100 logements supplémentaires).

En 2016 en France métropolitaine, 16 % des résidences principales se situent dans l'agglomération parisienne et 22 % en zone rurale. Les résidences secondaires ou logements occasionnels se situent bien plus souvent en zone rurale ou dans une petite unité urbaine (moins de 100 000 habitants) : dans quatre cas sur cinq contre seulement la moitié des résidences principales. Toutefois, la part du rural a diminué depuis trente ans (43 % en 2016 contre 51 % en 1986) alors que celle des petites unités urbaines s'est accrue (de 32 % à 39 %) avec l'urbanisation.

En 2014, la quasi-totalité des logements métropolitains (99 %) disposent de l'eau chaude, de WC intérieur et d'une installation sanitaire (douche ou baignoire). Ce chiffre a augmenté régulièrement depuis 30 ans. En 1984, selon l'**enquête Logement**, 15 % des logements ne disposaient pas du confort sanitaire de base. Cependant, d'autres formes d'inconfort subsistent : en 2014, 1,3 million de logements (soit 4,5 %) ne disposent pas du chauffage central ou électrique tandis que 6,7 millions de logements (24,4 %) sont considérés par leurs occupants comme difficiles ou trop coûteux à chauffer.

De façon plus générale, en 2014, plus de la moitié des **ménages** indiquent n'avoir aucune difficulté de logement parmi les neuf suivantes : **surpeuplement**, absence de salle de bains, absence de toilettes, pas d'eau chaude, pas de chauffage, logement trop petit, difficulté à chauffer, logement humide, logement bruyant. Près de 30 % des ménages indiquent connaître une seule difficulté tandis que 19 % en déclarent deux ou plus. ■

Définitions

Logement : local utilisé pour l'habitation. Les logements sont répartis en quatre catégories : résidences principales, résidences secondaires, logements occasionnels, logements vacants. Il existe des logements ayant des caractéristiques particulières, mais qui font tout de même partie des logements au sens de l'Insee : les logements-foyers pour personnes âgées, les chambres meublées, les habitations précaires ou de fortune. En revanche, les communautés ne sont pas décrites ici.

Résidence principale : logement occupé de façon habituelle et à titre principal par une ou plusieurs personnes qui constituent un ménage. Depuis 2005, une résidence principale peut comporter plusieurs ménages si ceux-ci ont des budgets séparés.

Enquête Logement, logement vacant, ménage, répertoire du parc locatif des bailleurs sociaux (RPLS), résidence secondaire, surpeuplement : voir rubrique « Définitions » en annexes.

Pour en savoir plus

- « Les conditions de logement en France », *Insee Références*, édition 2017.
- « Le parc de logements en France au 1er janvier 2016 », *Insee Focus* n° 73, décembre 2016.
- « France, portrait social », *Insee Références*, édition 2016.
- « Le parc locatif social au 1er janvier 2016 », *Datalab Essentiel* n° 65, SOeS, novembre 2016.
- « Le compte du logement, édition 2015 », SOeS, février 2016.
- « En 2014, la dépense en logement fléchit, en raison du recul des investissements », *le point sur* n° 223, SOeS, février 2016.

Retrouvez le TEF sur www.insee.fr dans la collection « Insee Références »

Parc de logements

en milliers de logements

Au 1er janvier	2005 (r)	2008 (r)	2010 (r)	2012	2015 (p)	2016 (e) (p)	16/06[1] en %
Résidences principales	**26 353**	**27 271**	**27 786**	**28 269**	**28 962**	**29 173**	**0,9**
Individuel	14 941	15 527	15 835	16 109	16 484	16 597	0,9
Collectif	11 412	11 744	11 952	12 160	12 479	12 576	0,9
Logements vacants	**1 993**	**2 182**	**2 389**	**2 573**	**2 845**	**2 934**	**3,8**
Individuel	946	1 050	1 149	1 242	1 380	1 425	3,9
Collectif	1 047	1 132	1 240	1 332	1 465	1 509	3,7
Résidences secondaires	**3 049**	**3 127**	**3 139**	**3 196**	**3 291**	**3 318**	**0,7**
Individuel	1 879	1 894	1 863	1 878	1 902	1 908	0,0
Collectif	1 170	1 232	1 275	1 318	1 388	1 411	1,8
Total	**31 395**	**32 580**	**33 314**	**34 038**	**35 098**	**35 425**	**1,1**
Individuel	17 766	18 471	18 847	19 229	19 766	19 929	1,0
Collectif	13 629	14 109	14 467	14 809	15 332	15 495	1,2

1. En moyenne annuelle.
Champ : France hors Mayotte.
Sources : Insee et SOeS, estimation annuelle du parc de logements.

Taille des logements selon la catégorie en 2013

en %

Au 1er janvier	1 pièce	2 pièces	3 pièces	4 pièces	5 pièces	6 pièces ou plus	Ensemble
Résidences principales	68,2	74,5	79,8	85,9	89,6	89,0	82,9
Logements occasionnels	2,7	1,1	0,6	0,3	0,2	0,2	0,6
Résidences secondaires	14,0	13,2	10,5	7,2	5,5	6,2	8,8
Logements vacants	15,1	11,3	9,1	6,6	4,7	4,6	7,8
Total	**100,0**	**100,0**	**100,0**	**100,0**	**100,0**	**100,0**	**100,0**

Source : Insee, RP 2013 exploitation principale.

Parc locatif des bailleurs sociaux

en milliers

	2014	2015	2016
Parc de logements sociaux[1]	**4 686**	**4 761**	**4 840**
Nouvelles mises en service	81,8	89,3	92,1
dont logements neufs	*72,3*	*77,8*	*81,8*
Taux de vacance (en %)	3,0	3,1	3,3
dont vacances structurelles[2] (en %)	*1,6*	*1,6*	*1,6*

1. Parc des bailleurs sociaux hors logements non conventionnés appartenant à une société d'économie mixte.
2. Vacance supérieure à 3 mois.
Note : les bailleurs sociaux interrogés pour RPLS sont définis par l'article L.411-10 du code de la construction et de l'habitation.
Champ : France hors Mayotte.
Source : SOeS, RPLS.

Caractéristiques du parc de résidences principales

en %

	2005	2010	2014
Logements sans confort sanitaire[1]	2,1	1,4	1,0
Pas de chauffage central ou électrique	7,1	5,3	4,5
Fuites dans la toiture, murs/sols/fondations humides, moisissure dans les cadres de fenêtre ou le sol	12,2	11,7	12,6
Logement trop sombre, pas assez de lumière	8,0	9,1	8,0
Logement difficile ou trop coûteux à bien chauffer	25,2	26,9	24,4

1. Absence d'au moins un élément suivant : eau chaude, installation sanitaire, WC.
Champ : France métropolitaine.
Source : Insee, enquêtes SRCV.

Ménages en situation de surpeuplement selon le type d'habitat

en %

	1984	1996	2006	2013
Individuel	11,2	5,9	3,6	3,0
Collectif	22,9	17,9	14,7	15,9
Ensemble	**16,5**	**11,0**	**8,4**	**8,4**

Lecture : 3 % des ménages vivant dans une habitation individuelle sont en situation de surpeuplement en 2013.
Champ : France métropolitaine, hors étudiants.
Source : Insee, enquêtes Logement.

Maisons dans l'UE en 2015

en % des logements ordinaires

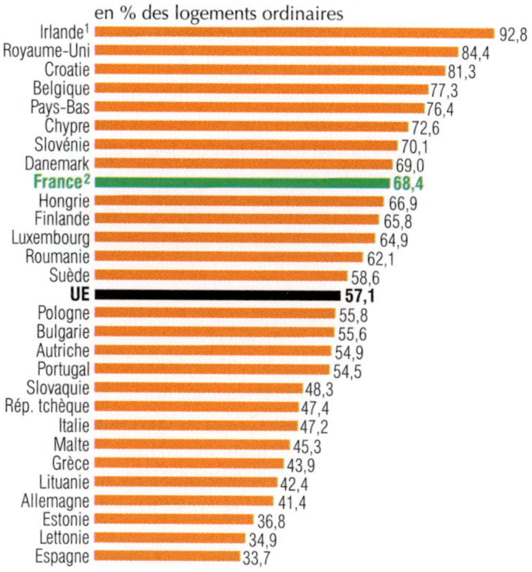

1. Données 2014. 2. France métropolitaine.
Lecture : 92,8 % de la population irlandaise vit dans une maison.
Source : Eurostat, EU-Silc.

7.2 Propriétaires - Locataires

Au 1er janvier 2016, 58 % des ménages sont propriétaires de leur **résidence principale**. Cette part n'a cessé de croître depuis les années 1980 jusqu'en 2010, mais elle est stable ces dernières années. Parmi les propriétaires, environ un tiers sont des **propriétaires accédants**, c'est-à-dire qu'ils n'ont pas fini de rembourser leur emprunt pour l'achat du **logement**. La part d'accédants à la propriété a fortement augmenté dans les années 1980 avant de baisser jusqu'au milieu des années 2000. Elle est stable depuis. La part des propriétaires sans charges de remboursement croît en partie sous l'effet du vieillissement de la population. En trente ans, elle est passée de 28 % à 38 % des ménages.

Parallèlement, la proportion des ménages locataires de leur résidence principale a légèrement diminué dans les années 1980 et s'est stabilisée ensuite. La part des **bailleurs publics** a augmenté un peu jusqu'à la fin des années 1990, puis s'est maintenue. Dans le parc locatif, les parts respectives des bailleurs publics et privés atteignent 17 % et 23 % des résidences principales en 2016.

Depuis début 2014, la hausse des **loyers** est historiquement faible, en lien avec le ralentissement de l'indice des prix à la consommation et donc de l'**indice de référence des loyers (IRL)**. Entre octobre 2015 et octobre 2016, les loyers n'augmentent ainsi que de 0,3 % (+ 0,2 % dans le parc privé et + 0,5 % dans le parc social).

En 2014, selon les comptes du logement, les ménages dépensent 301,6 milliards d'euros pour l'usage courant de leur résidence principale. Les **dépenses courantes de logement** des propriétaires occupants s'élèvent à 198,7 milliards d'euros. Celles des locataires atteignent 102,9 milliards d'euros.

En 2014, les aides personnelles au logement perçues par les occupants des logements progressent par rapport à 2013 et s'élèvent à 20,5 milliards d'euros. Le nombre de ménages bénéficiaires augmente légèrement. Un ménage sur cinq occupant un logement ordinaire bénéficie des aides personnelles au logement. Parmi les locataires, la part s'élève à presque un sur deux, contre un sur dix pour les propriétaires accédants.

En 2014, l'activité immobilière des ménages s'établit à 238,7 milliards d'euros. Ainsi, les ménages représentent, à eux seuls, 90 % de l'activité immobilière totale. Les acquisitions de logements anciens réalisées par les ménages en recouvrent près des deux tiers. Après une année d'augmentation, l'investissement en logements neufs des ménages diminue à nouveau entre 2013 et 2014 (– 12,6 % en volume) dans un contexte de prix stables. ■

Définitions

Bailleurs privés : ménages propriétaires bailleurs, autres bailleurs personnes morales.

Bailleurs publics : organismes d'habitation à loyer modéré (HLM), société d'économie mixte (SEM), État, collectivités locales et établissements publics.

Dépenses courantes de logement : dépense que les ménages consacrent à l'usage courant de leur logement. Il s'agit, en premier lieu, des loyers que doivent acquitter les locataires et des loyers que les propriétaires occupants auraient à acquitter s'ils étaient locataires de leur logement. Elles prennent en compte également les dépenses d'énergie, les charges locatives, les travaux d'entretien courant, les impôts et taxes.

Enquête Logement, enquêtes trimestrielles sur les loyers, indice de référence des loyers (IRL), logement, loyer, propriétaires accédants, résidence principale : voir rubrique « Définitions » en annexes.

Pour en savoir plus

- « Les conditions de logement en France », *Insee Références*, édition 2017.
- « Le parc de logements en France au 1er janvier 2016 », *Insee Focus* n° 73, décembre 2016.
- « France, portrait social », *Insee Références*, édition 2016.
- « Les conditions de logement en 2013 », *Insee Résultats* n° 176, février 2016.
- « Le compte du logement, édition 2014 », SOeS, février 2016.
- « En 2014, la dépense en logement fléchit, en raison du recul des investissements », *Le point sur* n° 223, SOeS, février 2016.
- « Le prix des logements en hausse de 2,3 % dans la zone euro », *Communiqué de presse* n° 14, Eurostat, janvier 2016.

Retrouvez le TEF sur www.insee.fr dans la collection « Insee Références »

Répartition par statut d'occupation du parc des résidences principales

en %

Au 1er janvier	2002	2004	2006	2008 (r)	2010 (r)	2012 (r)	2016 (p)
Propriétaires	**56,1**	**56,6**	**57,1**	**57,4**	**57,6**	**57,7**	**57,8**
Non accédants	35,2	36,4	37,6	37,7	37,9	38,0	37,9
Accédants	20,8	20,2	19,5	19,6	19,7	19,8	19,9
Locataires	**39,6**	**39,4**	**39,2**	**39,3**	**39,4**	**39,5**	**39,8**
Bailleurs publics	17,8	17,7	17,6	17,4	17,2	17,1	16,8
Bailleurs privés	21,8	21,7	21,7	21,9	22,1	22,4	23,0
Logés gratuitement	**4,3**	**4,0**	**3,7**	**3,4**	**3,1**	**2,8**	**2,4**
Total des résidences principales (en millions)	**25,3**	**26,0**	**26,7**	**27,3**	**27,8**	**28,3**	**29,2**

Champ : France hors Mayotte.
Sources : Insee et SoeS, estimation annuelle du parc de logements.

Résidences principales selon la taille des ménages en 2013

en milliers de logements

Au 1er janvier	1 pers.	2 pers.	3 pers.	4 pers.	5 pers.	6 pers. ou plus	Total
Propriétaire	4 449	6 229	2 445	2 323	776	228	16 450
Locataire d'un logement vide non HLM	3 009	1 802	849	535	206	94	6 494
Locataire d'un logement vide HLM	1 597	1 043	651	472	258	151	4 172
Locataire d'un logement loué meublé	512	122	41	23	9	5	712
Logé gratuitement	316	175	94	72	22	8	688
Total	**9 882**	**9 371**	**4 079**	**3 425**	**1 271**	**487**	**28 516**

Source : Insee, RP2013 exploitation principale.

Logement des locataires en 2013

	Individuel	Collectif	Ensemble
Ménages locataires (en milliers)[1]	2 534	7 479	10 013
Montant moyen des charges (en euros)[2]	168	168	168
Surface habitable moyenne (en m²)	86,9	61,6	68,0
Montant moyen des charges (par m²)[2]	1,93	2,73	2,47

1. Ménages locataires d'un local loué vide, non compris les ménages locataires d'un meublé et les sous-locataires.
2. Par mois y c. charges locatives, dépenses en eau et énergie.
Champ : France métropolitaine, résidences principales hors ménages dont la personne de référence est étudiante, hors revenus négatifs.
Source : Insee, enquête Logement.

Évolution annuelle de l'indice des loyers par secteur jusqu'en octobre 2016

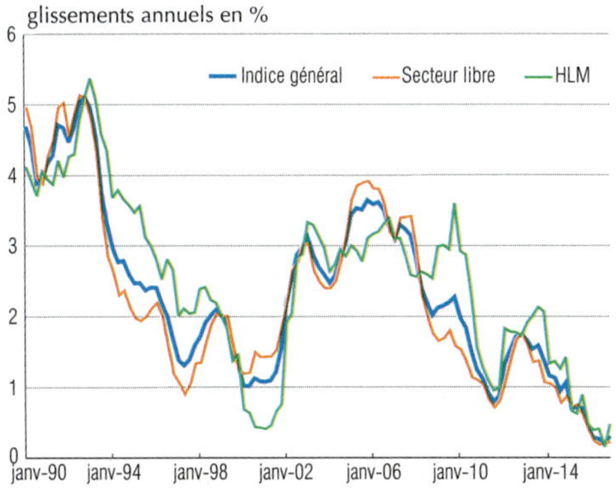

Lecture : tous secteurs confondus, entre octobre 2015 et octobre 2016, les loyers ont augmenté de 0,3 %.
Champ : France métropolitaine, ménages locataires de leur résid. principale louée vide.
Source : Insee, enquêtes trimestrielles sur les loyers.

Acquisition de logements et travaux

en milliards d'euros

Au 1er juillet	2003 (r)	2007 (r)	2010 (r)	2014
Investissement en logements neufs[1] (r)	46,6	70,6	48,1	49,8
Acquisition de logements anciens[1]	105,0	167,4	153,2	146,7
Travaux	31,0	38,6	39,7	42,3
Total	**182,6**	**276,6**	**241,0**	**238,7**

1. Y c. frais et droits liés.
Source : SOeS, compte satellite du logement - base 2010.

Locataires dans l'UE en 2015

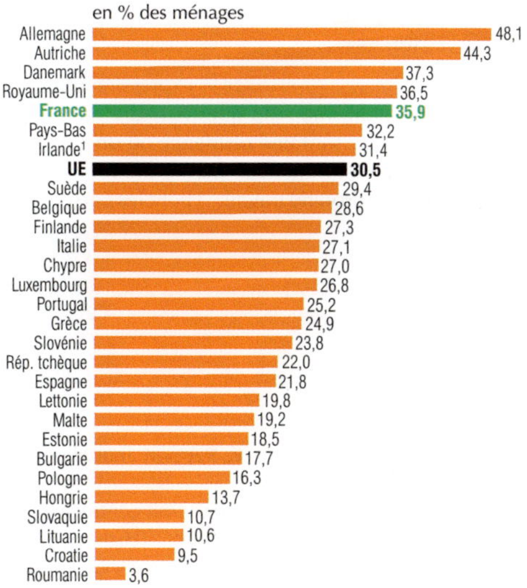

1. Données 2014.
Source : Eurostat.

8.1 Criminalité - Délinquance

En 2015, 489 000 ménages se déclarent victimes de **cambriolages** ou de tentatives de cambriolage de leur résidence principale, soit 1,7 % de l'ensemble des ménages. Ce chiffre reste élevé par rapport à son niveau moyen des années 2006 à 2010. Comparativement à la même période, les formes plus classiques d'atteintes, vols et actes de **vandalisme**, en particulier contre les voitures, sont en baisse. Le patrimoine des ménages est en 2015 plus fortement exposé aux escroqueries de type « retraits frauduleux sur compte bancaire » qu'il y a cinq ans.

En 2015, le nombre de personnes de 14 ans et plus s'étant déclarées victimes de vols personnels sans violences, ni menaces ou tentatives est en baisse : près de 800 000, après 970 000 en 2014. Le nombre de victimes de **vols ou de tentatives de vols** personnels avec violence ou menaces est estimé à 245 000. Il s'inscrit dans une tendance à la baisse par rapport au passé récent (2011-2013) et au passé de moyen terme (2007-2010). Concernant les **atteintes** personnelles hors vols et hors ménages, les évolutions ne sont pas les mêmes pour les hommes et pour les femmes : le nombre d'hommes victimes de **violences physiques** est moins élevé aujourd'hui que dans les années 2006-2009, ce qui n'est pas le cas pour les femmes. Quant aux insultes et injures, elles sont stables envers les hommes mais le nombre a tendance à augmenter, ces dernières années, envers les femmes.

La fréquence du sentiment d'insécurité exprimé par les personnes de 14 ans et plus recule en 2016, plus nettement qu'en 2015. Cela concerne l'insécurité ressentie au domicile tout comme dans le quartier ou le village. En 2016, le terrorisme devient avec le chômage la préoccupation la plus citée : 30 % des personnes de 14 ans et plus désignent « le terrorisme, les attentats » comme problème le plus préoccupant dans la société française actuelle et 31 % citent « le chômage, la précarité de l'emploi ». Cette part du terrorisme a progressé de plus de 12 points en un an. Elle se situait à moins de 18 % en 2015. Avant cette date, elle ne dépassait pas 5 %. En 2016, pour les femmes de 14 ans et plus, le terrorisme devance le chômage, tandis que c'est l'inverse pour les hommes.

En 2015, les **personnes mises en cause** par les forces de sécurité dans le cadre d'infractions relatives aux **atteintes aux biens** ou à l'intégrité des personnes sont très majoritairement des hommes, et surtout des jeunes. Parmi les auteurs d'homicides et de violences non liées à des vols, les personnes mises en causes de plus de 50 ans sont en nombre non négligeable. Les cambriolages sont quasiment tous attribués à des hommes de moins de 40 ans. En revanche, plus d'un quart des personnes mises en cause pour des vols sans violences sont des femmes. Les vols violents et vols liés à l'automobile sont presque systématiquement le fait d'hommes, très jeunes, âgés souvent de 15 à 17 ans. ■

Définitions

Atteintes aux biens des ménages : expression utilisée pour désigner les victimations de type « vols, tentatives de vol et actes de vandalisme » du questionnaire ménage des enquêtes « Cadre de vie et sécurité ». Il s'agit des vols et tentatives de vol visant une résidence ou un véhicule du ménage d'une part, et des actes de vandalisme contre le logement ou la voiture d'autre part. Cette rubrique ne comprend pas les escroqueries et contentieux économiques (consommation, droit du travail...) dont les personnes peuvent être victimes et qui ne sont qu'en partie repérées dans cette enquête.

Cambriolages, crime, délit, enquête Cadre de vie et sécurité, personne mise en cause, vandalisme contre le logement ou la voiture, violences physiques ou sexuelles (hors ménage, intra-ménage, par conjoint ou ex-conjoint), vols et tentatives de vol (résidences des ménages et véhicules à moteur) : voir rubrique « Définitions » en annexes.

Pour en savoir plus

- « La criminalité en France », Rapport annuel de l'Observatoire national de la délinquance et des réponses pénales, décembre 2016.
- « Les vols en France : une répartition centrée sur les grandes agglomérations », *Interstats Analyse* n° 14, ministère de l'Intérieur, décembre 2016.
- « France portrait social », *Insee Références*, édition 2016.
- « Les objets les plus dérobés lors de cambriolages », *Flash crim* n° 9, septembre 2016.

Retrouvez le TEF sur www.insee.fr dans la collection « Insee Références »

Personnes victimes d'un acte de violence sur une période de deux ans

	Nombre de victimes sur deux ans en milliers			Part des femmes en %		
	2010 -2011	2013-2014	2014-2015	2010-2011	2013-2014	2014-2015
Hors ménage	**1 307**	**1 330**	**1 364**	**52,7**	**54,5**	**56,0**
Violences physiques	1 041	1 045	1 108	48,1	49,1	50,0
Violences sexuelles	305	363	319	74,4	76,5	83,7
Intra-ménage[1]	**857**	**947**	**806**	**68,4**	**64,6**	**65,2**
Ensemble	**2 033**	**2 175**	**2 085**	**56,9**	**56,9**	**59,7**
dont victimes du conjoint ou ex-conjoint1[1 2]	*575*	*602*	*528*	*75,9*	*71,1*	*75,3*

1. Violences physiques et/ou sexuelles.
2. Hors ménage ou intra-ménage.
Champ : personnes de 18 à 75 ans de France métropolitaine.
Note : traitements SSMSI : les victimes des années antérieures à 2014-2015 ont été recalculées du fait de travaux de repondération de l'enquête CVS par l'Insee.
Sources : Insee ; ONDRP ; SSMSI - enquêtes Cadre de Vie et Sécurité de 2010 à 2016.

Sentiment d'insécurité

en %

	En 2010[1] (r)	*dont souvent ou de temps en temps*	En 2013[1] (r)	*dont souvent ou de temps en temps*	En 2016[1]	*dont souvent ou de temps en temps*
Au domicile	**15,7**	***8,2***	**16,6**	***9,3***	**14,9**	***7,6***
Femmes	20,5	*11,4*	21,7	*12,6*	19,5	*10,3*
Hommes	10,4	*4,8*	11,1	*5,6*	10,0	*4,5*
Dans le quartier ou le village	**20,5**	***10,9***	**21,9**	***11,7***	**19,5**	***10,6***
Femmes	25,4	*14,2*	26,9	*15,2*	24,4	*14,1*
Hommes	15,1	*7,2*	16,5	*7,9*	14,2	*6,8*

1. Sentiment d'insécurité ressenti souvent, de temps en temps ou rarement.
Note : traitements SSMSI, les fichiers de l'enquête CVS ayant été repondérés par l'Insee.
Champ : France métropolitaine, personnes de 14 ans et plus.
Sources : Insee ; ONDRP ; SSMSI - enquêtes Cadre de vie et sécurité 2010 à 2016.

Atteintes aux biens des ménages

	Nombre d'atteintes en milliers			Part des tentatives[3] de vol en %		
	2010	2012	2015	2010	2012	2015
Atteintes logement ou véhicule[1]	**5 919**	**5 619**	**5 279**	///	///	///
Vols et tentatives de vols résidences et autres lieux	839	1 042	1 048	30,9	33,8	33,8
dont résidence principale : cambriolages et tentatives	*458*	*582*	*575*	*51,2*	*50,7*	*56,9*
vols sans effraction	*309*	*300*	*330*	///	///	///
Actes de vandalisme logement	1 355	1 241	1 151	///	///	///
Vols et tentatives de vols véhicules à moteur	1 378	1 220	1 052	33,9	33,2	37,3
dont : voiture	*407*	*283*	*263*	*78,6*	*73,7*	*82,9*
dans ou sur la voiture	*875*	*860*	*663*	*13,5*	*18,1*	*17,5*
deux roues à moteur	*96*	*77*	*126*	*31,3*	*53,3*	*46,3*
Vols et tentatives vélo	324	315	349	12,8	10,7	13,2
Actes de vandalisme voiture	2 023	1 801	1 679	///	///	///
Vols et tentatives de vols personnels[2]	**1 538**	**1 658**	**1 299**	**29,7**	**30,4**	**35,3**
Vols et tentatives de vol avec violences ou menaces	393	369	272	49,3	50,3	42,0
Vols et tentatives de vol sans violences ni menaces	1 145	1 289	1 027	23,0	24,8	33,5
Ensemble des atteintes aux biens	**7 457**	**7 277**	**6 578**	///	///	///

1. Déclarées par les ménages.
2. Déclarées par les personnes de 14 ans et plus.
3. La part des tentatives est calculée sur la dernière atteinte dont le ménage a été victime.
Note : traitements SSMSI, les fichiers de l'enquête CVS ayant été repondérés par l'Insee.
Champ : France métropolitaine.
Sources : ONDRP ; Insee, enquêtes Cadre de vie et sécurité 2010 à 2016.

Personnes mises en cause pour des crimes ou des délits non routiers en 2015

	Police Nationale			Gendarmerie Nationale		
	Ensemble en milliers	Mineurs en %	Femmes en %	Ensemble en milliers	Mineurs en %	Femmes en %
Atteintes aux biens de personnes physiques ou morales	168,4	30,8	19,6	98,9	26,7	17,2
dont : vols sans violence	*124,5*	*29,7*	*22,8*	*77,5*	*23,0*	*19,0*
vols avec violences	*13,2*	*44,5*	*8,6*	*3,2*	*28,4*	*9,2*
Atteintes volontaires à l'intégrité physique[1]	160,8	16,2	16,0	106,5	16,3	14,9
Escroqueries ou infractions éco. et financières[2]	52,8	4,2	26,9	36,8	2,7	33,2
Infractions révélées par l'action des services	206,8	16,1	9,3	97,1	15,6	12,9

1. Hors vol, mais y c. menaces et chantages.
2. Hors droit du travail.
Champ : France métropolitaine.
Source : SSMSI.

8.2 Justice

En 2015, 2,7 millions de décisions ont été prises en matière civile et commerciale : 36 % dans les tribunaux de grande instance, où le contentieux familial est important, 25 % dans les tribunaux d'instance notamment sur les régimes de protection et le contentieux de l'impayé et 13 % auprès des juges des enfants.

En matière pénale, 13,1 millions d'**amendes forfaitaires** majorées ont été prononcées en 2015 et les **parquets** ont traité 4,3 millions d'affaires. Parmi ces affaires, 70 % sont non poursuivables (dont 82 % sans auteur). Les affaires poursuivables (1,3 million) donnent lieu à des alternatives aux poursuites et **compositions pénales** (12 % des affaires traitées), des classements sans suite (4 %) et les poursuites devant le tribunal (14 %, soit 647 800 personnes). En 2015, 1,2 million de personnes ont été jugées, dont la moitié par un tribunal correctionnel.

Les **condamnations** prononcées en 2015 pour **crime**, **délit** ou **contravention** de 5e classe et inscrites au **casier judiciaire** national sont au nombre de 573 000, en baisse par rapport à 2014. Cette diminution s'observe à des degrés divers pour tous les types de **juridictions**. Parallèlement, près de 61 000 compositions pénales ont été prononcées et inscrites au casier judiciaire. La structure des peines prononcées en 2015 se modifie dans la continuité des années précédentes. Entre 2010 et 2015, on constate ainsi une baisse de la part des **emprisonnements** avec **sursis** total (– 5 points à 26 %) et une hausse de la part des amendes (+ 1 point à 36 %). Par ailleurs, la part des emprisonnements avec partie ferme augmente (+ 5 points à 22 %).

Les condamnations pour délits, qui représentent 94 % des condamnations, sont en baisse depuis 2014. Du fait de la correctionnalisation de certaines **infractions** routières en 2004 et de la priorité donnée à ce secteur, les délits routiers représentent près de 41 % des condamnations, loin devant les atteintes aux biens (21 %). En 2015, la durée moyenne de privation de liberté pour les délits est de 7,9 mois. Elle peut être plus longue si elle sanctionne plusieurs infractions, 9,9 mois à comparer avec 5,7 mois dans le cas d'une seule infraction.

Au 1er janvier 2015, 249 300 personnes sont prises en charge par l'administration pénitentiaire, 69 % sont suivies pour une mesure de **milieu ouvert** et 31 % sont **écrouées** en **milieu fermé**. En dix ans, le nombre de personnes prises en charge par l'administration pénitentiaire augmente de 31 % pour le milieu fermé, en raison notamment de l'augmentation des durées moyennes de détention depuis 2008, et de 33 % pour le milieu ouvert, sous l'impulsion de la hausse des sursis avec mise à l'épreuve et des **travaux d'intérêt général (TIG)**.

Au 1er janvier 2016, 18 158 personnes sont écrouées sous le régime de la **détention provisoire** et 58 443 sont **condamnées**. La proportion de **prévenus** parmi les écroués (autour de 24 %) a augmenté par rapport à 2014. ■

Définitions

Condamné : personne déclarée, par une décision définitive, coupable d'avoir commis une infraction, et à laquelle est infligée une sanction. Se dit aussi d'une personne détenue dans un établissement pénitentiaire en vertu d'une condamnation judiciaire définitive.

Prévenu : personne (en liberté ou incarcérée dans un établissement pénitentiaire) poursuivie pour contravention ou délit, et qui n'a pas encore été jugée ou dont la condamnation n'est pas définitive.

Amende forfaitaire, casier judiciaire, composition pénale, condamnation, contravention, crime, décision-personne, délit, détention provisoire, détenu, écrou, emprisonnement correctionnel, établissement pénitentiaire, infraction, juridiction, milieu fermé, milieu ouvert, parquet, peine alternative, plainte, procès-verbal, réclusion, sursis, travail d'intérêt général (TIG) : voir rubrique « Définitions » en annexes.

Pour en savoir plus

- « Les condamnations – année 2015 », ministère de la Justice, décembre 2016.
- « La détention provisoire des personnes jugées en 2014 », *Infostat Justice* n° 146, ministère de la Justice, décembre 2016.
- « La délinquance des jeunes évolue avec l'âge, la réponse pénale aussi », *Infostat Justice* n° 145, ministère de la Justice, novembre 2016.
- « Les chiffres clés de la Justice 2016 », ministère de la Justice, octobre 2016.

Retrouvez le TEF sur www.insee.fr dans la collection « Insee Références »

Activité judiciaire

en milliers de décisions rendues

	2015	15/14 en %
En matière administrative	**228,9**	**– 0,7**
Conseil d'État	9,6	– 0,7
Cours administratives d'appel	30,5	2,0
Tribunaux administratifs	188,8	0,3
En matière civile et commerciale	**2 674,9**	**2,2**
Cours de cassation	17,9	– 8,7
Cours d'appel	236,4	0,0
Tribunaux de grande instance (hors commerce)	963,6	1,7
Tribunaux d'instance	656,1	3,3
Juges des enfants (assistance éducative)	352,3	2,2
Juridictions commerciales	165,3	1,2
Tribunaux des affaires de Sécurité Sociale	88,9	3,9
Conseils de prud'hommes	194,2	3,2
En matière pénale[1]	**1 206,5**	**– 0,3**
Cour de cassation[2]	7,7	– 12,4
Cours d'appel	101,6	– 5,5
Cours d'assises	3,0	– 0,9
Tribunaux correctionnels	611,8	– 0,1
Tribunaux de police	46,6	– 3,2
Juridictions de proximité	383,7	1,7
Juges et tribunaux pour enfants	52,0	– 1,6
Amendes forfaitaires majorées	**13 095,2**	**14,6**

1. En décisions-personnes pour : cours d'assises, tribunaux correctionnels, tribunaux de police, juridictions de proximité, juges et tribunaux pour enfants ; en décisions pour : la Cour de cassation et cours d'appel.
2. Y c. questions prioritaires de constitutionnalité (QPC).
Champ : affaires terminées et réglées.
Source : SDSE.

Condamnations selon la nature de la peine principale

	2000	2015 (p)	15/14 en %
Réclusion criminelle	1 179	1 009	5,9
Peine d'emprisonnement	283 003	275 379	– 0,5
Emprisonnement ferme	76 786	98 957	3,1
Emprison. avec sursis partiel	22 007	25 745	– 3,5
Emprison. avec sursis total	184 210	150 677	– 2,3
Peine d'amende	205 207	206 183	– 1,8
Peine alternative	63 751	63 637	1,3
dont susp. du permis de conduire	*33 319*	*7 248*	*– 19,9*
Mesure et sanction éducative	20 547	22 435	– 1,1
Dispense de peine	9 236	4 677	– 12,5
Total	**582 923**	**573 320**	**– 0,9**

Source : SDSE.

Condamnations prononcées de 1990 à 2015

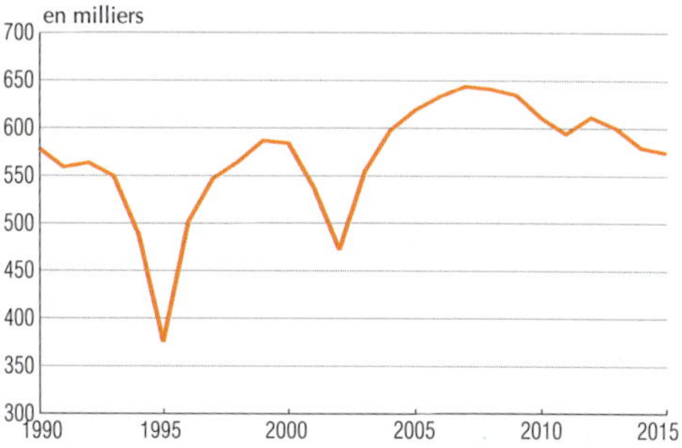

Note : les baisses de 1995 et 2002 correspondent aux années d'amnisties ; une baisse sensible s'enregistre également l'année qui précède et l'année qui suit la loi.
Source : SDSE.

Condamnations selon la nature de l'infraction

	2015 (p)	15/14 en %
Atteinte à la personne	96 083	0,0
dont : homicides volontaires	*402*	*6,3*
viols	*1 048*	*– 2,8*
coups et violences volontaires	*61 323*	*– 0,8*
homicides et bless. involontaires	*7 710*	*– 1,1*
dont par conducteur	*6 874*	*0,3*
Atteinte aux biens	119 619	– 4,8
dont vols, recels, destruct. et dégrad.	*105 257*	*– 5,4*
Matière économique et financière	12 658	– 2,9
dont : chèques	*2 196*	*– 4,3*
travail illégal	*3 092*	*– 8,1*
Circulation routière et transports	233 813	– 1,8
dont : défaut d'assurance	*28 137*	*4,3*
conduite en état alcoolique	*95 070*	*– 5,8*
conduite sans permis ou malgré suspension	*53 244*	*– 3,6*
grand excès de vitesse	*12 115*	*– 1,9*
Autres infractions	111 147	5,3
dont stupéfiants[1]	*64 250*	*8,0*
Total	**573 320**	**– 0,9**

1. Trafic, détention, transport, cession et usage.
Source : SDSE.

Budget, frais et effectifs de la Justice

en millions d'euros

	2015 (r)	2016	16/15 en %
Budget[1]			
Crédits de paiement	7 850	8 193	4,4
dont dépenses de personnel	*4 839*	*5 075*	*4,9*
Frais de justice, aide juridictionnelle[2]			
Frais de justice	450	463	2,9
Aide juridictionnelle (budget)	336	337	0,1
Effectifs réels[3]			
Ensemble de la mission justice	77 381	80 988	4,7
dont : justice judiciaire	*30 787*	*32 082*	*4,2*
administration pénitentiaire	*36 212*	*38 074*	*5,1*
protection judiciaire de la jeunesse	*8 480*	*8 821*	*4,0*

1. Loi de finances initiale (LFI).
2. Constituent une partie des dépenses ordinaires.
3. En équivalent-temps plein travaillés.
Source : SDSE.

Administration pénitentiaire

Au 1er janvier	2000	2005 (r)	2016[1]
Milieu fermé			
Établissements pénitentiaires	186	188	187
Places	49 294	50 094	58 561
Personnes écrouées	51 441	59 197	76 601
dont personnes détenues	*51 441*	*58 231*	66 678
Condamnés	33 341	39 063	58 443
Prévenus	18 100	20 134	18 158
Milieu ouvert[1]			
Personnes prises en charge	135 020	129 784	172 007
Mesures en cours	**149 588**	**137 386**	**193 739**
Sursis avec mise à l'épreuve	113 499	106 224	136 871
Travail d'intérêt général (TIG)[2]	24 962	18 045	38 529
Libérations conditionnelles	4 852	6 865	6 272
Autres mesures	6 275	6 252	12 067

1. Données au 1er janvier 2015 pour le milieu ouvert.
2. Y c. sursis TIG.
Source : Direction de l'Administration pénitentiaire.

9.1 Maladies - Accidents

Les principales causes des décès enregistrées en France métropolitaine en 2013 sont les tumeurs, devant les maladies de l'appareil circulatoire. Elles sont responsables de respectivement 29 % et 25 % des décès, tandis que les maladies de l'appareil respiratoire (autres que les tumeurs) et les **morts violentes** représentent chacune environ un décès sur quinze. Ces quatre causes couvrent 67 % des décès. La répartition de la mortalité par grands groupes de pathologies évolue peu d'une année sur l'autre mais de manière relativement régulière. Toutefois, le poids relatif des maladies de l'appareil circulatoire recule. La hiérarchie des causes est différente chez les hommes et chez les femmes. Ainsi, les maladies de l'appareil circulatoire restent la première cause de mortalité chez les femmes, devant les tumeurs. C'est l'inverse chez les hommes. À âge égal, on observe une surmortalité masculine. En 2010, le **taux standardisé de mortalité** par maladies de l'appareil respiratoire était 1,6 fois plus élevé chez les hommes et le taux de mortalité par tumeur maligne 2 fois plus élevé.

En 2014, près de 10 millions de personnes affiliées au régime général de l'Assurance Maladie bénéficient du dispositif des **affections de longue durée (ALD)**, soit 16,4 % de la population. Les bénéficiaires ont en moyenne 62 ans. Toutefois, la **prévalence** augmente très fortement avec l'âge pour atteindre 75 % chez les personnes de plus de 90 ans. À partir de 50 ans, la prévalence est plus élevée chez l'homme que chez la femme. Tous âges confondus, la proportion de femmes est légèrement plus élevée (52 %), reflet essentiel des différences de structure d'âge et d'**espérance de vie à la naissance** entre les sexes. Quatre pathologies représentent plus de 78 % des personnes exonérées au titre d'une affection sur liste en 2014 : l'ensemble des maladies cardio-neurovasculaires, le diabète, les tumeurs malignes et les affections psychiatriques de longue durée.

La consommation de services de prévention dite « institutionnelle », car financée ou organisée par des fonds et des programmes nationaux ou départementaux, s'élève à 5,9 milliards d'euros (Md€) en 2015, soit 3,7 Md€ pour la prévention individuelle et 2,2 Md€ pour la collective. La prévention individuelle se divise en deux parties : la prévention individuelle primaire visant à éviter l'apparition ou l'extension de maladies et la prévention individuelle secondaire concernant le dépistage des maladies avant leur développement. La prévention collective se compose de la prévention collective à visée comportementale et de la prévention collective à visée environnementale. La première comprend différents programmes pour informer et éduquer la population sur différentes thématiques (drogues, alcool, tabac, maladies infectieuses...), la seconde inclut en particulier l'hygiène du milieu et la lutte contre la pollution. ■

Définitions

Accident du travail : accident survenu par le fait ou à l'occasion du travail à toute personne salariée ou travaillant, à quelque titre ou en quelque lieu que ce soit, pour un ou plusieurs employeurs ou chefs d'entreprise.

Taux de mortalité standardisé : taux de mortalité d'une population présentant une distribution standard par âge. Il permet la comparaison entre périodes et entre pays, ces taux visant à chiffrer les décès indépendamment des différences entre les pyramides des âges des populations.

Accident corporel de la circulation, affection de longue durée (ALD), cause de décès, dépense de prévention, espérance de vie à la naissance, Inserm, mort violente, prévalence, vaccins : voir rubrique « Définitions » en annexes.

Pour en savoir plus

- « Les dépenses de santé en 2015 – Résultats des Comptes de la santé », *Panoramas de la Drees*, Drees, édition 2016.
- « Les dépenses de santé en 2015 – Une estimation partielle des dépenses de prévention sanitaire », *Panoramas de la Drees*, Drees, édition 2016.
- « Les bénéficiaires du dispositif des affections de longue durée en 2014 et les évolutions depuis 2005 », *points de repère* n° 46, Sécurité Sociale, juin 2016.
- « L'accidentalité routière en 2015 », *Bilan sécurité routière 2015*, ONISR, mai 2016.
- « Plus d'un million de personnes dans l'UE sont décédées d'une crise cardiaque ou d'un AVC », *communiqué de presse* n° 91, Eurostat, mai 2016.

Causes médicales de décès par sexe

en milliers

	1990			2000			2013		
	Hommes	Femmes	Total	Hommes	Femmes	Total	Hommes	Femmes	Total
Tumeurs	85,9	55,4	141,3	89,6	59,8	149,4	92,0	67,7	159,7
Maladie de l'appareil circulatoire	78,8	94,9	173,7	74,8	86,6	161,3	64,2	74,7	138,9
Maladies de l'appareil respiratoire	19,8	18,2	38,0	18,3	17,3	35,6	19,0	17,8	36,8
Maladies du système nerveux et des organes des sens	5,4	5,9	11,3	8,7	11,3	20,0	13,5	21,6	35,0
Maladies de l'appareil digestif	14,4	12,6	27,0	12,5	11,1	23,7	12,1	10,4	22,4
Troubles mentaux et du comportement	5,5	7,4	12,9	7,0	10,3	17,3	9,0	13,1	22,2
Maladies endocriniennes, nutritionnelles et métaboliques	5,0	8,3	13,3	7,9	11,1	19,0	8,6	10,9	19,5
Maladies infectieuses et parasitaires	5,7	3,9	9,6	5,4	5,1	10,5	5,1	5,6	10,7
Maladies de l'appareil génito-urinaire	3,6	3,6	7,2	3,6	3,6	7,3	4,3	4,4	8,7
Autres maladies	18,3	23,4	41,7	18,5	25,3	43,8	30,9	35,4	66,3
Causes externes	28,6	19,0	47,6	24,4	16,5	40,9	21,3	14,6	35,9
dont suicides	*8,1*	*3,2*	*11,4*	*7,9*	*2,9*	*10,8*	*7,2*	*2,4*	*9,6*
Total	**271,0**	**252,6**	**523,6**	**270,7**	**258,1**	**528,8**	**280,1**	**276,1**	**556,2**

Champ : France métropolitaine, décès domiciliés.
Source : Inserm, CépiDC.

Prévalence des maladies dans les affections de longue durée en 2014

Au 31 décembre	Taux de prévalence pour 100 000 personnes	Part des hommes en %	Part des femmes en %
Diabète de type 1 et 2	3 935	53	47
Tumeur maligne	3 348	45	55
Affections psychiatriques de longue durée	2 051	45	55
Maladie coronaire	1 805	70	30
Insuf. cardiaque, tr. du rythme, cardiopathies valvulaires, congénitales graves	1 551	51	49
Hypertension artérielle sévère	1 445	43	57
Artér. chr. avec manif. ischémiques	845	67	33
Accident vasculaire cérébral invalidant	636	52	48
Insuf. respiratoire chronique grave	633	51	49
Maladie d'Alzheimer et autres démences	521	27	73

Source : CNAMTS.

Insécurité routière

	2005	2010	2015	15/14 en %
Accidents corporels	84 525	67 288	56 603	– 2,7
Tués[1]	5 318	3 992	3 461	2,3
Blessés	108 076	84 461	70 802	– 3,1
dont hospitalisés[2]	*39 811*	*30 393*	*26 595*	*– 0,2*

1. Décès survenus dans les 30 jours suivant l'accident.
2. Victimes blessées dont l'état nécessite plus de 24 heures d'hospitalisation.
Champ : France métropolitaine.
Source : ONISR.

Répartition sectorielle des accidents de travail

en milliers de salariés

	2007		2015	
	Accidents du travail en 1er règlement	en %	Accidents du travail en 1er règlement	en %
Métallurgie	78,2	10,9	50,9	8,1
BTP	131,3	18,2	91,8	14,7
Transports, EGE, etc.	96,0	13,3	93,7	15,0
Alimentation	121,0	16,8	110,3	17,7
Chimie, caoutchouc, plasturgie	15,4	2,1	10,5	1,7
Bois, ameublement, etc.	32,1	4,5	17,6	2,8
Commerce non alimentaire	58,5	8,1	49,7	8,0
Activités de services	187,7	26,1	200,1	32,0
Total	**720,2**	**100,0**	**624,5**	**100,0**

Champ : comités techniques nationaux, non compris bureaux, sièges sociaux et autres catégories professionnelles particulières.
Source : CNAMTS.

Dépenses de prévention

en millions d'euros

	2008	2014 (r)	2015
Prévention individuelle primaire	**2 725**	**2 974**	**2 988**
Vaccins	126	132	134
PMI – Planning familial[1]	677	673	662
Médecine du travail	1 464	1 619	1 632
Médecine scolaire	458	549	561
Prévention individuelle secondaire	**633**	**667**	**659**
dont : dépistage des tumeurs	*172*	*179*	*172*
dépistage et lutte contre les maladies infectieuses	*214*	*210*	*205*
examens de santé	*176*	*184*	*185*
Prévention collective	**2 434**	**2 285**	**2 211**
Prévention à visée comportementale	482	478	413
Prévention à visée environnementale	1 952	1 807	1 799
dont : hygiène du milieu[2]	*519*	*558*	*573*
prévention des risques professionnels	*245*	*246*	*238*
prévention et lutte contre la pollution	*156*	*138*	*132*
observation, veille, recherche, règlements	*296*	*312*	*325*
urgences et crises	*97*	*40*	*25*
sécurité sanitaire de l'alimentation	*638*	*512*	*506*
Total des dépenses de prévention	**5 792**	**5 925**	**5 859**

1. PMI : protection maternelle et infantile.
2. Y c. lutte anti-vectorielle.
Source : Drees.

Victimes d'accidents de la route dans quelques pays de l'UE en 2014

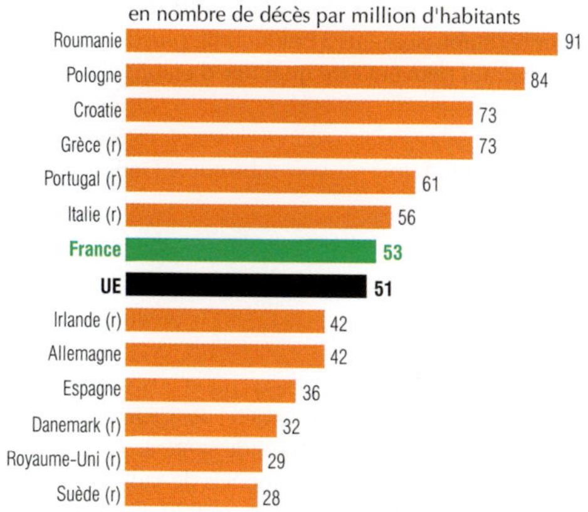

Note : décès survenus dans les 30 jours suivant l'accident.
Source : Eurostat.

9.2 Personnels et équipements de santé

Au 1er janvier 2016, 223 571 médecins (**omnipraticiens** et spécialistes) exercent en France. Leurs effectifs ralentissent depuis 2005 en raison de l'inflexion du nombre de médecins généralistes. Plus âgée, mais aussi plus féminisée, la population des médecins présente un profil démographique en constante évolution depuis 1990. La part des médecins actifs âgés de plus de 60 ans en France métropolitaine a en effet plus que triplé durant la période. Les médecins issus des promotions nombreuses des années 1970-1980, période où le ***numerus clausus*** était encore relativement élevé, sont aujourd'hui à un âge proche de la retraite et gonflent ainsi les effectifs de médecins âgés. Les nouvelles générations sont, elles, encore peu nombreuses relativement à leurs aînés. Dans le même temps, les femmes sont de plus en plus nombreuses dans la profession ; au 1er janvier 2016, elles représentent 44 % de l'ensemble des médecins.

Avec 102 299 praticiens au 1er janvier 2016, les généralistes représentent près de la moitié des effectifs des médecins. Les spécialités chirurgicales concernent 22 % des spécialistes. Les plus fréquemment exercées sont l'ophtalmologie et la gynécologie-obstétrique. Les femmes sont présentes essentiellement en gynécologie médicale, médecine du travail, dermatologie et pédiatrie. Hormis les médecins, de très nombreux professionnels de santé exercent en France : chirurgiens-dentistes, pharmaciens, sages-femmes, infirmiers... Les effectifs des sages-femmes, profession presque exclusivement féminine, progressent régulièrement depuis une vingtaine d'années. Les infirmiers demeurent la première profession de santé en terme d'effectifs. Les effectifs des professionnels de la rééducation sont en constante augmentation depuis la fin des années 1990, avec une population relativement jeune et féminisée.

Fin 2014, on compte en France 3 111 établissements hospitaliers géographiques disposant de **capacités d'accueil** en **hospitalisation à temps complet ou à temps partiel**. Ces structures peuvent être de tailles et de nature très différentes. Parmi les 1 416 **établissements de santé** du secteur public coexistent trois types de structures se différenciant selon leur mission : 182 sites de centres hospitaliers régionaux (CHR), 973 centres hospitaliers, 97 centres spécialisés en psychiatrie et enfin 164 autres établissements correspondant en majorité à des établissements de soins de longue durée. Les structures hospitalières privées se composent de 1 012 cliniques privées à but lucratif et 683 établissements privés d'intérêt collectif (ESPIC). ■

Définitions

Établissement de santé : personne morale de droit public ou privé qui assure le diagnostic, la surveillance et le traitement des malades, des blessés et des femmes enceintes. Les établissements de santé mènent aussi des actions de prévention et d'éducation de la santé. Les établissements publics, soumis au contrôle de l'État, sont des personnes morales de droit public dotées de l'autonomie administrative et financière. Ils sont dotés d'un conseil de surveillance et dirigés par un directeur assisté d'un directoire. Les établissements privés sont à but lucratif ou non lucratif. Pour les établissements à but lucratif, plusieurs personnes morales peuvent coexister. Les établissements privés à but non lucratif peuvent être qualifiés d'établissements de santé privés d'intérêt collectif (ESPIC).

Capacité d'accueil des établissements de santé, hospitalisation à temps complet, hospitalisation à temps partiel, médecin mixte, *numerus clausus*, omnipraticien, statistique annuelle des établissements de santé (SAE), traitements et cures ambulatoires : voir rubrique « Définitions » en annexes.

Pour en savoir plus

- « Les établissements de santé », *Panoramas de la Drees*, édition 2016, Drees, juillet 2016.
- « Portrait des professionnels de santé », *Panoramas de la Drees*, édition 2016, Drees, juillet 2016.
- « Accessibilité aux professionnels de santé libéraux : des disparités géographiques variables selon les conditions tarifaires », *Études et résultats* n° 970, Drees, juillet 2016.

Retrouvez le TEF sur www.insee.fr dans la collection « Insee Références »

Médecins suivant le statut et la spécialité en 2016

Au 1er janvier	Nombre de médecins	Part des femmes en %	Médecins libéraux et mixtes en %
Omnipraticiens	**102 299**	**44,4**	**67,0**
Spécialistes	**121 272**	**44,0**	**50,7**
Spécialités médicales	69 172	46,1	51,0
dont : anesthésiologie réanimation	*11 278*	*36,2*	*39,8*
pédiatrie	*8 007*	*67,9*	*39,1*
radiodiag. et imag. médicale	*8 736*	*34,4*	*73,8*
Spécialités chirurgicales	26 709	27,7	68,8
dont : gynécologie obstétrique	*4 724*	*47,5*	*59,7*
ophtalmologie	*5 927*	*44,1*	*86,1*
Biologie médicale	2 975	51,8	39,6
Psychiatrie	15 171	50,1	43,2
Santé publ. et médecine du travail	7 245	67,6	1,4
Total des médecins	**223 571**	**44,2**	**58,1**

Source : Drees.

Établissements de santé en 2014

Au 31 décembre	Nombre d'étab.	Nombre de lits	Nombre de places
Centres hospitaliers régionaux (CHR/CHU)	182	73 585	9 939
Centres hosp. (CH) dont anciens hôpitaux locaux	973	146 403	16 703
Centres hosp. spécialisés en psychiatrie	97	25 667	14 609
Autres établissements publics	164	10 574	406
Secteur public[1]	**1 416**	**256 229**	**41 657**
Centres de lutte contre le cancer (CLCC)[1]	21	2 813	953
Autres étab. privés à but non lucratif	662	54 363	12 440
Étab. privés à but non lucratif	**683**	**57 176**	**13 393**
Étab. de soins de suite et de réadaptation	344	28 157	2 876
Établissements de soins de courte durée[2]	514	55 934	13 083
Étab. de lutte contre les maladies mentales	145	12 947	1 386
Établissements de soins de longue durée	6	303	24
Autres établissements privés	3	175	117
Secteur privé (établissements)	**1 012**	**97 516**	**17 486**
Total	**3 111**	**410 921**	**72 536**

1. À partir de 2013, chacun des sites géographiques des entités juridiques multi sites comme l'APHP est comptabilisé comme un établissement.
2. Y c. établissements pluridisciplinaires.
Champ : y c. service de santé des armées.
Source : Drees, enquête SAE.

Personnels non médicaux salariés et sages-femmes dans les établissements de santé en 2014

en milliers d'équivalent-temps plein

	Publics	Privés		Total
		à but non lucratif	à but lucratif	
Personnels administratifs	**96,2**	**18,7**	**18,9**	**133,8**
Personnels soignants	**525,2**	**81,9**	**100,3**	**707,4**
Sages-femmes	11,4	1,1	2,3	14,8
Pers. d'encad. du pers. soignant	17,7	3,5	3,2	24,4
Infirmiers[1]	231,7	34,7	44,4	310,8
Aides-soignants[2]	174,8	23,4	28,8	227,0
Agents de services hospitaliers et autres pers. des serv. médicaux	64,5	11,6	17,3	93,3
Rééducateurs	15,1	5,8	3,5	24,5
Psychologues	10,0	1,8	0,8	12,6
Pers. éducatifs et sociaux	**11,6**	**3,4**	**0,9**	**15,9**
Pers. médico-techniques	**41,4**	**6,2**	**3,7**	**51,3**
Personnels techniques	**94,8**	**9,5**	**6,9**	**111,2**
Total	**769,2**	**119,7**	**130,7**	**1 019,6**

1. Y c. infirmiers spécialisés et de secteur psychiatrique. 2. Non compris élèves.
Note : équivalent-temps plein moyen annuel rémunéré.
Source : Drees, enquête SAE.

Professions de santé

Au 1er janvier	Effectifs			
	2013 (r)	2014 (r)	2015	2016
Infirmiers	595 394	616 573	638 248	660 611
Médecins	218 296	220 474	222 150	223 571
Masseurs-kinésithérapeutes	77 730	80 706	83 619	86 459
Pharmaciens	73 670	73 789	74 345	74 489
Chirurgiens-dentistes	40 833	41 223	41 495	41 788
Manipulateurs ERM	31 230	32 304	33 464	34 498
Opticiens-lunetiers	27 326	29 057	32 245	34 370
Orthophonistes	21 891	22 733	23 521	24 466
Sages-femmes	20 235	20 991	21 632	22 312
Pédicures-podologues	12 428	12 848	13 250	13 652
Psychomotriciens	8 889	9 514	10 252	11 074
Ergothérapeutes	8 539	9 122	9 691	10 417
Orthoptistes	3 825	4 016	4 185	4 409
Audioprothésistes	2 767	2 919	3 090	3 264

Source : Drees.

Lits installés en hospitalisation complète

Au 31 décembre	1998	2003	2013	2014
Secteur public	313 315	305 297	256 957	256 229
Secteur privé	175 395	160 405	156 249	154 692
Total	**488 710**	**465 702**	**413 206**	**410 921**

Champ : y.c service de santé des armées et y.c Mayotte à partir de 2012.
Source : Drees, enquête SAE.

Pharmacies et laboratoires d'analyses médicales

Au 31 décembre	2000	2005	2014	2015
Pharmacies	22 698	22 610	21 772	21 591
Laboratoires	4 084	3 876	3 876	3 841

Champ : France métropolitaine.
Sources : Ordre national des pharmaciens ; CNAMTS.

Médecins, infirmiers et lits d'hôpital dans quelques pays du monde

densité pour 1000 habitants

	Médecins		Infirmiers		Lits d'hôpital	
	2000	2014	2000	2014	2000	2014
Allemagne	3,3	4,1	10,5	13,1	9,1	8,2
Australie[1]	2,5	3,5	10,1	11,6	4,0	3,7
Autriche	3,9	5,1	7,2	8,0	8,0	7,6
Canada [1 2]	2,1	2,6	7,6	9,8	3,8	2,7
Corée	1,3	2,2	3,0	5,6	4,7	11,7
Espagne	3,2	3,8	3,6	5,2	3,7	3,0
Estonie	3,1	3,3	5,8	5,7	7,0	5,0
États-Unis[1 3]	2,3	2,6	10,2	11,2	3,5	2,9
Finlande[1 4]	2,5	3,0	10,7	14,1	7,5	4,5
France [2 3]	**3,3**	**3,3**	**6,7**	**9,6**	**8,0**	**6,2**
Hongrie	2,7	3,3	5,3	6,4	8,2	7,0
Mexique	1,6	2,2	2,2	2,7	1,8	1,6
Rép. tchèque [1]	3,4	3,7	7,6	7,9	7,8	6,5
Slovaquie [2 3]	3,4	3,4	7,4	5,8	7,9	5,8
Slovénie	2,2	2,8	6,9	8,6	5,4	4,5
Turquie [2 3]	1,3	1,8	(r) 1,1	1,9	(r) 2,1	2,7

1. Données 2013 pour les médecins aux États-Unis, en Finlande et en République tchèque ainsi que pour les lits d'hôpital en Australie, au Canada et aux États-Unis.
2. Y c. médecins travaillant dans le secteur médical (directeurs, enseignants, chercheurs etc.).
3. Y c. infirmiers travaillant dans le secteur médical (directeurs, enseignants, chercheurs etc.).
4. Données 2012 pour les infirmiers.
Note : médecins et infirmiers en exercice (pratiquant directement des soins aux patients) sauf précision contraire.
Source : OCDE.

9.3 Dépenses de santé

En 2015, la **consommation de soins et de biens médicaux (CSBM)** est évaluée à 194,6 milliards d'euros, soit environ 2 930 euros par habitant. Elle représente 8,9 % du PIB, une part en léger recul après trois années de croissance. Elle progresse de 1,8 %, après + 2,7 % en 2014. Ce ralentissement est à rapprocher de la baisse des prix de ces biens et services de santé, qui tend à s'accentuer ces dernières années à la suite du renforcement de la maîtrise de la dépense, et de la modération des volumes consommés. Trois des cinq composantes de la CSBM progressent à un rythme moins élevé qu'en 2014 : les soins hospitaliers, la consommation de médicaments en ambulatoire et celle d'autres biens médicaux. En revanche, le rythme de croissance des **soins de ville** se stabilise après trois années consécutives de ralentissement. Les dépenses de transport retrouvent un rythme de croissance dynamique après la progression plus modérée de 2014.

La Sécurité sociale finance 76,8 % de la CSBM en 2015. Les prises en charges de l'État au titre des prestations versées aux invalides de guerre, des soins urgents ainsi que de l'aide médicale de l'État et des organismes de base au titre de la **CMU-C** représentent au global 1,4 % de la CSBM en 2015. La part des **organismes complémentaires** diminue légèrement en 2014 et 2015. La faible croissance des prestations versées en 2015 s'explique en partie par la réforme de la couverture santé des travailleurs frontaliers suisses ainsi que celle des contrats responsables imposant le plafonnement des remboursements des dépassements d'honoraires.

Le reste à charge des ménages en santé diminue depuis 2011 pour atteindre 8,4 % de la CSBM en 2015. Ce taux est très contrasté par type de dépenses : les ménages ne supportent directement que 2,2 % des dépenses de transports sanitaires, mais 22,7 % de celles de soins dentaires. Ils consacrent ainsi en moyenne 1,21 % de leur revenu disponible brut à leur reste à charge en santé.

La hausse de la part de la Sécurité sociale et la baisse du reste à charge des ménages proviennent, d'une part, de phénomènes de fond liés notamment au vieillissement de la population, tels que la progression des effectifs de personnes en affection de longue durée (ALD), la déformation de la consommation de soins vers les soins les mieux remboursés, d'autre part des effets des différentes mesures législatives portant sur l'assurance maladie.

Avec une **dépense courante de santé** au sens international représentant 16,6 % du PIB en 2014, les États-Unis sont de loin en tête des pays de l'OCDE. Suivent la Suisse et le Japon. La France, avec 11,1 %, est très proche de la Suède, de l'Allemagne et des Pays-Bas. La plupart des pays d'Europe centrale, comme la Hongrie ou la Pologne, dépensent moins. Entre 2009 et 2014, les dépenses de santé ont reculé en termes réels dans les pays du sud de l'Europe, le Danemark et les Pays baltes. ■

Définitions

Consommation de soins et biens médicaux (CSBM) : valeur totale des soins, biens et services médicaux consommés sur le territoire national par les assurés sociaux français et les personnes prises en charge au titre de l'Aide médicale d'État ou pour des soins urgents, pour la satisfaction de leurs besoins de santé individuels et qui concourent au traitement d'une perturbation provisoire de l'état de santé. Les soins de longue durée aux personnes âgées ou handicapées en établissement et les SSIAD en sont exclus. La CSBM regroupe les consommations de soins des hôpitaux publics et privés, les consommations de soins de ville, de transports de malades, de médicaments et de biens médicaux. Voir la suite de cette définition dans la rubrique « Définitions » en annexes.

CMU-C, comptes nationaux de la santé, dépense courante de santé (DCS), dépense totale de santé (DTS), médicament générique, organismes d'assurance maladie complémentaires, soins de ville : voir rubrique « Définitions » en annexes.

Pour en savoir plus

- « Les dépenses de santé en 2015 – Résultats des Comptes de la santé », *Panoramas de la Drees santé*, édition 2016, Drees, septembre 2016.
- « Dépenses de santé : une nouvelle baisse du reste à charge des ménages en 2015 », *Études et résultats n° 971*, Drees, septembre 2016.

Retrouvez le TEF sur www.insee.fr dans la collection « Insee Références »

Consommation de soins et de biens médicaux

en milliards d'euros courants

	2006 (r)	2015	15/14 en %
Soins hospitaliers[1]	**70,6**	**90,8**	**1,9**
Secteur public	54,4	70,1	2,2
Secteur privé	16,2	20,7	1,1
Soins ambulatoires	**82,7**	**103,8**	**1,7**
Soins de ville	39,1	50,5	2,3
dont : médecins et sages-femmes	*17,0*	*20,1*	*2,1*
auxiliaires médicaux	*8,6*	*14,4*	*4,3*
dentistes	*9,1*	*10,7*	*1,2*
analyses de laboratoires	*3,9*	*4,3*	*0,0*
cures thermales et autres soins et contrats	*0,3*	*0,4*	*1,2*
Médicaments en ambulatoire	31,2	34,0	– 0,5
Autres biens médicaux en ambulatoire	9,4	14,7	3,9
Optique	4,4	6,1	1,2
Prothèses, orthèses, VHP[2]	1,6	2,8	7,0
Matériels et pansements	3,3	5,8	5,4
Transports de malades	3,1	4,6	4,0
Consommation de soins et de biens médicaux	**153,2**	**194,6**	**1,8**

1. Court et moyen séjour, psychiatrie.
2. Véhicules pour handicapés physiques.
Source : Drees, comptes nationaux de la santé - base 2010.

Poids de la CSBM et de la dépense courante de santé

en % du PIB

	2006	2009	2014 (r)	2015
Consom. de soins et de biens médicaux	8,3	8,8	8,9	8,9
Dépense courante de santé (r)	11,1	11,9	12,1	12,0

Sources : Drees, comptes nationaux de la santé - base 2010 ; Insee.

Structure du financement de la consommation de soins et de biens médicaux

en %

	2007	2014 (r)	2015
Sécurité sociale de base[1]	76,9	76,7	76,8
État et CMU-C org. de base	1,3	1,4	1,4
Organismes complémentaires[2]	13,0	13,4	13,3
Mutuelles	7,6	7,1	7,0
Sociétés d'assurance	3,0	3,7	3,7
Institutions de prévoyance	2,4	2,6	2,6
Ménages	8,8	8,6	8,4
Total	**100,0**	**100,0**	**100,0**

1. Y c. déficit des hôpitaux publics et les régimes Alsace Moselle et CAMIEG.
2. Y c. prestations CMU-C versées par ces organismes.
Source : Drees, comptes nationaux de la santé - base 2010.

Évolution de la CSBM

par rapport à l'année précédente en %

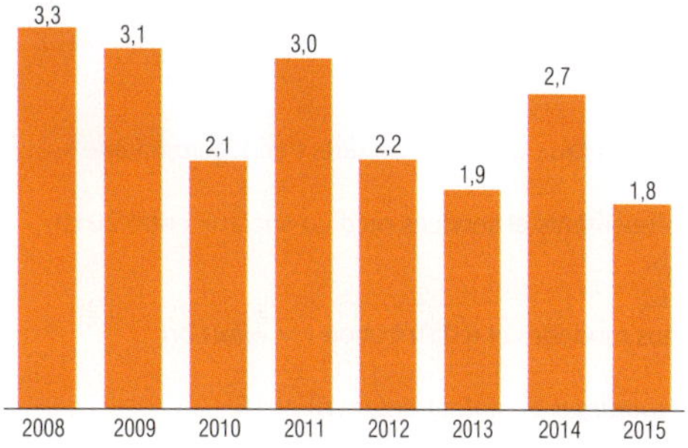

Source : Drees, comptes nationaux de la santé - base 2010.

Dépense courante de santé

en milliards d'euros courants

	2006 (r)	2015	15/14 en %
CSBM	153,2	194,6	1,8
Soins de longue durée[1]	12,9	20,1	2,1
Indemnités journalières	10,7	13,7	2,3
Autres dépenses en faveur des malades	0,3	0,6	– 1,8
Prévention	5,2	5,8	– 1,0
Subventions au système de soins nettes des remises conventionnelles	2,1	2,5	4,0
Recherche	7,0	7,5	0,1
Formation	1,3	2,2	– 0,6
Coût de gestion syst. de santé[2]	12,2	15,1	– 1,3
Dépense courante de santé	**204,9**	**262,0**	**1,5**

1. Soins aux personnes âgées ou handicapées en établissements et services de soins infirmiers à domicile.
2. Le coût de gestion des organismes complémentaires est calculé hors contribution au Fonds CMU.
Source : Drees, comptes nationaux de la santé - base 2010.

Évolution des prix des médicaments de 1999 à 2015

indice base 100 en 1998

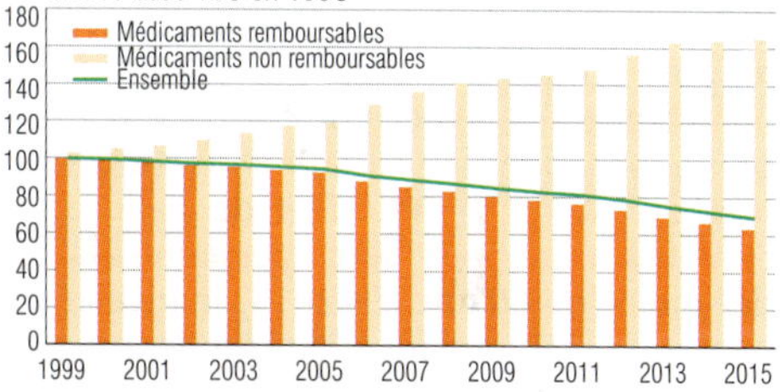

Note : l'innovation n'est pas prise en compte dans l'évolution du prix.
Source : Drees, comptes nationaux de la santé - base 2010.

Dépense courante de santé dans les pays de l'OCDE en 2015

en % du PIB

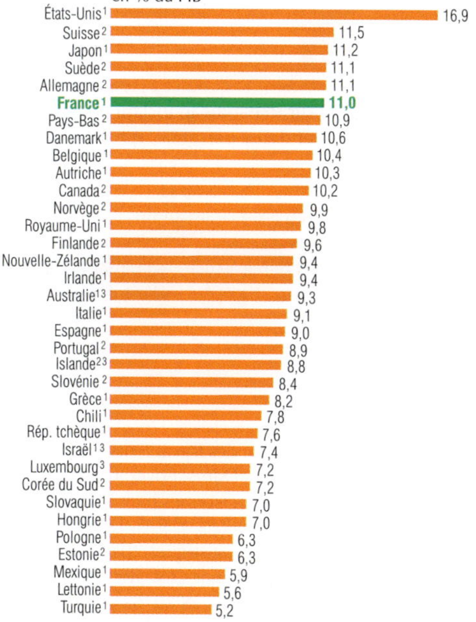

1. Valeur estimée. 2. Valeur provisoire. 3. Différence de méthodologie.
Note : classement établi à partir de la dépense courante de santé au sens international.
Source : OCDE.

9.4 Personnes handicapées

En 2014, 400 400 travailleurs handicapés ont été employés dans les 101 000 établissements assujettis à l'**obligation d'emploi de travailleurs handicapés (OETH)**. Cela représente 304 300 équivalents-temps plein sur l'année, pour une part dans l'emploi direct (c'est-à-dire hors unités bénéficiaires liées à la sous-traitance, mis à disposition et stagiaires) de 3,3 %, en hausse depuis 2011. Le nombre de travailleurs handicapés et leur part dans les effectifs ont légèrement augmenté en 2014. Ces nouveaux bénéficiaires ont été recrutés plus souvent en CDD (40 %) qu'en CDI (29 %).

Les prestations liées au handicap et à l'invalidité augmentent plus faiblement, en 2015, qu'au cours des dernières années. Elles sont constituées pour un tiers de l'accueil et de l'hébergement en établissement médico-social, pour un quart de pensions et rentes d'invalidité, pour un quart de l'**allocation aux adultes handicapés (AAH)**, et pour le reste d'autres prestations, dont la **prestation de compensation du handicap (PCH)** et de l'**allocation compensatrice pour tierce personne (ACTP)** des moins de 60 ans. En 2015, le niveau des pensions et rentes d'invalidité servies est gelé, du fait de l'inflation nulle au cours de cette année, et l'allocation aux adultes handicapés est moins revalorisée qu'en 2014.

Les dépenses liées aux accidents du travail et maladies professionnelles (AT-MP) continuent de diminuer en 2015. Sur moyenne période, l'évolution de ces dépenses se distingue par leur recul, en lien notamment avec la baisse continue du nombre d'accidents du travail. Cette baisse tient principalement à celle de la part relative des secteurs industriels, au sein desquels les risques d'accidents sont les plus élevés. Les rentes AT-MP représentent plus des trois quarts des prestations versées au titre d'incapacité permanente partielle (IPP) par la Sécurité sociale. Elles sont gelées en 2015. Les dépenses liées à l'amiante que sont l'allocation de cessation anticipée d'activité des travailleurs de l'amiante (ACAATA) et les indemnisations du fonds d'indemnisation des victimes de l'amiante (FIVA) diminuent.

À la rentée 2015, 350 300 enfants ou adolescents en situation de handicap sont scolarisés, soit une hausse de 6,1 % par rapport à l'année scolaire précédente. Près de 80 % des élèves en situation de handicap sont scolarisés en milieu ordinaire et les 20 % restant dans les établissements hospitaliers ou médico-sociaux. La scolarisation en milieu ordinaire augmente à nouveau (+ 7,3 %). Après deux années de baisse consécutive, les établissements spécialisés voient leurs effectifs progresser (+ 2,2 %). ■

Définitions

Aide sociale aux personnes handicapées : depuis 2006, le dispositif d'aide sociale aux personnes handicapées a été modifié par la loi sur le handicap instaurant la PCH, prestation de compensation du handicap. L'ACTP, allocation compensatrice pour tierce personne, qui est progressivement remplacée par la PCH n'accueille plus de nouveaux bénéficiaires.

Allocation aux adultes handicapés (AAH), allocation compensatrice pour tierce personne (ACTP), AEEH, AES, AJPP, APP, emploi en équivalent-temps plein (EQTP), fédérations françaises handisport et du sport adapté, obligation d'emploi des travailleurs handicapés (OETH), population handicapée, prestation de compensation du handicap (PCH), reconnaissance de la qualité de travailleur handicapé (RQTH), scolarisation des jeunes en situation de handicap, taux d'emploi : voir rubrique « Définitions » en annexes.

Pour en savoir plus

- « L'obligation d'emploi des travailleurs handicapés en 2014 – un taux d'emploi en direct en légère hausse », *Dares Résultats* n° 066, Dares, novembre 2016.
- « L'offre d'accueil des personnes handicapées dans les établissements et services médico-sociaux entre 2010 et 2014 », *Études et résultats* n° 975, Drees, septembre 2016.
- « Repères et références statistiques 2016 », Depp, août 2016.
- « Minima sociaux et prestations sociales – Ménages aux revenus modestes et redistribution », *Collection Panoramas-Social*, Drees, juillet 2016.
- « Les retraités et les retraites – édition 2016 », *Collection Panoramas-Social*, Drees, avril 2016.

Retrouvez le TEF sur www.insee.fr dans la collection « Insee Références »

Caractéristiques des bénéficiaires de l'obligation d'emploi des travailleurs handicapés en 2014

en %

	Sexe		Âge				Catégories socioprofessionnelles			
	Hommes	Femmes	15-24 ans	25-39 ans	40-49 ans	50 ans ou plus	Chefs ent. cadres et prof.int.sup.	Professions intermédiaires	Employés	Ouvriers
RQTH[1]	56	44	2	21	32	45	7	16	34	43
AT-MP[2]	76	24	0	8	27	65	8	19	16	57
Pensionnés d'invalidité	39	61	0	7	24	69	8	20	40	32
Titulaires carte invalidité	59	41	3	27	30	40	5	13	41	41
Allocataires AAH	66	34	4	24	28	44	13	17	34	36
Mutilés de guerre et assimilés et autres	80	20	1	10	27	62	19	22	22	37
Ensemble	**58**	**42**	**2**	**18**	**30**	**50**	**7**	**17**	**33**	**43**

1. Reconnaissance de la qualité de travailleur handicapé. 2. Accidents du travail et maladies professionnelles.
Champ : établissements du secteur privé et établissements publics à caractère industriel et commercial, de 20 salariés ou plus.
Sources : Agefiph ; Dares.

Part des salariés handicapés dans l'emploi

en %

	2014
Ind. manuf., ind. extract. et autres	3,9
Construction	2,9
Com. de gros et de dét., transp., héberg. et restau.	3,2
Information et communication	1,6
Activ. finan. et d'assur., activ. immob.	2,9
Activ. spéc., scienti. et techn., activ. de serv. adm. et de soutien	2,7
Adm. publ., enseign., santé hum. et act. soc.	4,2
Autres activités[1]	3,3
Ensemble des établissements	**3,3**

1. Autres activités : agriculture, sylviculture et pêche, et diverses activités de service.
Lecture : en 2014, le taux d'emploi en équivalent-temps plein de travailleurs handicapés dans les établissements du secteur de la construction s'élevait à 2,9 %.
Note : effectifs bénéficiaires *au prorata* du temps de travail et de la durée de présence en équivalent-temps plein / effectifs salariés totaux (calculés selon l'article L.1111-2 du code du travail).
Champ : établissements du secteur privé et établissements publics à caractère industriel et commercial, de 20 salariés ou plus.
Sources : Agefiph ; Dares.

Montants des prestations des risques invalidité et ATMP

en millions d'euros

	2014	14/13 en %
AT-MP[1 2]	**7 061**	**– 1,5**
Remplacement de revenu définitif	7 002	– 1,5
Rentes et pensions AT-MP[1]	6 096	– 0,4
Prestations liées à l'amiante (ACAATA et indemnisations du FIVA)[3]	906	– 8,6
Autres prestations AT-MP[1]	58	– 0,9
Invalidité[4]	**38 287**	**3,4**
Remplacement de revenu (pensions et rentes)	9 449	5,1
Allocation aux adultes handicapés (AAH)	8 453	3,4
Garantie de ressources aux personnes handicapées (GRTH)	1 265	1,2
PCH et ACTP[5] de moins de 60 ans	1 583	2,0
AJPP, APP, AES, AEEH[5]	895	5,5
Accueil et hébergement des personnes handicapées[6]	14 094	2,7
ESAT, CRP, CPO[7]	1 756	0,7
Autres prestations liées à l'invalidité	793	4,4

1. Accidents du travail et maladies professionnelles. 2. Les prestations AT-MP s'élèvent à 6 008 M€ en 2015 (– 3,7 % par rapport à 2014). 3. Allocation de cessation anticipée d'activité des travailleurs de l'amiante. Fonds d'indemnisation des victimes de l'amiante. 4. Les prestations d'invalidité s'élèvent à 38 900 Me en 2015 et augmente de 1,6 % par rapport à 2014. 5. Voir définitions en annexes. 6. Y c. prestations médico-sociales financées par l'assurance maladie. 7. Établissements et services d'aide par le travail. Centre de réadaptation professionnelle, centre de préorientation.
Source : Drees, comptes de la protection sociale.

Évolution du nombre d'allocataires de l'ACTP et de la PCH

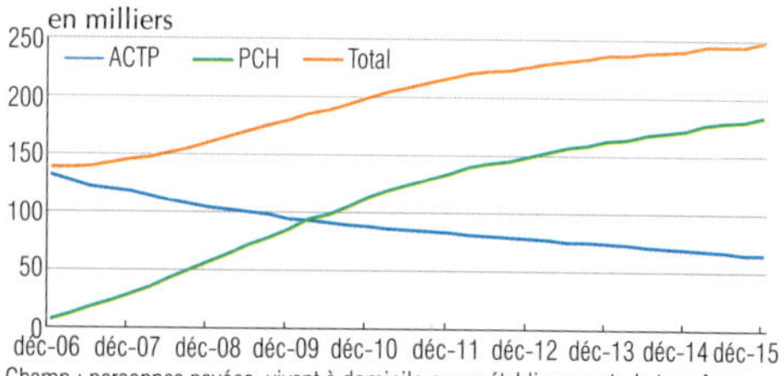

Champ : personnes payées, vivant à domicile ou en établissement, de tous âges.
Source : Drees, enquête trimestrielle sur la PCH auprès des conseils généraux.

Licences et clubs affiliés aux fédérations françaises handisport et du sport adapté en 2015

	Handisport	Sport adapté	Total
Licences	**36 054**	**55 727**	**91 781**
Licences masculines	19 551	30 919	50 470
Licences féminines	8 057	15 826	23 883
Autres titres de participation	8 446	8 982	17 428
Clubs	**1 403**	**1 078**	**2 481**

Source : MEOS.

Mode de scolarisation des enfants et adolescents en situation de handicap en 2015-2016

Niveau d'enseignement[1]	Scolarité en milieu ordinaire		Établissements spécialisés[2]	
	Individuelle	Collective	Établissements hospitaliers	Établissements médicaux et sociaux
Premier degré	**111 682**	**48 361**	**5 546**	**61 615**
Préélémentaire	31 299	6 914	2 457	21 173
Élémentaire	80 383	41 447	3 089	40 442
Second degré	**82 875**	**36 060**	**2 299**	**6 754**
Premier cycle	62 596	15 794	1 464	5 347
Second cycle	19 663	4 130	835	1 407
Autre niveau[3]	616	16 136	///	///
Niveau indéterminé[4]	///	///	**295**	**3 205**
Total	**194 557**	**84 421**	**8 140**	**71 574**

1. Niveau d'enseignement estimé pour la scolarisation collective et la scolarisation en établissements hospitaliers ou médico-sociaux.
2. Hors jeunes accueillis et scolarisés pour de courtes périodes.
3. Il s'agit pour l'essentiel d'élèves fréquentant un établissement du second degré sans en avoir nécessairement le niveau.
4. Il s'agit d'élèves scolarisés dans un établissement spécialisé dont le niveau est difficile à déterminer.
Source : Depp.

9.5 Personnes âgées dépendantes

La prise en charge des **personnes âgées dépendantes** par les pouvoirs publics (sécurité sociale, État, collectivités locales) et les ménages est estimée à 34,2 milliards d'euros (Md€) en 2014, soit 1,6 % du PIB. Elle concerne les dépenses, liées à la dépendance, de santé, d'hébergement et d'aide à la prise en charge spécifique de la perte d'autonomie. Chacune de ces composantes représente un tiers de la dépense totale. Les pouvoirs publics participent à près de 70 % au financement du coût, le reste étant l'effort consenti par les ménages. Si la santé et la prise en charge spécifique de la perte d'autonomie sont majoritairement financées par les pouvoirs publics, les trois quarts des dépenses d'hébergement en établissement sont à la charge des ménages, après déduction des aides reçues.

En 2014, 1,4 million de personnes âgées (60 ans ou plus) ont bénéficié des aides sociales des départements. L'**allocation personnalisée d'autonomie (APA)** représente les neuf dixièmes de ces aides, soit 5,5 Md€. Le reste est consacré à l'aide sociale à l'hébergement (ASH), à l'accueil chez des particuliers ou aux aides ménagères. L'APA en établissement concerne 41 % de l'ensemble des bénéficiaires de l'allocation (à domicile ou en établissement). Parmi les bénéficiaires de l'APA en établissement, 60 % sont très dépendants et classés en **groupe iso ressources (GIR)** 1 ou 2, selon la **grille AGGIR**. Ils sont 17 % à être évalués en GIR 3 et 23 % en GIR 4. Près de 60 % des bénéficiaires de l'APA à domicile sont modérément dépendants (GIR 4).

En 2015, 9 Md€ ont été affectés aux soins de longue durée aux personnes âgées hébergées en établissements. Le rythme de croissance de ces soins est nettement plus faible depuis 2009, mais reste dynamique : + 3,7 % en moyenne annuelle de 2010 à 2015, contre + 12,3 % en moyenne de 2004 à 2009. Les soins en **établissements d'hébergement pour personnes âgées (EHPA)** ou **EHPAD**, qui s'élèvent à 8 Md€ en 2015, augmentent de 2 % par rapport à 2014. Leur montant a presque triplé depuis 2004 en lien avec le renforcement de la médicalisation de ces établissements et la forte expansion de leur capacité d'accueil.

La dépense totale pour les services de soins infirmiers à domicile (SSIAD) s'élève à 1,6 Md€ en 2015. Après avoir progressé fortement jusqu'en 2009 (+ 9,4 % en moyenne par an entre 2004 et 2009), elle croît de façon moins soutenue depuis (+ 3,2 % par an entre 2009 et 2015) en lien avec le resserrement de la contrainte budgétaire.

En 2015, l'Union européenne (UE) compte près de 27 millions de personnes âgées de 80 ans ou plus. Leur nombre et leur part dans la population augmentent dans quasiment tous les États membres. En 2015, une personne sur vingt vivant dans l'UE est âgée de 80 ans ou plus, contre une sur vingt-cinq en 2005. Le vieillissement de la structure de la population est, au moins partiellement, le résultat d'une augmentation de l'espérance de vie à l'âge de 80 ans. ■

Définitions

Personne âgée dépendante : personne âgée de 60 ans ou plus, ayant « besoin d'une aide pour l'accomplissement des actes essentiels de la vie ou dont l'état nécessite une surveillance régulière » (cf. loi du 20 juillet 2001 relative à l'APA). Il s'agit des personnes classées en GIR 1 à 4 selon la grille AGGIR d'évaluation des pertes d'autonomie.

Allocation personnalisée d'autonomie (APA), établissement d'hébergement pour personnes âgées (EHPA), établissement d'hébergement pour personnes âgées dépendantes (EHPAD), grille AGGIR, groupes iso-ressources (GIR), taux de dépendance : voir rubrique « Définitions » en annexes.

Pour en savoir plus

- « Fin 2015, les départements ont attribué 4,3 millions de prestations d'aide sociale », *Études et résultats* n° 984, Drees, novembre 2016.
- « Les dépenses de santé en 2015 – Résultats des Comptes de la santé », *Panoramas de la Drees – santé*, édition 2016, Drees, septembre 2016.
- « La protection sociale en France et en Europe en 2014 – Résultats des comptes de la protection sociale », *Panoramas*, Drees, édition 2016.
- « Les bénéficiaires de l'aide sociale départementale en 2014 », *Document de travail*, Série Statistiques n° 200, Drees, août 2016.

Retrouvez le TEF sur www.insee.fr dans la collection « Insee Références »

Structures d'hébergement pour personnes âgées

Au 1er janvier	2015
Maisons de retraite non EHPAD	
Nombre d'établissements	337
Nombre total de places installées	9 095
Logements-foyers	
Nombre d'établissements	2 336
Nombre total de places installées	112 317
Établissements d'hébergement pour personnes âgées dépendantes (EHPAD)	
Nombre d'établissements	7 394
Nombre total de places installées	593 005
Unités de soins de longue durée (USLD)	
Nombre d'USLD	594
Nombre de lits	31 616
Nombre de Places en accueil temporaire[1]	15 780
Nombre de places en accueil de jour[2]	20 899
Services de soins infirmiers à domicile pour personnes âgées (SSIAD + SPASAD)	
Nombre de services	2 119
Nombre de places	118 037

1. Ensemble des places d'accueil temporaire quelque soit la catégorie d'établissement.
2. Ensemble des places d'accueil de jour dans les établissements et services pour personnes âgées.
Champ : établissements publics ou privés et services, places installées au 1/1/2015.
Source : Drees, répertoire FINESS et enquête SAE.

Dépenses de soins de longue durée aux personnes âgées

en millions d'euros

	2005	2014	2015
Soins en établissements pour personnes âgées	**4 569**	**8 804**	**8 995**
Évolution (en %)	13,3	2,4	2,2
Unités de soins de longue durée (USLD) dans les hôpitaux	1 341	979	1 018
Soins en EHPA - EHPAD	3 228	7 825	7 978
Établissements publics	1 972	4 234	4 311
Établissements privés à but non lucratif	790	2 054	2 051
Établissements privés à but lucratif	466	1 538	1 616
Services de soins infirmiers à domicile (SSIAD)	**911**	**1 563**	**1 583**
Évolution (en %)	8,9	1,7	1,3
Total des soins de longue durée aux personnes âgées	**5 480**	**10 368**	**10 578**
Évolution (en %)	12,6	2,3	2,0

Note : les évolutions sont calculées par rapport à l'année précédente.
Source : Drees, comptes de la santé.

Structure des bénéficiaires de l'APA par niveau de dépendance en 2014

en %

Au 31 décembre	GIR 1	GIR 2	GIR 3	GIR 4	Total
Domicile	2	17	22	59	100
Établissement	18	42	17	23	100

Champ : France hors Mayotte.
Source : Drees, enquête Aide sociale.

Répartition par âge des bénéficiaires de l'APA à domicile et en établissement en 2014

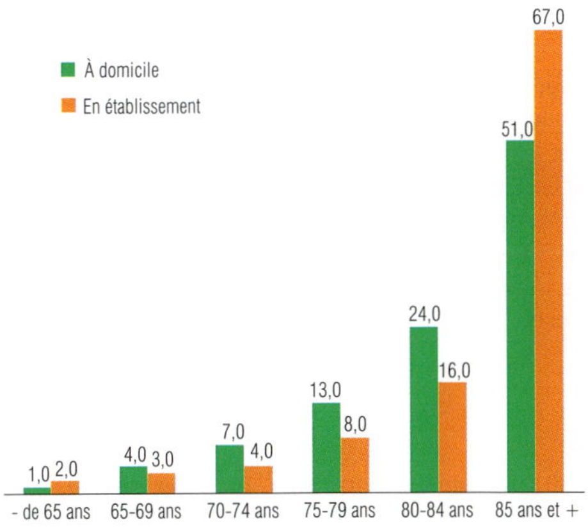

Champ : France hors Mayotte.
Source : Drees, enquête Aide sociale.

Proportion des personnes âgées de 60 ans ou plus dans l'UE en 2015

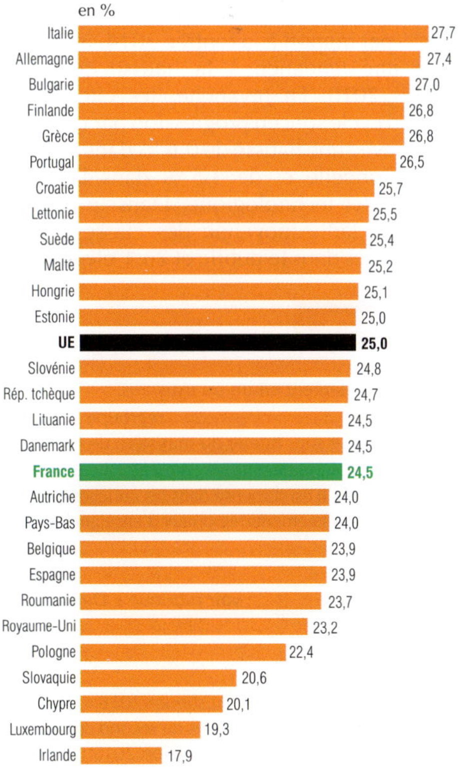

Source : Eurostat.

10.1 Enseignement des 1er et 2nd degrés

À la rentrée 2015, l'ensemble du système éducatif public et privé compte 15,5 millions d'élèves, d'étudiants et d'apprentis, soit 140 000 de plus qu'à la rentrée précédente (+ 0,9 %). L'enseignement supérieur reste le premier contributeur à cette hausse globale, avec une augmentation de ses inscriptions de 3,2 %.

Les écoles de l'**enseignement du premier degré** scolarisent 6,8 millions d'élèves (+ 0,2 % par rapport à l'année précédente). Le nombre moyen d'élèves par classe est stable dans le secteur public et dans le secteur **privé**. La taille des classes en préélémentaire est en moyenne de 25,5 élèves dans le secteur public et de 27,0 élèves dans le privé ; elle est proche de 23 élèves en moyenne par classe en élémentaire.

L'**enseignement du second degré** dans les établissements publics et privés, sous tutelle du ministère de l'Éducation nationale, accueille 5,5 millions d'élèves à la rentrée 2015, soit une progression de 0,7 % par rapport à la rentrée précédente. Au sein du second degré, les effectifs du premier cycle diminuent de 0,4 % par rapport à la rentrée 2014, interrompant une tendance à la hausse constante depuis 2010. En revanche, les effectifs du second cycle sont en progression par rapport à 2014, avec une hausse de 0,6 % dans la filière professionnelle et de 3,5 % dans la filière générale et technologique. Dans le premier cycle, la taille moyenne des classes est de 24,8 élèves dans le public et 26,1 élèves dans le privé. Elle est inférieure à 20 élèves dans le second cycle professionnel. La taille moyenne des classes dans le second cycle général et technologique du secteur public est la plus élevée des trois cycles d'enseignement (30,0 élèves).

Lors de la session 2015, le taux de réussite au **diplôme national du brevet** s'établit à 86,4 %. La **réforme de la voie professionnelle**, mise en place progressivement depuis 2008, visait à augmenter le nombre de diplômés de **niveau de formation** IV. Le nombre de diplômes professionnels de niveau V (cycle court) baisse de 1,9 % en 2015. Entre les sessions 2014 et 2015, le **brevet d'études professionnelles (BEP)** et le **certificat d'aptitude professionnelle (CAP)** perdent respectivement 4 145 et 2 817 diplômés. Durant cette période, les diplômes professionnels de niveau IV diminuent de 5,6 %, du fait notamment de l'achèvement à la session 2014 de la réforme de la voie professionnelle.

Avec 618 800 admis, le taux de réussite au **baccalauréat** 2015 reste stable : 87,9 %. Par rapport à la session 2014, il baisse de 1,7 point dans la voie professionnelle, reste stable dans la voie technologique et progresse de 0,5 point dans la voie générale.

Les enfants de cadres ou d'agriculteurs exploitants ont de meilleurs taux de réussite au brevet ou au baccalauréat. Les filles réussissent aussi davantage que les garçons à obtenir ces deux diplômes, ainsi que les diplômes professionnels. ■

Définitions

Certificat d'aptitude professionnelle (CAP) : diplôme de niveau V se préparant en deux ans après la troisième, exceptionnellement en un ou trois ans.

Enseignement du premier degré : regroupe l'enseignement préélémentaire et élémentaire, y compris l'enseignement spécialisé sous tutelle du ministère de l'Éducation nationale.

Enseignement du second degré : enseignement secondaire faisant suite à l'enseignement préélémentaire et élémentaire (premier degré). Il est dispensé dans les collèges (premier cycle et enseignement adapté) et les lycées (second cycle). Par ailleurs, 80 établissements régionaux d'enseignement adapté (EREA) dispensent l'ensemble des formations secondaires.

Baccalauréat, brevet d'études professionnelles (BEP), diplôme national du brevet, enseignement privé, niveaux de formation, ratio élève/enseignant, réforme de la voie professionnelle, sections d'enseignement général et professionnel adapté (SEGPA) : voir rubrique « Définitions » en annexes.

Pour en savoir plus

- « Repères et références statistiques 2016 », Depp, août 2016.
- « Prévisions d'effectifs d'élèves du second degré pour 2016 et 2017 », *note d'information* n° 10, Depp, avril 2016.
- « Examens professionnels – Session 2015 : dans la quasi-totalité des spécialités, les filles réussissent mieux que les garçons », *note d'information* n° 08, Depp, mars 2016.

Retrouvez le TEF sur www.insee.fr dans la collection « Insee Références »

Effectifs d'élèves et d'étudiants dans l'enseignement public et privé

en milliers

	1980	1990	2000	2010	2014 (r)	2015 (p)
Premier degré éducation nationale	7 396,3	6 953,4	6 552,0	6 664,3	6 788,6	6 805,2
Pré-élémentaire	2 456,5	2 644,2	2 540,3	2 539,1	2 574,9	2 563,6
Élémentaire	4 810,0	4 218,0	3 953,0	4 080,8	4 165,7	4 193,0
ASH[1]	129,8	91,2	58,7	44,3	48,0	48,7
Second degré éducation nationale	5 309,2	5 725,8	5 614,4	5 353,2	5 497,1	5 536,4
Premier cycle	3 261,9	3 253,5	3 290,9	3 126,4	3 243,6	3 229,8
Second cycle professionnel	807,9	750,0	705,4	705,5	663,0	667,0
Second cycle général et technologique	1 124,4	1 607,6	1 501,5	1 425,7	1 498,9	1 550,9
Enseignement adapté (SEGPA)	114,9	114,6	116,6	95,6	91,7	88,8
Second degré agricole	117,1	116,2	151,3	149,9	143,7	144,5
Centre de formation des apprentis	244,1	226,9	376,1	433,5	411,8	410,8
Scolarisés dans étab. santé	96,2	88,2	81,4	71,5	70,3	71,4
Enseignement du supérieur	1 184,1	1 717,1	2 160,3	2 319,6	2 471,2	2 551,1
Total	**14 346,9**	**14 827,5**	**14 935,4**	**14 992,1**	**15 382,7**	**15 519,4**

1. Adaptation scolaire et scolarisation des enfants handicapés (ex-adaptation et intégration scolaires).
Note : les millésimes correspondent à la rentrée scolaire.
Champ : France hors Mayotte jusqu'en 2010.
Source : Depp.

Nombre moyen d'élèves par classe

	1999	2005	2010	2015
Premier degré				
Enseignement public				
Classes préélémentaires	25,5	26,1	25,7	25,5
Classes élémentaires	22,3	22,5	22,7	23,0
Enseignement privé				
Classes préélémentaires	25,9	27,6	27,0	27,0
Classes élémentaires	23,9	22,8	22,9	23,5
Second degré				
Enseignement public				
1er cycle[1]	24,2	24,0	24,2	24,8
2nd cycle professionnel	20,8	20,1	19,1	19,3
2nd cycle général et techno.	28,8	28,8	28,5	30,0
Enseignement privé				
1er cycle[1]	24,8	24,7	25,3	26,1
2nd cycle professionnel	19,7	19,2	18,6	17,6
2nd cycle général et techno.	24,7	25,0	25,1	26,4

1. Y c. le dispositif d'initiation aux métiers en alternance (DIMA) et les unités localisées pour l'inclusion scolaire (ULIS) ; non compris SEGPA.
Note : les millésimes correspondent à la rentrée scolaire.
Champ : France hors Mayotte jusqu'en 2010.
Source : Depp.

Principaux diplômes du 2nd degré délivrés en 2015

	Nombre d'admis	Taux de réussite en %
Brevet	705 596	86,4
dont série générale	*649 845*	*87,2*
Certificat d'aptitude professionnelle[1]	188 386	83,8
Brevet d'études professionnelles[1]	143 869	81,2
Baccalauréat général	317 054	91,5
Littéraire (L)	49 870	90,6
Économique et social (ES)	100 360	91,2
Scientifique (S)	166 824	91,9
Baccalauréat technologique	125 144	90,7
dont : sciences et techno. du management et de la gestion (STMG)	*60 124*	*89,5*
sc. et tech. ind. dév. durable (STI2D)	*26 763*	*91,7*
sc. et tech.design et arts appl. (STD2A)	*2 817*	*97,2*
sc. et tech. de la santé et du social (ST2S)	*20 608*	*91,8*
sciences et techno. de laboratoire (STL)	*7 587*	*93,9*
Baccalauréat professionnel	176 646	80,5
Total des baccalauréats	**618 844**	**87,9**

1. Y c. les diplômes agricoles (CAPA et BEPA).
Source : Depp.

Ratio élève / enseignant par niveau d'étude dans l'UE en 2014

en %

	Enseignement primaire	1er cycle de l'enseignement secondaire	2nd cycle de l'enseignement secondaire[2]
Allemagne	15,4	13,4	13,1
Autriche	12,0	8,8	10,0
Belgique	12,7	9,2	9,9
Bulgarie	17,8	13,0	12,2
Chypre	13,6	9,8	10,0
Croatie	14,3	9,3	10,3
Danemark	11,9	11,0	13,1
Espagne	13,5	11,8	11,3
Estonie	12,9	9,9	14,6
Finlande	13,3	8,9	16,2
France	**19,4**	**15,4**	**10,4**
Grèce	9,4	7,8	8,1
Hongrie	11,5	10,9	12,5
Irlande[1]	16,4	…	13,9
Italie	12,4	11,6	12,5
Lettonie	11,2	7,6	10,0
Lituanie	10,2	7,4	8,1
Luxembourg	8,9	10,9	8,9
Malte	11,4	7,0	8,8
Pays-Bas	16,6	16,2	…
Pologne	11,0	10,4	10,9
Portugal	14,0	10,1	8,9
Rép. tchèque	18,7	11,9	11,7
Roumanie	18,8	12,6	15,1
Royaume-Uni	19,6	15,0	16,3
Slovaquie	17,2	12,5	13,5
Slovénie	15,9	8,3	13,7
Suède	12,7	12,2	13,8
UE	**14,8**	**12,5**	**12,7**
États-Unis[1]	15,3	15,4	15,4
Japon	17,1	13,8	11,9
Turquie	19,3	18,4	14,8

1. Données 2013. 2. Données 2013 pour la Grèce et l'Irlande.
Note : le ratio élève/enseignant doit être réservé aux comparaisons géographiques ; il ne doit en particulier pas être confondu avec le nombre d'élèves par classe ; voir définition en annexes.
Source : Eurostat.

10.2 Enseignement supérieur

À la rentrée 2015, on recense 2 551 100 inscriptions d'étudiants dans l'**enseignement supérieur**, soit une hausse de 3,2 % par rapport à la rentrée 2014. Celle-ci est en partie liée à la mise en place progressive de conventions entre les lycées possédant des classes préparatoires aux **grandes écoles** (CPGE) et les universités, qui entraîne la double inscription des étudiants en classe préparatoire et à l'université. En neutralisant cet effet, la progression est de 2,5 %. Les effectifs d'inscrits dans l'enseignement supérieur en France augmentent pour la septième année consécutive, atteignant un niveau jamais atteint. Le nombre d'étudiants étrangers augmente dans les mêmes proportions (+ 3,3 %).

Entre 2014 et 2015, le nombre d'étudiants à l'université (hors préparations au **diplôme universitaire de technologie (DUT)** et formations d'ingénieurs) augmente de 4,3 %, pour partie du fait de la double inscription à l'université des étudiants de CPGE. Le nombre d'étudiants est stable en sections de techniciens supérieurs (STS) et assimilés ainsi qu'en préparation au DUT. Les effectifs progressent dans la filière CPGE et préparations intégrées ainsi que dans les écoles de commerce, gestion et vente (hors STS) et les formations d'ingénieurs (y compris en partenariat) (respectivement + 3,1 %, + 1,4 % et + 3,5 %). Comme les formations d'ingénieurs, les écoles de commerce et de gestion ont connu un essor important depuis les années 1990 (+ 4 % par an en moyenne entre 1990 et 2015).

En 2014, 138 800 jeunes ont préparé un diplôme d'enseignement supérieur par la voie de l'apprentissage, soit une hausse de 0,6 % par rapport à l'année précédente. Tous les niveaux enregistrent une augmentation. Le **brevet de technicien supérieur (BTS)** occupe toujours une place prépondérante, puisqu'il regroupe 42,2 % des apprentis du supérieur. Leurs effectifs continuent cependant de diminuer. À l'inverse, le nombre d'apprentis préparant une licence ou un master professionnels progresse toujours. Les effectifs préparant un diplôme d'ingénieur par apprentissage augmentent (+ 7,3 %) ; les spécialités préparées concernent principalement la mécanique, les technologies industrielles, l'électricité et l'électronique.

Dans l'enseignement supérieur, à la session 2014, le nombre de diplômes délivrés augmente par rapport à la session 2013 pour tous les diplômes excepté pour les **doctorats** (– 0,5 %). Encore en forte progression ces dernières années, le nombre de **licences** professionnelles ralentit (+ 0,9 % entre 2014 et 2013). Le nombre total de **masters** délivrés est en hausse (+ 0,9 %).

La part des jeunes adultes de 30 à 34 ans diplômés de l'enseignement supérieur au sein de l'Union européenne est en augmentation constante, passant de 24 % en 2002 à 39 % en 2015. La proportion la plus élevée de 30-34 ans diplômés de l'enseignement supérieur est observée en Lituanie 58 %, la plus faible en Italie 25 %. Elle s'élève à 45 % en France. ■

Définitions

Enseignement supérieur : regroupe l'enseignement dispensé dans les universités, les instituts universitaires de technologie (IUT), les sections de techniciens supérieurs (STS), les classes préparatoires aux grandes écoles (CPGE), les écoles d'ingénieurs, les écoles de commerce, gestion, vente et comptabilité, les écoles paramédicales et sociales, etc.

Brevet de technicien supérieur (BTS), Classification internationale type de l'éducation (CITE), diplôme universitaire de technologie (DUT), doctorat, grande école, institut universitaire de technologie (IUT), licence, master : voir rubrique « Définitions » en annexes.

Pour en savoir plus

- « Repères et références statistiques 2016 », Depp, août 2016.
- « Les effectifs d'étudiants dans l'enseignement supérieur en 2015-2016 », *note Flash* n° 10, SIES, août 2016.
- « Les étudiants en formation d'ingénieur », *note d'information* n° 16.04, SIES, juillet 2016.
- « L'état de l'enseignement supérieur et de la recherche » n° 9, SIES, juin 2016.
- « De plus en plus de diplômés de l'enseignement supérieur parmi les 30-34 ans dans l'UE », *communiqué de presse* n° 81, Eurostat, avril 2016.

Retrouvez le TEF sur www.insee.fr dans la collection « Insee Références »

Étudiants inscrits dans l'enseignement supérieur

en milliers

	1980	1990	2000	2005	2010	2015 (p)
Universités[1]	796,1	1 075,1	1 256,4	1 284,3	1 299,3	1 445,6
CPGE[2] et prépas intégrées des écoles d'ingénieurs	42,9	68,4	76,2	80,2	87,6	98,0
Sections de techniciens supérieurs (STS)	67,9	199,3	238,9	230,4	242,2	256,1
Préparation DUT	53,7	74,3	116,9	111,3	115,7	116,2
Formations d'ingénieurs (y c. en partenariat)	40,0	57,7	96,6	104,4	122,0	146,4
Écoles de commerce, gestion, comptabilité et vente (hors STS)	15,8	46,1	63,4	88,4	121,3	136,2
Écoles paramédicales et sociales	91,7	74,4	93,4	131,7	137,4	135,4
Autres établissements d'enseignement supérieur[3]	76,0	121,7	218,5	252,6	194,1	217,2
Total	**1 184,1**	**1 717,1**	**2 160,3**	**2 283,3**	**2 319,6**	**2 551,1**

1. Hors préparations DUT, CPGE, préparations intégrées et formations d'ingénieurs ; y c. Université de Lorraine. 2. Classes préparatoires aux grandes écoles. 3. Écoles vétérinaires, écoles normales supérieures, écoles dépendant d'autres ministères que le MENESR, établissements universitaires privés et grands établissements dispensant des formations de type universitaire ; y c. les effectifs des IUFM avant leur rattachement à une université (2008 à 2010).
Note : les millésimes correspondent à la rentrée scolaire.
Champ : France hors Mayotte avant 2011.
Source : SIES.

Principaux diplômes délivrés dans l'enseignement supérieur

en milliers

	1990	2000	2010	2014
BTS[1]	53,0	94,2	113,5	126,7
DUT	27,8	47,5	47,3	46,7
DEUG, DEUST	88,4	124,7	1,4	1,0
Licence	71,3	135,0	///	///
Licence LMD	///	///	161,2	172,9
Licence générale	///	///	117,0	125,2
Licence professionnelle	///	///	44,2	47,7
Maîtrise	51,2	93,3	///	///
Master professionnel / DESS	12,6	32,6	60,1	57,7
Master recherche / DEA	20,0	23,4	18,9	16,5
Master indifférencié	///	///	24,5	48,2
Diplôme d'ingénieur	16,1	24,6	28,9	32,8
Diplôme d'écoles de commerce	12,2	18,3	28,9	35,4
Doctorat (hors HDR[2])	7,2	10,0	11,1	11,7
Diplôme de docteur (santé)	8,8	6,7	7,4	9,5
Capacité en médecine	...	1,6	1,4	1,2
DES, DIS, DESC[3]	...	3,2	4,8	7,4

1. Hors Mayotte avant 2012. 2. Habilitation à diriger des recherches. 3. DES, DESC : diplôme d'études spécialisées (complémentaires) ; DIS : diplôme interdisciplinaire de spécialisation.
Source : SIES.

Étudiants inscrits en université par discipline à la rentrée 2015

	Effectifs en milliers	*dont femmes en %*
Droit, sciences politiques	209,9	*65,0*
Sciences économiques, gestion	202,8	*52,6*
AES (filière adm. économique et sociale)	35,6	*58,3*
Pluridroit, sciences économiques, AES	1,1	*63,1*
Arts, lettres, sciences du langage	97,0	*69,8*
Langues	111,1	*73,6*
Sciences humaines et sociales	289,4	*67,8*
Plurilettres, langues, sciences humaines	9,8	*74,8*
Sciences fondamentales et applications	232,4	*25,3*
Sciences de la nature et de la vie	92,5	*59,8*
Sciences et tech. des activités phys. et sportives	53,5	*28,9*
Pluri-sciences	34,3	*43,7*
Médecine-odontologie	143,0	*62,3*
Pharmacie	22,7	*63,7*
Plurisanté[1]	57,8	*67,8*
Total	**1 593,2**	***56,8***
Cursus licence	967,0	*56,1*
Cursus master	566,5	*59,0*
Cursus doctorat	59,7	*48,0*

1. La Première année commune des études de santé est comptabilisée en plurisanté.
Note : y c. préparation DUT et formations d'ingénieurs ; y c. Université de Lorraine.
Source : SIES.

Origine sociale des étudiants de nationalité française à l'université à la rentrée 2015

en %

	Université[1]	*dont lettres, sciences humaines*	*dont sciences[2]*
Agriculteurs	1,6	*1,4*	*1,9*
Artisans, comm., chefs d'entrep.	7,4	*6,3*	*7,2*
Prof. libérales, cadres sup.	30,0	*24,6*	*31,1*
Professions intermédiaires	12,7	*13,0*	*14,1*
Employés	12,9	*14,0*	*13,4*
Ouvriers	10,7	*11,2*	*11,9*
Retraités, inactifs	13,2	*16,5*	*11,3*
Non renseigné	11,5	*12,9*	*9,1*
Effectifs (en milliers)	**1 367,8**	***424,9***	***293,1***

1. Y c. DUT ; y c. Université de Lorraine. 2. Y c. les formations d'ingénieurs universitaires.
Source : SIES.

Diplômés du supérieur dans l'UE en 2015

en % de la population

	25 à 64 ans		*dont 30 à 34 ans*	
	Hommes	Femmes	*Hommes*	*Femmes*
Allemagne	30,8	24,4	*32,2*	*32,4*
Autriche	32,0	29,1	*37,5*	*40,0*
Belgique	33,6	40,1	*36,7*	*48,7*
Bulgarie	21,4	33,6	*24,8*	*39,9*
Chypre	37,3	43,6	*46,7*	*61,6*
Croatie	20,0	25,4	*23,8*	*38,3*
Danemark	31,7	42,6	*39,6*	*55,9*
Espagne	32,7	37,5	*34,8*	*47,1*
Estonie	28,4	47,5	*34,5*	*56,7*
Finlande	36,0	49,6	*38,1*	*53,4*
France	**31,5**	**36,5**	***40,3***	***49,6***
Grèce	28,0	30,1	*35,3*	*45,5*
Hongrie	21,0	27,3	*27,6*	*41,0*
Irlande	38,9	46,5	*45,1*	*58,6*
Italie	15,3	19,8	*20,0*	*30,8*
Lettonie	22,3	40,1	*26,8*	*56,5*
Lituanie	31,5	45,3	*47,2*	*68,4*
Luxembourg	41,1	41,1	*46,8*	*57,7*
Malte	18,9	20,2	*23,6*	*32,2*
Pays-Bas	35,7	35,0	*43,0*	*49,6*
Pologne	22,8	32,6	*35,1*	*52,0*
Portugal	18,4	26,9	*23,3*	*40,1*
Rép. tchèque	21,0	23,4	*24,7*	*35,9*
Roumanie	16,4	17,9	*24,2*	*27,2*
Royaume-Uni	40,0	43,1	*44,4*	*51,1*
Slovaquie	18,4	23,9	*22,8*	*34,4*
Slovénie	24,0	36,7	*32,0*	*56,4*
Suède	33,0	46,7	*43,2*	*57,7*
UE	**28,4**	**31,7**	***34,0***	***43,4***

Champ : enseignement supérieur (CITE 2011 niveaux 5-8).
Source : Eurostat, enquêtes sur les forces de travail.

10.3 Établissements - Enseignants

À la rentrée 2015, l'enseignement du premier degré est dispensé dans 51 745 **écoles** en France, parmi lesquelles 10 % relèvent du secteur privé. La nature des écoles est très différente entre les secteurs public et privé. En particulier, la quasi-totalité des écoles privées sont des écoles primaires contre un tiers dans le secteur public. Regroupant enseignements préélémentaire et élémentaire, ces écoles sont plus grandes dans le secteur de l'**enseignement privé** avec six classes et plus pour plus de la moitié d'entre elles, tandis qu'elles restent de taille assez modeste dans le secteur public où près des deux tiers ont cinq classes ou moins. Dans le secteur public, 8,9 % des écoles sont à classe unique, contre 3,6 % dans le secteur privé.

Le nombre d'établissements du second degré s'établit à 11 331 à la rentrée 2015. Les établissements du secteur privé représentent 30 % de l'ensemble. Si, dans le public, un tiers des établissements sont des lycées, c'est le cas de la moitié des établissements du secteur privé. Les établissements scolaires du second degré sont de tailles extrêmement variées et leur répartition suivant le nombre d'élèves accueillis est très différente selon le secteur d'enseignement et le type d'établissement. La taille moyenne des établissements publics est supérieure à celle du secteur privé, quel que soit le type d'établissement. C'est dans les collèges que l'écart entre les deux secteurs est le moins élevé : 490 élèves en moyenne pour les collèges du secteur public à la rentrée 2015 contre 382 dans le secteur privé. Pour les lycées professionnels (LP), la taille moyenne par secteur varie encore plus que pour les collèges : 414 élèves pour les LP publics et 163 élèves pour le privé. L'effectif moyen des lycées d'enseignement général et technologique (LEGT) est de 1 028 élèves pour le public et 430 pour le privé.

En France, 1 203 407 personnes, dont 78,5 % d'enseignants, sont en activité à la rentrée 2015 dans les secteurs public et privé au titre du ministère de l'Éducation nationale, de l'Enseignement supérieur et de la Recherche (non compris les enseignants non permanents de l'enseignement supérieur). Leurs lieux d'exercice sont variés (établissements scolaires, rectorats, établissements d'enseignement supérieur, etc.). Parmi les enseignants, les professeurs des écoles exercent très majoritairement dans le premier degré public.

Les femmes représentent 68 % de l'ensemble du personnel. Dans le secteur public, 83 % des **enseignants du premier degré** sont des femmes. Elles sont également plus nombreuses dans le **second degré** public (58 %). En revanche, l'**enseignement supérieur** est plutôt masculin (39 % de femmes). La féminisation du corps enseignants du secteur privé est plus accentuée que celle du secteur public : la part des femmes y est plus importante que celle des hommes (74 %), en particulier dans le premier degré (91 %). ■

Définitions

Écoles : tandis que les écoles maternelles ne comportent que des classes préélémentaires, les écoles élémentaires peuvent accueillir à la fois des classes élémentaires et des classes préélémentaires. Dans ce cas, ces écoles sont aussi appelées écoles primaires. Cette coexistence est particulièrement fréquente dans le secteur privé.

Enseignants du second degré : titulaires et non-titulaires enseignant dans les établissements du second degré publics et privés sous contrat avec le ministère de l'Éducation nationale (collèges, lycées, etc.). Sont inclus les personnels de remplacement et de documentation.

Classification internationale type de l'éducation (CITE), dépense intérieure d'éducation (DIE), enseignants du premier degré, enseignants du supérieur, enseignement privé, enseignement supérieur, loi relative aux libertés et responsabilités des universités (loi LRU) : voir rubrique « Définitions » en annexes.

Pour en savoir plus

- « L'état de l'école », n° 26, Depp, décembre 2016.
- « Repères et références statistiques 2016 », Depp, septembre 2016.
- « La rémunération des enseignants du MEN en 2014 », *note d'information* n° 24, Depp, septembre 2016.
- « Concours de professeurs des écoles dans l'enseignement public : 40 % de recrutements externes en plus en 2015 », *note d'information* n° 15, Depp, mai 2016.

Retrouvez le TEF sur www.insee.fr dans la collection « Insee Références »

Personnel de l'Éducation nationale et de l'Enseignement supérieur

	1990	1995	2000	2005	2010	2015
Enseignants dans le secteur public	771 706	813 125	849 600	848 835	789 819	803 152
Enseignants dans le secteur privé[1]	126 294	135 280	140 290	144 909	138 639	141 416
Total des enseignants[2]	**898 000**	**948 405**	**989 890**	**993 744**	**928 458**	**944 568**
Personnel adm., technique, d'encad. et de surveillance	295 885	296 420	368 470	344 154	248 080	258 839
dont aides éduc., assistants d'éduc. et assistants pédag.	*///*	*///*	*62 320*	*58 197*	*68 321*	*82 678*
Total	**1 193 885**	**1 244 825**	**1 358 360**	**1 337 898**	**1 176 538**	**1 203 407**

1. Hors Mayotte. 2. Enseignants titulaires, stagiaires et non-titulaires des 1er et 2nd degrés, du supérieur et des établissements de formation ; sont exclus les enseignants non permanents de l'enseignement supérieur. Note : les millésimes correspondent à l'année de rentrée scolaire ; à partir de 2006, les personnes rémunérées sur des comptes d'avance de régularisation et les techniciens et ouvriers à la charge des collectivités territoriales ne sont plus comptabilisés.
Champ : France hors Mayotte jusqu'en 2010.
Source : Depp.

Enseignants du public et du privé par corps en 2016

Au 31 janvier	Effectifs	*dont femmes en %*
Premier degré public	337 179	*83,1*
dont : professeurs des écoles	*330 858*	*83,3*
instituteurs et suppléants	*4 637*	*70,2*
Second degré public	396 249	*58,3*
dont : agrégés et chaire supérieure	*49 655*	*51,6*
certifiés et assimilés	*245 820*	*62,2*
prof. de lycée professionnel	*58 478*	*50,0*
prof. d'ens. général de collège	*1 815*	*56,6*
professeurs contractuels	*28 186*	*54,0*
Supérieur public[1]	69 724	*38,6*
Total secteur public[2]	**803 152**	***67,0***
Premier degré privé	42 787	*91,5*
dont : professeurs des écoles	*39 470*	*91,3*
instituteurs et suppléants	*3 317*	*93,5*
Second degré privé	98 629	*66,9*
dont : agrégés et chaire supérieure	*3 719*	*50,0*
certifiés et assimilés	*58 802*	*68,5*
prof. de lycée professionnel	*10 821*	*63,3*
prof. d'ens. général de collège	*17*	*41,2*
maîtres auxiliaires contractuels	*23 192*	*67,0*
Total secteur privé sous contrat[3]	**141 416**	***74,3***

1. Enseignants, y c. les professeurs certifiés et agrégés qui exercent dans l'enseignement supérieur ; non compris les enseignants non permaments.
2. Y c. les enseignants du Cned et les enseignants stagiaires comptabilisés dans chacun des deux niveaux en fonction de leur corps d'appartenance.
3. France hors Mayotte.
Source : Depp.

Dépense intérieure d'éducation

	2000 (r)	2010 (r)	2014 (r)	2015 (p)
Aux prix courants (en Md€)	108,2	139,3	146,0	147,8
Aux prix 2015 (en Md€)	134,4	145,1	147,0	147,8
En % du PIB	7,3	7,0	6,8	6,8
Par élève aux prix 2015 (en euros)	7 760	8 400	8 430	8 440

Source : Depp.

Dépense moyenne par élève

en euros constants aux prix de 2015

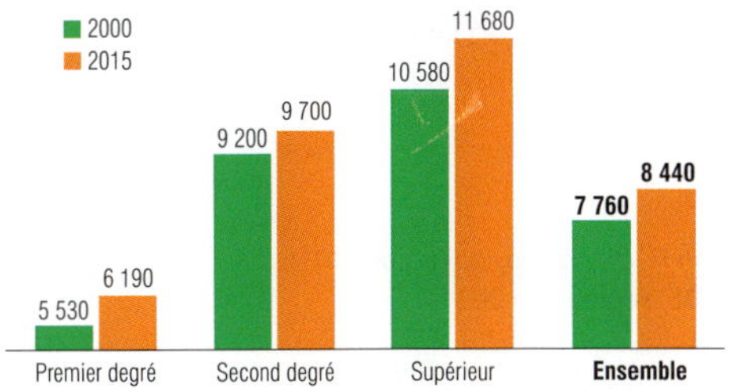

Source : Depp.

Établissements publics et privés du 1er et du 2nd degré

	2001		2015	
	Public	Privé	Public	Privé
Écoles maternelles	18 448	245	14 784	138
Écoles élémentaires	34 279	5 395	31 651	5 172
dont écoles primaires	...	...	*14 678*	*4 901*
Total premier degré	**52 727**	**5 640**	**46 435**	**5 310**
Collèges	5 139	1 802	5 290	1 807
Lycées professionnels	1 096	650	874	640
Lycées d'enseignement général et technologique	1 527	1 094	1 600	1 040
Établissements régionaux d'enseignement adapté	80	///	79	1
Total second degré	**7 842**	**3 546**	**7 843**	**3 488**

Note : les millésimes correspondent à la rentrée scolaire.
Champ : France hors Mayotte jusqu'en 2010.
Source : Depp.

Dépenses d'éducation dans quelques pays de l'UE en 2013

en % du PIB

	Dépenses publiques	Dépenses privées	Subventions publiques au secteur privé
Allemagne	4,80	0,7	0,5
Autriche	5,66	0,3	0,3
Belgique	6,67	0,3	0,4
Bulgarie	4,27	0,6	0,9
Chypre	7,07	1,3	0,6
Espagne	4,19	0,9	0,1
Estonie	4,92	0,4	0,2
Finlande	7,16	0,2	0,4
France[1]	**5,68**	**0,7**	**...**
Hongrie	4,13	0,7	0,2
Irlande[2]	5,84	0,4	0,5
Italie	4,28	0,5	...
Lettonie	3,37	0,3	0,1
Lituanie	4,66	0,6	0,2
Luxembourg	...	...	0,1
Malte	6,89	0,6	0,5
Pays-Bas[3]	6,06	1,1	0,7
Pologne[2]	5,00	0,7	0,2
Portugal	5,34	1,3	0,3
Rép. tchèque	4,16	0,6	0,1
Roumanie	2,70	0,0	0,1
Royaume-Uni[1 2]	6,10	1,8	...
Slovaquie[2]	4,12	0,6	0,4
Slovénie	5,22	0,7	0,2
Suède	7,43	0,3	0,7
UE	**5,34**	**...**	**...**

1. Données 2012 pour les dépenses publiques.
2. Données 2012 pour les dépenses du secteur privé.
3. Données 2012 pour les subventions publiques au secteur privé.
Note : ensemble des niveaux de la CITE 2011, à l'exclusion du développement éducatif de la petite enfance.
Source : Eurostat.

10.4 Niveaux de formation

Jusqu'au début des années 2000, un enfant sur trois âgé de 2 ans était scolarisé. À la rentrée 2014, le **taux de scolarisation** des enfants de 2 ans s'établit à 11,8 %, en légère diminution (– 0,1 point) par rapport à 2013. Dans le premier degré, la scolarisation des enfants âgés de 4 à 8 ans est stable mais celle des enfants de 11 ans décroît sensiblement. Depuis 2000, le second degré comprend des élèves en moyenne plus jeunes, en lien avec la baisse générale des redoublements dans le primaire et au collège. Dans l'enseignement supérieur, la scolarisation est en hausse chez les jeunes de 17 à 21 ans et plus particulièrement chez ceux de 18 ans, mais elle décroît légèrement pour les étudiants âgés de 22 à 24 ans. À la rentrée 2014, le taux de scolarisation en apprentissage est stable chez les jeunes âgés de 15 à 27 ans. Il recule chez les 15 à 22 ans et progresse très légèrement chez les jeunes de 23 à 25 ans. Il est stable, enfin, chez ceux de 26 et 27 ans.

L'**espérance de scolarisation** est stable à la rentrée 2014. Les taux de scolarisation par âge constatés pendant l'année 2014-2015 permettent d'espérer, pour un jeune alors âgé de 15 ans, une **formation initiale** d'encore 6,3 années dont 2,9 années dans l'enseignement supérieur. Un des objectifs de la stratégie européenne de Lisbonne est d'abaisser la part des **sorties précoces du système éducatif** à 10 % en 2020. En 2015, 9,3 % des Français âgés de 18 à 24 ans ont quitté leurs études initiales sans diplôme ou avec seulement le brevet des collèges et ne sont pas en situation de formation.

À la session 2015, la **proportion de bacheliers dans une génération** est de 77,8 %, tandis qu'elle s'établissait à 25,9 % à la session 1980. Cette forte progression résulte essentiellement de la croissance du nombre de bacheliers généraux et de l'important essor du baccalauréat professionnel depuis sa création au milieu des années 1980. Suite à la réforme de la voie professionnelle de l'enseignement secondaire en 2008, le report des effectifs du **brevet d'études professionnelles (BEP)**, où il ne reste plus aucun élève inscrit depuis la rentrée 2012, bénéficie aux effectifs du baccalauréat professionnel. Ils passent ainsi de 190 000 élèves en 2005 à 538 000 en 2015.

En 2014-2015, le nombre d'**apprentis** continue de diminuer et s'établit à 405 900, soit une baisse de 4,4 %. Le **niveau de formation** V accueille 162 200 apprentis, en recul de 7,1 %. Le **certificat d'aptitude professionnelle (CAP)** domine encore mais il ne regroupe plus que 37 % de l'ensemble des apprentis, contre 50 % en 2000. Le niveau IV accueille, quant à lui, 26 % de l'ensemble des apprentis. L'apprentissage dans l'**enseignement supérieur** stagne, pour sa part, par rapport à l'année précédente (+ 0,6 %). Le **brevet de technicien supérieur (BTS)** y occupe toujours une place prépondérante. Les autres formations du supérieur attirent 20 % des apprentis, contre 6 % en 2000-2001. ■

Définitions

Apprenti : jeune âgé de 16 à 25 ans préparant un diplôme de l'enseignement professionnel ou technologique dans le cadre d'un contrat de travail de type particulier associant une formation en entreprise (sous la responsabilité d'un maître de stage) et des enseignements dispensés dans un centre de formation d'apprentis (CFA).

Formation initiale : parcours d'études amorcé à l'école élémentaire et suivi sans une interruption de plus d'un an. La formation initiale regroupe des niveaux de formation allant de la maternelle à l'enseignement supérieur.

Brevet de technicien supérieur (BTS), brevet d'études professionnelles (BEP), certificat d'aptitude professionnelle (CAP), classification internationale type de l'éducation (CITE), enseignement supérieur, espérance de scolarisation, formation professionnelle continue, niveau de formation, proportion dans une génération de bacheliers, sorties précoces du système éducatif, taux de scolarisation : voir rubrique « Définitions » en annexes.

Pour en savoir plus

- « L'apprentissage au 31 décembre 2015 », *note d'information* n° 29, Depp, novembre 2016.
- « Regards sur l'éducation », *Les indicateurs de l'OCDE*, OCDE, septembre 2016.
- « Repères et références statistiques 2016 », Depp, août 2016.
- « « Tous » mobilisés contre le décrochage scolaire », *Bref* n° 345, Céreq, avril 2016.

Retrouvez le TEF sur www.insee.fr dans la collection « Insee Références »

Apprentis selon le diplôme préparé

	2000	2014
CAP	183 997	150 810
BEP	52 974	///
Autres diplômes de niveau V	8 362	11 416
Brevet professionnel	31 195	42 284
Baccalauréat professionnel	33 404	53 697
Autres diplômes de niveau IV	4 756	8 899
Diplômes du supérieur	51 186	138 776
dont : BTS	*27 800*	*58 620*
licences	*692*	*15 830*
diplômes ingénieurs	*4 644*	*18 620*
Total des apprentis	**365 874**	**405 882**
Préapprentis[1]	10 184	5 932

1. Classe préparatoire à l'apprentissage (CPA), classe d'initiation préprofessionnelle par alternance (CLIPA), dispositif d'initiation aux métiers en alternance (DIMA).
Note : les millésimes correspondent à la rentrée scolaire.
Champ : France hors Mayotte en 2000.
Source : Depp.

Taux de scolarisation par âge

en %

	2000	2005	2010	2014
2 ans	34,6	24,5	13,6	11,8
3 ans	100,0	100,0	98,0	98,0
4 ans	100,0	100,0	99,5	100,0
5 ans à 7 ans	100,0	100,0	100,0	100,0
8 ans	100,0	100,0	100,0	99,4
9 ans	100,0	100,0	99,4	98,7
10 ans	100,0	100,0	98,6	98,5
11 ans	100,0	100,0	99,2	98,9
12 ans	100,0	100,0	98,4	98,4
13 ans	100,0	100,0	98,4	98,3
14 ans	99,3	99,6	98,1	97,3
15 ans	98,4	97,5	97,4	97,9
16 ans	96,5	96,6	94,2	94,2
17 ans	91,6	92,0	90,2	91,6
18 ans	79,6	78,8	77,0	77,5
19 ans	65,7	65,0	64,5	63,7
20 ans	51,4	51,9	51,9	52,7
21 ans	40,5	40,6	41,3	43,4
22 ans	33,3	32,8	33,1	35,1
23 ans	24,7	23,5	24,3	26,2
24 ans	17,2	15,8	16,3	17,3
25 ans	11,4	11,1	10,5	11,3

Note : les millésimes correspondent à la rentrée scolaire.
Champ : France hors Mayotte, enseignement public et privé, y c. scolarisation en apprentissage.
Source : Depp.

Niveau de diplôme selon l'âge en 2015

en %

	Ensemble	*dont*	
		25 à 49 ans	*65 ans ou plus*
Aucun diplôme, CEP	22,1	*11,7*	*48,6*
Brevet des collèges	5,5	*4,1*	*7,1*
CAP, BEP	22,0	*22,7*	*19,6*
Bac, brevet professionnel ou équivalent	15,1	*19,9*	*10,3*
Supérieur court	11,0	*16,8*	*5,3*
Supérieur long	14,9	*23,5*	*9,1*
En cours d'études initiales	9,4	*1,3*	*0,0*
Total	**100,0**	***100,0***	***100,0***

Champ : France métropolitaine, personnes de 15 ans ou plus.
Source : Insee, enquête Emploi.

Proportion de bacheliers dans une génération entre 1980 et 2015

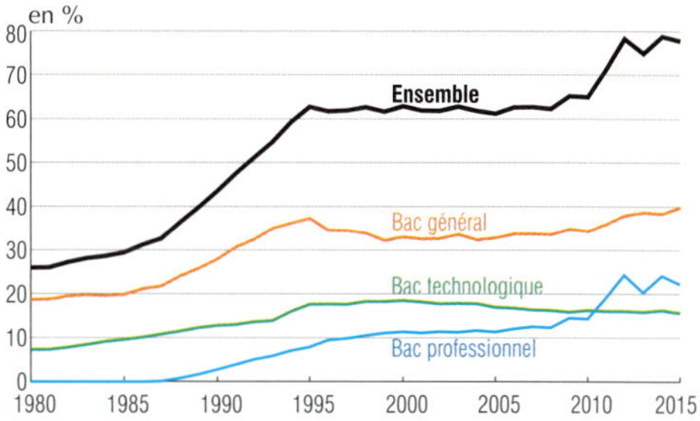

Lecture : en 2015, 77,8 % des jeunes en âge de passer le baccalauréat sont bacheliers.
Note : indicateur calculé à partir des différents recensements de la population.
Champ : France métropolitaine jusqu'en 2000, puis France hors Mayotte à partir de 2001.
Sources : Depp ; Insee, recensements de la population.

Dépense pour la formation continue selon le public bénéficiaire

en milliards d'euros

	2012 (r)	2013 (r)	2014	
				en %
Jeunes (moins de 26 ans en général)	7,3	7,6	7,5	24
Apprentissage	5,4	5,6	5,4	17
Alternance, professionnalisation	1,0	1,1	1,1	3
Autres formations	1,0	1,0	1,0	3
Demandeurs d'emploi	4,5	4,6	4,8	15
Actifs occupés du secteur privé	13,2	13,2	13,5	43
Agents du secteur public	5,9	5,6	5,5	17
Investissement	0,3	0,4	0,3	1
Total	**31,2**	**31,3**	**31,6**	**100**

Sources : Dares ; PLF pour 2017.

Niveau d'éducation dans quelques pays de l'UE en 2015

en %

	Jeunes ayant quitté prématurément l'école[1]			Population ayant terminé au moins le 2nd cycle du secondaire[2]
	Filles	Garçons	Total	
Allemagne	9,8	10,4	10,1	86,8
Autriche	6,8	7,8	7,3	84,6
Belgique	8,6	11,6	10,1	74,7
Danemark	5,7	9,7	7,8	80,4
Espagne	15,8	24,0	20,0	57,4
Finlande	7,9	10,6	9,2	87,7
France	**8,5**	**10,1**	**9,3**	**77,5**
Grèce	6,4	9,4	7,9	70,4
Irlande	5,4	8,4	6,9	79,8
Italie	11,8	17,5	14,7	59,9
Luxembourg	8,1	10,5	9,3	76,0
Pays-Bas	6,4	9,9	8,2	76,4
Pologne	3,2	7,2	5,3	90,8
Portugal	11,0	16,4	13,7	45,1
Rép. tchèque	6,0	6,4	6,2	93,2
Roumanie	18,5	19,5	19,1	75,0
Royaume-Uni	9,8	11,7	10,8	79,7
Suède	6,4	7,6	7,0	84,3
UE	**9,5**	**12,4**	**11,0**	**76,5**

1. Personnes de 18 à 24 ans dont le niveau d'études ne dépasse pas le 1er cycle du secondaire et qui ne suivent aucune formation.
2. Personnes de 25 à 64 ans ; CITE 2011 niveaux 3-8.
Source : Eurostat.

Économie
Finances

Économie générale
Monnaie - Marchés financiers
Finances publiques
Échanges extérieurs

11.1 Principaux indicateurs économiques

En 2015, l'activité mondiale ralentit légèrement, du fait d'un fléchissement de la croissance dans les pays émergents. Cela résulte notamment d'un ralentissement de l'activité chinoise. Dans les économies avancées, la croissance reste robuste. Aux États-Unis, l'activité croît solidement, au même rythme qu'en 2014. La croissance britannique reste allante mais ralentit. En revanche, la reprise demeure modeste au Japon, après avoir marqué le pas l'année précédente. Dans la zone euro, la reprise se confirme. Notamment, la baisse des taux d'intérêt qu'entraîne la politique monétaire non conventionnelle de la Banque centrale européenne dynamise l'investissement, particulièrement en Europe du Sud, et participe à l'homogénéisation des rythmes de croissance des principales économies de la zone.

La croissance de l'économie française s'affermit en 2015 : en volume, le **produit intérieur brut (PIB)** progresse de 1,3 %, après + 0,6 % en 2014. Alors que le **revenu disponible brut des ménages (RDB)** progresse de 1,4 % en valeur, leurs dépenses de consommation finale augmentent de 1,3 %. Leur **taux d'épargne** croît donc très légèrement, pour s'établir à 14,5 % en 2015. Le **pouvoir d'achat** du RDB connaît sa plus forte hausse (+ 1,6 %) depuis 2009, en raison du dynamisme des revenus d'activité et des prestations sociales en espèces, mais aussi de la baisse des prix. Les **dépenses de consommation finale des ménages** accélèrent de nouveau en 2015 (+ 1,5 % en volume, après + 0,7 % en 2014). La consommation des **administrations publiques (APU)** augmente un peu plus vite qu'en 2014 en volume. L'**investissement** des entreprises accélère en volume pour la troisième année consécutive (+ 2,8 %, après + 1,6 % en 2014). Au total, l'investissement des entreprises et leur comportement de stockage contribuent à hauteur de + 0,5 point à la croissance du PIB, après + 0,9 point en 2014.

En 2015, les **importations** continuent de progresser plus vite que les **exportations**, de sorte que la contribution des échanges extérieurs à la croissance est de nouveau négative.

Les dépenses de rémunération versées par les **sociétés non financières (SNF)** à leurs salariés augmentent de 1,6 % en valeur en 2015, soit un rythme plus lent que celui de leur **valeur ajoutée** (+ 2,4 %). La montée en charge du crédit d'impôt pour la compétitivité et l'emploi (CICE) compensant en grande partie la hausse de la rémunération des salariés, l'essentiel de la croissance de la valeur ajoutée se répercute sur l'**excédent brut d'exploitation**. Celui-ci s'accroît de 6,1 % (après + 2,2 % en 2014). Le **taux de marge** des sociétés non financières progresse de ce fait nettement pour s'établir à 31,4 %. C'est la deuxième année de hausse, après le point bas enregistré en 2013 (29,9 %). L'épargne des sociétés non financières croît fortement en 2015 (+ 16,7 %). En conséquence, leur **taux d'autofinancement** progresse très sensiblement (+ 10,3 points) pour atteindre 86,4 %. ■

Définitions

Pouvoir d'achat : quantité de biens et de services que l'on peut acheter avec le revenu disponible brut (RDB). Son évolution est liée à celles des prix et des revenus. Ainsi, si les prix augmentent quand les revenus sont constants, le pouvoir d'achat diminue, alors que si la hausse des revenus est supérieure à celle des prix, le pouvoir d'achat augmente.

Taux de marge : rapport de l'excédent brut d'exploitation (EBE) à la valeur ajoutée.

Taux d'investissement : rapport de l'investissement à la valeur ajoutée.

Administrations publiques (APU), dépense de consommation finale des ménages, excédent brut d'exploitation (EBE), exportations de biens et de services, importations de biens et de services, investissement ou formation brute de capital fixe (FBCF), produit intérieur brut (PIB), revenu disponible brut des ménages (RDB), revenu mixte, sociétés non financières (SNF), taux d'autofinancement, taux d'épargne des ménages, valeur ajoutée : voir rubrique « Définitions » en annexes.

Pour en savoir plus

- « L'économie française », *Insee Références*, édition 2016.
- « En 2015, le PIB en volume augmente de 1,3 % », *Informations rapides* n° 127, Insee, mai 2016.
- « Les comptes de la Nation en 2015 – le PIB et le pouvoir d'achat des ménages accélèrent, l'investissement se redresse », *Insee Première* n° 1597, mai 2016.

Retrouvez le TEF sur www.insee.fr dans la collection « Insee Références »

Produit intérieur brut selon 3 approches

en milliards d'euros

	2010	2011	2012	2013 (r)	2014 (r)	2015
Produit intérieur brut (approche production)	1 998,5	2 059,3	2 086,9	2 115,3	2 140,0	2 181,1
Valeur ajoutée brute au prix de base	1 801,0	1 849,5	1 873,5	1 897,9	1 917,7	1 949,8
+ Impôts sur les produits	213,2	225,5	230,3	234,6	240,2	250,1
– Subventions sur les produits	– 15,7	– 15,7	– 16,8	– 17,3	– 17,9	– 18,8
Produit intérieur brut (approche demande)	1 998,5	2 059,3	2 086,9	2 115,3	2 140,0	2 181,1
Dépense de consommation finale	1 598,2	1 634,1	1 659,3	1 683,2	1 700,8	1 723,4
+ Formation brute de capital	437,9	478,0	472,6	471,9	481,7	487,7
+ Exportations de biens et de services	520,5	572,6	595,2	605,1	619,5	654,9
– Importations de biens et de services	– 558,1	– 625,3	– 640,2	– 645,0	– 662,0	– 685,0
Produit intérieur brut (approche revenus)	1 998,5	2 059,3	2 086,9	2 115,3	2 140,0	2 181,1
Rémunération des salariés	1 040,2	1 068,9	1 092,4	1 107,7	1 122,3	1 136,8
+ Excédent brut d'exploitation et revenu mixte brut	708,5	721,2	718,0	721,7	734,7	757,9
+ Impôts sur la production et les importations	295,1	312,8	321,7	330,8	338,8	349,8
– Subventions	– 45,3	– 43,7	– 45,2	– 45,0	– 55,9	– 63,5

Note : en euros courants.
Source : Insee, comptes nationaux - base 2010.

Principaux agrégats de la comptabilité nationale par habitant

en euros courants par habitant

	2014 (r)	2015
Produit intérieur brut	32 312	32 796
Revenu disponible brut des ménages[1]	20 125	20 330
Dépense de consom. individuelle des ménages	17 227	17 382
Épargne brute des ménages	2 898	2 948
Capacité de financement des ménages	1 048	1 122

1. Y c. entreprises individuelles.
Source : Insee, comptes nationaux - base 2010.

Évolution du PIB en France de 1950 à 2015

par rapport à l'année précédente en volume en %

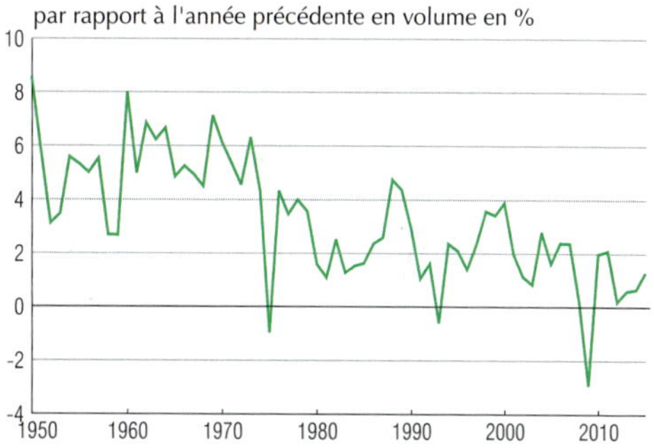

Source : Insee, comptes nationaux - base 2010.

Taux de marge et taux d'investissement des sociétés non financières de 1950 à 2015

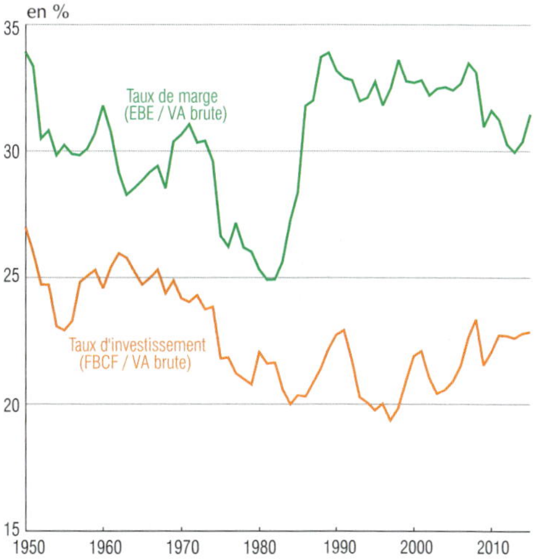

Champ : sociétés non financières hors entreprises individuelles.
Source : Insee, comptes nationaux - base 2010.

PIB par habitant dans l'Union européenne

en indice base 100 pour l'UE

	2014 (r)	2015		2014 (r)	2015
Allemagne	126	125	Lettonie	64	64
Autriche	129	127	Lituanie	75	74
Belgique	118	117	Luxembourg	266	271
Bulgarie	47	46	Malte	86	89
Chypre	82	81	Pays-Bas	131	129
Croatie	59	58	Pologne	68	69
Danemark	125	124	Portugal	78	77
Espagne	91	92	Rép. tchèque	84	85
Estonie	76	74	Roumanie	55	57
Finlande	110	108	Royaume-Uni	109	110
France	**107**	**106**	Slovaquie	77	77
Grèce	73	71	Slovénie	82	83
Hongrie	68	68	Suède	123	123
Irlande	134	145	**UE**	**100**	**100**
Italie	96	95			

Champ : les chiffres sont exprimés en standards de pouvoir d'achat (SPA), c'est-à-dire dans une monnaie commune qui élimine les différences de niveaux de prix entre les pays, permettant des comparaisons significatives. Cet indice est destiné aux comparaisons internationales plutôt qu'aux comparaisons temporelles.
Source : Eurostat.

11.2 Croissance - Productivité

Soutenue par l'augmentation du pouvoir d'achat, l'économie française accélère en 2015 : le **produit intérieur brut (PIB)** progresse de 1,3 % en volume, après + 0,6 % en 2014. Il s'agit de la plus forte croissance depuis 2011. La hausse de la consommation des ménages s'affermit et les dépenses d'investissement rebondissent. La **contribution** de la **demande intérieure finale** hors stocks à la croissance du PIB en volume s'élève à + 1,4 point.

En 2015, l'**investissement** de l'ensemble de l'économie augmente de 1,0 % en volume, après – 0,3 % en 2014. Ce rebond est imputable à une accélération de l'investissement des entreprises ainsi qu'à un moindre recul de l'investissement des ménages et des **administrations publiques (APU)**. L'accélération de l'investissement des entreprises non financières est particulièrement marquée dans les activités scientifiques et techniques et les services d'information-communication. Dans la construction, la baisse de leur investissement est moindre.

La situation des **sociétés non financières (SNF)** s'améliore, en 2015, pour la troisième année consécutive. Leur **valeur ajoutée** accélère en valeur et progresse plus vite que les rémunérations des salariés. De plus, la montée en charge du crédit d'impôt pour la compétitivité et l'emploi améliore leur **excédent brut d'exploitation (EBE)**, qui se redresse nettement et contribue à la reprise du taux de marge depuis 2014. En 2015, celui-ci gagne un point pour s'établir à 31,4 %. Le taux d'autofinancement des sociétés non financières bondit pour atteindre son plus haut niveau depuis 2005.

La **production** manufacturière prend de l'élan. L'accélération de cette **branche d'activité** résulte en premier lieu d'un rebond de la production de la branche cokéfaction-raffinage. La production de biens d'équipement se redresse également. De plus, celle d'« autres produits manufacturés » et celle de matériels de transport accélèrent nettement. En revanche, la production de biens alimentaires ralentit. La production d'énergie-eau-déchets reprend en 2015. Celle de services marchands se raffermit. Son dynamisme provient en particulier de l'accélération de la branche services aux entreprises ainsi que de la branche commerce. Les branches d'information-communication, d'hébergement-restauration, de services immobiliers et de services aux ménages accélèrent, elles aussi, tandis que la production de la branche transport reste atone. En revanche, la production de services financiers stagne, après s'être accrue en 2014. Enfin, l'activité dans la construction continue de baisser et l'activité agricole se replie.

L'emploi augmente légèrement, en 2015, grâce à la progression de l'emploi non marchand (+ 0,5 %) dynamisé par les emplois aidés. Dans le sillage de la reprise d'activité, l'emploi salarié du secteur marchand non agricole se stabilise, après deux années consécutives de baisse. La **productivité horaire apparente du travail** ralentit : sa croissance s'établit à + 0,4 %, après + 1,0 % en 2014. ■

Définitions

Produit intérieur brut (PIB) : résultat final de l'activité de production des unités productrices résidentes. Il peut se définir de trois manières : la somme des valeurs ajoutées brutes des différents secteurs institutionnels (SI) ou des différentes branches d'activité, augmentée des impôts moins les subventions sur les produits ; la somme des emplois finals intérieurs de biens et de services, plus les exportations, moins les importations ; la somme des emplois des comptes d'exploitation des SI.

Administrations publiques (APU), branche d'activité, contribution à l'évolution d'un agrégat, demande intérieure finale, excédent brut d'exploitation (EBE), institutions sans but lucratif au service des ménages (ISBLSM), investissement ou formation brute de capital fixe (FBCF), production, productivité apparente du travail, sociétés financières, sociétés non financières, solde du commerce extérieur, valeur ajoutée : voir rubrique « Définitions » en annexes.

Pour en savoir plus

- « L'économie française », *Insee Références*, édition 2016.
- « Les comptes de la Nation en 2015 – le PIB et le pouvoir d'achat des ménages accélèrent, l'investissement se redresse », *Insee Première* n° 1597, mai 2016.
- « Comprendre le ralentissement de la productivité en France », *La note d'analyse*, Commissariat général à la stratégie et à la prospective, janvier 2016.

Retrouvez le TEF sur www.insee.fr dans la collection « Insee Références »

Les comptes de la Nation en 2015

en %

	Évolution en volume aux prix de l'année précédente chaînés[1]			2015			
	13/12 (r)	14/13 (r)	15/14	en millards d'euros	Évolution des prix	Évolution en valeur	Contribution au PIB en points
Produit intérieur brut (PIB)	**0,6**	**0,6**	**1,3**	**2 181**	**0,6**	**1,9**	**1,3**
Importations de biens et services	2,1	4,7	6,6	685	– 3,0	3,5	– 2,1
Total des emplois finals	**0,9**	**1,6**	**2,5**	**2 866**	**– 0,2**	**2,3**	**3,3**
Consommation finale effective des ménages	0,7	0,9	1,6	1 541	– 0,2	1,4	1,1
dont : dépense de consommation des ménages	*0,5*	*0,7*	*1,5*	*1 156*	*– 0,2*	*1,3*	*0,8*
dépense de conso. individualisable des administrations	*1,4*	*1,8*	*1,6*	*339*	*– 0,2*	*1,4*	*0,3*
Consommation collective des administrations publiques	1,5	– 0,1	1,0	183	– 0,3	0,8	0,1
Formation brute de capital fixe	– 0,8	– 0,3	1,0	469	– 0,3	0,7	0,2
dont : entreprises non financières	*0,2*	*1,6*	*2,8*	*263*	*– 0,2*	*2,6*	*0,3*
ménages	*– 0,5*	*– 3,5*	*– 0,8*	*108*	*0,2*	*– 0,6*	*0,0*
administrations publiques	*– 0,7*	*– 5,7*	*– 3,8*	*75*	*– 1,4*	*– 5,1*	*– 0,1*
Variation des stocks[1 2]	0,2	0,5	0,1	19	///	///	0,1
Exportations de biens et services	1,9	3,3	6,1	655	– 0,4	5,7	1,8

1. Y c. les acquisitions moins cessions d'objets de valeur.
2. Contributions à la croissance du PIB pour la variation des stocks.
Source : Insee, comptes nationaux - base 2010.

Contributions à la croissance du PIB en volume

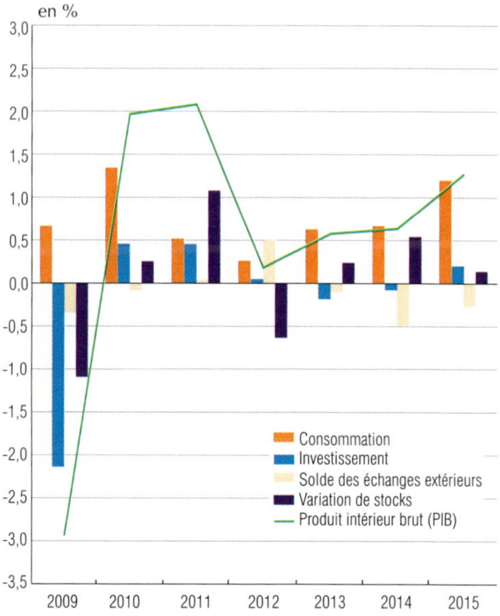

Source : Insee, comptes nationaux - base 2010.

Évolution de la productivité horaire apparente du travail par branche

en %

	13/12 (r)	14/13 (r)	15/14
Agriculture, sylviculture et pêche	**0,8**	**16,5**	**– 5,1**
Ind. manufacturière, ind. extractives et autres	**2,9**	**0,4**	**3,1**
Ind. extractives, énergie, eau, gestion des déchets et dépollution	4,8	– 1,1	0,5
Fabr. de denrées alimentaires, de boissons et de produits à base de tabac	0,9	0,2	1,7
Cokéfaction et raffinage	– 2,5	83,0	7,5
Fabr. de machines et d'équip. électriques[1]	6,6	1,7	3,1
Fabrication de matériels de transport	– 2,3	– 10,1	12,2
Fabrication d'autres produits industriels	2,8	1,4	3,0
Construction	**2,3**	**– 0,9**	**– 1,0**
Services principalement marchands	**1,4**	**0,9**	**0,2**
Commerce, transports, héb. et restauration	1,6	1,0	1,1
Information et communication	– 0,7	2,6	1,6
Activités financières et d'assurance	1,0	1,6	– 1,7
Activités immobilières	2,7	2,2	1,2
Act. scient. et tech. ; serv. adm. et de soutien	0,8	– 0,1	– 1,0
Autres services	0,5	0,0	0,0
Services principalement non marchands[2]	**1,2**	**0,6**	**– 0,1**
Ensemble	**1,6**	**1,0**	**0,4**

1. Y c. fabrication d'équipements électroniques et informatiques.
2. Regroupement Admin. publique, Enseignement, Santé humaine et action sociale.
Source : Insee, comptes nationaux - base 2010.

Taux de croissance du PIB en volume dans quelques pays du monde

en %

	14/13 (r)	15/14		14/13 (r)	15/14		14/13 (r)	15/14
Allemagne	1,6	1,7	Grèce (p)	0,7	– 0,2	Rép. tchèque	2,0	4,2
Autriche	0,4	0,9	Hongrie	3,7	2,9	Roumanie (p)	3,0	3,8
Belgique	1,3	1,4	Irlande	5,2	7,8	Royaume-Uni	2,9	2,3
Bulgarie	1,5	3,0	Italie	– 0,3	0,8	Slovaquie	2,5	3,6
Chypre (p)	– 2,5	1,6	Lettonie	2,4	2,7	Slovénie	3,0	2,9
Croatie	– 0,4	1,6	Lituanie	3,0	1,6	Suède	2,3	4,1
Danemark	1,3	1,2	Luxembourg	4,1	4,8	**UE**	**1,4**	**1,9**
Espagne (p)	1,4	3,2	Malte	3,7	6,3	Islande	2,0	4,0
Estonie	2,9	1,1	Pays-Bas (p)	1,0	2,0	Norvège	2,2	1,6
Finlande	– 0,7	0,5	Pologne	3,3	3,6	Suisse (p)	1,9	…
France	**0,2**	**1,2**	Portugal	0,9	1,5			

Source : Eurostat.

11.3 Production des branches

Après une croissance de 1,0 % en 2014, la **valeur ajoutée (VA)** de l'ensemble des **branches** de l'économie progresse de 1,7 % en valeur en 2015. Elle est évaluée à 1 950 milliards d'euros. En volume, la valeur ajoutée augmente de 1,1 % en 2015, après + 0,8 % en 2014. La **production** de l'ensemble des branches d'activité s'établit à 3 824,1 milliards d'euros courants. Elle s'accroit de 1,4 % par rapport à 2014, déduction faite de la hausse des prix.

En 2015, la production industrielle en volume se redresse nettement (+ 1,7 %, après – 0,3 % l'année précédente). Elle demeure cependant inférieure de 8,5 % à son plus haut niveau atteint en 2007. Après s'être redressée en 2014, la production dans l'**industrie manufacturière** poursuit sur son élan en 2015 (+ 1,7 % en volume, après + 0,6 % en 2014). Les différentes composantes de la demande y contribuent, notamment les dépenses des ménages en produits manufacturés qui renouent pour la première fois depuis 2008 avec leur rythme de croissance d'avant crise. De plus, l'investissement des entreprises en produits manufacturés et surtout les exportations de produits manufacturés accélèrent. Au sein de la branche manufacturière, la production en cokéfaction-raffinage progresse fortement en 2015 (+ 5,0 %), après trois années de repli marqué (– 2,4 % en 2014). La production de biens d'équipement se redresse également (+ 1,3 %). La production de matériels de transport et celle d'« autres produits manufacturés » accélèrent nettement (respectivement + 3,5 % et + 1,2 %). À l'inverse, la production de biens alimentaires ralentit (+ 0,9 %). En outre, le rebond de la production manufacturière se conjugue au retour à des températures plus proches de la normale en hiver pour susciter la reprise de la production d'énergie-eau-déchets : + 1,9 %, après – 4,9 % en 2014. Dans la construction, la production continue de reculer en 2015 (– 2,1 %, après – 2,7 %). La production agricole, quant à elle, se replie en volume (– 2,2 %, après + 6,5 %).

La production des branches de **services marchands** accélère en 2015, augmentant de 1,9 % en volume, après + 1,4 % en 2014. L'investissement en services gagne en dynamisme, tout particulièrement dans les activités de recherche et développement ainsi que dans les services informatiques. En revanche, la consommation des ménages en services marchands croît au même rythme qu'en 2014. La production se raffermit en particulier dans les branches du commerce (+ 3,2 %), de l'hébergement-restauration (+ 1,5 %) et dans les services aux entreprises (+ 2,4 %). La production de la branche transport reste atone (+ 0,3 %). En revanche, la production de services financiers stagne, après + 2,5 % en 2014. La production dans les **services non marchands** progresse de nouveau en 2015 (+ 1,1 %, après + 0,9 % en 2014). ■

Définitions

Branche d'activité : regroupe des unités de production homogènes, c'est-à-dire qui fabriquent des produits (ou rendent des services) qui appartiennent au même item de la nomenclature d'activité économique considérée. Au contraire, un secteur regroupe des entreprises classées selon leur activité principale.

Production (au sens de la comptabilité nationale) : activité exercée sous le contrôle et la responsabilité d'une unité institutionnelle qui combine des ressources en main-d'œuvre, capital et biens et services pour fabriquer des biens ou fournir des services, et résultat de cette activité. Les processus purement naturels sans intervention ou contrôle humain ne font pas partie de la production.

Valeur ajoutée : solde du compte de production de la comptabilité nationale. Elle est égale à la valeur de la production diminuée de la consommation intermédiaire.

Contribution à l'évolution d'un agrégat, industrie manufacturière, production marchande, production non marchande, services marchands, services non marchands : voir rubrique « Définitions » en annexes.

Pour en savoir plus

- « L'économie française », *Insee Références*, édition 2016.
- « Les comptes de la Nation en 2015 – le PIB et le pouvoir d'achat des ménages accélèrent, l'investissement se redresse », *Insee Première* n° 1597, mai 2016.

Retrouvez le TEF sur www.insee.fr dans la collection « Insee Références »

Production par branche d'activité

	Production en milliards d'euros courants								Évolution en volume en %[3]		
	1950	1960	1970	1980	1990	2000	2010	2015	13/12 (r)	14/13 (r)	15/14
Agriculture, sylviculture et pêche	**4,2**	**9,0**	**15,1**	**38,8**	**68,4**	**72,0**	**78,8**	**86,8**	**– 0,6**	**6,5**	**– 2,2**
Ind. manufacturière, ind. extractives et autres	**14,2**	**38,1**	**86,9**	**304,4**	**562,4**	**760,0**	**853,8**	**889,1**	**– 1,0**	**– 0,3**	**1,7**
Ind. extractives, énergie, eau, gestion des déchets et dépollution	1,0	3,0	6,6	27,7	54,7	74,2	143,8	149,4	0,2	– 4,9	1,9
Fabr. de denrées alimentaires, de boissons et de produits à base de tabac	4,4	8,9	17,1	52,1	104,7	121,6	141,2	158,4	– 0,5	1,3	0,9
Cokéfaction et raffinage	0,4	1,3	3,4	24,7	20,6	36,0	46,7	40,8	– 2,5	– 2,4	5,0
Fabr. de machines et d'équip. électriques[1]	1,3	4,3	11,8	39,2	71,7	104,9	80,6	80,6	– 0,6	– 0,3	1,3
Fabrication de matériels de transport	0,7	2,6	6,5	25,2	59,7	100,3	103,1	116,2	– 0,1	2,0	3,5
Fabrication d'autres produits industriels	6,4	17,9	41,5	135,4	251,1	323,0	338,3	343,7	– 1,7	0,5	1,2
Construction	**1,8**	**7,0**	**22,4**	**74,3**	**142,4**	**171,2**	**265,0**	**267,2**	**0,4**	**– 2,7**	**– 2,1**
Services principalement marchands	**9,3**	**29,2**	**84,3**	**326,6**	**811,8**	**1 250,8**	**1 820,3**	**1 996,6**	**0,5**	**1,4**	**1,9**
Commerce, transports, héb. et restauration	5,3	15,6	38,2	136,2	313,6	456,5	631,8	691,9	0,6	1,1	2,1
Information et communication	0,7	1,9	5,8	25,9	69,3	124,4	182,5	185,7	– 0,7	3,0	3,1
Activités financières et d'assurance	0,6	2,2	8,1	38,4	105,6	135,1	200,5	216,6	0,5	2,5	0,0
Activités immobilières	0,6	2,5	10,7	41,3	116,6	187,2	281,7	306,8	0,9	0,9	1,4
Act. scient. et tech. ; serv. adm. et de soutien	1,6	5,3	17,4	69,6	171,4	286,9	434,0	497,2	0,6	1,3	2,4
Autres services	0,5	1,7	4,2	15,4	35,3	60,7	89,8	98,3	1,5	1,0	1,8
Services principalement non marchands[2]	**2,7**	**8,0**	**23,5**	**102,8**	**242,5**	**360,6**	**524,9**	**584,3**	**1,5**	**0,9**	**1,1**
Total des branches	**32,2**	**91,4**	**232,3**	**847,0**	**1 827,5**	**2 614,5**	**3 542,8**	**3 824,1**	**0,3**	**0,7**	**1,4**

1. Y c. fabr. d'équipements électroniques et informatiques. 2. Regroupement Administration publique, Enseignement, Santé humaine et action sociale. 3. Aux prix de l'année précédente.
Source : Insee, comptes nationaux - base 2010.

Valeur ajoutée brute par branche d'activité

	Valeur ajoutée en milliards d'euros courants								Évolution en volume en %[3]		
	1950	1960	1970	1980	1990	2000	2010	2015	13/12 (r)	14/13 (r)	15/14
Agriculture, sylviculture et pêche	**2,4**	**5,0**	**8,4**	**16,4**	**33,3**	**31,2**	**32,1**	**33,9**	**– 1,9**	**13,2**	**– 4,4**
Ind. manufacturière, ind. extractives et autres	**3,8**	**11,3**	**27,4**	**93,9**	**195,7**	**245,7**	**243,8**	**274,1**	**1,0**	**– 0,4**	**2,4**
Ind. extractives, énergie, eau, gestion des déchets et dépollution	0,3	0,9	2,5	12,0	27,8	36,0	41,2	55,2	4,9	– 0,9	1,5
Fabr. de denrées alimentaires, de boissons et de produits à base de tabac	0,8	1,6	4,0	14,3	30,7	36,3	39,1	44,7	0,0	0,8	2,2
Cokéfaction et raffinage	0,0	0,2	0,4	1,8	1,1	2,0	1,6	0,3	– 5,3	80,6	7,0
Fabr. de machines et d'équip. électriques[1]	0,5	1,6	4,3	13,9	27,9	35,8	29,0	30,2	2,8	– 0,4	1,0
Fabrication de matériels de transport	0,2	0,8	1,9	6,6	14,5	20,7	21,7	22,3	– 4,0	– 11,2	10,2
Fabrication d'autres produits industriels	2,0	6,2	14,4	45,2	93,6	115,0	111,3	121,6	0,4	0,1	1,8
Construction	**0,7**	**2,7**	**8,8**	**30,3**	**59,6**	**65,4**	**109,2**	**106,2**	**0,5**	**– 2,3**	**– 2,9**
Services principalement marchands	**5,0**	**16,3**	**49,3**	**184,9**	**476,1**	**713,6**	**1 010,2**	**1 087,6**	**0,4**	**1,0**	**1,5**
Commerce, transports, héb. et restauration	2,9	8,4	21,1	73,2	175,6	240,8	322,4	345,5	0,1	0,6	2,2
Information et communication	0,3	1,1	3,6	15,7	43,9	69,1	93,0	96,8	– 0,5	2,7	2,6
Activités financières et d'assurance	0,3	1,1	3,8	16,0	45,3	54,8	81,8	87,4	0,0	1,8	– 1,2
Activités immobilières	0,5	2,2	8,7	31,3	91,2	152,4	230,5	248,8	1,6	1,0	1,4
Act. scient. et tech. ; serv. adm. et de soutien	0,7	2,6	9,6	39,6	98,5	158,0	227,7	250,3	0,3	0,9	1,4
Autres services	0,3	1,0	2,5	9,3	21,5	38,3	54,8	58,7	0,0	– 0,1	0,8
Services principalement non marchands[2]	**1,8**	**5,9**	**17,5**	**79,0**	**184,2**	**277,1**	**405,7**	**448,1**	**1,1**	**1,0**	**0,9**
Total des branches	**13,7**	**41,2**	**111,4**	**404,5**	**948,9**	**1 333,1**	**1 801,0**	**1 949,8**	**0,6**	**0,8**	**1,1**

1. Y c. fabr. d'équipements électroniques et informatiques. 2. Regroupement Administration publique, Enseignement, Santé humaine et action sociale. 3. Aux prix de l'année précédente.
Source : Insee, comptes nationaux - base 2010.

Contribution des principales branches d'activité à l'évolution de la valeur ajoutée

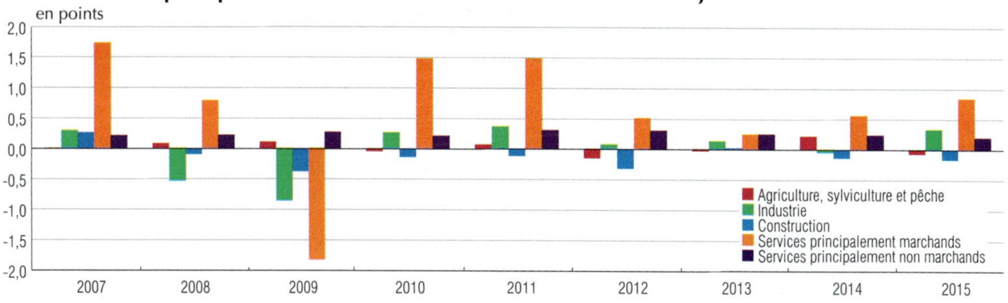

Note : valeur ajoutée brute par branche en volume aux prix de l'année précédente chaînés.
Source : Insee, comptes nationaux - base 2010.

11.4 Prix à la consommation

Après trois ans de ralentissement, la variation de l'**indice des prix à la consommation (IPC)** devient nulle en moyenne annuelle entre 2014 et 2015, pour la première fois depuis soixante ans. Cette relative inertie masque des évolutions contraires avec, d'une part des baisses marquées comme les prix de l'énergie et, dans une moindre mesure, des produits manufacturés, et d'autre part des hausses de prix notamment dans les services et un renchérissement des produits alimentaires. De même, les tendances ont évolué en cours d'année : orienté à la baisse en début d'année (– 0,4 % en janvier), le taux d'**inflation** mesuré par la variation sur un an en fin d'année de l'IPC se redresse pour s'établir à + 0,2 % fin 2015. Mesuré à partir de l'**indice des prix à la consommation harmonisé (IPCH)**, il suit le même mouvement en France et dans l'ensemble de la zone euro. L'indicateur d'**inflation sous-jacente** qui exclut les composantes les plus volatiles de l'indice des prix à la consommation (énergie, produits frais et mesures fiscales) augmente davantage en cours d'année, quant à lui, pour s'établir à + 0,9 % fin 2015.

Engagée à partir du 2nd semestre 2014, la chute des produits pétroliers se poursuit en 2015. Comme en 2014, cette baisse est plus marquée pour les combustibles liquides (– 17,6 % sur un an, fin 2015) que pour pour les carburants (– 9,3 % pour le gazole, – 6,7 % pour l'essence fin 2015), du fait des écarts de taxation sur ces produits. De même, les prix du gaz se contractent en 2015 (– 7,2 % fin 2015). *A contrario* ceux de l'électricité poursuivent leur hausse (+ 4,2 %).

En 2015, la baisse des prix des produits manufacturés se prolonge avec toutefois des évolutions assez différentes selon les produits. Ainsi, les reculs des prix des médicaments et des produits pharmaceutiques s'accentuent (– 3,9 % fin 2015, après – 2,9 % fin 2014), en raison des mesures de maîtrise des dépenses de santé. En outre, les prix des articles d'habillement et des chaussures se replient légèrement (– 0,2 % fin 2015, contre + 0,3 % fin 2014).

Même s'ils ont ralenti, les prix des services restent relativement dynamiques en 2015 (+ 1,2 % en moyenne, après + 1,7 % en 2014, année au cours de laquelle ils avaient été tirés à la hausse par les relèvements de taux de TVA). En 2015, les loyers, pour la plupart indicés sur les évolutions de l'inflation, augmentent modérément. De plus, les prix des services de transport sont globalement en baisse. En revanche, les prix des services postaux accélèrent nettement en moyenne (+ 8,9 %, après + 4,1 % en 2014) tandis que ceux des télécommunications se redressent (+ 0,6 %, après – 0,1 %).

En 2015, les prix de l'alimentation augmentent en moyenne de 0,4 % (après un recul de 0,8 % en 2014) du fait du rebond des prix des produits frais (+ 5,3 % en moyenne en 2015, après – 4,1 % l'année précédente). Hors produits frais, les prix de l'alimentation diminuent de 0,2 % en moyenne en 2015. ■

Définitions

Indice des prix à la consommation (IPC) : instrument de mesure de l'inflation. Il permet d'estimer, entre deux périodes données, la variation moyenne des prix des produits consommés par les ménages. C'est une mesure synthétique de l'évolution de prix des produits, à qualité constante. Il est publié chaque mois au *Journal Officiel*. L'indice des prix hors tabac sert à indexer de nombreux contrats privés, des pensions alimentaires, des rentes viagères et aussi à revaloriser le Smic. L'indice retenu pour le Smic est celui des « ménages du 1er quintile de la distribution des niveaux de vie, hors tabac ». Voir la suite de cette définition dans la rubrique « Définitions » en annexes.

Indice des prix à la consommation harmonisé (IPCH), inflation, inflation sous-jacente : voir rubrique « Définitions » en annexes.

Pour en savoir plus

- « En décembre 2015, le prix du pétrole chute à nouveau », *Informations rapides* n° 12, Insee, janvier 2016.
- « Indice des prix à la consommation – moyennes annuelles 2014 et 2015 », *Informations rapides* n° 6, Insee, janvier 2016.
- « Décembre 2015 – Le taux d'inflation annuel de la zone euro en hausse à 0,2 % », *Communiqué de presse* n° 12, Eurostat, janvier 2016.
- Indices et séries statistiques (www.insee.fr).

Retrouvez le TEF sur www.insee.fr dans la collection « Insee Références »

Évolution de l'indice des prix à la consommation par fonction de consommation en 2015

en %

Fonction de consommation	Pondération[1] 2015	Évolution 15/14 Moyenne annuelle	Évolution 15/14 Glissement déc. à déc.[2]
Ensemble (y c. tabac)	**10 000**	**0,0**	**0,2**
Ensemble (hors tabac)	**9 801**	**0,0**	**0,0**
Alimentation, boissons non alcoolisées	1 495	0,4	0,5
Produits alimentaires	1 360	0,5	0,6
Boissons non alcoolisées	135	– 0,5	– 0,6
Boissons alcoolisées et tabac	367	0,6	0,6
Boissons alcoolisées	168	0,9	1,1
Tabac	199	0,3	0,3
Habillement et chaussures	451	– 0,9	– 0,2
Habillement	350	– 1,2	– 0,3
Chaussures y c. réparation	101	0,3	0,0
Logement, chauffage, éclairage	1 441	0,4	– 0,2
Loyers d'habitation	609	0,6	0,5
Entretien et réparation courante du log.	146	1,3	1,1
Distribution d'eau et autres services	188	1,5	1,5
Chauffage, éclairage	498	– 0,6	– 2,0
Meubles, équip. ménager, entretien maison	579	0,0	0,5
Meubles, tapis, revêtements de sol	159	0,1	0,4
Articles de ménage en textile	42	0,7	1,7
Appareils ménagers	86	– 1,5	– 0,6
Verrerie, vaisselle, ustensiles de ménage	63	0,2	1,4
Outillage pour la maison et le jardin	56	0,6	0,2
Entretien courant de l'habitation	173	0,1	0,6
Santé	1 008	– 1,2	– 1,4
Médicaments et produits pharmaceutiques	441	– 3,4	– 3,9
Médecine non hospitalière	567	0,5	0,5
Transport	1 504	– 1,5	– 1,1
Achats de véhicules	335	0,8	1,9
Utilisation de véhicules personnels	890	– 3,0	– 2,2
Services de transport	279	0,9	– 1,1
Communications	257	0,4	1,0
Services postaux	18	8,9	8,8
Matériel de téléphonie et de télécopie	19	– 11,3	– 8,8
Services de téléphonie et de télécopie	220	0,6	1,2
Loisirs et culture	792	0,2	0,9
Équipements audio-visuels, photo et informatiques	136	– 4,3	– 1,7
Autres biens durables (loisirs)	33	0,7	1,4
Autres articles et équip. de loisirs	209	– 0,1	0,7
Services récréatifs et culturels	245	1,7	1,1
Presse, livres et papeterie	141	2,1	2,5
Voyages touristiques tout compris	28	1,2	5,4
Éducation	23	1,5	1,2
Hôtellerie, cafés, restaurants	797	1,4	1,6
Restauration et cafés	613	1,3	1,3
Services d'hébergement	184	1,7	2,9
Autres biens et services	1 286	1,2	1,2
Soins personnels	290	– 0,2	0,1
Effets personnels (non définis ailleurs)	115	0,8	1,0
Protection sociale	434	1,6	1,4
Assurances	250	2,6	2,9
Services financiers	67	0,7	0,7
Autres services	130	1,0	0,7

1. Les pondérations de l'indice sont calculées chaque année à partir de la consommation des ménages au sens de la comptabilité nationale.
2. Évolution de l'indice de décembre 2015 par rapport à l'indice de décembre 2014.

Note : base 100 en 2015.

Champ : ensemble des ménages.

Source : Insee, indice des prix à la consommation.

Quelques hausses et baisses de prix en 2015

glissement annuel de déc. à déc. en %

Hausses	15/14	Baisses	15/14
Pommes de terre	+ 9,4	Combustibles liquides	– 17,6
Services postaux	+ 8,8	Gazole	– 9,3
Fruits de mer surgelés	+ 7,1	Matériel de téléphonie et de télécopie	– 8,8
Poissons frais	+ 7,0	Sucre	– 8,1
Fruits secs et fruits à coque	+ 5,8	Appareils photo et caméras	– 7,3
Transport maritime de passagers	+ 5,5	Gaz	– 7,2
Centres de vac., camping, auberges de jeunesse et héberg. similaires	+ 5,4	Transport combiné de passagers	– 6,9
Forfaits touristiques	+ 5,4	Essence	– 6,7
Fruits frais	+ 5,4	Produits pharmaceutiques	– 4,9
Journaux et publications périodiques	+ 4,7	Transport aérien de passagers	– 4,0

Note : évolution de l'indice de décembre 2015 par rapport à l'indice de décembre 2014.

Source : Insee, indice des prix à la consommation.

Évolution de l'indice des prix à la consommation de 1990 à 2015

par rapport à l'année précédente en %

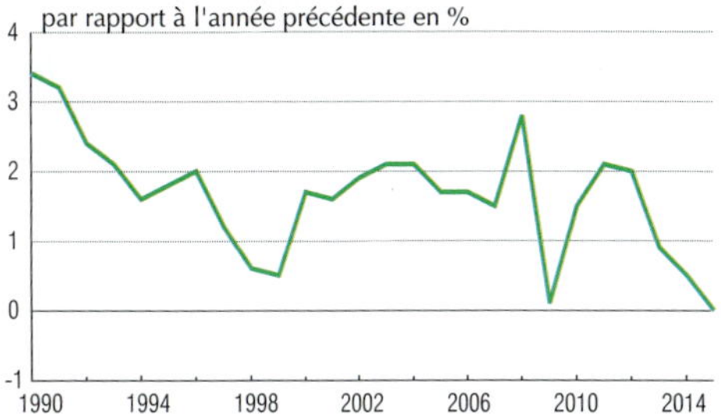

Note : la variation annuelle de l'indice des prix à la consommation est l'évolution de l'indice moyen annuel. Cet indice est la moyenne arithmétique des douze indices mensuels.

Source : Insee, indice des prix à la consommation.

Évolution des indices des prix à la consommation harmonisés dans la zone euro et dans l'UE en 2015

glissement annuel de déc. à déc. en %

	15/14		15/14
Allemagne	0,2	Lettonie	0,4
Autriche	1,1	Lituanie	– 0,2
Belgique	1,5	Luxembourg	0,9
Chypre	– 0,6	Malte	1,3
Espagne	– 0,1	Pays-Bas	0,5
Estonie	– 0,2	Portugal	0,3
Finlande	– 0,2	Slovaquie	– 0,5
France	**0,3**	Slovénie	– 0,6
Grèce	0,4	**Zone euro**	**0,2**
Irlande	0,2	**UE**	**0,2**
Italie	0,1		

Note : évolution de l'indice de décembre 2015 par rapport à l'indice de décembre 2014.

Source : Eurostat.

11.5 Indicateurs de richesse nationale

Le **produit intérieur brut (PIB)** de la France progresse en 2015 de 1,3 %, en accélération par rapport à 2014 (+ 0,6 %). Cette performance économique est légèrement en retrait de celle de l'Union européenne (UE) (+ 2,2 %, après + 1,6 %). Toutefois, l'appréhension de la performance du pays ne saurait se limiter à ce seul indicateur. Les 10 **indicateurs de richesse nationale** adoptés par le gouvernement pour mettre en œuvre la loi visant à la prise en compte des nouveaux indicateurs de richesse dans la définition des politiques publiques éclairent trois enjeux majeurs que sont la cohésion sociale, la préparation de l'avenir et la qualité de vie.

Après le recul de 2013 (– 0,3 point) sous le triple effet de la diminution des revenus du patrimoine et de la hausse des impôts directs et sur les placements, les **inégalités de revenu** remontent légèrement en 2014 (+ 0,1 point), retrouvant un niveau proche d'avant la crise de 2008. La **pauvreté en condition de vie** continue la baisse amorcée en 2013 pour atteindre 11,1 % en 2015, son plus bas niveau historique. Après une quasi-stabilité entre 2009 et 2013, le **taux d'emploi des 15-64 ans** poursuit la hausse amorcée en 2013 pour s'établir à 64,3 %. Le taux de **sorties précoces du système scolaire**, quasi stable par rapport à 2014, s'élève à 8,9 %. Par rapport à la moyenne de ses partenaires européens, la France a une distribution des revenus moins inégalitaire, moins de sorties précoces mais un taux d'emploi légèrement inférieur à la moyenne de l'UE.

Avec un taux de 2,23 % du PIB en **dépense intérieure de recherche** en 2015, globalement stable depuis 2012, la France se situe en deçà de l'objectif de 3 % de la stratégie de Lisbonne de 2002. Ce niveau est régulièrement dépassé par l'Autriche et les pays scandinaves et quasiment atteint par l'Allemagne. Le poids de la **dette publique notifiée** s'élève à 96,2 % du PIB en 2015, en hausse de 0,9 point par rapport à 2014. Il est plus élevé que la moyenne européenne. La pression sur l'environnement est appréciée par l'**empreinte carbone** et l'**artificialisation des sols**. L'empreinte carbone, qui mesure les émissions de **gaz à effet de serre (GES)** liées à notre consommation, s'établit à 11,9 tonnes **équivalent CO_2** par personne en 2015, en hausse par rapport à 2014 qui avait bénéficié d'un hiver particulièrement clément. L'artificialisation des sols, qui augmente à un rythme ralenti depuis 2008, est quasi stable en 2015 et s'établit à 9,4 % du territoire.

L'**espérance de vie en bonne santé** s'élève en 2015 à 62,6 ans pour les hommes et 64,4 ans pour les femmes, au-dessus de la moyenne européenne. Elle recule un peu par rapport à l'année précédente en raison de l'épisode grippal de l'hiver 2015-2016. Enfin, la **satisfaction dans la vie** augmente légèrement entre 2014 et 2015, passant de 7,1 à 7,2 sur une échelle de 1 à 10. La France se place au niveau de la moyenne européenne. ■

Définitions

Indicateurs de richesse nationale : pour mettre en œuvre la loi 2015-411 du 13 avril 2015, dite loi Eva Sas, qui invite à la prise en compte de nouveaux indicateurs de richesse dans l'évaluation et la définition des politiques publiques, le gouvernement a adopté en octobre 2015 un tableau de bord de 10 indicateurs qui alimentera chaque année un rapport annexé au projet de loi de finances. Dispersion des revenus, pauvreté en condition de vie, taux d'emploi, sorties précoces, dépense intérieure de recherche, dette publique, empreinte carbone, artificialisation des sols, espérance de vie en bonne santé et satisfaction dans la vie sont les 10 indicateurs retenus, compatibles avec un cadre international de développement durable.

Artificialisation des sols, dépense intérieure de recherche, dette publique notifiée, empreinte carbone, équivalent CO_2, espérance de vie en bonne santé (à la naissance), gaz à effet de serre (GES), inégalité de revenus, niveau de vie, pauvreté en condition de vie, produit intérieur brut (PIB), satisfaction dans la vie, sorties précoces du système scolaire, taux d'emploi : voir rubrique « Définitions » en annexes.

Pour en savoir plus

- « L'économie française », *Insee Références*, édition 2016.
- Base de données « Les nouveaux indicateurs de richesse » sur data.gouv.fr : https://www.data.gouv.fr/fr/datasets/les-nouveaux-indicateurs-de-richesse-1/.

Retrouvez le TEF sur www.insee.fr dans la collection « Insee Références »

Indicateurs de richesse nationale

	2005[5]	2010	2011	2012	2013	2014	2015
Rappel de l'indicateur traditionnel							
Évolution du PIB par habitant (en volume par rapport à l'année précédente et en %)							
France	1,6	2,0	2,1	0,2	0,6	0,6	1,3
Dimension économique							
1. Taux d'emploi des 15-64 ans (en %)							
France métropolitaine	63,8	64,0	63,9	64,0	64,0	64,2	64,3
2. Dépense de recherche / PIB (en %)							
France	2,04	2,18	2,19	2,23	2,24	2,24	2,23
3. Dette publique au sens de Maastricht (en % du PIB)							
France	67,1	81,7	85,2	89,6	92,4	95,3	96,2
Dimension sociale							
4. Espérance de vie en bonne santé (en années)							
Hommes[1]	62,3	61,8	62,6	62,6	(p) 62,9	(p) 63,3	(p) 62,6
Femmes[1]	64,6	63,3	63,4	63,7	(p) 64,2	(p) 64,1	(p) 64,4
5. Satisfaction dans la vie (note de 1 à 10)							
France métropolitaine	...	7,3	7,3	7,5	7,0	7,1	7,2
6. Inégalités de revenus							
France métropolitaine[2]	4,2	4,5	4,6	4,6	4,3	4,4	4,5
7. Taux de pauvreté en conditions de vie (en %)							
France métropolitaine	13,2	12,6	12,4	12,8	12,0	11,9	11,1
8. Sorties précoces du système scolaire (en % de la population des 18-24 ans)							
France[3]	12,5	12,7	12,3	11,8	9,7	9,0	9,2
Dimension environnementale							
9. GES[4] (en tonnes-équivalent CO_2 par personne)							
France – Empreinte carbone	...	12,8	12,2	12,2	12,2	11,6	11,9
France – Émission de GES[4]	8,8	7,9	7,5	7,4	7,4	6,9	...
10. Artificialisation des sols (en % du territoire)							
France	8,3	8,9	9,0	9,1	9,2	9,3	9,4

1. Calcul Ined-Inserm avec la méthode Ehemu. La méthode française utilise l'information empirique sur la mortalité aux âges élevés. Elle s'écarte de la méthode utilisée par Eurostat qui ferme les tables de mortalité au-delà de 85 ans et modélise les années vécues au-delà par un modèle paramétrique. 2. Estimation par un modèle de simulation pour l'année 2015. 3. Rupture de séries en 2013 et 2014 pour la France. 4. Gaz à effet de serre (GES). 5. Donnée 2006 pour l'artificialisation des sols en France.
Note : les définitions des indicateurs sont fournies en annexe.
Sources : Insee ; SOeS ; SSP Agriculture ; Eurostat.

Indicateurs de richesse nationale dans quelques pays de l'UE

	Taux d'emploi des 15-64 ans	Dépense intérieure de R&D[1]	Dette publique	Espérance de vie en bonne santé, hommes[3]	Espérance de vie en bonne santé, femmes[3]	Satisfaction dans la vie (note de 1 à 10)	Dispersion des revenus[4]	Pauvreté en conditions de vie	Sorties précoces[7]	Gaz à effet de serre	Artificialisation des sols[9]
	2015 en %	2015[2] en % du PIB	2015 en % du PIB	2014 en années	2014 en années	2013	2014[5]	2015[6] en %	2015 en % des 18-24 ans	2014 en te CO_2[8] par personne	2012 en %
Allemagne	74,0	(e) (p) 2,87	71,2	56,4	56,5	7,3	4,8	10,7	10,1	11,12	7,2
Autriche	71,1	(e) (p) 3,07	86,2	57,6	57,8	7,8	4,0	8,2	7,3	8,94	4,9
Belgique	61,8	(p) 2,45	106,0	64,5	63,7	7,6	3,8	11,6	10,1	10,16	12,1
Bulgarie	62,9	(p) 0,96	26,7	62,0	66,1	4,8	7,1	49,1	13,4	7,92	
Croatie	55,8	0,85	86,7	58,6	60,0	6,3	5,2	33,8	2,8	5,78	...
Danemark	73,5	(e) 3,03	40,2	60,3	61,4	8,0	4,1	8,0	7,8	8,99	6,9
Espagne	57,8	1,22	99,2	65,0	65,0	6,9	6,9	16,5	20,0	7,08	3,5
Finlande	68,5	2,90	63,1	58,7	57,5	8,0	3,6	7,7	9,2	10,81	1,6
France	**63,8**	**(p) 2,23**	**96,2**	**63,4**	**64,2**	**7,1**	**4,3**	**11,1**	**9,2**	**6,92**	**5,2**
Grèce	50,8	(p) 0,96	176,9	64,1	64,8	6,2	6,5	40,7	7,9	9,31	3,5
Hongrie	63,9	1,38	75,3	58,9	60,8	6,1	4,3	34,8	11,6	5,80	3,3
Irlande	63,3	(e) 1,51	93,8	66,3	67,5	7,4	4,8	22,6	6,9	12,60	3,9
Italie	56,3	(p) 1,33	132,7	62,5	62,3	6,7	5,8	22,6	14,7	6,89	7,0
Luxembourg	66,1	(p) 1,31	21,4	64,0	63,5	7,5	4,3	5,0	9,3	19,36	10,1
Pays-Bas	74,1	(p) 2,01	65,1	63,3	59,0	7,8	(p) 3,8	(p) 8,0	8,2	11,08	12,3
Pologne	62,9	1,00	51,3	59,8	62,7	7,3	4,9	16,8	5,3	10,00	3,3
Portugal	63,9	(p) 1,28	129,0	58,3	55,4	6,2	6,0	21,6	13,7	6,20	5,5
Rép. tchèque	70,2	(p) 1,95	41,1	63,4	65,0	6,9	3,5	13,4	6,2	11,75	4,4
Roumanie	61,4	0,49	38,4	59,0	59,0	7,1	8,3	39,5	19,1	5,51	2,1
Royaume-Uni	72,7	(e) (p) 1,70	89,2	63,4	64,2	7,3	5,2	14,1	10,8	8,11	6,0
Suède	75,5	(p) 3,26	43,4	73,6	73,6	8,0	3,8	2,8	7,0	5,61	1,6
UE	**65,6**	**(p) 2,03**	**85,2**	**61,4**	**61,8**	**7,1**	**5,2**	**...**	**11,0**	**8,43**	**4,3**

1. La part de la dépense intérieure de R&D (DIRD) dans le PIB calculée par Eurostat peut s'éloigner légèrement du calcul OCDE, Eurostat convertissant les données de recherche en euros alors que l'OCDE les convertit en dollars PPA. 2. Donnée 2014 pour l'Irlande. 3. Rupture de série (donnée peu fiable) pour la Suède. 4. La donnée est celle de l'année de perception du revenu et pas celle de l'enquête sur les revenus et les conditions de vie (Silc) comme le fait Eurostat. 5. Donnée 2013 pour l'Irlande. 6. Donnée 2014 pour la Croatie, l'Irlande et le Luxembourg. 7. Rupture de série (donnée peu fiable) pour la Hongrie et le Luxembourg. 8. Tonne-équivalent CO_2. 9. La définition de surface artificialisée est moins restrictive dans l'enquête européenne Terruti Luca que dans l'enquête française (par exemple les mines ne font pas partie des territoires artificialisés) ; la donnée 2012 est 5,2 % dans l'enquête européenne contre 9,4 % dans l'enquête française. Note : les définitions des indicateurs sont fournies en annexe.
Source : Eurostat.

12.1 Monnaie - Crédit

À la fin 2015, l'endettement des **agents non financiers (ANF) résidents** s'établit à 4 818,8 milliards d'euros (Md€), en hausse de 3,8 % sur l'année, après + 4,2 % en 2014. La dette des **administrations publiques (APU)** augmente moins fortement en 2015 de même que, dans une moindre mesure, celle des sociétés non financières. En revanche, l'accroissement de la dette des ménages – y compris les **institutions sans but lucratif au service des ménages (ISBLSM)** – se renforce. Exprimés en proportion du PIB, le **ratio d'endettement** des ménages et celui des APU croissent respectivement de 0,7 et 0,9 point, atteignant 55,9 % pour le premier et 96,2 % pour le second. Parallèlement, celui des **sociétés non financières (SNF)** s'accroît de 2,7 points pour s'établir à 69,0 %.

S'agissant des formes d'endettement des SNF, l'encours de crédits obtenus auprès des institutions financières accélère, mais sa hausse reste plus modérée que pour les titres de créance. Les grandes entreprises continuent ainsi de recourir au financement de marché, à un rythme moins soutenu toutefois qu'en 2014. Ce fléchissement concerne à la fois les titres de long terme et de court terme, dont l'encours croît respectivement de 7,3 %, et de 14,1 %. *In fine*, la part des titres de créance émis par les SNF (557 Md€) dans leur endettement total croît légèrement en 2015 (37,0 % contre 36,4 % en 2014).

Le taux de croissance annuel des crédits aux ménages progresse de 3,3 %. Les ménages contractent davantage de crédits à l'habitat. En effet, l'environnement de taux bas et la légère diminution des prix de l'immobilier favorisent la reprise des transactions.

L'endettement bancaire des APU continue de ralentir en lien avec le cycle d'investissement des collectivités locales. L'encours des titres de créances à long terme qu'elles émettent croît de 5,0 % en 2015. Dans le même temps, les APU augmentent leurs remboursements nets de titres de créance à court terme dont l'encours baisse de 9,9 %.

La croissance monétaire est demeurée robuste, tandis que celle des prêts se redresse de manière progressive seulement. Les sources d'origine interne de la création monétaire continuent d'être le principal moteur de la progression de la monnaie au sens large. Le bas niveau des **taux d'intérêt**, ainsi que les effets des opérations de refinancement à plus long terme ciblées et du programme étendu d'achats d'actifs de la Banque Centrale Européenne ont contribué au renforcement de la dynamique de la monnaie et du crédit. L'amélioration des conditions de distribution du crédit a continué de soutenir le rebond de la croissance des prêts. Le flux annuel global du financement externe des sociétés non financières aurait encore augmenté au quatrième trimestre 2015, après s'être stabilisé au cours des deux trimestres précédents. ■

Définitions

Agents non financiers (ANF) résidents : ensemble regroupant les ménages, les institutions sans but lucratif au service des ménages (ISBLSM), les sociétés non financières et les administrations publiques.

Ratios d'endettement : généralement exprimés en pourcentage du PIB, leur suivi permet d'apprécier l'adéquation des financements obtenus sous forme d'emprunts par les agents économiques aux évolutions de l'économie réelle. La répartition par instruments des financements obtenus (crédits, titres de créance) fournit des indications sur les substitutions entre les différentes formes d'endettement.

Administrations publiques (APU), agrégats monétaires (M1, M2, M3), dépôt à terme, dépôt à vue, Fonds européen de stabilité financière (FESF), institutions sans but lucratif au service des ménages (ISBLSM), organisme de placement collectif en valeurs mobilières (OPCVM), sociétés non financières (SNF), taux d'intérêt : voir rubrique « Définitions » en annexes.

Pour en savoir plus

- « Chiffres clés de la zone euro », Banque de France, août 2016.
- « L'économie française », *Insee Références*, édition 2016.
- « *Bulletin de la Banque de France* », n° 206, Banque de France, juillet – août 2016.
- « *Rapport annuel de la Banque de France 2015* », Banque de France, mai 2016.
- « *Bulletin économique de la BCE* », n° 2, Banque centrale européenne, janvier 2016.

Retrouvez le TEF sur www.insee.fr dans la collection « Insee Références »

Endettement des agents non financiers en 2015

en fin d'année en milliards d'euros

	Encours	15/14 en %
Endettement des agents non financiers	**4 818,8**	**3,8**
Ménages et ISBLSM	1 218,4	3,1
Sociétés non financières	1 503,0	5,8
Administrations publiques[1]	2 097,4	2,8
Crédits auprès des Institutions financières[2]	**2 463,8**	**3,5**
Ménages et ISBLSM	1 218,4	3,1
Sociétés non financières	948,1	5,0
Administrations publiques	297,3	0,7
Dépôts au passif du Trésor[3]	**39,2**	**– 2,2**
Financements de marché	**2 315,8**	**4,2**
Sociétés non financières	554,9	7,3
Titres de créance à court terme	33,4	13,5
Titres de créance à long terme	521,5	7,0
Administrations publiques	1 760,9	3,3
Titres de créance à court terme	177,4	– 9,8
Titres de créance à long terme	1 583,5	5,0

1. Dette publique au sens de Maastricht.
2. Institutions financières monétaires et les autres intermédiaires financiers (organismes de titrisation, etc.).
3. Dépôts auprès du Trésor pour toutes les contreparties autres que les administrations publiques.
Sources : Banque de France ; Insee, comptes nationaux - base 2010.

Principaux indicateurs monétaires et financiers en France et dans la zone euro

glissement annuel de déc. à déc. en %

	2012 (r)	2013 (r)	2014 (r)	2015
M1				
Zone euro	6,5	5,8	8,1	10,4
France (contribution)	2,8	3,4	8,6	14,8
M2				
Zone euro	4,5	2,5	3,8	5,0
France (contribution)	5,2	2,3	3,5	6,7
M3				
Zone euro	3,5	1,0	3,8	4,5
France (contribution)	2,4	0,8	3,6	3,3
Crédits au secteur privé				
Zone euro[1]	– 0,5	– 2,4	– 0,3	0,6
France[2]	2,5	0,7	2,6	3,0

1. Crédits (y c. crédits titrisés, hors opérations vis-à-vis des chambres de compensation) consentis par les institutions financières monétaires (IFM) résidant dans la zone euro aux résidents de la zone euro hors IFM et hors APU.
2. Crédits (y c. crédits titrisés) consentis par les institutions financières monétaires (IFM) résidant en France aux résidents français hors IFM et hors APU.
Note : données corrigées des effets saisonniers et calendaires.
Sources : Banque de France ; Banque centrale européenne.

Dépôts et dépôts à terme

encours fin d'année en milliards d'euros

	2000	2014	2015
Dépôts à vue	**333,5**	**669,8**	**766,5**
dont : ménages[1]	*144,0*	*314,2*	*348,5*
sociétés non financières	*105,6*	*254,1*	*296,2*
Comptes sur livret	**274,6**	**615,8**	**608,0**
dont : livrets A et bleus	*115,3*	*260,0*	*253,0*
livrets soumis à l'impôt	*46,1*	*169,5*	*171,6*
Dépôts à terme de 2 ans ou moins	**56,5**	**156,3**	**135,4**
Dépôts à terme de plus de 2 ans	**279,8**	**456,5**	**495,4**
dont ménages[1]	*274,3*	*289,6*	*318,9*
dont plans d'épargne logement	*190,3*	*215,9*	*239,9*

1. Ménages et institutions sans but lucratif au service des ménages (ISBLSM).
Source : Banque de France.

Crédits des établissements de crédit implantés en France à des résidents français

encours en fin d'année en milliards d'euros

	2013	2014	2015
Crédits aux résidents par secteur bénéficiaire			
Secteur privé (y c. titrisation)	2 114,9	2 167,7	2 229,0
Administrations publiques	213,1	214,7	217,0
Total	**2 328,1**	**2 382,4**	**2 445,9**
Crédits aux sociétés non financières			
Investissement	568,0	581,7	605,3
Trésorerie	167,5	175,6	197,0
Autres objets	81,3	81,1	71,8
Total	**816,7**	**838,4**	**874,1**
Crédits aux ménages			
Habitat	907,0	927,4	964,0
Trésorerie	157,3	159,5	165,1
Autres objets	92,3	91,5	88,6
Total	**1 156,6**	**1 178,4**	**1 217,7**

Source : Banque de France.

Ratios de dette des agents non financiers

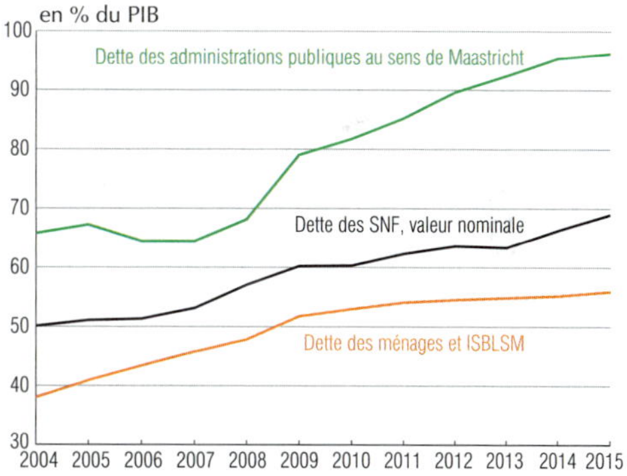

Sources : Banque de France ; Insee, comptes nationaux - base 2010.

Taux d'intérêt à court et à long terme par pays

taux moyen annuel en %

	1999	2014	2015
France			
Court terme	**2,96**	**0,21**	**– 0,02**
Long terme	**4,61**	**1,67**	**0,84**
Zone euro			
Court terme	**2,96**	**0,21**	**– 0,02**
Long terme	**4,66**	**2,28**	**1,27**
Royaume-Uni			
Court terme	5,45	0,54	0,55
Long terme	5,09	2,57	1,90
États-Unis			
Court terme	5,33	0,12	0,23
Long terme	5,64	2,54	2,14
Japon			
Court terme	///	0,20	0,17
Long terme	1,75	0,52	0,35

Note : les taux interbancaires à trois mois (taux à court terme) sont identiques pour tous les pays de la zone euro. Les taux à long terme sont les taux se référant au rendement des obligations d'État.
Source : OCDE.

12.2 Épargne - Patrimoine

Fin 2015, le **patrimoine** économique **national** s'élève à 13 585 milliards d'euros, soit 7,6 fois le **produit intérieur net** de l'année. Après un repli de 1,8 % en 2014, il se redresse de 1,3 % en 2015. Cette reprise modeste est essentiellement imputable à celle du patrimoine non financier qui bénéficie de la fin de la baisse des prix des logements. Les actifs et les passifs financiers augmentent au même rythme. Par conséquent, le patrimoine financier net reste faiblement négatif et contribue peu à l'évolution du patrimoine total. En 2015, les **fonds propres** des **sociétés non financières (SNF)** accélèrent. Leurs actifs financiers s'accroissent plus vite que leurs passifs et leur patrimoine non financier progresse. Les SNF investissent davantage et augmentent leurs stocks. En 2015, les fonds propres des **sociétés financières** se redressent avec les cours boursiers. Ces sociétés ont principalement à leur bilan des stocks importants d'actifs et de passifs financiers, dont le solde est faible en comparaison des encours. En 2015, leurs actifs financiers progressent au même rythme qu'en 2014. L'encours de crédits accélère, en lien avec la croissance marquée des crédits bancaires accordés aux ménages et aux SNF. En 2015, le patrimoine net des **administrations publiques (APU)** continue de diminuer fortement.

Le **patrimoine des ménages** progresse sensiblement après une année de faible croissance. Leur patrimoine non financier, essentiellement des constructions et des terrains, rebondit après une légère baisse. D'une part, les mises en chantier de logements neufs et l'**indice du coût de la construction** se stabilisent, aussi l'investissement en logements des **ménages** en euros courants ne diminue-t-il plus que légèrement. D'autre part, les prix des logements anciens sont stables sur un an alors qu'ils diminuaient depuis 2012. Leur patrimoine financier accélère, porté à la fois par des flux de placements en augmentation et par une forte progression des cours boursiers. Le faible niveau des **taux d'intérêt** réduit le coût d'opportunité de détention d'avoirs liquides et incite les ménages à renforcer leurs avoirs sous forme de numéraire et dépôts à vue au détriment de leur **épargne** placée sur les livrets ou dépôts à terme. Les ménages favorisent également les plans d'épargne logement, dont la rémunération demeure relativement attractive.

En 2014, 55,8 % des salariés du secteur marchand non agricole, soit 8,7 millions de salariés, ont eu accès à au moins un dispositif de participation, d'intéressement ou d'**épargne salariale**. Un peu plus de 6,8 millions de salariés ont ainsi bénéficié d'un complément de rémunération. Le **plan d'épargne entreprise**, qui couvre 46,1 % des salariés, demeure le plus répandu des dispositifs car il sert de principal support de versement des primes de participation et d'intéressement. ■

Définitions

Épargne salariale : ensemble de dispositifs dont l'objectif est d'associer les salariés aux résultats de leur entreprise et de favoriser l'épargne collective et le développement des investissements des entreprises.

Patrimoine national : patrimoine des résidents sur le territoire national. Il repose sur la propriété d'actifs économiques susceptibles de faire l'objet de transactions. En particulier, il ne comprend pas les monuments historiques.

Administrations publiques (APU), épargne des ménages, fonds propres, indice du coût de la construction (ICC), ménage, patrimoine, plan d'épargne entreprise (PEE), produit intérieur net (PIN), revenu disponible brut des ménages (RDB), sociétés financières, sociétés non financières (SNF), taux d'épargne des ménages, taux d'épargne financière, taux d'investissement en logement : voir rubrique « Définitions » en annexes.

Pour en savoir plus

- « Le patrimoine économique national en 2015 – Un modeste rebond », *Insee Première* n° 1626, décembre 2016.
- « Entre 2010 et 2015, les inégalités de patrimoine se réduisent légèrement », *Insee Première* n° 1621, novembre 2016.
- « Participation, intéressement et épargne salariale : un complément de rémunération qui repart à la hausse en 2014 », *Dares résultats* n° 49, Dares, septembre 2016.
- « Les revenus et le patrimoine des ménages », *Insee Références*, édition 2016.
- « L'économie française », *Insee Références*, édition 2016.

Retrouvez le TEF sur www.insee.fr dans la collection « Insee Références »

Patrimoine national des secteurs institutionnels fin 2015

en milliards d'euros

	Ménages[2]	Sociétés non financières	Sociétés financières	Administrations publiques	Ensemble de l'économie nationale
Actifs non financiers	**7 288**	**4 295**	**263**	**1 926**	**13 772**
Constructions et terrains	6 619	2 480	205	1 652	10 956
dont : logements	*3 479*	*659*	*41*	*59*	*4 238*
autres bâtiments et génie civil	*168*	*766*	*62*	*940*	*1 936*
terrains bâtis	*2 972*	*1 055*	*102*	*653*	*4 782*
Machines et équipements	41	511	15	33	600
Actifs financiers[1]	**4 841**	**6 739**	**12 745**	**1 277**	**25 602**
dont : numéraires et dépôts	*1 379*	*529*	*3 252*	*130*	*5 290*
titres de créances	*69*	*52*	*3 365*	*71*	*3 557*
crédits	*30*	*1 196*	*2 936*	*119*	*4 281*
actions et parts de fonds d'investissement	*1 353*	*3 956*	*2 348*	*540*	*8 197*
système d'assurance et de garanties	*1 776*	*49*	*122*	*6*	*1 953*
Passifs financiers[1]	**1 437**	**8 906**	**12 470**	**2 937**	**25 750**
dont : numéraires et dépôts	*0*	*0*	*5 507*	*119*	*5 626*
titres de créances	*0*	*605*	*1 492*	*2 068*	*4 165*
crédits	*1 235*	*2 157*	*414*	*319*	*4 125*
actions et parts de fonds d'investissement	*9*	*5 342*	*2 271*	*44*	*7 666*
système d'assurance et de garanties	*0*	*0*	*1 977*	*0*	*1 977*
Patrimoine financier net	**3 404**	**– 2 167**	**235**	**– 1 659**	**– 187**
Patrimoine (ou valeur nette)	**10 692**	**2 128**	**498**	**267**	**13 585**

1. Hors produits dérivés.
2. Y c. entrepreneurs individuels et institutions sans but lucratif au service des ménages.
Sources : Banque de France ; Insee, comptes nationaux - base 2010.

Les dispositifs d'épargne salariale

	2006	2010	2014
Participation			
Montant brut distribué[1]	6 926	7 380	5 927
Nombre de bénéficiaires[2]	4 981	4 939	4 556
Montant moyen en euros	1 391	1 494	1 301
Intéressement			
Montant brut distribué[1]	6 391	7 185	7 419
Nombre de bénéficiaires[2]	4 076	4 646	4 434
Montant moyen en euros	1 568	1 546	1 673
Plan d'épargne entreprise (PEE)			
Montant brut distribué[1]	2 339	1 338	1 450
Nombre de bénéficiaires[2]	2 339	2 256	2 192
Montant moyen en euros	551	593	661

1. En millions d'euros.
2. En milliers.
Champ : France métropolitaine, entreprises de 10 salariés ou plus du secteur marchand non agricole, hors intérim et secteur domestique.
Source : Dares.

Taux d'épargne des ménages dans quelques pays de l'Union européenne

en %

	2000 (r)	2005 (r)	2010 (r)	2015
Allemagne	15,2	16,2	16,8	17,0
Autriche	15,7	15,8	14,6	13,0
Belgique	15,9	14,8	14,9	11,7
Danemark	2,2	3,2	9,1	11,0
Espagne	10,5	9,3	10,1	8,2
Finlande	9,7	7,9	9,8	6,8
France	**14,5**	**14,2**	**15,5**	**(p) 14,1**
Hongrie	10,8	10,4	9,1	9,6
Italie	12,9	14,7	11,1	10,4
Pays-Bas	11,9	12,3	12,7	(p) 12,7
Portugal	10,5	9,2	9,2	4,4
Rép. tchèque	11,5	11,0	12,5	11,8
Royaume-Uni	9,0	6,5	11,0	6,1
Slovénie	13,2	15,6	13,2	14,8
UE	**11,7**	**11,2**	**12,0**	**10,1**

Note : taux d'épargne en % du revenu disponible brut des ménages.
Source : Eurostat.

Taux d'épargne des ménages de 1950 à 2015

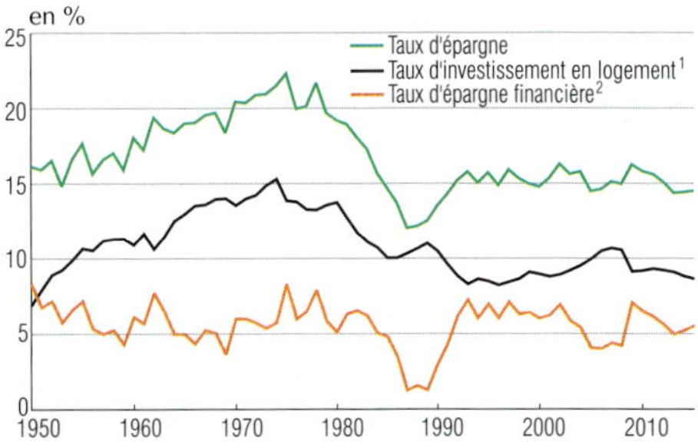

1. Rapport entre la formation brute de capital fixe des ménages et le revenu disponible brut.
2. Rapport entre la capacité de financement des ménages et le revenu disponible brut.
Source : Insee, comptes nationaux - base 2010.

Taux de détention par grand type d'actif en 2015

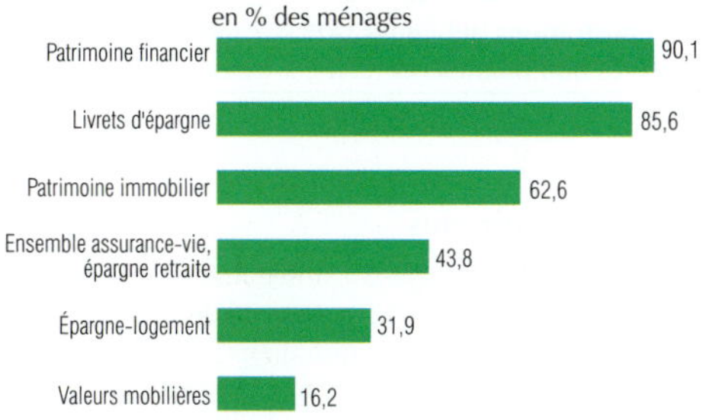

Champ : ménages ordinaires.
Source : Insee, enquêtes Patrimoine 2014-2015.

12.3 Bourse - Marchés financiers

Les **émissions** nettes de **titres de créance** et d'actions cotées des résidents français atteignent en 2015 un total de 25,7 milliards d'euros, en baisse de 74 % par rapport à 2014. Ce mouvement est principalement dû aux titres de créance (16 milliards d'euros, après 87 milliards d'euros). Les émissions nettes de titres de créance à long terme s'établissent à 86 milliards d'euros, en repli de 7 milliards d'euros par rapport à 2014, tandis que les titres à court terme font l'objet de remboursements nets pour 72 milliards d'euros. Par ailleurs, les émissions d'actions cotées diminuent, à 10 milliards d'euros après 13 milliards d'euros.

Après une année 2014 marquée par quelques grandes opérations, les émissions de titres de créance des **sociétés non financières** enregistrent une baisse en 2015, atteignant 24 milliards d'euros (après 46 milliards d'euros en 2014). Néanmoins, ce niveau reste supérieur à la moyenne des émissions annuelles observées depuis 1999 (22 milliards d'euros). Cette diminution concerne essentiellement le compartiment de long terme (obligations) qui s'établit à 20 milliards d'euros d'émissions nettes, au lieu de 41 milliards d'euros en 2014. Dans le même temps, les émissions des titres de créance à court terme (billets de trésorerie) restent positives à 4 milliards d'euros.

Pour la quatrième année consécutive, les émissions nettes de titres de créance des **institutions financières** sont négatives en 2015, à – 66 milliards d'euros : les remboursements ont excédé les émissions. Ces remboursements concernent principalement les titres de créance émis à court terme (– 57 milliards d'euros d'émissions nettes). Les institutions financières réduisent leurs remboursements nets sur le compartiment de long terme (– 9 milliards d'euros en 2015, après – 23 milliards d'euros en 2014).

Les **administrations publiques (APU)** réduisent leurs émissions nettes de titres de créance : 56 milliards d'euros, après 72 milliards d'euros en 2014. Les émissions à long terme sont stables à 75 milliards d'euros. Sur le segment de court terme, les remboursements nets des APU s'accentuent : – 19 milliards d'euros, après – 3 milliards d'euros.

Fin 2015 et début 2016, les marchés boursiers des pays émergents et avancés chutent. L'incertitude sur l'ampleur du ralentissement des économies émergentes, notamment de la Chine, semble le principal facteur de ce changement. De plus, les investissements dans ces économies deviennent moins profitables avec la remontée passée et annoncée des taux de la réserve fédérale américaine. Les principales places financières des pays avancés chutent début 2016 sous l'effet notamment de l'incertitude croissante sur la solidité du système bancaire, que ce soit aux États-Unis où les banques dépendent du secteur pétrolier ou en Europe, où les encours de créances douteuses restent élevés, notamment en Italie. ■

Définitions

Agents financiers résidents : Banque de France et établissements de crédit. Clientèle financière (OPCVM, fonds communs de créances, institutions financières autres que les établissements de crédit, entreprises d'investissement...).

Émission de titres : création de nouveaux titres financiers à destination du marché le plus souvent. Une entreprise peut ainsi augmenter son capital et donc proposer des actions sur le marché, mais elle peut aussi émettre des obligations et donc les proposer sur le marché des obligations. Quand l'État lance de nouveaux emprunts d'États, il devient aussi émetteur de titres.

Administrations publiques (APU), capitalisation boursière, *Euro medium term notes (EMTN)*, institutions financières, sociétés non financières (SNF), titre de capital, titre de créance : voir rubrique « Définitions » en annexes.

Pour en savoir plus

- « L'économie française », *Insee Références*, édition 2016.
- « Rapport annuel 2015 », Autorité des marchés financiers, mai 2016.
- « Les comptes des administrations publiques en 2015 – L 'investissement se replie à nouveau et le déficit public se réduit », *Insee Première* n° 1598, mai 2016.
- « Note de conjoncture, décembre 2015 – Résistance », Insee, décembre 2015.

Retrouvez le TEF sur www.insee.fr dans la collection « Insee Références »

Émissions de titres des agents résidents

en milliards d'euros

	2014 (r)	2015
Titres de créance (valeur nominale)	**86,7**	**15,7**
dont : par les sociétés non financières	*45,9*	*23,8*
court terme	5,1	3,9
long terme	40,8	19,9
par les institutions financières[1]	*– 34,9*	*– 65,7*
court terme	– 12,4	– 56,7
long terme	– 22,5	– 9,0
par les administrations publiques	*72,1*	*55,9*
court terme	– 2,6	– 18,8
long terme	74,7	74,7
dont obligations assimilables du Trésor (OAT)	*129,0*	*126,8*
Actions cotées - émissions contre apport en espèces	**12,5**	**10,0**
dont : par les sociétés non financières	*10,9*	*9,5*
par les institutions financières[1]	*1,6*	*0,5*

1. Institutions financières monétaires et non monétaires (hors sociétés d'assurance mais y c. les parts émises par les fonds communs de créances), hors impact des opérations internes aux groupes bancaires.
Source : Banque de France.

Émissions nettes de titres de créances des résidents français

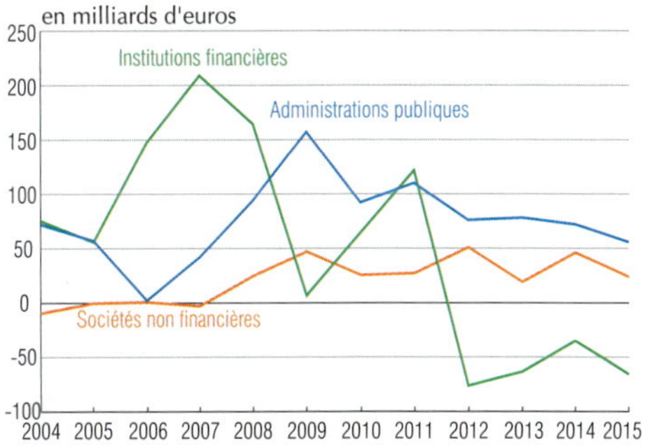

Note : la date d'arrêt est le 31 décembre 2015.
Source : Banque de France.

Émissions nettes d'actions côtées des résidents français

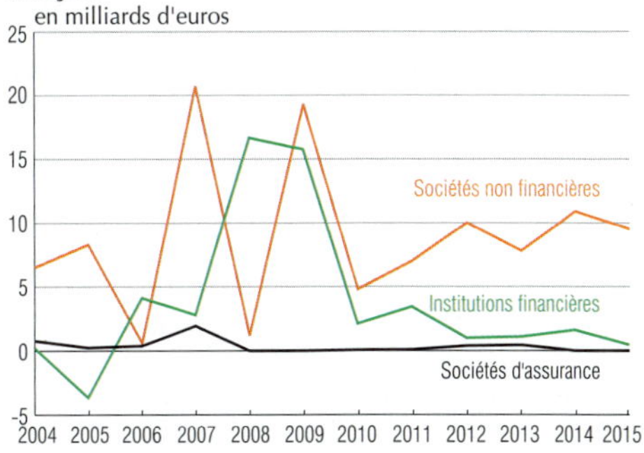

Note : la date d'arrêt est le 31 décembre 2015.
Source : Banque de France.

Les 25 plus fortes capitalisations boursières en actions françaises ou assimilées d'Euronext Paris

	Capitalisation au 31 juillet 2016 en milliards d'euros	Évolution sur 7 mois[1] en %
Total	107,0	– 1,6
Schlumberger	102,8	– 4,8
Sanofi	98,2	– 23,6
L'Oréal	95,3	0,0
LVMH	77,9	– 10,2
BNP Paribas	55,3	– 25,2
Danone	45,2	11,8
Axa	44,2	– 24,7
Airbus Group	40,7	– 20,1
Hermès Intl.	40,6	8,6
Vinci	40,4	15,7
Orange	36,4	– 7,9
Engie	35,9	– 11,1
Schneider Electric	34,6	– 7,3
Air Liquide	33,0	– 19,2
Nokia	30,0	– 2,0
Christian Dior	29,4	– 14,3
Pernod Ricard	27,1	– 6,3
LafargeHolcim Ltd	25,9	– 25,9
Safran	25,4	– 11,7
Essilor Intl.	25,0	– 0,9
Sociéte Générale	24,7	– 31,7
EDF	23,6	– 41,6
Renault	23,1	– 6,6
Vivendi	22,5	– 31,1

1. Évolution du 1er janvier au 31 juillet 2016.
Source : Euronext.

Capitalisation boursière des principales places financières dans le monde

en milliards de dollars

En fin d'année	2014 (r)	2015	15/14 en %
Amérique	**30 292,7**	**27 967,5**	**– 7,7**
dont : Nyse Euronext (US)	*19 351,4*	*17 786,8*	*– 8,1*
Nasdaq OMX	*6 979,2*	*7 280,8*	*4,3*
TMX Group	*2 093,7*	*1 591,9*	*– 24,0*
BM&FBOVESPA	*843,9*	*490,5*	*– 41,9*
Asie - Pacifique	**21 160,1**	**23 215,4**	**9,7**
dont : Japan Exchange Group - Tokyo	*4 378,0*	*4 894,9*	*11,8*
Shanghai SE	*3 932,5*	*4 549,3*	*15,7*
Hong-Kong Exchanges	*3 233,0*	*3 184,9*	*– 1,5*
Shenzhen SE	*2 072,4*	*3 638,7*	*75,6*
BSE India	*1 558,3*	*1 516,2*	*– 2,7*
National Stock Exchange India	*1 520,9*	*1 485,1*	*– 2,4*
Australian SE	*1 288,7*	*1 187,1*	*– 7,9*
Korea Exchange	*1 212,8*	*1 231,2*	*1,5*
Europe - Afrique - Moyen-Orient	**16 657,6**	**15 941,8**	**– 4,4**
dont : London SE	*4 012,9*	*3 878,8*	*– 3,3*
Euronext	*3 319,1*	*3 305,9*	*– 0,4*
Deutsche Börse	*1 738,5*	*1 715,8*	*– 1,3*
SIX Swiss Exchange	*1 495,3*	*1 519,3*	*1,6*
Nasdaq OMX Nordic Exchange	*1 196,7*	*1 268,0*	*6,0*
BME Spanish Exchanges	*992,9*	*787,2*	*– 20,7*
Johannesburg SE	*933,9*	*735,9*	*– 21,2*
Moscow Exchange	*385,9*	*393,2*	*1,9*
Total des marchés mondiaux	**68 110,3**	**67 124,6**	**– 1,5**

Source : World Federation of Exchanges.

13.1 Dette et déficit publics

En 2015, le **déficit public notifié**, qui représente le **besoin de financement** des **administrations publiques (APU)**, s'établit à 76,5 milliards d'euros. Il atteint 3,5 % du produit intérieur brut (PIB). Il continue de se réduire, de 8,3 milliards d'euros par rapport à 2014, grâce à des recettes plus dynamiques que les dépenses. Comme en 2014, la montée en charge du crédit d'impôt pour la compétitivité et l'emploi (CICE) alimente les dépenses à la hausse. À l'inverse, les intérêts versés diminuent de nouveau et l'investissement poursuit son recul.

Le déficit public se réduit surtout pour les **administrations publiques locales** (– 5,3 milliards d'euros) et les **administrations de sécurité sociale** (– 3,1 milliards d'euros). Le déficit des **administrations publiques centrales** est au même niveau qu'en 2014 : celui de l'État se réduit de 3,9 milliards d'euros et le solde des **organismes divers d'administration centrale (Odac)** se détériore de 4,0 milliards d'euros, passant d'une capacité de financement en 2014 à un déficit en 2015.

La **dette publique au sens de Maastricht** s'élève à 2 097,4 milliards d'euros fin 2015, après 2 040,3 milliards d'euros un an plus tôt. Elle atteint 96,2 % du PIB, soit 0,9 point de plus qu'en 2014.

La **contribution de l'État à cette dette publique** s'établit à 1 661,7 milliards d'euros, en hausse de 50,4 milliards. Celle des Odac diminue de 3,8 milliards d'euros en 2015 pour s'établir à 18,9 milliards d'euros. La contribution des administrations publiques locales atteint 196,5 milliards d'euros à la fin 2015, en hausse de 7,0 milliards par rapport à 2014, et celle des administrations de sécurité sociale 220,3 milliards d'euros, en augmentation de 3,6 milliards.

Au total, la dette de l'ensemble des administrations publiques progresse de 57,1 milliards d'euros, soit un accroissement comparable à celui de la dette nette. Celle-ci augmente de 54,4 milliards par rapport à la fin 2014 pour atteindre 1 905,0 milliards d'euros, soit 87,3 % du PIB.

À l'échelle européenne, le ratio du déficit public par rapport au PIB s'est réduit entre 2014 et 2015, tant dans la zone euro que dans l'Union européenne (UE). Dans la zone euro, le déficit public atteint 2,1 % du PIB en 2015 (– 0,5 point) et 2,4 % dans l'UE (– 0,6 point). Le ratio de la dette publique par rapport au PIB a également diminué dans les deux zones. Il s'établit à 90,7 % du PIB dans la zone euro et à 85,2 % dans l'UE. Les pays les moins endettés relativement à leur PIB sont l'Estonie, le Luxembourg et la Bulgarie ; ceux dont la dette a le niveau le plus élevé sont la Grèce, l'Italie ainsi que le Portugal.

En 2015, la France se classe parmi les pays dont la dette à court terme (moins d'un an) a la part la plus élevée (11 %), derrière la Suède, la Hongrie, l'Italie et le Portugal. ■

Définitions

Contribution à la dette : la contribution d'un sous-secteur à la dette est égale à la dette diminuée des passifs de ce sous-secteur détenus par les autres administrations publiques.

Déficit public notifié : correspond au « besoin de financement des administrations publiques (APU) » au sens de la comptabilité nationale. Le déficit public est notifié à la Commission européenne deux fois par an (fin mars et fin septembre).

Administrations de sécurité sociale, administrations publiques (APU), administrations publiques centrales, administrations publiques locales, capacité et besoin de financement, dette publique nette, dette publique notifiée, organismes divers d'administration centrale (Odac), traité de Maastricht : voir rubrique « Définitions » en annexes.

Pour en savoir plus

- « L'économie française », *Insee Références*, édition 2016.
- « Les échéances initiales à long terme prévalent nettement dans les États membres de l'UE », *communiqué de presse* n° 125, Eurostat, juin 2016.
- « Les comptes des administrations publiques en 2015 », *Insee Première* n° 1598, mai 2016.
- « Déficit public de la zone euro et de l'UE28 respectivement de 2,1 % et 2,4 % du PIB », *communiqué de presse* n° 76, Eurostat, avril 2016.

Retrouvez le TEF sur www.insee.fr dans la collection « Insee Références »

Dette publique notifiée

Au 31 décembre	2009	2010	2011	2012	2013	2014	2015
Dette en milliard d'euros							
Total des administrations publiques	**1 531,8**	**1 632,7**	**1 754,7**	**1 869,5**	**1 954,4**	**2 040,3**	**2 097,4**
Administration publique centrale	1 222,1	1 293,5	1 380,1	1 481,4	1 558,9	1 634,0	1 680,6
État	1 184,7	1 262,4	1 354,5	1 457,3	1 536,1	1 611,3	1 661,7
Odac	37,4	31,0	25,6	24,1	22,7	22,7	18,9
Administrations publiques locales	158,1	164,1	169,8	177,0	183,8	189,5	196,5
Administrations de sécurité sociale	151,6	175,2	204,7	211,0	211,7	216,7	220,3
Dette en % du PIB							
Total des administrations publiques	**79,0**	**81,7**	**85,2**	**89,6**	**92,4**	**95,3**	**96,2**
Administration publique centrale	63,0	64,7	67,0	71,0	73,7	76,4	77,1
État	61,1	63,2	65,8	69,8	72,6	75,3	76,2
Odac	1,9	1,6	1,2	1,2	1,1	1,1	0,9
Administrations publiques locales	8,2	8,2	8,2	8,5	8,7	8,9	9,0
Administrations de sécurité sociale	7,8	8,8	9,9	10,1	10,0	10,1	10,1

Champ : dette publique au sens du traité de Maastricht.
Source : Insee, comptes nationaux - base 2010.

Dette au sens de Maastricht

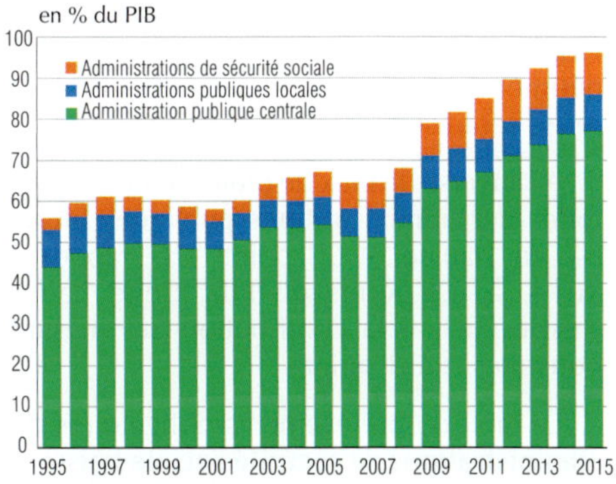

Note : dette publique au 31 décembre.
Source : Insee, comptes nationaux - base 2010.

Dette au sens de Maastricht

en milliards d'euros

	2014 (r)	2015
Dette des administrations publiques[1]	**2 040,3**	**2 097,4**
Numéraires et dépôts	40,1	39,2
Titres de créance	1 705,0	1 760,9
Titres à court terme	196,6	177,4
Titres à long terme	1 508,4	1 583,5
Crédits	295,2	296,9
Crédits à court terme	11,8	14,6
Crédits à long terme	283,4	282,8

1. Au sens du traité de Maastricht.
Source : Insee, comptes nationaux - base 2010.

Capacité (+) ou besoin (–) de financement des administrations publiques

en milliards d'euros

	2012	2013 (r)	2014 (r)	2015
État	– 81,6	– 69,6	– 75,3	– 71,3
Odac	– 2,6	1,4	2,9	– 1,1
Administrations publiques locales	– 3,5	– 8,3	– 4,6	0,7
Administrations de sécurité sociale	– 12,7	– 8,8	– 7,9	– 4,8
Déficit public	**– 100,4**	**– 85,4**	**– 84,8**	**– 76,5**

Source : Insee, comptes nationaux - base 2010.

Principaux ratios de finances publiques

en % du PIB

	2012	2013 (r)	2014 (r)	2015
Déficit public	– 4,8	– 4,0	– 4,0	– 3,5
Dette publique notifiée[1]	89,6	92,4	95,3	96,2
Dette publique nette[2]	80,6	83,6	86,5	87,3
Recettes publiques	52,0	52,9	53,4	53,5
Dépenses publiques	56,8	57,0	57,3	57,0
Prélèvements obligatoires[3]	43,8	44,8	44,8	44,7

1. Au sens du traité de Maastricht.
2. Dette publique notifiée diminuée de certains éléments d'actif.
3. Le taux de prélèvements obligatoires est calculé hors crédits d'impôt, alors que le classement des crédits d'impôt en dépenses, en base 2010, accroît les taux des recettes et dépenses publiques.
Source : Insee, comptes nationaux - base 2010.

Dette publique au sein de l'UE en 2015

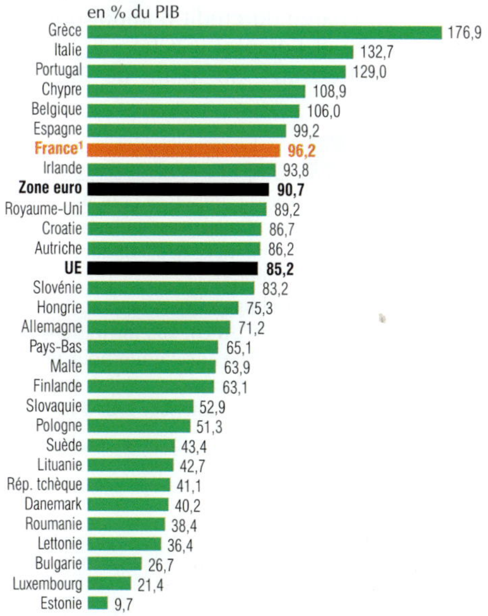

1. Source Insee, comptes nationaux - base 2010.
Champ : dette au sens du traité de Maastricht.
Source : Eurostat.

13.2 Prélèvements obligatoires

En 2015, les **administrations publiques (APU)** ont perçu des **prélèvements obligatoires** représentant 44,7 % du **produit intérieur brut (PIB)**, en léger repli par rapport à 2014 (– 0,1 point), après une progression continue entre 2009 et 2013 liée aux mesures prises en vue du redressement des finances publiques, puis une stabilisation en 2014. Cette diminution en 2015 provient de l'impact des mesures nouvelles : il s'agit principalement des montées en charge du crédit d'impôt pour la compétitivité et l'emploi (CICE) et du Pacte de responsabilité et de solidarité ; ces progressions sont partiellement compensées par celle de la fiscalité écologique et par l'augmentation des cotisations d'assurance vieillesse, ainsi que par le rendement des mesures contre la fraude fiscale. En l'absence de mesures nouvelles, le **taux de prélèvements obligatoires** se serait stabilisé, leur progression spontanée (+ 1,9 %) étant identique à l'évolution du PIB en valeur.

Plusieurs mesures tendent à alléger la charge fiscale des entreprises et des ménages : les mesures du Pacte de responsabilité et de solidarité, avec en particulier la suppression d'une première tranche de la contribution sociale de solidarité des sociétés (C3S ; – 1,0 Md€), les allègements de cotisations sociales (– 5,6 Md€) et les réductions d'**impôt sur le revenu** (– 1,5 Md€) ; également la montée en charge du crédit d'impôt pour la compétitivité et l'emploi (CICE ; – 5,3 Md€) et les contrecoups du plan de relance (– 0,8 Md€).

Inversement, de nombreuses mesures jouent sensiblement à la hausse : parmi celles-ci, l'impact de la montée en charge de la composante carbone des taxes intérieures de consommation (TIC ; + 1,8 Md€), la hausse des tarifs de la contribution au service public de l'électricité pour financer les énergies renouvelables (+ 1,1 Md€), la limitation de la déductibilité des charges financières (+ 1,3 Md€) ou encore, la hausse des taux d'imposition des impôts directs locaux et du plafond des taux des droits de mutation à titre onéreux (+ 1,1 Md€).

Le taux de prélèvements obligatoires de l'État atteint 13,5 points de PIB, soit une diminution de 0,1 point. Les mesures de transfert de l'État vers les autres sous-secteurs contribuent à la baisse à hauteur de – 0,1 point. Hors effet des mesures nouvelles et de périmètre, le taux de prélèvements obligatoires se serait stabilisé.

À l'inverse, le taux de prélèvements obligatoires des **administrations publiques locales** est en hausse (+ 0,1 point) par rapport à 2014, à 6,1 points de PIB. Cette hausse s'explique par la contribution des mesures nouvelles (+ 0,1 point).

Le taux de prélèvements obligatoires des **administrations de sécurité sociale** baisse de 0,2 point en 2015, atteignant 24,2 points de PIB. Cette diminution s'explique d'abord par l'impact négatif des mesures nouvelles (– 0,15 point) et, dans une moindre mesure, par l'évolution spontanée (– 0,05 point). ■

Définitions

Prélèvements obligatoires : impôts et cotisations sociales effectives reçues par les administrations publiques et les institutions européennes. Cotisations sociales et impôts sont comptabilisés pour leurs montants dus, mais les prélèvements obligatoires sont nets des montants dus non recouvrables : on retranche donc aux impôts dus les « admissions en non-valeur ».

Taux de prélèvements obligatoires : rapport des prélèvements obligatoires au PIB.

Administrations publiques (APU), administrations publiques centrales, administrations publiques locales, administrations de sécurité sociale, contribution pour le remboursement de la dette sociale (CRDS), contribution sociale généralisée (CSG), impôt, impôts en capital, impôts sur la production et les importations, impôts sur les produits, impôts sur les revenus, produit intérieur brut (PIB), taxe, taxe sur la valeur ajoutée (TVA) : voir rubrique « Définitions » en annexes.

Pour en savoir plus

- « Projet de loi de finances pour 2017 – rapport économique, social et financier », ministère de l'Économie et des Finances.
- « L'économie française », *Insee Références*, édition 2016.
- « Les comptes des administrations publiques en 2015 », *Insee Première* n° 1598, mai 2016.

Taux de prélèvements obligatoires de 1960 à 2015

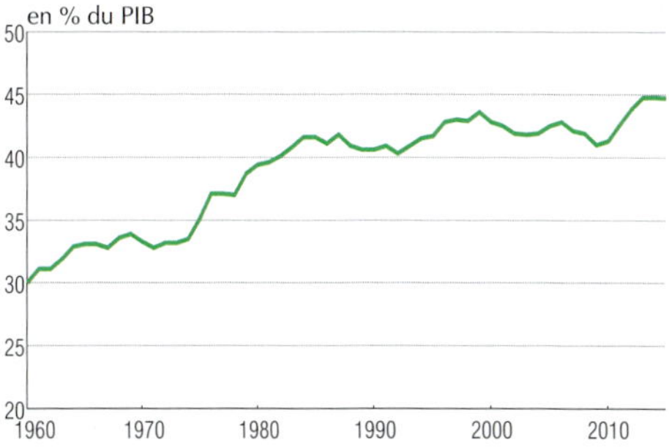

Note : hors cotisations sociales imputées et crédits d'impôt.
Source : Insee, comptes nationaux - base 2010.

Recettes des administrations publiques en 2015

en milliards d'euros

	2013 (r)	2014 (r)	2015
Ventes et autres recettes de production	**84,9**	**86,5**	**88,2**
Prod. des branches marchandes et ventes résiduelles	58,1	59,1	60,2
Production pour emploi final propre	14,3	14,1	14,3
Paiements partiels des ménages	9,3	9,5	9,7
Autres subventions sur la production	3,2	3,7	4,0
Revenus de la propriété	**14,2**	**14,9**	**15,4**
Intérêts	2,2	2,2	2,8
Revenus de la propriété (hors intérêts)	12,0	12,7	12,6
Impôts et cotisations sociales	**1 000,4**	**1 020,2**	**1 042,0**
Impôts sur la prod. et les importations	328,8	336,8	347,7
Impôts courants sur le revenu et le patrimoine	269,4	270,8	274,6
Impôts en capital	10,5	10,3	12,3
Cotisations sociales	398,9	408,8	412,8
dont cotisations sociales imputées	*41,9*	*42,5*	*42,7*
Impôts et cotisations dus non recouvrables nets	– 7,1	– 6,5	– 5,4
Autres transferts	**20,5**	**20,2**	**20,8**
Transferts courants	18,8	18,5	18,1
Transferts en capital	1,6	1,7	2,7
Total des recettes	**1 119,9**	**1 141,8**	**1 166,3**

Source : Insee, comptes nationaux - base 2010.

Prélèvements obligatoires au profit des administrations publiques et des institutions européennes

	2014 (r)		2015	
	en Md€	en % du PIB	en Md€	en % du PIB
État	291,5	13,6	294,4	13,5
Impôts[1]	283,7	13,3	286,5	13,1
Cotisations sociales	7,8	0,4	7,9	0,4
Odac	14,7	0,7	16,8	0,8
Administrations publiques locales	127,9	6,0	133,4	6,1
Administrations de sécurité sociale	522,3	24,4	528,6	24,2
Impôts	167,4	7,8	170,0	7,8
Cotisations sociales[2]	354,9	16,6	358,6	16,4
Institutions de l'Union européenne	2,1	0,1	2,2	0,1
Total	**958,5**	**44,8**	**975,4**	**44,7**

1. Après transferts de recettes fiscales et nets des crédits d'impôt et des impôts dus non recouvrables.
2. Nettes des cotisations dues non recouvrables.
Source : Insee, comptes nationaux - base 2010.

Principaux impôts par catégorie

en milliards d'euros

	2014 (r)	2015
Impôts sur le revenu[1]	**225,2**	**223,9**
dont : contribution sociale généralisée (CSG)	*93,6*	*95,8*
impôt sur le revenu	*70,0*	*70,2*
impôts sur les sociétés (inclus impôt forfaitaire annuel)	*35,5*	*31,2*
contribution au remb. de la dette sociale	*6,7*	*6,9*
Taxes du type TVA	**148,2**	**151,3**
Impôts sur les produits[2]	**89,4**	**96,1**
dont : TICPE[2]	*23,8*	*26,3*
taxes sur les tabacs	*11,9*	*12,2*
Impôts divers sur la production	**64,0**	**64,9**
dont : cotisation foncière des entreprises	*6,2*	*6,4*
cotisation sur la valeur ajoutée des entreprises	*12,8*	*13,0*
taxe foncière	*30,6*	*31,6*
Impôts sur les salaires et la main-d'œuvre	**34,7**	**34,9**
dont taxes sur les salaires	*13,1*	*13,2*
Autres impôts sur le revenu et le patrimoine	**24,4**	**24,6**
dont : impôt de solidarité sur la fortune	*5,2*	*5,2*
taxe d'habitation	*17,8*	*18,3*
Impôts en capital	**10,3**	**12,3**
dont mutation à titre gratuit	*10,2*	*12,2*
Impôts de type droits de douanes	**2,6**	**2,7**

1. L'impôt sur le revenu et l'impôt sur les sociétés sont présentés nets des crédits d'impôts.
2. Taxe intérieure de consommation sur les produits énergétiques (TIPP avant 2011).
Source : Insee, comptes nationaux - base 2010.

Poids des prélèvements obligatoires au sein de l'UE en 2014

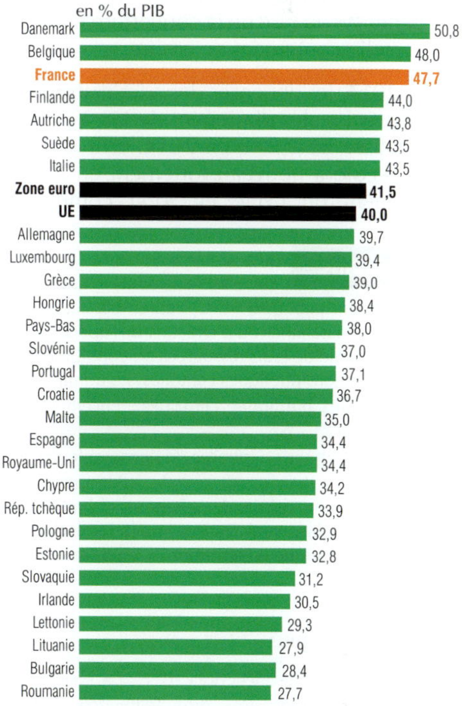

Note : prélèvements obligatoires y c.cotisations sociales imputées.
Champ : administrations publiques ; institutions européennes.
Source : Eurostat.

13.3 Dépense publique

En 2015, les **dépenses publiques** progressent de 1,3 %, portées comme en 2014 par la montée en charge du crédit d'impôt pour la compétitivité et l'emploi (CICE). Le poids des dépenses publiques dans le PIB atteint 57,0 %, en diminution de 0,3 point par rapport à 2014.

La progression des dépenses des **administrations publiques centrales** ralentit en 2015 (+ 1,1 %, après + 1,7 % en 2014). Les consommations intermédiaires hors **services d'intermédiation financière indirectement mesurés (Sifim)** augmentent fortement (+ 5,0 %) sous l'effet des dépenses militaires de l'État. Les dépenses de personnel s'accroissent légèrement (+ 0,4 %). L'évolution des salaires bruts (+ 0,3 %, après + 0,6 % en 2014) résulte de la poursuite de la suppression de postes au sein du ministère de la Défense, compensée par la hausse des emplois dans l'enseignement scolaire public. Les **cotisations sociales imputées** de l'État employeur ralentissent à nouveau (+ 0,4 % en 2015, après + 1,1 %). Les **prestations sociales** versées par les administrations publiques centrales progressent moins qu'en 2014 : + 1,2 %, après + 2,0 %. Les pensions de retraite, les prestations de revenu de solidarité active ainsi que les dépenses au titre de la couverture maladie universelle continuent de croître.

En 2014, les dépenses des **administrations publiques locales** diminuent de 1,3 %, après une hausse de 0,2 % en 2014. L'investissement recule à nouveau fortement en raison notamment du cycle électoral communal (– 10,0 %, après – 8,4 % en 2014). Les consommations intermédiaires diminuent de 1,0 %, après – 0,1 % en 2014 dans un contexte d'inflation nulle. La baisse des transferts de l'État a dû également peser sur ces deux postes. Les charges d'intérêts se replient en raison de la baisse des taux. Par ailleurs, les rémunérations ralentissent en 2015 (+ 2,1 %, après + 3,7 %), après une année 2014 marquée par la hausse des contributions sociales employeur et des mesures catégorielles. Enfin, les dépenses de prestations et de transferts sociaux ralentissent (+ 3,0 %, après + 4,5 % en 2014).

Les dépenses des **administrations de sécurité sociale** décélèrent fortement en 2015 (+ 0,6 %, après + 2,3 %) avec le transfert à l'État du financement d'une partie des allocations logement. Dans un contexte d'inflation nulle, les dépenses de prestations sociales continuent par ailleurs de ralentir. Les prestations familiales se replient sous l'effet principalement de la modulation des allocations en fonction des revenus à partir du 1er juillet 2015. Par ailleurs, le gel des pensions de base au 1er octobre 2014 freine l'évolution des prestations vieillesse. La progression des dépenses d'assurance maladie est contenue (+ 2,0 %), avec une exécution conforme à l'**objectif national des dépenses d'assurance maladie (Ondam)**. En revanche, les dépenses d'indemnisation du chômage demeurent dynamiques en raison d'une situation encore dégradée sur le marché du travail. ■

Définitions

Administrations publiques (APU) : ensemble des unités institutionnelles dont la fonction principale est de produire des services non marchands ou d'effectuer des opérations de redistribution du revenu et des richesses nationales. Elles tirent la majeure partie de leurs ressources de contributions obligatoires. Le secteur des administrations publiques comprend les administrations publiques centrales, les administrations publiques locales et les administrations de sécurité sociale.

Administrations publiques centrales : ensemble constitué par l'État et les Organismes divers d'administration centrale (Odac).

Dépenses publiques : dépenses de l'ensemble des administrations publiques.

Administrations de sécurité sociale, administrations publiques locales, autorisations d'engagement, cotisations sociales imputées, crédits de paiement, objectif national des dépenses d'assurance maladie (Ondam), pension de retraite, prestations sociales (ou transferts sociaux), services d'intermédiation financière indirectement mesurés (Sifim) : voir rubrique « Définitions » en annexes.

Pour en savoir plus

- « Projet de loi de finances pour 2017 – Les chiffres clés », ministère de l'Économie et des Finances, septembre 2016.
- « L'économie française », *Insee Références*, édition 2016.
- « Les comptes des administrations publiques en 2015 », *Insee Première* n° 1598, mai 2016.

Retrouvez le TEF sur www.insee.fr dans la collection « Insee Références »

Principales dépenses par administration publique en 2015

	Administrations publiques centrales				Adm. publiques locales		Adm. de sécurité sociale		Adm. publiques[1]	
	Total		*dont État*		en Md€	15/14 en %	en Md€	15/14 en %	en Md€	15/14 en %
	en Md€	15/14 en %	*en Md€*	*15/14 en %*						
Ensemble des dépenses[1]	**500,9**	**1,1**	***463,3***	***– 0,2***	**249,2**	**– 1,3**	**578,5**	**0,6**	**1 242,8**	**1,3**
dont :										
consommations intermédiaires[2]	*32,4*	*4,2*	*21,6*	*6,5*	*51,3*	*– 0,2*	*28,0*	*3,2*	*111,7*	*1,9*
rémunérations des salariés	*137,4*	*0,4*	*119,8*	*0,4*	*79,4*	*2,1*	*64,8*	*1,2*	*281,5*	*1,0*
intérêts[2]	*37,9*	*– 4,1*	*37,3*	*– 4,6*	*1,9*	*– 23,3*	*4,1*	*– 12,4*	*43,8*	*– 5,6*
prestations sociales[3]	*95,8*	*1,2*	*89,4*	*1,0*	*25,5*	*3,0*	*446,1*	*1,9*	*567,4*	*1,8*
formation brute de capital fixe	*26,1*	*5,7*	*9,9*	*17,1*	*41,5*	*– 10,0*	*7,7*	*– 10,7*	*75,3*	*– 5,1*

1. Les transferts au sein d'un même secteur sont consolidés si bien que la somme des dépenses (ou des recettes) des secteurs est supérieure à celle des APU dans leur ensemble.
2. Hors correction au titre des services d'intermédiation financière indirectement mesurés (Sifim) sur les intérêts versés.
3. En espèces et en nature.
Source : Insee, comptes nationaux - base 2010.

Différents postes de dépenses des administrations publiques

en milliards d'euros

	2014 (r)	2015		2014 (r)	2015
Dépenses de fonctionnement	398,9	404,0	Prestations et autres transferts	699,2	717,2
Consommations intermédiaires	109,7	111,7	Prestations sociales[1]	429,3	436,7
Rémunération des salariés	278,6	281,5	Transferts sociaux en nature[2]	127,9	130,7
dont cotisations sociales imputées	*42,5*	*42,7*	Subventions	47,6	55,3
Impôts sur la production	10,4	10,6	Transferts courants	72,1	72,8
Revenus de la propriété autres que les intérêts	0,1	0,1	Transferts en capital	22,2	21,6
Impôts courants sur le revenu et le patrimoine	0,1	0,1	Acquisitions nettes d'actifs non financiers[3]	82,2	77,8
Intérêts	46,4	43,8	**Total des dépenses**	**1 226,6**	**1 242,8**

1. Autres que transferts sociaux en nature. 2. Transferts de biens et services marchands. 3. Dont FBCF : 75,3 milliards d'euros en 2015.
Source : Insee, comptes nationaux - base 2010.

Principales dépenses par administration publique en 2015

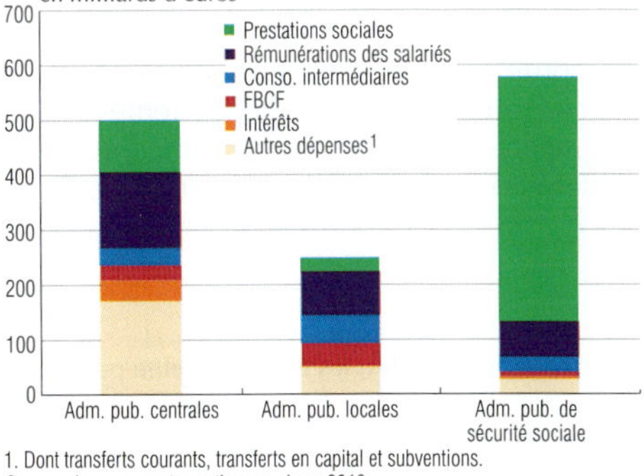

1. Dont transferts courants, transferts en capital et subventions.
Source : Insee, comptes nationaux - base 2010.

Structure des dépenses publiques en 2015

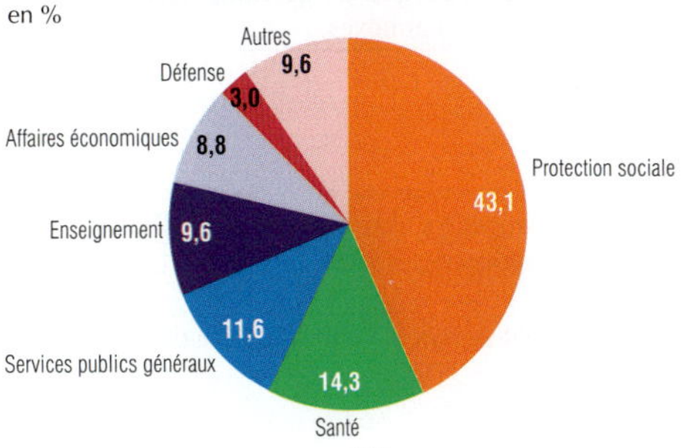

Source : Insee, comptes nationaux - base 2010.

Dépenses des administrations publiques au sein de l'UE en 2015

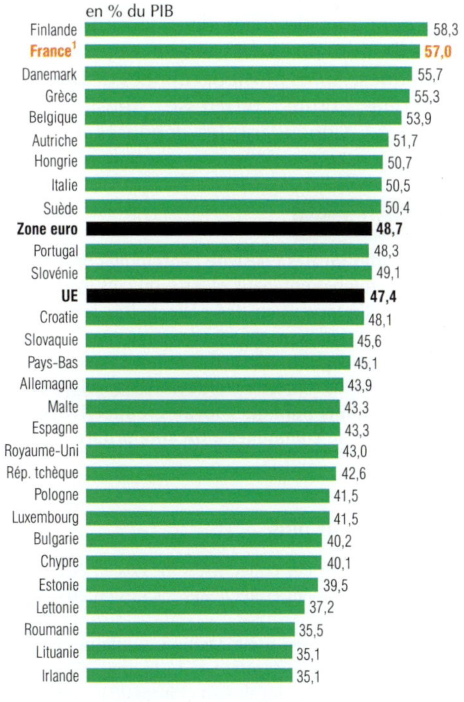

1. Donnée France issue des comptes nationaux.
Source : Eurostat.

13.4 Finances publiques locales

En 2015, les dépenses de fonctionnement des **collectivités locales** ralentissent par rapport à 2014, en particulier les dépenses de personnel. À l'inverse, les recettes de fonctionnement progressent de façon plus soutenue, notamment pour les recettes fiscales. Ainsi, le niveau de l'épargne brute est en hausse en 2015, après trois années de baisse. Les dépenses d'investissement diminuent pour la seconde année, ce qui s'explique en partie par les effets du cycle électoral communal. L'endettement progresse à nouveau, notamment dans les régions.

Au 1er janvier 2015, le secteur communal rassemble 36 658 **communes** et 2 133 **établissements publics de coopération intercommunale (EPCI)** à fiscalité propre. Les dépenses de fonctionnement du secteur communal progressent de 1,4 %, confirmant le ralentissement de 2014. Cette évolution modérée provient à la fois d'une augmentation moins rapide des dépenses de personnel et de la baisse des **dépenses d'intervention** et des achats et charges externes. En revanche, les recettes de fonctionnement sont plus dynamiques. Cette amélioration est surtout due aux impôts locaux qui augmentent de 4,6 %. La progression des recettes de fonctionnement est cependant freinée par la réduction des concours de l'État dans le cadre de la contribution au redressement des finances publiques. Après plusieurs années de baisses, l'épargne brute progresse sensiblement (+ 5,4 %). Cependant, les dépenses d'investissement diminuent pour la seconde année, ce qui s'explique en partie par les effets du cycle électoral.

En 2015, les dépenses de fonctionnement des départements augmentent de 1,4 %, un rythme nettement inférieur à celui des années précédentes. Les dépenses d'aide sociale continuent cependant de croître à un rythme comparable à celui des exercices antérieurs (+ 3,0 %). Les recettes de fonctionnement progressent de 1,1 %, grâce au dynamisme des impôts locaux et des droits de mutation à titre onéreux (DMTO), et malgré la baisse des concours financiers de l'État. L'érosion de l'épargne brute des départements a été moins forte que les années précédentes. Hors remboursements de dette, leurs dépenses d'investissement sont toujours en baisse (– 5,3 % en 2015).

Les recettes de fonctionnement des régions sont reparties à la hausse en 2015 (+ 2,0 %). La progression de ces recettes reste inférieure à celle des dépenses de fonctionnement, qui ont nettement accéléré (+ 3,3 %). Ainsi, l'épargne brute des régions, déjà orientée à la baisse depuis 2011, diminue à nouveau en 2015. Les régions poursuivent cependant leur effort d'investissement, qu'elles financent par une hausse importante du recours à l'emprunt, complétée par un prélèvement sur leur trésorerie. Leur taux d'endettement, qui a augmenté de 9 points en 2014, progresse encore pour atteindre 104 % en 2015. ■

Définitions

Collectivités locales : désigne l'ensemble constitué par les collectivités territoriales, les EPCI à fiscalité propre, les syndicats intercommunaux et les syndicats mixtes.

Dépense d'intervention des collectivités locales : dépenses effectuées par les collectivités locales au titre des compétences qui leur ont été transférées par l'État.

Établissement public de coopération intercommunale (EPCI) : regroupement de communes ayant pour objet l'élaboration de « projets communs de développement au sein de périmètres de solidarité ».

Administrations publiques locales, collectivités territoriales, commune, épargne de gestion, fiscalité locale, groupement de communes à fiscalité propre : voir rubrique « Définitions » en annexes.

Pour en savoir plus

- « Les finances des collectivités locales en 2016 », Observatoire des finances locales, septembre 2016.
- « Les finances des collectivités locales en 2015 et 2016 », *Bulletin d'informations statistiques* n° 111, DGCL, août 2016.
- « Les comptes des administrations publiques en 2015 – L'investissement se replie à nouveau et le déficit public se réduit », *Insee Première* n° 1598, mai 2016.
- « Les collectivités locales en chiffres 2015 », DGCL, mai 2016.

Retrouvez le TEF sur www.insee.fr dans la collection « Insee Références »

Dépenses des différents niveaux de collectivités locales en 2015

en milliards d'euros

	Montants	15/14 en %
Communes	88,0	– 2,9
Départements	71,3	0,0
Régions	27,9	3,1
Total collectivités territoriales	**187,2**	**– 1,0**
Groupements de communes à fiscalité propre	38,2	– 1,3
Ensemble collectivités territoriales et groupements à fiscalité propre[1]	**215,6**	**– 1,0**

1. Montant inférieur à la somme des lignes « collectivités territoriales » et « groupements de communes » en raison de la neutralisation des reversements fiscaux des groupements vers les communes.
Note : dépenses totales hors remboursement de dette.
Champ : montants hors gestion active de la dette ; hors volume budgétaire des syndicats.
Source : DGFiP, données provisoires.

Poids des investissements des administrations publiques locales de 1950 à 2015

Source : Insee, comptes nationaux - base 2010.

Structure de la fiscalité locale en 2014

en milliards d'euros

	Communes et groupements[1]	Départ.	Régions	Total
Taxe d'habitation	20,6	///	///	20,6
Taxe sur le foncier bâti	16,8	12,5	///	29,3
Taxe sur le foncier non bâti	1,0	///	///	1,0
Produits votés des 3 taxes «ménages»	**38,4**	**12,5**	**///**	**50,9**
Cotisation foncière des entreprises (CFE)	7,0	///	///	7,0
Cotisation sur la valeur ajoutée des entreprises (CVAE)	4,2	7,7	4,0	15,9
Impositions forfaitaires sur les entreprises de réseaux (IFER)	0,5	0,3	0,7	1,5
Taxe sur les surfaces com. (TASCOM)	0,7	///	///	0,7
Produits votés des impôts économiques	**12,4**	**8,0**	**4,6**	**25,1**
Taxes liées à l'urbanisme	0,8	0,4	0,2	1,4
Taxe d'enlèvement des ord. mén.	6,4	///	///	6,4
Droits de mutation à titre onéreux	2,0	7,9	///	9,9
Taxe int. de consommat. sur les produits énergétiques	///	6,5	4,9	11,4
Versement aux transp. en commun	7,2	///	///	7,2
Taxe spéc. sur les conv. d'assurance	///	6,7	///	6,7
Taxe sur les cartes grises	///	///	2,1	2,1
Taxe sur l'électricité	1,5	0,7	///	2,2
Impôts et taxes d'outre-mer	0,9	0,2	0,5	1,6
Autres taxes	1,7	0,3	1,7	3,7
Autres contributions	**20,5**	**22,7**	**9,4**	**52,6**
Total impôts et taxes	**71,3**	**43,2**	**14,0**	**128,5**

1. Y c. les syndicats.
Sources : DGFiP ; DGCL.

Finances des collectivités territoriales et groupements à fiscalité propre

en milliards d'euros

	2014 (r)	2015 (p)	15/14 en %
Dépenses de fonctionnement hors intérêts de dette	162,2	164,1	1,2
dont : achats et charges externes	*30,8*	*30,4*	*– 1,5*
frais de personnel	*59,0*	*60,1*	*1,9*
dépenses d'intervention	*67,1*	*68,4*	*1,9*
Recettes de fonctionnement	193,5	196,0	1,3
dont : impôts et taxes	*119,2*	*125,1*	*5,0*
concours de l'État	*49,3*	*44,8*	*– 9,0*
Épargne de gestion	**31,4**	**31,9**	**1,6**
Frais financiers	4,6	4,6	0,8
Épargne brute	**26,8**	**27,3**	**1,8**
Dépenses d'investissement hors rembours.	51,2	46,9	– 8,4
Recettes d'investissement hors emprunts	20,1	20,6	2,6
Dépenses totales hors rembours. de dette	**217,9**	**215,6**	**– 1,0**
Recettes totales hors emprunts	**213,6**	**216,6**	**1,4**
Besoin ou capacité de financement	**– 4,3**	**0,9**	**///**
Remboursements de dette	12,6	13,3	5,5
Emprunts	16,0	16,2	1,4
Dette totale au 31 décembre	**141,9**	**145,8**	**///**

Note : les montants sont calculés hors gestion active de la dette.
Champ : montants hors gestion active de la dette ; hors volume budgétaire des syndicats.
Source : DGFiP.

Dépenses au titre des compétences transférées aux collectivités locales

en millions d'euros

	2005	2010	2016 (p)	16/15 en %
Aux départements				
Aide sociale[1]	25 928	33 678	40 188	1,4
dont : RSA[2]	*6 696*	*8 603*	*12 048*	*3,0*
alloc. pers. d'autonomie (APA)	*4 113*	*5 372*	*5 772*	*0,3*
Collèges	3 345	4 304	4 094	– 1,2
Serv. dép. d'incendie et de secours	1 740	2 386	2 663	0,8
Aux régions				
Formation prof. continue et apprent.	3 468	5 052	5 737	7,3
Enseignement	3 964	6 326	6 584	5,2
Transport ferroviaire de voyageurs	2 859	3 195	4 199	– 2,6

1. Dépenses de fonctionnement des fonctions prévention médico-sociale, action sociale (hors RMI et APA), RMI, APA et RSA.
2. Le RSA s'est substitué au RMI le 1er juin 2009.
Note : données issues des comptes des collectivités locales.
Sources : DGCL ; DGFiP.

Concours financiers de l'État aux collectivités territoriales en 2016

en milliards d'euros

	Montants	Part en %
Dotation globale de fonctionnement (DGF)	33,2	64,1
Fonds de compensation de la TVA (FCTVA)	6,0	11,7
Compensations d'exonération	2,4	4,7
Dotation de compensation de la réforme de la taxe professionnelle	3,3	6,4
Mission Relations avec les collec. territoriales	3,7	7,2
Amendes	0,7	1,3
Fonds emprunts structurés	0,2	0,4
Autres concours de l'État	2,2	4,3
Total	**51,9**	**100,0**

Source : DGCL.

13.5 Union monétaire européenne

L'année 2015 a été marquée par une reprise de l'économie de la **zone euro**. La demande intérieure s'est substituée à la demande extérieure comme moteur de la croissance sous l'effet de la hausse de la confiance des consommateurs. L'économie de la zone euro a été notamment affectée par trois caractéristiques principales de l'environnement international en 2015 : une divergence croissante de l'activité économique entre économies de marché avancées et émergentes ; une faiblesse historique des évolutions du commerce mondial ; des tensions inflationnistes mondiales modérées en raison de la poursuite de la baisse des prix de l'énergie et de la persistance d'importantes capacités de production inutilisées.

La reprise progressive dans la zone euro, amorcée au deuxième trimestre 2013, s'est poursuivie sur l'ensemble de l'année 2015. La croissance annuelle moyenne s'établit à + 1,5 % en 2015, son taux le plus élevé depuis 2011. Le redressement progressif de la croissance reflète principalement la bonne tenue de la consommation privée dans les pays de la zone euro.

Au cours de 2015, le **taux de change effectif nominal** de l'euro a diminué. Ses variations ont continué de refléter pour une grande part les différences de situation conjoncturelle et d'orientation de la politique monétaire dans les principales économies. Mesuré par rapport aux 38 principaux partenaires commerciaux de la zone, il a reculé de plus de 3 % en rythme annuel. En termes bilatéraux, l'euro s'est nettement déprécié contre le dollar des États-Unis (– 10 %).

En 2015, dans la zone euro, l'**inflation** totale, mesurée par l'**indice des prix à la consommation harmonisé (IPCH)** a été très faible ou même négative (au début 2015 et à l'automne), dans un contexte de faiblesse persistante des cours des matières premières. En moyenne en 2015, l'inflation est nulle, contre + 0,4 % en 2014 et + 1,4 % en 2013. L'inflation sous-jacente, mesurée par l'IPCH hors énergie et produits alimentaires, s'est un peu redressée par rapport à son point bas historique de + 0,6 % enregistré début 2015. Elle s'établit à + 0,8 % en moyenne annuelle.

En 2015, la dynamique financière de la zone euro a été déterminée dans une large mesure par les décisions de politique monétaire de la BCE, et notamment par le programme d'achats d'actifs. Les taux du marché monétaire, les rendements des emprunts publics et le coût du financement externe pour les sociétés non financières ont tous poursuivi leur baisse pour s'établir à de nouveaux points bas historiques. Les évolutions des écarts de rendement des emprunts publics au sein de la zone euro ont été relativement modérées en rythme annuel, mais font apparaître une certaine hétérogénéité entre les pays. ■

Définitions

Zone euro : zone monétaire qui regroupe les pays de l'Union européenne qui ont adopté l'euro comme monnaie unique. Les dix-neuf États membres constituant la zone euro en 2015 sont l'Allemagne, l'Autriche, la Belgique, Chypre, l'Espagne, l'Estonie, la Finlande, la France, la Grèce, l'Irlande, l'Italie, la Lettonie, la Lituanie, le Luxembourg, Malte, les Pays-Bas, le Portugal, la Slovaquie et la Slovénie. La zone a été créée en 1999 par onze pays, rejoints par la Grèce en 2001, la Slovénie en 2007, Chypre et Malte en 2008, la Slovaquie en 2009, l'Estonie en 2011, la Lettonie en 2014 et la Lituanie en 2015.

Critères de convergence du Traité de Maastricht, déficit public notifié, dette publique notifiée, indice des prix à la consommation harmonisé (IPCH), inflation, parité de pouvoir d'achat (PPA), produit intérieur brut (PIB), taux de change, taux de change effectif nominal, taux d'intérêt : voir rubrique « Définitions » en annexes.

Pour en savoir plus

- « Zone euro – Principaux indicateurs économiques et financiers », Banque de France, janvier 2017.
- « Déficit public de la zone euro et de l'UE28 respectivement de 2,1 % et 2,4 % du PIB », *communiqué de presse* n° 204, Eurostat, octobre 2016.
- « Rapport sur la convergence 2016 », Banque centrale européenne, juin 2016.
- « Rapport annuel 2015 », Banque centrale européenne, avril 2016.

Retrouvez le TEF sur www.insee.fr dans la collection « Insee Références »

Taux de change de l'euro contre devises

pour un euro

	2014	2015	2016
Dollar	1,2141	1,0887	1,0541
Yen	145,23	131,07	123,40
Livre sterling	0,7789	0,7340	0,8562
Franc suisse	1,2024	1,0835	1,0739
Couronne danoise	7,4453	7,4626	7,4344
Couronne suédoise	9,3930	9,1895	9,5525
Couronne tchèque	27,735	27,023	27,021
Forint hongrois	315,54	315,98	309,83
Leu roumain	4,4828	4,5240	4,5390
Lev bulgare	1,9558	1,9558	1,9558
Zloty polonais	4,2732	4,2639	4,4103

Note : en fin de période.
Source : Banque centrale européenne.

Part des principaux pays dans le PIB de la zone euro à 19 en 2015

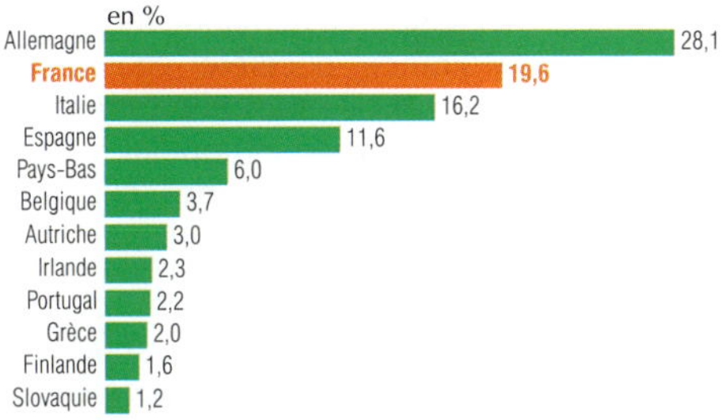

Note : PIB calculés en parités de pouvoir d'achat.
Champ : États membres dont la part dans le PIB de la zone euro excède 1 %.
Sources : Banque centrale européenne ; Commission européenne ; Eurostat.

Situation des pays de l'Union européenne au regard des critères de convergence

	Solde des finances publiques[2] en % du PIB			Dette publique[2 3] en % du PIB			Inflation[4] en %			Taux d'intérêt à long terme[5] en %		
	2013 (r)	2014 (r)	2015	2013 (r)	2014 (r)	2015	2013	2014	2015	2013	2014	2015
Allemagne	– 0,2	0,3	0,7	77,5	74,9	71,2	1,6	0,8	0,1	1,57	1,16	0,50
Autriche	– 1,4	– 2,7	– 1,0	81,3	84,4	85,5	2,1	1,5	0,8	2,01	1,49	0,75
Belgique	– 3,0	– 3,1	– 2,5	105,4	106,5	105,8	1,2	0,5	0,6	2,41	1,71	0,84
Bulgarie	– 0,4	– 5,5	– 1,7	17,0	27,0	26,0	0,4	– 1,6	– 1,1	3,47	3,35	2,49
Chypre	– 4,9	– 8,8	– 1,1	102,2	107,1	107,5	0,4	– 0,3	– 1,5	6,50	6,00	4,54
Croatie	– 5,3	– 5,4	– 3,3	82,2	86,6	86,7	2,3	0,2	– 0,3	4,68	4,05	3,55
Danemark	– 1,1	1,5	– 1,7	44,7	44,8	40,4	0,5	(r) 0,4	0,2	1,75	1,32	0,69
Espagne	– 7,0	– 6,0	– 5,1	95,4	100,4	99,8	1,5	– 0,2	– 0,6	4,56	2,72	1,73
Estonie	– 0,2	0,7	0,1	10,2	10,7	10,1	3,2	0,5	0,1	nd	nd	nd
Finlande	– 2,6	– 3,2	– 2,8	56,5	60,2	63,6	2,2	1,2	– 0,2	1,86	1,45	0,72
France	**– 4,0**	**– 4,0**	**– 3,5**	**92,3**	**95,3**	**96,2**	**1,0**	**0,6**	**0,1**	**2,20**	**1,67**	**0,84**
Grèce	– 13,2	– 3,6	– 7,5	177,4	179,7	177,4	– 0,9	– 1,4	– 1,1	10,05	6,93	9,67
Hongrie	– 2,6	– 2,1	– 1,6	76,6	75,7	74,7	1,7	0,0	0,1	5,92	4,81	3,43
Irlande	– 5,7	– 3,7	– 1,9	119,5	105,2	78,6	0,5	0,3	0,0	3,79	2,37	1,18
Italie	– 2,7	– 3,0	– 2,6	129,0	131,9	132,3	(r) 1,2	0,2	0,1	4,32	2,89	1,71
Lettonie	– 0,9	– 1,6	– 1,3	39,0	40,7	36,3	0,0	0,7	0,2	3,34	2,51	0,96
Lituanie	– 2,6	– 0,7	– 0,2	38,7	40,5	42,7	1,2	0,2	– 0,7	3,83	2,79	1,38
Luxembourg	1,0	1,5	1,6	23,5	22,7	22,1	1,7	0,7	0,1	1,85	1,34	0,37
Malte	– 2,6	– 2,1	– 1,4	68,4	67,0	64,0	1,0	0,8	1,2	3,36	2,61	1,49
Pays-Bas	– 2,4	– 2,3	– 1,9	67,7	67,9	65,1	2,6	0,3	0,2	1,96	1,45	0,69
Pologne	– 4,1	– 3,4	– 2,6	55,7	50,2	51,1	0,8	0,1	– 0,7	4,03	3,52	2,70
Portugal	– 4,8	– 7,2	– 4,4	129,0	130,6	129,0	0,4	– 0,2	0,5	6,29	3,75	2,42
Rép. tchèque	– 1,2	– 1,9	– 0,6	44,9	42,2	40,3	1,4	0,4	0,3	2,11	1,58	0,58
Roumanie	– 2,1	– 0,8	– 0,8	37,8	39,4	37,9	3,2	1,4	– 0,4	5,41	4,49	3,47
Royaume-Uni	– 5,7	– 5,7	– 4,3	86,2	88,1	89,1	2,6	1,5	0,0	2,03	2,14	1,79
Slovaquie	– 2,7	– 2,7	– 2,7	54,7	53,6	52,5	1,5	– 0,1	– 0,3	3,19	2,07	0,89
Slovénie	– 15,0	– 5,0	– 2,7	71,0	80,9	83,1	1,9	0,4	– 0,8	5,81	3,27	1,71
Suède	– 1,4	– 1,6	0,2	40,4	45,2	43,9	0,4	0,2	0,7	2,12	1,72	0,72
Valeur de référence[1]	**– 3,0**	**– 3,0**	**– 3,0**	**60,0**	**60,0**	**60,0**	**1,7**	**...**	**0,7**	**6,20**	**...**	**4,00**

1. Pour l'inflation et les taux d'intérêt, les valeurs de référence sont issues des rapports sur la convergence de la Banque centrale européenne ; pour 2013 la période est mai 2013 à avril 2014 ; pour 2015 la période est mai 2015 à avril 2016. 2. Chiffres notifiés à la Commission européenne et vérifiés par Eurostat. 3. Dette brute des administrations publiques au sens de Maastricht. 4. Indice des prix à la consommation harmonisés (IPCH), en moyenne annuelle. 5. En moyenne annuelle.
Sources : Banque centrale européenne ; Commission européenne ; Eurostat.

Comparaison de la zone euro à 19 aux États-Unis et au Japon en 2015

	Zone euro	États-Unis[4]	Japon[5]		Zone euro	États-Unis[4]	Japon[5]
Population (en millions)	339,0	318,8	126,8	Dette publique (en % du PIB)	90,4	125,6	246,6
Taux de chômage (en %)[1]	10,9	5,3	3,4	Évolution des prix à la consommation (en %)[1]	0,0	0,1	0,8
PIB (en milliards d'euros)	10 456,2	13 111,8	3 717,9	Évolution de la production industrielle (en %)[3]	2,0	0,8	– 1,2
PIB par habitant (en euros PPA)[2]	30 630	42 730	28 450	Évolution des ventes au détail en volume (en %)[1]	1,3	1,4	– 1,2
Croissance en volume du PIB (en %)[1]	1,9	2,6	1,2	Solde des transactions courantes (en % du PIB)	3,5	– 2,6	3,1
Déficit public (en % du PIB)	– 2,1	– 4,2	– 6,2	Taux d'intérêt à long terme[1]	1,22	2,14	0,35

1. En moyenne annuelle. 2. PPA : parité de pouvoir d'achat. 3. Hors bâtiment, en moyenne annuelle. 4. Données 2014 pour la population et le PIB.
5. Donnée 2014 pour le déficit public.
Sources : Banque centrale européenne ; Commission européenne ; Eurostat ; OCDE.

14.1 Importations - Exportations

En 2015, le commerce mondial de biens ralentit (+ 1,6 %, après + 2,9 %), du fait des économies émergentes. La demande mondiale adressée à la France décélère également (+ 3,4 %, après + 3,9 %), mais elle reste plus dynamique que le commerce mondial du fait de l'orientation géographique des exportations françaises.

Malgré le léger ralentissement de la demande mondiale adressée à la France, les **exportations** de biens et services accélèrent nettement en 2015 : + 6,1 % en volume, après + 3,3 %, ce qui traduit des gains de parts de marché. Cette amélioration s'explique notamment par la dépréciation de l'euro au cours de l'année 2015. Les exportations de biens manufacturés qui représentent près de trois quarts des ventes accélèrent franchement : + 6,9 %, après + 1,7 %. Les ventes de matériels de transport expliquent à elles seules près de la moitié du dynamisme des ventes manufacturières. Les ventes de produits agricoles rebondissent également. Au total, les exportations de biens s'accroissent nettement et contribuent à la croissance des exportations totales pour + 4,7 points.

En 2015, les **importations** de la France accélèrent également : + 6,6 % en volume, après + 4,7 %. Elles sont tirées notamment par la progression des différentes composantes de la demande. Les importations de produits manufacturés progressent nettement plus vite que l'année précédente. Tous les postes contribuent à cette accélération. Au total, les importations de biens accélèrent en volume (+ 6,6 %, après + 2,4 %), contribuant pour + 5,0 points à la croissance d'ensemble.

Sur l'ensemble de l'année 2015, l'accélération des exportations ne compense pas le dynamisme des importations. La contribution des échanges à la croissance du PIB en volume est donc négative (– 0,3 point), pour la troisième année consécutive.

En 2015, le nombre d'exportateurs français s'élève à 125 160 (**unités légales**), soit 3 600 de plus qu'en 2014. Cette hausse est due aux opérateurs de petite taille, plus particulièrement dans les secteurs du commerce et des services. Le nombre d'exportateurs augmente également dans l'industrie et dans l'agriculture. En 2015, le nombre d'exportateurs s'accroît sensiblement vers l'Amérique, l'Asie et le Proche et Moyen-Orient, où les exportations sont dynamiques. Les opérateurs tournés vers l'Europe hors Union européenne (UE) sont également plus nombreux bien que les exportations vers cette zone reculent. Le nombre d'exportateurs augmente plus modérément vers l'UE et diminue très légèrement vers l'Afrique. Le tissu exportateur est trés concentré : les grandes **entreprises** (au sens de la LME) ne représentent que 0,4 % des entreprises exportatrices mais elles réalisent la moitié des exportations. La quasi-totalité des entreprises exportatrices sont des PME ou micro-entreprises (96 %) mais elles n'effectuent que 15 % des exportations. Enfin, les **entreprises de taille intermédiaire (ETI)** représentent 34 % des montants exportés. ■

Définitions

Toutes les données du commerce extérieur (produits, pays) sont **CAF-FAB,** sauf précision contraire.

Exportations de biens et de services : ensemble des biens et des services fournis par des résidents à des non-résidents, à titre onéreux ou gratuit. Les opérations internationales sur services diffèrent des opérations sur les biens. Les biens pouvant être transportés très loin de leur lieu de production, leur commercialisation s'accompagne de frais de transport qui peuvent, ou non, être comptabilisés dans leur valeur. Les services, en revanche, sont directement fournis à l'utilisateur par le producteur, au moment où ils sont produits (voir la suite de cette définition dans la rubrique « Définitions » en annexes.).

Taux de couverture : rapport entre la valeur des exportations et celle des importations entre deux pays (ou deux zones). Il peut être relatif à un produit ou à l'ensemble des échanges. La différence entre les deux valeurs est appelée solde du commerce extérieur.

CAF (coût, assurance, fret), entreprise, entreprise de taille intermédiaire (ETI), FAB (franco à bord), importations de biens et de services, unité légale : voir rubrique « Définitions » en annexes.

Pour en savoir plus

- « L'économie française », *Insee Références*, édition 2016.
- « Les opérateurs du commerce extérieur – Année 2015 », Douanes, juin 2016.

Retrouvez le TEF sur www.insee.fr dans la collection « Insee Références »

Exportateurs de marchandises selon le secteur d'activité

	2003	2005	2007	2009	2011	2013	2015
Agriculture	11 912	10 448	12 426	11 724	11 888	12 897	13 381
Commerce	49 704	48 709	49 365	49 073	50 841	52 878	54 480
Industrie	38 351	36 895	36 435	32 156	31 762	31 122	31 391
Services	15 956	14 384	15 722	16 663	17 088	18 642	20 245
Autres	9 492	13 158	7 837	6 417	4 720	5 378	5 661
Total	**125 415**	**123 594**	**121 785**	**116 033**	**116 299**	**120 917**	**125 158**

Lecture : en 2015 parmi les 125 158 exportateurs, 54 480 sont dans le secteur du commerce.
Champ : entreprises françaises ayant déclaré des échanges internationaux de marchandises ; hors commerce intracommunautaire inférieur à 460 000 euros.
Source : DGDDI.

Exportations et importations par groupe de biens

en milliards d'euros courants

	2012	2013	2014	2015
Exportations de biens (FAB)	**440,1**	**443,2**	**446,1**	**472,2**
Agriculture, sylviculture et pêche	15,5	17,1	15,3	16,5
Industries extractives, énergie, eau[1]	11,8	10,3	10,9	9,8
Fabr. d'aliments, de boissons et de prod. à base de tabac	43,3	44,3	44,2	45,7
Cokéfaction et raffinage	18,8	17,7	16,0	14,0
Fabr. d'équip. électriques, électroniques, informatiques[2]	82,8	81,5	82,6	87,4
Fabrication de matériels de transport	92,5	96,4	96,9	109,3
Fabrication d'autres produits industriels	175,4	175,9	180,1	189,4
Importations de biens (CAF)	**508,0**	**501,4**	**499,2**	**509,9**
Agriculture, sylviculture et pêche	11,6	12,3	12,1	13,3
Industries extractives, énergie, eau[1]	62,0	58,2	49,1	37,8
Fabr. d'aliments, de boissons et de prod. à base de tabac	36,1	37,5	37,7	38,7
Cokéfaction et raffinage	34,4	31,5	29,0	21,3
Fabr. d'équip. électriques, électroniques, informatiques[2]	102,6	102,2	102,1	109,4
Fabrication de matériels de transport	66,8	67,6	72,3	82,5
Fabrication d'autres produits industriels	194,6	192,1	197,0	206,9
Importations de biens (FAB)	**492,3**	**485,2**	**483,0**	**493,4**
Solde (CAF-FAB)	**– 67,9**	**– 58,2**	**– 53,1**	**– 37,7**
Solde (FAB-FAB)	**– 52,2**	**– 42,0**	**– 36,9**	**– 21,2**
Taux de couverture (en %)[3]	**89,4**	**91,3**	**92,4**	**95,7**

1. Y c. gestion des déchets et dépollution.
2. Y c. fabrication de machines.
3. Rapport entre les exportations et les importations FAB.
Source : Insee, comptes nationaux - base 2010.

Taux de couverture à prix courants de l'ensemble des biens et services de 1950 à 2015

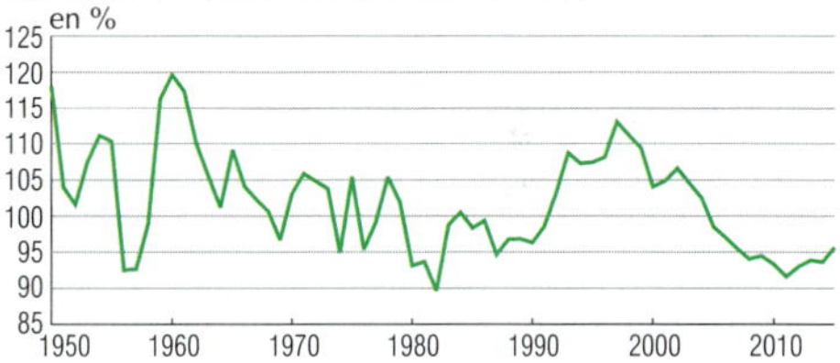

Source : Insee, comptes nationaux - base 2010.

Exportateurs de marchandises par zone géographique

	Nombre d'exportateurs		
	2014 (r)	2015	15/14 en %
Afrique	40 347	40 232	– 0,3
Amérique	32 386	34 179	5,5
Asie	30 530	31 806	4,2
Europe hors UE	45 854	47 524	3,6
Proche et Moyen-Orient	15 785	16 362	3,7
UE	**68 046**	**69 294**	**1,8**

Lecture : en 2015, 31 806 entreprises exportent vers des pays d'Asie, soit 4,2 % de plus qu'en 2014.
Note : un même exportateur peut être comptabilisé au titre de plusieurs zones.
Champ : entreprises françaises ayant déclaré des échanges internationaux de marchandises ; hors commerce intracommunautaire inférieur à 460 000 euros.
Source : DGDDI.

Exportations et importations par groupe de produits en 2015

en milliards d'euros

	Exportations	Importations
Agriculture, sylviculture et pêche	**16,5**	**13,3**
Indus. manufacturière, extract. et autres	**455,7**	**496,6**
Services principalement marchands	**140,9**	**155,4**
Commerce ; répar. d'automobiles et de motocycles	6,2	9,3
Transports et entreposage	31,1	43,9
Information et communication	15,2	18,9
Activités financières et d'assurance	14,8	6,4
Act.scient. et techn. ; services admin. et de soutien	69,6	73,4
Services principalement non marchands[1]	**0,7**	**0,8**
Total des produits	**654,9**	**685,0**

1. Correspond au regroupement des items « Administration publique », « Enseignement », « Santé humaine et action sociale ».
Note : exportations FAB, importations de biens CAF.
Source : Insee, comptes nationaux - base 2010.

Commerce extérieur de l'UE avec ses 15 principaux partenaires à l'exportation en 2015

	Exportations de l'UE		Importations de l'UE	
	en milliards d'euros	15/14 en %	en milliards d'euros	15/14 en %
États-Unis	370,9	19,0	248,1	18,6
Chine[1]	170,4	3,5	350,4	16,0
Suisse	150,8	7,5	102,3	6,0
Turquie	79,1	5,8	61,6	13,3
Russie	73,9	– 28,4	135,7	– 25,6
Japon	56,5	6,1	59,7	5,6
Norvège	48,9	– 2,6	74,3	– 12,7
Émirats arabes unis	48,5	13,5	9,4	14,7
Corée du Sud	47,9	10,9	42,3	9,2
Arabie Saoudite	40,3	14,7	21,5	– 25,0
Inde	38,1	7,0	39,4	6,2
Hong Kong	35,4	1,9	14,2	31,6
Canada	35,2	11,3	28,2	2,8
Brésil	34,6	– 6,3	31,1	– 0,4
Mexique	33,7	18,4	19,7	9,5
Autres pays	526,6	1,9	488,4	– 3,3
Total monde	**1 790,7**	**5,1**	**1 726,5**	**2,0**

1. Non compris Hong Kong.
Champ : échanges internationaux de biens.
Source : Eurostat.

14.2 Solde des échanges extérieurs

En 2015, le **solde du commerce extérieur** des biens et services en valeur s'améliore de 12,5 Md€, tout en restant largement déficitaire : – 30,0 Md€, après – 42,5 Md€. Il s'agit du plus faible déficit depuis 2010 (– 27,6 Md€). En valeur, les exportations croissent plus rapidement (+ 5,7 %) que les importations (+ 3,5 %) en 2015. En effet, le prix des importations baisse beaucoup plus fortement que celui des exportations, du fait notamment de la chute du prix du pétrole : le cours du baril de *Brent* s'est effondré de plus d'un tiers en 2015. L'amélioration du solde du commerce extérieur recouvre des évolutions contrastées.

Le déficit de la **balance commerciale**, mesuré **FAB-FAB**, se contracte de 15,7 Md€ pour atteindre – 21,2 Md€. Le **taux de couverture** des biens en valeur augmente ainsi pour la 4e année consécutive ; en 2015, il gagne 3,3 points, à 95,7 %, et dépasse son niveau de 2005. À l'opposé, le solde des échanges de services (hors tourisme) continue de se dégrader, de 2,5 Md€en 2015, et s'établit à – 14,6 Md€. En 2015, la détérioration est principalement due aux échanges de services aux entreprises, le solde des échanges touristiques étant à peu près stable, malgré un recul de dépenses des étrangers en France de plus de 2 Md€.

La réduction du déficit commercial en 2015 est en majeure partie imputable à l'allègement de la facture énergétique. Le déficit énergétique (y compris les produits raffinés) se réduit pour la troisième année consécutive. Le déficit des produits des industries extractives (pétrole brut, gaz) se réduit de 10,1 Md€ (à – 28,0 Md€) et celui des produits raffinés de 5,7 Md€ (à – 7,3 Md€). Hors énergie, le solde se dégrade mais reste légèrement bénéficiaire. Les échanges de matériels de transport contribuent également à la réduction du déficit commercial, quoique plus modestement. Leur excédent est en hausse de 2,2 Md€ (+ 26,8 Md€, après + 24,6 Md€). Mais parmi les matériels de transport, les échanges en valeur d'automobiles se dégradent ; le déficit atteint son plus bas niveau depuis 1980. Le solde des échanges de biens d'équipement se détériore de façon notable. Le déficit s'alourdit de 2,5 Md€, à – 22,0 Md€.

Le déficit des opérations de répartition se réduit de 13,8 Md€ en 2015, pour s'établir à – 13,0 Md€. Cette amélioration est notamment due à celle du solde des autres transferts courants (de – 21,4 Md€ à – 15,9 Md€) et, dans une moindre mesure, à celle de l'excédent des dividendes (28,0 Md€, après 24,1 Md€) et de la rémunération des salariés (18,4 Md€, après 16,8 Md€). Au total, le **besoin de financement** de la France s'améliore nettement, de 26,3 Md€, atteignant son plus bas niveau depuis 2010. Il représente 2,0 % du PIB en 2015, après 3,2 % en 2014. ■

Définitions

Toutes les données du commerce extérieur (produits, pays) sont **CAF-FAB**, sauf précision contraire.

Solde du commerce extérieur : différence entre la valeur des exportations et celle des importations entre deux pays (ou deux zones). Il peut être relatif à un produit ou à l'ensemble des échanges de biens et services. Le rapport entre ces deux valeurs est appelé taux de couverture.

Termes de l'échange : rapport, pour un produit donné, entre l'indice du prix des exportations et celui des importations. Les indices sont exprimés selon une même année de base. Une amélioration des termes de l'échange de 1 % signifie que la croissance du prix des exportations est 1 % plus forte que celle du prix des importations. Elle signifie aussi une détérioration de la compétitivité-prix française. Inversement une baisse des termes de l'échange signifie une amélioration de la compétitivité-prix.

Balance commerciale, CAF (coût, assurance, fret), capacité et besoin de financement, exportations de biens et de services, FAB (franco à bord), importations de biens et de services, services d'intermédiation financière indirectement mesurés (Sifim), taux de couverture : voir rubrique « Définitions » en annexes.

Pour en savoir plus

- « L'économie française », *Insee Références*, édition 2016.
- « Le chiffre du commerce extérieur – Année 2015 », Douanes, février 2016.
- « Excédent de 246,0 milliards d'euros du commerce international de biens de la zone euro », *communiqué de presse* n° 33, Eurostat, février 2016.

Retrouvez le TEF sur www.insee.fr dans la collection « Insee Références »

Solde des échanges extérieurs de biens et services

en milliards d'euros

	2013 (r)	2014 (r)	2015
Biens alimentaires	10,2	9,7	11,6
Énergie	– 35,3	– 51,1	– 61,7
Matériels de transport	26,8	24,6	28,7
Autres biens industriels	– 39,5	– 36,4	– 36,8
Services	7,7	10,6	18,4
Solde commercial	**– 30,0**	**– 42,5**	**– 39,8**

Note : données CAF-FAB.
Source : Insee, comptes nationaux - base 2010.

Compte des relations avec le reste du monde

en milliards d'euros courants

	2014 (r)	2015
Échanges de biens FAB	– 36,9	– 21,2
Échanges de services hors tourisme	– 12,1	– 14,6
Services commerciaux	– 2,9	– 3,2
Transports	– 12,7	– 12,9
Services d'information et communication	– 3,9	– 3,7
Assurance	2,1	2,4
Services financiers, y c. Sifim[1]	5,8	6,0
Services aux entreprises	– 0,4	– 3,8
Services aux ménages et services de santé	0,0	0,4
Tourisme	6,5	5,7
Solde des échanges extérieurs	**– 42,5**	**– 30,0**
Opérations de répartition	– 26,8	– 13,0
Rémunération des salariés	16,8	18,4
Impôts sur la production et les importations	– 2,1	– 2,2
Subventions	8,3	8,1
Intérêts	– 25,2	– 23,5
Dividendes	24,1	28,0
Autres revenus de la propriété	6,4	6,6
Impôts courants sur le revenu et le patrimoine	3,5	3,8
Cotisations et prestations sociales	– 11,2	– 11,4
Coopération internationale courante	– 5,8	– 5,4
Ressources de l'UE	– 19,2	– 19,4
Autres transferts courants	– 21,4	– 15,9
Transferts en capital	– 1,1	– 0,1
Capacité de financement de la Nation	**– 69,4**	**– 43,1**

1. Services d'intermédiation financière indirectement mesurés.
Note : les données relatives aux échanges sont FAB.
Source : Insee, comptes nationaux - base 2010.

Solde de la balance commerciale de 1950 à 2015

en milliards d'euros courants

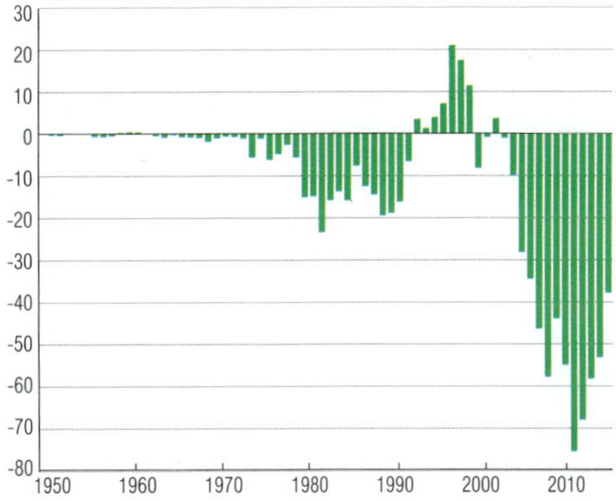

Champ : échanges de biens.
Source : Insee, comptes nationaux - base 2010.

Solde extérieur de biens et de services par produit

en milliards d'euros

	2013 (r)	2014 (r)	2015
Agriculture, sylviculture et pêche	**4,0**	**4,8**	**3,3**
Industrie manufacturière, industries extractives et autres	**– 71,9**	**– 59,0**	**– 51,2**
Ind., extr., énerg., eau, gestn déch. & dépol.	– 50,1	– 47,4	– 37,8
Fabr. d'aliments, de boissons et de prod. à base de tabac	7,2	6,8	6,4
Cokéfaction et raffinage	– 15,6	– 14,2	– 12,8
Fab. éq. élec., électr., inf. & machines	– 19,8	– 19,6	– 19,7
Fabrication de matériels de transport	25,7	29,1	28,3
Fabrication d'autres produits industriels	– 19,2	– 13,7	– 15,6
Construction	**0,0**	**0,0**	**0,0**
Services principalement marchands	**– 3,8**	**– 10,8**	**– 13,3**
Com. ; réparation d'auto. et de motocycles	– 2,3	– 2,5	– 3,0
Transports et entreposage	– 8,7	– 11,3	– 12,3
Hébergement et restauration	0,0	0,0	0,0
Information et communication	– 2,2	– 3,4	– 3,5
Activités financières et d'assurance	6,2	6,5	7,2
Activités immobilières	0,0	0,0	0,0
Activités scient. et tech. et act. de serv. adm. et de soutien	2,2	– 1,4	– 2,2
Autres services	0,9	1,3	0,5
Services principalement non marchands	**0,5**	**0,1**	**0,1**
Correction territoriale (tourisme)	10,5	10,1	6,0
Correction CAF/FAB	15,7	15,3	15,8
Total	**– 45,0**	**– 39,3**	**– 39,2**

Source : Insee, comptes nationaux - base 2010.

Termes de l'échange par groupe de produits

indice base 100 en 2010

	2013 (r)	2014 (r)	2015
Agriculture, sylviculture et pêche	121,5	111,8	104,0
Ind., extr., énerg., eau, gestn déch. & dépol.	80,2	81,3	111,7
Fabr. d'aliments, de boissons et de prod. à base de tabac	101,2	103,6	105,1
Cokéfaction et raffinage	94,9	96,1	97,8
Fab. éq. élec., électr., inf. & machines	102,1	104,9	106,6
Fabrication de matériels de transport	103,7	102,9	103,0
Fabrication d'autres produits industriels	99,4	99,8	99,7
Ensemble des produits[1]	**98,4**	**99,5**	**102,1**

1. Y c. services.
Source : Insee, comptes nationaux - base 2010.

Solde de la balance commerciale dans quelques pays de l'UE en 2015

en milliards d'euros

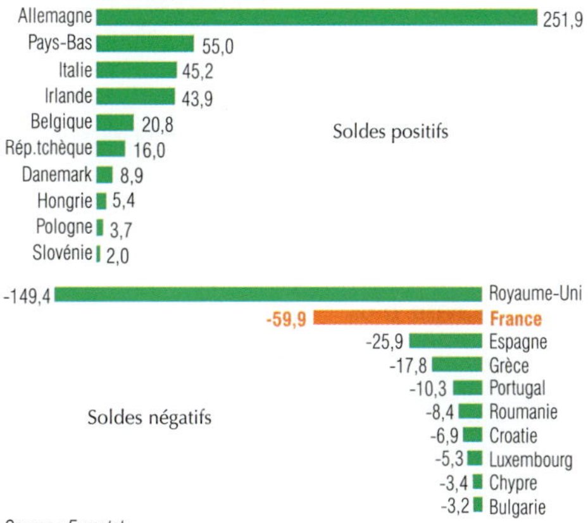

Source : Eurostat.

14.3 Échanges bilatéraux

En 2015, les **exportations de biens** progressent nettement (+ 4,3 %, après + 0,1 % en 2014). Les ventes vers l'Union européenne (UE) accélèrent (+ 2,2 %, après + 1,0 %), notamment dans l'automobile. La hausse est vigoureuse vers l'Espagne, où la croissance économique est soutenue par la consommation privée et l'investissement. Les ventes au Royaume-Uni sont dynamiques ; elles sont portées par la demande des ménages et par la dépréciation de l'euro par rapport à la livre. Les exportations progressent également vis-à-vis des **nouveaux États membres** et de l'Italie. La croissance est plus modérée vers l'Allemagne, en raison d'un moindre dynamisme des livraisons aéronautiques. En revanche, les exportations se replient vers la Belgique (pharmacie). Les ventes progressent nettement vers la plupart des pays tiers, particulièrement vers l'Amérique. Cette croissance est surtout portée par les États-Unis (+ 19,5 %), dans un environnement marqué par la dépréciation de l'euro face au dollar et par une croissance économique plus forte qu'en Europe. L'aéronautique, les produits pharmaceutiques et les boissons (champagne et Cognac) contribuent principalement à la croissance des exportations outre-atlantique. Les ventes au Mexique et au Brésil, adossées aux livraisons aéronautiques, sont également très dynamiques. Les exportations vers l'Asie se raffermissent (+ 5,1 %, après + 1,0 %). Elles sont soutenues par les bonnes performances des ventes aéronautiques et d'orge à la Chine. Malgré la baisse des recettes pétrolières des pays producteurs de pétrole, les ventes au Proche et Moyen-Orient reprennent du fait de la finalisation de grands contrats aéronautiques.

Les **importations de biens** augmentent modérément (+ 1,2 %, après – 0,6 %), car elles sont freinées par la chute des approvisionnements énergétiques due au reflux du prix du pétrole. Les achats rebondissent depuis l'Espagne et l'Allemagne, et poursuivent leur progression depuis les nouveaux États membres et l'Italie. En revanche, ils diminuent depuis la Belgique et le Royaume-Uni. Les importations asiatiques se raffermissent, notamment celles de vêtements et de téléphones depuis la Chine. Depuis l'Amérique, elles sont en nette hausse (+ 9,9 %, après – 4,5 %), principalement depuis les États-Unis. La baisse des importations se concentre sur les pays fournisseurs de pétrole. En Afrique, le recul des achats s'amplifie, particulièrement ceux d'hydrocarbures naturels au Nigéria et à la Libye. Depuis l'Europe hors UE, la baisse se poursuit du fait principalement de la contraction des approvisionnements énergétiques auprès de la Russie et du Kazakhstan. Enfin, les importations chutent depuis le Proche et Moyen-Orient, plus particulièrement depuis la plupart des pays du Golfe. ■

Définitions

Les données du commerce extérieur par produits et par pays sont mesurées en **CAF** pour les importations et en **FAB** pour les exportations, sauf précision contraire. Les données commentées sont celles arrêtées au mois d'août 2016.

CAF (coût, assurance, fret) : importations en valeur en France majorées des coûts d'acheminement (transport et assurance) jusqu'à la frontière française.

Exportations de biens : ensemble des biens fournis par des résidents à des non-résidents, à titre onéreux ou gratuit.

FAB (franco à bord) : exportations en valeur à partir de la France majorées des coûts d'acheminement jusqu'à la frontière française.

Importations de biens : ensemble des biens fournis par des non-résidents à des résidents, à titre onéreux ou gratuit.

Nouveaux États membres, pays du Proche et Moyen-Orient, solde du commerce extérieur : voir rubrique « Définitions » en annexe.

Pour en savoir plus

- « Impact modéré du ralentissement chinois sur les exportations françaises », *Études et éclairages* n° 69, Douanes, septembre 2016.
- « Principaux partenaires commerciaux de l'UE en 2015 : les États-Unis pour les exportations, la Chine pour les importations », *communiqué de presse* n° 60, Eurostat, mars 2016.
- « Le chiffre du commerce extérieur – Année 2015 », Douanes, février 2016.

Retrouvez le TEF sur www.insee.fr dans la collection « Insee Références »

Exportations et importations de biens de la France dans le monde en 2015

en milliards d'euros

	Exportations[1]	Importations[2]	Solde
Allemagne	71,4	86,7	– 15,3
Autriche	3,5	5,5	– 2,0
Belgique	30,3	36,8	– 6,5
Bulgarie	0,8	1,0	– 0,3
Chypre	0,3	0,0	0,2
Croatie	0,4	0,2	0,2
Danemark	2,5	2,4	0,1
Espagne	32,5	31,5	1,0
Estonie	0,2	0,3	0,0
Finlande	1,9	2,0	0,0
Grèce	2,1	0,6	1,4
Hongrie	3,5	3,7	– 0,2
Irlande	2,6	6,3	– 3,7
Italie	31,9	37,6	– 5,7
Lettonie	0,3	0,2	0,1
Lituanie	0,4	0,7	– 0,2
Luxembourg	2,0	1,4	0,5
Malte	0,4	0,2	0,2
Pays-Bas	17,4	21,5	– 4,2
Pologne	7,7	8,9	– 1,2
Portugal	4,2	5,4	– 1,2
Rép. tchèque	3,7	6,2	– 2,4
Roumanie	3,4	3,4	0,0
Royaume-Uni	31,6	19,5	12,1
Slovaquie	2,5	3,5	– 1,0
Slovénie	0,7	1,1	– 0,4
Suède	5,2	5,5	– 0,3
UE	**263,2**	**292,2**	**– 29,0**
Norvège	1,5	3,0	– 1,6
Russie	4,5	6,3	– 1,8
Suisse	13,8	14,2	– 0,4
Turquie	7,1	6,7	0,4
Autres pays d'Europe	3,4	6,5	– 3,1
Europe	**293,5**	**329,0**	**– 35,5**
Afrique	**28,6**	**23,1**	**5,5**
dont : Afrique du Sud	*1,8*	*0,8*	*1,0*
Algérie	*6,2*	*3,9*	*2,3*
Égypte	*2,1*	*0,5*	*1,6*
Maroc	*3,8*	*4,1*	*– 0,3*
Tunisie	*3,6*	*4,0*	*– 0,4*
Amérique	**49,0**	**47,2**	**1,8**
dont : Argentine	*1,3*	*0,4*	*0,9*
Brésil	*4,8*	*2,9*	*1,9*
Canada	*3,2*	*2,7*	*0,5*
États-Unis	*32,6*	*35,0*	*– 2,3*
Mexique	*3,2*	*2,4*	*0,8*
Proche et Moyen-Orient	**15,2**	**9,4**	**5,9**
dont : Arabie saoudite	*3,1*	*5,1*	*– 1,9*
Émirats arabes unis	*3,8*	*1,0*	*2,8*
Iran	*0,6*	*0,1*	*0,5*
Israël	*1,3*	*1,3*	*0,1*
Qatar	*2,7*	*0,2*	*2,5*
Asie	**57,0**	**85,8**	**– 28,9**
dont : Chine	*18,0*	*46,8*	*– 28,8*
Corée du Sud	*4,8*	*3,1*	*1,7*
Hong Kong	*4,5*	*0,8*	*3,7*
Inde	*3,2*	*5,4*	*– 2,2*
Japon	*6,3*	*8,4*	*– 2,1*
Singapour	*5,3*	*2,5*	*2,8*
Viet Nam	*1,4*	*4,1*	*– 2,7*
Reste du monde	**2,1**	**13,5**	**– 11,4**
Total monde	**445,4**	**507,9**	**– 62,5**

1. Biens FAB. 2. Biens CAF.
Champ : hors commerce intracommunautaire inférieur à 460 000 euros et hors matériel militaire.
Source : DGDDI.

Principaux partenaires de la France à l'exportation et à l'importation en 2015

en milliards d'euros

1. Non compris Hong Kong.
Champ : échanges de biens, hors commerce intracommunautaire inférieur à 460 000 euros et hors matériel militaire.
Source : DGDDI.

Principaux excédents et déficits bilatéraux de la France en 2015

en milliards d'euros

1. Non compris Hong Kong.
Champ : échanges de biens, hors commerce intracommunautaire inférieur à 460 000 euros et hors matériel militaire.
Source : DGDDI.

14.4 Investissements internationaux

En 2015, les **investissements directs français à l'étranger (IDFE)**, présentés selon la méthodologie dite du **principe directionnel étendu**, s'établissent à 34 milliards d'euros (Md€), en léger repli par rapport à 2014. Les grandes composantes font apparaître des soldes relativement stables, avec des flux en capitaux propres légèrement inférieurs à 20 Md€, des bénéfices réinvestis de l'ordre de 9 Md€ et des prêts intragroupes de 5 Md€. Approchant 20 Md€, comme en 2014, les flux en capital social français à l'étranger confirment le redressement par rapport aux 3 Md€ de 2013, sans revenir toutefois au niveau des quinze années précédentes qui a été de 44 Md€ en moyenne. En 2015, peu d'opérations supérieures à 3 Md€, celles qui ont fait les gros volumes de la décennie précédente, sont enregistrées. Les groupes français ont poursuivi leur internationalisation *via* des opérations de montant unitaire plus modeste dans une conjoncture incertaine sur le plan international. Les prêts intragroupes font apparaître des mises en place nettes de prêts des groupes français à leurs filiales et sociétés affiliées étrangères pour la troisième année consécutive. En 2015, l'Union européenne attire les trois quarts des flux d'IDFE, avec 26 Md€. Parmi les principaux pays d'accueil, le Royaume-Uni (10 Md€) et l'Italie (5 Md€). À l'opposé, le Brésil, l'Espagne et l'Irlande font l'objet de désinvestissements.

Les **investissements directs étrangers en France (IDEF)** s'établissent à 36 milliards d'euros en 2015, en hausse non seulement par rapport à 2014, mais aussi à toutes les années depuis 2008. Les opérations en capital social se montent à 35 Md€, soit le niveau le plus élevé depuis 2002. Elles incluent notamment les deux opérations majeures de l'année, la fusion entre les groupes cimentiers Holcim (Suisse) et Lafarge, ainsi que l'acquisition des activités « énergie » du groupe Alstom par General Electric (États-Unis). Les flux observés en 2015 s'inscrivent dans un contexte de dépréciation de l'euro face au dollar et de conditions de financement exceptionnellement favorables, qui ont sans doute influencé le calendrier de mise en place des opérations. Les prêts intragroupes présentent un solde négatif de 6 Md€ en 2015 (– 15 Md€ en 2014). Ce solde négatif signifie que les groupes étrangers ont globalement réduit le stock des capitaux prêtés aux sociétés françaises qui leur sont affiliées. Les principaux pays de provenance des flux d'IDEF sont la Suisse (21 Md€), la Belgique (7 Md€), le Royaume-Uni (6 Md€) et l'Allemagne (3 Md€). En sens inverse, l'Italie (– 1 Md€) et surtout les Pays-Bas (– 9 Md€) ont réduit leurs investissements en France.

En 2015, les flux d'IDE mondiaux ont bondi de 38 %, pour atteindre 1 760 milliards de dollars, leur plus haut niveau depuis la crise économique et financière mondiale de 2008-2009. Cette hausse mondiale s'explique principalement par la forte progression des fusions-acquisitions internationales. ■

Définitions

Investissement direct étranger (IDE) : investissement qu'une unité institutionnelle résidente d'une économie effectue dans le but d'acquérir un intérêt durable dans une unité institutionnelle résidente d'une autre économie et d'exercer, dans le cadre d'une relation à long terme, une influence significative sur sa gestion. Par convention, une relation d'investissement direct est établie dès lors qu'un investisseur acquiert au moins 10 % du capital social de l'entreprise investie. Les investissements directs comprennent non seulement l'opération initiale qui établit la relation entre les deux unités mais également toutes les opérations financières ultérieures entre elles et entre les unités institutionnelles apparentées, qu'elles soient ou non constituées en sociétés.

Centres financiers *offshore*, première contrepartie, principe directionnel étendu, résidents : voir rubrique « Définitions » en annexes.

Pour en savoir plus

- « L'économie française », *Insee Références*, édition 2016.
- « Balance des paiements et position extérieure de la France », *Rapport annuel*, Banque de France, juillet 2016.
- « World investment report 2016 », *Rapport annuel*, CNUCED, juin 2016.

Retrouvez le TEF sur www.insee.fr dans la collection « Insee Références »

Flux d'investissements directs selon le pays de première contrepartie

en milliards d'euros

	2014 (r)		2015	
	Étrangers en France	Français à l'étranger	Étrangers en France	Français à l'étranger
Union européenne	**4,6**	**22,6**	**9,8**	**25,8**
Zone euro	– 1,9	12,6	0,5	15,5
dont : Allemagne	*– 1,3*	*0,4*	*3,2*	*3,3*
Belgique	*– 0,3*	*– 2,6*	*6,7*	*– 2,7*
Espagne	*– 4,8*	*– 1,1*	*0,8*	*– 1,1*
Irlande	*5,0*	*1,7*	*– 0,2*	*3,2*
Italie	*– 0,1*	*1,9*	*– 1,4*	*5,2*
Luxembourg	*3,9*	*– 2,0*	*– 0,4*	*3,9*
Pays-Bas	*– 2,7*	*13,4*	*– 8,8*	*3,8*
Autres pays de l'UE	6,5	10,0	9,3	10,3
dont : Pologne	*– 0,1*	*1,9*	*2,0*	*0,7*
Rép. tchèque	*– 0,4*	*0,2*	*– 0,1*	*0,2*
Roumanie	*– 0,1*	*0,0*	*0,1*	*0,1*
Royaume-Uni	*7,9*	*8,6*	*5,9*	*9,5*
Suède	*– 0,4*	*– 0,3*	*0,9*	*– 0,3*
Autres pays industrialisés	**– 2,3**	**8,0**	**22,7**	**2,2**
dont : États-Unis	*0,4*	*7,2*	*1,9*	*1,0*
Japon	*0,4*	*1,3*	*0,4*	*1,6*
Suisse	*– 4,5*	*– 3,6*	*20,8*	*0,0*
Reste du monde	**– 2,1**	**5,7**	**3,2**	**5,9**
dont : Brésil	*0,0*	*3,8*	*0,1*	*– 5,9*
Chine	*– 0,1*	*1,6*	*0,8*	*0,5*
Inde	*– 0,1*	*0,8*	*0,1*	*0,3*
Total	**0,2**	**36,2**	**35,7**	**33,8**

Note : le signe "–" indique un désinvestissement. Les données sont établies conformément à la nouvelle méthode de calcul des IDE, qui repose sur l'application du principe directionnel étendu.
Source : Banque de France.

Stocks des investissements directs français à l'étranger et étrangers en France

en milliards d'euros

Au 31 décembre	2012 (r)	2013 (r)	2014
Investissements français à l'étranger			
Stocks[1]	948,5	940,2	993,1
Investissements étrangers en France[2]			
Stocks[1]	470,4	501,9	523,0

1. Capitaux propres en valeur mixte (y c. investissements immobiliers).
2. La base de données Ésane de l'Insee est utilisée en complément du fichier bancaire des entreprises (Fiben) de la Banque de France.
Sources : Banque de France ; Insee, Ésane.

Flux d'investissements directs entre la France et l'étranger de 2000 à 2015

en milliards d'euros

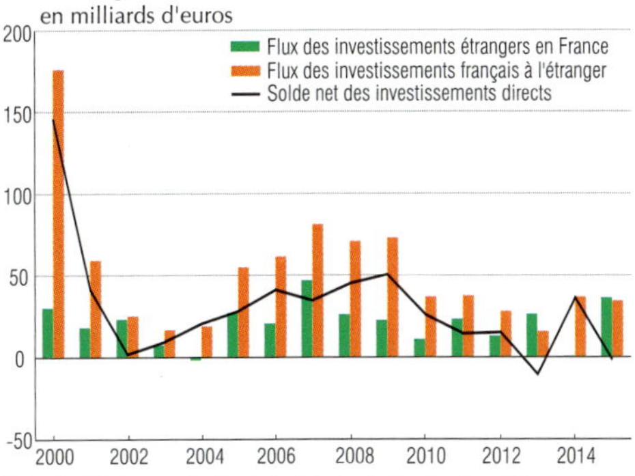

Note : flux établis en application de la règle du principe directionnel étendu.
Source : Banque de France.

Principaux flux d'investissements directs dans le monde

en milliards de dollars

	Flux entrants		Flux sortants	
	2014	2015	2014	2015
Allemagne	0,9	31,7	106,2	94,3
Australie	39,6	22,3	0,0	– 16,7
Brésil	73,1	64,6	2,2	3,1
Canada	58,5	48,6	55,7	67,2
Chili	21,2	20,2	11,8	15,5
Chine	128,5	135,6	123,1	127,6
Espagne	22,9	9,2	35,3	34,6
États-Unis	106,6	379,9	316,5	300,0
Finlande	17,3	8,3	– 0,6	– 10,5
France	**15,2**	**42,9**	**42,9**	**35,1**
Hong Kong	114,1	174,9	125,1	55,1
Inde	34,6	44,2	11,8	7,5
Indonésie	21,9	15,5	7,1	6,2
Italie	23,2	20,3	26,5	27,6
Koweit	1,0	0,3	– 10,5	5,4
Malaisie	10,9	11,1	16,4	9,9
Malte	11,6	9,5	2,4	– 0,2
Mexique	25,7	30,3	8,3	8,1
Pays-Bas	52,2	72,6	56,0	113,4
Rép. de Corée	9,3	5,0	28,0	27,6
Royaume-Uni	52,4	39,5	– 81,8	– 61,4
Russie	29,2	9,8	64,2	26,6
Singapour	68,5	65,3	39,1	35,5
Suède	3,6	12,6	8,6	23,7
Suisse	6,6	68,8	– 3,3	70,3
Thaïlande	3,5	10,8	4,4	7,8
Turquie	12,1	16,5	6,7	4,8
UE	**292,0**	**439,5**	**296,4**	**487,1**
Monde	**1 277,0**	**1 762,2**	**1 318,5**	**1 474,2**

Note : hors centres financiers *offshore* des Caraïbes.
Source : CNUCED, World Investment Report 2016.

15.1 Démographie des sociétés et des EI

Le terme **entreprise** auquel il est fait référence dans cette page renvoie à une **unité légale** exerçant une activité au sein du système productif marchand et non à une entreprise au sens du décret (n° 2008-1354) de la loi de modernisation de l'économie (LME).

En 2015, 525 100 entreprises ont été créées en France, soit 5 % de moins qu'en 2014. Cette réduction résulte du net repli des immatriculations de **micro-entrepreneurs** (– 21 % par rapport à 2014). En revanche, les autres **créations d'entreprises** augmentent fortement (+ 13 %), particulièrement celles des autres **entreprises individuelles** (+ 28 %) et, dans une moindre mesure, celles des **sociétés** (+ 4 %).

En 2015, avec une baisse des créations de 17 %, la construction contribue à la moitié du recul général. Le secteur du commerce connaît également une baisse importante (– 9 %). À l'inverse, le transport et entreposage connaît une forte hausse des créations (+ 46 %). Tous types d'entreprises confondus, les créations diminuent dans presque toutes les régions. En revanche, elles s'accroissent en Île-de-France où elles sont portées par le succès du transport de voyageurs par taxi (qui inclut les entreprises de véhicules de transport avec chauffeur) et celui du secteur des autres activités de poste et de courrier.

En 2015, le succès des **sociétés par actions simplifiées (SAS)** se poursuit : près d'une société sur deux nouvellement créées est une société par actions simplifiée. Cette catégorie juridique connaît un franc succès : elle est privilégiée par 48 % des créateurs de sociétés en 2015. Cet essor est principalement porté par les SAS à associé unique ou unipersonnelles. Globalement, les SAS font désormais jeu égal avec les sociétés à responsabilité limitée (SARL). Celles-ci forment l'autre moitié (48 %) des créations de sociétés de 2015 et continuent à perdre du terrain.

En 2015, seules 5 % des entreprises sont employeuses au moment de leur création. Si l'on exclut les micro-entrepreneurs, la part des entreprises employeuses à la création est plus conséquente (8 %), mais elle fléchit progressivement depuis 2012. En 2015, les entreprises employeuses démarrent en moyenne avec 2,5 salariés, après 2,7 en 2014. Les nouvelles entreprises, y compris micro-entrepreneurs, sont le plus souvent employeuses dans la construction, le secteur regroupé « commerce, transports, hébergement et restauration » ainsi que l'industrie. Inversement, le secteur enseignement, santé humaine et action sociale est celui où les nouvelles entreprises se créent essentiellement sans salarié (98 %).

En 2015, 63 100 **défaillances** d'unités légales sont enregistrées, en hausse de 1 % par rapport à 2014. Les évolutions sont contrastées selon les secteurs. Les défaillances augmentent dans l'hébergement-restauration (+ 8 %) et l'enseignement, santé, action sociale et services aux ménages (+ 7 %). ■

Définitions

Création d'entreprise : la statistique des créations d'entreprises est constituée à partir des informations du répertoire national des entreprises et des établissements (Sirene). Depuis le 1er janvier 2007, la notion de création d'entreprise s'appuie sur un concept harmonisé au niveau européen pour faciliter les comparaisons : une création d'entreprise correspond à la mise en œuvre de nouveaux moyens de production.

Défaillance d'entreprise : une unité légale est qualifiée de défaillante dès lors qu'est ouverte en son nom une procédure judiciaire telle que prévue par le livre VI du Code de Commerce et précisée par la loi du 26 juillet 2005 dite « loi de sauvegarde des entreprises ». Une ordonnance du 18 décembre 2008, complétée par un décret d'application du 12 février 2009, en modifie quelques dispositions.

Entreprise, entreprise individuelle, micro-entrepreneur, société, société à responsabilité limitée (SARL), société par actions simplifiée (SAS), système informatisé du répertoire national des entreprises et des établissements (Sirene), taux de création d'entreprises, unité légale : voir rubrique « Définitions » en annexes.

Pour en savoir plus

- « Les créations d'entreprises en 2016 – la plus forte hausse depuis six ans, portée par les transports », *Insee Première* n° 1631, janvier 2017.
- « Les entreprises en France », *Insee Références*, édition 2016.
- « Les créations d'entreprises en 2015 – net repli des immatriculations de micro-entrepreneurs », *Insee Première* n° 1583, janvier 2016.
- « Les défaillances d'entreprises », *Stat Info*, Banque de France, janvier 2016.

Retrouvez le TEF sur www.insee.fr dans la collection « Insee Références »

Stocks d'entreprises et entreprises créées en 2015

	Nombre d'entreprises au 1er janvier			Nombre d'entreprises créées	
	Total	Personne morale (société)	Personne physique (y c. micro-entrepreneur)	Total	*dont : micro-entrepreneurs*
Industrie	277 374	164 622	112 752	24 112	*9 172*
Construction	576 599	304 042	272 557	63 831	*21 183*
Commerce y c. réparation automobile	825 416	466 745	358 671	97 795	*30 182*
Transport et entreposage	105 735	56 823	48 912	21 581	*10 398*
Hébergement et restauration	281 340	181 530	99 810	28 397	*5 735*
Information et communication	155 977	94 043	61 934	25 645	*14 434*
Activités financières et d'assurance	147 395	124 112	23 283	15 449	*2 007*
Activités immobilières	184 122	139 104	45 018	17 088	*3 157*
Activités spécialisées, scientifiques, techniques et de soutien	745 571	369 928	375 643	115 328	*61 974*
Enseignement, santé humaine et action sociale	576 754	82 214	494 540	66 165	*34 338*
Autres activités de services aux ménages	350 205	96 413	253 792	49 674	*30 850*
Total	**4 226 488**	**2 079 576**	**2 146 912**	**525 065**	***223 430***

Note : données définitives.
Champ : ensemble des activités marchandes non agricoles.
Source : Insee, REE (Sirene).

Créations de sociétés selon la forme juridique

en % du nombre d'unités légales

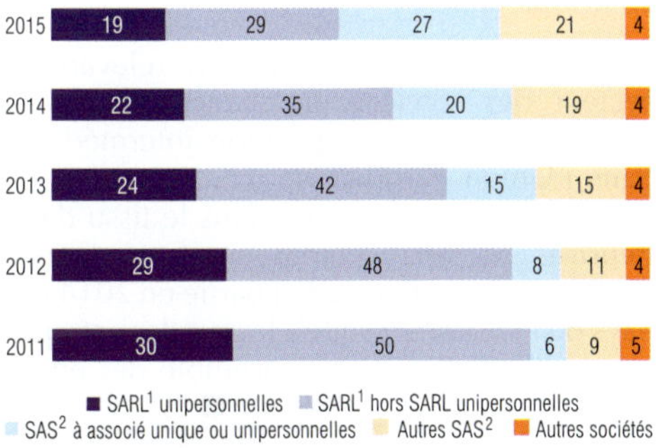

1. Société à responsabilité limitée.
2. Société par actions simplifiée.
Champ : ensemble des activités marchandes non agricoles.
Source : Insee, REE (Sirene).

Création d'entreprises par activité en 2015

en nombre d'entreprises

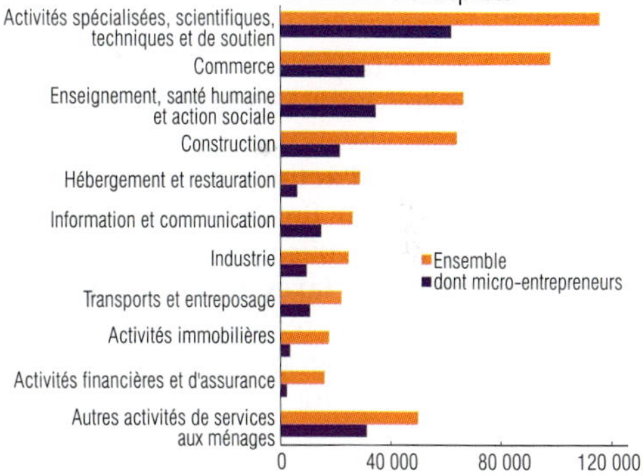

Champ : ensemble des activités marchandes non agricoles.
Source : Insee, REE (Sirene).

Défaillances

en nombre d'unités légales

	2014 (r)	2015	15/14 en %
Agriculture, sylviculture et pêche	1 407	1 378	– 2,1
Industrie	4 627	4 554	– 1,6
Construction	15 895	15 852	– 0,3
Commerce ; réparation automobile	13 832	13 713	– 0,9
Transports et entreposage	1 800	1 757	– 2,4
Hébergement et restauration	7 801	8 443	8,2
Information et communication	1 492	1 433	– 4,0
Activités financières et d'assurance	1 274	1 220	– 4,2
Activités immobilières	2 206	2 169	– 1,7
Soutien aux entreprises	6 563	6 492	– 1,1
Enseignement, santé, action soc. et services aux ménages	5 418	5 791	6,9
Total[1]	**62 439**	**63 108**	**1,1**

1. Y c. unités légales dont le secteur d'activité n'est pas connu.
Note : unités légales défaillantes au cours de l'année.
Source : Banque de France, base Fiben (extraction février 2016).

Créations d'entreprises dans quelques pays de l'UE en 2014

	Nombre	Taux en %		Nombre	Taux en %
Allemagne	254 007	7,3	Italie	325 959	7,4
Autriche	45 865	8,1	Lettonie	20 045	15,8
Belgique	28 945	4,3	Lituanie	53 797	25,1
Bulgarie	45 047	11,6	Luxembourg	3 477	9,7
Chypre	4 422	7,3	Malte[2]	2 110	6,0
Croatie	12 401	7,7	Pays-Bas	150 879	10,4
Danemark	28 693	10,9	Portugal	148 504	14,6
Espagne	347 605	10,1	Rép. tchèque	102 513	9,0
Estonie	10 388	11,1	Roumanie	78 922	10,3
Finlande	28 295	7,8	Royaume-Uni	350 585	13,7
France[1]	**438 253**	**10,0**	Slovaquie	95 242	20,0
Hongrie	65 380	10,4	Slovénie	18 379	11,5

1. Hors auto-entrepreneurs n'ayant pas démarré d'activité.
2. Données 2013.
Champ : entreprises dans l'industrie, la construction et les services, sauf les activités des sociétés holding.
Source : Eurostat.

15.2 Caractéristiques des sociétés et des EI

Au 1er janvier 2015, plus de 4,2 millions d'entreprises (au sens d'**unités légales**) sont actives en France. Seules 16 700 d'entre elles (0,4 %) emploient plus de 100 salariés. L'industrie manufacturière regroupe 25 % des entreprises de cette taille. Les entreprises de moins de 10 salariés représentent 95 % de l'ensemble des entreprises. La concentration de ces petites entreprises est particulièrement élevée dans le secteur des activités immobilières et dans celui des autres activités de services : leur poids y est de 98 %. Elle est plus faible dans l'industrie manufacturière (86 %). C'est dans le secteur du commerce, des transports, de l'hébergement et de la restauration que l'on dénombre le plus d'entreprises sans salarié mais celles-ci y sont sous-représentées. En revanche, elles sont surreprésentées dans les activités de l'enseignement, la santé humaine et l'action sociale ainsi que dans les activités spécialisées scientifiques et techniques, de service administratif et de soutien.

En 2014, les **entreprises** (au sens du décret d'application (n° 2008-1354) de l'article 51 de la loi de modernisation de l'économie (LME) des **secteurs d'activité** marchands hors agriculture et secteur financier qui exercent leur activité sur le territoire français dégagent un **chiffre d'affaires hors taxes** de 3 790 milliards d'euros, dont 45 % est réalisé dans le secteur du commerce, des transports, de l'hébergement et de la restauration. Le chiffre d'affaires du secteur industriel atteint 1 025 Md€, soit 27 % du chiffre d'affaires de l'ensemble des secteurs marchands hors agriculture et secteur financier. Il est porté essentiellement par l'industrie manufacturière. Les frais de personnel de l'ensemble des secteurs marchands hors agriculture et secteur financier augmentent par rapport à 2013. Ils se concentrent essentiellement dans le secteur du commerce, des transports, de l'hébergement et de la restauration (216 Md€) et dans l'industrie (178 Md€). La **valeur ajoutée** progresse légèrement en 2014 et atteint 1 073 Md€. Le secteur du commerce, des transports, de l'hébergement et de la restauration en créent 30 %, celui de l'industrie 24 % et les activités de soutien aux entreprises 15 %. Les investissements corporels bruts hors apports s'élèvent à 183 Md€ en 2014. Les secteurs de l'industrie, du commerce, transports, hébergement et restauration et les activités immobilières en sont les principaux contributeurs.

Avec 74 % de ses entreprises relevant du secteur des services marchands, la France occupe en 2014 une position intermédiaire dans l'Union européenne (UE). Le poids du secteur de la construction dans le tissu d'entreprises est relativement élevé en France (18 %). Enfin, la France fait partie en 2014 des pays de l'UE dans lesquels la part des entreprises de l'industrie dans l'ensemble des entreprises est la plus faible (9 %). ■

Définitions

Entreprise : le décret de décembre 2008 pris en application de la loi n° 2008-776 de modernisation de l'économie du 4 août 2008 (dite LME) définit une entreprise comme la plus petite combinaison d'unités légales qui constitue « une unité organisationnelle de production de biens et services jouissant d'une certaine autonomie de décision, notamment pour l'affectation de ses ressources courantes ».

Unité légale : entité juridique de droit public ou privé. Cette entité juridique peut être une personne morale, dont l'existence est reconnue par la loi indépendamment des personnes ou des institutions qui la possèdent ou qui en sont membres ou une personne physique, qui, en tant qu'indépendant, peut exercer une activité économique. Elle est obligatoirement déclarée aux administrations compétentes. Voir la suite de cette définition dans la rubrique « Définitions » en annexes.

Chiffre d'affaires hors taxes, Ésane, excédent brut d'exploitation (EBE), profilage, secteur d'activité, système informatisé du répertoire national des entreprises et des établissements (Sirene), valeur ajoutée : voir rubrique « Définitions » en annexes.

Pour en savoir plus

- « Les entreprises en France », *Insee Références*, édition 2016.

Retrouvez le TEF sur www.insee.fr dans la collection « Insee Références »

Unités légales selon le nombre de salariés et l'activité

en milliers

	2014	2015						
	Total	0	1 à 9	10 à 49	50 à 99	100 à 249	250 ou plus	Total
Industrie manufacturière, industries extractives et autres	260,6	161,8	79,7	27,7	3,7	2,8	1,7	277,4
dont industrie manufacturière	*227,1*	*133,6*	*74,6*	*26,0*	*3,5*	*2,6*	*1,6*	*241,9*
Construction	530,9	390,8	159,0	24,5	1,3	0,7	0,3	576,6
Commerce, transports, hébergement et restauration	1 144,4	761,7	379,7	60,5	5,7	3,2	1,7	1 212,5
Commerce, réparation d'automobiles et motocycles	779,0	545,2	238,1	35,5	3,5	2,0	1,1	825,4
Transports et entreposage	98,6	67,6	26,5	9,0	1,3	0,9	0,4	105,7
Hébergement et restauration	266,7	148,9	115,1	16,0	0,9	0,2	0,2	281,3
Information et communication	143,3	123,5	25,2	5,7	0,8	0,5	0,3	156,0
Activités financières et d'assurance	139,0	104,1	38,5	3,7	0,4	0,3	0,4	147,4
Activités immobilières	177,2	151,9	29,3	2,2	0,3	0,3	0,1	184,1
Act. spéc., scient. et tech. et act. de serv. adm. et de soutien	686,2	573,0	141,0	26,2	2,7	1,6	1,0	745,6
Enseignement, santé humaine et action sociale	537,5	493,9	66,5	12,0	2,7	1,1	0,5	576,8
Autres activités de services	312,5	277,3	67,1	5,1	0,4	0,2	0,1	350,2
Total	**3 931,6**	**3 038,0**	**985,9**	**167,7**	**18,1**	**10,6**	**6,1**	**4 226,5**

Note : données définitives au 1er janvier.
Champ : unités légales marchandes hors agriculture (y c. micro-entrepreneurs et sociétés *holding*).
Source : Insee, Sirene, REE.

Principaux résultats des entreprises par secteur en 2014

en milliards d'euros

	Chiffre d'affaires hors taxes	Valeur ajoutée	Frais de personnel	Excédent brut d'exploitation	Investissements corporels bruts hors apports	Bénéfice ou perte
Industrie	1 025,0	258,9	177,8	66,1	51,0	37,7
dont industrie manufacturière	*868,9*	*216,5*	*154,9*	*46,2*	*28,5*	*28,8*
Construction	288,9	92,2	74,8	13,9	7,7	9,9
Commerce, transports, hébergement et restauration	1 684,8	322,2	216,2	65,1	45,6	37,4
dont commerce, réparation d'automobiles et de motocycles	*1 392,2*	*203,9*	*130,6*	*37,8*	*17,6*	*26,3*
Information et communication	176,3	81,3	53,8	23,9	8,8	1,6
Activités auxiliaires de services financiers et d'assurance	57,9	25,7	19,6	4,2	4,4	60,5
Activités immobilières	74,6	41,0	11,3	24,0	36,6	12,5
Act. spéc., scient. et tech. et act. de services adm. et de soutien	327,3	163,8	128,2	31,0	24,2	42,9
Enseignement, santé humaine et action sociale	98,6	65,7	34,7	28,0	2,2	25,7
Autres activités de services	56,7	21,8	14,9	5,4	2,6	2,4
Total	**3 790,1**	**1 072,5**	**731,4**	**261,4**	**183,0**	**230,6**

Champ : unités légales et entreprises profilées des secteurs marchands y c. auto-entrepreneurs, hors agriculture et hors services financiers et d'assurance (mais y c. auxiliaires de services financiers et d'assurance, sociétés holdings).
Source : Insee, Ésane.

Entreprises actives par grand secteur dans quelques pays de l'UE en 2014

en %

	Industrie	Construction	Services[1]	Total en milliers		Industrie	Construction	Services[1]	Total en milliers
Allemagne	11,5	13,9	74,6	2 818,8	Lettonie	10,8	9,3	79,9	101,0
Autriche (p)	8,9	9,7	81,4	427,4	Lituanie	11,2	15,8	73,0	177,8
Belgique	6,6	16,4	77,0	591,7	Luxembourg	3,1	11,3	85,7	31,2
Bulgarie	10,4	6,0	83,6	332,8	Malte	8,4	14,0	77,7	31,8
Chypre	11,0	14,9	74,1	49,1	Pays-Bas	6,0	14,4	79,6	1 075,5
Croatie	14,8	12,5	72,7	146,8	Pologne	12,8	15,0	72,2	2 025,3
Danemark	9,0	14,4	76,7	218,0	Portugal	8,8	9,8	81,4	793,5
Espagne	7,2	15,5	77,3	2 943,9	Rép. tchèque	18,4	16,8	64,8	1 022,0
Estonie	10,7	12,6	76,7	80,5	Roumanie	10,6	9,2	80,3	696,1
Finlande	10,5	17,0	72,5	294,3	Royaume-Uni	7,1	14,3	78,6	2 219,0
France	**8,5**	**17,9**	**73,6**	**3 414,6**	Slovaquie	15,9	20,3	63,8	438,1
Hongrie	9,6	10,7	79,7	522,1	Slovénie	15,5	14,6	69,9	137,4
Irlande	6,9	19,9	73,2	238,2	Suède	8,3	14,3	77,4	727,3
Italie	11,1	14,0	74,9	3 846,7	**UE**	**9,9**	**14,6**	**75,5**	**26 264,8**

1. Services de l'industrie et des services marchands, sauf l'administration d'entreprises.
Champ : entreprises dans l'industrie et les services marchands, sauf les activités des sociétés *holding*.
Source : Eurostat.

15.3 Catégories d'entreprises

La loi de modernisation de l'économie (LME) de 2008 a introduit une définition de l'**entreprise** et de sa taille (décret n° 2008-1354) à partir de critères économiques qui conduit à une meilleure vision du tissu productif. Cette nouvelle définition était jusqu'à présent approchée par la notion de **groupe**. Elle est désormais pour la première fois précisée par l'introduction du **profilage**. En 2013, on dénombre alors 3,75 millions d'entreprises dans les secteurs marchands non agricoles, dont 3,66 millions correspondent à une seule **unité légale** indépendante.

Cette définition économique de l'entreprise révèle la forte concentration du tissu productif. Sur ces 3,75 millions d'entreprises, 274 **grandes entreprises (GE)** emploient 4,3 millions de salariés fin 2013, soit 29 % du total. À l'opposé, 3,61 millions, soit 96 %, sont des **microentreprises** ; elles emploient environ 2,8 millions de salariés (19 % du total). Par-delà ce dualisme se dessine une partition assez équilibrée de la valeur ajoutée ou de l'emploi : 5 300 **entreprises de taille intermédiaire (ETI)** et 138 000 **petites et moyennes entreprises (PME)** non microentreprises emploient respectivement 24 % et 28 % des salariés. Le secteur le plus concentré est celui des activités financières et assurances : 26 grandes entreprises y emploient 79 % des salariés. Dans les secteurs non financiers, les grandes entreprises dégagent un tiers de la valeur ajoutée, tandis que les trois autres **catégories** en réalisent le reste à parts à peu près égales. 56 % de la valeur ajoutée est ainsi produite par près de 5 400 entreprises (GE et ETI) qui réalisent aussi 84 % des exportations.

Les ETI se distinguent des autres catégories par leur orientation vers l'industrie manufacturière et par le poids des implantations étrangères. Parmi les 3,1 millions de salariés de l'industrie manufacturière, 36 % sont employés par des ETI. Compte tenu de leur orientation industrielle, les ETI jouent un rôle essentiel dans le commerce extérieur, réalisant 34 % du chiffre d'affaires exporté.

La majorité des salariés des PME (y c. microentreprises) sont dans les services destinés aux particuliers, ainsi que les activités spécialisées scientifiques et techniques. Dans la construction, en dépit de la présence d'une dizaine de grandes entreprises, 70 % des salariés sont employés dans des PME (y c. microentreprises). Les microentreprises comptent 71 % de leurs effectifs salariés dans les activités tertiaires. Les PME hors microentreprises comptent en moyenne 27 salariés. La majorité (60 %) ont moins de 20 salariés. Les activités exercées sont plus diversifiées que pour les autres catégories. De ce fait, la structure d'emploi des PME hors microentreprises est assez proche de celle de l'ensemble. Les PME hors microentreprises sont surreprésentées dans la construction et les industries de type traditionnel (textile, bois, papier et imprimerie, métallurgie, industries extractives). ■

Définitions

Catégories d'entreprises : l'entreprise était jusqu'à présent définie sur un plan purement juridique. Le décret n° 2008-1354 du 18 décembre 2008 en apporte désormais une définition économique. Quatre catégories d'entreprises y sont définies :
- les petites et moyennes entreprises (PME) ;
- les microentreprises (MIC) constituent un sous-ensemble des PME ;
- les entreprises de taille intermédiaire (ETI) ;
- les grandes entreprises (GE).

Entreprises, entreprises de taille intermédiaire (ETI), excédent brut d'exploitation (EBE), grandes entreprises (GE), groupe, microentreprises (MIC), petites et moyennes entreprises (PME), profilage, unité légale, valeur ajoutée : voir rubrique « Définitions » en annexes.

Pour en savoir plus

- « Les entreprises en France », *Insee Références*, édition 2016.
- « 3 000 entreprises au cœur de l'économie française », *Insee Focus* n° 56, mars 2016.
- « Un tissu productif plus concentré qu'il ne semblait – Nouvelle définition et nouvelles catégories d'entreprises », *Insee Première* n° 1399, mars 2012.
- « Quatre nouvelles catégories d'entreprise – Une meilleure vision du tissu productif », *Insee Première* n° 1321, novembre 2010.

Retrouvez le TEF sur www.insee.fr dans la collection « Insee Références »

Principales caractéristiques des entreprises par catégorie en 2013

	Catégories d'entreprises				Total
	Grandes entreprises (GE)	Entreprises de taille intermédiaire (ETI)	Petites et moyennes entreprises (PME) hors microentreprises	Microentreprises (MIC)	
Entreprises, y c. activités financières et assurances					
Nombre d'entreprises	274	5 322	138 117	3 606 741	3 750 454
Effectif salarié au 31/12 (en milliers)	4 333	3 473	4 169	2 808	14 782
Effectif salarié en EQTP[1] (en milliers)	4 022	3 185	3 715	2 487	13 408
Nombre d'unités légales situées en France	26 008	46 157	236 728	3 627 893	3 936 786

1. En équivalent-temps plein.
Lecture : dans ce tableau, l'entreprise désigne « le groupe y c. ses filiales financières » ou « l'unité légale indépendante ». Ce concept nouveau se rapproche de celui d'« acteur économique ».
Champ : secteurs marchands non agricoles.
Source : Insee, Ésane, Clap et Lifi.

Caractéristiques selon la catégorie d'entreprise en 2013

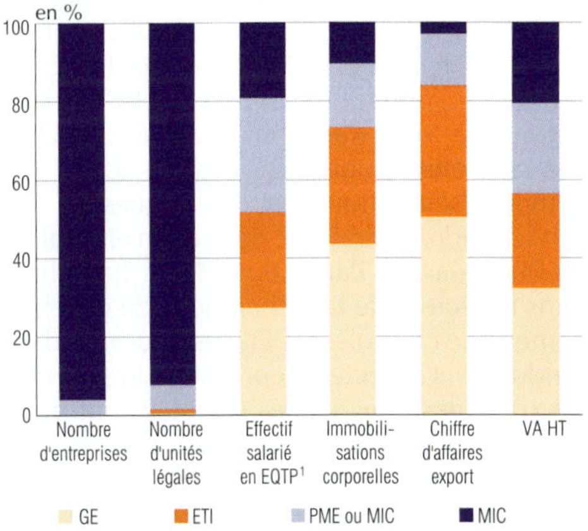

1. En équivalent-temps plein.
Champ : secteurs marchands non agricoles, hors activités financières et assurances.
Source : Insee, Ésane, Clap et Lifi.

Effectifs salariés selon la catégorie d'entreprise et le type de contrôle en 2013

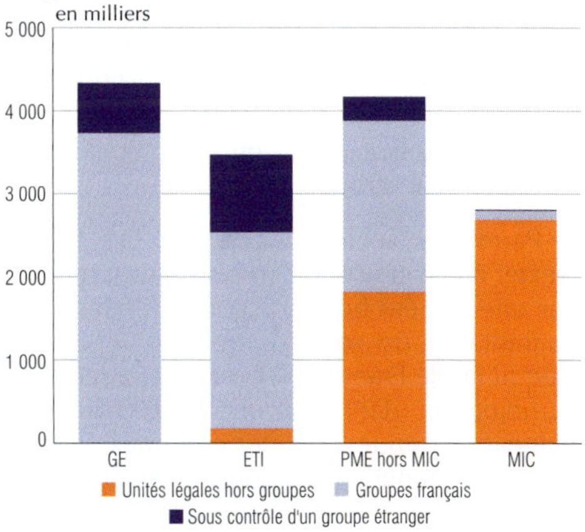

Note : effectifs au 31/12.
Champ : secteurs marchands non agricoles.
Source : Insee, Ésane, Clap et Lifi.

Effectifs salariés par secteur et catégorie d'entreprises en 2013

en milliers

	Catégories d'entreprises				Total
	Grandes entreprises (GE)	Entreprises de taille intermédiaire (ETI)	Petites et moyennes entreprises (PME) hors microentreprises	Microentreprises (MIC)	
Industrie	1 127,8	1 150,9	886,7	297,3	3 462,8
Construction	320,5	132,4	543,6	503,5	1 500,0
Commerce, transports, hébergement et restauration	1 540,8	1 114,5	1 444,2	1 134,4	5 234,0
Information et communication	275,0	187,8	164,0	63,9	690,7
Activités financières	589,2	81,0	39,5	40,4	750,1
Activités immobilières	9,9	75,6	58,7	60,8	205,0
Act. spéc., scient. et tech. et act. de serv. adm. et de soutien	355,9	459,4	672,2	396,7	1 884,3
Enseig., santé humaine et act. soc. ; autres act. de services	113,5	271,1	359,7	310,7	1 055,0
Total	**4 332,5**	**3 472,8**	**4 168,7**	**2 807,8**	**14 781,8**

Note : effectifs au 31/12 ; seules les entreprises ayant un chiffre d'affaires positif en 2013 sont retenues.
Champ : secteurs marchands non agricoles.
Source : Insee, Ésane, Clap et Lifi.

15.4 Entreprises publiques

Les **entreprises publiques** sont définies comme l'ensemble des sociétés directement détenues majoritairement par l'État ou appartenant à des groupes dont la tête est détenue majoritairement par l'État.

Fin 2015, l'État contrôle en France directement 89 sociétés françaises. Par le biais de ces dernières et de leurs filiales, il contrôle au total 1 625 sociétés françaises, qui emploient 791 000 salariés. Par rapport à 2014, le nombre de ces sociétés baisse de 7 unités. Au cours de l'année 2015, le nombre de sociétés contrôlées par l'État (**sociétés** dites publiques) passe de 1 632 à 1 625. D'un côté, il intègre 86 nouvelles sociétés et de l'autre, il en perd 93.

Les effectifs salariés des sociétés contrôlées directement ou indirectement par l'État diminuent légèrement (– 0,6 %) par rapport à 2014. La baisse des effectifs des sociétés présentes en 2014 et en 2015 (– 7 600) n'est que partiellement compensée par le solde positif entre sociétés entrantes et sociétés sortantes (+ 3 000).

Parmi les sociétés sortantes, les filiales Nexter du groupe GIAT industrie sont reprises par une société hollandaise (13 filiales), une quarantaine de sociétés quittent le groupe Électricité de France (EDF) et l'État a réduit sa participation dans l'aéroport de Toulouse-Blagnac. Parmi les sociétés entrantes, plus du tiers appartiennent au groupe SNCF, ce sont pour la plupart des filiales Keolis appartenant à SNCF Mobilités. De nouvelles sociétés arrivent aussi dans le groupe RATP, grâce au rachat du groupe D.L. entreprises par RATP Développement et dans le groupe EDF, avec l'acquisition de JF Cesbron par Dalkia. Les Grands ports maritimes de la Guyane, de la Martinique et de La Réunion et l'Aéroport Guadeloupe Pôle Caraïbes entrent également dans le **répertoire des entreprises contrôlées majoritairement par l'État (Recme)**.

Entre fin 2014 et fin 2015, la répartition des sociétés publiques par grand secteur d'activité reste stable. Le secteur tertiaire concentre encore plus des trois quarts des effectifs salariés de l'ensemble de ces unités en 2015, malgré la faible baisse de l'emploi par rapport à 2014. La présence de l'État est prépondérante dans le secteur des transports et de l'entreposage, avec 477 900 salariés (soit 60 % de l'ensemble des salariés des sociétés sous contrôle de l'État). Parmi ces salariés, neuf sur dix sont employés par les 3 groupes La Poste, la SNCF et, pour une part plus faible, la Régie autonome des transports parisiens (RATP). Les sociétés publiques des secteurs des activités scientifiques et techniques et des services administratifs et de soutien emploient 62 000 salariés. Parmi eux, 47 % travaillent dans le secteur de la recherche et du développement. Le contrôle de l'État est plus rare dans l'industrie. Ce secteur représente un peu plus de 20 % des effectifs des sociétés contrôlées par l'État. Cependant, celui-ci conserve une part notable dans le secteur de l'énergie, en lien avec la prédominance du groupe EDF dans la production et la distribution d'électricité. ■

Définitions

Entreprise publique : entreprise sur laquelle l'État peut exercer directement ou indirectement une influence dominante du fait de la propriété ou de la participation financière, en disposant soit de la majorité du capital, soit de la majorité des voix attachées aux parts émises.

Nationalisation, privatisation : ces termes traduisent les mouvements des entreprises entre le secteur public et le secteur privé. Lorsque l'État prend le contrôle direct d'une entreprise, c'est-à-dire lorsqu'il détient plus de 50 % de son capital, on parle de nationalisation. Lorsque l'État perd le contrôle direct d'une entreprise au profit du secteur privé, on parle de privatisation.

Société : dans cette page, unité légale ayant la personnalité morale.

Emploi en équivalent-temps plein (EQTP), nomenclature agrégée (NA), répertoire des entreprises contrôlées majoritairement par l'État (Recme), unité légale : voir rubrique « Définitions » en annexes.

Pour en savoir plus

- « 1 625 sociétés contrôlées par l'État fin 2015 », *Insee Focus*, à paraître.
- « L'État actionnaire », *rapport 2015-2016*, Agence des participations de l'État, octobre 2016.
- « Les comptes des administrations publiques en 2015 », *Insee Première* n° 1598, mai 2016.

Retrouvez le TEF sur www.insee.fr dans la collection « Insee Références »

Entreprises publiques selon l'activité économique fin 2015

	Nombre de sociétés (p)	Effectifs salariés (p) en milliers	Principaux groupes présents dans le secteur
Agriculture	**7**	**9,1**	Office national des forêts
Industrie	**421**	**171,1**	
dont : fabrication de machines et d'équipements électriques[1]	7	1,4	CEA
fabrication de matériels de transport	4	12,6	DCNS
fabrication d'autres produits industriels	25	23,1	CEA, LFB
ind. extractives, énergie, eau, gestion des déchets et dépollution	372	134,1	EDF
Construction	**60**	**2,5**	EDF
Tertiaire	**1 137**	**608,2**	
Commerce, réparation d'automobiles et motocycles	32	2,2	UGAP
Transports et entreposage	440	477,9	La Poste, SNCF, RATP, Aéroports de Paris
Hébergement et restauration	2	0,4	
Information et communication	75	22,1	France Télévision
Activités financières et d'assurance	165	22,6	Banque de France
Activités immobilières	120	2,0	SNCF
Act. spéc., scient. et tech. et act. de serv. adm. et de soutien	268	62,0	CEA, La Poste
Adm. publique, enseignement, santé humaine et action sociale	17	11,2	Établissements français du sang
Autres activités de services	18	7,9	Opéra de Paris, FDJ
Total	**1 625**	**790,9**	

1. Y c. fabrication d'équipements électroniques et informatiques.
Source : Insee, Recme.

Mouvements des entreprises publiques en 2015

	Nombre d'entreprises	Effectifs salariés
Entreprises présentes fin 2014	**1 632**	**795 528**
+ Entreprises présentes en 2014 et en 2015	+ 1 539	– 7 589
+ Entreprises entrantes en 2015	+ 86	+ 10 822
– Entreprises sortantes en 2015	– 93	– 7 855
Entreprises présentes fin 2015 (p)	**1 625**	**790 906**

Source : Insee, Recme.

Poids du secteur public dans l'économie de 1985 à 2014

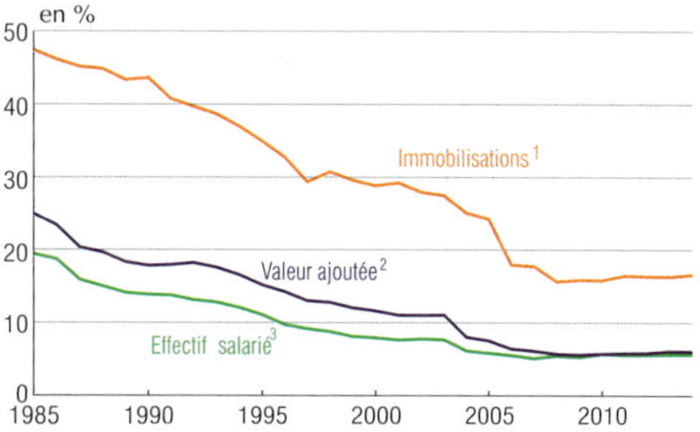

1. Essentiellement les bâtiments et les machines. 2. Valeur ajoutée brute au coût des facteurs jusqu'en 2008, hors taxes depuis 2009. 3. Au 31 décembre.
Note : depuis 2008, les entreprises publiques sont les entreprises (au sens du décret LME, c'est-à-dire le groupe dans son ensemble, l'entreprise profilée ou l'unité légale indépendante) contrôlées par l'État.
Champ : ensemble de l'économie marchande hors secteurs agricoles et financiers.
Source : Insee, Ésane, Clap, Lifi.

Principales entreprises à participation publique selon le chiffre d'affaires en 2015

	Chiffre d'affaires[3] en millions d'euros	Résultat net[3] en millions d'euros	Effectifs en EQTP en milliers
EDF	75 006	1 187	156,3
ENGIE[1]	69 883	– 4 617	155,5
Airbus Group[2]	64 450	2 696	136,6
PSA Peugeot Citröen[2]	54 676	899	182,2
Renault[2]	45 327	2 823	120,1
Orange	40 236	2 652	144,5
SNCF[2]	31 393	– 12 219	259,4
Air France - KLM	26 062	118	96,4
La Poste	23 045	635	253,2
Safran	18 100	– 424	70,1
Thales[2]	14 063	765	61,8
RATP[2]	5 556	437	59,7
Areva[2]	4 199	– 2 038	39,8
DCNS	3 039	68	13,0
France Télévisions	3 006	0	10,5
Aéroport de Paris - ADP	2 916	430	9,0
Française des Jeux	1 649	159	1,8
KNDS-Giat Industries	1 266	659	7,1
STX France	985	4	2,3
Dexia[2]	834	163	1,2

1. Effectifs en moyenne annuelle.
2. Effectifs au 31 décembre.
3. Au 31 décembre.
Source : Agence des participations de l'État.

Sociétés contrôlées majoritairement par l'État de 1995 à 2015

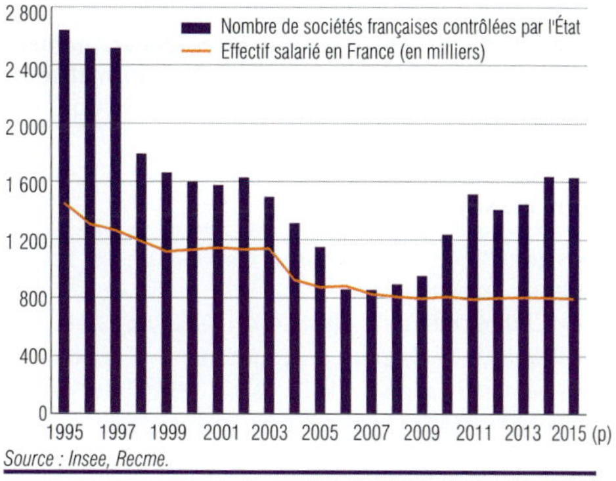

Source : Insee, Recme.

15.5 Artisanat

Le terme entreprise auquel il est fait référence dans cette page renvoie à une **unité légale** exerçant une activité au sein du système productif marchand et non à une entreprise au sens du décret (n° 2008-1354) de la loi de modernisation de l'économie (LME).

Les **entreprises artisanales** sont immatriculées au répertoire des métiers : ce sont des personnes physiques et des personnes morales, qui n'emploient pas plus de 10 salariés et exercent à titre principal ou secondaire une activité professionnelle indépendante de production, de transformation, de réparation ou de prestation de services relevant de l'artisanat et figurant sur une liste établie par décret. Sous certaines conditions, les entreprises qui le souhaitent peuvent rester immatriculées au répertoire des métiers au-delà du seuil des 10 salariés (on parle de « droit de suite »). Le nombre d'entreprises artisanales ne coïncide pas avec celui des artisans, car plusieurs artisans peuvent être associés au sein d'une même entreprise.

Au 1er janvier 2015, l'artisanat français compte environ 1,3 million d'entreprises, soit une augmentation de 8,4 % en un an. Au total, on dénombre 358 000 entreprises artisanales supplémentaires en six ans. Près de quatre entreprises artisanales sur dix (39 %), soit 516 400 entreprises, relèvent du secteur de la construction ; 15 % relèvent du secteur de l'industrie. Viennent ensuite les secteurs des autres services aux ménages et du commerce (respectivement 14 % et 13 %).

En 2015, 155 300 entreprises artisanales ont été créées (soit 26 100 de moins qu'en 2014) dont près de 60 000 avec le statut de **micro-entrepreneur** (soit 31 000 de moins qu'en 2014). C'est dans la construction que les **créations d'entreprises** artisanales sont les plus nombreuses : elles représentent 38 % de l'ensemble des créations. Suivent les secteurs des autres services au ménages et de l'industrie (13 % chacun). L'artisanat représente en 2015 30 % des créations annuelles d'entreprises. Près des deux tiers des entreprises artisanales (65 %) n'emploient aucun salarié et 91 % d'entre elles ont cinq salariés ou moins. C'est dans le secteur de l'information et de la communications et celui des services aux ménages que les entreprises sont le moins souvent employeuses.

En 2015, un peu plus de la moitié (54 %) des entreprises artisanales sont des **entreprises individuelles**. Parmi les 713 000 entreprises individuelles artisanales françaises, 26 % sont dirigées par des femmes, dont près de la moitié exerce dans le secteur des activités de services aux ménages, secteur majoritairement féminin. Les femmes cheffes d'entreprises artisanales sont également majoritaires dans le « sous-secteur » « fabrication de textiles, industries de l'habillement, du cuir et de la chaussure ». ■

Définitions

Entreprise artisanale : dans le Répertoire des Entreprises et Établissements (REE, Sirene), une entreprise est considérée comme artisanale si elle est inscrite au Répertoire des Métiers.

Entreprise individuelle : entreprise qui est la propriété exclusive d'une personne physique. L'entrepreneur exerce son activité sans avoir créé de personne juridique distincte. Les différentes formes d'entreprises individuelles sont : commerçant, artisan, profession libérale, agriculteur. Chaque entreprise individuelle (comme chaque société) est répertoriée dans le répertoire SIRENE.

Création d'entreprise, micro-entrepreneur, nomenclature d'activités française (NAF), stocks d'entreprises et établissements (REE/Sirene), système informatisé du répertoire national des entreprises et des établissements (Sirene), unité légale : voir rubrique « Définitions » en annexes.

Pour en savoir plus

- « En octobre 2016, le climat conjoncturel est stable dans l'industrie du bâtiment », *Informations rapides* n° 273, Insee, octobre 2016.
- « Chiffres clés de l'artisanat », DGE, juin 2016.
- « Recueil des bonnes pratiques du numérique dans l'Artisanat », DGE, mai 2016.
- « Semaine nationale de l'artisanat : du 11 au 18 mars 2016 », Assemblée permanente des chambres des métiers et de l'artisanat, février 2016.

Retrouvez le TEF sur www.insee.fr dans la collection « Insee Références »

Caractéristiques des entreprises artisanales en 2015

	Nombre total d'entreprises artisanales	Entreprises individuelles			
		en nombre	en %	*dont femmes*	
				en nombre	*en %*
Industrie	199 272	98 466	49,4	*33 881*	*34,4*
dont : fabr. de denrées alim., de boissons et de produits à base de tabac	*51 619*	*22 939*	*44,4*	*4 092*	*17,8*
fabr. de textiles, ind. de l'habillement, ind. du cuir et de la chaussure	*19 665*	*14 016*	*71,3*	*11 384*	*81,2*
travail du bois, industries du papier et imprimerie	*22 866*	*11 763*	*51,4*	*3 454*	*29,4*
métallurgie et fabrication de produits métalliques[1]	*18 218*	*4 839*	*26,6*	*211*	*4,4*
autres ind. manuf., réparation et installation de machines et d'équip.	*57 863*	*34 117*	*59,0*	*11 776*	*34,5*
Construction	516 366	266 691	51,6	*5 485*	*2,1*
Commerce, réparation d'automobiles et de motocycles	166 663	63 636	38,2	*14 672*	*23,1*
Transports et entreposage	45 378	33 867	74,6	*2 862*	*8,5*
Hébergement et restauration	60 514	23 431	38,7	*7 806*	*33,3*
Information et communication	9 255	5 357	57,9	*510*	*9,5*
Activités financières et d'assurance	1 623	150	9,2	*40*	*26,7*
Activités immobilières	5 924	3 023	51,0	*488*	*16,1*
Activités spécialisées, scientifiques et techniques	38 639	21 616	55,9	*7 734*	*35,8*
Activités de services administratifs et de soutien	75 540	49 648	65,7	*16 321*	*32,9*
Enseignement	2 609	2 003	76,8	*665*	*33,2*
Santé humaine et action sociale	9 068	3 346	36,9	*1 640*	*49,0*
Arts, spectacles et activités récréatives	8 445	7 030	83,2	*3 125*	*44,5*
Autres activités de services	187 009	134 547	71,9	*90 722*	*67,4*
Total	**1 326 305**	**712 811**	**53,7**	***185 951***	***26,1***

1. À l'exception des machines et des équipements.
Note : données au 1er janvier.
Champ : activités marchandes hors agriculture, unités inscrites au Répertoire des Métiers.
Source : Insee, REE.

Répartition des entreprises artisanales selon l'effectif en 2015

en %

	0 salarié	1 à 5 salariés	6 à 19 salariés	20 salariés ou plus
Industrie manufacturière, industries extractives et autres	57,7	26,5	13,3	2,5
Construction	67,3	24,7	7,0	1,0
Commerce de gros et de détail, transports, héberg. et restauration	55,9	34,0	9,0	1,1
Information et communication	82,3	13,4	3,4	0,9
Activités financières et d'assurance	65,9	25,4	6,7	2,0
Activités immobilières	89,2	9,4	1,2	0,3
Act.spé.,scient. et tech. et act. de serv. adm. et de soutien	76,1	17,4	5,0	1,5
Adm. pub, ens., santé humaine, action soc.	52,0	17,7	23,9	6,4
Autres activités de services	73,4	23,6	2,7	0,2
Ensemble	**65,3**	**25,9**	**7,6**	**1,2**

Note : données au 1er janvier.
Champ : activités marchandes hors agriculture, unités inscrites au Répertoire des Métiers.
Source : Insee, REE.

Créations d'entreprises artisanales selon l'activité économique en 2015

	Créations totales	*dont hors micro-entre-preneurs*
Industrie	19 428	*11 493*
dont industrie manufacturière	*18 819*	*11 080*
Construction	59 642	*38 939*
Commerce, transports, hébergement et restauration	31 196	*22 337*
Commerce, réparation	12 773	*9 297*
Transports et entreposage	8 965	*5 286*
Hébergement et restauration	9 458	*7 754*
Information et communication	1 736	*477*
Activités financières et d'assurance	87	*65*
Activités immobilières	310	*255*
Activités spécialisées, scientifiques et techniques	6 879	*2 826*
Activités de services administratifs et de soutien	15 500	*7 440*
Enseignement, santé humaine et action sociale	1 080	*496*
Autres activités de services	19 443	*11 277*
Total	**155 301**	***95 605***

Champ : activités marchandes hors agriculture, unités inscrites au Répertoire des Métiers.
Source : Insee, REE.

Entreprises artisanales selon le nombre de salariés en 2015

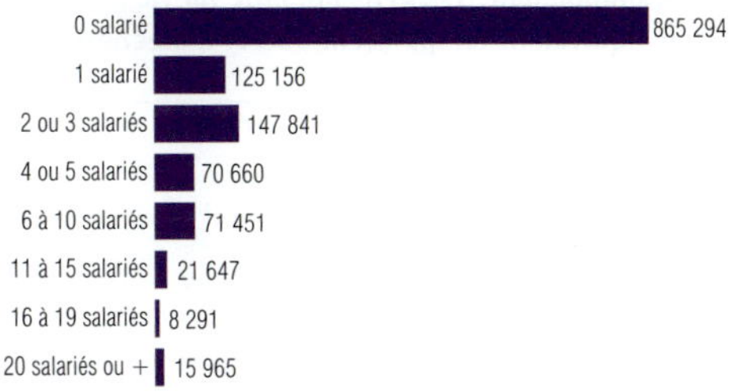

Note : données au 1er janvier.
Champ : activités marchandes hors agriculture, unités inscrites au Répertoire des Métiers.
Source : Insee, REE.

Statut juridique des entreprises artisanales

en %

	2000	2010	2015
Personne physique	63,9	52,9	53,7
Société à responsabilité limitée (SARL)	32,4	44,2	40,3
Autres statuts	3,7	3,0	6,0
Total	**100,0**	**100,0**	**100,0**

Champ : France y c. Mayotte en 2015, activités marchandes hors agriculture, unités inscrites au Répertoire des Métiers.
Source : Insee, REE.

16.1 Recherche & Développement

En 2014, la **dépense intérieure de recherche et développement (DIRD)** atteint 47,9 milliards d'euros (Md€), en hausse de 0,6 % en volume par rapport à 2013. La DIRD des entreprises est en hausse de 1,2 % en volume, tandis que celle des administrations baisse de 0,4 %. L'**effort de recherche de la nation** se maintient à 2,24 % du PIB en 2014. La **dépense nationale de recherche et développement (DNRD)** représente le financement des travaux de recherche réalisés en France ou à l'étranger. Elle augmente de 2 Md€ en 2014 pour atteindre 51,4 Md€.

En 2014, la dépense intérieure de recherche et développement des entreprises (DIRDE) implantées en France s'établit à 31,1 Md€, soit 65 % de la DIRD. Les dépenses de recherche sont très concentrées dans quelques **branches de recherche**. En 2014, les branches industrielles concentrent 79 % de la DIRDE. Parmi elles, l'industrie automobile, la construction aéronautique et spatiale ainsi que l'industrie pharmaceutique totalisent ensemble 35 % des dépenses. L'industrie automobile, avec 14 % du montant de la DIRDE, est la première branche de recherche.

En 2014, la dépense intérieure de recherche et développement des administrations (DIRDA) s'établit à 16,8 Md€. Par rapport à 2013, elle diminue légèrement en volume (– 0,4 %, après + 1,0 %). Cette baisse s'explique par la diminution des dépenses de fonctionnement et d'équipement, notamment dans les établissements publics à caractère industriel et commercial (EPIC) et dans les établissements d'enseignement supérieur et de recherche, mais aussi par une réduction des dépenses de personnel dans les établissements publics à caractère scientifique et technique (EPST). Par ailleurs, les dépenses d'immobilier en faveur de la R&D se sont légèrement contractées.

En 2014, les activités de R&D en France mobilisent 417 200 emplois en **équivalent-temps plein (EQTP)**. Les entreprises emploient environ les trois cinquièmes de ces effectifs EQTP. Les **effectifs dans la recherche** restent stables et augmentent de 0,1 % par rapport à 2013. Dans les entreprises, l'emploi dans la recherche diminue de 0,8 % par rapport à 2013. Les effectifs de R&D dans l'industrie manufacturière et dans les services baissent. En 2014, le nombre de chercheurs dans les entreprises est stable tandis que celui des personnels de soutien se replie. Dans les administrations, les effectifs de R&D progressent toujours, du fait de hausses dans les établissements d'enseignement supérieur et de recherche et dans les institutions sans but lucratif.

En 2014, dans l'Union européenne, quatre pays, l'Allemagne, la France, le Royaume-Uni et l'Italie, totalisent ensemble 67 % de la DIRD. L'Allemagne réalise davantage de recherche et développement que ne le fait la France ; on l'observe à la fois dans le montant absolu des dépenses engagées et dans l'effort relatif de recherche (DIRD/PIB). Ainsi, en 2014, les dépenses consacrées à la R&D y représentent-elles 2,9 % du PIB, contre 2,2 % en France. ■

Définitions

Dépense intérieure de recherche et développement (DIRD) : travaux de R&D exécutés sur le territoire national quelle que soit l'origine des fonds. Une partie est exécutée par les administrations (DIRDA), l'autre par les entreprises (DIRDE). Elle comprend les dépenses courantes (masse salariale des personnels de R&D et dépenses de fonctionnement) et les dépenses en capital (achats d'équipements nécessaires à la réalisation des travaux internes à la R&D et opérations immobilières réalisées dans l'année).

Branche de recherche, dépense nationale de recherche et développement (DNRD), effectifs de recherche et développement, effort de recherche de la nation, emploi en équivalent-temps plein (EQTP), Recherche et Développement (R&D) : voir rubrique « Définitions » en annexes.

Pour en savoir plus

- « Les entreprises en France », *Insee Références*, édition 2016.
- « Les dépenses intérieures de R&D en 2014 », *Note Flash* ESR n° 11, MESR DGESIP/DGRI SIES, septembre 2016.
- « Repères et références statistiques 2016 », Depp, septembre 2016.
- « Les chercheurs en entreprise en 2013 », *Note d'information ESR* n° 16.05, MESR DGESIP/DGRI SIES, juillet 2016.
- « La DIRDE en hausse de 2,3 % en 2014 », *Note Flash* ESR n° 3, MESR DGESIP/DGRI SIES, mars 2016.

Retrouvez le TEF sur www.insee.fr dans la collection « Insee Références »

Financement de la DNRD et exécution de la DIRD

en millions d'euros

	1995	2000[1]	2005	2010	2014 (p)	14/13[2] en %
Dépense nationale de recherche et développement (DNRD)	**27 563**	**31 438**	**36 654**	**44 841**	**51 417**	**3,6**
Financement par les administrations[3]	13 647	14 272	16 921	19 172	19 758	– 2,9
Financement par les entreprises	13 916	17 166	19 733	25 668	31 659	8,1
Part des entreprises dans la DNRD (en %)	50,5	54,6	53,8	57,2	61,6	///
Part de la DNRD dans le PIB (en %)	2,25	2,12	2,07	2,24	2,40	///
Dépense intérieure de recherche et développement (DIRD)	**27 302**	**30 954**	**36 228**	**43 469**	**47 919**	**0,6**
Exécution par les administrations[3]	10 653	11 605	13 725	16 014	16 786	– 0,4
Exécution par les entreprises	16 649	19 348	22 503	27 455	31 133	1,2
Part des entreprises dans la DIRD (en %)	61,0	62,5	62,1	63,2	65,0	///
Part de la DIRD dans le PIB[4] (en %)	2,23	2,08	2,04	2,18	2,24	///

1. Changements méthodologiques. 2. Évolution en volume. 3. Le secteur des administrations comprend : les ministères et services ministériels, les EPST, les EPIC, les établissements d'enseignement supérieur, les CHU, les CLCC, les institutions sans but lucratif. 4. PIB en base 2010.
Champ : hors Défense.
Sources : MENESR - SCSESR - SIES.

DIRD des entreprises par branche

en millions d'euros

	2014 (p)	14/13[1] en %
Industrie automobile	4 390	9,9
Industrie pharmaceutique	3 027	– 1,3
Construction aéronautique et spatiale	3 503	– 0,4
Industrie chimique	1 788	0,5
Composants, cartes électron., ordinateurs[2]	1 405	– 2,8
Fab. d'instruments et d'appareils de mesure[3]	1 627	4,6
Fab. d'équipements de communication	975	– 2,6
Fab. d'autres machines et équipements	1 081	– 2,9
Fabrication d'équipements électriques	1 027	0,2
Fab. de prod. en caoutchouc et en plastique	819	3,3
Autres branches industrielles[4]	**4 874**	**0,0**
Act. informatiques et services d'information	2 103	2,2
Télécommunications	921	– 6,7
Activités spécialisées, scient. et techniques	2 067	1,3
Édition, audiovisuel et diffusion	1 086	3,4
Autres branches de services	**439**	**– 2,1**
Total des branches	**31 133**	**1,2**

1. Évolution en volume.
2. Y c. équipements périphériques.
3. Y c. essai, navigation et horlogerie.
4. Y c. agriculture, sylviculture et pêche.
Sources : MENESR - SCSESR - SIES.

Effectifs de chercheurs de 1985 à 2014

en milliers d'équivalent-temps plein

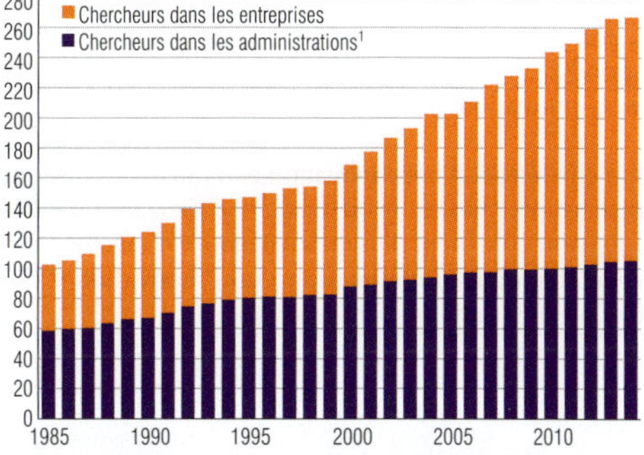

1. Les administrations recouvrent les ministères et services ministériels, les EPST, les EPIC, les établissements d'enseignement supérieur, les CHU, le CLCC et les institutions sans but lucratif.
Champ : y c. les chercheurs de la Défense à partir de 2009 ; changements méthodologiques en 2000, 2001, 2004, 2006, 2009, 2010 et 2011.
Sources : MENESR - SCSESR - SIES.

DIRD publique par secteur institutionnel

en millions d'euros

	2013	2014 (p)
Établissements publics et services ministériels (hors CNRS)	6 185	6 163
Enseignement supérieur (y c. CNRS)	9 889	9 884
Institutions sans but lucratif	698	739
Total	**16 772**	**16 786**

Sources : MENESR - SCSESR - SIES.

Dépense intérieure et personnel de R&D dans l'UE en 2014

	Dépense intérieure de R&D		Personnel de R&D[1]	
	en millions d'euros	en % du PIB	Total	*dont chercheurs*
Allemagne	84 454	2,9	605 252	*351 923*
Autriche (e)	10 100	3,1	68 101	*41 595*
Belgique (e)	9 875	2,5	68 701	*46 880*
Bulgarie	340	0,8	19 335	*13 201*
Chypre	84	0,5	1 269	*888*
Croatie	340	0,8	10 027	*6 117*
Danemark	7 869	3,0	59 466	*41 431*
Espagne	12 821	1,2	200 233	*122 235*
Estonie	287	1,5	5 796	*4 323*
Finlande	6 512	3,2	52 130	*38 281*
France[2]	**47 919**	**2,2**	**417 195**	***266 717***
Grèce	1 489	0,8	43 316	*29 877*
Hongrie	1 429	1,4	37 329	*26 213*
Irlande (e)	2 921	1,5	28 379	*20 727*
Italie (e)	22 291	1,4	249 467	*118 183*
Lettonie	163	0,7	5 739	*3 748*
Lituanie	377	1,0	11 791	*9 075*
Luxembourg	630	1,3	5 243	*2 629*
Malte	61	0,8	1 444	*786*
Pays-Bas	13 268	2,0	124 066	*76 229*
Pologne	3 864	0,9	104 359	*78 622*
Portugal	2 232	1,3	46 878	*38 155*
Rép. tchèque	3 091	2,0	64 444	*36 040*
Roumanie	575	0,4	31 391	*18 109*
Royaume-Uni (e)	37 960	1,7	396 281	*276 584*
Slovaquie	670	0,9	17 594	*14 742*
Slovénie	890	2,4	14 866	*8 574*
Suède (e)	13 612	3,2	83 473	*66 643*
UE	**286 121**	**2,0**	**2 774 612**	***1 760 232***

1. En équivalent-temps plein.
2. Sources MENESR - SCSESR - SIES pour les données de personnel de R&D.
Source : Eurostat.

16.2 Innovation

Parmi les sociétés marchandes de 10 salariés ou plus implantées en France et faisant partie du champ de l'**enquête communautaire sur l'innovation (CIS)** 2014, un peu moins de la moitié (48 %) ont innové au cours des années 2012 à 2014. Directement liées à la production, les **innovations technologiques** constituent le cœur de l'innovation et concernent 31 % des sociétés. Elles correspondent aux innovations ou à des **activités d'innovation** en produits ou en procédés. Plus d'un tiers des sociétés (38 %) ont développé des innovations non technologiques, relatives aux modes d'organisation ou au marketing.

Le secteur de l'information et de la communication est le plus innovant : 71 % des sociétés ont innové entre 2012 et 2014 et 60 % ont réalisé des innovations technologiques. La part de **sociétés innovantes** augmente avec la taille de celles-ci : 43 % parmi les sociétés de 10 à 19 salariés, contre 78 % parmi celles de 250 salariés ou plus. Elle est également plus élevée parmi les sociétés appartenant à un groupe ou à un réseau d'enseignes (54 %, contre 43 % pour les sociétés indépendantes).

Les sociétés exportatrices innovent plus souvent que les autres : c'est le cas de 66 % d'entre elles, contre 40 % des sociétés non exportatrices. En particulier, près de la moitié des sociétés exportatrices se sont engagées dans des innovations technologiques, soit deux fois plus que celles dont le marché est régional ou national (51 % contre 22 %).

À champ sectoriel constant, la part de sociétés investissant dans des innovations est en hausse : 57 % entre 2012 et 2014, contre 53 % entre 2010 et 2012. Le taux d'innovation technologique augmente (41 %, après 37 %), tandis que les taux d'innovation non technologique, en organisation ou en marketing, sont plutôt stables (respectivement 35 % et 25 %).

En 2015, le palmarès des principaux déposants de **brevets** confirme les tendances de ces dernières années : une concentration toujours forte de la part des 20 premiers déposants et de grands groupes industriels français qui consolident leurs politiques d'innovation sur la durée en alignant leurs stratégies de **propriété industrielle** avec la stratégie globale de l'entreprise. Cette année, à nouveau, les grands acteurs du secteur automobile restent en tête, suivis des principaux secteurs industriels où la France est en pointe : la cosmétique, l'aéronautique, les télécommunications, l'électronique, la chimie et l'énergie. PSA Peugeot Citroën conserve sa première place avec 1 012 demandes de brevets publiées. Safran maintient sa place au 2e rang avec 769 demandes publiées. Air Liquide et le groupe Valeo enregistrent les deux plus fortes progressions, passant respectivement de la 18e à la 12e place, et de la 5e à la 3e place.

En 2015, 16 300 demandes de brevets sont déposées à l'Institut national de la propriété industrielle (INPI), soit une légère baisse de 1,4 % par rapport à 2014. Parallèlement, l'INPI a reçu 91 898 dépôts de **marques**, soit une progression de 5,1 %. Le nombre de dessins et modèles déposés s'établit à 64 888 (+ 0,6 %). ■

Définitions

Innovation technologique : l'innovation technologique correspond à une innovation ou à des activités d'innovation en produits (biens ou prestations de services) ou en procédés. L'innovation non technologique correspond à une innovation en organisation ou en marketing.

Société innovante : une société est innovante au sens large lorsqu'elle introduit une innovation dans au moins une des quatre catégories d'innovation possibles (produits, procédés, organisation, marketing) ou lorsqu'elle s'engage dans des activités d'innovation en produits ou en procédés, une société pouvant com biner plusieurs catégories d'innovation.

Activité d'innovation, brevet, capital-innovation, dépôt de brevet, enquête communautaire sur l'innovation (CIS), innovation, marque, propriété industrielle : voir rubrique « Définitions » en annexes.

Pour en savoir plus

- « La moitié des sociétés a innové entre 2012 et 2014 », *Insee Première*, à paraître.
- « Les entreprises en France », *Insee Références*, édition 2016.
- « Palmarès des principaux déposants de brevets publiés en 2015, auprès de l'INPI », *communiqué de presse*, INPI, avril 2016.

Retrouvez le TEF sur www.insee.fr dans la collection « Insee Références »

Poids de l'innovation par secteur d'activité entre 2012 et 2014

en % du nombre total de sociétés

	Innovations technologiques			Organisation	Marketing	Tous types d'innovation
	Ensemble	*dont Produits*	*dont Procédés*			
Industrie manufacturière, industries extractives et autres	47	*30*	*32*	35	24	59
Construction	20	*8*	*13*	25	14	38
Commerce de gros, de détail, réparation d'automobiles et de motocycles	24	*14*	*16*	27	27	45
Transports et entreposage	22	*11*	*16*	29	14	40
Hébergement et restauration	23	*13*	*17*	25	32	45
Information et communication	60	*50*	*37*	42	37	71
Activités financières et d'assurance[1]	31	*23*	*24*	38	29	50
Activités immobilières	20	*15*	*13*	40	25	48
Activités spécialisées, scientifiques et techniques	36	*25*	*23*	34	22	52
Activités de services administratifs et de soutien	21	*11*	*15*	26	20	37
Ensemble	**31**	***19***	***21***	**30**	**23**	**48**

1. Le secteur « Activités financières et d'assurance » prend en compte les holdings financières.
Lecture : entre 2012 et 2014, 19 % des sociétés de 10 salariés ou plus étaient innovantes en produits. Une même société peut bien sûr réaliser des innovations de plusieurs types.
Note : les intitulés des secteurs d'activité respectent les sections de la NAF rév. 2.
Champ : sociétés actives de 10 salariés ou plus implantées en France, divisions 05 à 81 de la NAF rév. 2 sauf 75.
Source : Insee, enquête innovation (CIS) 2014.

Dépôts de brevets, de marques, de dessins et modèles par la voie nationale

	2010	2015	15/14 en %
Dépôts de brevets	**16 580**	**16 300**	**– 1,4**
Personnes morales	13 940	14 037	– 1,6
Personnes physiques	2 640	2 263	– 0,2
Dépôts de marques	**124 110**	**122 748**	**6,8**
Premiers dépôts de marques	91 928	91 898	5,1
Renouvellements de marques	32 182	30 850	12,2
Dessins et modèles déposés	**80 352**	**64 888**	**0,6**
Procédure normale	16 653	13 581	– 7,2
Procédure simplifiée	63 699	51 307	2,9

Source : INPI, octobre 2016.

Montant des fonds investis dans le capital-innovation

en millions d'euros

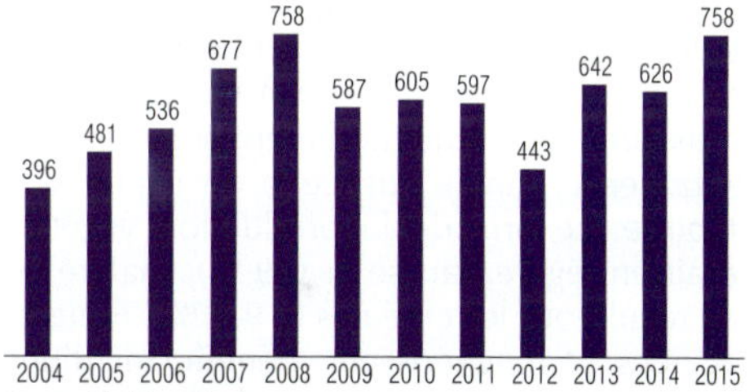

Source : Afic / Grant Thornton.

Principaux déposants de brevets publiés en 2015

Rang		Brevets publiés
1	PSA Peugeot Citroën	1 012
2	Groupe Safran	769
3	Groupe Valeo	668
4	CEA[1]	658
5	Groupe Renault	539
6	CNRS	390
7	Airbus Group (ex-EADS)	386
8	Groupe L'Oréal SA	311
9	Groupe Thales	308
10	Michelin	272

1. Commissariat à l'énergie atomique et aux énergies alternatives.
Note : les demandes de brevets publiées en 2015 ont été déposées entre le 1er juillet 2013 et le 30 juin 2014.
Source : INPI.

Demandes de brevets déposées auprès de l'Office européen des brevets

en nombre

	2005	2010	2015
Allemagne	23 642	27 328	24 820
Autriche	1 061	1 744	1 992
Belgique	1 697	2 045	2 041
Bulgarie	13	11	33
Chypre	38	49	37
Croatie	24	17	9
Danemark	1 159	1 817	1 930
Espagne	976	1 430	1 527
Estonie	4	27	32
Finlande	1 487	1 617	2 000
France	**8 021**	**9 576**	**10 781**
Grèce	67	83	86
Hongrie	79	107	99
Irlande	373	637	582
Italie	4 167	4 078	3 979
Lettonie	9	32	29
Lituanie	1	9	39
Luxembourg	276	420	404
Malte	17	31	85
Pays-Bas	7 807	5 965	7 100
Pologne	105	205	568
Portugal	45	81	137
Rép. tchèque	77	167	213
Roumanie	8	14	33
Royaume-Uni	4 591	5 381	5 037
Slovaquie	17	25	48
Slovénie	87	131	118
Suède	2 500	3 590	3 839
UE	**58 348**	**66 617**	**67 598**

Source : Office européen des brevets.

Dépôts de brevets par la voie nationale

en milliers

Source : INPI, Observatoire de la propriété intellectuelle, octobre 2016.

17.1 Revenus et productions agricoles

Selon les comptes prévisionnels, en 2016, la valeur de la **production** de la **branche agricole**, y compris **subventions**, recule fortement (– 6,9 %) après deux années de redressement. La production animale continue à marquer le pas et la production végétale décroît fortement. La chute des volumes s'accompagne d'une baisse des prix.

Le recul de la production végétale, mesuré en volume, s'accentue en 2016 (– 9,7 %, après – 3,6 %). L'année 2016 est caractérisée par de très mauvaises récoltes en grandes cultures et un net repli en viticulture. La récolte de céréales chute de 23,9 %, en lien avec une météo très défavorable. Le rendement en blé tendre est parmi les plus faibles depuis trente ans. La récolte d'oléagineux décroît de 9,0 % : celle du colza recule alors que celle de tournesol augmente. La production de vin se replie fortement (– 9,0 %). La récolte de fruits diminue, particulièrement pour l'abricot et la cerise, tandis que celle de légumes se stabilise. Le prix de la production végétale serait en légère hausse (+ 0,9 %), malgré un net recul pour les céréales (– 9,2 %). Fruits et légumes se renchérissent, bénéficiant d'une demande dynamique. Le prix des pommes de terre augmente, après avoir amorcé un net redressement l'an passé ; il poursuit son retour à la normale après sa chute en 2014 due à une récolte surabondante. Pour le vin, la faiblesse des disponibilités, conjuguée à une demande dynamique de la part de la Chine et des États-Unis, permet de soutenir les prix. Le prix de la betterave progresserait pour la première fois depuis trois ans, dans le sillage des cours du sucre.

La production animale décroît en volume (– 1,1 %). La collecte laitière se réduit dans un contexte de prix bas et les volumes de volailles et d'œufs se contractent eux aussi. À l'inverse, la production de bétail est en hausse : elle continue d'augmenter pour les gros bovins et les porcins, se redresse pour les ovins-caprins, mais elle fléchit pour les veaux. Le prix de la production animale (hors subventions) diminuerait à nouveau nettement (– 3,9 %). La crise laitière se poursuit : la production européenne s'accroît du fait de la levée des quotas en avril 2015 et elle ne rencontre pas de débouchés suffisants en raison de l'embargo russe et de moindres importations chinoises. Le prix des gros bovins et des ovins-caprins recule. L'offre européenne importante pèse sur le prix des volailles et des œufs. En revanche, après avoir chuté en 2015, le prix des porcins se redresse quelque peu, grâce notamment au débouché chinois.

En 2016, les charges des agriculteurs se réduisent pour la troisième année consécutive. Toutefois, ce fléchissement ne compense pas celui de la valeur de la production. Par conséquent, la valeur ajoutée de la branche agricole diminue nettement. L'emploi agricole continue par ailleurs à décroître. Au total, d'après les estimations du compte prévisionnel de l'agriculture, la **valeur ajoutée brute au coût des facteurs** par actif reculerait de 10,9 % en 2016. ■

Définitions

Branche agricole : regroupe l'ensemble des unités dont l'activité est réputée agricole au sens de la NAF. La branche agriculture comprend les exploitations agricoles, les entreprises de travaux agricoles, les coopératives d'utilisation du matériel agricole (Cuma), les coopératives viticoles, celles produisant de l'huile d'olive et les centres d'insémination artificielle. Elle recouvre la culture de végétaux (y c. maraîchage et horticulture), l'élevage d'animaux, les activités de travaux agricoles à façon et la chasse.

Appellation d'origine contrôlée (AOC), appellation d'origine protégée (AOP), évolution en termes réels, indication géographique protégée (IGP), production au prix de base, subventions à l'agriculture, valeur ajoutée brute au coût des facteurs de la branche agricole : voir rubrique « Définitions » en annexes.

Pour en savoir plus

- « Les comptes prévisionnels de l'agriculture pour 2016 », *Insee Première* n° 1625, décembre 2016.
- « Résultats économiques des exploitations en 2015 – Des résultats globalement stables mais différenciés selon les productions », *Agreste Primeur* n° 342, décembre 2016.
- « GraphAgri France », Agreste, édition 2016.
- « L'agriculture en 2015 », *Insee Première* n° 1608, juillet 2016.

Retrouvez le TEF sur www.insee.fr dans la collection « Insee Références »

Volume de production végétale et effectifs d'animaux

	1990	2000 (r)	2010	2015 (p)
Production végétale (en millions de tonnes)				
Céréales	55,1	65,6	65,5	72,6
dont : blé tendre	*31,4*	*35,7*	*35,5*	*40,9*
blé dur	*2,0*	*1,7*	*2,5*	*1,8*
maïs (grain et semence)	*9,4*	*16,0*	*14,1*	*13,7*
Oléagineux	4,6	5,5	6,6	6,9
Protéagineux	3,7	2,1	1,6	0,9
Pommes de terre	4,7	6,5	6,6	7,1
Effectifs animaux (en millions de têtes)				
Bovins	21,4	21,3	19,6	19,4
Porcins	12,3	15,0	14,3	13,2
Ovins	11,4	9,5	8,0	7,1
Caprins	1,2	1,2	1,4	1,3
Ensemble Gallus[1]	198,4	205,3	222,0	246,9

1. Ensemble Gallus : poules pondeuses d'œufs à couver et d'œufs de consommation, poulettes, poulets de chair.
Champ : France métropolitaine pour les années 1990 et 2000.
Source : SSP, Agreste.

Production de vin, jus et moûts

	2014 (r)	2015	15/14 en %
Superficie de production (en milliers d'hectares)			
Récolte AOP[1]	443,9	442,3	– 0,4
dont AOP hors VDN[2]	*435,3*	*434,5*	*– 0,2*
dont VDN en AOP	*8,6*	*7,8*	*– 9,3*
Vin pour eaux-de-vie AOP	75,3	75,4	0,1
Vin IGP[3]	193,3	192,3	– 0,5
Autres vins	39,4	37,1	– 5,8
Total vins	**751,9**	**747,1**	**– 0,6**
Production de vin (en millions d'hectolitres)			
Récolte AOP[1]	22,0	21,5	– 2,3
dont AOP hors VDN[2]	*21,9*	*21,3*	*– 2,3*
dont VDN en AOP	*0,2*	*0,2*	*– 0,5*
Vin pour eaux-de-vie AOP	8,5	9,4	10,2
Vin IGP[3]	12,7	13,2	3,8
Autres vins	3,6	3,7	1,4
Total	**46,9**	**47,8**	**1,9**

1. Appellation d'origine protégée.
2. Vins doux naturels ; vins de liqueur remplissant certaines conditions particulières.
3. Indication géographique protégée.
Source : SSP, Agreste.

Évolution de la valeur ajoutée brute au coût des facteurs par actif de la branche agricole

indice base 100 en 1980

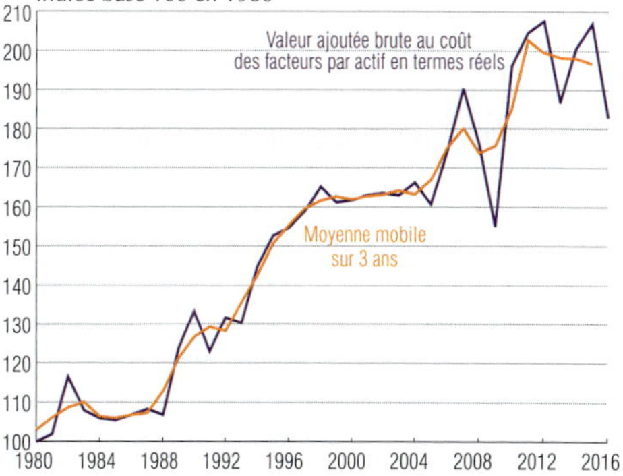

Note : données arrêtées en novembre 2016.
Source : Insee, comptes prévisionnels de l'agriculture - base 2010.

Production et valeur ajoutée de l'agriculture

	2016 en Md€	16/15 en % Volume	Prix	Valeur
Production hors subventions	**69,2**	**– 6,1**	**– 0,8**	**– 6,9**
Produits végétaux	**40,0**	**– 9,7**	**0,9**	**– 8,9**
Céréales	7,7	– 23,9	– 9,2	– 30,9
Oléagineux, protéagineux	2,4	– 10,2	– 0,9	– 11,0
Betteraves industrielles	0,9	0,0	13,0	13,0
Autres plantes industrielles[1]	0,5	3,7	0,9	4,7
Fruits, légumes, pommes de terre	8,3	– 1,9	9,4	7,4
Vins	11,6	– 9,0	2,8	– 6,4
Fourrages, plantes, fleurs	8,6	– 0,7	0,3	– 0,3
Produits animaux	**24,5**	**– 1,1**	**– 3,9**	**– 5,0**
Bétail (bovins, porcins, ovins, caprins, équidés)	11,1	1,5	– 2,6	– 1,1
Volailles, œufs	4,5	– 4,2	– 1,4	– 5,5
Lait et autres produits de l'élevage	8,8	– 2,6	– 6,7	– 9,1
Services[2]	**4,7**	**0,0**	**1,0**	**1,0**
Subventions sur les produits	**1,2**	**0,7**	**– 0,7**	**0,0**
Production au prix de base	**70,4**	**– 6,0**	**– 0,8**	**– 6,8**
Consommations intermédiaires	**44,9**	**– 0,3**	**– 2,0**	**– 2,3**
dont achats	*38,0*	*– 1,3*	*– 1,5*	*– 2,8*
Valeur ajoutée brute	**25,4**	**– 14,9**	**1,4**	**– 13,7**
Consommation de capital fixe	**10,8**	**0,0**	**– 1,5**	**– 1,5**
Valeur ajoutée nette	**14,6**	**– 23,7**	**3,6**	**– 21,0**

1. Tabac, lin textile, houblon, canne à sucre, etc.
2. Production des entreprises de travaux agricoles, des coopératives d'utilisation de matériel agricole, services entre agriculteurs, agritourisme, etc.
Note : données arrêtées en novembre 2016.
Source : Insee, comptes prévisionnels de l'agriculture - base 2010.

Production agricole de l'UE

en millions d'euros

	Production[1] végétale			Production[1] animale		
	2000	2015 (r)	15/14 en %	2000	2015 (r)	15/14 en %
Allemagne	18 425	24 602	– 6,1	19 344	24 454	– 9,8
Autriche	2 024	2 831	0,9	2 515	3 241	– 5,4
Belgique	2 931	3 685	6,5	3 841	4 233	– 6,0
Bulgarie	1 305	2 520	– 6,6	1 448	934	– 9,7
Chypre	0	299	13,6	0	362	– 1,4
Croatie	…	1 177	5,7	…	714	– 2,3
Danemark	2 603	3 726	7,4	4 767	5 744	– 15,5
Espagne	19 539	27 251	7,4	11 692	15 790	– 3,8
Estonie	142	467	21,5	182	344	– 18,1
Finlande	1 052	1 375	– 2,9	1 688	1 917	– 14,0
France	**30 727**	**42 161**	**2,3**	**22 305**	**25 063**	**– 4,7**
Grèce	6 536	6 700	4,1	2 499	2 653	– 2,2
Hongrie	2 343	4 606	– 2,1	2 073	2 503	– 3,8
Irlande	1 229	1 737	– 0,6	3 655	5 389	3,2
Italie	25 491	30 380	5,8	13 412	15 757	– 4,2
Lettonie	192	777	19,6	220	420	– 10,8
Lituanie	626	1 589	16,2	481	819	– 14,0
Luxembourg	76	170	– 18,2	148	199	– 9,3
Malte	48	53	13,7	77	68	– 5,1
Pays-Bas	9 743	13 309	5,2	8 585	10 268	– 7,7
Pologne	5 992	10 087	– 7,4	5 886	11 054	– 1,6
Portugal	3 291	3 942	8,6	2 167	2 643	– 2,4
Rép. tchèque	1 396	2 740	– 4,9	1 399	1 687	– 8,6
Roumanie	4 887	9 802	– 11,2	2 984	4 020	1,3
Royaume-Uni	7 830	11 696	2,6	11 243	17 675	1,4
Slovaquie	459	1 127	– 11,5	742	761	– 12,1
Slovénie	444	718	9,6	493	525	– 4,7
Suède	1 809	2 763	– 0,2	2 303	2 528	– 7,7
UE	**…**	**212 288**	**1,3**	**…**	**161 764**	**– 5,1**

1. Production au prix du producteur (hors subventions).
Source : Eurostat.

17.2 Exploitations agricoles

Depuis au moins 20 ans, deux grandes tendances marquent l'évolution de l'agriculture française : l'agrandissement des exploitations et une concentration des productions agricoles dans les **orientations technico-économiques** spécialisées. L'accroissement de la taille moyenne des exploitations résulte, d'une part, de la décroissance très rapide du nombre d'exploitations avec une division de moitié du nombre d'**exploitations agricoles** de tous statuts et de toutes tailles et, d'autre part, de la diminution moins rapide de la **superficie agricole utilisée (SAU)**. Celle-ci recouvre 28 millions d'hectares en 2013 pour un territoire métropolitain de 54,9 millions d'hectares. Le phénomène de spécialisation productive peut s'observer entre 2000 et 2010 à travers la diminution de la part des exploitations non spécialisées « polyculture-polyélevage » tant en nombre d'exploitations (15,0 % contre 12,2 %) que de potentiel de production agricole (13,4 % contre 12,3 %). Ce phénomène semble ralentir entre 2010 et 2013.

En 2013, un quart seulement des exploitants agricoles de France métropolitaine sont propriétaires de la totalité de leurs terres. Près des trois quarts d'entre eux ont une exploitation de petite **dimension économique**. Les terres en faire-valoir direct représentent 21 % de la SAU. Plus d'un tiers des exploitants agricoles, majoritairement dans les grandes exploitations, prennent en location la totalité des terres qu'ils exploitent. Les exploitants à la fois locataires et propriétaires sont les plus nombreux (39 %). Le fermage est le **mode de faire-valoir** le plus répandu, représentant plus des trois quarts de la SAU métropolitaine.

En France métropolitaine, 854 000 actifs permanents travaillent dans 452 000 exploitations en 2013. Plus des deux tiers d'entre eux sont des chefs d'exploitation, coexploitants et associés avec un âge moyen de 51 ans en 2013, soit 11 ans de plus que l'ensemble des actifs. Il y a autant de jeunes agriculteurs (moins de 40 ans) que d'agriculteurs proches de la retraite (60 ans et plus), environ 20 % pour chaque tranche d'âge. Dans les petites exploitations, la part des exploitants âgés de 60 ans et plus est de 45 %. En 2013, 27 % des chefs d'exploitation, coexploitants ou associés agricoles sont des femmes, contre 8 % en 1970.

Avec l'agrandissement des exploitations et le développement des formes sociétaires, le recours à l'emploi salarié est de plus en plus fréquent. En France métropolitaine en 2013, 18 % sont **salariés permanents** de l'exploitation (hors actifs dirigeants).

Au volume de travail agricole apporté par les actifs permanents des exploitations, s'ajoute celui des salariés occasionnels ou de prestataires extérieurs. En France métropolitaine, en 2015, le travail agricole, mesuré en **unité de travail annuel (UTA)**, est assuré pour 58 % par les actifs dirigeants, pour 27 % par les autres actifs permanents (non salariés ou salariés) et pour 15 % par les salariés saisonniers ou prestataires extérieurs à l'exploitation. ■

Définitions

Classification des exploitations agricoles : répartition des exploitations selon leur spécialisation et leur dimension économique. Elle repose depuis le recensement agricole de 2010 sur le concept de production brute standard (PBS). Sur la base des coefficients de PBS, les exploitations sont réparties en trois classes de tailles :
- les petites (PBS < 25 000 euros)
- les moyennes (PBS entre 25 000 et moins de 100 000 euros)
- les grandes (PBS > 100 000 euros).

Dimension économique, exploitation agricole, mode de faire-valoir, orientation technico-économique, production brute standard (PBS), salarié permanent agricole, superficie agricole utilisée (SAU), unité de travail annuel (UTA) : voir rubrique « Définitions » en annexes.

Pour en savoir plus

- « GraphAgri France », Agreste, édition 2016.
- « Enquête sur la structure des exploitations agricoles en 2013 – Horticulture et pépinières : une agriculture riche en emplois, dont les surfaces diminuent et se réorientent dans un marché mondialisé », *Agreste Primeur* n° 337, août 2016.
- « Les exploitations agricoles comme combinaisons d'ateliers », *Agreste Les dossiers* n° 32, juillet 2016.

Retrouvez le TEF sur www.insee.fr dans la collection « Insee Références »

Caractéristiques des chefs d'exploitation et coexploitants

en % du nombre d'actifs

	Chefs d'exploitation et coexploitants		
	2000	2010	2013
Nombre de personnes	764 000	605 000	578 000
Répartition par classe d'âge			
Moins de 40 ans	26,1	19,3	18,5
40 à 59 ans	53,5	60,7	59,9
60 ans et plus	20,5	20,0	21,6
Taux de féminisation	**24,4**	**26,7**	**26,6**
Temps de travail			
Moins de 1/4 de temps	23,0	20,6	19,3
Temps complet	54,7	61,4	57,4

Note : les données 2013 sont issues d'une enquête par sondage.
Champ : France métropolitaine.
Source : SSP, Agreste, recensements agricoles, enquête structure 2013.

Exploitations agricoles selon la superficie agricole utilisée en 2013

	Exploitations		SAU	
	en milliers	en %	en milliers d'hectares	en %
SAU de moins de 20 ha	202,3	42,8	1 164	4,2
SAU de 20 à moins 50 ha	79,0	16,7	2 655	9,6
SAU de 50 à moins 100 ha	93,3	19,8	6 751	24,3
SAU de 100 à moins 200 ha	74,0	15,7	10 191	36,7
SAU de 200 ha ou plus	23,6	5,0	6 978	25,2
Total	**472,2**	**100,0**	**27 739**	**100,0**

Note : les données 2013 sont issues d'une enquête par sondage. Elles portent sur l'ensemble des exploitations y c. celles gérant des pacages collectifs.
Source : SSP, Agreste, enquête structure 2013.

Exploitations et superficie agricole utilisée dans quelques pays de l'UE en 2013

	Exploitations (r) en milliers	SAU (r) en milliers d'hectares	Exploitations (r) en %	SAU (r) en %
Roumanie	3 630	13 056	33,5	7,5
Pologne	1 429	14 410	13,2	8,3
Italie	1 010	12 099	9,3	6,9
Espagne	965	23 300	8,9	13,4
Grèce	710	4 857	6,5	2,8
Hongrie	491	4 657	4,5	2,7
France	**472**	**27 739**	**4,4**	**15,9**
Allemagne	285	16 700	2,6	9,6
Portugal	264	3 642	2,4	2,1
Bulgarie	254	4 651	2,3	2,7
Royaume-Uni	185	17 096	1,7	9,8
UE	**10 841**	**174 351**	**100,0**	**100,0**

Champ : ensemble des exploitations y c. collectives.
Sources : Eurostat ; SSP.

Travail sur les exploitations agricoles en 2015

en % des UTA

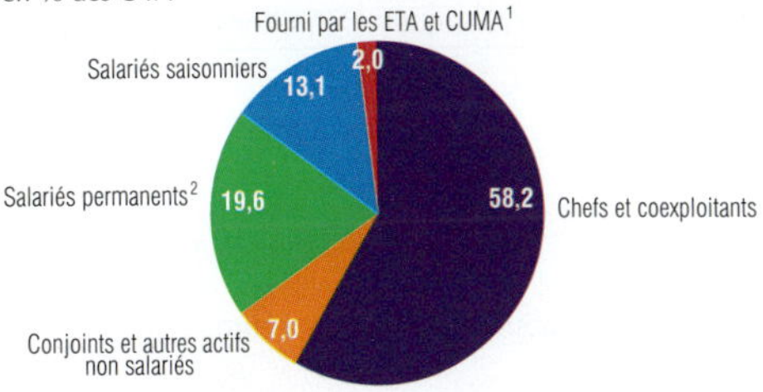

1. Entreprise de travaux agricoles et coop. d'utilisation de matériel agricole.
2. Y c. les conjoints salariés et autres membres de la famille salariés.
Champ : France métropolitaine.
Source : SSP, Agreste, bilan annuel de l'emploi agricole.

Nombre d'exploitations, SAU et volume de travail selon la dimension économique

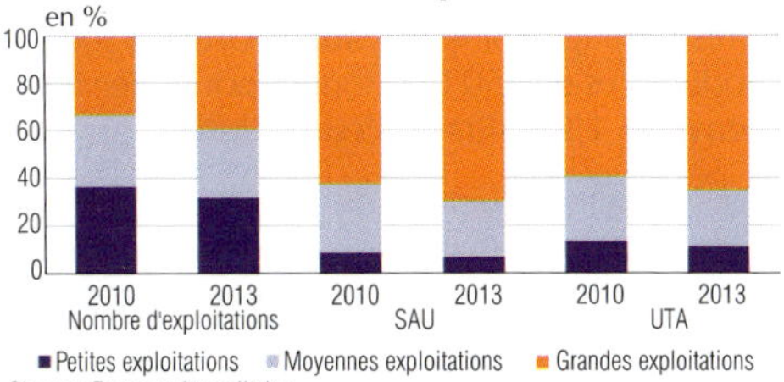

Champ : France métropolitaine.
Source : SSP, Agreste, recensement agricole, enquête structure 2013.

Exploitations agricoles selon la dimension économique

en milliers d'exploitations

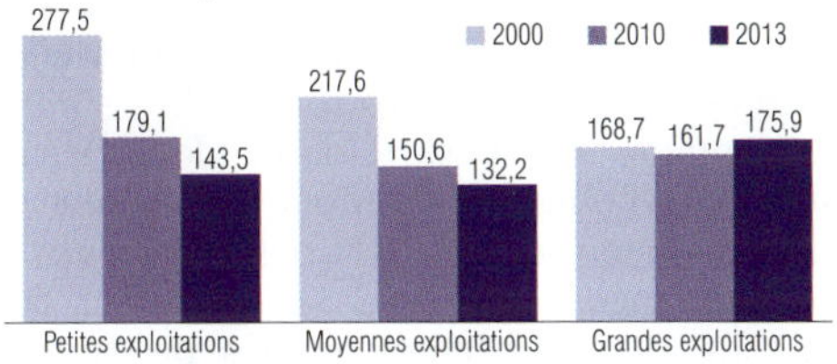

Champ : France métropolitaine.
Source : SSP, Agreste, recensements agricoles, enquête structure 2013.

Moyennes et grandes exploitations agricoles selon l'orientation technico-économique

en milliers

	2000	2010	2013
Céréales et oléprotéagineux	49,5	51,4	60,8
Viticulture	55,4	46,9	47,0
Bovins lait	70,8	48,2	43,6
Polyculture et polyélevage, autres	55,8	39,2	40,2
Bovins viande	36,6	33,5	28,8
Ovins, caprins et autres herbivores	22,9	20,3	18,8
Autres grandes cultures	26,1	19,5	18,2
Bovins mixte	16,1	9,4	11,5
Elevages avicoles	14,8	12,6	9,8
Fruits et autres cultures permanentes	12,9	8,0	8,4
Fleurs et horticulture diverse	9,5	6,7	6,0
Porcins	7,7	6,0	5,4
Légumes et champignons	6,2	4,4	5,1
Autres granivores mixte	9,4	6,1	4,5

Note : les données 2013 sont issues d'une enquête par sondage.
Le classement en Otex dépend des coefficients PBS. Ceux-ci ont été mis à jour entre les recencements 2000 et 2010 (moyenne 2005 à 2009) et l'enquête structure 2013 (moyenne 2008 à 2012) .
Champ : France métropolitaine.
Source : SSP, Agreste, recensements agricoles, enquête structure 2013.

Mode de faire-valoir des exploitations

en milliers d'hectares

	2010 (r)	2013
Faire-valoir direct	**6 481**	**5 785**
Fermage	**21 231**	**21 838**
Terres prises en location auprès de tiers	16 831	16 689
Terres prises en location auprès des associés	4 076	4 931
Autres locations[1]	324	218
Total de la SAU	**27 712**	**27 623**

1. Métayage, locations provisoires, etc.
Note : les données 2013 sont issues d'une enquête par sondage.
Champ : France métropolitaine.
Source : SSP, Agreste, recensement agricole, enquête structure 2013.

17.3 Pêche - Aquaculture

La France est le troisième producteur de **pêche** et d'**aquaculture** de l'Union européenne (UE) après l'Espagne et le Royaume-Uni. Ce secteur produit près de 750 000 tonnes pour une valeur d'environ 1,8 milliard d'euros (Md€).

Malgré la réduction du nombre de navires et de marins embarqués, les débarquements des produits de la pêche ont progressé de 1,1 % en 2014 pour atteindre 544 500 tonnes et un chiffre d'affaires d'un peu plus de 1,1 Md€. La flotte française est composée de près de 7 000 navires dont près de 4 400 en métropole. Elle est caractérisée par une grande diversité des types de pêche, de la petite pêche artisanale côtière dont les effectifs se réduisent à la grande pêche industrielle. Près de 79 % des pêches sont réalisées dans l'Atlantique Nord-Est. L'ouest de l'Océan Indien et l'ouest de l'Afrique sahélienne et tropicale représentent 18 % des **captures** et la Méditerranée moins de 3 %. Le secteur des pêches maritimes emploie près de 16 600 marins dont environ 13 300 en métropole et 3 300 dans les DOM.

La France est en 2013 le deuxième producteur en aquaculture de l'UE derrière l'Espagne, à égalité avec le Royaume-Uni, avec un peu plus de 200 000 tonnes. La **conchyliculture** est le secteur prédominant avec 160 000 tonnes d'une valeur de 546 millions d'euros, essentiellement des huîtres (1er producteur de l'UE) et des moules. Elle compte 2 800 entreprises et 16 300 emplois. La **pisciculture** continentale produit 40 000 tonnes et la pisciculture marine 5 000 tonnes. Le secteur piscicole représente un chiffre d'affaires de 168 millions d'euros et plus de 2 300 emplois.

La consommation moyenne annuelle de produits aquatiques par habitant est estimée à 34,5 kg en 2015. Près du tiers des produits consommés provient d'élevages. La production française reste très insuffisante pour répondre à la demande intérieure. Ainsi, la France a-t-elle importé 1,0 million de tonnes de produits aquatiques en 2015, pour 4,8 Md€. Ces importations proviennent notamment de Norvège, du Royaume-Uni et d'Espagne. Les exportations représentent 330 000 tonnes pour une valeur de 1,5 Md€. Les principales destinations sont l'Espagne, l'Italie et la Belgique. La balance commerciale est donc fortement déficitaire, le déficit atteignant 3,3 Md€ en 2015.

En 2014, la production mondiale de produits aquatiques atteint 167 millions de tonnes. Elle continue de progresser (+ 3 %), en lien avec le développement de l'aquaculture (+ 5 %), alors que la **production de la pêche** s'accroît d'un peu moins de 1 %. La Chine représente 37 % de la production mondiale contre environ 10 % pour l'Europe. ■

Définitions

Aquaculture : activité regroupant la pisciculture (élevage de poisson) marine et continentale, la conchyliculture (élevage de coquillages marins tels qu'huîtres, moules, palourdes, etc.) ainsi que l'élevage de crustacés.

Captures de pêche : ensemble des quantités pêchées (poissons, crustacés, coquillages et autres produits de la mer) exprimées en poids vif ; en sont exclus les rejets en mer.

Pêches : on distingue deux grands types de pêches professionnelles. La pêche maritime est pratiquée en mer ou en estuaire. Selon la transformation réalisée à bord des navires, on distingue ensuite pêche fraîche et pêche congelée (ou transformée). La pêche continentale est pratiquée en eau douce (étang, rivière) ; elle est peu développée en France.

Pisciculture : élevage de poissons. On distingue pisciculture marine ou continentale. Parfois, par extension, la pisciculture désigne également l'élevage des crustacés.

Conchyliculture, production des pêches maritimes, production halieutique : voir rubrique « Définitions » en annexes.

Pour en savoir plus

- « Consommation des produits de la pêche et de l'aquaculture en 2015 », *Données et bilans*, FranceAgrimer, juillet 2016.
- « Étude de compétitivité comparée de la filière pêche française et ses principaux concurrents européens », FranceAgrimer, juin 2016.
- « Les filières pêche et aquaculture en France », *Chiffres clés*, FranceAgrimer, avril 2016.
- « La situation mondiale des pêches et de l'aquaculture 2016 », FAO.

Retrouvez le TEF sur www.insee.fr dans la collection « Insee Références »

Production des pêches maritimes

	Débarquements			
	En volume		En valeur	
	2014 en milliers de tonnes[2]	14/13 en %	2014 en millions d'euros	14/13 en %
Poissons	405,1	9,2	870,7	3,4
Crustacés	16,4	5,8	81,1	5,5
Coquillages et assimilés	48,0	– 9,9	96,5	– 11,9
Céphalopodes	15,7	– 12,5	62,4	– 3,4
Algues[1]	59,3	– 26,9	2,4	– 27,6
Total pêche maritime	**544,5**	**1,1**	**1 113,2**	**1,5**

1. Poids sec. 2. Équivalent poids vif.
Source : DPMA.

Production de l'aquaculture

	Ventes			
	En volume		En valeur	
	2013 en milliers de tonnes[1]	13/12 en %	2013 en millions d'euros	13/12 en %
Conchyliculture	154,5	– 3,2	534,7	– 2,1
dont : huîtres	*77,5*	*– 3,5*	*389,1*	*– 2,0*
moules	*74,1*	*– 3,9*	*132,2*	*– 5,2*
Pisciculture marine	5,2	2,3	35,8	– 1,9
Pisciculture continentale	40,5	0,3	132	5,4
Total aquaculture	**200,2**	**– 2,3**	**702,5**	**– 0,8**

1. Équivalent poids vif.
Source : DPMA.

Commerce extérieur des produits aquatiques en 2015

	Exportations	Importations	Solde
Volume (en milliers de tonnes)			
Poissons de mer	173	469	– 296
Poissons amphibiotiques et d'eau douce	31	188	– 157
Coquillages et céphalopodes	40	126	– 86
Crustacés	19	138	– 119
Autres	68	71	– 3
Total	**331**	**992**	**– 661**
Valeur (en millions d'euros)			
Poissons de mer	675	1 935	– 1 260
Poissons amphibiotiques et d'eau douce	234	1 090	– 856
Coquillages et céphalopodes	231	540	– 309
Crustacés	197	1 108	– 911
Autres	150	141	9
Total	**1 487**	**4 814**	**– 3 327**

Sources : DGDDI ; FranceAgriMer.

Production halieutique dans le monde en 2014

en millions de tonnes

	Capture[2]	Aquaculture[2]	Total[2]	Plantes aquatiques
Chine[1]	17,1	45,5	62,6	13,6
Inde	4,7	4,9	9,6	0,0
Indonésie	6,4	4,3	10,7	10,1
Vietnam	2,9	3,4	6,3	0,0
Europe	**13,7**	**2,6**	**16,3**	**0,2**
dont France	***0,5***	***0,2***	***0,7***	***0,1***
États-Unis	5,0	0,4	5,4	0,0
Pérou	3,6	0,1	3,7	0,0
Russie	4,2	0,2	4,4	0,0
Birmanie	4,1	1,0	5,0	0,0
Autres pays	31,7	11,5	43,2	4,5
Total monde	**93,4**	**73,8**	**167,2**	**28,5**

1. Les données de la Chine ne comprennent pas Hong Kong, Macao et Taïwan.
2. Poissons, crustacés, mollusques, etc.
Note : données estimées.
Source : FAO.

Marins pêcheurs embarqués sur les navires français

en nombre d'emplois

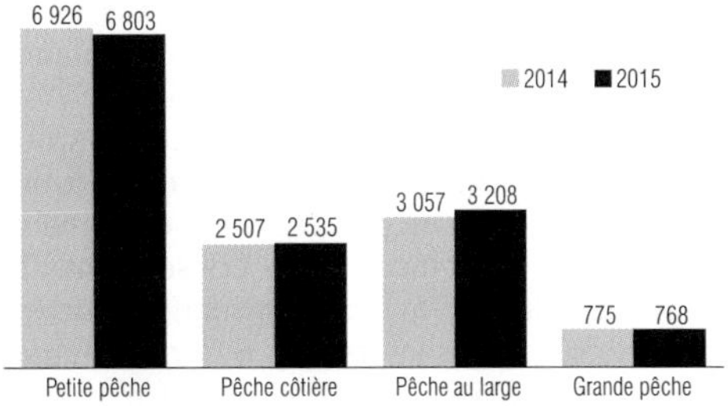

Champ : France métropolitaine, marins de toutes nationalités hors navires de cultures marines - petite pêche.
Sources : DPMA ; DSI.

Flotte de pêche

en nombre de navires actifs

Longueur	1995	2000	2005	2016
Moins de 12 mètres	4 889	4 339	4 041	3 514
De 12 à moins de 24 mètres	1 474	1 250	1 068	671
24 mètres ou plus	283	270	271	185
Total	**6 646**	**5 859**	**5 380**	**4 370**

Note : au 31 décembre.
Champ : France métropolitaine.
Source : SDSIM.

Pêche et aquaculture dans l'UE

	Flotte de pêche	Pêche de capture	Aquaculture[3]
	en navires 2015	en milliers de tonnes 2015	en milliers de tonnes 2014
Allemagne	1 443	251,3	26,2
Autriche	…	…	3,4
Belgique	76	24,5	(e) 0,2
Bulgarie	1 981	8,7	6,9
Chypre	832	1,5	4,8
Croatie	7 727	72,3	13,8
Danemark	2 369	868,9	33,6
Espagne	9 408	901,5	285,0
Estonie	1 538	70,8	0,9
Finlande	2 723	153,4	13,3
France[1]	**6 911**	**497,4**	**200,3**
Grèce	15 393	64,4	104,5
Hongrie	…	…	15,4
Irlande	2 155	234,8	(e) 29,3
Italie	12 325	191,1	148,7
Lettonie	686	81,3	0,7
Lituanie	145	41,3	3,4
Luxembourg	…	…	…
Malte	1 005	2,4	8,6
Pays-Bas	830	365,0	(e) 63,1
Pologne	875	187,1	36,3
Portugal	8 054	185,2	(e) 10,8
Rép. Tchèque	…	…	20,2
Roumanie	151	4,8	10,7
Royaume-Uni	6 225	701,8	(b) 214,6
Slovaquie	…	…	1,2
Slovénie	169	0,2	1,4
Suède	1 335	202,9	12,9
UE	**84 356**	**5 112,6**	**(e) (p) 1 270,2**
Islande[2]	1 685	1 317,2	(e) 8,3
Norvège	5 887	2 146,1	1 332,5

1. Données 2013 pour l'aquaculture.
2. Données 2014 pour la flotte de pêche.
3. À l'exception des écloseries et nurseries.
Source : Eurostat.

18.1 Industrie

La **production** en volume de la **branche « industrie »** se redresse en 2015 (+ 1,7 %) après trois années consécutives de baisses de plus en plus faibles. Celle de l'**industrie manufacturière** poursuit son élan en 2015 (+ 1,7 %), après s'être redressée en 2014 (+ 0,6 %, après – 1,2 % en 2013). Les **consommations intermédiaires** de cette branche accélèrent également, mais moins fortement. Par conséquent, la **valeur ajoutée** de la branche manufacturière rebondit vigoureusement (+ 2,6 % en volume, après – 0,2 %) : elle contribue pour + 0,3 point à la croissance du PIB en 2015.

L'accélération de la production manufacturière résulte en premier lieu d'un rebond de celle de la branche cokéfaction-raffinage après trois années de repli marqué. La production de biens d'équipement se redresse également après trois années de recul modéré. De plus, la production d'« autres produits manufacturés » et celle de matériels de transport accélèrent nettement. En revanche, la production de biens alimentaires ralentit. En outre, le rebond de la production manufacturière se conjugue au retour à des températures plus proches de la normale en hiver pour susciter la reprise de la production d'énergie-eau-déchets.

L'accélération de la valeur ajoutée de l'ensemble des branches de l'économie est d'abord due à la progression de l'activité dans l'industrie (+ 2,4 % en volume, après – 0,4 % en 2014). Le fort regain d'activité dans la fabrication de matériels de transport (+ 10,2 %, après – 11,2 %), porté par des exportations dynamiques, explique en partie cette accélération. Elle est aussi favorisée par la hausse de la valeur ajoutée dans la fabrication d'autres produits industriels (+ 1,8 %, après + 0,1 %), notamment la valeur ajoutée de l'industrie pharmaceutique (+ 13,0 %, après + 0,1 % en 2014). L'activité est également bien orientée dans la branche énergie, eau et déchets dont la valeur ajoutée augmente de 1,5 % en 2015, après un recul de 0,9 % en 2014.

En 2015, l'**emploi** industriel poursuit son recul : il se contracte de 29 000 en **équivalent-temps plein (EQTP)** (– 1,0 %). Cela vaut particulièrement pour les « autres branches industrielles », constituées des industries du textile, du bois, de la pharmacie et de la métallurgie (– 20 000 EQTP, après – 17 000 EQTP). Par ailleurs, l'emploi demeure quasiment stable dans la branche énergie, eau et déchets ainsi que dans l'industrie agroalimentaire.

La réduction du déficit commercial en 2015 est en majeure partie imputable à l'allègement de la facture énergétique : le déficit des produits des industries extractives (pétrole brut, gaz) et celui des produits raffinés se réduisent. Les échanges de matériels de transport y contribuent également, quoique plus modestement, avec un excédent en hausse. En revanche, le solde des échanges de biens d'équipement se dégrade de façon notable : le déficit s'alourdit de 2,5 Md€, à – 22,0 Md€. ■

Définitions

Industrie : regroupe l'industrie manufacturière, les industries extractives, la production et la distribution de l'énergie et de l'eau, la gestion des déchets et la dépollution.

Industrie manufacturière : regroupe toutes les industries de transformation de biens. À ce titre, elle représente la majeure partie des industries : n'en sont exclues que les industries extractives, la production et la distribution de l'énergie et de l'eau, la gestion des déchets et la dépollution.

Branche d'activité, CAF (coût, assurance, fret), chiffre d'affaires hors taxes, emploi en équivalent-temps plein (EQTP), consommation intermédiaire, entreprise, FAB (franco à bord), production, profilage, secteur d'activité, unité légale, valeur ajoutée : voir rubrique « Définitions » en annexes.

Pour en savoir plus

- « L'industrie manufacturière : une reprise de l'activité confirmée en 2015 », *Insee Focus* n° 72, décembre 2016.
- « Les entreprises en France », *Insee Références*, édition 2016.
- « L'industrie manufacturière en 2015 », *Analyses*, DGE, juillet 2016.
- « L'économie française », *Insee Références*, édition 2016.
- « En 2015, l'industrie manufacturière a accru sa production et fortement reconstitué ses marges », *Le 4 pages* n° 55, DGE, mai 2016.
- « L'industrie manufacturière de 1970 à 2014. Recul de son poids dans l'économie, plus marqué de 2000 à 2007 », *Insee Première* n° 1592, avril 2016.

Retrouvez le TEF sur www.insee.fr dans la collection « Insee Références »

Principales caractéristiques des entreprises industrielles par secteur d'activité en 2014

	Nombre d'entreprises	Effectif salarié en EQTP	Chiffre d'affaires HT	Valeur ajoutée HT	Frais de personnel[1]	Exportations	Investissements coporels bruts hors apports
	en milliers		en milliards d'euros				
Industrie manufacturière	**235,1**	**2 659,5**	**868,9**	**216,5**	**154,9**	**318,5**	**28,5**
dont : fabric. denrées alimentaires, boissons	*62,2*	*525,0*	*184,5*	*39,5*	*24,2*	*36,3*	*6,5*
fabric. équip. élec., électroniq., informatiq. ; fab. machines	*10,2*	*379,5*	*106,3*	*32,2*	*24,7*	*55,3*	*2,8*
fabrication de matériels de transport	*3,1*	*356,0*	*153,5*	*32,1*	*24,0*	*82,2*	*4,5*
fabrication d'autres produits industriels (hors imprimerie)	*137,8*	*1 336,7*	*367,5*	*107,2*	*78,1*	*134,5*	*13,7*
Industries extractives, énergie, eau, gestion des déchets et dépollution	**39,6**	**339,0**	**156,1**	**42,4**	**22,9**	**22,4**	**22,5**
Industries extractives	1,9	19,2	6,7	2,0	1,3	0,7	0,5
Production et distr. d'électricité, de gaz, de vapeur et d'air conditionné	24,9	172,3	112,2	28,8	13,9	18,7	17,6
Production et distr. d'eau ; assainiss., gestion des déchets et dépollution	12,9	147,5	37,2	11,6	7,7	2,9	4,4
Total de l'industrie	**274,7**	**2 998,4**	**1 025,0**	**258,9**	**177,8**	**340,8**	**51,0**

1. Salaires et charges.
Champ : France, unités légales et entreprises profilées des secteurs de l'industrie.
Source : Insee, Ésane.

Principaux agrégats de l'industrie en 2015

	Production en valeur en milliards d'euros	Évolution 15/14 en volume en %				
		Production	Valeur ajoutée	Exportations[1]	Importations[1]	Dépense de consommation des ménages
Extr., énerg., eau, gestn déch. & dépol.	149,4	1,9	1,5	– 9,3	6,7	2,2
dont : prdn & distr. élec. gaz vap. & air cond.	*108,1*	*2,9*	*2,2*	*– 1,6*	*28,5*	*3,0*
gestion eau, déchets & dépollution	*35,9*	*– 1,1*	*– 0,2*	*– 12,6*	*11,3*	*– 0,2*
Fabric. denrées alimentaires, boissons et prdts à base de tabac	158,4	0,9	2,2	3,3	4,1	1,5
Cokéfaction et raffinage	40,8	5,0	7,0	20,1	2,6	1,2
Fab. éq. élec., électr., inf. & machines	80,6	1,3	1,0	5,0	8,1	4,8
dont fab. prod. informat., électroniq. & opt.	*23,5*	*6,4*	*5,8*	*7,7*	*12,4*	*6,4*
Fabrication de matériels de transport	116,2	3,5	10,2	10,7	12,0	4,3
Fabrication d'autres produits industriels	343,7	1,2	1,8	5,4	5,1	1,7
dont : fab. textiles, ind. hab., cuir & chauss.	*16,2*	*0,9*	*2,8*	*8,0*	*4,0*	*1,0*
industrie chimique	*65,7*	*1,5*	*– 0,5*	*4,6*	*5,6*	*0,4*
industrie pharmaceutique	*26,3*	*9,1*	*13,0*	*6,5*	*8,2*	*5,7*
métallurgie & fab. ps mét. sauf machines	*79,6*	*– 0,8*	*– 0,6*	*3,7*	*3,8*	*0,3*
Total de l'industrie	**889,1**	**1,7**	**2,4**	**6,5**	**6,7**	**2,1**

1. Exportations valorisées FAB (franco à bord) et importations valorisées CAF (coûts de l'assurance et du fret inclus) par produit.
Source : Insee, comptes nationaux - base 2010.

Emploi intérieur par branche de l'industrie

	Évolution en moyenne annuelle en %			Effectifs en 2015 en milliers d'EQTP
	2013	2014	2015	
Industries extractives, énergie, eau, gestion déchets et dépollution	1,2	0,4	0,7	306,4
Fabrication de denrées alimentaires, de boissons et de produits à base de tabac	0,1	0,6	0,1	599,4
Cokéfaction et raffinage	– 2,1	– 1,0	– 1,3	8,3
Fabric. équipmnts. élec., électroniq., informatiq. ; fab. machines	– 2,3	– 2,1	– 2,4	300,7
Fabrication de matériels de transport	– 0,9	– 2,0	– 2,3	187,9
Fabrication d'autres produits industriels	– 1,5	– 1,1	– 1,4	1 462,1

Lecture : en 2015, l'emploi des branches cokéfaction-raffinage recule de 1,3 % par rapport à 2014, pour s'établir à 8 265 personnes en équivalent-temps plein.
Source : Insee, comptes nationaux - base 2010.

Évolution annuelle de la production de l'industrie manufacturière en France et dans l'UE

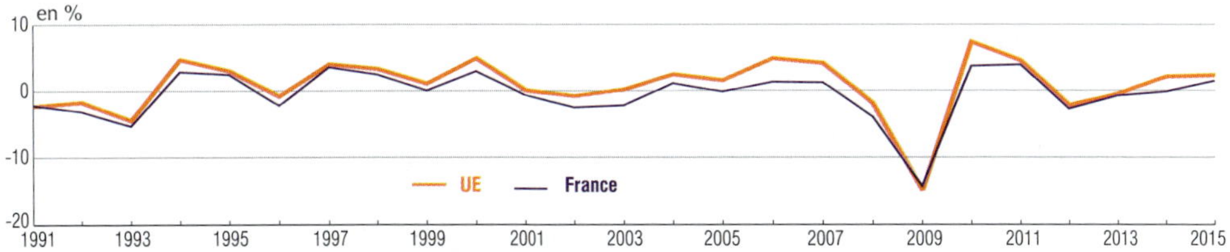

Note : évolutions calculées sur les indices de volume base 100 en 2010 ; données corrigées des jours ouvrables.
Champ : industrie manufacturière y c. industrie agroalimentaire.
Source : Eurostat.

18.2 Industrie agroalimentaire

Les **entreprises** agroalimentaires (hors tabac) françaises constituent un des secteurs les plus importants de l'industrie. En 2014, elles génèrent un chiffre d'affaires de 184,5 milliards d'euros (21 % du chiffre d'affaires industriel manufacturier) et une valeur ajoutée de 39,5 milliards (18 % de la valeur ajoutée manufacturière). Elles emploient 525 000 salariés en **équivalent-temps plein** (20 % des effectifs manufacturiers). L'agroalimentaire est un secteur relativement stable : ses variations conjoncturelles sont habituellement modérées par l'inertie des dépenses de consommation des ménages.

En 2015, la production en volume de la **branche** de l'**industrie agroalimentaire (IAA)** y compris tabac continue de croître (+ 0,9 %). Cette croissance fait suite à un net rebond survenu en 2014 après deux années de recul. Ce regain de vitalité s'explique par une demande extérieure en volume fortement accrue (+ 3,3 %), et une demande intérieure qui par l'entremise des ménages reste à un bon niveau (+ 1,5 %).

En 2015, la production de la branche agroalimentaire est portée conjointement par l'alimentaire et les boissons-tabac. Dans l'alimentaire, deux branches contribuent grandement à soutenir la croissance : la fabrication des produits de boulangerie-pâtisserie et pâtes alimentaires et celle des autres produits alimentaires (sucre, chocolat, produits de confiserie,...). La baisse du prix du blé tendre de qualité meunière au début de la campagne 2014/2015 a bénéficié en premier lieu à la fabrication de produits amylacés qui affiche la plus forte croissance de l'agroalimentaire. Cependant, en raison de leur faible poids, l'impact de ces produits sur l'évolution de l'ensemble demeure limité. La fabrication de produits de boulangerie-pâtisserie et pâtes alimentaires en a tiré également parti. Concernant les autres produits alimentaires, leur fabrication a progressé, en dépit des moindres productions de sucre et de confiseries. La première a été pénalisée par la sécheresse estivale, qui a fait baisser la teneur en sucre des betteraves, mais aussi par la volonté de réduire les surfaces cultivées en vue d'inclure à la production 2015 le surplus hors-quota de la campagne précédente.

L'excédent commercial en produits agroalimentaires (y compris tabac) s'est globalement amplifié en 2015 (+ 466 millions d'euros de plus sur un an), notamment dans les échanges vers les pays tiers (hors Union européenne). Il s'appuie principalement sur le lait et les boissons. La contribution de celles-ci à la hausse des exportations agroalimentaires est la plus élevée, notamment en raison des exportations de vins et champagne à destination de la Chine et des États-Unis. Le lait régresse dans les échanges. Ses exportations ont pâti de la baisse des prix, conséquence de la fin des quotas qui a dynamisé la production à un moment où la Chine réduisait ses commandes et où la Russie appliquait son embargo. ■

Définitions

Industries agroalimentaires (IAA) : correspondent au code CA de la nomenclature d'activités française (NAF Rév. 2) : industrie des viandes ; industrie du lait ; industrie des boissons ; travail du grain, fabrication d'aliments pour animaux ; industries alimentaires diverses ; industrie du tabac. À partir de 2008, ces industries sont regroupées dans le poste C1 du niveau A17 de la nomenclature agrégée (NA) : fabrication de denrées alimentaires, de boissons et de produits à base de tabac.

Branche d'activité, consommation effective des ménages, consommation intermédiaire, emploi en équivalent-temps plein (EQTP), entreprise, Ésane, profilage, secteur d'activité, unité légale : voir rubrique « Définitions » en annexes.

Pour en savoir plus

- « Les entreprises en France », *Insee Références*, édition 2016.
- « Productions commercialisées des industries agroalimentaires. Forte hausse des ventes de boissons, baisse des ventes de produits alimentaires en 2015 », *Agreste Primeur* n° 338, septembre 2016.
- « La définition économique de l'entreprise : quel impact sur les statistiques des entreprises agroalimentaires ? », *Agreste Les Dossiers* n° 37, septembre 2016.
- « L'innovation et l'utilisation des technologies de l'information dans les entreprises agroalimentaires », *Agreste Les Dossiers* n° 31, janvier 2016.

Retrouvez le TEF sur www.insee.fr dans la collection « Insee Références »

Principaux résultats des entreprises des industries alimentaires et de boissons en 2014

en millions d'euros

	Nombre d'entreprises	Effectif salarié en EQTP	Chiffre d'affaires HT	Valeur ajoutée HT	Frais de personnel[1]	Exportations	Investissements coporels bruts hors apports
Transform. & conserv. viande & préparation prod. à base de viande	8 425	111 472	36 028	6 439	4 772	3 375	794
Transform. & conserv. poisson, crustacés & mollusques	327	10 954	3 512	640	470	307	98
Transformation et conservation de fruits et légumes	1 397	21 063	7 158	1 559	988	1 440	287
Fabrication d'huiles et graisses végétales et animales	277	3 280	7 699	483	225	2 667	254
Fabrication de produits laitiers	1 269	55 911	31 869	4 820	2 857	7 639	1 041
Travail des grains ; fabrication de produits amylacés	425	13 335	7 232	1 370	832	3 070	298
Fabrication produits boulangerie-pâtisserie & pâtes alimentaires	41 369	175 466	23 494	8 624	6 360	1 881	1 119
Fabrication d'autres produits alimentaires	5 248	73 892	26 426	6 348	3 888	5 624	1 219
Fabrication d'aliments pour animaux	436	17 185	13 420	1 776	1 037	2 235	297
Fabrication de boissons	3 051	42 429	27 710	7 409	2 730	8 086	1 075
Total	**62 224**	**524 987**	**184 546**	**39 469**	**24 157**	**36 323**	**6 483**

1. Salaires et charges.
Champ : unités légales et entreprises profilées des secteurs des industries alimentaires et de boissons.
Source : Insee, Ésane.

Évolution de la production des industries alimentaires, de boissons et du tabac

	Production en millons d'euros		Évolution 15/14 en %		
	2014 valeur	2015 volume	Indice de valeur	Indice de volume	Indice de prix
Transform. & conserv. viande & préparation prod. à base de viande	32 647	32 694	– 1,4	0,1	– 1,6
Transform. & conserv. poisson, crustacés & mollusques	2 924	2 965	1,0	1,4	– 0,5
Transformation et conservation de fruits et légumes	6 763	6 451	– 5,8	– 4,6	– 1,2
Fabrication d'huiles et graisses végétales et animales	5 035	5 156	0,7	2,4	– 1,7
Fabrication de produits laitiers	28 034	27 938	– 3,1	– 0,3	– 2,8
Travail des grains ; fabrication de produits amylacés	5 935	6 119	– 0,2	3,1	– 3,2
Fabrication produits boulangerie-pâtisserie & pâtes alimentaires	24 309	25 028	2,2	3,0	– 0,8
Fabrication d'autres produits alimentaires	22 271	22 912	2,2	2,9	– 0,7
Fabrication d'aliments pour animaux	11 529	11 461	– 3,3	– 0,6	– 2,7
Fabrication de boissons	18 944	19 254	3,5	1,6	1,9
Fabrication de produits à base de tabac	553	386	– 30,5	– 30,2	– 0,5
Total	**158 944**	**160 364**	**– 0,3**	**0,9**	**– 1,2**

Source : Insee, comptes nationaux - base 2010.

Commerce extérieur des produits agroalimentaires de 2000 à 2015

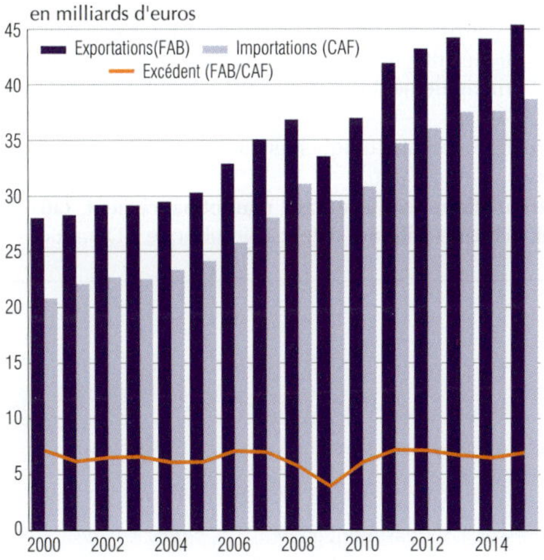

Source : Insee, comptes nationaux - base 2010.

Solde du commerce extérieur des produits agroalimentaires selon l'origine et la destination en 2015

en millions d'euros

	UE	Hors UE	Total
Exportations (FAB)	28 343	17 363	45 706
Importations (CAF)	29 031	9 696	38 727
Solde (FAB/CAF)	**– 688**	**7 667**	**6 979**
Solde des échanges par secteur d'activité (NAF rév. 2)			
Transform. & conserv. viande & prép. viande	– 1 744	746	– 998
Transform. & conserv. poisson, crust., etc.	– 593	– 2 346	– 2 939
Transf. et conserv. de fruits et légumes	– 1 784	– 792	– 2 576
Fab. huiles et graisses végétales & animales	– 1 033	– 1 436	– 2 469
Fabrication de produits laitiers	1 615	1 938	3 553
Travail des grains ; fab. prod. amylacés	873	250	1 123
Fab. prod. boulangerie-pâtis. & pâtes	– 598	251	– 347
Fab. autres produits alimentaires	51	393	444
Fabrication d'aliments pour animaux	752	551	1 303
Fabrication de boissons	3 521	8 105	11 626
Fabrication de produits à base de tabac	– 1 748	7	– 1 741

Source : Insee, comptes nationaux - base 2010.

18.3 Industrie automobile

En 2015, en France, la production en volume de l'**industrie automobile** augmente. Les constructeurs français ont profité de la reprise du marché européen. La production des constructeurs français représente 6,6 % de la production mondiale.

Après une timide reprise en 2014 et deux années de recul en 2012 et 2013, les exportations de produits automobiles se sont accrues de 10,1 % en valeur en 2015. Elles ont atteint 42,5 milliards d'euros, leur niveau le plus élevé depuis 2008. La progression encore plus rapide des importations (+ 11,8 %) pèse toutefois sur le déficit des échanges extérieurs qui se dégrade de 1,1 milliard d'euros. À l'exportation, le dynamisme est porté par les ventes de véhicules, notamment vers l'Espagne et le Royaume-Uni, tandis que celles d'équipements, secteur traditionnellement excédentaire pour la France, se sont accrues plus modérément. À l'importation, la croissance provient à la fois des véhicules et des équipements. Le déficit français augmente dans les échanges de véhicules automobiles alors que l'excédent se réduit sur les équipements. Le marché européen représente 88 % des ventes françaises d'automobiles.

Les **immatriculations** de **voitures particulières** neuves se redressent en 2015 (+ 6,8 %), après une légère hausse en 2014. Cette augmentation profite uniquement aux motorisations essence et alternatives et presque exclusivement aux petites cylindrées. Ainsi, les immatriculations de voitures essences progressent de 24,7 %. La part de ces véhicules dans les immatriculations totales croît de 5,6 points à 39,0 %. Celle des motorisations électriques et hybrides est en hausse de 1,1 point à 4,1 %. La part des voitures hybrides progresse de 0,8 point à 3,2 %, sous l'effet notamment de l'anticipation de la diminution du bonus alloué aux hybrides essence et à sa suppression pour les hybrides diesel à partir du 1er janvier 2016. La part des voitures électriques augmente de 0,3 point à 0,9 %. Ces immatriculations se sont accélérées après la mise en place de la prime à la conversion au 1er avril 2015 (aide maximum de 10 000 euros pour l'achat d'une voiture électrique). Enfin, la part des immatriculations diesels neuves poursuit son repli amorcé en 2013 et ne représente plus que 57 % des immatriculations en 2015.

Entre 2014 et 2015, les immatriculations de voitures neuves augmentent de 9,2 % dans l'Union européenne. Les évolutions par zone géographique sont contrastées. Le marché allemand conserve le premier rang européen (+ 6 % par rapport à 2014), devançant le Royaume-Uni (+ 6 %) et la France (+ 7 %). L'Italie se maintient à la quatrième place (+ 16 %) et l'Espagne à la cinquième (+ 21 %). ■

Définitions

Industrie automobile : elle concerne aussi bien les constructeurs de voitures particulières, de véhicules de loisir, de véhicules utilitaires que les équipementiers spécialisés, les carrossiers, les assembleurs ou les prestataires de services d'aménagement de véhicules automobiles. Cette activité intègre donc la filière complète, y compris moteurs et organes mécaniques en amont, dès lors qu'ils sont principalement destinés à des véhicules automobiles (à l'exception des parties de moteurs).

Voiture particulière : véhicule à moteur ayant au moins quatre roues, servant uniquement au transport de personnes et comportant, outre le siège du conducteur, huit places assises au maximum.

Entreprise, emploi en équivalent-temps plein (EQTP), immatriculation, profilage, taux d'autofinancement, taux de marge, taux d'investissement, unité légale, véhicule industriel, véhicule utilitaire léger : voir rubrique « Définitions » en annexes.

Pour en savoir plus

- « L'industrie automobile française », *Analyse et statistiques* édition 2016, CCFA, septembre 2016.
- « Les comptes des transports en 2015 », rapport de la commission des Comptes des transports de la Nation, SOeS, juillet 2016.
- « L'économie française », *Insee Références*, édition 2016.
- « Immatriculations de véhicules routiers neufs en 2015 : redressement quasiment général », *Chiffres & statistiques* n° 769, SOeS, mai 2016.

Retrouvez le TEF sur www.insee.fr dans la collection « Insee Références »

Principaux ratios du secteur automobile

en %

	2014
Taux de valeur ajoutée (VAHT/CAHT)	16,0
Taux d'exportation (exportations/CAHT)	57,0
Taux de marge	13,0
Taux d'investissement	16,0
Taux d'autofinancement	132,0
Intensité capitalistique[1] (en milliers d'euros)	287,8
Frais de personnel par salarié (en milliers d'euros par EQTP[2])	60,3

1. Immobilisations corporelles/effectifs salariés en EQTP.
2. Équivalent-temps plein.
Champ : unités légales et entreprises profilées.
Source : Insee, Ésane.

Immatriculations de voitures particulières neuves en France selon le constructeur

en milliers

	2014	2015	
			en %
Voitures de marques françaises	**994**	**1 040**	**54,2**
dont : PSA Peugeot Citroën	*536*	*559*	*29,1*
Renault	*456*	*480*	*25,0*
Voitures de marques étrangères	**802**	**877**	**45,8**
Total des immatriculations	**1 796**	**1 917**	**100,0**

Champ : France métropolitaine.
Source : CCFA.

Immatriculations de voitures particulières neuves par type d'énergie

en milliers

	2014	2015	
			en %
Diesel	1 147	1 097	57,2
Essence	593	739	38,6
Bicarburation (essence ; GPL)	2	2	0,1
Hybride[1]	43	62	3,2
Autres[2]	11	18	0,9
Total	**1 796**	**1 917**	**100,0**

1. Électricité + essence et électricité + gazole.
2. Superéthanol, gaz naturel pour véhicule (GNV), bicarburation (essence ; GNV), électricité.
Champ : France métropolitaine.
Source : CCFA.

Exportations et importations des produits automobiles de 2002 à 2015

en milliards d'euros

Source : Insee, comptes nationaux - base 2010.

Production des constructeurs français

en milliers

	2015	15/14 en %	*dont production en France*
Voitures particulières	**5 182**	**5,3**	***1 242***
PSA Peugeot Citroën	2 566	1,7	*892*
Renault-Dacia-Samsung	2 617	9,1	*350*
Véhicules utilitaires légers (– de 5 tonnes)	**832**	**9,7**	***415***
PSA Peugeot Citroën	416	5,3	*103*
Renault-Dacia-Samsung	416	14,4	*312*

Champ : hors véhicules industriels de plus de 5 tonnes.
Source : CCFA.

Répartition du chiffre d'affaires hors taxes du secteur automobile par branche d'activités en 2014

en %

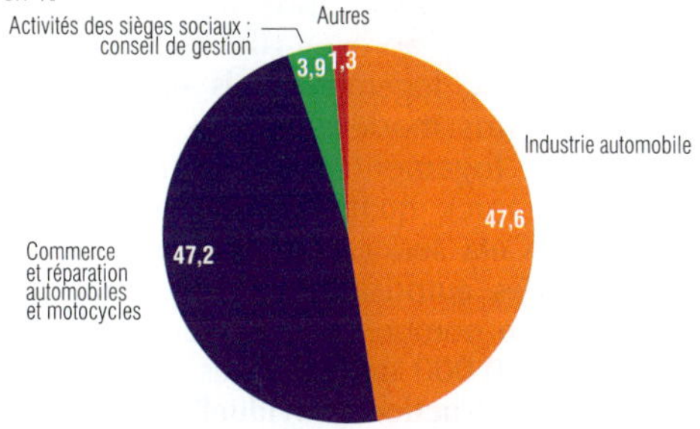

Champ : unités légales et entreprises profilées.
Source : Insee, Ésane.

Immatriculations de voitures particulières neuves dans quelques pays de l'UE en 2015

	2015		15/14	Part du diesel
	en milliers	en %	en %	en %
Allemagne	3 206	23,4	5,6	47,7
Autriche	309	2,3	1,7	58,3
Belgique	501	3,7	3,8	59,7
Bulgarie	24	0,2	14,1	...
Croatie	36	0,3	5,2	...
Danemark	207	1,5	9,5	31,0
Espagne	1 034	7,5	20,9	62,7
Estonie	21	0,2	– 0,5	...
Finlande	109	0,8	2,4	35,7
France[1]	**1 917**	**14,0**	**6,8**	**57,2**
Grèce	76	0,6	6,4	63,2
Hongrie	77	0,6	14,4	...
Irlande	125	0,9	29,7	71,0
Italie	1 575	11,5	15,8	55,2
Lettonie	14	0,1	10,6	...
Lituanie	17	0,1	18,0	...
Luxembourg	46	0,3	– 6,7	70,4
Pays-Bas	449	3,3	15,9	28,9
Pologne	352	2,6	8,3	...
Portugal	179	1,3	25,0	68,1
Rép. tchèque	231	1,7	20,0	...
Roumanie	81	0,6	15,7	...
Royaume-Uni	2 634	19,2	6,3	48,4
Slovaquie	78	0,6	7,9	...
Slovénie	60	0,4	10,6	...
Suède	345	2,5	13,5	57,7
UE	**13 702**	**100,0**	**9,2**	**...**

1. France métropolitaine.
Source : ACEA.

18.4 Construction

En 2015, la production continue de reculer dans la construction (– 2,1 %, après – 2,7 %) et avec elle la valeur ajoutée de la branche : – 2,9 %, après – 2,3 %. Elle contribue pour – 0,2 point à la croissance du PIB. L'**emploi en équivalent-temps plein (EQTP)** se replie de 40 000 postes en 2015 (– 2,2 %) après – 24 000 en 2014 (– 1,3 %). La productivité apparente se contracte moins fortement qu'en 2014 (– 0,6 %, après – 1 %) en raison d'un fléchissement de l'activité moins fort que celui de l'emploi (– 2,2 %, après – 1,3 %).

En 2015, le nombre de logements ayant fait l'objet d'une **autorisation de construire** augmente à nouveau, après trois années de baisse (+ 4,0 %, après – 10,3 % en 2014). Le nombre de logements **mis en chantier** progresse plus modérément (+ 1,0 %). Le nombre de logements terminés diminue à nouveau, après quatre années de hausse (– 3,4 %). Cela serait dû à la baisse depuis trois ans des autorisations et des mises en chantiers. Le nombre de logements achevés s'élève à 400 000 unités, après 414 000 en 2014. La **construction individuelle** (logements individuels terminés) décroît fortement (– 11,5 %, après – 9,0 % en 2014). Le nombre de maisons terminées s'élève à 156 000 unités contre 176 300 en 2014. Il se situe donc à un niveau très en dessous de celui des années 2000, proche des 200 000 maisons terminées par an et en dessous du creux de 2010. À l'inverse, le nombre de logements collectifs et en résidence terminés reste en augmentation en 2015 (+ 2,6 %) pour s'établir à 243 500 unités.

En 2015, 102 099 **logements** neufs (appartements et maisons individuelles) sont mis sur le marché par des promoteurs immobiliers, soit 9,2 % de plus qu'en 2014. Fin 2015, l'encours de logements proposés à la vente atteint 100 040 unités. Il est inférieur de 5,3 % à celui de fin décembre 2014. En un an, le délai moyen d'écoulement est passé de 14 mois à 11 mois et demi pour le collectif et de 17 mois à 13 mois et demi pour l'individuel. Le prix moyen au mètre carré des appartements se stabilise ; il atteint 3 903 euros. Le **prix** moyen des maisons est proche lui aussi du niveau de 2014 ; il s'établit à 248 800 euros. Le nombre de ventes annuelles s'élève à 103 616 logements, soit 19,2 % de plus qu'en 2014. Les ventes concernent 95 265 appartements et 8 351 maisons individuelles.

En 2015, les autorisations de construire des locaux non résidentiels représentent 35,7 millions de mètres carrés en surface de plancher. Ce chiffre est en repli de 1,5 % par rapport à celui constaté pour l'année 2014. La plupart des secteurs sont orientés à la baisse par rapport à 2014.

Entre 2014 et 2015, la production moyenne dans le secteur de la construction augmente de 0,8 % dans l'Union européenne et recule de 1 % dans la zone euro. ■

Définitions

Autorisations de construire : décision administrative prise par une autorité publique compétente à cet égard, et ayant pour objet d'autoriser la construction d'un logement ou d'un local non résidentiel.

Construction : l'activité de construction comprend l'édification, l'extension, la démolition, la restructuration, l'entretien et la rénovation de bâtiments à usage résidentiel ou à usage non-résidentiel. Le périmètre de la construction est élargi à la promotion immobilière (auparavant classée dans les services immobiliers) depuis le passage en nouvelle nomenclature NAF rév.2.

Mise en chantier : une construction est considérée comme mise en chantier (ou commencée) après réception de la déclaration d'ouverture de chantier (DOC) envoyée par le pétitionnaire (ou maître d'ouvrage).

Construction individuelle ou collective, emploi en équivalent-temps plein (EQTP), emploi intérieur, logement, logement commencé, permis de construire, prix des logements, Sit@del2 : voir rubrique « Définitions » en annexes.

Pour en savoir plus

- « L'économie française », *Insee Références*, édition 2016.
- « Le compte du logement, édition 2015 », SOeS, février 2016.
- « La production dans le secteur de la construction en baisse de 0,6 % dans la zone euro », *communiqué de presse* n° 34, Eurostat, février 2016.

Retrouvez le TEF sur www.insee.fr dans la collection « Insee Références »

Équilibre ressources emplois de la construction

	2014 (r)	15/14 en %		2015
	en milliards d'euros courants	en volume	en prix	en milliards d'euros courants
Ressources	**299,9**	**– 2,0**	**– 0,7**	**291,6**
Production au prix de base	275,8	– 2,1	– 0,8	267,8
TVA	22,6	– 1,1	– 1,9	22,0
Autres impôts sur production	1,5	– 2,5	25,1	1,9
Emplois				
Investissement	214,6	– 2,1	– 1,1	207,8
dont : sociétés non financières	*67,2*	*– 0,3*	*– 1,7*	*65,9*
adm. publiques	*48,7*	*– 4,7*	*– 2,1*	*45,4*
ménages	*88,8*	*– 3,1*	*– 0,2*	*85,9*
Consommation finale	17,8	– 0,8	1,5	17,9
Consommations intermédiaires	67,3	– 1,6	– 0,3	66,1
Variations de stock	0,2	n.s.	n.s.	– 0,1

Note : la construction comprend la promotion immobilière.
Source : Insee, comptes nationaux - base 2010.

Investissement en construction de 2000 à 2015

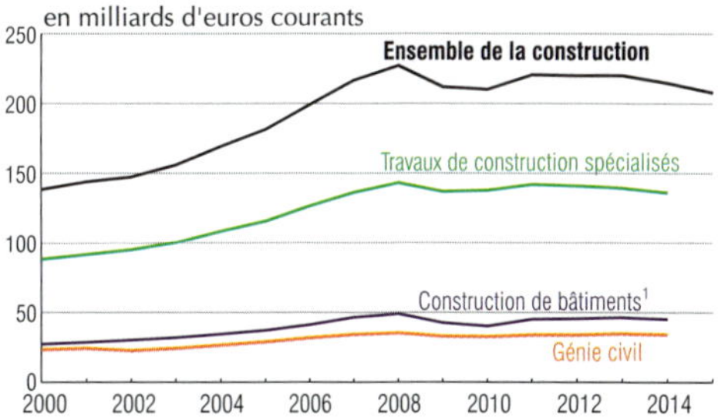

1. Y c. la promotion immobilière.
Source : Insee, comptes nationaux - base 2010

Emploi intérieur total dans la construction de 1950 à 2015

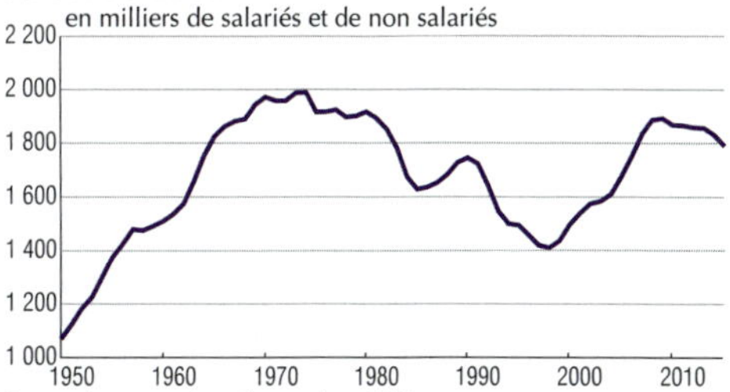

Source : Insee, comptes nationaux - base 2010.

Locaux commencés de bâtiments non résidentiels

en millions de m²

	2000	2010	2013 (r)	2014
Hébergement hôtelier	0,4	0,7	0,6	0,7
Bureaux	3,8	2,8	3,2	2,9
Commerce et artisanat	3,9	4,5	4,3	4,1
Industrie et entrepôts	12,9	5,9	6,1	5,3
Exploitations agricoles	11,8	8,8	6,9	6,2
Service public	6,6	5,8	5,7	4,7
Total	**39,3**	**28,6**	**26,7**	**23,8**

Note : estimations en date réelle à fin avril 2016.
Source : SOeS.

Logements commencés

en milliers

	2000	2005	2015	15/14 en %
Logements individuels	211,5	253,2	138,0	– 3,0
Logements collectifs[1]	126,2	211,7	207,4	4,2
Total	**337,7**	**464,9**	**345,4**	**1,2**

1. Y c. les logements en résidence (résidence pour personnes âgées, pour étudiants, pour touristes, etc.).
Note : estimations sur données arrêtées à fin juillet 2016.
Champ : France (hors Mayotte).
Source : SOeS.

Prix moyens des appartements et maisons neufs

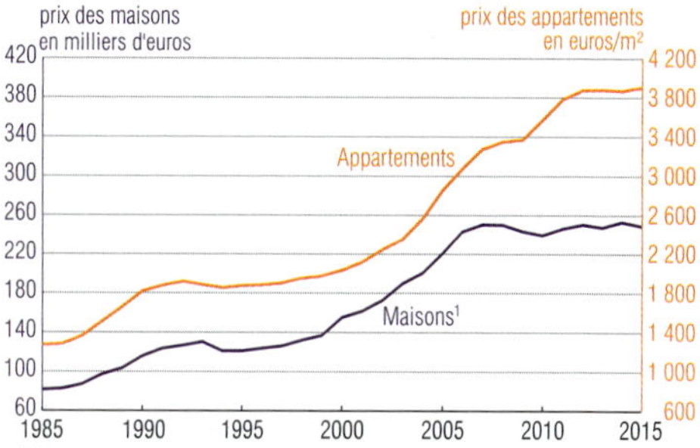

1. Maisons individuelles commercialisées par des promoteurs.
Champ : France métropolitaine.
Source : SOeS.

Permis de construire de bâtiments résidentiels dans l'UE

indice base 100 en 2010

	2000 (r)	2005 (r)	2014 (r)	2015
Allemagne	187,8	130,2	145,6	156,2
Autriche	...	94,0	123,8	130,2
Belgique	83,9	117,0	107,7	90,6
Bulgarie	39,3	256,3	123,5	134,5
Chypre	42,5	131,1	19,9	22,3
Croatie	91,4	175,3	58,4	52,1
Danemark	110,4	234,1	96,2	138,8
Espagne	480,5	659,6	36,4	39,4
Estonie	41,7	354,6	152,7	216,5
Finlande	112,4	136,0	61,2	52,1
France	**82,0**	**115,7**	**79,2**	**81,6**
Grèce	179,2	424,9	14,0	13,3
Hongrie	237,6	287,4	54,5	70,5
Irlande	493,8	537,7	40,1	70,6
Italie	154,4	233,3	39,5	...
Lettonie	...	360,9	85,8	75,7
Lituanie	45,6	141,0	138,9	164,8
Luxembourg	90,9	126,8	160,1	109,9
Malte	89,3	204,3	66,1	88,8
Pays-Bas	128,7	136,5	64,5	87,7
Pologne	87,9	70,2	90,7	110,0
Portugal	481,3	294,7	28,7	33,8
Rép. tchèque	115,0	145,0	84,3	92,8
Roumanie	74,6	103,2	89,3	92,7
Royaume-Uni	134,8	161,8	117,5	124,8
Slovaquie	...	120,8	98,9	122,0
Slovénie	103,1	148,1	55,5	55,9
Suède	58,9	113,1	133,5	170,4
UE	**180,5**	**228,0**	**83,7**	**89,7**

Note : données brutes estimées.
Champ : bâtiments résidentiels, sauf bâtiments pour collectivités.
Source : Eurostat.

19.1 Bilan énergétique

La consommation d'**énergie primaire** réelle rebondit de 1,6 % en 2015, à 253,4 millions de **tonnes-équivalent pétrole (tep)**, après avoir chuté de 3,8 % en 2014. Ce rebond résulte principalement de la baisse des températures par rapport à 2014, année exceptionnellement douce. En données **corrigées des variations climatiques**, la consommation primaire augmente légèrement, retrouvant un niveau proche de celui de 2013, à 256,7 Mtep. La tendance à la baisse observée depuis le milieu des années 2000 semble ainsi marquer une pause.

En 2015, les ménages français consacrent 83 milliards d'euros (Md€) à leurs achats d'énergie. Cela représente une dépense moyenne de 2 861 euros par ménage, soit une baisse de 86 euros par rapport à 2014. Le recul en 2015 est imputable à celui des dépenses en carburants, tiré par la baisse des prix dans un contexte de stabilité des volumes achetés. Les dépenses d'énergie pour le logement augmentent, quant à elles, en raison du recours accru au chauffage par rapport à 2014 ; les prix sont stables en moyenne.

La consommation finale énergétique corrigée des variations climatiques, en baisse continue depuis trois ans, reste stable en 2015 à 149,2 Mtep. Le secteur des transports est celui qui enregistre la hausse la plus marquée (+ 1 %). Dans le résidentiel, la consommation d'énergie progresse également, après deux années de repli. La consommation industrielle continue de diminuer sensiblement.

La production nationale d'énergie primaire augmente à nouveau légèrement en 2015 (+ 0,4 %) et établit un nouveau record, à près de 140 Mtep. La production nucléaire croît légèrement. La production d'électricité hydraulique, éolienne et photovoltaïque baisse. Cette diminution est imputable à l'hydroélectricité qui se replie, souffrant d'une faible pluviométrie, alors que les filières éolienne et photovoltaïque progressent toutes deux de 23 %, à la faveur du développement des parcs raccordés. La production d'énergie primaire provenant des **énergies renouvelables** thermiques et de la valorisation des déchets se redresse globalement en 2015. Le rebond est principalement imputable aux filières du bois-énergie, énergie renouvelable majoritaire en France, et des pompes à chaleur (+ 17 %) ; il s'explique en grande partie par le fait que la production de ces deux filières dépend fortement de la demande de chauffage.

Le **taux d'indépendance énergétique** s'élève à 55,2 % en 2015. Il est moins élevé qu'en 2014. Cette baisse s'explique par le rebond de la consommation primaire. Celle-ci, en hausse de 1,6 %, a en effet augmenté un peu plus fortement que la production primaire.

En 2015, le solde des échanges physiques reste proche de son niveau de 2014. Mais tirée par la chute des prix des énergies fossiles, la **facture énergétique** se contracte de 28 %. Inférieure à 40 Md€, elle s'établit à son plus bas niveau depuis 2004. ■

Définitions

Énergie primaire : énergie contenue dans les produits énergétiques tirés de la nature. Cette énergie est utilisée telle quelle ou transformée à des fins non énergétiques, par l'utilisateur final, ou transformée en une autre forme d'énergie (l'électricité par exemple), ou consommée dans le processus de transformation ou d'acheminement vers l'utilisateur.

Facture énergétique : solde du commerce extérieur en valeur portant sur les combustibles minéraux solides (charbon et produits solides issus de sa transformation), les produits pétroliers (pétrole brut et produits raffinés), le gaz et l'électricité.

Consommation d'énergie corrigée des variations climatiques, électricité primaire, énergie finale, énergies renouvelables, taux d'indépendance énergétique, tonne-équivalent pétrole (tep) : voir rubrique « Définitions » en annexes.

Pour en savoir plus

- « Bilan énergétique de la France pour 2015 », *Datalab*, SOeS, octobre 2016.
- « Énergie, bilan 2015 : chute de la facture », *Datalab-Essentiel* n° 17, SOeS, juillet 2016.
- « Chiffres clés de l'énergie », *Repères*, SOeS, février 2016.
- « L'UE dépendait des importations d'énergie pour un peu plus de la moitié de sa consommation en 2014 », *communiqué de presse* n° 28, Eurostat, février 2016.

Retrouvez le TEF sur www.insee.fr dans la collection « Insee Références »

Bilan énergétique de la France

en millions de tep

	2013 (r)	2014 (r)	2015 (p)					
	Total	Total	Charbon	Pétrole	Gaz	Électricité	ENRt[3]	Total
Approvisionnement								
Production d'énergie primaire	138,0	139,3	///	1,2	0,0	121,7	17,0	139,9
Importations	152,0	145,3	8,4	98,6	39,3	0,9	0,6	147,7
Exportations	– 29,1	– 32,1	– 0,1	– 21,6	– 4,8	– 6,4	– 0,2	– 33,1
Variation de stocks (+ déstockage, – stockage)	0,6	– 1,2	0,1	0,0	0,4	///	///	0,6
Soutes maritimes internationales	– 2,1	– 1,8	///	– 1,6	///	///	///	– 1,6
Total des disponibilités	**259,4**	**249,5**	**8,4**	**76,6**	**34,9**	**116,2**	**17,4**	**253,4**
Taux d'indépendance énergétique (en %)	**53,2**	**55,8**	**0,0**	**1,5**	**0,1**	**104,7**	**97,5**	**55,2**
Emplois								
Consommation de la branche énergie	92,7	92,6	3,1	4,1	5,5	79,3	2,6	94,5
Consommation finale énergétique[1]	150,6	149,3	5,2	60,8	30,5	37,2	15,5	149,2
Agriculture, industrie (y c. sidérurgie)	34,3	33,6	4,9	5,4	10,0	10,7	1,9	32,9
Résidentiel, tertiaire	67,8	66,8	0,3	9,9	20,4	25,7	10,7	67,0
Transports[2]	48,5	48,9	///	45,4	0,1	0,9	3,0	49,4
Consommation finale non énergétique	13,0	13,6	0,1	12,3	0,5	///	///	13,0
Consommation totale d'énergie primaire[1]	**256,3**	**255,5**	**8,4**	**77,2**	**36,5**	**116,6**	**18,1**	**256,7**
dont corrections climatiques	*– 3,1*	*6,0*	*0,0*	*0,6*	*1,6*	*0,4*	*0,7*	*3,3*

1. Énergies renouvelables thermiques (bois, solaire thermique, biogaz, biocarburants et pompes à chaleur).
2. Corrigée des variations climatiques.
3. Hors soutes maritimes internationales.
Champ : France métropolitaine.
Source : SOeS.

Structure de la consommation d'énergie primaire

en %

	1973	1980	1990	2002	2015
Électricité primaire[1]	4,4	11,9	36,6	41,8	45,4
Pétrole	67,6	56,4	38,7	34,6	30,1
Gaz	7,4	10,9	11,3	14,6	14,2
ENRt[2] et déchets	5,0	4,2	4,9	4,3	7,0
Charbon	15,6	16,6	8,4	4,7	3,3
Total	**100,0**	**100,0**	**100,0**	**100,0**	**100,0**

1. Nucléaire, hydraulique, éolien et photovoltaïque.
2. Énergies renouvelables thermiques (bois, solaire thermique, biogaz, biocarburants et pompes à chaleur).
Note : énergie primaire corrigée des variations climatiques.
Champ : France métropolitaine.
Source : SOeS.

Part des filières dans la production d'énergie primaire renouvelable en 2015

en %

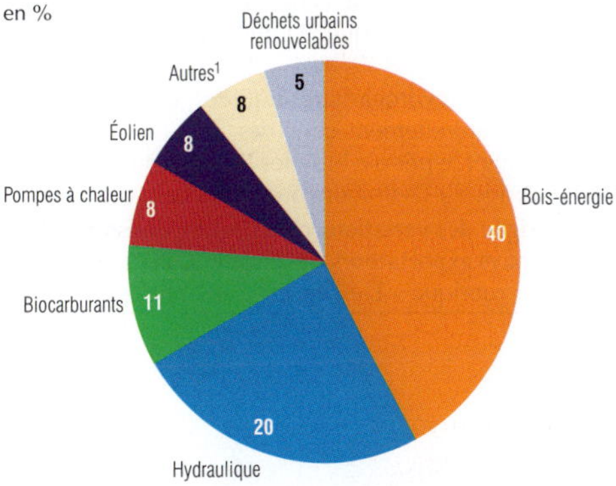

1. Biogaz, résidus agricoles, solaire thermique, géothermie, solaire photovoltaïque et énergies marines.
Source : SOeS.

Production et consommation intérieure brute d'énergie dans l'UE en 2014

en millions de tep

	Production	Consommation intérieure brute	Taux d'indépendance énergétique[1] en %
Allemagne	119,9	313,0	38,3
Autriche	12,1	32,7	36,9
Belgique	12,2	53,4	22,9
Bulgarie	11,3	17,7	63,5
Chypre	0,1	2,2	5,3
Croatie	4,4	8,2	53,1
Danemark	15,8	16,9	93,4
Espagne	34,9	116,7	29,9
Estonie	5,8	6,7	86,7
Finlande	18,1	34,6	52,2
France	**135,9**	**248,5**	**54,7**
Grèce	8,8	24,4	36,0
Hongrie	10,0	22,8	44,1
Irlande	2,0	13,6	14,8
Italie	36,8	151,0	24,4
Lettonie	2,4	4,5	53,5
Lituanie	1,5	6,7	22,2
Luxembourg	0,2	4,2	3,6
Malte	0,0	0,9	1,4
Pays-Bas	58,4	76,8	76,1
Pologne	66,9	94,3	70,9
Portugal	6,0	22,1	27,1
Rép. tchèque	29,1	41,5	70,1
Roumanie	26,6	32,3	82,3
Royaume-Uni	107,6	189,3	56,8
Slovaquie	6,3	16,2	39,0
Slovénie	3,7	6,7	55,2
Suède	34,1	48,2	70,9
UE	**770,7**	**1 605,9**	**48,0**

1. Calculé comme le rapport de la production à la consommation.
Sources : Eurostat ; SOeS.

19.2 Pétrole - Charbon

En 2015, la production de **pétrole** brut en France augmente de 9,1 % par rapport à 2014. Divisée par quatre depuis la fin des années 1980, elle ne satisfait plus qu'environ 1 % de la consommation française. Les importations françaises de pétrole brut repartent à la hausse en 2015, progressant de 5,8 %. L'instabilité politique en Libye pèse de nouveau sur les importations en provenance d'Afrique du Nord. La France se tourne ainsi davantage vers l'Afrique subsaharienne et le Moyen-Orient. Les principaux fournisseurs de la France restent l'Arabie Saoudite, le Kazakhstan, le Nigeria et la Russie.

En moyenne sur l'année 2015, le baril de *Brent* s'établit légèrement au-dessus de la barre des 50 dollars. Il cède près de la moitié de sa valeur en l'espace d'un an (– 47,2 %). La forte baisse observée entre la mi-2014 et début 2016 s'explique par la conjonction de plusieurs facteurs. D'une part, la demande mondiale s'est affaiblie, grevée notamment par le ralentissement de l'économie chinoise. D'autre part, l'offre sur le marché mondial s'est maintenue à un niveau excédentaire face à la demande, alimentée par l'afflux de pétrole de schiste américain, ainsi que par la décision des pays de l'**Organisation des pays exportateurs de pétrole (Opep)** de maintenir inchangés les quotas de production de l'organisation.

En 2015, les importations de produits raffinés se replient légèrement (– 1,2 %), tandis que les exportations augmentent fortement (+ 13,8 %). Ainsi, le déficit des échanges physiques n'est plus que de 19,4 millions de tonnes (Mt), contre 22,5 Mt en 2014. Celui-ci est surtout imputable à l'ensemble gazole / fioul domestique qui représente 58 % des importations. La **consommation finale énergétique** de produits pétroliers se stabilise à 60,8 millions de **tonnes-équivalent pétrole (tep)**.

En moyenne, sur 2015, le prix du **charbon** vapeur s'établit à 56,7 dollars la tonne, chutant de 24,6 % par rapport à 2014. Cette baisse est notamment liée au développement concurrentiel de l'exploitation du gaz de schiste aux États-Unis ainsi qu'au repli de la demande de charbon en Chine. Depuis l'arrêt de l'extraction de charbon en France en 2004 subsistait encore une petite filière de production. En 2015, cette production cesse, si bien que l'approvisionnement ne repose plus que sur les importations nettes et le déstockage. Mesurées en équivalent énergétique, les importations de **combustibles minéraux solides (CMS)** s'élèvent, en 2015, à 8,4 Mtep, soit 0,3 Mtep de moins qu'en 2014. La houille représente 92 % des CMS importés.

La **consommation primaire** de charbon **corrigée des variations climatiques** se contracte de 3,1 % en 2015. Cette évolution prolonge le déclin de la consommation de charbon sur le long terme, qui reflète, d'une part, la fermeture d'anciennes unités de production électrique à partir de charbon et, d'autre part, le recul de la demande dans l'industrie, en particulier dans la sidérurgie. ■

Définitions

Charbon : terme recouvrant la houille, le lignite, le coke, les agglomérés et les produits de récupération. La houille est plus riche en carbone et a une teneur en eau et en matières volatiles plus faible que le lignite. Le coke de houille est obtenu par carbonisation de la houille.

Pétrole, produits pétroliers : huile minérale naturelle, mélange complexe d'hydrocarbures liquides (éléments chimiques contenant de l'hydrogène associé à du carbone), qui se forme naturellement dans des nappes souterraines présentes dans les roches sédimentaires. Les formes primaires comprennent le pétrole brut, les liquides du gaz naturel et les autres hydrocarbures. Voir la suite de cette définition dans la rubrique « Définitions » en annexes.

Combustibles minéraux solides (CMS), consommation d'énergie corrigée des variations climatiques, consommation finale d'énergie, consommation primaire d'énergie, organisation des pays exportateurs de pétrole (OPEP), pays de la Mer du Nord, réserves prouvées, tonne-équivalent pétrole (tep) : voir rubrique « Définitions » en annexes.

Pour en savoir plus

- « Bilan énergétique de la France pour 2015 », *Datalab*, SOeS, novembre 2016.
- « Énergie, bilan 2015 : chute de la facture », *Datalab-Essentiel* n° 17, SOeS, juillet 2016.
- « Chiffres clés de l'énergie », *Repères*, SOeS, février 2016.

Retrouvez le TEF sur www.insee.fr dans la collection « Insee Références »

Consommation de produits pétroliers

en millions de tonnes

	1973	1985	2015	15/14 en %
Gazole	6,5	10,9	34,7	0,8
Fioul domestique	37,2	20,7	6,6	3,6
Supercarburants	15,8	18,0	7,2	1,2
Bases pétrochimie	5,4	7,1	8,8	– 3,6
Carburéacteurs	1,8	2,6	6,5	4,8
Fiouls lourds	34,1	8,2	0,7	– 7,3
Gaz (GPL)	2,7	2,9	1,8	– 0,1
Autres produits	8,2	4,7	8,5	– 3,1
Consommation intérieure	**111,8**	**75,1**	**74,7**	**0,3**

Sources : CPDP ; SOeS pour la pétrochimie en 2015.

Consommation de pétrole dans le monde

en millions de tonnes

	1973	1985	2015	2015 en %
États-Unis	818	720	852	19,7
Chine	54	90	560	12,9
Inde	...	43	196	4,5
Japon	269	206	190	4,4
Russie	...	247	143	3,3
Allemagne[1]	150	126	110	2,5
Canada	84	69	100	2,3
France	**127**	**84**	**76**	**1,8**
Royaume-Uni	113	77	72	1,7
Italie	104	84	59	1,4
Total monde	**2 798**	**2 803**	**4 331**	**100,0**

1. Ex-RFA pour 1973.
Sources : CPDP ; BP Statistical Rewiew of World Energy.

Production et réserves de pétrole brut dans le monde

en millions de tonnes

	Production en 2015		Réserves prouvées au 1er janvier 2016	
		en %		en %
Amérique du Nord	**712**	**16,7**	**28 753**	**12,7**
Canada	145	3,4	23 310	10,3
États-Unis	567	13,3	5 443	2,4
Amérique latine	**507**	**11,9**	**46 507**	**20,6**
dont : Mexique	*122*	*2,9*	*1 325*	*0,6*
Venezuela	*135*	*3,2*	*40 921*	*18,1*
Afrique	**399**	**9,4**	**17 178**	**7,6**
dont : Algérie	*69*	*1,6*	*1 664*	*0,7*
Libye	*20*	*0,5*	*6 598*	*2,9*
Nigeria	*113*	*2,7*	*5 057*	*2,2*
Europe	**834**	**19,6**	**17 722**	**7,8**
dont : Kazakhstan	*79*	*1,9*	*4 093*	*1,8*
Norvège	*87*	*2,1*	*701*	*0,3*
Royaume-Uni	*45*	*1,1*	*376*	*0,2*
Russie	*528*	*12,4*	*10 914*	*4,8*
Proche-Orient	**1 405**	**33,0**	**109 504**	**48,5**
dont : Arabie saoudite	*569*	*13,4*	*36 368*	*16,1*
Irak	*197*	*4,6*	*19 518*	*8,6*
Iran	*183*	*4,3*	*21 491*	*9,5*
Koweït	*149*	*3,5*	*13 847*	*6,1*
Extrême-Orient et Océanie	**396**	**9,3**	**6 284**	**2,8**
dont Chine	*215*	*5,0*	*3 429*	*1,5*
Total monde	**4 253**	**100,0**	**225 949**	**100,0**
dont Opep	*1 807*	*42,5*	*165 033*	*73,0*

Sources : CPDP ; Oil and Gas Journal.

Prix moyens des énergies importées

en euros courants CAF par tonne

	1973	1985	2000	2015
Charbon[1]	22	80	49	92
Pétrole brut	18	281	228	367
Produits pétroliers raffinés	31	295	278	465

1. Houille, lignite, coke et agglomérés.
Champ : France métropolitaine.
Sources : SOeS ; DGDDI.

Provenances du pétrole brut importé en France

en millions de tonnes

	1973	1990	2015	2015 en %
Afrique	33,3	21,0	19,8	34,9
dont : Nigeria	*12,6*	*3,1*	*6,6*	*11,7*
Libye	*6,5*	*2,9*	*2,1*	*3,6*
Algérie	*11,1*	*3,0*	*4,3*	*7,6*
URSS/ex-URSS	3,4	6,2	15,9	28,0
dont Russie	*///	///	*4,5*	*7,9*
Moyen-Orient	96,4	31,7	14,5	25,6
dont Arabie Saoudite	*30,2*	*15,2*	*10,6*	*18,6*
Mer du Nord	0,2	10,4	5,0	8,8
Importations totales	**134,9**	**73,4**	**56,7**	**100,0**
dont Opep	*127,8*	*41,7*	*31,6*	*55,7*

Note : le pétrole est classé ici en fonction du pays d'où il a été extrait.
Champ : y c. condensats et autres produits à distiller.
Source : SOeS.

Consommation de charbon par secteur

en millions de tep

	1973	1990	2010	2015	15/14 en %
Branche énergie	**9,9**	**8,6**	**5,8**	**3,1**	**1,9**
Consommation finale	**17,3**	**10,2**	**5,7**	**5,2**	**– 5,9**
Sidérurgie	9,5	5,5	4,0	3,8	– 7,0
Industrie (hors sidérurgie)	2,6	2,9	1,4	1,1	– 3,8
Résidentiel-tertiaire	5,2	1,8	0,3	0,3	0,4
Non énergétique	0,1	0,2	0,1	0,1	– 0,7
Total consommation primaire	**27,4**	**19,1**	**11,5**	**8,4**	**– 3,1**

Note : données corrigées des variations climatiques.
Source : SOeS.

Provenance des importations de charbon en 2015

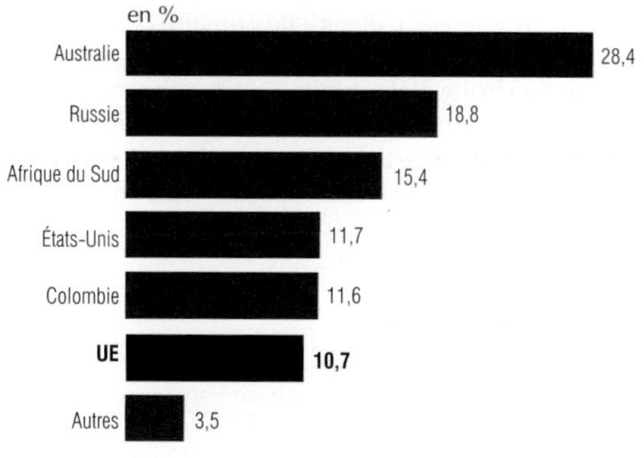

Sources : SOeS ; DGDDI.

19.3 Électricité - Gaz naturel

En 2015, la **production brute d'électricité**, à un peu plus de 568 TWh, progresse de 0,9 % par rapport à 2014. La production française est assurée à 77 % par le nucléaire, à 11 % par l'hydraulique et à 7 % par le thermique classique. L'éolien représente 4 % et le photovoltaïque 1 %. Après avoir rebondi en 2014, la production nucléaire est de nouveau en hausse (+ 0,2 %). La production brute d'électricité d'origine renouvelable est en repli de 2,3 %. La baisse importante de la production hydraulique renouvelable n'est pas compensée par les hausses des productions éolienne, solaire photovoltaïque, et de l'électricité produite à partir de biomasse.

La **consommation finale d'électricité**, non corrigée des variations climatiques, progresse de 1,8 % en 2015, en lien avec des conditions météorologiques en moyenne légèrement moins clémentes qu'en 2014. Corrigée des variations climatiques, elle augmente de 1,0 %. Les évolutions diffèrent suivant les secteurs d'activité. Le résidentiel-tertiaire, qui représente plus des deux tiers de la consommation finale, est le secteur le plus sensible à la variation des températures : sa consommation réelle d'électricité est en hausse en 2015. La consommation d'électricité de la sidérurgie recule à nouveau en 2015, après le rebond observé en 2014. La consommation d'électricité dans le reste de l'industrie recule pour la cinquième année consécutive, dans le sillage de l'activité industrielle.

Le solde extérieur des échanges physiques, globalement exportateur, diminue de 4,7 %, pour s'établir à 64 TWh, après avoir fortement progressé en 2014 (+ 38,6 %). Les exportations physiques d'électricité reculent globalement de 1,4 %, tandis que les importations augmentent de 26,7 %.

Le repli tendanciel de la production nationale de gaz naturel commercialisé a franchi une étape, en octobre 2013, avec l'arrêt définitif de l'injection du gaz de Lacq dans le réseau. La part des **contrats d'importation** de court terme dans les approvisionnements baisse légèrement en 2015 (20,9 %), en raison de la reprise des importations sur contrats de moyen terme. La Norvège est le principal fournisseur de gaz naturel de la France, devant la Russie et les Pays-Bas.

Depuis six ans, la **consommation primaire** de gaz naturel connaît des évolutions contrastées en lien avec les conditions climatiques : forte hausse en 2010, chute en 2011, redressement en 2012 puis en 2013, net repli en 2014 et rebond en 2015. Corrigée des variations climatiques, la consommation primaire de gaz naturel augmente de 3,2 % entre 2014 et 2015 pour s'établir à 474 TWh, soit 36,5 millions de **tonnes-équivalent pétrole**. La consommation dans le résidentiel-tertiaire est stable. À l'inverse, dans l'industrie (y compris sidérurgie), la consommation recule. Enfin, la consommation dans la branche énergie a bondi, la forte baisse des prix de gros du gaz ayant relancé l'intérêt économique des centrales de production électrique à cycle combiné au gaz. ■

Définitions

Consommation primaire d'énergie : se décompose en consommation interne de la branche énergie et en consommation finale totale. Cette dernière se décompose, elle-même, en consommation finale énergétique et en consommation non énergétique.

Électricité primaire : électricité tirée de la nature directement sous forme d'électricité, et non par transformation d'une autre énergie. L'électricité primaire comprend l'électricité hydraulique, éolienne, solaire photovoltaïque, marémotrice, houlomotrice et, par convention, nucléaire.

Production brute d'électricité : production mesurée aux bornes des groupes de centrales. Elle inclut par conséquent la consommation des services auxiliaires et les pertes dans les transformateurs des centrales.

Consommation finale d'énergie, consommation intérieure d'électricité, contrats d'importation de gaz naturel, pouvoir calorifique, tonne-équivalent pétrole (tep), unité de mesure d'énergie : voir la rubrique « Définitions » en annexes.

Pour en savoir plus

- « Bilan énergétique de la France pour 2015 », *Datalab*, SOeS, novembre 2016.
- « Le prix du gaz et de l'électricité en France et dans l'Union européenne en 2015 », *Datalab-Essentiel* n° 29, SOeS, septembre 2016.
- « Le bilan du gaz naturel en 2014 : résultats définitifs », *Chiffres et statistiques* n° 758, SOeS, avril 2016.

Retrouvez le TEF sur www.insee.fr dans la collection « Insee Références »

Production brute et consommation d'électricité

en TWh

	1973	1985	2000	2015 (p)	15/14 en %
Production nationale	**182**	**344**	**540**	**568**	**0,9**
Hydraulique, éolien et photovoltaïque	48	64	72	89	– 3,9
Thermique nucléaire	15	224	415	437	0,2
Thermique classique	119	56	53	41	23,2
Solde des échanges	**– 3**	**– 23**	**– 69**	**– 64**	**– 4,7**
Importations	5	6	4	10	26,7
Exportations	– 8	– 29	– 73	– 74	– 1,4
Pompages	0	– 2	– 7	– 7	– 13,4
Consommation des auxiliaires	– 8	– 16	– 24	– 24	1,5
Consommation intérieure	**171**	**303**	**440**	**473**	**1,9**

Champ : France métropolitaine.
Source : SOeS.

Consommation finale d'électricité par secteur

en TWh

	1973	1985	2000	2015 (p)	15/14 en %
Résidentiel-tertiaire	58	145	237	299	1,6
Industrie hors sidérurgie	72	87	127	106	– 0,3
Transports[1]	6	7	9	10	2,1
Sidérurgie	12	10	11	10	– 2,3
Agriculture	3	4	6	8	– 1,8
Total	**151**	**252**	**390**	**433**	**1,0**

1. Urbains et ferroviaires.
Note : consommation finale corrigée des variations climatiques ; changement méthodologique : à partir de 2015, la période de référence utilisée est 1986-2015, à la différence des années précédentes qui avaient été établies avec la période de référence 1981-2010.
Champ : France métropolitaine.
Source : SOeS.

Production nette et consommation d'électricité dans quelques pays de l'OCDE en 2015

en TWh

	Production nette			Consommation intérieure[1]
	Totale	*dont nucléaire*	*dont hydraulique*	
Allemagne	616,2	*86,9*	*24,5*	567,9
Australie	233,9	*///*	*14,7*	233,9
Autriche	62,3	*///*	*38,7*	72,3
Belgique	65,7	*24,8*	*1,4*	86,7
Canada	613,9	*98,4*	*375,6*	554,3
Danemark	27,7	*///*	*0,0*	33,6
Espagne	269,9	*54,9*	*30,8*	269,8
États-Unis	4 098,9	*797,1*	*271,2*	4 165,4
Finlande	66,1	*22,3*	*16,6*	82,4
France	**544,3**	***416,6***	***59,2***	**480,3**
Grèce	43,8	*///*	*5,6*	53,4
Irlande	27,6	*///*	*1,1*	28,3
Italie	271,2	*///*	*44,7*	317,6
Japon	988,1	*3,6*	*89,9*	988,1
Luxembourg	2,7	*///*	*1,5*	8,3
Mexique	292,5	*11,1*	*30,6*	285,8
Norvège	144,4	*///*	*138,4*	129,7
Pays-Bas	105,1	*3,7*	*0,1*	113,8
Portugal	50,7	*///*	*9,7*	53,0
Royaume-Uni	321,7	*63,9*	*8,7*	342,7
Suède	158,1	*53,9*	*73,9*	135,5
Suisse	65,9	*22,1*	*39,5*	64,9

1. Y c. pompages.
Note : données provisoires ou estimées.
Source : Agence internationale de l'énergie.

Production et consommation de gaz naturel

en milliards de kWh pouvoir calorifique supérieur

	1973 (r)	1985 (r)	2000 (r)	2015 (p)	15/14 en %
Production totale (en TWh)	**81**	**59**	**19**	**0**	**70,4**
Usage énergétique	150	261	449	467	3,3
Branche énergie	44	14	22	65	34,2
Sidérurgie	9	9	8	7	– 4,5
Industrie hors sidérurgie[1]	43	96	160	125	– 1,1
Résidentiel-tertiaire[1]	53	140	255	265	0,0
Agriculture, transports et divers	1	1	4	5	– 2,7
Usage non énergétique	19	30	30	7	– 2,0
Consommation totale[1]	169	291	479	474	3,2

1. Corrigée des variations climatiques ; changement méthodologique : à partir de 2015, la période de référence utilisée est 1986-2015, à la différence des années précédentes qui avaient été établies avec la période de référence 1981-2010.
Champ : France métropolitaine.
Source : SOeS.

Importations de gaz naturel par origine

en milliards de kWh pouvoir calorifique supérieur

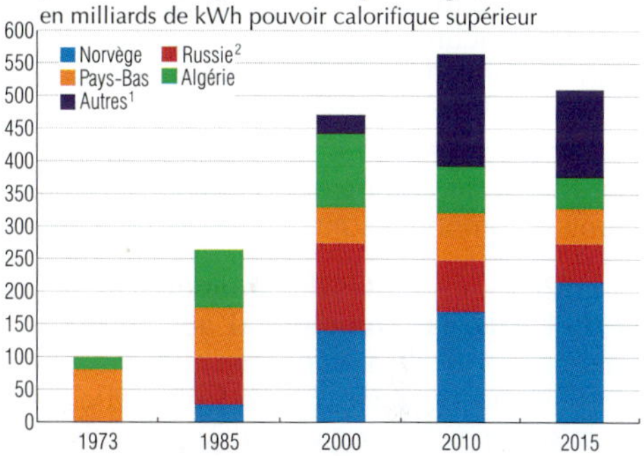

1. Inclut les importations d'origine indéterminée (e.g. contrats à court terme).
2. URSS en 1973 et en 1985.
Champ : France métropolitaine.
Source : SOeS.

Production et consommation de gaz naturel dans quelques pays de l'OCDE

en milliards de m^3

	Production		Consommation	
	2014 (r)	2015	2014 (r)	2015
Allemagne	10,2	8,4	77,6	81,3
Australie	53,8	53,1	27,7	23,5
Autriche	1,2	1,2	7,8	8,3
Belgique	///	///	15,6	16,8
Canada	162,1	164,0	104,5	104,0
Danemark	4,6	4,6	3,2	3,2
Espagne	0,0	0,1	27,1	27,9
États-Unis	730,2	767,2	756,0	778,0
Finlande	///	///	3,1	2,7
France	**0,0**	**0,0**	**36,3**	**38,8**
Grèce	///	///	2,9	3,1
Irlande	0,2	0,1	4,4	4,4
Italie	7,1	6,8	61,9	67,5
Japon	4,7	4,4	127,7	123,1
Luxembourg	///	///	1,0	0,9
Mexique	50,5	46,0	70,2	66,0
Norvège	111,0	120,6	3,6	4,5
Pays-Bas	72,7	54,4	40,3	40,1
Portugal	///	///	4,0	4,7
Royaume-Uni	38,4	41,2	70,8	72,3
Suède	///	///	0,9	0,8
Suisse	0,0	0,0	3,3	3,4

Source : Agence internationale de l'énergie.

20.1 Commerce

Le redémarrage de l'activité du commerce se confirme en 2015. Ce mouvement est favorisé par l'augmentation de l'investissement des entreprises et par l'accélération de la consommation qui bénéficie de l'appréciation significative du pouvoir d'achat des ménages.

L'année 2015 est particulièrement favorable au **commerce et à la réparation automobile**, dont l'activité repart nettement à la hausse (+ 3,8 %), après plusieurs années difficiles. Cette bonne performance s'explique essentiellement par les ventes du commerce automobile. Les achats de voitures neuves progressent fortement en 2015 en France, comme dans l'ensemble des autres pays européens. Les constructeurs de groupes étrangers tirent davantage parti de l'expansion des ventes de véhicules neufs : leur part de marché atteint 45,8 %, soit 1,1 point de plus qu'en 2014. La baisse de l'activité d'entretien-réparation, à l'œuvre depuis 2009, est enrayée en 2015. Les ventes du commerce de détail d'équipements automobiles sont également en hausse.

En 2015, les ventes du **commerce de détail** et de l'**artisanat commercial** augmentent en volume (+ 1,8 %), à un rythme nettement plus marqué que les années précédentes. Elles sont favorisées par la progression significative du pouvoir d'achat des ménages. Les formes de ventes non alimentaires profitent particulièrement de cette amélioration (les magasins d'équipement de la maison, de culture-loisirs et d'autres équipements de la personne). En valeur, les ventes au détail progressent très faiblement, les prix des produits vendus au détail continuant de se replier. Le commerce hors magasin est le secteur le plus dynamique (+ 3,3 % en volume) en raison du développement de la vente à distance.

Dans le **commerce de gros**, les ventes en volume continuent de progresser, mais à un rythme un peu moins soutenu qu'en 2014 (+ 1,3 %, après + 1,6 %). Les ventes du commerce de gros de biens domestiques et de produits alimentaires ralentissent, malgré la vigueur des échanges extérieurs. À l'inverse, la forte croissance de l'activité des intermédiaires s'amplifie encore en 2015. En outre, les ventes en gros de biens d'équipement se redressent, soutenues par le dynamisme des exportations aéronautiques et la bonne tenue des exportations de machines industrielles et agricoles et d'équipements électriques. Les ventes du commerce de produits agricoles bruts sont stables en volume et diminuent légèrement en valeur. La diminution des prix des marchandises vendues en gros se poursuit, mais elle est marginalement moins prononcée en 2015 qu'en 2014.

Dans ce contexte de reprise, l'emploi salarié dans les secteurs du commerce augmente entre fin 2014 et fin 2015, pour la première fois depuis 2011. Un peu plus de 3 millions de salariés travaillent dans le commerce hors artisanat commercial fin 2015, soit 19 % des salariés de l'ensemble des secteurs principalement marchands non agricoles. Plus de la moitié d'entre eux exercent dans le commerce de détail et près d'un tiers dans le commerce de gros. ■

Définitions

Commerce de détail : comprend les entreprises ou établissements dont l'activité principale consiste à vendre des marchandises, dans l'état où elles sont achetées, généralement à une clientèle de particuliers, quelles que soient les quantités vendues.

Commerce de gros : comprend les entreprises ou établissements dont l'activité principale consiste à acheter et à entreposer des marchandises et à les vendre généralement à des détaillants, à des utilisateurs professionnels ou à des collectivités, voire à d'autres grossistes ou intermédiaires, et ce quelles que soient les quantités vendues.

Artisanat commercial, commerce, commerce et réparation d'automobiles, grand magasin, hypermarché, supermarché : voir rubrique « Définitions » en annexes.

Pour en savoir plus

- « La situation du commerce en 2015 », *Document de travail* E2016/05, Insee, décembre 2016.
- « Créer une entreprise du commerce », *Insee Première* n° 1624, décembre 2016.
- « Le commerce en 2015 – L'activité accélère, les prix continuent de fléchir », *Insee Première* n° 1606, juillet 2016.
- « Le commerce de gros de produits alimentaires : en tête des ventes des grossistes », *Insee Focus* n° 58, avril 2016.

Retrouvez le TEF sur www.insee.fr dans la collection « Insee Références »

Parts de marché du commerce de détail selon la forme de vente

en % de la valeur TTC

	Produits alimentaires (hors tabac) 2014 (r)	Produits alimentaires (hors tabac) 2015 (p)	Produits non alimentaires 2014 (r)	Produits non alimentaires 2015 (p)
Alimentation spécialisée[1]	18,3	18,8	0,9	0,9
Boulangeries-pâtisseries	7,1	7,3		
Boucheries-charcuteries	4,9	4,8		
Autres magasins d'alim. spécialisée	6,3	6,7		
Petites surfaces d'alim. générale et magasins de produits surgelés	7,4	7,4		
Grandes surfaces d'alim. générale	65,5	65,5	16,6	15,7
dont : supermarchés	*28,3*	*27,9*	*5,9*	*5,6*
hypermarchés	*36,4*	*36,8*	*10,3*	*9,7*
Grands magasins et autres magasins non alim. non spécialisés	0,2	0,1	2,4	2,7
Magasins non alimentaires spécialisés (y c. pharmacies)	1,2	1,1	58,1	58,4
Carburant	0,3	0,2	4,4	4,0
Pharmacies[2]	0,3	0,3	11,7	11,8
Autres	0,6	0,6	42,1	42,7
Commerce hors magasin	5,8	5,7	5,1	5,3
Éventaire et marché	2,2	2,2	0,5	0,5
Vente à distance	2,2	2,1	4,2	4,3
Autres formes	1,4	1,4	0,4	0,5
Commerce de détail et artisanat commercial	**98,4**	**98,5**	**83,1**	**83,1**
Ventes au détail du com. automobile[3]	0,0	0,0	8,8	8,9
Autres ventes au détail[4]	1,6	1,5	8,1	8,0
Ensemble des ventes au détail	**100,0**	**100,0**	**100,0**	**100,0**

1. Y c. artisanat commercial.
2. Pharmacies et commerces d'articles médicaux et orthopédiques.
3. Ne comprend pas les ventes et réparations automobiles, inclut seulement les ventes et réparations de motocycles et les ventes de produits liés à l'automobile.
4. Commerce de gros, prestataires de services et ventes directes des producteurs.
Note : l'activité de certaines grandes entreprises peut relever de plusieurs formes de vente : hypermarchés, supermarchés et petites surfaces d'alimentation.
Source : Insee, comptes du commerce - base 2010.

Emploi salarié dans le commerce

effectifs en milliers

Au 31 décembre	2000	2005 (r)	2015 (p)
Commerce et réparation automobiles	381	392	360
Commerce de gros	985	998	947
Commerce de détail[1]	1 491	1 607	1 718
Total	**2 857**	**2 997**	**3 025**

1. Hors activités de réparation.
Champ : France métropolitaine, hors artisanat commercial.
Source : Insee, estimations d'emploi.

Activité commerciale selon le secteur d'activité

	Valeur en milliards d'euros 2015 (p)	Évolution des ventes en volume en % 14/13 (r)	Évolution des ventes en volume en % 15/14(p)
Commerce de détail[1 2]	**494,6**	**0,8**	**1,8**
Alimentation spéc. et artisanat comm.	46,5	3,6	2,7
Petites surf. d'alim. gén. et mag. de prod. surg.	15,6	1,2	2,9
Grandes surfaces d'alim. générale	179,0	− 0,7	0,1
Grands mag. et autres mag. non alim. non spéc.	9,6	5,0	9,0
Magasins non alim. spécialisés y c. pharmacie)	213,8	0,7	2,4
Carburants	13,8	− 7,4	0,7
Technologie de l'info. et de la comm.	8,7	7,4	8,0
Équipement du foyer	47,6	− 1,3	2,1
Culture, loisirs	23,9	− 2,9	3,2
Autres comm. de détail en magasin spéc.	119,8	3,0	2,3
Habillement-chaussures	36,6	2,1	− 0,1
Autres équip. de la personne	19,9	1,0	4,8
Pharmacies, articles médicaux et orthop.	42,9	5,3	3,8
Autres magasins spécialisés	20,3	1,4	0,9
Commerce hors magasin	30,1	5,9	3,3
Comm. et réparation automobiles[1]	**109,4**	**− 0,4**	**3,8**
Comm. de véhicules automobiles	76,9	0,4	4,7
Entretien et réparation automobile	20,1	− 5,0	2,5
Comm. de gros d'équip. automobiles	1,3	4,5	0,4
Comm. de détail d'équip. automobiles	8,3	2,2	1,8
Comm. et réparation de motocycles	2,7	2,1	− 3,4
Commerce de gros[3]	**606,5**	**1,1**	**0,7**
Produits agricoles bruts	62,2	0,3	− 0,1
Produits alim., de boissons et de tabac	130,3	5,8	0,6
Biens domestiques	143,2	4,4	1,1
Équipements de l'info. et de la comm.	41,0	2,9	− 1,7
Autres équipements industriels	83,2	− 3,6	0,5
Autres commerces de gros spécialisés	123,4	− 4,7	0,8
Intermédiaires du commerce	**121,5**	**4,0**	**4,4**

1. Ventes de marchandises TTC.
2. Ventes de marchandises au détail y c. ventes de l'artisanat commercial : boulangeries, pâtisseries, charcuteries.
3. Ventes de marchandises HT ; y c. secteurs du commerce de gros de produits divers.
Note : répartition par secteur d'établissement pour le commerce de détail et le commerce et réparation d'automobiles, répartition par secteur d'entreprise pour le commerce de gros.
Source : Insee, comptes du commerce - base 2010.

Chiffre d'affaires du commerce selon le secteur d'activité au sein de l'UE en 2015

en milliards d'euros

Pays	Commerce automobile	Commerce de gros	Commerce de détail	Total
Allemagne	235,1	1 142,3	541,6	1 919,0
Autriche	31,4	139,7	63,2	234,3
Belgique	81,1	243,9	95,5	420,4
Bulgarie	3,8	35,9	13,6	53,3
Chypre	0,7	4,9	5,2	10,8
Croatie	2,8	14,2	12,6	29,5
Danemark	20,4	99,2	43,1	162,8
Espagne	69,7	400,9	211,1	681,8
Estonie	2,6	12,6	6,2	21,4
Finlande	15,2	61,8	37,4	114,4
France	**164,5**	**769,4**	**449,1**	**1 382,9**
Grèce	7,0	62,6	47,0	116,7
Hongrie	10,3	46,0	27,7	84,0
Irlande[1]	8,2	62,1	33,4	103,8
Italie	108,8	573,8	312,6	995,2
Lettonie	1,9	16,6	6,9	25,4
Lituanie	2,8	19,2	9,4	31,4
Luxembourg	3,5	64,8	37,7	106,1
Malte[2]	0,4	4,2	2,2	6,9
Pays-Bas	64,5	416,0	104,1	584,6
Pologne	36,2	206,7	107,7	350,6
Portugal	16,5	61,9	44,8	123,2
Rép. tchèque	17,7	84,4	35,8	137,9
Roumanie	8,4	58,3	38,0	104,7
Royaume-Uni	250,3	1 119,0	519,0	1 888,4
Slovaquie	5,3	28,4	17,0	50,8
Slovénie	4,6	13,1	12,1	29,9
Suède	42,4	157,4	75,5	275,3
UE[2]	**1 090,6**	**5 967,5**	**2 765,3**	**9 823,4**

1. Données 2012. 2. Données 2014. Note : données selon la Nace rév. 2.
Source : Eurostat.

20.2 Services marchands

En 2015, la production dans les **services marchands** non financiers s'accroît de 2,1 % en volume, après + 1,3 % en 2014. La valeur ajoutée, qui mesure la richesse créée par cette **branche d'activité**, s'affermit également : + 1,4 %, après + 1,1 %. Les services marchands croissent à nouveau plus rapidement que l'industrie, elle-même en net redressement (+ 1,1 % en volume, après – 0,4 % en 2014). Ils représentent 34 % de la richesse nationale en 2015.

En 2015, les services principalement marchands gagnent 122 000 **emplois** mesurés **en équivalent-temps plein (EQTP)**, soit une hausse de 1,0 %. Avec 70 000 emplois supplémentaires (+ 1,9 %), les activités de support aux entreprises (activités juridiques et comptables, publicité, intérim, entretien...) bénéficient de plus de la moitié des gains. En particulier, l'emploi intérimaire rebondit en 2015 (+ 5,3 %, soit + 27 000 emplois en EQTP). L'emploi progresse aussi sensiblement dans l'hébergement et la restauration (+ 2,1 %). En revanche, les activités immobilières restent mal orientées, même si les pertes d'emplois s'atténuent (– 0,3 %, après – 0,6 % en 2014).

La valeur ajoutée des services principalement orientés vers les **entreprises** accélère (+ 1,5 %, après + 0,9 % en 2014). Ce regain est dû notamment à celui des services de location et d'intérim. La croissance des services d'information et de communication reste soutenue (+ 2,5 %, après + 2,7 %). En effet, la reprise des activités informatiques compense la décélération des télécommunications et de l'édition. La demande des entreprises et des administrations accélère, en particulier l'investissement (+ 4,8 %, après + 2,0 % en 2014). Principal débouché des services marchands, les achats intermédiaires des entreprises et des administrations augmentent de 2,6 % en 2015.

En 2015, la consommation des ménages en services progresse, mais plus modérément que la demande des entreprises et des administrations. Elle augmente néanmoins un peu plus vite qu'en 2014 (+ 1,4 % en volume, après + 0,9 %). Les activités de loisirs et de culture bénéficient du rebond du pouvoir d'achat des ménages. Les dépenses de restauration et d'hôtellerie augmentent nettement (+ 1,7 %, après + 0,5 %). La progression est à nouveau soutenue pour les soins de beauté et de coiffure (+ 3,8 %, après + 1,3 %) ainsi que pour les spectacles et parcs de loisirs (+ 3,8 %, après + 1,8 %). En revanche, les dépenses en information et communication continuent à diminuer. Ainsi, la consommation en services de télécommunications se tasse (– 0,3 %, après + 1,6 % en 2014) et les dépenses dans l'édition sont toujours en recul, en particulier pour la presse.

En 2015, les exportations de services progressent moins vite (+ 10,2 % en valeur) que les importations (+ 12,8 %). Le solde du commerce extérieur, déficitaire depuis 2013, continue à se dégrader. Le déficit atteint – 6,8 milliards d'euros en 2015, après – 4,2 milliards en 2014. ■

Définitions

Services marchands : services vendus, par une unité, à des prix économiquement significatifs (en grande partie ou en totalité). En toute rigueur, il faudrait parler de services principalement marchands car pour certaines activités coexistent des parties marchandes et non-marchandes ; certains services sont considérés comme toujours marchands (les transports par exemple), d'autres comme toujours non marchands (l'administration générale par exemple). Les services marchands sont définis par l'Insee à partir de la NAF rév.2. Leur champ exclut le commerce, le transport et les services financiers.

Branche d'activité, emploi en équivalent-temps plein (EQTP), entreprise, Ésane (Élaboration des statistiques annuelles d'entreprise), profilage, unité légale : voir rubrique « Définitions » en annexes.

Pour en savoir plus

- « Les services marchands en 2015 – La croissance s'affermit », *Insee Première* n° 1609, juillet 2016.
- « L'économie française », *Insee Références*, édition 2016.
- « Les comptes de la Nation en 2015 – Le PIB et le pouvoir d'achat des ménages accélèrent, l'investissement se redresse », *Insee Première* n° 1597, mai 2016.

Retrouvez le TEF sur www.insee.fr dans la collection « Insee Références »

Offre et demande de services marchands

	Taux de croissance en volume en %			Taux de croissance du prix en %			Valeur en milliards d'euros
	2013 (r)	2014 (r)	2015	2013 (r)	2014 (r)	2015	2015
Production de services	0,5	1,3	2,0	0,0	0,0	0,6	1 131,0
Importations	8,8	15,8	11,8	– 0,3	0,1	0,9	95,7
Demande intérieure	0,6	1,6	2,4	0,0	0,1	0,6	1 155,7
dont : consommations intermédiaires	*0,6*	*1,8*	*2,6*	*– 0,4*	*– 0,2*	*0,7*	*605,0*
consommation finale	*0,8*	*0,9*	*1,4*	*0,4*	*0,5*	*0,6*	*412,3*
investissement	*– 0,3*	*2,0*	*4,8*	*0,4*	*0,2*	*0,4*	*141,8*
Exportations	5,8	11,4	8,9	– 0,1	0,1	1,2	88,9

Lecture : en 2015, la production de services progresse de 2,0 % en volume et les prix augmentent légèrement (+ 0,6 %).
Note : il s'agit de la production du produit « Services » et non de celle de la branche « Services ».
Source : Insee, comptes des services - base 2010.

Principales caractéristiques des services marchands en 2014

	Nombre d'entreprises	Effectif salarié		Chiffre d'affaires HT en millions d'euros	Valeur ajoutée en millions d'euros
		en EQTP[1]	au 31/12		
Hébergement et restauration	272 994	777 329	915 109	90 200	38 108
Information et communication	152 448	698 292	766 544	176 340	81 288
Activités immobilières	210 735	198 001	221 672	74 575	41 028
Activités spécialisées scientifiques et techniques	515 894	920 108	1 068 300	187 168	89 334
Activités de services administratifs et de soutien	223 358	902 531	1 866 851	140 121	74 417
Autres activités de services	494 495	321 174	371 663	56 736	21 782
Total	**1 869 923**	**3 817 434**	**5 210 139**	**725 139**	**345 957**

1. En équivalent-temps plein.
Champ : unités légales et entreprises profilées marchandes (y c. auto-entrepreneurs) des services marchands hors commerce, transports et servcies financiers.
Source : Insee, Ésane.

Évolution de la production des services marchands non financiers en 2015

par rapport à l'année précédente en volume en %

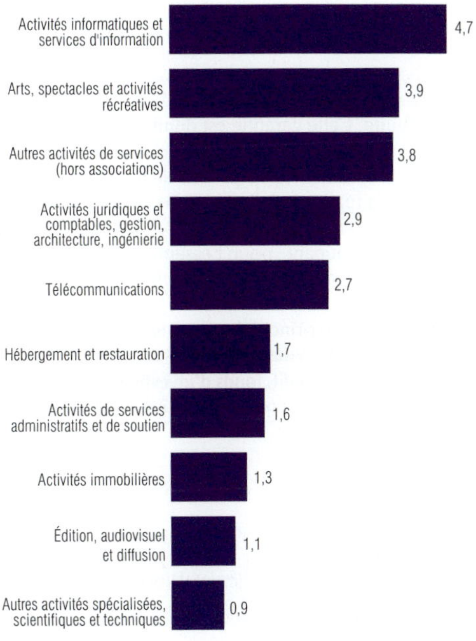

Source : Insee, comptes des services - base 2010.

Emploi intérieur total dans les services principalement marchands

indice base 100 en 2005

	2013 (r)	2014 (r)	2015
Hébergement et restauration	111,6	112,1	114,4
Information et communication	110,4	110,6	111,3
Activités immobilières	97,2	96,6	96,3
Activités spécialisées, scientifiques et tech. ; services administratifs et de soutien	109,2	110,7	112,8
Ensemble	**106,0**	**106,4**	**107,5**

Lecture : en 2015, l'emploi intérieur total en nombre d'équivalents-temps plein a progressé de 7,5 % dans les services principalement marchands par rapport à 2005.
Note : emploi en équivalent-temps plein.
Champ : services y c. commerce, transport, services financiers, activités des organisations associatives et services non marchands de la recherche-développement, des arts, spectacles et des activités récréatives.
Source : Insee, comptes des services - base 2010.

Commerce extérieur des services marchands non financiers

en millions d'euros

	2011	2012 (r)	2013 (r)	2014	2015
Exportations	62 922	68 456	72 300	80 652	88 879
Importations	59 657	67 477	73 194	84 880	95 725
Solde	**3 265**	**979**	**– 894**	**– 4 228**	**– 6 846**

Note : les échanges extérieurs de services intègrent les nouvelles données de la balance des paiements, produites par la Banque de France et révisées à partir de l'enquête complémentaire sur les échanges internationaux des services.
Lecture : en 2015, les exportations de services s'élèvent à 88 879 millions d'euros et le solde des échanges extérieurs atteint – 6 846 millions d'euros.
Champ : services hors commerce, transport et services financiers.
Source : Insee, comptes des services - base 2010.

20.3 Banques - Assurances

La valeur ajoutée des **sociétés financières** décroît légèrement en 2015 mais les évolutions sont contrastées au sein du secteur.

La valeur ajoutée des **intermédiaires financiers hors sociétés d'assurance (IF)** continue de croître en 2015, mais moins fortement qu'en 2014 (+ 3,0 %, après + 6,2 %). Une nouvelle fois, cette hausse provient principalement de la production de **services d'intermédiation financière indirectement mesurés (Sifim)** (+ 6,2 %) et donc indirectement de la baisse du coût de refinancement des **banques** (– 31 points de base). Cette réduction n'est pas complètement répercutée par les banques sur les taux appliqués à la clientèle pour leur crédit : la diminution de 17 points de base du taux d'intérêt moyen sur les crédits conduit à une augmentation de la marge d'intermédiation sur les crédits de 14 points de base. En revanche, la marge d'intermédiation sur les dépôts se contracte (– 13 points de base) du fait d'une baisse du taux moyen de rémunération des dépôts de seulement 18 points de base. Au total, la marge globale d'intermédiation augmente faiblement (+ 2 points de base). La production de services facturés à la clientèle, mesurée par les commissions, recule légèrement (– 1,2 %), de sorte que la hausse de la production totale des intermédiaires financiers se limite à 1,7 %.

À l'inverse, la valeur ajoutée des sociétés d'**assurance**, déjà mal orientée en 2014, se replie très nettement en 2015 (– 16,1 %, après – 3,8 %). La production de services des sociétés d'assurance baisse de 1,9 % en valeur, prolongeant le recul de 3,2 % enregistré en 2014. Cette diminution est essentiellement imputable aux revenus distribués d'assurance-vie. En effet, les taux de rendement des contrats continuent de baisser : les contrats en supports euros sont passés d'un rendement moyen de 2,5 % en 2014 à 2,3 % en 2015. Cependant, le recul général des taux de rendement des principaux instruments d'épargne financière des ménages a renforcé l'attractivité de l'assurance-vie qui enregistre de fait une collecte nette positive en 2015, à hauteur de 24,6 milliards d'euros. Par ailleurs, l'entrée en vigueur de la loi Hamon en 2014 favorisant la concurrence chez les assureurs a entraîné une stabilité globale de la production d'assurance dommages en 2015. La hausse des cotisations d'assurance de biens et de responsabilité est contenue pour les particuliers. Ainsi, l'augmentation des cotisations au titre de l'assurance automobile reste limitée (+ 1,5 %) malgré la forte progression des immatriculations de voitures neuves. Parallèlement, le secteur des entreprises connaît un léger repli (– 0,5 %) sur les cotisations de biens et responsabilité. ■

Définitions

Assurance : engagement donné par contrat, par un assureur à un assuré, de le garantir en cas de survenance d'un événement incertain affectant sa personne, ses biens ou sa responsabilité. Cette garantie est donnée contre le paiement d'une cotisation.

Banque : catégorie d'établissements de crédit autorisée par la loi à réaliser toutes les opérations de banque. Les opérations de banque comprennent la collecte des fonds auprès du public, la réalisation d'opérations de crédit et l'offre de services bancaires de paiement (dont la délivrance de chéquiers).

Intermédiaires financiers hors sociétés d'assurance (IF) : ensemble regroupant, pour l'essentiel, la Banque de France, les établissements de crédit et les fonds d'investissement (organismes de placement collectif monétaires, non monétaires et assimilés).

Sociétés financières : ensemble des sociétés et quasi-sociétés dont la fonction principale consiste à fournir des services d'intermédiation financière (banque et assurance) et/ou à exercer des activités financières auxiliaires.

Banque coopérative ou mutualiste, caisse de crédit municipal, établissement de crédit, fonds d'investissement, réassurance, services d'intermédiation financière indirectement mesurés (Sifim) : voir rubrique « Définitions » en annexes.

Pour en savoir plus

- « L'économie française », *Insee Références*, édition 2016.
- « Les comptes de la Nation en 2015 – Le PIB et le pouvoir d'achat des ménages accélèrent, l'investissement se redresse », *Insee Première* n° 1597, mai 2016.
- « Rapport annuel 2015 », Banque de France, mai 2016.

Retrouvez le TEF sur www.insee.fr dans la collection « Insee Références »

Compte non financier des intermédiaires financiers

en milliards d'euros

	2014 (r)	2015	15/14 en %
Production (a)	**136,4**	**138,8**	**1,7**
Sifim (a1)	52,8	56,1	6,2
Production facturée (a2)	82,3	81,3	– 1,2
Production pour compte propre (a3)	1,3	1,4	5,6
Consommation intermédiaire (b)	**66,5**	**66,8**	**0,4**
Valeur ajoutée brute (c = a – b)	**69,9**	**72,0**	**3,0**
Salaires et cotisations sociales (y c. imputées) (d1)	33,9	33,3	– 1,9
Impôts liés à la production - subventions d'exploitation (d2)	4,9	5,0	1,8
Excédent brut d'exploitation (e = c – d1 – d2)	**31,0**	**33,7**	**8,5**
Intérêts reçus (f)	126,5	98,4	– 22,2
Dividendes reçus (g)	27,8	32,5	16,8
Bénéfices réinvestis d'investissements directs à l'étranger (nets) (h)	1,4	1,5	6,2
Intérêts versés (j)	121,0	102,0	– 15,7
Dividendes versés (k)	12,4	15,0	21,5
Solde des revenus primaires (m)	**31,7**	**27,7**	**– 12,7**
Impôts courants (n)	8,8	8,9	1,7
Formation brute de capital fixe (q)	14,1	15,3	8,3
Autres transferts courants divers (r)	– 5,1	– 1,5	69,5
Capacité de financement (s)	**5,2**	**3,3**	**– 37,5**
Ratios (en %)			
Taux de valeur ajoutée (c/a)	51,2	51,9	///
Part des Sifim dans la production (a1/a)	38,7	40,4	///
Part des services facturés dans la production (a2/a)	60,3	58,6	///
Taux de marge (e/c)	44,4	46,8	///
Taux d'investissement (q/c)	20,2	21,3	///

Sources : Banque de France ; Insee, comptes nationaux - base 2010.

Compte non financier des sociétés d'assurance

en milliards d'euros

	2014 (r)	2015	15/14 en %
Production (a)	**64,5**	**63,3**	**– 1,9**
Assurance-vie (a1)	16,3	15,1	– 7,4
Assurance-dommages (a2)	34,6	34,8	0,7
Réassurance (a3)	7,1	6,7	– 4,5
Autres activités (logement, auxiliaires financiers, informatique) (a4)	6,6	6,7	1,2
Consommation intermédiaire (b)	**49,5**	**50,7**	**2,4**
Valeur ajoutée brute (c = a – b)	**15,0**	**12,6**	**– 16,1**
Salaires et cotisations sociales (y c. imputées) (d1)	9,7	9,9	2,2
Impôts liés à la production – subventions d'exploitation (d2)	1,2	1,2	– 5,2
Excédent brut d'exploitation (e = c – d1 – d2)	**4,1**	**1,5**	**– 62,8**
Solde des revenus primaires	**5,6**	**2,4**	**– 57,7**
Capacité / besoin de financement	**– 3,3**	**– 7,1**	**///**
Ratios (en %)			
Taux de valeur ajoutée (c/a)	23,3	19,9	///
Part de la rémunération des salariés dans la valeur ajoutée brute (d1/c)	64,6	78,6	///

Source : Insee, comptes nationaux - base 2010.

Établissements de crédit agréés

Au 31 décembre	2014	2015
Banques	187	180
Banques mutualistes ou coopératives	91	90
Caisses de crédit municipal	18	18
Banques[1]	**296**	**288**
Établissements de crédit spécialisés[2]	106	95
Autres établissements[3]	66	68
Total	**468**	**451**

1. Établissements habilités à traiter toutes opérations de banque.
2. Ex-sociétés financières à fin 2013.
3. Succursales d'établissements de crédit de l'Espace économique européen relevant du libre établissement.

Source : Banque de France.

Moyens de paiement de masse en 2015

	Opérations quotidiennes en milliers	Montants quotidiens en millions d'euros
Chèques	6 933	3 509
Virements	8 150	11 936
LCR et BOR[1]	264	862
Débits directs[2]	9 285	3 919
Paiements par cartes[3]	28 419	1 269
Retraits par cartes[3]	2 341	149
Total	**55 391**	**21 644**

1. Lettre de change relevé et billet à ordre relevé.
2. Prélèvements, TIP et télérèglements.
3. Y c. les paiements et les retraits effectués en France et à l'étranger avec des cartes interbancaires et privatives émises en France.

Source : Banque de France.

20.4 Communication

Les revenus des opérateurs sur le marché de détail des **services de communications** électroniques représentent près de 36 milliards d'euros (Md€) hors taxes en 2015. Ils diminuent de 2,0 % par rapport à 2014. Le recul des revenus du marché continue de s'atténuer, après une baisse de 3,3 % en 2014 et de 6,8 % en 2013. L'amélioration est surtout notable sur le marché mobile (40 % des revenus totaux) : la diminution du revenu est près de deux fois inférieure à celle de 2014 grâce à une croissance des consommations (voix et données) et un recul plus limité des prix en 2015. Le revenu des services fixes, orienté à la baisse en raison du déclin de la téléphonie classique, diminue de 2,0 % en 2015, un rythme similaire aux quatre précédentes années. En y ajoutant le revenu des services à valeur ajoutée (délivrés à partir d'un numéro spécial ou d'un numéro court), le revenu des seuls services de communications électroniques (c'est-à-dire hors terminaux et équipements, annuaires, etc.) s'élève à 32,5 Md€ en 2015, en baisse de 2,6 % en un an. Le montant des investissements (hors montant des achats de fréquences) réalisés par les opérateurs de communications électroniques atteint en 2015 un record historique avec 7,8 Md€, soit une progression supérieure à 10 % sur un an.

En 2015, le marché des **envois** de correspondance représente un revenu de 6,8 Md€, en hausse de 0,9 % par rapport à 2014. Les volumes correspondants sont de l'ordre de 11,4 milliards d'objets, en baisse de 6,1 %. La forte augmentation des prix, + 7,8 % sur le périmètre du service universel postal, explique la progression des revenus en 2015. Le marché de la publicité adressée connaît un recul plus significatif (– 2,4 % en valeur et – 7,8 % en volume) que celui des autres envois de correspondance (hausse de 1,6 % en valeur et baisse de 5,4 % en volume). La tendance générale à la diminution des volumes de courrier se confirme dans la plupart des pays européens. Elle est en moyenne de – 6,5 % par an sur la période 2011-2014 pour les envois non express. Le secteur de l'express affiche au contraire une croissance importante qui s'amplifie pour atteindre + 9,5 % entre 2013 et 2014. Cette évolution semble portée par la croissance du e-commerce qui utilise de façon croissante les services des expressistes.

En 2015, le chiffre d'affaires global de l'ensemble de la **presse écrite** se contracte pour la huitième année consécutive (– 3,0 %). La diminution est toutefois atténuée par rapport à celle enregistrée au cours des deux années précédentes (– 5,1 % en 2014, – 6,5 % en 2013). Cette moindre baisse est due à celle de l'ensemble des recettes publicitaires. Leur retrait de 4,5 % succède en effet à trois années de repli très marqué. Le chiffre d'affaires des ventes recule également à nouveau en 2015 (– 2,3 %, après – 1,1 % en 2014). ■

Définitions

Envoi postal : objet destiné à être remis à l'adresse indiquée par l'expéditeur sur l'objet lui-même ou sur son conditionnement et présenté dans la forme définitive dans laquelle il doit être acheminé. Outre tous les envois de correspondance, sont notamment considérés comme des envois postaux les livres, les journaux, les périodiques et les colis postaux contenant de la marchandise, avec ou sans valeur commerciale. Les colis envoyés en express, la presse portée et la publicité non adressée ne sont pas des envois postaux.

Tirage (d'un support de presse) : nombre total d'exemplaires d'un support de presse qui est imprimé.

Catégories de presse, colis, haut-débit, presse écrite, services de communications, technologies de l'information et de la communication (TIC), transport express : voir rubrique « Définitions » en annexes.

Pour en savoir plus

- « Rapport public d'activité 2015 », Arcep, juin 2016.
- « Observatoire annuel du marché des communications électroniques en France », *Les actes de l'Arcep*, mai 2016.
- « Trente cinq ans de services d'information et de communication », *Insee Première* n° 1575, novembre 2015.
- « Services d'information et communication : la croissance reste bien orientée », *Insee Focus* n° 43, novembre 2015.

Retrouvez le TEF sur www.insee.fr dans la collection « Insee Références »

Activités postales et marchés connexes de distribution en 2015

	Objets envoyés en millions	Revenus en millions d'euros HT
Envois de correspondance	11 397	6 816
Remis contre signature	236	1 072
Colis[1]	328	1 626
dont colis remis contre signature	*66*	*455*
Distribution de la presse aux abonnés[2]	2 218	429
Objets adressés distribués en France	**13 127**	**9 943**
Objets adressés Export	325	564
Publicité non adressée	21 537	671

1. Colis ordinaires hors express, distribués uniquement par les opérateurs autorisés.
2. Le portage de presse est compris dans les volumes distribués mais exclu dans les revenus générés.
Champ : l'import est inclus dans l'ensemble des envois de correspondance, objets remis contre signature, colis, presse et publicité non adressée.
Source : Arcep.

Tirage de la presse quotidienne d'information générale et politique de 1990 à 2014

en milliers d'exemplaires

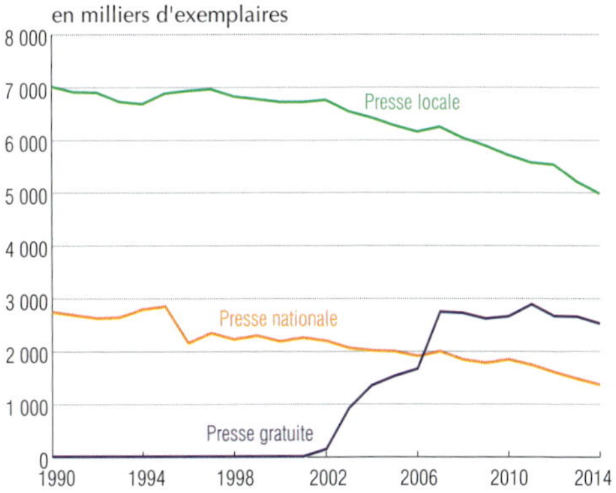

Note : tirage moyen journalier en juin de chaque année.
Source : DGMIC.

Marché mondial des services de télécommunications

en milliards d'euros

	2014 (r)	2015	15/14 en %
Europe	273	271	– 0,6
dont : Allemagne	*46*	*45*	*– 1,3*
Espagne	*18*	*17*	*– 4,5*
France	***34***	***33***	***– 3,2***
Italie	*23*	*22*	*– 1,0*
Royaume-Uni	*45*	*45*	*1,0*
Amérique du Nord	336	342	1,9
dont États-Unis	*308*	*314*	*1,9*
Amérique latine	86	95	10,7
dont Brésil	*32*	*33*	*3,0*
Asie-Pacifique	359	376	4,9
dont : Chine	*145*	*154*	*6,1*
Inde	*20*	*23*	*12,8*
Japon	*99*	*102*	*3,1*
Afrique et Moyen-Orient[1]	57	60	4,8
Total	**1 110**	**1 145**	**3,1**

1. Changement de méthodologie en 2014.
Note : chiffre d'affaires de détail hors vente d'équipement généré par le secteur des services télécoms.
Champ : téléphonie fixe et mobile, transmission de données et d'images.
Source : Idate.

Marché de détail des communications électroniques

en milliards d'euros HT

	2014	2015 (p)
Revenus des services offerts sur réseaux fixes	17,3	16,9
Services haut et très haut débit	10,7	10,7
Services bas débit	4,2	3,8
Services de capacité	2,4	2,4
Revenus des services offerts sur réseaux mobiles	14,7	14,2
Autres revenus[1]	3,2	3,3
Revenu total des opérateurs	**36,6**	**35,9**

1. Vente et location de terminaux et d'équipement (y c. « box »), hébergement, gestion des centres d'appels, publicité, cessions de fichiers.
Source : Arcep.

Chiffres d'affaires par grande catégorie de presse

	Nombre de titres		Chiffres d'affaires[1]	
	2014	14/13 en %	2015 (p) en milliards d'euros	15/14 en %
Presse nationale d'information générale et politique	123	15,0	1,1	– 2,7
Presse locale d'information générale et politique	438	– 1,8	2,5	– 2,8
Journaux gratuits d'information	192	7,3	0,2	– 4,8
Presse spécialisée grand public	2 036	– 3,4	2,9	– 3,1
Presse spécialisée technique et professionnelle	1 325	– 2,6	0,7	– 2,4
Journaux gratuits d'annonces	120	– 20,0	0,0	– 27,0
Total	**4 234**	**– 2,7**	**7,5**	**– 3,0**

1. Ventes et publicité.
Source : DGMIC.

Secteur des télécommunications dans l'UE

en milliards d'euros

	Investissements dans les réseaux		Recettes issues des comm. électroniques hors TVA	
	2009	2012	2009	2012
Allemagne	6,1	6,4	60,4	58,0
Autriche	0,5	0,5	4,9	4,4
Belgique	1,1	1,2	8,6	8,6
Bulgarie	0,3	0,3	1,7	1,4
Chypre	0,1	0,1	0,6	0,6
Croatie	…	0,3	…	1,7
Danemark	1,1	0,9	5,5	5,0
Espagne	3,9	3,6	38,6	32,9
Estonie	0,1	0,1	0,7	0,7
Finlande	0,6	0,7	4,7	4,9
France	**5,9**	**7,3**	**53,2**	**50,3**
Grèce	1,3	0,7	7,3	6,1
Hongrie	0,7	0,5	3,3	2,8
Irlande	0,4	0,8	4,6	4,1
Italie	6,2	6,0	43,1	41,0
Lettonie	0,1	0,1	0,6	0,3
Lituanie	0,1	0,1	0,8	0,7
Luxembourg	0,1	0,1	0,5	0,6
Malte	0,0	0,0	0,2	0,2
Pays-Bas	2,6	2,7	11,3	12,2
Pologne	1,5	1,3	10,8	9,9
Portugal	1,1	0,8	6,2	5,4
Rép. tchèque	0,6	0,6	5,5	4,6
Roumanie	0,7	0,6	3,9	3,6
Royaume-Uni	2,5	4,9	46,8	53,6
Slovaquie	0,3	0,3	2,3	2,2
Slovénie	0,2	0,2	1,1	1,3
Suède	1,0	1,0	8,0	8,3
UE	**39,1**	**42,1**	**335,2**	**325,3**

Source : Eurostat.

20.5 Audiovisuel

Après une année 2014 exceptionnelle, la fréquentation des salles de cinéma en France demeure à un niveau élevé en 2015. Pour la sixième fois en dix ans, le seuil des 200 millions d'entrées est franchi, au dessus du niveau moyen des dix dernières années. Les films français cumulent 71,8 millions d'entrées en 2015, en recul de 21,4 % par rapport à 2014. Les films américains enregistrent pour leur part 105,2 millions d'entrées et atteignent un niveau historique de fréquentation.

En 2015, le nombre d'établissements actifs s'élève à 2 033, soit 13 de plus qu'en 2014. Le parc des salles actives en France est en augmentation à 5 741 salles. L'expansion du parc de multiplexes explique en partie les ouvertures de salles. Parmi les écrans actifs en 2015 figurent 102 circuits itinérants et deux écrans en plein air.

Le marché de la **vidéo à la demande (VàD)** en France s'inscrit dans une tendance à la hausse. Les ventes, en augmentation de 19,8 % par rapport à 2014, atteignent 317,6 millions d'euros en 2015. Le téléviseur reste le principal support de consommation de contenus en VàD : 80,3 % des ventes de VàD payante se font sur téléviseur, contre 19,7 % sur ordinateur. En 2015, plus de 67 000 références actives sont proposées ; le film représente 22 % de ces références.

Le marché de la vidéo physique représente 69,0 % du marché total de la vidéo. Il baisse de 6,3 points par rapport à 2014 au profit de la vidéo à la demande. La part de cette dernière passe ainsi de 24,7 % en 2014 à 31,0 % en 2015. La dépense des ménages en vidéo physique recule pour la cinquième année consécutive. En dix ans, les recettes du marché de la vidéo physique ont diminué de plus de moitié (– 57,4 %). Trois principaux facteurs peuvent expliquer le recul du marché : les changements d'usages de consommation de la vidéo (en télévision de rattrapage ou en vidéo à la demande), l'équipement limité des foyers français en lecteurs ***Blu-ray*** et le piratage.

La consommation de services de **télévision de rattrapage (TVR)** poursuit sa forte croissance. En 2015, 5,1 milliards de vidéos sont visionnées en TVR, contre 3,7 milliards en 2014. Les recettes publicitaires constituent la principale source de revenus des services de TVR. En 2015, le chiffre d'affaires publicitaire de ces services, en progression de 12,5 %, atteint 90 millions d'euros. Il a été multiplié par 3 entre 2011 et 2015.

En 2015, le marché français de la musique enregistrée (marché physique et marché numérique) fléchit de 4,7 %, à 543,0 millions d'euros. Le marché physique reste encore majoritaire dans le marché total. Il chute cependant de 15,9 %, à 273,7 millions d'euros. Les ventes numériques sont en hausse de 14,7 %. Avec 152,3 millions d'euros, elles totalisent 36 % du marché. Cette croissance est soutenue par la forte augmentation des revenus issus du ***streaming*** (+ 45 %) qui franchissent le seuil des 100 millions d'euros. ■

Définitions

Chiffre d'affaires des éditeurs vidéo : les dépenses des ménages en vidéo sont évaluées par l'institut GFK à partir des ventes réalisées dans les grandes surfaces alimentaires, les grandes surfaces spécialisées, la vente par correspondance et les ventes sur internet. Ces chiffres n'incluent pas les ventes en kiosques et dans les stations-services. Ils excluent également le segment de la location.

Télévision de rattrapage (TVR) : consiste à proposer aux téléspectateurs équipés et reliés, la rediffusion d'un programme peu de temps après sa première diffusion et généralement pendant une période de quelques jours.

Vidéo à la demande (VàD) : technique de diffusion de contenus vidéo numériques offerts ou vendus par les réseaux câblés, comme internet ou les réseaux non câblés, comme la téléphonie 3G. La vidéo à la demande se développe depuis le début des années 2000 suite à l'explosion des accès très haut débit proposés aux particuliers.

Disque *Blu-ray*, internet, *streaming* : voir rubrique « Définitions » en annexes.

Pour en savoir plus

- « L'économie de la production musicale », Snep, édition 2016.
- « Bilan 2015 », Centre national du cinéma et de l'image animée, mai 2016.
- « La production audiovisuelle aidée en 2015 », Centre national du cinéma et de l'image animée, avril 2016.

Retrouvez le TEF sur www.insee.fr dans la collection « Insee Références »

Production audiovisuelle aidée

	Volume		Devis	
	2015 en heures	15/14 en %	2015 en millions d'euros	15/14 en %
Animation	285	9,7	180,8	1,5
Documentaire	2 480	– 4,3	409,0	2,6
Fiction	743	– 0,7	638,9	– 10,9
Magazine	353	39,1	32,3	40,3
Spectacle vivant	1 082	10,8	125,2	4,9
Total	**4 943**	**2,4**	**1 386,3**	**– 3,5**

Source : CNC.

Marché de la musique

	2012	2013	2014	2015
Ventes en volume (en millions)	**98,3**	**91,0**	**77,6**	**67,6**
Albums[1]	51,7	48,5	43,4	40,3
Singles[1]	44,6	40,7	32,5	26,1
Vidéomusicales	2,0	1,8	1,7	1,2
Marché physique (en M€)[2]	**363,7**	**367,4**	**325,3**	**273,7**
Marché numérique (en M€)	**125,0**	**125,8**	**132,8**	**152,3**
Téléchargement internet	63,4	62,7	53,8	42,8
Sonneries, téléphonie mobile	9,5	9,0	6,9	5,2
Streaming et abonnements	52,1	54,1	72,1	104,3

1. Magasins et plates-formes de téléchargement.
2. Ventes en gros H.T. nettes de remises.
Source : Snep.

Parts de marché selon la nationalité des films en 2015

en %

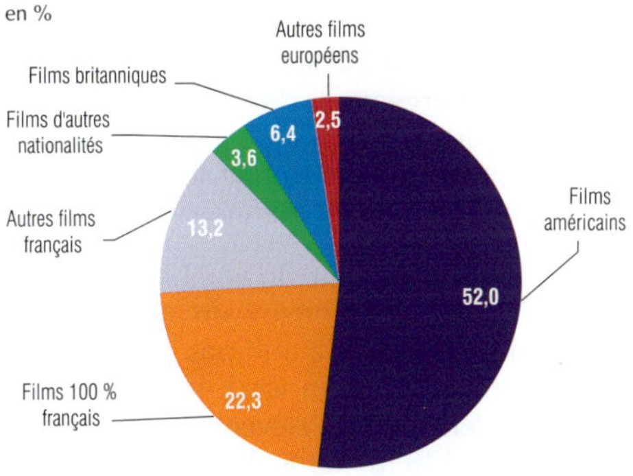

Note : parts de marché établies sur le nombre des entrées.
Source : CNC.

Chiffre d'affaires des éditeurs vidéo

en millions d'euros

	Vidéo à la demande[1]	Vente		
		Total	DVD	*Blu-ray*
2008	53,2	1 382,4	1 331,0	51,5
2009	97,1	1 384,4	1 277,0	107,3
2010	152,0	1 385,4	1 211,7	173,7
2011	219,5	1 222,9	1 018,2	204,7
2012	251,7	1 116,0	891,9	224,1
2013	239,8	929,1	723,9	205,2
2014 (r)	265,0	807,0	618,2	188,8
2015	317,6	707,6	536,4	171,2

1. Sur les plates-formes généralistes.
Source : CNC.

Production et exploitation cinématographiques

	1990	1995	2000	2012	2013 (r)	2014 (r)	2015 (p)
Production							
Nombre de films agréés par le CNC	146	141	171	279	269	258	300
dont films d'initiative française	*106*	*97*	*144*	*209*	*208*	*203*	*234*
Investissements totaux (en millions d'euros)	501	548	803	1 342	1 254	994	1 224
dont investissements français	*350*	*406*	*665*	*1 026*	*982*	*797*	*970*
Coût médian des films d'initiative française (en millions d'euros)	2,4	3,2	3,2	3,2	2,5	2,8	3,1
Exploitation							
Nombre d'établissements	2 300	2 119	2 172	2 035	2 026	2 020	2 033
Nombre d'écrans actifs	4 518	4 377	5 142	5 508	5 588	5 647	5 741
Entrées (en millions)	122	130	166	204	194	209	205
Recettes totales guichets (en millions d'euros)	583	690	894	1 306	1 251	1 333	1 331
Part de marché des longs métrages français (en % des entrées)	37,4	35,2	28,5	40,5	33,8	44,4	35,5

Source : CNC.

Panorama du cinéma dans quelques pays du monde en 2015

	Allemagne	Chine	Espagne	États-Unis	Italie	Japon	Royaume-Uni
Longs métrages produits[1]	236	838	255	501	...	1 136	124
Nombre d'écrans	4 692	31 627	3 588	40 547	3 752	3 437	4 085
Recettes guichet (en millions de devises)[2]	1 167	6 770	573	11 100	665	217 100	1 240
Part du cinéma national (en % des recettes)[3]	27,5	61,6	19,1	...	21,4	55,4	44,5

1. Films nationaux à 100 % en Chine ; hors documentaires et productions de budget < à 1 M$ aux États-Unis ; films distribués au Japon.
2. Euros sauf Royaume-Uni (livres sterling), États-Unis et Chine (dollars) et Japon (yens).
3. En termes d'entrées en Allemagne, en Chine, en Espagne, en Italie et au Japon ; y c. les films produits à l'aide d'investissements américains pour le Royaume-Uni.
Note : États-Unis y c. Canada pour les entrées et les recettes.
Source : CNC.

20.6 Tourisme

En 2015, la **consommation touristique intérieure** en France des **touristes** et **excursionnistes** français ou étrangers s'élève à 158,6 milliards d'euros. Les deux tiers de cette consommation sont réalisés par les résidents français et un tiers par les non-résidents. Le **tourisme** est très légèrement moins dynamique que le reste de l'économie, notamment à cause des attentats du 13 novembre 2015 qui impactent les résultats du quatrième trimestre.

En France métropolitaine, la fréquentation des **hébergements collectifs touristiques** progresse de 1,9 %, soit 8 millions de **nuitées** supplémentaires. Cette hausse est entièrement portée par la clientèle française (+ 3,0 %), plus nombreuse dans tous les types d'hébergement après trois années de baisse. Ce regain coïncide avec une interruption de la croissance des voyages des Français à l'étranger, liée en partie à la situation dans le sud du bassin méditerranéen. Quant aux nuitées étrangères, elles reculent légèrement (– 0,3 %). Dans l'**hôtellerie**, la fréquentation augmente de 1,8 %, soit 3,6 millions de nuitées supplémentaires. La clientèle européenne assure un quart des nuitées totales et les deux tiers des nuitées étrangères. La hausse des nuitées la plus nette est celle des touristes venant de Chine (plus de 1 million de nuitées supplémentaires). En 2015, dans l'**hôtellerie de plein air**, les nuitées françaises s'accroissent fortement (+ 5,1 %, après + 1,4 %) ; les nuitées étrangères diminuent à nouveau (– 0,6 %, après – 1,8 %).

En 2015, le **taux d'occupation** des établissements classés reste supérieur à celui des non-classés. L'écart est important pour les hôtels et plus encore pour les campings. En 2015, les campings et surtout les hôtels ont continué à adopter la nouvelle classification. La baisse des nuitées dans les hôtels et les campings non classés s'explique essentiellement par un transfert d'établissements non classés vers la catégorie des hébergements classés. L'occupation des chambres est la plus forte dans les hôtels 5 étoiles (66 %), où elle croît légèrement. Les campings 4 étoiles affichent une croissance de 8 %, les 5 étoiles de 5 %. Le taux d'occupation des campings augmente avec le niveau de confort, de 26 % pour les 1 étoile à 54 % pour les 5 étoiles. En 2015, les hébergements du littoral bénéficient de la plus forte hausse de fréquentation. Ceux de l'agglomération parisienne sont à la peine, particulièrement en fin d'année.

À l'échelle mondiale, le nombre d'arrivées de touristes internationaux en 2015 atteint 1 186 millions, soit 52 millions de plus que l'année précédente. Au total, les recettes du **tourisme international** s'élèvent, d'après les estimations, à 1 136 milliards d'euros. La France, les États-Unis, l'Espagne et la Chine restent en tête des classements pour les arrivées internationales comme pour les recettes. En 2015, la France est toujours le pays le plus visité au monde avec 84,5 millions de touristes étrangers en métropole et environ 400 000 dans les territoires d'Outre-mer. ■

Définitions

Nuitées : nombre total de nuits passées par les clients dans un établissement ; deux personnes séjournant trois nuits dans un hôtel comptent ainsi pour six nuitées.

Taux d'occupation : rapport du nombre de chambres (ou d'emplacements ou d'unités d'hébergement) occupées au nombre de chambres (ou d'emplacements ou d'unités d'hébergement) effectivement offertes sur une période donnée, c'est-à-dire en excluant les fermetures saisonnières.

Consommation touristique intérieure, enquêtes EFH, EFHPA et EFAHCT, excursionniste, fréquentation touristique, hébergement touristique, hôtellerie homologuée, hôtellerie de plein air (ou camping), séjours, tourisme, touriste, touriste international, visiteur : voir rubrique « Définitions » en annexes.

Pour en savoir plus

- « En France la consommation touristique progresse de 0,9 % », *Le 4 pages* n° 62, DGE, décembre 2016.
- « 84,5 millions de touristes étrangers en France en 2015 », *Le 4 pages* n° 60, DGE, juillet 2016.
- « Les hébergements collectifs touristiques en 2015 - La clientèle française est de retour », *Insee Première* n° 1588, avril 2016.
- « Mémento du tourisme », DGE, édition 2016.
- « UNWTO - Faits saillants », OMT du tourisme, édition 2016.

Retrouvez le TEF sur www.insee.fr dans la collection « Insee Références »

Parc et fréquentation des hébergements collectifs en 2015

	Nombre d'établis-sements[1]	Nombre d'héberg. en milliers[2]	Taux d'occup. en %	Nuitées totales en millions	Nuitées étrangères en millions
Hôtels	18 496	687	59,2	202	74
Campings	7 914	724	36,8	113	36
Autres héberg. collectifs touristiques (AHCT)	3 553	252	59,4	91	20
Résidences de tourisme	2 285	177	61,9	68	17
Villages de vacances	1 008	65	51,9	20	2
Autres	260	10	55,3	3	1
Ensemble	**29 963**	**1 663**	**49,4**	**406**	**130**

1. Établissements ayant reçu des touristes au moins un jour dans l'année.
2. Chambres dans les hôtels, emplacements dans les campings, appartements ou autres hébergements commercialisés dans les AHCT.
Champ : France métropolitaine.
Source : Insee en partenariat avec la DGE et partenaires territoriaux, enquêtes EFH, EFHPA et EFAHCT.

Fréquentation des hébergements collectifs selon la provenance de la clientèle en 2015

en millions de nuitées

	2015	15/14 en %
France	**276,6**	**3,0**
Étranger	**129,8**	**– 0,3**
Europe hors France	100,4	– 1,5
dont : Allemagne	*16,0*	*– 2,4*
Belgique	*12,7*	*2,2*
Espagne	*6,9*	*8,2*
Italie	*7,4*	*– 5,6*
Pays-Bas	*17,3*	*– 3,9*
Royaume-Uni	*21,1*	*1,4*
Russie	*1,9*	*– 32,5*
Scandinavie[1]	*3,0*	*– 0,4*
Suisse	*5,8*	*0,6*
Amérique	12,9	0,9
dont : Amérique centrale et du Sud	*2,3*	*– 24,5*
États-Unis	*8,7*	*2,5*
Asie, Océanie et Australie	14,0	7,2
dont : Chine	*3,9*	*35,5*
Japon	*2,0*	*– 22,4*
Proche-Orient et Moyen-Orient	*3,3*	*8,1*
Afrique	2,0	1,5
Total	**406,4**	**1,9**

1. Danemark, Finlande, Norvège et Suède.
Champ : hébergements situés en France métropolitaine.
Source : Insee en partenariat avec la DGE et partenaires territoriaux, enquêtes EFH, EFHPA et EFAHCT.

Fréquentation des hébergements collectifs dans quelques pays de l'UE en 2015

	Nuitées en millions	Nuitées des non-résidents en %
Allemagne	378	20,9
Autriche	113	70,8
Belgique	33	52,4
Croatie	71	92,1
Espagne	422	63,8
France	**410**	**31,8**
Grèce	99	79,4
Italie	393	49,0
Pays-Bas	104	36,0
Pologne	71	19,3
Portugal	59	65,5
République Tchèque	47	49,5
Royaume-Uni[1]	304	34,7
Suède[2]	52	23,5
UE[2]	**2 682**	**45,2**

1. Données 2012. 2. Données 2014. *Source : Eurostat.*

Monuments, sites culturels et récréatifs les plus fréquentés en 2015

1. Grand Parc et Cinéscénie. Champ : France métropolitaine.
Sources : Atout France ; Département de la Politique des Publics.

Consommation touristique intérieure en 2015

en milliards d'euros

	2011	2012	2013	2014	2015
Dépense touristique int.	**133,6**	**135,7**	**136,5**	**138,6**	**139,7**
Hébergements touristiques marchands	22,0	22,6	23,2	23,7	24,3
Restaurants et cafés	19,1	19,4	19,9	20,4	20,5
Aliments et boissons	11,7	11,9	12,2	12,1	11,7
Serv. de transport non urbain	26,8	27,3	27,5	27,6	28,4
Péages, carburants, location de véhicules de tourisme	16,9	17,2	16,7	16,8	15,8
Services des voyagistes et agences de voyages	7,9	7,3	7,2	7,4	7,6
Activités culturelles, sportives et de loisirs	8,4	8,5	8,5	8,7	9,0
Autres dépenses (transports sur place, shopping, etc.)	20,8	21,5	21,4	22,0	22,4
Hébergements touristiques non marchands	**17,3**	**17,9**	**18,3**	**18,6**	**18,9**
Consommation touristique intérieure	**150,9**	**153,6**	**154,9**	**157,3**	**158,6**

Source : DGE, compte satellite du tourisme - base 2010.

Recettes du tourisme international

en milliards d'euros

Rang	Pays récepteur	1990	2000	2015 (p)	Évolution annuelle 2015/1990 en %
1	États-Unis	33,8	108,5	184,3	7,0
2	Chine[1]	1,7	17,6	102,8	17,8
3	Espagne	14,5	33,4	50,9	5,2
4	**France**	**15,9**	**35,7**	**41,4**	**3,9**
5	Royaume-Uni	12,1	23,7	41,0	5,0
6	Thaïlande	3,4	8,1	40,2	10,4
7	Italie	12,9	29,8	35,6	4,1
8	Allemagne	11,2	20,2	33,2	4,4
9	Hong Kong	4,0	6,4	32,6	8,8
10	Macao	…	3,5	28,2	…
11	Australie	3,3	10,0	26,4	8,7
12	Turquie	2,5	8,3	24,0	9,5
13	Japon	…	3,7	22,5	…
14	Inde	…	3,7	18,9	…
15	Autriche	10,6	10,6	16,4	1,8
16	Mexique	…	9,0	16,0	…
17	Malaisie	1,3	5,4	15,9	10,5
18	Singapour	…	5,6	15,1	…
19	Grèce	8,9	10,0	14,7	2,0
20	Canada	5,0	11,7	14,6	4,4
	Total monde	**212,6**	**534,2**	**1 135,5**	**6,9**

1. Hors Hong Kong et Macao. Champ : transport exclu.
Source : OMT.

20.7 Transports de voyageurs

En 2015, l'activité du **transport** intérieur de **voyageurs** croît sensiblement (+ 2,1 %, après + 0,8 % en 2014) à un rythme bien supérieur à sa moyenne annuelle depuis 2010. Cette forte hausse est due essentiellement à l'augmentation de la circulation des véhicules particuliers qui croît plus vite qu'en 2014. Les transports collectifs renouent avec la croissance. Parmi ces derniers, tous les modes progressent plus ou moins fortement : les transports ferrés, le transport aérien et les transports routiers. Les parts des modes de transports intérieurs de voyageurs évoluent peu. La part de la route est stable, à 87 %.

En lien avec les estimations de circulation routière, le nombre de **voyageurs-kilomètres** réalisés en voitures particulières et en deux-roues motorisés augmente de 2,4 % entre 2014 et 2015, soit un rythme beaucoup plus élevé que sa tendance depuis 2010.

Le transport collectif mesuré en milliards de voyageurs-kilomètres croît en 2015 (+ 0,9 %) après une légère baisse en 2014 (– 0,2 %). Cette croissance est semblable à sa tendance depuis cinq ans. Elle combine des augmentations très différentes : + 1,7 % pour la route, + 1,0 % pour le transport aérien et + 0,3 % pour le transport ferré qui reste majoritaire (55 % du transport collectif).

Avec 94,2 milliards de voyageurs-kilomètres transportés, le **transport ferroviaire de voyageurs**, hors navettes Eurotunnel, repart légèrement à la hausse en 2015 (+ 0,3 %). Le transport ferroviaire longue distance (trains à grande vitesse et trains interurbains « classiques »), qui représente près des deux tiers du trafic ferroviaire, croît à un rythme identique. Le transport ferroviaire de proximité augmente à un rythme semblable (+ 0,2 %).

En 2015, le nombre total de passagers aériens (y compris outre-mer) croît de 3,5 %. La progression du transport aérien total est supérieure à celle mesurée en 2014 (+ 3,0 %). Elle est essentiellement due au transport international qui poursuit sa forte croissance (+ 4,2 %). Le trafic intérieur métropolitain repart à la hausse (+ 1,0 %) après la baisse enregistrée en 2014 (– 2,3 %). Cette baisse était en partie due à l'annulation de vols intérieurs lors des grèves de septembre. La fréquentation des aéroports accélère.

En 2015, 31,9 millions de passagers fréquentent les ports maritimes français : 17,3 millions en Manche et mer du Nord, 12,7 millions en Méditerranée et 1,9 million en outre-mer (environ 800 000 passagers ont en outre fréquenté les ports de la façade Atlantique). Sur l'ensemble des principaux ports français, le nombre total de passagers est stable (+ 0,1 %). Le **trafic maritime** dans la Manche et en mer du Nord recule (– 1,1 %) après deux années de forte hausse. Celui en Méditerranée continue de diminuer légèrement (– 0,7 % en 2015). Le trafic maritime d'outre-mer dans les deux principaux ports continue de croître fortement (+ 18,9 % en 2015). ■

Définitions

Voyageur-kilomètre : unité de mesure correspondant au transport d'un voyageur sur une distance d'un kilomètre. L'unité voyageurs-kilomètre a l'avantage d'être additive quel que soit le mode de transport (à l'exception du transport maritime). Voir la suite de cette définition dans la rubrique « Définitions » en annexes.

Voyageur transporté : personne physique transportée sur tout ou partie d'un trajet. Le personnel affecté au service du mode de transport utilisé n'est pas assimilé à des voyageurs.

Passager kilomètre transporté, transport de voyageurs, transport ferroviaire de voyageurs, transport maritime de voyageurs, voyageur : voir rubrique « Définitions » en annexes.

Pour en savoir plus

- « Le transport collectif routier de voyageurs en 2015 : circulation et parc en progression, parcours moyen stable », *Datalab-Essentiel* n° 35, SOeS, septembre 2016.
- « Transport en 2015 : plus de voyageurs, moins de marchandises, un peu plus de GES », *Datalab-Essentiel* n° 23, SOeS, août 2016.
- « Les comptes des transports en 2015 », rapport de la commission des Comptes des transports de la Nation, SOeS, juillet 2016.
- « Vingt-cinq années de transport intérieur de voyageurs », *Études & documents* n° 148, SOeS, mai 2016.
- « Chiffres clés du transport », *Repères*, SOeS, mars 2016.

Retrouvez le TEF sur www.insee.fr dans la collection « Insee Références »

Transports intérieurs de voyageurs par mode

en milliards de voyageurs-kilomètres

	1990	2000	2015 (p)	15/14 en %
Voitures particulières[1]	598,7	697,6	738,0	2,4
Autobus, cars et tramways	52,3	55,9	71,2	1,7
dont RATP	*2,2*	*2,6*	*3,8*	*2,5*
Transports ferrés	74,2	80,9	104,5	0,3
dont : SNCF	*63,7*	*69,4*	*89,1*	*2,2*
dont TGV	*14,9*	*34,5*	*54,1*	*0,6*
RATP[2]	*9,7*	*10,1*	*12,8*	*– 0,6*
Transports aériens	11,4	15,1	14,3	1,0
Total	**736,6**	**849,5**	**927,9**	**2,1**

1. Y c. véhicules immatriculés à l'étranger et deux-roues motorisés. 2. Métro et RER.
Source : SOeS.

Passagers trans-Manche passant par la France

en milliers de passagers

	1995	2005	2015 (p)	15/14 en %
Passagers Eurotunnel	**7 758**	**17 063**	**20 814**	**– 0,8**
Passagers Eurostar	2 920	7 454	10 399	0,0
Navettes tourisme[1]	4 394	8 131	8 727	– 2,4
Véhicules navettes fret[1]	444	1 478	1 688	3,0
Passagers ferries[2]	**25 807**	**17 533**	**16 698**	**– 0,8**
dont Calais[3]	*17 056*	*11 695*	*9 757*	*– 8,8*
Passagers aériens	**3 315**	**7 520**	**8 053**	**7,3**
Paris-Londres[4]	3 315	2 391	2 216	8,0
Régions-Londres	...	5 130	5 837	7,0
Total	**36 880**	**42 117**	**45 566**	**0,5**

1. Estimation SOeS à partir des données Eurotunnel et de coefficients de remplissage des véhicules. 2. Y c. liaisons avec l'Irlande et les îles anglo-normandes, hors croisières. 3. Hors croisières. 4. Aéroports d'Orly et Roissy - Charles de Gaulle.
Source : SOeS.

Évolution des volumes de transports intérieurs de voyageurs de 1990 à 2015

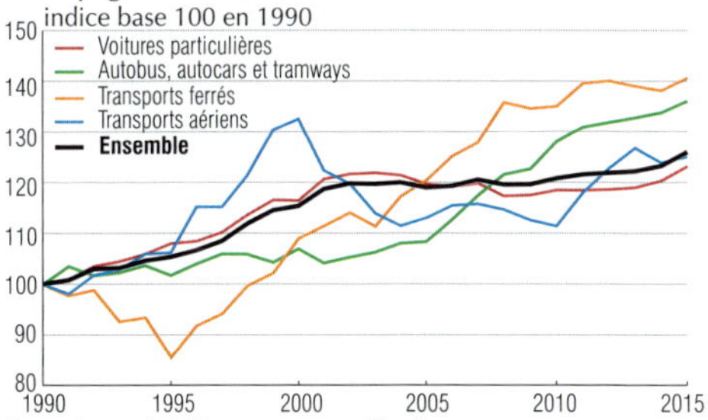

Champ : transports intérieurs en voyageurs-kilomètres.
Source : SOeS

Fréquentation des principaux aéroports de l'UE

en millions de passagers

Rang		2015	15/14 en %
1	Londres / Heathrow	75,0	2,1
2	**Paris / Charles-de-Gaulle**	**65,8**	**3,1**
3	Francfort-sur-le-Main	61,1	2,4
4	Amsterdam / Schiphol	58,3	6,0
5	Madrid / Barajas	46,3	11,4
6	Munich	41,1	3,2
7	Rome / Fiumicino	40,6	5,8
8	Londres / Gatwick	40,3	5,7
9	Barcelone	39,4	5,4
10	**Paris / Orly**	**29,7**	**2,8**

Source : Eurostat.

Demande de transport aérien de voyageurs

en milliers de passagers

	1990	2000	2015 (p)	15/14 en %
Métropole - International	**36 959**	**66 954**	**117 620**	**4,2**
dont : métropole - Europe	*22 954*	*42 030*	*77 204*	*5,1*
métropole - Afrique	*7 126*	*9 790*	*16 022*	*– 1,7*
métropole - Amérique	*4 384*	*9 661*	*12 827*	*5,6*
métropole - Asie	*2 489*	*5 406*	*11 565*	*5,4*
Métropole - Intérieur	**20 855**	**27 030**	**24 020**	**1,0**
Paris - régions	17 281	21 180	16 260	0,8
Régions - régions	3 574	5 850	7 760	1,3
Métropole - outre-mer	**1 785**	**3 750**	**3 830**	**0,3**
Total métropole	**59 599**	**97 734**	**145 470**	**3,6**
Outre-mer - international	1 458	1 910	2 300	4,5
Outre-mer - outre-mer	1 312	2 060	2 180	2,3
Total	**62 368**	**101 704**	**149 940**	**3,5**

Source : SOeS, comptes des transports.

Voitures particulières

	1990	2000	2015
Parc moyen (en millions de voitures)	23,3	27,8	31,9
Parcours moyen[1] (en milliers de km/véhicule)	13,4	13,5	13,0
dont : véhicules essence	*11,9*	*10,7*	*8,5*
véhicules diesel	*21,3*	*18,8*	*15,7*

1. Parcours annuel moyen.
Champ : véhicules immatriculés en France métropolitaine.
Source : SOeS.

Trafic maritime des principaux ports de l'UE

en millions de passagers

	2000	2005	2010	2014	14/13 en %
Douvres	16,2	13,5	13,4	13,4	3,7
Helsinki	9,3	8,9	9,8	10,9	1,7
Calais	**15,1**	**11,7**	**10,2**	**10,7**	**3,2**
Paloukia & Perama[1]	...	11,7	12,7	10,6	– 1,0
Stockholm	7,7	8,2	9,1	9,9	11,7
Tallinn	...	6,7	7,5	9,1	4,3
Le Pirée	7,3	11,1	10,9	8,1	5,6
Helsingborg	13,5	11,1	8,5	7,7	– 1,4
Naples	6,7	6,1	8,4	7,7	4,0
Helsingør	13,3	11,0	8,5	7,6	– 1,1

1. Paloukia et Perama assurent la liaison par ferry entre la Grèce et l'île de Salamine.
Champ : passagers embarqués et débarqués.
Source : Eurostat.

Transport aérien de passagers dans quelques pays de l'UE

en millions de passagers

	2004	2008	2015	15/14 en %
Allemagne	135,9	165,8	193,9	4,0
Autriche	18,3	23,9	26,8	1,4
Belgique	17,5	22,0	31,0	7,6
Danemark	21,0	24,6	30,1	3,7
Espagne	129,8	161,4	174,7	5,6
Finlande	11,8	14,9	17,5	1,8
France	**103,0**	**122,7**	**140,9**	**3,3**
Grèce	...	34,4	42,1	7,6
Irlande	20,9	30,0	29,5	12,3
Italie	81,2	105,2	127,7	5,4
Pays-Bas	44,5	50,4	64,6	5,9
Portugal	18,4	25,2	36,0	10,6
Royaume-Uni	192,3	213,9	232,3	5,6
Suède	20,0	27,8	34,0	3,8

Source : Eurostat.

20.8 Transports de marchandises

En 2015, avec 334,6 milliards de **tonnes-kilomètres**, le **transport intérieur terrestre de marchandises** baisse par rapport à 2014 (– 1,6 %). La part du transport routier dans le transport (y compris transit et hors oléoducs), qui s'établit à 87,1 %, diminue au profit du transport ferroviaire dont la part atteint 10,6 %.

Avec 281,4 milliards de tonnes-kilomètres, le transport intérieur routier de marchandises diminue de 2,5 % en 2015, du fait du recul de 5,7 % du transport sous **pavillon** français, alors que le transport sous pavillon étranger progresse de 3,0 %. Ce transport est effectué principalement par les poids lourds de plus de 3,5 tonnes. Le **cabotage**, les échanges internationaux et le transit augmentent. L'activité des poids lourds du pavillon français diminue de 6,5 %. Le transport pour compte propre poursuit sa tendance à la hausse. Celui pour compte d'autrui atteint son niveau le plus bas depuis 1998.

Le repli de l'activité du transport routier sous pavillon français effectué par les poids lourds concerne tous les grands types de marchandises. Le transport routier de **conteneurs** (4 % du transport routier de marchandises) recule de 3,8 % entre 2014 et 2015. Le transport par palettes (38 % du transport routier de marchandises) baisse de 3,6 %, tandis que le transport de **vracs** solides (34 % du transport routier de marchandises) recule de 7,7 %.

Le transport ferroviaire de marchandises accélère en 2015 (+ 5,1 %, après + 1,1 % en 2014). L'activité de **fret** ferroviaire s'élève à 34,3 milliards de tonnes-kilomètres en 2015. Le dynamisme du transport ferroviaire est porté par la reprise du transport national (+ 6,1 %), alors que le transport international ralentit (+ 3,2 %).

Le transport fluvial de marchandises s'élève à 7,5 milliards de tonnes-kilomètres en 2015. Il recule pour la deuxième année consécutive (– 3,7 % après – 2,0 % en 2014). L'activité diminue en raison notamment d'une baisse de la demande de combustibles minéraux et de matériaux de construction.

La baisse du transport par oléoducs, après les délocalisations des raffineries vers les pays producteurs de pétrole, est terminée. Le transport par oléoduc augmente de 3,5 % entre 2014 et 2015.

Les ports français traitent 349,9 millions de tonnes de marchandises en 2015 : 222,8 millions de tonnes en entrée et 127,1 millions de tonnes en sortie. L'activité portuaire est concentrée dans les sept grands ports métropolitains et à Calais où entrent et sortent plus de 90 % des marchandises. Les tonnages de marchandises traités dans les ports français progressent de 1,1 % en 2015. Alors que le transport traditionnel de vracs liquides augmente (+ 2,7 %), le transport de conteneurs et de rouliers ralentit (+ 0,3 % et + 2,7 %), le transport de vracs solides est en déclin en entrée, mais progresse en sortie. ■

Définitions

Tonne-kilomètre : unité de mesure correspondant au transport d'une tonne sur une distance d'un kilomètre. L'unité tonnes-kilomètre a l'avantage d'être additive : le déplacement de 10 tonnes sur 100 kilomètres selon un certain mode suivi du déplacement de 10 tonnes sur 50 kilomètres selon un autre mode donne un total de service rendu par les transports de 1 500 tonnes-kilomètres tous modes confondus.

Transport de marchandises : comprend tout mouvement de marchandises à bord d'un mode de transport quel qu'il soit : ferroviaire, routier, fluvial, maritime, aérien... Il se mesure en tonnes-kilomètres ou, sur un trajet donné, en tonnes.

Cabotage, conteneur, fret, pavillon, transports intérieurs, transports internationaux, vracs : voir rubrique « Définitions » en annexes

Pour en savoir plus

- « Transport en 2015 : plus de voyageurs, moins de marchandises, un peu plus de GES », *Datalab-Essentiel* n° 23, SOeS, août 2016.
- « Les comptes des transports en 2015 », rapport de la commission des Comptes des transports de la Nation, SOeS, juillet 2016.
- « Les transports routiers de marchandises sous pavillon français en 2015 », *Datalab-Essentiel* n° 15, SOeS, juillet 2016.
- « Chiffres clés du transport », *Repères*, SOeS, mars 2016.

Retrouvez le TEF sur www.insee.fr dans la collection « Insee Références »

Transport intérieur terrestre de marchandises par mode

en milliards de tonnes-kilomètres

	1990	2000	2015 (p)	15/14 en %
Transport routier	**197,0**	**277,4**	**281,4**	**– 2,5**
Pavillon français	159,0	203,6	172,2	– 5,7
National	137,7	181,8	164,7	– 5,4
International	20,0	21,2	7,5	– 11,3
Transit	1,3	0,5	0,1	0,0
Pavillon étranger	38,0	73,8	109,2	3,0
Cabotage	0,0	2,2	7,9	2,6
International	17,2	33,1	56,7	3,0
Transit	20,8	38,4	44,6	3,0
Transport ferroviaire	**52,2**	**57,7**	**34,3**	**5,1**
National	31,5	29,9	21,4	6,1
International	15,0	18,5	9,5	3,2
Transit	5,7	9,3	3,3	4,0
Transport fluvial[1]	**7,2**	**7,3**	**7,5**	**– 3,7**
National	4,3	4,1	4,6	– 4,3
International	2,9	3,1	2,9	– 2,9
Oléoducs	**19,6**	**21,7**	**11,4**	**3,5**
Total	**276,0**	**364,0**	**334,6**	**– 1,6**
National	193,1	239,8	210,0	– 3,6
International	55,1	76,0	76,5	1,2
Transit	27,8	48,3	48,1	3,1

1. Hors trafic rhénan et mosellan.
Source : SOeS.

Transport intérieur terrestre par type de marchandises et mode en 2015

en milliards de tonnes-kilomètres

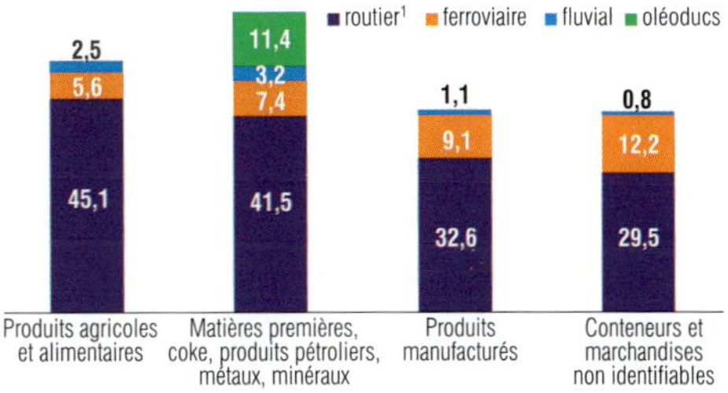

1. Hors véhicules utilitaires légers.
Source : SOeS.

Effectifs salariés dans le transport de marchandises

effectifs en milliers

Au 31 décembre	1998	2010	2015 (p)	15/14 en %
Routier et services de déménagement	292,4	345,6	351,5	2,2
Par conduites	4,0	4,2	4,6	– 2,2
Maritime	3,8	7,9	6,5	– 11,3
Fluvial	0,9	1,3	1,2	– 5,0
Total	**301,0**	**359,0**	**363,8**	**1,8**

Note : hors ferroviaire et aérien.
Source : SOeS.

Transport intérieur de marchandises par mode de 1985 à 2015

indice base 100 en 1985

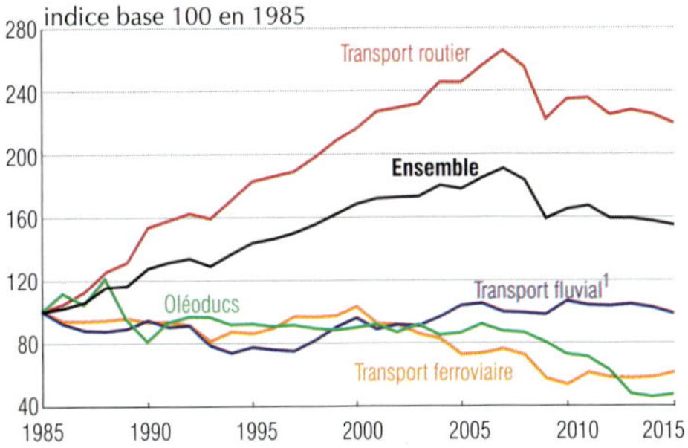

1. Hors transit.
Note : transport intérieur en tonnes-kilomètres, y c. transit.
Source : SOeS.

Activité des principaux ports européens de conteneurs

en millions de tonnes

	2007	2010	2015 (p)	15/14 en %
Rotterdam	406,8	430,2	466,4	4,9
Anvers	182,9	178,2	214,9	8,0
Hambourg	140,4	121,2	153,5	5,4
Algésiras	69,3	65,7	91,1	3,4
Marseille	**96,3**	**86,0**	**81,7**	**4,1**
Bremerhaven	69,2	68,7	78,8	– 6,2
Valence	53,3	63,7	75,0	4,4
Le Havre	**78,8**	**70,2**	**68,3**	**2,1**
Gênes	57,2	50,7	50,4	– 1,2
Barcelone	50,0	43,0	45,6	1,3
Zeebrugge	42,1	49,6	39,2	– 10,0
Bilbao	38,4	33,7	32,4	5,2

Source : DGITM.

Transport ferroviaire de marchandises au sein de l'UE

en milliards de tonnes-kilomètres

	2007	2015	
			en %
Allemagne[1]	114,6	112,6	27,4
Pologne	54,3	50,6	12,3
France	**42,6**	**34,3**	**8,3**
Royaume-Uni	21,3	22,0	5,4
Italie	25,3	20,8	5,1
Suède	23,3	20,6	5,0
Autriche	21,4	20,3	4,9
Lettonie	18,3	18,9	4,6
République tchèque	16,3	15,3	3,7
Lituanie	14,4	14,0	3,4
Autres pays[1]	100,3	81,4	19,8
UE[1]	**452,0**	**410,7**	**100,0**

1. Données 2014 pour Allemagne, Belgique, Danemark, Grèce et UE.
Source : Eurostat.

Principaux aéroports européens selon le volume de fret et de courrier traité

en milliers de tonnes

Rang		2015	15/14 en %
1	**Paris/Charles-de-Gaulle**	**2 206,6**	**6,8**
2	Francfort-sur-le-Main	2 151,1	– 2,1
3	Amsterdam/Schiphol	1 655,3	– 0,9
4	Londres/Heathrow	1 585,9	0,2
5	Leipzig/Halle	990,4	8,5
6	Cologne/Bonn	769,5	0,4
7	Luxembourg	739,2	4,2
8	Liège/Bierset	650,8	10,2
9	Milan/Malpensa	511,2	12,0
10	Bruxelles/National	490,1	16,7
11	Madrid/Barajas	382,5	1,5
12	Munich	376,3	11,6

Source : Eurostat.

Annexes

Définitions
Adresses utiles
Index alphabétique

Définitions

A

AAH : voir **Allocation aux adultes handicapés**.

Accident corporel de la circulation : accident impliquant au moins un véhicule routier en mouvement, survenant sur une voie ouverte à la circulation publique, et dans lequel au moins une personne est blessée ou tuée. Sont exclus les actes volontaires (homicides volontaires, suicides) et les catastrophes naturelles. Sont comptées comme « tuées » les victimes d'accidents décédées sur le coup ou dans les trente jours qui suivent l'accident. Avant le 1er janvier 2005, le délai retenu n'était que de six jours. Sont comptées comme « blessées » les victimes d'accidents ayant subi un traumatisme nécessitant un traitement médical (avec ou sans hospitalisation). Le coefficient de passage estimant le nombre de tués à trente jours à partir du nombre de tués à six jours est de 1,057. Il est valable depuis 1993.

Accident du travail : accident survenu par le fait ou à l'occasion du travail à toute personne salariée ou travaillant, à quelque titre ou en quelque lieu que ce soit, pour un ou plusieurs employeurs ou chefs d'entreprise.

Acquéreurs récents : ménages ayant acquis leur résidence principale au cours de l'année de référence et des trois précédentes.

Activités d'innovation technologique : incluent l'acquisition de machines, d'équipements, de bâtiments, de logiciels et de licences, les travaux d'ingénierie et de développement, le design industriel, la formation et le marketing s'ils sont entrepris spécifiquement pour développer ou mettre en œuvre une innovation de produit ou de procédé. Elles incluent également tous types d'activités de recherche et développement. Les activités d'innovation technologique n'aboutissent pas nécessairement à une innovation.

ACTP : voir **Allocation compensatrice pour tierce personne**.

Administrations de sécurité sociale : regroupe les unités institutionnelles assurant la gestion des risques sociaux des travailleurs salariés, des salariés et exploitants agricoles, des professions libérales, des travailleurs indépendants et des travailleurs non salariés. Elles ont en charge le recouvrement des cotisations et le versement des prestations prévues par le Code de la sécurité sociale.

Administrations publiques (APU) : ensemble des unités institutionnelles dont la fonction principale est de produire des services non marchands ou d'effectuer des opérations de redistribution du revenu et des richesses nationales. Elles tirent la majeure partie de leurs ressources de contributions obligatoires. Le secteur des administrations publiques comprend les administrations publiques centrales, les administrations publiques locales et les administrations de sécurité sociale.

Administrations publiques centrales : ensemble constitué par l'État et les organismes divers d'administration centrale (Odac).

Administrations publiques locales : comprennent les collectivités locales et les organismes divers d'administration locale (Odal). Les collectivités locales regroupent les collectivités territoriales à compétence générale (communes, départements et régions), les groupements de communes à fiscalité propre (communautés urbaines, communautés d'agglomération et communautés de communes) et certaines activités des syndicats de communes. Les Odal regroupent principalement des établissements publics locaux (centres communaux d'action sociale, caisses des écoles, services départementaux d'incendie et de secours,...), les établissements publics locaux d'enseignement (collèges, lycées d'enseignement général et professionnel), les associations récréatives et culturelles financées majoritairement par les collectivités territoriales et les chambres consulaires (commerce et industrie, agriculture et métiers).

ADSL : technologie d'accès à Internet qui tire parti des hautes fréquences de la ligne téléphonique pour transmettre des données numériques à très haute vitesse. Le sigle anglais *ADSL* signifie *Asymmetric Digital Subscriber Line*.

AEEH : voir **Allocation d'éducation de l'enfant handicapé**.

AES : allocation d'éducation spéciale.

Affection de longue durée (ALD) : maladie qui nécessite des soins prolongés et des traitements particulièrement coûteux. Elle donne droit à exonération du ticket modérateur pour tous les actes en rapport avec elle (prise en charge à 100 % des dépenses liées à ces soins et traitements).

Âge : durée écoulée depuis la naissance. Il peut être calculé selon deux définitions, soit l'âge par génération ou âge atteint dans l'année, soit l'âge en années révolues. L'âge généralement utilisé est l'âge atteint dans l'année. Il correspond à la différence entre l'année de l'événement et l'année de naissance de l'individu. L'âge en années révolues est l'âge au dernier anniversaire. Aussi, à la date de l'événement, dans une même génération, l'âge en années révolues n'est-il pas le même pour toutes les personnes.

Agents financiers résidents : Banque de France et établissements de crédit. Clientèle financière (OPCVM, fonds communs de créances, institutions financières autres que les établissements de crédit, entreprises d'investissement...).

Agents non financiers (ANF) résidents : ensemble regroupant les ménages, les institutions sans but lucratif au service des ménages (ISBLSM), les sociétés non financières et les administrations publiques.

Agglomération ou **unité urbaine** : ensemble de communes présentant une zone de bâti continu (pas de coupure de plus de 200 mètres entre deux constructions) et qui compte au moins 2 000 habitants. L'unité urbaine est souvent associée à la notion de ville.

Agrégats monétaires : recensent les avoirs financiers les plus liquides des agents non financiers de la zone euro. L'agrégat M1 est composé des moyens de paiements (dépôts à vue et billets et pièces). M2 comprend, en plus de M1, les dépôts à court terme (comptes sur livrets). M3 inclut, outre M2, les instruments négociables détenus sur des institutions monétaires (notamment titres d'OPCVM monétaires et certificats de dépôts).

Aide au logement : les aides au logement (ou allocations logement) sont des prestations sociales dont la finalité est de réduire les dépenses de logement des familles (loyer, mensualités d'emprunt). Elles sont accordées sous condition de ressources, permettant donc aux bénéficiaires de parvenir au niveau du minimum concerné. Elles sont calculées en tenant compte également de la situation familiale, de la nature du logement et du lieu de résidence du bénéficiaire.

Aide sociale : destinée aux personnes qui se trouvent dans l'impossibilité de faire face à un état de besoin en raison du handicap, de la vieillesse ou de difficultés sociales ou économiques, elle dispense des prestations et des services répartis en quatre domaines principaux : l'aide aux personnes âgées, l'aide aux personnes handicapées, l'aide sociale à l'enfance, et l'aide aux personnes en situation de précarité. Depuis le 1er janvier 1984, la quasi-totalité de l'aide sociale a été transférée aux départements. La gestion de l'allocation du Revenu minimum d'insertion (RMI) puis du Revenu de solidarité active (RSA) socle l'a été au 1er janvier 2004.

Aide sociale à l'enfance (ASE) : elle recouvre trois prestations principales. Il s'agit des actions éducatives (à domicile ou en milieu ouvert), des mesures de placement et des aides financières. Ces prestations sont accordées lorsque la santé de l'enfant, sa sécurité, son entretien ou son éducation l'exigent. Elles concernent les jeunes de moins de 21 ans.

Aide sociale aux personnes handicapées : depuis 2006, le dispositif d'aide sociale aux personnes handicapées a été modifié par la loi sur le handicap instaurant la PCH, prestation de compensation du handicap. L'ACTP, allocation compensatrice pour tierce personne, qui est progressivement remplacée par la PCH n'accueille plus de nouveaux bénéficiaires.

Aide sociale départementale (ASD) : les compétences des départements en matière d'aide sociale recouvrent l'aide sociale aux personnes âgées, aux personnes handicapées, à l'enfance et au titre de l'insertion.

Aire urbaine : ensemble de communes constitué par un pôle urbain (unité urbaine) de plus de 1 500 emplois, et par des communes rurales ou unités urbaines (couronne périurbaine) dont au moins 40 % de la population résidente ayant un emploi travaille dans le pôle ou dans des communes attirées par celui-ci. On distingue les « grandes aires urbaines » autour de pôles comptant plus de 10 000 emplois et les « moyennes et petites aires » concentrant de 1 500 à 10 000 emplois. Le zonage en aires urbaines a été revu par l'Insee suite à la création des « communes nouvelles » au 1er janvier 2016 (plus de 1 000 communes se sont regroupées en un peu plus de 300 communes). Ce sont surtout des départements de l'Ouest qui sont concernés.

AJPP : voir **Allocation journalière de présence parentale**.

Allocation aux adultes handicapés (AAH) : permet de garantir un revenu minimum aux personnes handicapées. Ce droit est ouvert dès lors que la personne handicapée ne peut prétendre à un avantage vieillesse, invalidité ou rente d'accident du travail d'un montant au moins égal à celui de l'AAH. Pour pouvoir bénéficier de l'AAH, la personne handicapée doit remplir un certain nombre de conditions d'âge, d'incapacité, de résidence et de nationalité ainsi que de ressources.

Allocation compensatrice pour tierce personne (ACTP) : prestation versée par le conseil départemental et destinée aux personnes handicapées dont le taux d'incapacité, reconnu par la commission des droits et de l'autonomie des personnes handicapées (CDAPH), est au moins de 80 % et qui ont besoin de l'aide d'une autre personne pour les actes essentiels de la vie (par exemple : se laver, marcher, s'habiller).

Allocation d'éducation de l'enfant handicapé (AEEH) : prestation destinée à compenser les frais d'éducation et de soins apportés à un enfant en situation de handicap. Cette aide est versée à la personne qui en assume la charge. Elle peut être complétée, dans certains cas, d'un complément d'allocation.

Allocation de solidarité aux personnes âgées (ASPA) : allocation différentielle versée aux personnes âgées (65 ans ou plus ou 60 ans en cas d'inaptitude) disposant de faibles ressources, quel que soit le nombre de trimestres validés auprès de régimes de retraite. Elle remplace depuis le 1er janvier 2007 les anciennes prestations du minimum vieillesse (premier et second étage).

Allocation journalière de présence parentale (AJPP) : attribuée en cas d'interruption de l'activité professionnelle pour rester auprès de son enfant du fait d'une maladie, d'un handicap ou s'il est victime d'un accident d'une particulière gravité.

Allocation personnalisée d'autonomie (APA) : entrée en vigueur en 2002, l'APA participe à la prise en charge des personnes en perte d'autonomie, en leur permettant de bénéficier des aides nécessaires à l'accomplissement des actes de la vie courante. Cette prestation concerne à la fois les personnes âgées résidant à domicile et celles hébergées en établissement. Pour en bénéficier, il faut être âgé d'au moins 60 ans, avoir une résidence stable en France et justifier d'un certain degré de perte d'autonomie évalué en fonction de la grille nationale AGGIR. Seuls les quatre premiers niveaux de cette grille ouvrent droit à l'APA.

Allocation supplémentaire du minimum vieillesse (ASV) : allocation du deuxième étage du minimum vieillesse, géré par le Fonds de solidarité vieillesse. L'ASV est une allocation différentielle qui permet d'atteindre le seuil du minimum vieillesse. Elle est encore versée aux bénéficiaires des anciennes allocations du minimum vieillesse, qui ont choisi de ne pas recevoir l'ASPA.

Amende forfaitaire : l'auteur d'une contravention (4 premières classes) condamné à payer une amende peut, pour éviter toute poursuite pénale, soit la payer immédiatement à l'agent qui l'a verbalisé, soit la payer ultérieurement par un timbre-amende. L'amende peut être majorée si les délais de paiement ne sont pas respectés.

Antipol : voir **Enquête annuelle sur les investissements pour protéger l'environnement**.

APP : Allocation de présence parentale.

Appellation d'origine contrôlée (AOC) : désigne un produit originaire d'une région ou d'un lieu déterminé et dont la qualité ou les caractéristiques découlent de ce milieu géographique. Elle résulte de la combinaison d'une production et d'un terroir délimité dans lequel interagissent des facteurs naturels, climatiques, physiques, et humains conférant au produit une typicité particulière. Ce dernier fait l'objet d'une procédure d'agrément officielle auprès de l'Inao (Institut national des appellations d'origine). Trois types de produits sont concernés : les vins et eaux-de-vie, les produits laitiers et d'autres produits agroalimentaires tels l'huile ou les olives.

Appellation d'origine protégée (AOP) : désigne la dénomination d'un produit dont la production, la transformation et l'élaboration doivent avoir lieu dans une aire géographique déterminée avec un savoir-faire reconnu et constaté. Le nom d'une région ou d'un lieu déterminé sert à désigner le produit. L'AOP est la transposition au niveau européen de l'AOC française pour les produits laitiers et agroalimentaires (hors viticulture).

Apprenti : jeune âgé de 16 à 25 ans préparant un diplôme de l'enseignement professionnel ou technologique dans le cadre d'un contrat de travail de type particulier associant une formation en entreprise (sous la responsabilité d'un maître de stage) et des enseignements dispensés dans un centre de formation d'apprentis (CFA).

APU : voir **Administrations publiques**.

Aquaculture : activité regroupant la pisciculture (élevage de poisson) marine et continentale, la conchyliculture (élevage de coquillages marins tels qu'huîtres, moules, palourdes, etc.) ainsi que l'élevage de crustacés.

Artificialisation des sols : transformation de terres agricoles, forestières ou milieux naturels en terres destinées à l'occupation anthropique.

Artisanat : voir **Entreprise artisanale**.

Artisanat commercial : regroupe les entreprises ayant pour activité la charcuterie, la boulangerie, la boulangerie-pâtisserie, la pâtisserie, la cuisson de produits de boulangerie.

Assurance : engagement donné par contrat, par un assureur à un assuré, de le garantir en cas de survenance d'un événement incertain affectant sa personne, ses biens ou sa responsabilité. Cette garantie est donnée contre le paiement d'une cotisation.

AT-MP : accidents du travail et maladies professionnelles.

Atteintes aux biens des ménages : expression utilisée pour désigner les victimations de type « vols, tentatives de vol et actes de vandalisme » du questionnaire ménage des enquêtes « Cadre de vie et sécurité ». Il s'agit des vols et tentatives de vol visant une résidence ou un véhicule du ménage d'une part, et des actes de vandalisme contre le logement ou la voiture d'autre part. Cette rubrique ne comprend pas les escroqueries et contentieux économiques (consommation, droit du travail...) dont les personnes peuvent être victimes et qui ne sont qu'en partie repérées dans cette enquête.

Auto-entrepreneur : voir **Micro-entrepreneur**.

Autorisations de construire ou **logement autorisé :** décision administrative prise par une autorité publique compétente à cet égard, et ayant pour objet d'autoriser la construction d'un logement ou d'un local non résidentiel.

Autorisations d'engagement du budget de l'État : support nécessaire pour engager une dépense dans le cadre du budget de l'État. Leur montant constitue la limite supérieure des engagements autorisés dans l'année.

B

Baccalauréat : le baccalauréat général sanctionne une formation générale à dominante scientifique (S), économique et sociale (ES) ou littéraire (L) organisée autour d'un noyau cohérent de disciplines dominantes dans le cadre d'une formation générale. Le baccalauréat technologique associe une formation générale à une formation couvrant un champ technologique d'ensemble. Le baccalauréat professionnel, créé en 1985, sanctionne une formation plus concrète débouchant sur un métier permettant l'entrée dans la vie active, même si, comme tout baccalauréat, il donne le droit de poursuivre des études supérieures.

Bailleurs privés : ménages propriétaires bailleurs, autres bailleurs personnes morales.

Bailleurs publics : organismes d'habitation à loyer modéré (HLM), société d'économie mixte (SEM), État, collectivités locales et établissements publics.

Balance commerciale : compte qui retrace la valeur des biens exportés et la valeur des biens importés. Pour calculer la balance commerciale, la comptabilité nationale procède à l'évaluation des importations et des exportations de biens à partir des statistiques douanières de marchandises. Des correctifs sont apportés à celles-ci : d'une part, les échanges se rapportant à la récupération sont déduits des flux douaniers, d'autre part, on y ajoute ceux de matériel militaire ainsi que l'avitaillement des navires et des avions. Si la valeur des exportations dépasse celle des importations, on dit qu'il y a excédent commercial ou que la balance commerciale est excédentaire; si les importations sont supérieures aux exportations, le pays a un déficit commercial ou sa balance commerciale est déficitaire. En France la balance commerciale ne couvre que les biens. Les services sont pris en compte dans la balance des biens et des services, contrairement à d'autres pays où la balance commerciale couvre les biens et les services.

Balance des paiements : état statistique qui retrace sous une forme comptable l'ensemble des flux d'actifs réels, financiers et monétaires entres les résidents d'une économie et les non-résidents au cours d'une période déterminée. Les flux économiques et financiers à l'origine de ces opérations sont répartis en distinguant le compte des transactions courantes (échanges de biens, de services, de revenus et de transferts courants), le compte de capital (transferts en capital) et le compte financier (investissements directs ou de portefeuille). Pour la France, elle est élaborée par la Banque de France, par délégation de la DGTPE.

Banque : catégorie d'établissements de crédit autorisée par la loi à réaliser toutes les opérations de banque. Les opérations de banque comprennent la collecte des fonds auprès du public, la réalisation d'opérations de crédit et l'offre de services bancaires de paiement (dont la délivrance de chéquiers).

Banque coopérative ou mutualiste : établissement de crédit dont le capital est détenu par la clientèle. Il s'agit des caisses de Crédit Agricole, des banques Populaires, des caisses de Crédit Mutuel, du Crédit Coopératif et des caisses d'Épargne.

Besoin de financement : voir **Capacité et besoin de financement**.

Bien durable : bien de consommation dont l'utilisation s'étend sur une longue période et dont la valeur diminue lentement avec le temps, voire s'apprécie dans certains cas. Une conséquence de ce phénomène est qu'un produit durable conserve une valeur après usage et qu'il peut exister un marché de l'occasion. Les véhicules, les meubles et l'équipement ménager ou de loisir sont des biens durables.

Biodiversité : définie par la Convention sur la diversité biologique comme la variabilité des êtres vivants de toute origine y compris, entre autres, les écosystèmes aquatiques et les complexes écologiques dont ils font partie. Cela comprend la diversité au sein des espèces ainsi que celle des écosystèmes. Le concept de biodiversité concerne donc toutes les composantes et les variations du monde vivant. Les scientifiques distinguent trois niveaux d'organisation : la diversité écologique (les écosystèmes), la diversité spécifique (les espèces) et la diversité génétique (les gènes). Une autre composante essentielle et constitutive de la biodiversité sont les interactions au sein et entre chacun de ces trois niveaux.

Biomasse : ensemble des matières organiques pouvant devenir des sources d'énergie. Elles peuvent être utilisées soit directement (bois énergie) soit après une méthanisation de la matière organique (biogaz) ou de nouvelles transformations chimiques (biocarburant). Elles peuvent aussi être utilisées pour le compostage.

BIT : voir **Bureau international du travail**.

Branche agricole : regroupe toutes les unités d'activité économique qui exercent les activités suivantes : culture de végétaux (y compris maraîchage et horticulture), élevage d'animaux, activités de travaux agricoles à façon, chasse et activités annexes. Outre les exploitations agricoles, les unités caractéristiques de la branche comprennent les groupements de producteurs (coopératives) produisant du vin et de l'huile d'olive et les unités spécialisées qui fournissent des machines, du matériel et du personnel pour l'exécution de travaux agricoles à façon.

Branche d'activité : regroupe des unités de production homogènes, c'est-à-dire qui fabriquent des produits (ou rendent des services) qui appartiennent au même item de la nomenclature d'activité économique considérée. Au contraire, un secteur regroupe des entreprises classées selon leur activité principale.

Branche de recherche : branche d'activité économique bénéficiaire des travaux de R&D. Il existe trente deux branches de recherche définies à partir de la nomenclature d'activités française (NAF rév. 2).

Brevet : dispositif protégeant une innovation technique, c'est-à-dire un produit ou un procédé qui apporte une solution technique à un problème technique donné. L'invention pour laquelle un brevet pourra être obtenu, en France, auprès de l'Institut national de la propriété industrielle (Inpi) doit également être nouvelle, impliquer une activité inventive et être susceptible d'application industrielle. De nombreuses innovations peuvent faire l'objet d'un dépôt de brevet, à condition de répondre aux critères de brevetabilité et de ne pas être expressément exclues de la protection par la loi. Certaines inventions ne sont pas brevetables mais peuvent faire l'objet d'autres types de protection, comme le dépôt de dessins et modèles ou le droit d'auteur.

Brevet de technicien supérieur (BTS) : diplôme de niveau III préparé généralement en 2 ans après le baccalauréat.

Brevet d'études professionnelles (BEP) : diplôme de niveau V se préparant en deux ans après la troisième. En voie d'extinction suite à la réforme de la voie professionnelle, il est progressivement remplacé par le baccalauréat professionnel préparé en trois ans après la troisième.

Bureau international du travail (BIT) : organisme rattaché à l'ONU et chargé des questions générales liées au travail dans le monde. Il harmonise les concepts et définitions relatives au travail et à l'emploi, en particulier celles relatives à la population active occupée et aux chômeurs.

C

Cabotage : modalité de transport national (origine et destination dans le même pays). Le cabotage maritime concerne le transport maritime de courte distance effectué par un pavillon national ou étranger ; le cabotage routier, le transport routier de marchandises effectué par un véhicule d'un pavillon étranger.

CAF (coût, assurance, fret) : importations en valeur en France majorées des coûts d'acheminement (transport et assurance) jusqu'à la frontière française.

Caisse de crédit municipal : établissement public communal de crédit et d'aide sociale, qui a notamment le monopole de l'octroi de prêts sur gages. Il peut réaliser des opérations avec les établissements de crédit, recevoir des fonds des personnes physiques et des personnes morales, mettre à la disposition de ces personnes des moyens de paiement et réaliser avec elles des opérations connexes.

Caisse nationale d'assurance vieillesse (Cnav) : organisme qui gère la retraite du régime général de la Sécurité sociale, c'est-à-dire la retraite de base des salariés du commerce, de l'industrie et des services.

Cambriolages, vols avec ou sans effraction : on distingue les vols et tentatives de vols dans les résidences des ménages selon le mode d'entrée. Si une porte ou une fenêtre est forcée (y c. avec de fausses clés), on qualifie le vol de cambriolage ou vol avec effraction. On assimile les vols avec escalade aux vols avec effraction. Un vol est dit « sans effraction » si l'entrée s'est faite par une porte ouverte ou si le vol a pu se dérouler sans entrée (vol d'objets accessibles de l'extérieur). Les vols sans effraction comprennent également les vols avec entrée par ruse, par exemple, lorsqu'une personne se fait passer pour un professionnel (policier, agent des services publics ou autre).

Camping : voir **Hôtellerie de plein air**.

Capacité d'accueil des établissements de santé : il s'agit du nombre de lits (dont les berceaux et couveuses agréés) pour l'hospitalisation complète et du nombre de places pour l'hospitalisation partielle. Le nombre de places est égal au nombre de patients pouvant être accueillis en même temps.

Capacité et besoin de financement : solde du compte de capital. Il est égal à l'épargne brute augmentée des transferts nets en capital et diminuée des dépenses faites à des fins d'accumulation du capital non financier : formation brute de capital fixe (FBCF), variations de stocks, acquisitions nettes d'objets de valeur et d'actifs non financiers non produits (terrains, actifs incorporels...). On parle de capacité de financement si le solde est positif et de besoin de financement s'il est négatif.

Capital-innovation : financement destiné au premier développement d'un produit et à sa première commercialisation lorsqu'une entreprise est en phase de création ou au début de son activité. Selon la maturité du projet à financer, le capital-innovation se subdivise en plusieurs phases. L'amorçage est la première phase du financement de la création d'entreprise, les fonds propres sont alloués à la recherche, l'évaluation et le développement d'un concept initial avant la phase de création. Cette phase concerne principalement les entreprises à fort contenu technologique. Ensuite, à la création, l'entreprise est au tout début de son activité. Le financement est destiné au démarrage de l'activité commerciale et industrielle. Enfin la post-création correspond à un stade de croissance de l'activité commerciale et industrielle de l'entreprise précédant l'atteinte de la rentabilité.

Capitalisation boursière : valeur, au prix du marché, de l'ensemble des titres représentatifs d'une entreprise. Elle est égale au nombre de titres en circulation multiplié par le cours de l'action.

Captures de pêche : ensemble des quantités pêchées (poissons, crustacés, coquillages et autres produits de la mer) exprimés en poids vif ; en sont exclus les rejets en mer. Voir aussi : **Production des pêches maritimes**.

Casier judiciaire : relevé des condamnations pénales regroupées au Casier judiciaire national du ministère de la Justice à Nantes. Ces informations sont communiquées, sur demande, sous forme d'extraits appelés bulletins.

Catégories d'emplois de la fonction publique : les catégories statutaires recouvrent en partie les catégories socioprofessionnelles. La catégorie A (fonctions d'études générales, de conception et de direction) est globalement comparable aux cadres. La catégorie B (fonctions d'application) est comparable aux professions intermédiaires et la catégorie C (fonctions d'exécution) est comparable aux ouvriers et employés.

Catégories d'entreprises : l'entreprise était jusqu'à présent définie sur un plan purement juridique. Le décret n° 2008-1354 du 18 décembre 2008 en apporte désormais une définition économique. Quatre catégories d'entreprises y sont définies :
- les petites et moyennes entreprises (PME) ;
- les microentreprises (MIC) constituent un sous-ensemble des PME ;
- les entreprises de taille intermédiaire (ETI) ;
- les grandes entreprises (GE).

Catégories de presse : il existe six grandes catégories de presse. La presse nationale d'information générale et politique regroupe les publications qui apportent, de façon permanente, les informations et commentaires sur l'actualité politique et nationale (quotidiens nationaux et grands hebdomadaires d'information notamment). La presse locale d'information générale et politique comprend les publications répondant aux mêmes critères mais avec des pages d'information traitant de l'actualité dans un cadre local (quotidiens régionaux et départementaux, hebdomadaires locaux notamment). La presse spécialisée grand public est composée des publications traitant d'un thème principal plus ou moins spécialisé (le cyclisme ou le sport en général, la mode...) et dont le contenu est accessible à tous publics. La presse spécialisée technique et professionnelle regroupe les publications à thème principal et dont la teneur des articles est trop technique pour susciter l'intérêt au-delà des professions correspondant aux sujets traités. La presse gratuite d'annonces et la presse gratuite d'information sont composées des publications d'annonces et d'information distribuées gratuitement auprès des particuliers.

Cause de décès : les statistiques sont élaborées à partir de la confrontation des certificats médicaux de décès adressés à l'Inserm par les Directions de la cohésion sociale et de la protection des populations, avec les données sociodémographiques, transmises par l'Insee. Toute déclaration de décès est en principe accompagnée par la déclaration de la cause de décès dressée sur bulletin anonyme. Celle-ci est codée selon les règles de classification internationale des maladies. L'importance de certaines maladies, qui peuvent être « impliquées » dans le décès sans être considérées comme la cause immédiate de celui-ci, est sous-estimée : c'est le cas des maladies circulatoires, de l'alcoolisme et du tabagisme.

Centres financiers *offshore* : agrégat utilisé dans les données des investissements directs étrangers d'Eurostat qui inclut 40 pays. Il intègre par exemple des centres financiers européens comme le Liechtenstein, des centres financiers d'Amérique centrale comme le Panama, ainsi que des centres financiers Asiatiques comme Hong Kong.

Certificat d'aptitude professionnelle (CAP) : diplôme de niveau V se préparant en deux ans après la troisième, exceptionnellement en un ou trois ans.

Charbon : terme recouvrant la houille, le lignite, le coke, les agglomérés et les produits de récupération. La houille est plus riche en carbone et a une teneur en eau et en matières volatiles plus faible que le lignite. Le coke de houille est obtenu par carbonisation de la houille.

Chiffre d'affaires des éditeurs vidéo : les dépenses des ménages en vidéo sont évaluées par l'institut GFK à partir des ventes réalisées dans les grandes surfaces alimentaires, les grandes surfaces spécialisées, la vente par correspondance et les ventes sur Internet. Ces chiffres n'incluent pas les ventes en kiosques et dans les stations-services. Ils excluent également le segment de la location.

Chiffre d'affaires hors taxes : correspond à la somme des ventes (hors taxes) de marchandises, de produits fabriqués, des prestations de services et des produits des activités annexes réalisées par l'entreprise avec les tiers dans l'exercice de son activité professionnelle normale et courante.

Chômeur au sens du BIT : personne âgée de 15 ans ou plus qui :
- est sans emploi la semaine de référence ;
- est disponible pour prendre un emploi dans les 15 jours ;
- a cherché activement un emploi dans le mois précédent ou en a trouvé un qui commence dans moins de trois mois.

Un chômeur au sens du BIT n'est pas forcément inscrit à Pôle emploi (et inversement).
Cette définition stricte du chômage ignore certaines interactions qu'il peut y avoir avec l'emploi (travail occasionnel, sous-emploi) ou avec l'inactivité : en effet, certaines personnes souhaitent travailler mais sont « classées » comme inactives, soit parce qu'elles ne sont pas disponibles rapidement pour travailler (deux semaines), soit parce qu'elles ne recherchent pas activement un emploi. Ces personnes forment ce qu'on appelle un « halo » autour du chômage. Ce « halo » est calculé par l'Insee à partir de l'enquête Emploi.

Chômeur de longue durée : actif au chômage depuis plus d'un an.

Classification des exploitations agricoles : répartition des exploitations selon leur spécialisation et leur dimension économique. Elle repose depuis le recensement agricole de 2010 sur le concept de production brute standard (PBS). Sur la base des coefficients de PBS, les exploitations sont réparties en trois classes de tailles :
- les petites (PBS 25 000 euros)
- les moyennes (PBS entre 25 000 et moins de 100 000 euros)
- les grandes (PBS 100 000 euros).

Classification internationale type de l'éducation (CITE) : conçue par l'Unesco au cours des années 1970, puis révisée en 1997, la Cite (Isced en anglais) est un outil construit pour produire dans l'ensemble des pays des statistiques comparables sur l'enseignement et la formation, en prenant à la fois en compte les niveaux et les domaines d'éducation. La nomenclature des niveaux a été rénovée en 2011, celle des domaines d'études en 2013. En France, les niveaux 0 et 1 de la Cite 2011 correspondent à l'enseignement pré-primaire ou primaire, les niveaux 2 et 3 à l'enseignement secondaire des 1er et 2nd cycles. Le niveau 4 correspond à l'enseignement post-secondaire non supérieur (capacité en droit, DAEU, etc.). Le niveau 5 correspond aux formations supérieures de cycle court (BTS, DUT, etc.), le niveau 6 à la licence ou équivalent, le niveau 7 au master ou équivalent et le niveau 8 au doctorat (hors santé). Afin d'affiner la nomenclature, les programmes et certifications sont subdivisés à l'aide de dimensions complémentaires : l'orientation générale ou professionnelle, l'achèvement du niveau de la CITE, l'accès à un niveau de la CITE plus élevé et la position dans la structure nationale des diplômes et des certifications.

CMU-C : couverture maladie universelle complémentaire.

Cnav : voir **Caisse nationale d'assurance vieillesse**.

Colis : envoi contenant des marchandises, expédié par un service ordinaire (pas en service de livraison express) et transportés par les prestataires de services postaux (30 kilos maximum).

Collectivités locales : désigne généralement l'ensemble constitué par les collectivités territoriales, les EPCI à fiscalité propre, les syndicats intercommunaux et les syndicats mixtes. L'expression collectivité locale désigne dans le langage courant ce que la Constitution nomme « collectivité territoriale ». En effet, depuis la révision constitutionnelle du 28 mars 2003, seul le terme de « collectivité territoriale » apparaît dans la Constitution.

Collectivités territoriales : structures administratives françaises, distinctes de l'administration de l'État, qui doivent prendre en charge les intérêts de la population d'un territoire précis. Sont définies comme collectivités territoriales : les communes, les départements et les départements d'outre-mer, les régions et les régions d'outre-mer, les collectivités à statut particulier et les collectivités d'outre-mer.

Combustible fossile : produit que l'on brûle pour obtenir de l'énergie et qui est le résultat de l'accumulation et transformation de matière végétale pendant des millions d'années de changements géologiques. Ses formes principales sont le gaz, le pétrole, et le charbon. Ce sont des sources d'énergie non renouvelables, leur reconstitution naturelle demandant des millions d'années.

Combustibles minéraux solides : comprennent le charbon à l'état brut et les produits solides issus de sa transformation. Le charbon est un terme générique qui recouvre en fait trois produits : la tourbe (elle n'est pas utilisée en France), le lignite et la houille, dont l'anthracite est une variété de qualité supérieure. Les produits transformés à partir du charbon sont le coke et les agglomérés y compris les briquettes.

Commerce : regroupe ici les entreprises dont l'activité principale est l'achat de produits à des tiers pour la revente en état, sans transformation. Les intermédiaires du commerce qui mettent en rapport les acheteurs et les vendeurs, sans être propriétaires des produits concernés, font partie du commerce.

Commerce de détail : comprend les entreprises ou établissements dont l'activité principale consiste à vendre des marchandises, dans l'état où elles sont achetées, généralement à une clientèle de particuliers, quelles que soient les quantités vendues.

Commerce de gros : comprend les entreprises ou établissements dont l'activité principale consiste à acheter et à entreposer des marchandises et à les vendre généralement à des détaillants, à des utilisateurs professionnels ou à des collectivités, voire à d'autres grossistes ou intermédiaires, et ce quelles que soient les quantités vendues.

Commerce et réparation d'automobiles : comprend les entreprises de commerce de gros ou de détail, sous toutes leurs formes, en neuf comme en occasion, de véhicules automobiles (y compris véhicules utilitaires et motos), de leurs pièces, ainsi que les services de réparation et de maintenance de ces véhicules.

Commune : plus petite subdivision administrative française mais c'est aussi la plus ancienne, puisqu'elle a succédé aux villes et paroisses du Moyen Âge. Elle a été instituée en 1789 avant de connaître un début d'autonomie avec la loi du 5 avril 1884, véritable charte communale. Le maire est l'exécutif de la commune qu'il représente et dont il gère le budget. Il est l'employeur du personnel communal et exerce les compétences de proximité (écoles, urbanisme, action sociale, voirie, transports scolaires, ramassage des ordures ménagères, assainissement...). Il est également agent de l'État pour les fonctions d'état civil, d'ordre public, d'organisation des élections et de délivrance de titres réglementaires. Au 1er janvier 2014 on compte 36 681 communes en France.

Composition pénale : disposition permettant au procureur de la République, dans certaines conditions, de proposer à une personne qui reconnaît être l'auteur d'une infraction, une mesure alternative à l'emprisonnement, au lieu de la traduire devant le tribunal. Exemple : amende, suspension du permis de conduire, travail non rémunéré...

Comptes nationaux de la santé : retracent la production, la consommation et le financement de la fonction santé, entendue selon la Comptabilité nationale comme l'ensemble des actions qui concourent à la prévention et au traitement d'une perturbation provisoire de l'état de santé.

Conchyliculture : élevage des moules, huîtres, palourdes et coques. Elle est la principale branche de l'aquaculture française. Elle doit faire face à la multiplication des usages du littoral et à la difficulté croissante de maintenir des eaux de qualité conforment à une réglementation de plus en plus stricte.

Condamnation : décision rendue à l'encontre d'une personne physique par une juridiction. Cette décision ou condamnation, peut comporter plusieurs peines et sanctionner plusieurs infractions. Pour le traitement statistique, on détermine une infraction dite principale, qui correspond à l'infraction unique ou à celle citée en premier dans la catégorie la plus grave en cas de pluralité d'infractions, et une peine dite principale, qui est la peine la plus grave prononcée pour les infractions de la catégorie la plus grave. Les autres peines sont considérées comme associées. Cette unité de compte « condamnation » ne permet que partiellement de mesurer l'activité des juridictions répressives, puisque les condamnations n'y sont inscrites que lorsqu'elles ont acquis un caractère définitif. Les condamnations frappées d'appel, les relaxes et les acquittements n'y figurent donc pas. Les compositions pénales ne sont pas des condamnations mais des mesures alternatives. Elles comportent une peine et sont inscrites au casier judiciaire mais ne constituent pas le premier terme d'une récidive.

Condamné : personne déclarée, par une décision définitive, coupable d'avoir commis une infraction, et à laquelle est infligée une sanction. Se dit aussi d'une personne détenue dans un établissement pénitentiaire en vertu d'une condamnation judiciaire définitive.

Conférence des parties (COP21) de la Convention-cadre des Nations Unis sur les changements climatiques (CCNUCC) : rassemblement annuel de tous les pays désireux d'agir pour le climat. La 21e a eu lieu en France du 30 novembre au 11 décembre 2015.

Consommation d'énergie corrigée des variations climatiques : la consommation d'énergie pour le chauffage est plus forte quand l'hiver est plus rigoureux. C'est une évidence qui ne présente pas un grand intérêt pour l'analyse dans la mesure où elle ne traduit pas un changement des comportements. Pour mieux analyser les évolutions, on calcule des consommations « corrigées des variations climatiques » (primaire et finale). C'est-à-dire qu'on évalue ce qu'aurait été la consommation si les températures avaient été conformes à la moyenne de référence 1981-2010. On obtient un résultat théorique, qui dépend de la méthode utilisée, et qui complète la consommation « réelle », celle qui est observée.

Consommation de soins et biens médicaux (CSBM) : agrégat central des Comptes nationaux de la santé, représentant la valeur totale des soins, biens et services médicaux consommés sur le territoire national (y compris dans les DOM) par les assurés sociaux français et les personnes prises en charge au titre de l'Aide médicale d'État ou pour des soins urgents, pour la satisfaction de leurs besoins de santé individuels et qui concourent au traitement d'une perturbation provisoire de l'état de santé ; les soins de longue durée aux personnes âgées ou handicapées en établissement et les SSIAD en sont exclus. La CSBM regroupe les consommations de soins des hôpitaux publics et privés, les consommations de soins de ville, les consommations de transports de malades et les consommations de médicaments et autres biens médicaux (optique, prothèses, véhicules pour handicapés physiques, petits matériels et pansements).

Consommation effective des ménages : inclut tous les biens et services acquis par les ménages résidents pour la satisfaction de leurs besoins, que ces acquisitions aient fait ou non l'objet d'une dépense de leur part. La consommation effective des ménages comprend donc, en plus des biens et des services acquis par leurs propres dépenses de consommation finale, les biens et les services qui, ayant fait l'objet de dépenses de consommation individuelle des administrations publiques ou des ISBLSM, donnent lieu à des transferts sociaux en nature de leur part vers les ménages.

Consommation finale d'énergie : quantité d'énergie disponible pour l'utilisateur final. C'est la consommation primaire d'énergie, moins la consommation de la branche énergie (combustible des centrales classiques et des raffineries, pertes des centrales et des réseaux, pompages, etc.). À l'intérieur de la consommation finale totale, on distingue la consommation finale non énergétique et la consommation finale énergétique, que l'on répartit entre les secteurs consommateurs (transports, sidérurgie, industrie, agriculture et résidentiel-tertiaire).

Consommation intérieure apparente de matières (Domestic Material Consumption ou DMC) : correspond à l'ensemble des matières physiquement consommées par la population présente sur le territoire.

Consommation intérieure d'électricité : quantité d'énergie électrique mise à disposition de la consommation française. Cette énergie est soit consommée par les usagers, soit perdue dans les réseaux de transport et de distribution. Elle est également désignée par l'expression « énergie électrique appelée » et correspond à l'électricité qu'on injecte dans le réseau. Elle diffère légèrement de la consommation intérieure brute qui comprend les pompages et la consommation des auxiliaires.

Consommation intermédiaire : valeur des biens et services transformés ou entièrement consommés au cours du processus de production. L'usure des actifs fixes mis en oeuvre n'est pas prise en compte ; elle est enregistrée dans la consommation de capital fixe.

Consommation primaire d'énergie : agrégat des comptes de l'énergie qui se décompose en consommation interne de la branche énergie et en consommation finale totale. Cette dernière se décompose, elle-même, en consommation finale énergétique et en consommation non énergétique.

Consommation touristique intérieure : agrégat qui mesure la consommation des visiteurs (touristes et excursionnistes) français ou étrangers, au cours ou en vue des voyages qu'ils ont effectués en France ou à partir du territoire français, réalisée auprès des fournisseurs de services et de biens de consommation résidant en France. La consommation touristique intérieure se décompose en deux parties : interne, qui mesure la consommation des visiteurs résidant en France ; réceptrice, qui mesure la consommation des visiteurs résidant à l'étranger.

Construction : l'activité de construction comprend l'édification, l'extension, la démolition, la restructuration, l'entretien et la rénovation de bâtiments à usage résidentiel ou à usage non-résidentiel. Le périmètre de la construction est élargi à la promotion immobilière (auparavant classée dans les services immobiliers) depuis le passage en nouvelle nomenclature NAF rév.2.

Construction individuelle ou collective : on distingue une construction selon son caractère individuel (maison) ou collectif. La maison correspond à un bâtiment ne comportant qu'un seul logement et disposant d'une entrée particulière. On distingue deux types de maisons : individuel pur (maison individuelle résultant d'une opération de construction ne comportant qu'un seul logement) ; individuel groupé (maison individuelle résultant d'une opération de construction comportant plusieurs logements individuels ou un seul logement individuel avec des locaux). Le terme « collectif » est défini par l'exclusion des deux premiers concepts. Il s'agit de logements faisant partie d'un bâtiment de deux logements ou plus.

Conteneur : caisson métallique, en forme de parallélépipède, conçu pour le transport de marchandises par différents modes de transport. Ses dimensions ont été normalisées au niveau international. Le conteneur permet l'intermodalité, dont le développement a été affirmé comme enjeu dans le Grenelle de l'environnement.

Contrat aidé : contrat dérogatoire au droit commun pour lequel l'employeur bénéficie d'aides, sous forme de subventions à l'embauche, d'exonérations de certaines cotisations sociales ou d'aides à la formation. L'accès à ces contrats est réservé aux personnes rencontrant des difficultés particulières d'accès à l'emploi et leur nombre est piloté par les pouvoirs publics. Ils relèvent du secteur marchand (c'est le cas par exemple du contrat unique d'insertion marchand CUI-CIE) ou du secteur non marchand (par exemple le contrat unique d'insertion non marchand CUI-CAE). Dans le second cas, ils sont le plus souvent conclus par des associations, des collectivités territoriales ou des entreprises publiques.

Contrat d'accompagnement dans l'emploi (CAE) : voir **Contrat unique d'insertion (CUI)**.

Contrat d'importation de gaz naturel : historiquement les contrats d'importation de gaz naturel sont des contrats à long terme dont les prix sont indexés sur celui des produits pétroliers. Il existe également des marchés de court terme, dont les prix sont établis en fonction de l'offre et de la demande.

Contrat en alternance : contrat d'apprentissage qui permet à des 16-25 ans de travailler et de suivre un enseignement en alternance conduisant à l'obtention d'un diplôme ou d'un titre à finalité professionnelle ; contrat de professionnalisation qui vise à permettre l'acquisition, par les 16-25 ans et les demandeurs d'emploi de 26 ans ou plus, d'une qualification professionnelle en relation avec les besoins identifiés par les branches professionnelles.

Contrat initiative emploi (CIE) : voir **Contrat unique d'insertion (CUI)**.

Contrat initiative emploi – starter (CIE – starter) : voir **Contrat unique d'insertion (CUI)**.

Contrats relevant des articles 39, 82 et 83 du Code général des impôts : les contrats relevant de l'article 39 sont à prestations définies, et les versements sur ces contrats bénéficient de l'exonération de la CSG et de la CRDS. Ces contrats sont souscrits par les entreprises et ne peuvent être individualisés. La rente viagère du salarié est soumise à l'impôt sur le revenu. Les contrats relevant de l'article 82 sont à cotisations définies, abondés exclusivement par l'employeur. Ils permettent de garantir aux salariés le versement d'une rente ou d'un capital. Les cotisations sont imposables au titre de l'impôt sur le revenu car étant considérées comme un « sursalaire ». Les contrats relevant de l'article 83 sont à cotisations définies. Les cotisations versées ne sont pas soumises à l'impôt sur le revenu ni aux charges sociales. La sortie ne s'effectue que sous forme de rente viagère. Cette rente est en partie soumise à l'impôt sur le revenu.

Contrat unique d'insertion (CUI) : entré en vigueur au 1er janvier 2010 en France métropolitaine et au 1er janvier 2011 dans les départements d'outre-mer, le contrat unique d'insertion est un contrat aidé qui facilite, grâce à une aide financière pour l'employeur, l'accès à l'emploi des personnes sans emploi rencontrant des difficultés sociales et professionnelles d'insertion. Il se décline sous deux formes : le CUI-Contrat Initiative Emploi (CUI-CIE) qui s'adresse aux employeurs du secteur marchand et le CUI-Contrat d'Accompagnement dans l'Emploi (CUI-CAE) qui s'adresse aux employeurs du secteur non marchand. Le CUI succède au Contrat d'Accompagnement dans l'Emploi (CAE) dans le non-marchand et au Contrat Initiative Emploi (CIE) dans le marchand. Depuis le 1er avril 2015, ont été mis en place les les CIE – starter dans le secteur marchand ; bénéficiant d'une prise en charge majorée, ils sont réservés à des jeunes de moins de 30 ans en difficulté d'insertion professionnelle.

Contravention : infraction pénale la moins grave, punie d'amende ou de peines complémentaires (exemple : suspension du permis de conduire). Les contraventions sont réparties en 5 classes, en fonction de la gravité des faits à sanctionner et des peines qui leurs sont applicables.

Contribution à la dette : la contribution d'un sous-secteur à la dette est égale à la dette diminuée des passifs de ce sous-secteur détenus par les autres administrations publiques.

Contribution à l'évolution d'un agrégat : l'évolution d'un agrégat (PIB ou valeur ajoutée par exemple) peut être décomposée en la somme des contributions de ses différentes composantes. Dans les cas simples (agrégats en valeur notamment) la contribution d'une composante à l'évolution de l'agrégat est égale au produit du taux de croissance de cette composante par son poids dans l'agrégat à la période précédente.

Contribution pour le remboursement de la dette sociale (CRDS) : impôt créé en 1996 pour résorber l'endettement de la Sécurité sociale. Les personnes physiques domiciliées en France pour l'impôt sur le revenu sont redevables de la CRDS. La CRDS s'applique à une assiette de revenu plus large que celle de la CSG. La CRDS est un prélèvement à la source sur les revenus d'activité, revenus de remplacement (indemnités de chômage, etc.), revenus du patrimoine et revenus de placements. Un taux unique est appliqué sur le revenu brut, quel que soit le revenu concerné. Initialement prévue pour être prélevée à titre temporaire jusqu'au 31 janvier 2014, elle continuera à être perçue jusqu'à l'apurement de la dette sociale (disposition instituée par la loi du 13 août 2004 relative à l'assurance maladie).

Contribution sociale généralisée (CSG) : impôt, créé en 1991, dû par les personnes physiques domiciliées en France pour l'impôt sur le revenu. C'est un prélèvement à la source sur la plupart des revenus, son taux variant selon le type de revenu et la situation de l'intéressé. La CSG sert à financer une partie des dépenses de Sécurité sociale relevant des prestations familiales, des prestations liées à la dépendance, de l'assurance maladie et des prestations non contributives des régimes de base de l'assurance vieillesse.

Convention de Ramsar : la Convention sur les zones humides, signée à Ramsar, en Iran, en 1971, est un traité intergouvernemental qui sert de cadre à l'action nationale et à la coopération internationale pour la conservation et l'utilisation rationnelle des zones humides et de leurs ressources.

COP21 : voir **Conférence des parties**.

Cotisations sociales : les Comptes de la protection sociale distinguent deux grandes catégories de cotisations sociales :
– les cotisations sociales effectives comprennent tous les versements que les personnes assurées ou leurs employeurs font à des institutions octroyant des prestations sociales afin d'acquérir et de maintenir le droit à ces prestations. Elles sont partagées entre cotisations à la charge des employeurs, cotisations à la charge des salariés, cotisations à la charge des travailleurs indépendants, cotisations sur prestations et autres cotisations (cotisations volontaires etc.).
– les cotisations imputées mesurent la contribution des employeurs au financement du régime d'assurance sociale qu'ils organisent eux-mêmes pour leurs propres salariés ou ayants droits. Elles sont la contrepartie des prestations sociales versées par l'employeur.

Cotisations sociales imputées : à la charge des employeurs, part des prestations sociales fournies directement par les employeurs à leurs salariés, anciens salariés et autres ayants droit qui n'est pas financée par des cotisations sociales effectives à la charge des salariés. Par exemple, des cotisations sociales sont imputées à l'État pour couvrir les pensions versées aux anciens fonctionnaires, car elles ne sont financées que très partiellement par les cotisations sociales effectives des fonctionnaires actifs.

Couple (au sein d'un ménage) : correspond à un ensemble formé de deux personnes de 18 ans ou plus sauf exception, qui partagent la même résidence principale et qui répondent à au moins l'un des critères suivants : ils déclarent tous les deux vivre en couple ou être mariés, pacsés ou en union libre. Les couples ainsi constitués à partir des réponses au questionnaire du recensement sont des couples de fait. Cette définition est utilisée dans certaines exploitations statistiques du recensement pour étudier la composition des familles au sein d'un logement, et notamment des familles avec enfant(s).

Couronne : voir **Aire urbaine**.

Coût de la main d'œuvre : comprend l'ensemble des dépenses directement liées à l'emploi de salariés. Il s'agit en premier lieu de la rémunération assimilable à du salaire (le salaire brut, les primes, les avantages en nature) : une partie rémunère des heures effectivement travaillées, l'autre des congés. S'y ajoute l'épargne salariale (participation, intéressement, abondement de l'employeur au plan d'épargne entreprise ou au Perco). Les autres composantes du coût du travail sont principalement les cotisations (obligatoires, conventionnelles ou facultatives) de protection sociale à la charge de l'employeur (sécurité sociale, chômage, retraite, prévoyance, mais aussi indemnités de départ), et les autres charges assises sur les salaires et l'emploi salarié (participation à la formation professionnelle continue, à l'effort de construction, taxe sur les salaires, etc.), taxes nettes de subventions et d'allègements. Le coût horaire moyen de la main-d'œuvre dans un établissement est le rapport entre l'ensemble des dépenses liées à l'emploi de salariés et le total des heures effectivement travaillées par les salariés de cet établissement. Les effectifs retenus sont constitués des salariés ayant eu un contrat de travail durant l'année, permanent, occasionnel ou saisonnier, à temps partiel ou à temps complet, y compris les apprentis. Les effectifs salariés sont comptés en équivalent-temps plein (EQTP) sur l'année, c'est-à-dire au prorata de leur durée d'emploi dans l'année et de leur quotité d'emploi lorsqu'ils sont à temps partiel : un salarié ayant travaillé 6 mois à mi-temps compte ainsi pour 1/4 dans les effectifs.

Création d'entreprise : la statistique des créations d'entreprises est constituée à partir des informations du répertoire national des entreprises et des établissements (Sirene). Depuis le 1er janvier 2007, la notion de création d'entreprise s'appuie sur un concept harmonisé au niveau européen pour faciliter les comparaisons : une création d'entreprise correspond à la mise en œuvre de nouveaux moyens de production. Par rapport aux immatriculations dans Sirene, on retient comme création pour satisfaire au concept harmonisé :
– les créations d'entreprise correspondant à la création de nouveaux moyens de production (il y a nouvelle immatriculation dans Sirene) ;
– les cas où l'entrepreneur (il s'agit en général d'un entrepreneur individuel) reprend une activité après une interruption de plus d'un an (il n'y a pas de nouvelle immatriculation dans Sirene mais reprise de l'ancien numéro Siren) ;
– les cas où l'entrepreneur redémarre une activité après une interruption de moins d'un an mais avec changement d'activité ;

– les reprises par une entreprise nouvelle de tout ou partie des activités et moyens de production d'une autre entreprise (il y a nouvelle immatriculation dans Sirene) lorsqu'il n'y a pas continuité de l'entreprise reprise. On considère qu'il n'y a pas continuité de l'entreprise si parmi les trois éléments suivants concernant le siège de l'entreprise, au moins deux sont modifiés lors de la reprise : l'unité légale contrôlant l'entreprise, l'activité économique et la localisation. Depuis les données relatives à janvier 2009, à la suite de la mise en place du régime de l'auto-entrepreneur (renommé micro-entrepreneur, à compter du 19 décembre 2014), les statistiques de créations d'entreprises incluent les demandes de créations enregistrées dans Sirene au titre de ce régime. Ce dénombrement n'inclut pas les entrepreneurs déjà en activité avant le 1er janvier 2009 et qui avaient demandé, à titre dérogatoire au plus tard le 31 mars 2009, à bénéficier du régime micro-social et du versement fiscal libératoire en 2009. La statistique de créations d'entreprises couvre l'ensemble des activités marchandes hors agriculture.

Crédit d'impôt pour la compétitivité et l'emploi (CICE) : à compter du 1er janvier 2013, les salaires versés par les entreprises ouvrent droit à un crédit d'impôt pour la compétitivité et l'emploi, le CICE. L'assiette du CICE est constituée des rémunérations brutes soumises aux cotisations sociales versées au cours d'une année civile dans la limite de 2,5 fois le salaire minimum légal (Smic). Le taux du crédit d'impôt est de 4 % pour les rémunérations versées au titre de 2013 (première année d'application) et de 6 % pour celles versées au titre des années suivantes. Le CICE s'impute sur les sommes dues par les entreprises au titre de l'impôt sur les sociétés (IS) ou de l'impôt sur le revenu (IR) pour les entreprises qui ne sont pas assujetties à l'IS. De manière générale, le CICE dû au titre d'une année donnée s'impute sur l'impôt dû au titre du même exercice. Ainsi, le CICE calculé au titre des rémunérations versées en 2013 doit être imputé sur l'impôt dû au titre de l'exercice 2013.

Crédits de paiement du budget de l'État : limite supérieure des dépenses pouvant être payées pendant l'année pour la couverture des engagements contractés dans le cadre des autorisations d'engagement.

Crime : catégorie d'infraction la plus grave. Elle est passible de réclusion criminelle et parfois d'autres peines : amende, peines complémentaires. Le crime est jugé par la cour d'assises. Les peines de réclusion criminelle peuvent être à perpétuité ou fixées à un temps donné (exemple : 20 ans). Pour les personnes morales (sociétés, associations ...), le crime peut être sanctionné par une amende.

Critères de convergence du Traité de Maastricht : critères fondés sur des indicateurs économiques que doivent respecter les pays membres de l'Union européenne candidats à l'entrée dans la zone euro. Ces critères furent établis lors du traité de Maastricht, signés par les membres de l'Union européenne le 7 février 1992. Les cinq critères sont définis dans l'article 121 du traité instituant la Communauté européenne. Ils imposent la maîtrise de l'inflation, de la dette publique et du déficit public, la stabilité du taux de change et la convergence des taux d'intérêt. Concernant la stabilité des prix, le taux d'inflation d'un État membre donné ne doit pas dépasser de plus de 1,5 % celui des trois États membres présentant les meilleurs résultats en matière de stabilité des prix. Sur la situation des finances publiques, le déficit public annuel ne doit pas excéder 3 % du PIB et la dette publique, 60 % du PIB. Concernant le taux de change, il est interdit de dévaluer sa monnaie (ceci fut rendu obsolète avec le passage à l'euro pour les pays de la zone euro). En outre, l'État membre doit avoir participé au mécanisme de taux de change du système monétaire européen (SME) sans discontinuer pendant les deux années précédant l'examen de sa situation, sans connaître de tensions graves. Quant aux taux d'intérêt à long terme, ils ne doivent pas excéder de plus de 2 % ceux des trois États membres présentant les meilleurs résultats en matière de stabilité des prix. L'appréciation du non-respect de ces critères a été assouplie en mars 2005, sous l'impulsion de l'Allemagne et de la France, sous la justification de tenir compte de la situation économique et des réformes structurelles engagées.

Croissance démographique : somme du solde naturel et du solde migratoire, calculé en général pour une année. L'effectif d'une population augmente quand il y a excédent des naissances sur les décès (solde naturel) et des entrées de migrants sur les sorties (solde migratoire). Le taux d'accroissement annuel est le rapport entre la variation de la population au cours d'une année et son effectif au milieu de l'année.

D

Déchet : la définition juridique du déchet admise dans le cadre européen est très large. Il est définit comme « tout résidu d'un processus de production, de transformation ou d'utilisation, toute substance, matériau, produit abandonné ou que son détenteur destine à l'abandon ».

Déchets municipaux : regroupent les déchets collectés par les municipalités provenant des ménages ou des activités économiques (déchets ménagers et assimilés).

Déciles et rapports interdéciles : si l'on ordonne une distribution de salaires, de revenus, de chiffre d'affaires..., les déciles sont les valeurs qui partagent cette distribution en dix parties égales. Ainsi, pour une distribution de salaires :
– le premier décile (noté généralement D1) est le salaire au-dessous duquel se situent les 10 % des salariés disposant des salaires les plus faibles ;
– le neuvième décile (noté généralement D9) est le salaire au-dessus duquel se situent les 10 % des salariés disposant des salaires les plus élevés.
Le premier décile est, de manière équivalente, le salaire au-dessus duquel se situent 90 % des salariés disposant des salaires les plus élevés ; le neuvième décile est le salaire au-dessous duquel se situent 90 % des salariés disposant des salaires les plus faibles. Les déciles d'une distribution permettent de calculer des rapports interdéciles :
– le rapport D9/D1 met en évidence l'écart entre le haut et le bas de la distribution ; c'est une des mesures de l'inégalité de cette distribution ;
– le rapport D9/D5 compare le haut de la distribution à la valeur médiane ;
– le rapport D5/D1 compare la médiane au bas de la distribution.

Décision-personne : unité de mesure des dénombrements issus du système décisionnel pénal « Cassiopée », effectif à partir de 2011. Cette unité de mesure concerne les cours d'assise, les tribunaux correctionnels, les tribunaux de police, les juridictions de proximité et les juges et tribunaux pour enfants.

Déclaration annuelle de données sociales (DADS) : formalité déclarative que doit accomplir toute entreprise employant des salariés, en application de l'article R243-14 du code de la Sécurité sociale (Décret du 24 mars 1972) et des articles 87.240 et 241 de la loi 51-711 du 7 juin 1951 du code Général des Impôts. Dans ce document commun aux administrations fiscales et sociales, les employeurs, y compris les administrations et les établissements publics, fournissent annuellement et pour chaque établissement, la masse des traitements qu'ils ont versés, les effectifs employés et une liste nominative de leurs salariés indiquant pour chacun, le montant des rémunérations salariales perçues. Le champ des DADS couvre l'ensemble des employeurs et leurs salariés, à l'exception des agents des ministères, titulaires ou non, des services domestiques (division 97-98 de la NAF rév. 2) et des activités extra-territoriales (division 99 de la NAF rév. 2).

Décomposition de l'évolution du salaire moyen : l'évolution du salaire moyen peut être décomposée en un effet de structure et une évolution à structure constante. L'évolution à structure constante est obtenue en calculant l'évolution du salaire moyen sans modification des effectifs des groupes homogènes qui ont été distingués, selon les variables sexe, tranche d'âge, catégorie socioprofessionnelle et secteur d'activité. L'effet de structure est la résultante de deux facteurs, les changements de groupe des personnes présentes les deux années (le plus souvent suite à des promotions) et les mouvements d'entrées et de sorties (embauches ou départs).

Défaillance d'entreprise : une unité légale est qualifiée de défaillante dès lors qu'est ouverte en son nom une procédure judiciaire telle que prévue par le livre VI du Code de Commerce et précisée par la loi du 26 juillet 2005 dite « loi de sauvegarde des entreprises ». Une ordonnance du 18 décembre 2008, complétée par un décret d'application du 12 février 2009, en modifie quelques dispositions. Il y a trois cas possibles de « procédure collective » :
– le redressement judiciaire prévoit, pour une unité légale qui n'arrive plus à régler ses dettes, le moyen d'apurer son passif (Article L.631-1 alinéa 2) – apurement rarement intégral ;
– la liquidation judiciaire met fin à l'activité de l'unité légale ou organise une cession – globale ou partielle (Article L640-1 alinéa 2) ;
– la procédure de sauvegarde, instituée par la loi de sauvegarde des entreprises, permet à une unité légale d'anticiper sur ses difficultés et de se réorganiser afin d'éviter la cessation des paiements (Article L.620-1 Code de commerce).
Le champ d'application du droit des entreprises en difficulté a été étendu par la loi du 26 juillet 2005. Les procédures collectives concernent les personnes morales de droit privé, les commerçants, les artisans, les agriculteurs, mais également les personnes exerçant une activité professionnelle indépendante, « y compris une profession libérale soumise à un statut législatif ou réglementaire ou dont le titre est protégé ». Elle est également appliquée par des tribunaux civils à des associations. L'ouverture d'une procédure collective s'opère par un jugement, du Tribunal de commerce ou du Tribunal de grande instance selon la qualité du débiteur. L'information est recueillie soit automatiquement auprès des tribunaux de commerce soit via le Bulletin officiel d'annonces civiles et commerciales (Bodacc). Les dénombrements présentés couvrent les redressements et liquidations judiciaires, en date de jugement. Lorsqu'un plan de continuation ou un plan de cession intervient entre un redressement judiciaire et une liquidation judiciaire ou un nouveau redressement, il clôture la procédure initiale de redressement. On comptabilise donc la liquidation ou le second redressement comme une ouverture de procédure, c'est-à-dire comme une nouvelle défaillance de l'unité légale.

Déficit public notifié : correspond au « besoin de financement des administrations publiques » au sens de la comptabilité nationale. Le déficit public est notifié à la Commission européenne deux fois par an (fin mars et fin septembre).

Déflateur : de manière générale, un déflateur implicite mesure les variations de prix dans un domaine de l'économie en divisant la grandeur en valeur par cette même grandeur en volume. Les déflateurs implicites sont nommés d'après l'agrégat utilisé. Les déflateurs du PIB, de la dépense de consommation finale, de la formation de capital brute, des exportations et des importations mesurent les variations de prix dans leur domaine respectif de l'économie. Ils sont utilisés pour corriger les agrégats des effets de l'inflation.

Délit : infraction d'une gravité intermédiaire, entre la contravention et le crime. Le délit est réprimé à titre principal, par une peine correctionnelle telle que l'emprisonnement d'un maximum de 10 ans, d'une amende, d'un travail d'intérêt général, d'un stage de citoyenneté ou encore de peines complémentaires.

Demande intérieure finale : la demande intérieure finale hors stocks est égale à la somme de la consommation finale des ménages et des administrations publiques, ainsi que de la formation brute de capital fixe (investissement). La demande intérieure finale est égale à la demande intérieure finale hors stocks augmentée des variations de stocks.

Densité de population : rapport entre l'effectif de la population d'une zone géographique et la superficie de cette zone. Le résultat s'exprime généralement en nombre d'habitants par kilomètre carré.

Département : création de la Révolution (loi du 22 décembre 1789), le département est une circonscription administrative de l'État. Le Préfet représente les différentes administrations de l'État au niveau territorial. C'est aussi, par la loi du 10 août 1871, une collectivité locale autonome avec un organe délibérant et un exécutif élus. La loi du 17 mai 2013 redéfinit l'élection des assemblées départementales, anciennement conseils généraux, appelées désormais conseils départementaux. Les cantons sont les circonscriptions qui servent de cadre à l'élection des conseils départementaux. Le conseil départemental est élu pour 6 ans au suffrage universel ; il élit à son tour un président, exécutif du département qui prépare et exécute les délibérations du conseil départemental, gère le budget et dirige le personnel. Les compétences des départements sont actuellement en cours de discussion à l'Assemblée Nationale, dans le cadre de la loi portant « Nouvelle Organisation Territoriale de la République ». Depuis avril 2011, on compte 101 départements (dont 5 d'outre-mer). Un département appartient à une région et une seule. Chaque département d'outre-mer constitue à lui seul une région. Les conseillers élus au sein de la Métropole de Lyon (collectivité territoriale à statut particulier à compter du 1er janvier 2015) ont également les compétences de conseillers départementaux.

Dépense courante de logement : dépense que les ménages consacrent à l'usage courant de leur logement. Il s'agit, en premier lieu, des loyers que doivent acquitter les locataires et des loyers que les propriétaires occupants auraient à acquitter s'ils étaient locataires de leur logement. Elles prennent en compte également les dépenses d'énergie, les charges locatives, les travaux d'entretien courant, les impôts et taxes.

Dépense courante de santé (DCS) : mesure l'effort consacré au titre de la santé par l'ensemble des financeurs, hors dépenses en capital. Elle couvre un champ plus large que la consommation de soins et de biens médicaux (CSBM) puisqu'elle intègre les soins de longue durée (aux personnes âgées et aux personnes handicapées en établissement), les indemnités journalières, les subventions reçues par le système de santé, les dépenses de prévention, de recherche et de formation médicales ainsi que les coûts de gestion de la santé. La dépense courante de santé constitue l'un des principaux agrégats des Comptes nationaux de la santé. La dépense courante de santé au sens international est évaluée, en France, à partir de la DCS en retirant les indemnités journalières, une partie des dépenses de prévention (environnementale et alimentaire), les dépenses de recherche et de formation médicales et en ajoutant certaines dépenses sociales liées au handicap et à la dépendance.

Dépense de consommation des ménages en logement : inclut les loyers versés par les locataires (aides au logement déduites) mais également les loyers imputés, que les propriétaires auraient à payer s'ils étaient locataires du logement qu'ils habitent.

Dépense de consommation finale des ménages : recouvre les dépenses effectivement réalisées par les ménages résidents pour acquérir des biens et des services destinés à la satisfaction de leurs besoins. Les produits correspondants ne sont pas stockés, mais considérés comme consommés au moment de leur achat, même s'ils sont durables (voitures, électroménagers, meubles, etc.). La dépense de consommation finale des ménages inclut la part des dépenses de santé, d'éducation, de logement, restant à leur charge, après remboursements éventuels. Elle inclut également les loyers imputés qui sont représentatifs des services de logement produits par les propriétaires qui occupent leur propre logement (retracés via un loyer qu'ils se versent fictivement à eux-mêmes).

Dépense de consommation individualisable : consommation bénéficiant directement aux ménages tout en étant prise en charge par la collectivité. C'est le cas en particulier de dépenses pour l'éducation, la santé, l'action sociale et le logement.

Dépense de prévention : dans le cadre des Comptes nationaux de la santé, le champ des dépenses de prévention est restreint aux dépenses affectées à des programmes ou des institutions spécifiques. Une part non négligeable de la prévention échappe à cette estimation : les actes réalisés en pratique quotidienne par les professionnels de santé (examens systématiques, frottis de dépistage...) et les actions de prévention organisées en dehors du système de santé (prévention routière, protection de l'environnement...).

Dépense de protection de l'environnement : Dépense de protection de l'environnement : effort financier que consacrent les différents agents à la prévention, la réduction ou la suppression des dégradations de l'environnement. Elle comprend la protection de l'air ambiant et du climat, la gestion des eaux usées, la collecte et le traitement des déchets (y compris les déchets radioactifs de faible activité, le compostage, le nettoyage et le balayage de la voirie), la protection et l'assainissement du sol, des eaux souterraines et des eaux de surface, la lutte contre le bruit et les vibrations (à l'exclusion de la protection des lieux de travail), la protection de la biodiversité et des paysages, la protection contre les radiations (à l'exclusion de la sécurité extérieure), la recherche et développement en environnement, ainsi que les autres activités de protection de l'environnement, dont l'administration et la gestion générales. Les activités de gestion et d'utilisation des ressources ne sont pas incluses dans cette dépense. De même, les mesures en faveur de la maîtrise de l'énergie ou du développement des énergies renouvelables, les activités de récupération, recyclage ne sont par exemple pas prises en compte dans la dépense de protection de l'environnement.

Dépenses de services culturels et récréatifs : comprennent les dépenses de spectacles (cinéma, télévision, théâtre, music-hall, manèges forains, cirque, corrida, parcs d'attractions, bals et discothèques), les entrées dans les musées et monuments, les services de bibliothèques et de location de cassettes vidéos et de DVD, les dépenses liées aux sports (entrées dans les piscines, les terrains de golf..., abonnements à des clubs sportifs et leçons assurées par des professeurs indépendants) et les jeux de hasard et d'argent (y compris les casinos). Les achats de livres, de journaux, de DVD et de cassettes vidéo préenregistrées ne sont pas pris en compte. Ce sont des dépenses de biens culturels et non de services culturels.

Dépense d'intervention des collectivités locales : dépenses effectuées par les collectivités locales au titre des compétences qui leur ont été transférées par l'État.

Dépense intérieure d'éducation (DIE) : représente toutes les dépenses effectuées, sur le territoire national, par l'ensemble des agents économiques, administrations publiques centrales et locales, entreprises et ménages, pour les activités d'éducation : activités d'enseignement scolaire et extra-scolaire de tous niveaux, activités visant à organiser le système éducatif (administration générale, orientation, documentation pédagogique et recherche sur l'éducation), activités destinées à favoriser la fréquentation scolaire (cantines et internats, médecine scolaire, transports) et les dépenses demandées par les institutions (fournitures, livres, habillement).

Dépense intérieure de recherche et de développement (DIRD) : travaux de R&D exécutés sur le territoire national quelle que soit l'origine des fonds. Une partie est exécutée par les administrations (DIRDA), l'autre par les entreprises (DIRDE). Elle comprend les dépenses courantes (masse salariale des personnels de R&D et dépenses de fonctionnement) et les dépenses en capital (achats d'équipements nécessaires à la réalisation des travaux internes à la R&D et opérations immobilières réalisées dans l'année).

Dépense nationale de recherche et de développement (DNRD) : mesure, sans double compte, l'effort financier des acteurs économiques nationaux quelle que soit la destination des financements. L'écart entre le montant de la dépense intérieure de recherche et développement (DIRD) et celui de la DNRD représente le solde des échanges en matière de recherche et développement entre la France et l'étranger, y compris les organisations internationales.

Dépense pour les politiques du marché du travail (PMT) : les dépenses pour les politiques du marché du travail (PMT) sont établies à partir d'une nomenclature créée par Eurostat, permettant ainsi des comparaisons européennes et alimentant les indicateurs de suivi de la Stratégie européenne pour l'emploi. Le champ des politiques du marché du travail regroupe trois familles d'interventions publiques :
– les services relatifs au marché du travail (catégorie 1), constitués des frais de structure du Service public de l'emploi, avec une tentative (pas totalement aboutie) de distinguer en leur sein les dépenses relatives à l'accompagnement personnalisé des demandeurs d'emploi ;
– les mesures « actives » de politique d'emploi (catégories 2 à 7). Il s'agit de la formation professionnelle des demandeurs d'emploi (2), des contrats aidés dans les secteurs marchand (4) ou non marchand (6), des aides à l'emploi des travailleurs handicapés (5) et des aides à la création d'entreprise par les chômeurs (7) ;
– les soutiens en cas d'absence d'emploi (catégories 8 et 9). Il s'agit des allocations d'indemnisation du chômage, total ou partiel (8), ou de préretraite (9).
Le champ des dépenses PMT ne retient que les dépenses « ciblées » en faveur des demandeurs d'emploi, ou des personnes dont l'emploi est menacé ou qui doivent être aidées pour rentrer sur le marché du travail.

Dépense totale de santé (DTS) : comprend la consommation finale de produits et de services de santé plus les dépenses d'investissement en infrastructures de soins de santé. Les comparaisons de niveaux de dépenses de santé entre pays doivent être prises avec prudence, car le passage de la Dépense nationale de santé (ancienne définition de l'OCDE) à la Dépense totale de santé (définition commune à l'OCDE, Eurostat et à l'OMS) se fait à des rythmes différents selon les pays. Certains pays de l'OCDE (Belgique, Luxembourg, Suisse) ne comptabilisent pas de FBCF dans leur DTS. Pour la France, la DTS est évaluée à partir de la dépense courante de santé (DCS) diminuée des dépenses d'indemnités journalières, d'une partie des dépenses de prévention (sécurité sanitaire de l'alimentation et prévention liée à l'environnement), et des dépenses de recherche et de formation médicales, mais augmentée des dépenses en capital du secteur de la santé (ou formation brute de capital fixe) et de certaines dépenses sociales liées à la dépendance et au handicap (dépenses des départements liées à l'accueil des personnes handicapées).

Dépenses pré-engagées : ensemble des dépenses des ménages réalisées dans le cadre d'un contrat difficilement renégociable à court terme. Elles sont définies comme suit : dépenses liées au logement (y c., dans le cas de la comptabilité nationale, les loyers imputés), ainsi que celles relatives à l'eau, au gaz, à l'électricité et aux autres combustibles utilisés dans les habitations ; services de télécommunications ; frais de cantine ; services de télévision (redevance télévisuelle, abonnements à des chaînes payantes) ; assurances (hors assurance-vie) ; services financiers (y c., dans le cas de la comptabilité nationale, les services d'intermédiation financière indirectement mesurés).

Dépenses publiques : dépenses de l'ensemble des administrations publiques.

Dépôt à terme : dépôt de fonds sur une durée et avec un taux d'intérêt déterminé à l'avance.

Dépôt à vue : dépôt de fonds dont la disponibilité est immédiate. Il peut être rémunéré. Un compte courant est un dépôt à vue.

Dépôt de brevet : permet d'obtenir un monopole d'exploitation, pour une durée maximale de 20 ans en cas de dépôt en France à l'Institut national de la propriété industrielle (Inpi). Le déposant est ainsi le seul à pouvoir utiliser le brevet et peut interdire toute utilisation, fabrication, importation, etc., de l'invention effectuée sans son autorisation. Il peut poursuivre les contrefacteurs devant les tribunaux. Le brevet se révèle aussi être un moyen de dissuasion. L'obtention d'un brevet nécessite l'accomplissement de formalités de dépôt. Il existe plusieurs voies de demande de protection par brevet. Trois voies sont possibles pour déposer un brevet : la demande de brevet français à l'Inpi (le brevet permet une protection de vingt ans sur le territoire national, à partir de la date de dépôt), la demande de brevet européen à l'Office européen des brevets ou OEB (une fois délivré, le brevet se divise en autant de brevets nationaux que les pays désignés lors du dépôt, permettant une protection de vingt ans à compter du dépôt) ou la demande de brevet international, dite PCT (*Patent Cooperation Treaty*), à l'Organisation mondiale de la propriété intellectuelle (elle permet de déposer une demande de brevet dans les pays signataires du PCT, 148 à ce jour, grâce à une procédure unique et centralisée).

Détention provisoire : mesure ordonnée par le juge des libertés et de la détention à la demande du juge d'instruction. Ce dernier peut demander de placer en prison avant son jugement une personne mise en examen pour crime ou délit puni d'au moins trois ans d'emprisonnement. La détention provisoire doit être strictement motivée selon les conditions prévues par la loi.

Détenu : personne incarcérée sur décision de Justice dans un établissement pénitentiaire.

Dette publique nette : correspond à la dette publique notifiée diminuée des dépôts, des crédits et des titres de créance négociables (évalués à leur valeur nominale) détenus par les administrations publiques sur les autres secteurs.

Dette publique notifiée (ou dette publique au sens de Maastricht) : la dette publique notifiée est évaluée à partir du tableau des opérations financières de la comptabilité nationale mais ne correspond pas directement à cette présentation. Elle exclut certains types de dettes (essentiellement les crédits commerciaux et les décalages comptables). Elle est évaluée en valeur brute : on ne déduit pas de la dette les créances des administrations publiques sur des organismes ne faisant pas partie des administrations publiques, dont, par exemple les liquidités du Trésor sous forme de dépôts à la Banque de France ou de pensions, les placements du fonds de réserve des retraites (FRR)... Elle est consolidée : on déduit les dettes détenues par certaines administrations publiques envers d'autres administrations publiques, notamment les dépôts des collectivités locales au Trésor public. Enfin, elle est évaluée en valeur nominale, c'est-à-dire à la valeur faciale de la dette et non à la valeur de marché comme cela est fait dans les comptes nationaux.

Dimension économique : addition des productions brutes standards (PBS) des différentes productions d'une exploitation.

Diplôme national du brevet : diplôme national sanctionnant la formation secondaire au terme des classes de troisième, et attestant de la maîtrise des sept compétences du socle commun de connaissances et de compétences, depuis la session 2011. Il est attribué sur la base des notes obtenues à un examen et des résultats issus du contrôle continu en classe de troisième. Jusqu'en 2012, il comportait trois séries : la série collège, la série technologique et la série professionnelle. Depuis la session 2013, il comporte deux séries : la série générale, accessible aux élèves des classes de troisième des collèges ; la série professionnelle, accessible notamment aux élèves des classes de troisième préparatoire aux formations professionnelles (troisièmes prépa-pro) et aux candidats relevant de l'enseignement agricole.

Diplôme universitaire de technologie (DUT) : diplôme délivré après deux années d'études dans un institut universitaire de technologie (IUT) à l'université.

DIRD : voir **Dépense intérieure de recherche et de développement**.

Directive-cadre sur l'eau (DCE) : Directive du Parlement européen et du Conseil du 23 octobre 2000 établissant un cadre pour une politique communautaire dans le domaine de l'eau. Elle fixe des objectifs environnementaux et des échéances pour améliorer l'état écologique et l'état chimique des masses d'eau de surface ainsi que l'état quantitatif et l'état chimique des masses d'eau souterraine.

Disque *Blu-ray* : format de disque numérique permettant de stocker et restituer des vidéogrammes en haute définition. Sa dénomination provient du type de rayon laser qu'il exploite, de couleur spectrale proche du bleu.

Divorce : rupture légale du mariage. Il existe plusieurs formes de divorce (loi du 26 mai 2004, entrée en vigueur le 1er janvier 2005) : par consentement mutuel (sur requête conjointe ou demande acceptée), par acceptation du principe de la rupture du mariage, pour altération définitive du lien conjugal (après 2 ans de séparation) ou pour faute. Trois types de jugements entérinant la séparation d'un couple marié peuvent être prononcés :
– un jugement de séparation de corps. Ce jugement doit être mentionné en marge de l'acte de mariage, mais ne rompt pas le mariage. Il est révocable sur simple accord des époux en cas de reprise de la vie commune ;
– une conversion de séparation de corps. Elle transforme une séparation de corps en divorce et permet le remariage ;
– un divorce sur demande directe accueillie. Ce jugement doit être mentionné en marge de l'acte de mariage. Il est irrévocable et permet le remariage.

Doctorat : diplôme universitaire préparé en six semestres après le master. Ce troisième niveau est consacré à un travail de recherche. Le diplôme de doctorat est obtenu après soutenance d'une thèse.

Durée annuelle du travail des salariés : temps de travail réellement effectué par les salariés au cours de l'année. Elle est calculée au niveau de la branche. Elle tient compte de la durée hebdomadaire théorique d'un temps complet, du nombre de semaines dans l'année et des corrections suivantes : travail à temps partiel, congés, chômage partiel, arrêts maladie, maternité et accidents du travail, grèves et heures supplémentaires dès lors que celles-ci sont déclarées et payées par l'employeur.

Durée collective hebdomadaire du travail : mesure l'horaire collectif de travail, commun à un groupe de salariés tel qu'il est affiché sur leur lieu de travail. Mesurée par enquête auprès des entreprises, elle ne s'applique qu'aux salariés à temps complet, la durée du travail des salariés à temps partiel étant fixée par le contrat de travail.

Durée légale du travail : fixée à 35 heures hebdomadaires ou 1 607 heures annuelles depuis le 1er janvier 2002 pour toutes les entreprises, quelle que soit leur taille, c'est une durée de référence, un seuil au-delà duquel sont calculées les heures supplémentaires et en deçà, le chômage partiel. Il ne s'agit ni d'une durée minimale (les salariés peuvent être employés à temps partiel), ni d'un maximum : des heures supplémentaires peuvent être accomplies dans le respect des durées maximales au-delà desquelles aucun travail ne peut-être demandé. La durée habituelle hebdomadaire du travail s'applique à une semaine normale sans événement exceptionnel (jour férié, congé, etc.) : elle inclut donc toutes les heures habituellement effectuées y c. les heures supplémentaires régulières, rémunérées ou non. La durée annuelle rémunérée des salariés cumule durée collective, heures supplémentaires rémunérées et congés payés.

DUT : voir **Diplôme universitaire de technologie**.

E

EBE : voir **Excédent brut d'exploitation**.

Éco-activités : ensemble des activités qui produisent des biens et services concourant à la protection de l'environnement, à la gestion des ressources naturelles et des espaces verts. Ce périmètre est plus large que celui des dépenses liées à l'environnement car il comprend également l'agriculture biologique (protection des sols), l'isolation des bâtiments (efficacité énergétique) et les énergies renouvelables.

Écoles : tandis que les écoles maternelles ne comportent que des classes préélémentaires, les écoles élémentaires peuvent accueillir à la fois des classes élémentaires et des classes préélémentaires. Dans ce cas, ces écoles sont aussi appelées écoles primaires. Cette coexistence est particulièrement fréquente dans le secteur privé.

Écrou : procès verbal constatant qu'une personne a été remise à un directeur de prison, et mentionnant la date et la cause de l'emprisonnement.

Effectifs de Recherche et Développement : ensemble des personnels (chercheurs et personnels de soutien technique ou administratif) qui effectuent des travaux de recherche et développement en équivalent-temps plein recherche (EQTP).

Effet de structure : lorsqu'une population est répartie en sous-populations, il peut arriver qu'une grandeur évolue dans un sens sur chaque sous-population et dans le sens contraire sur l'ensemble de la population. Ceci s'explique parce que les effectifs de certaines sous-populations augmentent alors que d'autres diminuent : c'est l'effet de structure. Par exemple, le salaire de chaque profession peut stagner (ou augmenter faiblement) alors que le salaire moyen augmente fortement ; cela se produit si les professions très qualifiées, les mieux payées, sont de plus en plus nombreuses et, réciproquement, les emplois non qualifiés, les moins bien rémunérés, de plus en plus rares. *A contrario*, la variation à structure constante se calcule en figeant la structure de la population à celle de l'année précédente.

Effort de recherche de la nation : rapport entre les dépenses intérieures de R&D (DIRD) et le produit intérieur brut (PIB).

Électricité primaire : électricité tirée de la nature directement sous forme d'électricité, et non par transformation d'une autre énergie. L'électricité primaire comprend l'électricité hydraulique, éolienne, solaire photovoltaïque, marémotrice, houlomotrice et, par convention, nucléaire.

Émission de titres : création de nouveaux titres financiers à destination du marché le plus souvent. Une entreprise peut ainsi augmenter son capital et donc proposer des actions sur le marché, mais elle peut aussi émettre des obligations et donc les proposer sur le marché des obligations. Quand l'État lance de nouveaux emprunts d'États, il devient aussi émetteur de titres.

Emploi aidé : emploi bénéficiant d'une aide publique, hors dispositifs généraux et sectoriels. Ces aides prennent la forme de subventions à l'embauche et d'exonérations et ciblent des publics ou des territoires spécifiques.

Emploi au sens du BIT : les personnes en emploi au sens du BIT sont celles ayant effectué au moins une heure de travai rémunéré au cours d'une semaine dite de référence. Cette notion diffère de celle issue du recensement de la population qui concerne les personnes déclarant avoir un emploi. L'un des objectifs de l'enquête Emploi est précisément d'effectuer la mesure de l'emploi au sens du BIT, à partir de questions précises. Pour l'analyse conjoncturelle et la comptabilité nationale, la mesure de l'emploi est effectuée à l'aide des estimations d'emploi. Elles reposent sur l'exploitation de données administratives des personnes en emploi durant la dernière semaine du trimestre ou de l'année prise comme semaine de référence. Cette mesure vise à s'approcher le plus possible du concept BIT à partir de données administratives exhaustives sur l'emploi.

Emploi en équivalent-temps plein (EQTP) : nombre total d'heures travaillées dans l'activité considérée divisé par la moyenne annuelle des heures travaillées dans des emplois à plein temps.

Emploi intérieur : personnes physiques travaillant sur le territoire français, sans y résider nécessairement, quel que soit leur statut (salarié, indépendant, aide familial,...).

Emplois d'avenir : ces contrats aidés ont été créés par la loi du 26 octobre 2012 afin de constituer une réponse aux difficultés particulières rencontrées par les jeunes peu ou pas qualifiés de 16 à 25 ans et aux personnes bénéficiant de la reconnaissance de la qualité de travailleur handicapé (RQTH) de moins de 30 ans. Ils ont pour objectif de proposer des solutions d'emploi, de leur ouvrir l'accès à une qualification et à une insertion professionnelle durable. Les emplois d'avenir s'inscrivent dans le cadre juridique du contrat unique d'insertion (CUI) et sont conclus, selon le cas, sous la forme de CUI-CAE ou de CUI-CIE.

Empreinte carbone : indicateur destiné à caractériser la pression exercée à l'échelle planétaire sur le climat (bien public mondial) en termes d'émissions de gaz à effet de serre par la population du pays considéré. Elle couvre à la fois les émissions directes de cette population et les émissions indirectes, liées à la production et au transport des biens et services qu'elle consomme, que ceux-ci soient produits en France ou à l'étranger. L'empreinte carbone permet donc de s'interroger sur les responsabilités de chaque pays et de mieux appréhender les négociations internationales sur le climat. C'est une information complémentaire aux inventaires d'émissions de gaz à effet de serre (GES) sur le territoire national, qui sont réalisés au titre de la convention-cadre des Nations unies sur les changements climatiques (CCNUCC).

Emprisonnement correctionnel : la durée de l'emprisonnement correctionnel ne peut excéder dix ans (sauf cas de récidive). Il s'accompagne le cas échéant de peines complémentaires, tantôt facultatives tantôt obligatoires (interdiction de séjour, de certains droits civils, civiques et de famille, interdiction d'exercer une profession). Le tribunal correctionnel qui prononce une condamnation à l'emprisonnement peut ordonner qu'il sera sursis à l'exécution de cette peine. Le sursis peut être simple ou assorti du placement du condamné sous le régime de mise à l'épreuve ; le sursis implique la suspension totale ou partielle de l'exécution de la peine. Le sursis est révocable, en cas de nouvelle condamnation à une peine criminelle ou correctionnelle sans sursis, pour crime ou délit de droit commun.

Encours (ou provisions mathématiques) : montants des engagements des sociétés d'assurances à l'égard de l'ensemble des assurés. Ce sont les réserves constituées par l'assureur afin de garantir le paiement des prestations. Ces provisions sont calculées à l'aide de formules mathématiques qui prennent en compte les tables de mortalité et un taux d'intérêt technique.

Énergie finale : énergie livrée pour être consommée telle quelle (essence à la pompe, électricité au foyer ou à l'usine,...) ou encore utilisée à des fins non énergétiques, comme dans la fabrication de plastique à partir du pétrole.

Énergie primaire : énergie contenue dans les produits énergétiques tirés de la nature. Cette énergie est utilisée telle quelle ou transformée à des fins non énergétiques, par l'utilisateur final ou transformée en une autre forme d'énergie (l'électricité par exemple) ou consommée dans le processus de transformation ou d'acheminement vers l'utilisateur.

Énergies renouvelables (EnR) : énergies dérivées de processus naturels en perpétuel renouvellement. Il existe plusieurs formes d'énergies renouvelables, dérivées directement ou indirectement du soleil ou de la chaleur produite au plus profond de la Terre, notamment l'énergie générée par le soleil, le vent, la biomasse et la biomasse solide, la chaleur terrestre, l'eau des fleuves, des lacs, des mers et des océans, le biogaz et les biocarburants liquides. On distingue l'énergie renouvelable électrique de l'énergie renouvelable thermique. L'énergie renouvelable électrique comprend l'électricité hydraulique, éolienne, marémotrice, le solaire photovoltaïque et la géothermie à haute température. L'énergie renouvelable thermique comprend le bois de chauffage (ramassé ou commercialisé), la géothermie valorisée sous forme de chaleur, le solaire thermique actif, les résidus de bois et de récoltes, les biogaz, les biocarburants et les pompes à chaleur, les déchets urbains et industriels biodégradables (quelle que soit leur nature).

Enquête annuelle sur les investissements pour protéger l'environnement (Antipol) : porte sur les investissements dans des matériels entièrement dédiés à la protection de l'environnement, ainsi que dans des achats d'équipements de production plus performants en matière environnementale. Les investissements de renouvellement des équipements qui ne sont pas dédiés à lutter contre la pollution, mais qui bénéficient de technologies plus propres, réduisant les nuisances environnementales, ne font pas partie du champ de l'enquête. L'enquête couvre les établissements de 20 salariés ou plus implantés en France, appartenant aux secteurs des industries extractives, manufacturières et de la production et distribution d'électricité, de gaz, de vapeur et d'air conditionné (divisions 05 à 35 de la NAF rév. 2). L'échantillon est composé de 10 725 établissements ; le taux de sondage est de 48 %.

Enquête Cadre de vie et sécurité : enquête annuelle réalisée par l'Insee en partenariat avec l'Observatoire national de la délinquance et des réponses pénales (ONDRP) Depuis 2015 le ministère de l'intérieur (SSMSI) participe à sa conception. Cette enquête est entièrement dédiée à la « victimation » : les personnes enquêtées sont interrogées sur les atteintes qu'elles ont pu subir récemment et leurs opinions en matière de sécurité et de justice.

Enquête communautaire sur l'innovation (CIS) : l'enquête communautaire sur l'innovation (*Community Innovation Survey* ou CIS) est une enquête européenne, menée dans tous les pays membres. Portant sur les années 2012-2014, l'enquête CIS 2014 couvre le champ des sociétés (ou entreprises individuelles) actives de 10 salariés ou plus implantées en France, des secteurs principalement marchands non agricoles (sections B à N de la nomenclature NAF rév. 2), à l'exception des activités vétérinaires et des activités administratives et autres activités de soutien aux entreprises (divisions 75 et 82). Le champ sectoriel constant entre l'enquête CIS 2014 et CIS 2012 est obtenu en excluant du champ de l'enquête CIS 2014 la construction, le commerce de détail, le commerce et la réparation d'automobiles, l'hébergement-restauration, les holdings financières, les activités immobilières, les activités juridiques et comptables et toutes les activités de services administratifs et de soutien.

Enquête de fréquentation dans les autres hébergements collectifs touristiques (EFAHCT) : enquête réalisée auprès des autres hébergements collectifs touristiques, notamment des résidences hôtelières et de tourisme, villages de vacances, maisons familiales et auberges de jeunesse. L'échantillon comporte 2 600 hébergements, soit un taux de sondage de 70 %.

Enquête de fréquentation dans l'hôtellerie de plein air (EFHPA) : enquête réalisée de mai à septembre inclus auprès des campings possédant au moins un emplacement de passage. L'échantillon comporte 6 100 campings, soit un taux de sondage de 80 %.

Enquête de fréquentation hôtelière (EFH) : enquête réalisée chaque mois auprès des hôtels de tourisme ; 12 000 hôtels sont enquêtés, soit un taux de sondage de 70 %.

Enquête Emploi : réalisée par l'Insee depuis 1950, l'enquête Emploi est la seule source statistique qui permet de mesurer le statut d'activité (emploi, chômage, inactivité) au sens du Bureau international du travail (BIT). Depuis 2003, elle est réalisée en continu sur toutes les semaines de l'année.

Enquête Logement : l'une des principales enquêtes de l'Insee par son ancienneté (1955) et la taille de son échantillon (plus de 36 000 logements répondants en 2013, dont 27 000 en France métropolitaine). C'est la source statistique majeure pour décrire le parc de logements et les conditions d'occupation par les ménages de leur résidence principale. Elle permet également de mesurer le coût du logement. Le champ de l'enquête est constitué des résidences principales, à l'exclusion des communautés et des habitations mobiles.

Enquête Revenus fiscaux et sociaux (ERFS) : pour les revenus perçus en 2014, elle s'appuie sur un échantillon représentatif de 52 000 ménages issus de l'enquête Emploi de l'Insee, leurs déclarations fiscales et les prestations sociales qui leur ont été versées par la Caisse nationale des allocations familiales (Cnaf), la Caisse nationale assurance vieillesse (Cnav) et la Caisse centrale de la mutualité sociale agricole (CCMSA). Le champ retenu est celui des personnes vivant en France métropolitaine et appartenant à des ménages ordinaires dont la personne de référence n'est pas étudiante et dont le revenu déclaré est positif ou nul. Il exclut donc les personnes en institution, ainsi que les personnes sans domicile. L'enquête a été rénovée en 2012. D'une part, l'impôt déduit du revenu d'une année donnée est désormais l'impôt payé durant cette même année. Il peut donc être dû au titre des revenus de l'année précédente. Auparavant, c'était l'impôt payé au titre de l'année de perception des revenus et éventuellement payé l'année suivante qui était déduit. D'autre part, les majorations de pensions de retraite pour avoir élevé trois enfants ou plus ainsi que l'avantage en nature constitué par la participation des employeurs aux contrats collectifs de complémentaire santé sont maintenant comptabilisés dans le revenu disponible mesuré par l'ERFS.

Enquêtes trimestrielles sur les loyers : deux enquêtes mesurent l'évolution trimestrielle des loyers, l'enquête Loyers et Charges pour le secteur libre et l'enquête auprès des bailleurs sociaux pour le secteur social.

Enseignants du premier degré : instituteurs, professeurs des écoles et autres enseignants chargés de classes du premier degré dans les écoles publiques et privées sous contrat avec le ministère de l'Éducation nationale.

Enseignants du second degré : titulaires et non-titulaires enseignant dans les établissements du second degré publics et privés sous contrat avec le ministère de l'Éducation nationale (collèges, lycées,...). Sont inclus les personnels de remplacement et de documentation.

Enseignants du supérieur : enseignants titulaires dans les établissements d'enseignement supérieur publics sous tutelle du ministère de l'Enseignement supérieur et de la Recherche.

Enseignement du premier degré : regroupe l'enseignement préélémentaire et élémentaire, y compris l'enseignement spécialisé sous tutelle du ministère de l'Éducation nationale.

Enseignement du second degré : enseignement secondaire faisant suite à l'enseignement préélémentaire et élémentaire (premier degré). Il est dispensé dans les collèges (premier cycle et enseignement adapté) et les lycées (second cycle). Par ailleurs, 80 établissements régionaux d'enseignement adapté (EREA) dispensent l'ensemble des formations secondaires.

Enseignement privé : les écoles privées sont soit sous contrat simple (personnel rémunéré par l'État) ou sous contrat d'association (prise en charge par l'État des dépenses de personnel et de fonctionnement de l'externat), soit hors contrat.

Enseignement supérieur : regroupe l'enseignement dispensé dans les universités, les instituts universitaires de technologie (IUT), les écoles supérieures du professorat et de l'éducation (ESPE), les sections de techniciens supérieurs (STS), les classes préparatoires aux grandes écoles (CPGE), les écoles d'ingénieurs, les écoles de commerce, gestion, vente et comptabilité, les écoles paramédicales et sociales, etc.

Entreprise : le décret de décembre 2008 pris en application de la loi n° 2008-776 de modernisation de l'économie du 4 août 2008 (dite LME) définit une entreprise comme la plus petite combinaison d'unités légales qui constitue « une unité organisationnelle de production de biens et services jouissant d'une certaine autonomie de décision, notamment pour l'affectation de ses ressources courantes ».

Entreprise artisanale : dans le Répertoire des Entreprises et Établissements (REE, Sirene), une entreprise est considérée comme artisanale si l'entreprise est inscrite au Répertoire des Métiers.

Entreprises de taille intermédiaire (ETI) : entreprise qui n'appartient pas à la catégorie des PME et qui d'une part, occupe moins de 5 000 personnes, et qui d'autre part, a un chiffre d'affaires annuel n'excédant pas 1 500 millions d'euros ou un total de bilan n'excédant pas 2 000 millions d'euros. Les ETI constituent une catégorie d'entreprises intermédiaire entre les PME et les grandes entreprises. Il s'agit de l'une des quatre catégories d'entreprises définies par la loi (article 51 de la loi de modernisation de l'économie) pour les besoins de l'analyse statistique et économique.

Entreprise individuelle : entreprise qui est la propriété exclusive d'une personne physique. L'entrepreneur exerce son activité sans avoir créé de personne juridique distincte. Les différentes formes d'entreprises individuelles sont : commerçant, artisan, profession libérale, agriculteur. Chaque entreprise individuelle (comme chaque société) est répertoriée dans le répertoire Sirene.

Entreprise publique : entreprise sur laquelle l'État peut exercer directement ou indirectement une influence dominante du fait de la propriété ou de la participation financière, en disposant soit de la majorité du capital, soit de la majorité des voix attachées aux parts émises.

Envoi postal : objet destiné à être remis à l'adresse indiquée par l'expéditeur sur l'objet lui-même ou sur son conditionnement et présenté dans la forme définitive dans laquelle il doit être acheminé. Outre tous les envois de correspondance, sont notamment considérés comme des envois postaux les livres, les journaux, les périodiques et les colis postaux contenant de la marchandise, avec ou sans valeur commerciale. Les colis envoyés en express, la presse portée et la publicité non adressée ne sont pas des envois postaux.

EPA : voir **Établissement public**.

Épargne de gestion : excédent des produits réels de fonctionnement sur les charges réelles de fonctionnement hors intérêts de la dette. Ce montant permet de couvrir tout ou partie des dépenses réelles d'investissement (en priorité, le remboursement des emprunts et, pour le surplus, les dépenses d'équipement).

Épargne des ménages : part du revenu disponible (ou du revenu disponible ajusté) des ménages qui n'est pas utilisée en dépense de consommation finale (ou en consommation finale effective).

Épargne salariale : ensemble de dispositifs dont l'objectif est d'associer les salariés aux résultats de leur entreprise et de favoriser l'épargne collective et le développement des investissements des entreprises.

EPCI : voir **Établissement public de coopération intercommunale (EPCI)**.

EPIC : voir **Établissement public**.

EQTP : voir **Emploi en équivalent-temps plein** et **Salaire moyen en équivalent-temps plein**.

Équivalent CO_2 : méthode de mesure des émissions de gaz à effet de serre qui prend en compte le pouvoir de réchauffement de chaque gaz relativement à celui du CO_2.

Ésane (Élaboration des statistiques annuelles d'entreprise) : dispositif qui combine des données administratives (obtenues à partir des déclarations annuelles de bénéfices que font les entreprises à l'administration fiscale et à partir des déclarations annuelles de données sociales qui fournissent des informations sur les salariés) et des données obtenues à partir d'un échantillon d'entreprises enquêtées par un questionnaire spécifique pour produire les statistiques structurelles d'entreprises. Il remplace donc le précédent système, composé de deux dispositifs avec les enquêtes annuelles d'entreprise (EAE) et le système unifié de statistique d'entreprise s'appuyant sur les déclarations fiscales (SUSE), en les unifiant. Le changement de dispositif génère des ruptures au niveau des résultats produits par rapport à ceux provenant du système précédent, pour trois raisons principales. Le questionnaire des enquêtes du dispositif Ésane a été rénové, ce qui a pu induire certaines modifications du comportement de réponse des entreprises. La prise en compte conjointe des données d'enquête et des données administratives, et en particulier la confrontation des informations disponibles dans les deux sources sur la ventilation du chiffre d'affaires selon les activités principales, a nécessité la mise en place de méthodes d'estimations statistiques rénovées. Les données sont publiées selon la nomenclature d'activités révisée NAF rév.2, alors que les précédents résultats l'étaient en NAF rév.1.

Espérance de scolarisation : nombre d'années pendant lesquelles un enfant entrant en maternelle peut espérer être scolarisé en fonction des taux de scolarisation du moment. Cette espérance est calculée sur les jeunes âgés de moins de 30 ans.

Espérance de vie à l'âge x : représente, pour une année donnée, l'âge moyen au décès des individus d'une génération fictive d'âge x qui auraient, à chaque âge, la probabilité de décéder observée cette année-là au même âge. Autrement dit, elle est le nombre moyen d'années restant à vivre au-delà de cet âge x (ou durée de survie moyenne à l'âge x), dans les conditions de mortalité par âge de l'année considérée.

Espérance de vie à la naissance : l'espérance de vie à la naissance ou espérance de vie, représente la durée de vie moyenne (autrement dit l'âge moyen au décès) d'une génération fictive soumise aux conditions de mortalité de l'année. Elle caractérise la mortalité indépendamment de la structure par âge.

Établissement : unité de production géographiquement individualisée, mais juridiquement dépendante de l'entreprise. Un établissement produit des biens ou des services : ce peut être une usine, une boulangerie, un magasin de vêtements, un des hôtels d'une chaîne hôtelière, la « boutique » d'un réparateur de matériel informatique... L'établissement, unité de production, constitue le niveau le mieux adapté à une approche géographique de l'économie. La population des établissements est relativement stable dans le temps et est moins affectée par les mouvements de restructuration juridique et financière que celle des entreprises.

Établissement de crédit : établissement agréé par l'Autorité de Contrôle Prudentiel et de Résolution (ACPR) et habilité à exercer certaines activités bancaires et financières. Certains établissements bénéficient d'un agrément de plein exercice (les banques), d'autres disposent d'un agrément restreint (sociétés financières et institutions financières spécialisées).

Établissements de santé : personnes morales de droit public ou privé qui assurent le diagnostic, la surveillance et le traitement des malades, des blessés et des femmes enceintes. Les établissements de santé mènent aussi des actions de prévention et d'éducation de la santé. Les établissements publics, soumis au contrôle de l'État, sont des personnes morales de droit public dotées de l'autonomie administrative et financière. Ils sont dotés d'un conseil de surveillance et dirigés par un directeur assisté d'un directoire. Les établissements privés sont à but lucratif ou non lucratif. Pour les établissements à but lucratif, plusieurs personnes morales peuvent coexister. Les établissements privés à but non lucratif peuvent être qualifiés d'établissements de santé privés d'intérêt collectif (ESPIC).

Établissement d'hébergement pour personnes âgées (EHPA) : établissement médico-social hébergeant des personnes âgées. Parmi les EHPA, on distingue :
– les maisons de retraites, qui assurent une prise en charge globale de la personne âgée, incluant l'hébergement en chambre ou en logement, les repas et divers services spécifiques ;
– les logements-foyers, groupes de logements ou de chambres autonomes assortis d'équipements ou de services collectifs dont l'usage est facultatif ;
– les unités de soins de longue durée des hôpitaux (USLD), structures très médicalisées destinées à l'accueil des personnes les plus dépendantes.

Établissement d'hébergement pour personnes âgées dépendantes (EHPAD) : établissement d'hébergement pour personnes âgées dépendantes ayant signé une convention tripartite avec son conseil général et l'assurance maladie, par laquelle il s'engage sur les conditions de son fonctionnement sur le plan financier ainsi que sur la qualité de la prise en charge des personnes et des soins qui leur sont prodigués. Un EHPAD peut être issu d'une unité de soins de longue durée USLD, d'une maison de retraite et, plus rarement, d'un logement-foyer.

Établissement pénitentiaire : selon le régime de détention et les catégories de condamnation, il existe plusieurs types d'établissements pénitentiaires : les centres de détention, les centres pénitentiaires, les centres de semi-liberté, les maisons d'arrêts, les maisons centrales.

Établissement public : personne morale de droit public disposant d'une autonomie administrative et financière afin de remplir une mission d'intérêt général, précisément définie, sous le contrôle de la collectivité publique dont il dépend (État, région, département ou commune). Il dispose donc d'une certaine souplesse qui lui permet de mieux assurer certains services publics. Il ne doit pas être confondu avec un établissement d'utilité publique qui relève du droit privé. Les domaines d'intervention des établissements publics sont variés, mais la plupart remplissent une mission de nature économique ou sociale. Il peut s'agir du domaine de la santé (ex : Établissement français du sang), de l'enseignement (ex : universités, lycées), de la culture (certains musées nationaux comme le Louvre), de l'économie (ex : Caisse des dépôts et consignations, SNCF). On distingue les établissements publics administratifs (EPA) et les établissements publics à caractère industriel ou commercial (EPIC), en fonction de la nature de leur activité. Les EPA sont les établissements publics dont l'objet est l'accomplissement de missions traditionnelles de souveraineté ou d'action sociale (par exemple les caisses nationales de la Sécurité sociale, Pôle Emploi et quelques musées nationaux). Les EPIC sont les établissements publics dont l'objet est la production et la commercialisation de biens et services et dont les ressources sont essentiellement constituées par les redevances payées par les usagers (par exemple la RATP ou encore les théâtres nationaux).

Établissement public de coopération intercommunale (EPCI) : regroupement de communes ayant pour objet l'élaboration de « projets communs de développement au sein de périmètres de solidarité ».

État chimique de l'eau : état de l'eau évalué par sa concentration de polluants en regard des normes fixées par la Directive-cadre sur l'eau (DCE).

État civil : depuis la Révolution, un cadre législatif régit l'enregistrement des naissances, mariages, décès, de même que les autres faits relatifs à l'état des personnes (divorces, reconnaissances, légitimations, adoptions). C'est sur cette base que s'est élaboré le recueil de données pour l'établissement des statistiques de l'état civil.

État écologique de l'eau : expression de la qualité de la structure et du fonctionnement des écosystèmes aquatiques associés aux eaux de surface, évaluée en regard des normes fixées par la Directive-cadre sur l'eau (DCE).

État matrimonial légal : situation conjugale d'une personne au regard de la loi (célibataire, mariée, veuve, divorcée). Au recensement de la population, l'état matrimonial légal correspond à ce que les personnes ont déclaré et peut donc parfois différer de leur situation légale. L'union libre ou la liaison par un pacs ne constituent pas un état matrimonial légal.

État quantitatif de l'eau : expression du degré d'incidence des captages directs et indirects sur une masse d'eau souterraine, évaluée en regard des normes fixées par la Directive-cadre sur l'eau (DCE).

ETI : voir **Entreprises de taille intermédiaire**.

Étranger : personne qui réside en France et ne possède pas la nationalité française, soit qu'elle possède une autre nationalité (à titre exclusif), soit qu'elle n'en ait aucune (c'est le cas des personnes apatrides). Les personnes de nationalité française possédant une autre nationalité (ou plusieurs) sont considérées en France comme françaises. Un étranger n'est pas forcément immigré, il peut être né en France (les mineurs notamment). À la différence de celle d'immigré, la qualité d'étranger ne perdure pas toujours tout au long de la vie : on peut, sous réserve que la législation en vigueur le permette, devenir français par acquisition.

Euro medium term note (EMTN) : valeur mobilière matérialisant un titre de créance émis sur le marché international.

Évolution en termes réels : évolution à prix courants divisée (on dit aussi déflatée) par un indice reflétant l'évolution des prix.

Excédent brut d'exploitation (EBE) : solde du compte d'exploitation, pour les sociétés. Il est égal à la valeur ajoutée, diminuée de la rémunération des salariés, des autres impôts sur la production et augmentée des subventions d'exploitation. Pour les entreprises individuelles, le solde du compte d'exploitation est le revenu mixte. L'excédent d'exploitation peut être calculé net, si l'on retranche la consommation de capital fixe.

Excursionniste : voir **Visiteur**.

Exploitation agricole : unité économique qui participe à la production agricole. Une exploitation agricole doit répondre à plusieurs critères. Elle doit disposer d'une activité agricole, soit de production, soit de maintien des terres dans de bonnes conditions agricoles et environnementales. Elle doit atteindre une certaine dimension, soit 1 hectare de surface agricole utilisée, soit 20 ares de cultures spécialisées, soit une production supérieure à un seuil (1 vache ou 6 brebis mères, etc.). Enfin, sa gestion courante doit être indépendante de toute autre unité. L'existence d'une immatriculation au répertoire des entreprises et des établissements Sirene ou d'un identifiant de demande d'aide de la Politique agricole commune présume de l'indépendance de gestion. Voir aussi : **Classification des exploitations agricoles**.

Exportations de biens : ensemble des biens fournis par des résidents à des non-résidents, à titre onéreux ou gratuit.

Exportations de biens et de services : ensemble des biens et des services fournis par des résidents à des non-résidents, à titre onéreux ou gratuit. Les opérations internationales sur services diffèrent des opérations sur les biens. Les biens pouvant être transportés très loin de leur lieu de production, leur commercialisation s'accompagne de frais de transport qui peuvent ou non être comptabilisés dans leur valeur. Les services, en revanche, sont directement fournis à l'utilisateur par le producteur, au moment où ils sont produits. Avec l'application du Système Européen des Comptes nationaux et régionaux de 2010 (SEC 2010), en cohérence avec la 6e édition du manuel de balance des paiements (BPM6), la définition des échanges extérieurs en comptabilité nationale est dorénavant fondée sur la notion de propriété. Ainsi, par exemple les biens envoyés à l'étranger pour travail à façon ne sont plus comptés en exportations de biens, et la marchandise transformée n'est plus comptée comme une importation de biens. En revanche est comptabilisée une importation de service industriel par le pays du donneur d'ordre, d'un montant égal à la différence de valeur entre le produit fini et les intrants. Le solde total des échanges extérieurs n'est pas modifié.

F

FAB (franco à bord) : exportations en valeur à partir de la France majorées des coûts d'acheminement jusqu'à la frontière française.

Facture énergétique : solde du commerce extérieur en valeur portant sur les combustibles minéraux solides (charbon et produits solides issus de sa transformation), les produits pétroliers (pétrole brut et produits raffinés), le gaz et l'électricité.

Famille : partie d'un ménage comprenant au moins deux personnes et constituée soit d'un couple formé d'un homme et d'une femme, marié ou non, avec ou sans enfant(s), soit d'un adulte avec un ou plusieurs enfants. On compte 18,0 millions de familles en France en 2013. Les seuls enfants pris en compte dans les familles sont les personnes célibataires n'ayant elles-mêmes pas d'enfant et vivant avec au moins un de leurs deux parents, sans limite d'âge. Si tous les enfants du logement, mineurs ou non, sont ceux du couple, alors la famille est qualifiée de « traditionnelle ».

Famille monoparentale : famille comprenant un parent résidant sans conjoint et un ou plusieurs enfants.

Famille recomposée : famille comprenant un « couple au sein d'un ménage », mariés ou non, et au moins un enfant né d'une union précédente de l'un des conjoints. Les enfants qui vivent avec deux leurs parents ainsi que des demi-frères ou demi-sœurs en font aussi partie.

FBCF : voir **Investissement**.

Fédérations françaises handisport et du sport adapté : il existe deux fédérations sportives agréées en France correspondant aux différents types de handicaps. Elles sont toutes deux multisports. La Fédération française du sport adapté (FFSA) a reçu délégation du ministère des Sports pour organiser, développer, coordonner et contrôler la pratique des activités physiques et sportives des personnes en situation de handicap mental, intellectuel ou psychique. La fédération française handisport a connu une importante évolution depuis 1954, date de création de l'Association des Mutilés de France. L'objectif principal de cette fédération est de rendre accessible au plus grand nombre le sport pour les personnes handicapées (handicap moteur, visuel et auditif).

Fiscalité locale : comprend la fiscalité directe (taxe foncière sur les propriétés bâties, taxe foncière sur les propriétés non bâties, taxe d'habitation, taxe d'enlèvement des ordures ménagères) la taxe professionnelle jusqu'en 2009 et depuis 2010 les impôts économiques qui sont la cotisation foncière des entreprises, la cotisation sur la valeur ajoutée des entreprises, les impositions forfaitaires sur les entreprises de réseau, et la fiscalité indirecte (droits de mutation à titre onéreux, carte grise, ...).

Flux de matières : le suivi des flux de matières liés au fonctionnement de l'économie est important pour une gestion et une utilisation durables des ressources. Les comptes macroéconomiques de flux de matières recensent ainsi annuellement l'ensemble des flux apparents entrant dans l'économie (les matières extraites du territoire, les produits importés qu'ils soient bruts ou finis), stockés dans la « technosphère » sous forme d'infrastructures ou de biens durables, sortant de l'économie sous forme d'exportations ou rejetés dans les milieux naturels (émissions dans l'air, rejets dans l'eau, pollution des sols, déchets mis en décharge dans le sous-sol...). Dans ces comptes de flux de matières, le principe de conservation de la masse s'applique : des éléments d'équilibrage sont donc conventionnellement introduits, ils couvrent d'une part ce qui rentre dans le système (l'économie) et, d'autre part, ce qui y est stocké ou qui en sort. Ces flux sont exprimés en tonnes, quelle que soit la matière considérée et sa spécificité (dangerosité, matière brute ou produit fini...). Les flux d'air et d'eau ne sont pas inclus car ils sont d'un ordre de grandeur supérieur aux autres flux de matières. Les matières d'origine intérieure recyclées ne sont donc pas comptabilisées comme matières entrantes. Elle impactent néanmoins les flux entrants : plus le recyclage progresse, moins l'économie demande de matières premières en entrée.

Fonction publique : le périmètre de la fonction publique renvoie aux personnes morales et organismes soumis au droit administratif dans lequel le recrutement se fait sur la base du droit public. La fonction publique se décompose en 3 versants :
– la fonction publique de l'État (FPE) ;
– la fonction publique territoriale (FPT) ;
– la fonction publique hospitalière (FPH).
Le tracé de chaque versant s'appuie essentiellement sur la catégorie juridique de l'employeur. Il existe une notion plus large : l'emploi public, qui renvoie à une approche économique, utilisé par la comptabilité nationale. L'emploi public comptabilise les personnes travaillant à titre principal dans des administrations publiques (administrations, organismes publics et organismes privés financés majoritairement par prélèvements obligatoires).

Fonction publique de l'État (FPE) : regroupe les ministères et les établissements publics administratifs (EPA) nationaux (exemple Pôle emploi, CROUS, CNRS, Universités) à l'exclusion des EPA nationaux de sécurité sociale dont le statut de recrutement normal est le droit privé (exemple CNAMTS). Les effectifs de la fonction publique de l'État comprennent l'ensemble des agents qui travaillent dans ces organismes, fonctionnaires ou non fonctionnaires.

Fonction publique hospitalière (FPH) : regroupe les hôpitaux publics, les établissements publics d'hébergement pour personnes âgées et les autres établissements médicosociaux (aide sociale à l'enfance, mineurs et adultes handicapés ou inadaptés, réadaptation sociale). Les effectifs de la fonction publique hospitalière comprennent l'ensemble des agents qui travaillent dans ces organismes, fonctionnaires ou non fonctionnaires y compris, dans cette acception, le personnel médical.

Fonction publique territoriale (FPT) : regroupe les collectivités territoriales stricto sensu (régions, départements, communes, y compris collectivités à statut particulier et collectivités d'outre-mer) et les EPA locaux (loi n°84-53 du 26 janvier 1984 constituant le titre III du Statut général). Les effectifs de la fonction publique territoriale comprennent l'ensemble des agents qui travaillent dans ces organismes, fonctionnaires ou non fonctionnaires.

Fonds d'investissement : organismes de placement collectif en valeurs mobilières (OPCVM), fonds d'investissements alternatifs (FIA) et autres fonds de placement collectifs.

Fonds de pension des élus locaux (FONPEL) : régime de retraite par rente pour les élus locaux conformément aux dispositions de la loi n° 92-108 du 3 février 1992 relative aux conditions d'exercice des mandats locaux.

Fonds européen de stabilité financière (FESF) : fonds de stabilisation sous la forme d'un fonds commun de créance, approuvé par les États membres de l'Union européenne le 9 mai 2010. Communément appelé Fonds de secours européen.

Fonds propres : les fonds propres des sociétés financières et non financières sont mesurés par différence entre la valeur de leurs actifs et celle de leurs passifs autres qu'en actions.

Formation brute de capital fixe (FBCF) : voir **Investissement**.

Formation des personnes en recherche d'emploi : toute formation suivie par des personnes sans emploi, qui en cherche un, inscrites ou non à Pôle emploi, avec un statut de stagiaire de la formation professionnelle. Ce statut octroie une rémunération ou, a minima, la prise en charge de la protection sociale pendant la formation.

Formation initiale : parcours d'études amorcé à l'école élémentaire et suivi sans une interruption de plus d'un an. La formation initiale regroupe des niveaux de formation allant de la maternelle à l'enseignement supérieur.

Formation professionnelle continue : obligation légale depuis 1971, elle a pour but d'assurer aux salariés, employés ou demandeurs d'emploi, une formation destinée à conforter, améliorer ou acquérir des connaissances professionnelles. Elle se répartit en deux grands secteurs distincts. Les actions financées par les entreprises, qui ont l'obligation de consacrer 1,00 % de la masse salariale (entreprises de onze salariés et plus) ou 0,55 % (entreprises de moins de dix salariés) à la formation continue et les actions financées par les fonds publics, essentiellement consacrées aux demandeurs d'emploi et à la promotion sociale.

Fréquentation touristique : pour évaluer la fréquentation touristique, d'une région, d'un type d'hébergement ou d'un pays on retient deux unités de compte. Il s'agit des arrivées et des nuitées. Toutefois ce concept, couramment utilisé pour les statistiques internationales, lorsqu'il existe des contrôles aux frontières, est sensiblement différent de celui de touriste. Ainsi, deux régions d'un même pays comptabiliseront chacune une arrivée pour un même touriste visitant ces deux régions au cours d'un même séjour. En revanche, pour le niveau national ce même touriste ne sera à l'origine que d'une seule arrivée en France. Ainsi il est difficile d'agréger les arrivées locales, au sein d'un même pays, sans risque de doubles comptes et ce risque augmente proportionnellement à la taille du pays. En revanche les nuitées présentent l'avantage de ne pas induire de doubles comptes et constituent un indicateur statistiquement plus aisé à utiliser mais, en revanche, plus éloigné de la notion de touriste. En effet les durées de séjours sont très variables selon l'origine des touristes ou leurs motivations.

Fret : marchandises transportées par un véhicule.

G

Gaz à effet de serre (GES) : les principaux gaz responsables de l'effet de serre, dont les émissions sont encadrées par le protocole de Kyoto, sont le dioxyde de carbone (CO_2), le méthane (CH_4), l'oxyde nitreux (N_2O) et les gaz fluorés (HFC, PFC et SF_6). Les émissions de ces six gaz sont pondérées par leurs potentiels de réchauffement global (PRG) et exprimées en équivalent CO_2 pour donner un total d'émissions en équivalent CO_2.

GE : voir Grandes entreprises**.**

Génération : ensemble des personnes nées la même année civile. Exemple : « la génération 1946 ».

Grande école : établissement d'enseignement supérieur qui assure des formations de haut niveau. La tutelle d'une grande école est assurée par un ministère qui n'est pas obligatoirement l'Éducation nationale (exemple : l'École polytechnique sous la tutelle du ministère de la Défense).

Grandes entreprises (GE) : entreprises ayant au moins 5 000 salariés. Une entreprise qui a moins de 5 000 salariés mais plus de 1,5 milliard d'euros de chiffre d'affaires et plus de 2 milliards d'euros de total de bilan est aussi considérée comme une grande entreprise. Il s'agit de l'une des quatre catégories d'entreprises définies par la loi (article 51 de la loi de modernisation de l'économie) pour les besoins de l'analyse statistique et économique. Voir aussi : **Catégories d'entreprises**.

Grand magasin : entreprise de vente au détail qui réalise moins du tiers de ses ventes en alimentation et dont la surface de vente est supérieure ou égale à 2 500 m^2.

Grille AGGIR (autonomie gérontologique groupes iso-ressources) : grille permettant d'évaluer le degré de dépendance d'une personne âgée. Ce degré est évalué sur la base de dix critères, mesurant l'autonomie physique et psychique. En fonction de leur degré de difficulté pour réaliser ces actions, les personnes sont classées en six groupes, dits « isoressources » (GIR), de la dépendance la plus légère, le GIR 6, à la plus élevée, le GIR 1. Ces six groupes sont censés regrouper des personnes qui peuvent avoir des profils d'incapacités différents, mais ont besoin d'une même quantité d'heures de soins. Cette grille d'évaluation est utilisée par les conseils généraux comme outil d'éligibilité pour l'octroi de l'Allocation personnalisée d'autonomie (APA), entrée en vigueur en 2002.

Grille indiciaire : voir **Indice de traitement**.

Groupe : ensemble de sociétés liées entre elles par des participations au capital et parmi lesquelles l'une exerce sur les autres un pouvoir de décision. Un groupe de sociétés était jusqu'à présent considéré comme une seule entreprise quelle que soit sa taille. Il s'agit d'une approximation. En effet, certains conglomérats diversifiés sont formés de branches quasi autonomes qui devraient en toute rigueur être considérés comme autant d'entreprises. Identifier au sein des groupes de telles entreprises au sens du décret et reconstituer les variables économiques au niveau de ces entreprises est un travail de grande ampleur, mené dans le cadre du profilage. Pour les données 2013, est intégré pour la première fois le résultat du profilage de 43 grands groupes. En identifiant plusieurs entreprises au sein de ces groupes diversifiés, le profilage introduit 24 grandes entreprises (GE) et 34 entreprises de taille intermédiaire (ETI) supplémentaires.

Groupe d'experts intergouvernemental sur l'évolution du climat (GIEC) : groupe d'experts piloté par l'Organisation météorologique mondiale (OMM) et le Programme des Nations unies pour l'environnement (PNUE), chargé d'organiser une synthèse des travaux scientifiques sur le changement climatique (IPCC en anglais pour Intergovernmental Panel on Climate Change).

Groupement de communes à fiscalité propre : EPCI ayant la possibilité de lever l'impôt (impôts sur les ménages ou sur les entreprises). Il s'agit des communautés de communes, des communautés d'agglomération, des communautés urbaines, des métropoles et des syndicats d'agglomération nouvelle.

Groupes iso-ressource (GIR) : indicateur du degré de dépendance, allant de 1 (très dépendant) à 6 (autonome). Le GIR peut être évalué par des professionnels. Le classement s'opère en fonction du besoin en aide professionnelle (ou du « besoin de soins ») **:**
– GIR 1 : personnes confinées au lit ou au fauteuil ayant perdu leur autonomie mentale, corporelle, locomotrice et sociale, qui nécessitent une présence indispensable et continue d'intervenants ;
– GIR 2 : personnes confinées au lit ou au fauteuil dont les fonctions mentales ne sont pas totalement altérées et qui nécessitent une prise en charge pour la plupart des activités de la vie courante ou personnes dont les fonctions mentales sont altérées mais qui ont conservé leurs capacités motrices ;
– GIR 3 : personnes ayant conservé leur autonomie mentale, partiellement leur autonomie locomotrice, mais qui nécessitent quotidiennement et plusieurs fois par jour des aides pour leur autonomie corporelle ;
– GIR 4 : personnes qui n'assument pas seules leur transfert mais qui, une fois levées, peuvent se déplacer à l'intérieur du logement. Elles doivent être aidées pour la toilette et l'habillage ;
– GIR 5 et GIR 6 : personnes très peu ou pas dépendantes (ces deux derniers groupes ne donnent pas droit à l'Allocation personnalisée d'autonomie).

H

Halo du chômage : voir **Chômage au sens du BIT**.

Haut débit ou large bande : caractérise une liaison permettant de transmettre de grandes quantités de données. Toute connexion dont le débit est de 128 kilo-octets au minimum est considérée comme du haut-débit.

Hébergement touristique : installation qui, régulièrement ou occasionnellement, pourvoit à l'hébergement de touristes comme les hôtels, campings, hébergement en meublés de courte durée, résidences de tourisme, centres de villégiatures, centres de vacances pour enfants et adolescents, auberges de jeunesse et refuges.

Horaires de travail atypiques : s'opposent aux horaires en journées standardisées (c'est-à-dire matin et après-midi, du lundi au vendredi). Dans l'enquête Emploi de l'Insee, les personnes déclarant avoir travaillé le samedi, le dimanche, le soir (entre 20h et minuit) ou la nuit (entre minuit et 5h), au moins une fois au cours des quatre semaines précédant l'interrogation, sont considérées comme ayant des horaires atypiques.

Hospitalisation à temps complet : unités hébergeant des patients pour une durée généralement supérieure à une journée. Elle comprend également les unités fermées le week-end (hospitalisation dite de semaine).

Hospitalisation à temps partiel : accueil de jour ou de nuit plus les unités ayant des activités d'anesthésie ou de chirurgie ambulatoire. Elle fait partie avec l'hospitalisation à domicile (HAD) des alternatives à l'hospitalisation à temps complet.

Hôtellerie de plein air (camping) : les campings-caravanings sont homologués par Atout France. Ils sont classés de 1 à 5 étoiles.. Les conditions requises portent sur les équipements communs, les équipements sanitaires et l'accessibilité aux personnes handicapées. Un emplacement de passage est un emplacement destiné à une clientèle touristique n'y élisant pas domicile. Un emplacement loué à l'année est un emplacement réservé à la location résidentielle, c'est-à-dire à un seul client pour l'ensemble de la période d'ouverture du camping.

Hôtellerie homologuée : les hôtels sont classés ou homologués tourisme par Atout France. Ils sont classés en cinq catégories, de 1 à 5 étoiles. Les conditions requises portent sur le nombre de chambres, les locaux communs, l'équipement de l'hôtel, la surface et le confort des chambres, le niveau de service rendu par le personnel de l'hôtel. Pour être qualifié d'« hôtel de tourisme », un établissement hôtelier doit accueillir de la clientèle de passage qui n'y élit pas domicile.

Hypermarché : entreprise de vente au détail en libre-service dont au moins un magasin réalise plus du tiers de ses ventes en alimentation et dont la surface de vente est supérieure ou égale à 2 500 m^2.

I

IDE : voir **Investissement direct étranger**.

Immatriculation : mouvement de mutation d'un véhicule avec émission d'une nouvelle carte grise. Ces mouvements incluent les immatriculations de véhicules neufs (c'est-à-dire dont le propriétaire est le premier depuis la mise en circulation du véhicule), ainsi que les immatriculations de véhicules d'occasion (nouveau propriétaire depuis la 1ère mise en circulation). Les immatriculations ne comprennent pas les mouvements de rectification des informations sur les véhicules avec ou sans émission de carte grise. À compter d'avril 2009, les véhicules bénéficient d'une immatriculation à vie. Cela n'affecte pas la définition statistique de l'immatriculation d'occasion ; les immatriculations concernent les véhicules neufs ou les ventes de véhicules d'occasion bien que ces derniers ne changent pas de numéro. Ces mouvements sont relatifs à la série dite normale, c'est-à-dire hors transit temporaire, immatriculation temporaire, militaire, corps diplomatique.

Immigrés : population constituée des personnes nées étrangères à l'étranger et résidant en France. Elle comprend donc en partie des personnes qui, depuis leur arrivée, ont acquis la nationalité française. À l'inverse, elle exclut les Français de naissance nés à l'étranger et résidant en France et les étrangers nés en France.

Importations de biens : ensemble des biens fournis par des non-résidents à des résidents, à titre onéreux ou gratuit.

Importations de biens et de services : ensemble des biens et des services fournis par des non-résidents à des résidents, à titre onéreux ou gratuit. Les opérations internationales sur services diffèrent des opérations sur les biens. Les biens pouvant être transportés très loin de leur lieu de production, leur commercialisation s'accompagne de frais de transport qui peuvent ou non être comptabilisés dans leur valeur. Les services, en revanche, sont directement fournis à l'utilisateur par le producteur, au moment où ils sont produits. Avec l'application du Système Européen des Comptes nationaux et régionaux de 2010 (SEC 2010), en cohérence avec la 6e édition du manuel de balance des paiements (BPM6), la définition des échanges extérieurs en comptabilité nationale est dorénavant fondée sur la notion de propriété. Ainsi, par exemple les biens envoyés à l'étranger pour travail à façon ne sont plus comptés en exportations de biens, et la marchandise transformée n'est plus comptée comme une importation de biens. En revanche est comptabilisée une importation de service industriel par le pays du donneur d'ordre, d'un montant égal à la différence de valeur entre le produit fini et les intrants. Le solde total des échanges extérieurs n'est pas modifié.

Impôt : prélèvement obligatoire effectué par voie d'autorité par une administration (État, collectivités territoriales,...) sur les ressources des personnes vivant sur son territoire ou y possédant des intérêts pour être affecté aux services d'utilité générale.

Impôts en capital : impôts recouvrant principalement les droits de succession et de donation.

Impôts sur la production et les importations : versements obligatoires sans contrepartie, en espèces ou en nature, prélevés par les administrations publiques ou par les institutions de l'Union européenne et qui frappent la production et l'importation de biens et de services, l'emploi de main d'œuvre et la propriété ou l'utilisation de terrains, bâtiments et autres actifs utilisés à des fins de production. Ces impôts sont dus indépendamment de la réalisation de bénéfices d'exploitation. Ils comprennent les impôts sur les produits et les autres impôts sur la production.

Impôts sur les produits : impôts constitués essentiellement de la taxe sur la valeur ajoutée (TVA), de la taxe intérieure de consommation sur les produits énergétiques (TICPE), des droits de mutation à titre onéreux et des droits sur les alcools et les tabacs.

Impôts sur les revenus : pour les ménages, ces impôts désignent essentiellement l'impôt sur le revenu, la contribution sociale généralisée (CSG) et la contribution pour le remboursement de la dette sociale (CRDS). Pour les entreprises, il s'agit principalement de l'impôt sur les sociétés.

Indicateur conjoncturel de fécondité : mesure le nombre d'enfants qu'aurait une femme tout au long de sa vie, si les taux de fécondité observés l'année considérée à chaque âge demeuraient inchangés.

Indicateurs de richesse nationale : pour mettre en œuvre la loi 2015-411 du 13 avril 2015, dite loi Eva Sas, qui invite à la prise en compte de nouveaux indicateurs de richesse dans l'évaluation et la définition des politiques publiques, le gouvernement a adopté en octobre 2015 un tableau de bord de 10 indicateurs qui alimentera chaque année un rapport annexé au projet de loi de finances. Dispersion des revenus, pauvreté en condition de vie, taux d'emploi, sorties précoces, dépense intérieure de recherche, dette publique, empreinte carbone, artificialisation des sols, espérance de vie en bonne santé et satisfaction dans la vie sont les 10 indicateurs retenus, compatibles avec un cadre international de développement durable.

Indication géographique protégée (IGP) : régie par le règlement européen, l'indication géographique protégée (IGP) distingue un produit dont toutes les phases d'élaboration ne sont pas nécessairement issues de la zone géographique éponyme mais qui bénéficie d'un lien à un territoire et d'une notoriété.

Indice de Gini (ou coefficient de Gini) : partant de la distribution d'une variable numérique prenant des valeurs positives ou nulles (les salaires, les revenus, les niveaux de vie), l'indice de Gini est un indicateur synthétique d'inégalités au sein de cette distribution (de salaires, de revenus, de niveaux de vie...). Il varie entre 0 et 1. Il est égal à 0 dans une situation d'égalité parfaite où tous les salaires, les revenus, les niveaux de vie... seraient égaux. À l'autre extrême, il est égal à 1 dans une situation la plus inégalitaire possible, celle où tous les salaires (les revenus, les niveaux de vie...) sauf un seraient nuls. Entre 0 et 1, l'inégalité est d'autant plus forte que l'indice de Gini est élevé.

Indice de référence des loyers (IRL) : entré en vigueur le 10 février 2008 (article 9 de la loi 2008-111 pour le pouvoir d'achat), il remplace à compter de cette date l'indice de référence des loyers – loi 2005 (créé par la loi n°2005-841 du 26 juillet 2005). Il correspond à la moyenne, sur les douze derniers mois, de l'évolution des prix à la consommation hors tabac et hors loyers. L'IRL est un indice chaîné en glissement annuel. Il se déduit de l'indice du même trimestre de l'année précédente en lui appliquant l'évolution entre ces deux périodes de la moyenne sur douze mois consécutifs de l'indice des prix à la consommation hors tabac et hors loyers (Insee – Indice des prix à la consommation). Cet indice est calculé sur une référence 100 au quatrième trimestre de 1998. Le calcul est effectué sur la série non arrondie de l'indice des prix à la consommation hors tabac et hors loyers. Le niveau et l'évolution de l'indice de référence des loyers sont arrondis à deux décimales. Il concerne les loyers des locaux à usage d'habitation principale régis par la loi du 6 juillet 1989 et les locaux meublés soumis à l'article L 632-1 du code de la construction et de l'habitation (CCH). Ce nouvel indice se substitue désormais à l'indice du coût de la construction (ICC) pour la révision :
– des redevances des contrats de location-accession portant sur des immeubles à usage d'habitation ou à usage professionnel et d'habitation, achevés ou en construction à la date de la signature de la convention ;
– des loyers des bâtiments d'habitation dans le cadre des fermages (article 411-11 du Code rural) : « Ce loyer ainsi que les minima et maxima sont actualisés, chaque année, selon la variation de l'indice de référence des loyers publié par l'Institut national de la statistique et des études économiques chaque trimestre et qui correspond à la moyenne, sur les douze derniers mois, de l'évolution des prix à la consommation hors tabac et hors loyer. »

Indice des prix à la consommation (IPC) : l'indice des prix à la consommation (IPC) est l'instrument de mesure de l'inflation. Il permet d'estimer, entre deux périodes données, la variation moyenne des prix des produits consommés par les ménages. C'est une mesure synthétique de l'évolution de prix des produits, à qualité constante. Il est publié chaque mois au *Journal Officiel*. L'indice des prix hors tabac sert à indexer de nombreux contrats privés, des pensions alimentaires, des rentes viagères et aussi à revaloriser le Smic. L'indice retenu pour le Smic est celui des « ménages du 1er quintile de la distribution des niveaux de vie, hors tabac ». Depuis la diffusion de l'IPC de janvier 2016, l'Insee publie un nouvel indice en base 2015 = 100 en lieu et place de l'indice base 1998 = 100. Cet indice rénové constitue la huitième génération de l'indice depuis 1914.

Indice des prix à la consommation harmonisé (IPCH) : indicateur permettant d'apprécier le respect du critère de convergence portant sur la stabilité des prix, dans le cadre du traité de l'Union européenne (UE), traité de Maastricht. Pour la France, le territoire national économique comprend la France métropolitaine et les départements d'outre-mer (DOM), à l'exclusion des collectivités d'outre-mer. Cet indice est conçu expressément à des fins de comparaison internationale. Les méthodes utilisées par les États membres de l'Union européenne pour calculer leur indice de prix national peuvent être différentes. Elles ne permettent donc pas, de comparer correctement la hausse des prix de ces pays. C'est pourquoi, les indices de prix à la consommation harmonisés sont calculés avec des méthodes et un contenu assurant une meilleure comparabilité. La différence essentielle avec l'indice des prix à la consommation national français tient dans le traitement de la protection sociale et de l'enseignement. En effet, dans l'IPCH, seule la part à la charge du consommateur (après remboursement) est prise en compte.

Indice de traitement brut – grille indiciaire (ITB-GI) ou **indice de traitement net – grille indiciaire (ITN-GI) :** indice mesurant l'impact des mesures générales (évolution du point d'indice, relèvement du minimum de traitement de la fonction publique et attribution de points uniformes) d'une part, et de toutes les réformes statutaires intervenues sur la période d'autre part, sur le traitement indiciaire des agents titulaires des ministères. Par rapport à l'ITB-GI, l'ITN-GI prend en compte l'impact de l'évolution des cotisations salariales assises sur le traitement indiciaire. En revanche, ces indicateurs n'intègrent aucun élément de nature indemnitaire, ni les impacts des changements de structure liés aux mouvements de personnels et évolution des carrières.

Indice du coût de la construction (ICC) : mesure chaque trimestre l'évolution des prix des bâtiments neufs à usage principal d'habitation. Il s'agit du prix TVA incluse, payé par les maîtres d'ouvrages aux entreprises de construction. Il s'attache exclusivement aux travaux de construction. Il exclut les prix et coûts liés au terrain (viabilisation, fondations spéciales...), ainsi que les honoraires, les frais de promotion et les frais financiers. Il ne couvre pas non plus les opérations d'entretien-amélioration. Il est utilisé en comptabilité nationale pour évaluer le partage volume-prix dans la construction.

Indices boursiers : fondés sur la moyenne de cours d'échantillons de valeurs mobilières retenues en fonction de leur représentativité, les indices boursiers fournissent une tendance générale de l'évolution des marchés et facilitent la comparaison entre les différentes places boursières. Chaque place boursière est dotée de plusieurs indices boursiers. Le CAC 40 est le principal indice boursier sur la place de Paris. Il est déterminé à partir des cours de 40 actions cotées en continu sur le Premier Marché. Ces valeurs, représentatives des différentes branches d'activités, reflètent en principe la tendance globale de l'économie des grandes entreprises françaises et leur liste est revue régulièrement pour maintenir cette représentativité. La place de Paris dispose d'autres indices boursiers comme, par exemple, les indices SBF 120 et SBF 250 qui portent respectivement sur des échantillons de 120 et 250 entreprises cotées sur le marché réglementé. Les principaux indices bousiers à l'étranger sont le Dow Jones, indice le plus ancien et le plus suivi de la bourse de New York qui repose sur 30 valeurs industrielles parmi les plus importantes, le SP 500 calculé par *Standard and Poors* sur la base de 500 valeurs les plus importantes des trois marchés de New York (NYSE, Nasdaq et AMEX), le Nasdaq Composite qui mesure toutes les valeurs américaines et étrangères cotées au Nasdaq de New York, l'indice japonais NIKKEI 225 établi d'après les cours de clôture des 225 valeurs cotées à Tokyo, le FTST 100 (ou FOOTSIE) de la bourse de Londres créé en 1984 et qui comprend 100 sociétés et le DAX 30 des 30 actions les plus importantes de la bourse de Francfort. Par ailleurs, plusieurs indices européens ont été créés lors du passage à l'euro des bourses de la zone euro. Le plus utilisé est l'Euro Stoxx 50 : il regroupe 50 valeurs parmi les plus significatives cotées sur différentes places boursières de la zone euro.

Industrie : regroupe l'industrie manufacturière, les industries extractives, la production et la distribution de l'énergie et de l'eau, la gestion des déchets et la dépollution.

Industries agroalimentaires (IAA) : correspondent au code CA de la nomenclature d'activités française (NAF Rév. 2) : industrie des viandes ; industrie du lait ; industrie des boissons ; travail du grain, fabrication d'aliments pour animaux ; industries alimentaires diverses ; industrie du tabac. À partir de 2008, ces industries sont regroupées dans le poste C1 du niveau A17 de la nomenclature agrégée (NA) : fabrication de denrées alimentaires, de boissons et de produits à base de tabac.

Industrie automobile : concerne aussi bien les constructeurs de voitures particulières, de véhicules de loisir, de véhicules utilitaires que les équipementiers spécialisés, les carrossiers, les assembleurs ou les prestataires de services d'aménagement de véhicules automobiles. Cette activité intègre donc la filière complète, y compris moteurs et organes mécaniques en amont, dès lors qu'ils sont principalement destinés à des véhicules automobiles (à l'exception des parties de moteurs).

Industrie manufacturière : regroupe toutes les industries de transformation de biens. À ce titre, elle représente la majeure partie des industries : n'en sont exclues que les industries extractives, la production et la distribution de l'énergie et de l'eau, la gestion des déchets et la dépollution.

Inégalité de revenus : dans le cadre des « indicateurs de richesse nationale », rapport de la masse des niveaux de vie détenue par les 20 % d'individus les plus aisés à celle détenue par les 20 % des personnes les plus pauvres.

Inflation : perte du pouvoir d'achat de la monnaie qui se traduit par une augmentation générale et durable des prix. Elle doit être distinguée de l'augmentation du coût de la vie. La perte de valeur des unités de monnaie est un phénomène qui frappe l'économie nationale dans son ensemble, sans discrimination entre les catégories d'agents. Pour évaluer le taux d'inflation on utilise l'indice des prix à la consommation (IPC). Cette mesure n'est pas complète, le phénomène inflationniste couvrant un champ plus large que celui de la consommation des ménages.

Inflation sous-jacente : indice désaisonnalisé qui permet de dégager une tendance de fond de l'évolution des prix. Il traduit l'évolution profonde des coûts de production et la confrontation de l'offre et de la demande. Il exclut les prix soumis à l'intervention de l'État (électricité, gaz, tabac...) et les produits à prix volatils (produits pétroliers, produits frais, produits laitiers, viandes, fleurs et plantes,...) qui subissent des mouvements très variables dus à des facteurs climatiques ou à des tensions sur les marchés mondiaux. L'indice d'inflation sous-jacente est corrigé des mesures fiscales (hausse ou baisse de la TVA, mesures spécifiques sur les produits...) de façon à neutraliser les effets sur l'indice des prix de la variation de la fiscalité indirecte ou des mesures gouvernementales affectant directement les prix à la consommation. L'inflation sous-jacente est ainsi plus adaptée à une analyse des tensions inflationnistes, car moins perturbée par des phénomènes exogènes.

Infraction : action ou comportement interdit par la loi pénale et passible de ce fait de sanctions prévues par la loi : amende, peine d'emprisonnement, peines complémentaires, etc. On distingue trois catégories d'infraction, selon leur gravité et les peines encourues : les contraventions, les délits et les crimes. C'est le Parquet qui, en qualifiant juridiquement les faits, détermine en premier lieu la nature et la catégorie de l'infraction et la juridiction compétente. Celle-ci peut ensuite procéder à une requalification des mêmes faits, y compris en changeant la catégorie à laquelle ils appartiennent.

Innovation : la dernière version du manuel d'Oslo définit quatre catégories d'innovation. L'innovation de produit est la création ou l'amélioration d'un produit (bien ou prestation de service). L'innovation de procédé est la mise en œuvre de nouvelles techniques pour la production de biens ou la réalisation de prestations de services. Il existe aussi l'innovation d'organisation (les cercles de qualité en sont un exemple) et celle de marketing (par exemple la mise en franchise ou la promotion sur internet).

Innovation technologique : correspond à une innovation ou à des activités d'innovation en produits (biens ou prestations de services) ou en procédés. L'innovation non technologique correspond à une innovation en organisation ou en marketing. Voir aussi : **activités d'innovation technologique**.

Inserm : l'Institut national de la santé et de la recherche médicale (Inserm) est le seul organisme public français entièrement dédié à la recherche biologique, médicale et sur la santé des populations. Ses chercheurs ont pour vocation l'étude de toutes les maladies humaines des plus fréquentes aux plus rares.

Institut universitaire de technologie (IUT) : les instituts universitaires de technologie, rattachés aux universités, ont été créés en 1965. Les IUT préparent aux diplômes universitaires de technologie (DUT), aux diplômes post-DUT et aux licences professionnelles.

Institutions financières : établissements de crédit et autres intermédiaires financiers (principalement entreprises d'investissement, organismes de titrisation, sociétés de caution mutuelle). Le sinstitutions financières correspondent à un périmètre plus restreint que celui des sociétés financières qui incluent les sociétés d'assurance, les OPC, les auxiliaires financiers et les institutions captives. Les institutions financières incluent les établissements de crédit et les autres intermédiaires financiers (secteurs institutionnels S.122 et S.125 des comptes nationaux).

Institutions sans but lucratif au service des ménages (ISBLSM) : ensemble des unités privées dotées de la personnalité juridique qui produisent des biens et services non marchands au profit des ménages. Leurs ressources principales proviennent de contributions volontaires en espèces ou en nature effectuées par les ménages en leur qualité de consommateurs, de versements provenant des administrations publiques, ainsi que de revenus de la propriété.

Intensité matières : rapport entre la consommation apparente de matières de l'économie (DMC) et le PIB (exprimé en volume, *i.e.* hors évolution des prix) indiquant la quantité de matières consommées en moyenne pour générer chaque unité de PIB.

Intérim : l'opération de « travail intérimaire » (ou « intérim » ou « travail temporaire ») consiste à mettre à disposition provisoire d'entreprises clientes, des salariés qui, en fonction d'une rémunération convenue, sont embauchés et rémunérés à cet effet par l'entreprise de travail intérimaire (ou entreprise de travail temporaire). Elle se caractérise donc par une relation triangulaire entre l'entreprise de travail temporaire, l'entreprise cliente et le salarié, et implique la conclusion de deux contrats : un contrat de mise à disposition (entre l'entreprise de travail temporaire et l'entreprise cliente) et un contrat de mission (entre l'entreprise de travail temporaire et le salarié). Les salariés qui travaillent en intérim sont qualifiés d'intérimaires.

Intermédiaires financiers hors sociétés d'assurance (IF) : ensemble regroupant, pour l'essentiel, la Banque de France, les établissements de crédit et les fonds d'investissement (organismes de placement collectif monétaires, non monétaires et assimilés).

Internet ou *web* : ensemble de réseaux mondiaux interconnectés qui permet à des ordinateurs et à des serveurs de communiquer efficacement au moyen d'un protocole de communication commun (IP). Ses principaux services sont le Web, le FTP, la messagerie et les groupes de discussion.

Internet mobile : accès à internet « sans fil » *via* des moyens de communications comme un téléphone portable, un ordinateur de poche, un ordinateur portable ou une tablette grâce à une clé 3G ou un relais *wifi*.

Inventaire national d'émissions de GES : indicateur destiné à caractériser la pression exercée par un pays en termes d'émissions de gaz à effet de serre (GES). Il calcule des quantités de GES physiquement émises à l'intérieur du pays selon une approche territoire. Ces inventaires nationaux sont réalisés chaque année pour répondre aux normes de la Convention cadre des Nations Unies sur les changements climatiques (CCNUCC). Une méthode complémentaire permettant d'apprécier les pressions d'un pays sur le climat est l'empreinte carbone.

Investissement ou formation brute de capital fixe (FBCF) : acquisitions moins cessions d'actifs fixes réalisées par les producteurs résidents. Les actifs fixes sont les actifs corporels ou incorporels issus de processus de production et utilisés de façon répétée ou continue dans d'autres processus de production pendant au moins un an.

Investissement direct étranger (IDE) : investissement qu'une unité institutionnelle résidente d'une économie effectue dans le but d'acquérir un intérêt durable dans une unité institutionnelle résidente d'une autre économie et d'exercer, dans le cadre d'une relation à long terme, une influence significative sur sa gestion. Par convention, une relation d'investissement direct est établie dès lors qu'un investisseur acquiert au moins 10 % du capital social de l'entreprise investie. Les investissements directs comprennent non seulement l'opération initiale qui établit la relation entre les deux unités mais également toutes les opérations financières ultérieures entre elles et entre les unités institutionnelles apparentées, qu'elles soient ou non constituées en sociétés.

J

Juridiction : désigne un tribunal ou une cour. Les juridictions de l'ordre administratif sont en principe compétentes pour juger les litiges nés à l'occasion d'une activité administrative. Les juridictions de l'ordre judiciaire sont chargées de régler les litiges entre particuliers (juridictions civiles) et de juger les personnes poursuivies pour infraction à la loi pénale (juridictions pénales). Chaque ordre de juridiction comprend une juridiction de droit commun et des juridictions d'exception (ou d'attribution pour l'ordre administratif). La juridiction de droit commun est compétente pour juger tout litige qu'aucun texte n'attribue à une autre juridiction tandis que la juridiction d'exception ou d'attribution n'est compétente que dans certaines matières, en vertu d'un texte. Ainsi, s'agissant de l'ordre judiciaire, en matière civile, la juridiction de droit commun est le tribunal de grande instance et le Conseil de Prud'homme, par exemple, appartient à la catégorie des juridictions d'exception. Pour ce qui est de l'ordre administratif, la juridiction de droit commun est le tribunal administratif et le Conseil d'État, par exemple, est une juridiction d'attribution. Les juridictions pénales de l'ordre judiciaire sont compétentes selon les infractions :
– les contraventions des 4 premières classes sont jugées par le juge de proximité ;
– les contraventions de 5e classe le sont par le tribunal de police ;
– les délits, par le tribunal correctionnel ;
– les crimes, par la cour d'assises.

L

Licence : diplôme universitaire préparé en six semestres. Le cursus LMD correspond aux normes européennes de l'enseignement supérieur. Les licences LMD comprennent les licences générales et les licences professionnelles.

Licence sportive : acte unilatéral de la fédération sportive qui permet la pratique sportive et la participation aux compétitions, et le cas échéant (selon les statuts de la fédération) la participation au fonctionnement de la fédération.

Logement : local utilisé pour l'habitation. Les logements sont répartis en quatre catégories : résidences principales, résidences secondaires, logements occasionnels, logements vacants. Il existe des logements ayant des caractéristiques particulières, mais qui font tout de même partie des logements au sens de l'Insee : les logements-foyers pour personnes âgées, les chambres meublées, les habitations précaires ou de fortune. En revanche, les communautés ne sont pas décrites ici.

Logement autorisé : voir **Autorisation de construire**.

Logement commencé : logement mis en chantier. Voir aussi : **Mise en chantier**.

Logement vacant : c'est un logement inoccupé. Il peut s'agir d'un logement proposé à la vente ou à la location, d'un logement déjà attribué à un acheteur ou un locataire et en attente d'occupation, d'un logement en attente de règlement de succession, d'un logement conservé par un employeur pour un usage futur au profit d'un de ses employés ou encore d'un logement gardé vacant et sans affectation précise par le propriétaire.

Loi relative aux libertés et responsabilités des universités (loi LRU) : loi du 10 août 2007. Elle a prévu le transfert aux universités de la totalité de leur masse salariale et de leurs emplois. Ces dispositions concernent l'ensemble des universités depuis 2013. Leurs personnels (enseignants et non enseignants) ne sont alors plus rémunérés sur crédits d'État. Ils sont recensés à partir des fichiers de gestion.

Loyer : somme versée par un locataire en contrepartie de la jouissance d'un logement. Le loyer ne comprend pas les charges locatives qui sont destinées à couvrir un certain nombre de dépenses dues par le locataire et liées à la consommation d'eau et d'énergie, l'utilisation de l'ascenseur, le chauffage collectif le cas échéant, une partie des dépenses d'entretien ou de réparation des parties communes, les taxes d'enlèvement des ordures ménagères, etc.

M

Marque : au sens de la propriété industrielle, la marque est un « signe » permettant de distinguer précisément les produits ou prestations de services d'une entreprise de ceux de ses concurrents. Le signe peut être un mot, un nom, un slogan, un logo, un dessin, etc. ou la combinaison de ces différents éléments. En déposant sa marque à l'Institut national de la propriété industrielle (Inpi), le déposant obtient un monopole d'exploitation sur le territoire français pour 10 ans, renouvelable indéfiniment. Il est ainsi le seul à pouvoir l'utiliser et peut se défendre en poursuivant en justice toute personne qui, notamment, imiterait ou utiliserait aussi sa marque.

Master : diplôme universitaire préparé en quatre semestres après la licence. Deux filières sont possibles : le master recherche, qui permet de suivre ensuite un doctorat, et le master professionnel, qui prépare à un métier précis et permet une entrée immédiate sur le marché du travail.

Médecin mixte : médecin ayant une activité libérale et une activité salariée en parallèle (hospitalière ou non).

Médiane : valeur qui partage une distribution de données statistiques, rangée en ordre croissant ou décroissant, en deux parties égales. Ainsi, pour une distribution de salaires, la médiane est le salaire au-dessous duquel se situent 50 % des salaires. C'est de manière équivalente le salaire au-dessus duquel se situent 50 % des salariés.

Médicament générique : voir médicament princeps.

Médicament princeps (ou médicament d'origine) : médicament mis au point par un laboratoire pharmaceutique qui en garde l'exclusivité jusqu'à expiration du brevet (environ 10 ans d'exploitation). À l'expiration du brevet, une copie du produit original peut ensuite être développée et commercialisée par d'autres laboratoires : c'est le médicament générique.

Ménage : ensemble des occupants d'un même logement sans que ces personnes ne soient nécessairement unies par des liens de parenté (en cas de cohabitation, par exemple). Un ménage peut ne comprendre qu'une seule personne. Au sens du recensement de la population, les personnes vivant dans des habitations mobiles, les mariniers, les sans-abri, et les personnes vivant en communauté (foyers de travailleurs, maisons de retraite, résidences universitaires, maisons de détention...) sont considérées comme vivant hors ménage. Il y a égalité entre le nombre de ménages et le nombre de résidences principales. Dans les enquêtes auprès des ménages réalisées par l'Insee, sauf l'enquête Emploi, depuis 2005, sont considérées comme formant un ménage l'ensemble des personnes (apparentées ou non) qui partagent de manière habituelle un même logement (que celui-ci soit ou non leur résidence principale) et qui ont un budget en commun. La résidence habituelle est le logement dans lequel on a l'habitude de vivre. Font donc partie du même ménage des personnes qui ont un budget commun, c'est-à-dire qui apportent des ressources servant à des dépenses faites pour la vie du ménage ou qui bénéficient simplement de ces dépenses. Dans la définition du budget commun, on ne tient pas compte des dépenses faites pour le logement et la participation occasionnelle à des dépenses communes ne suffit pas à former un budget commun. Le fait d'avoir plusieurs comptes en banque différents dans un ménage ne signifie pas faire budget à part. Depuis 2005, dans le cadre des enquêtes auprès des ménages, un logement peut donc comporter plusieurs ménages appelés encore « unités de vie ».

Ménage complexe : ménage où coexistent au moins deux des configurations suivantes : personne isolée, couple avec ou sans enfant(s), famille monoparentale.

Mesures de retrait d'activité : recouvrent l'Allocation spéciale du Fonds National de l'Emploi, la Cessation anticipée d'activité pour certains travailleurs salariés et la Dispense de recherche d'emploi.

MIC : voir **Microentreprises**.

Micro-entrepreneur : le régime du micro-entrepreneur est la nouvelle dénomination pour celui de l'auto-entrepreneur depuis le 19 décembre 2014. Ce régime a été mis en place par la loi de modernisation de l'économie (LME) d'août 2008 et s'applique depuis le 1er janvier 2009 aux personnes physiques qui créent, ou possèdent déjà, une entreprise individuelle pour exercer une activité commerciale, artisanale ou libérale (hormis certaines activités exclues), à titre principal ou complémentaire. Il offre des formalités de création d'entreprises allégées ainsi qu'un mode de calcul et de paiement simplifié des cotisations sociales et de l'impôt sur le revenu. Pour en bénéficier, l'entrepreneur individuel doit remplir les conditions du régime fiscal de la micro-entreprise. De nouvelles dispositions, définies par la loi Pinel du 18 juin 2014, s'appliquent depuis le 19 décembre 2014. Le micro-entrepreneur bénéficie ainsi :
- du régime micro-social ;
- d'un régime micro-fiscal ;
- d'une exonération temporaire de la cotisation foncière des entreprises ;
- d'une exonération ou d'une franchise de TVA du fait de son activité.

Avant le 19 décembre 2014, il bénéficiait également d'une dispense d'immatriculation au registre du commerce et des sociétés (RCS) pour les commerçants ou au répertoire des métiers (RM) pour les artisans, sauf cas particuliers. Depuis la dispense a été supprimée mais l'immatriculation est gratuite.

Métropolisation : processus de renforcement de la puissance des grandes métropoles, par l'accroissement de la population, de la densité des réseaux de communication, de la concentration d'organismes de commandement dans tous les domaines.

Microentreprises (MIC) : entreprise occupant moins de 10 personnes, et qui a un chiffre d'affaires annuel ou un total de bilan n'excédant pas 2 millions d'euros. Cette notion, utilisée à des fins d'analyse statistique et économique, diffère de celle du régime fiscal de la micro-entreprise et ne s'apparente pas non plus au statut de micro-entrepreneur, appelé auto-entrepreneur avant le 19 décembre 2014. Il s'agit de l'une des quatre catégories d'entreprises définies par la loi (article 51 de la loi de modernisation de l'économie) pour les besoins de l'analyse statistique et économique.

Milieu fermé : ensemble des établissements pénitentiaires.

Milieu ouvert : en opposition au milieu fermé, le milieu ouvert regroupe l'ensemble des mesures alternatives à l'incarcération qui répondent à une démarche de responsabilisation du condamné. Les personnes faisant l'objet de ces mesures sont placées sous contrôle du juge de l'application des peines et suivies à sa demande par des services pénitentiaires d'insertion et de probation, dès le jugement (contrôle judiciaire), lors du jugement (sursis avec mise à l'épreuve) ou suite aux modalités d'exécution de la peine d'emprisonnement (semi-liberté). Désigne également l'ensemble des mesures prises par le juge des enfants à l'égard d'un mineur et qui s'exercent dans sa famille, par opposition aux mesures de placement.

Minima sociaux : prestations sociales visant à assurer un revenu minimal à une personne (ou à sa famille) en situation de précarité, ce sont des prestations sociales non contributives, c'est-à-dire qu'elles sont versées sans contrepartie de cotisations. Le système français de minima sociaux comporte divers dispositifs, dont un spécifique aux départements d'outre-mer (DOM). Le RSA, qui vise à lutter contre les exclusions, est un des plus connus. Les autres allocations visent des publics spécifiques confrontés à un risque de grande pauvreté, par exemple, les chômeurs de très longue durée, avec l'allocation de solidarité spécifique (ASS) pour ceux ayant épuisé leurs droits à l'assurance chômage, les personnes handicapées (allocation aux adultes handicapés – AAH), les personnes âgées (minimum vieillesse). Ce type de prestations est versé sous conditions de ressources, permettant donc aux bénéficiaires de parvenir au niveau du minimum concerné.

Minimum mensuel garanti dans la fonction publique : joue, dans la fonction publique, un rôle analogue à celui du Smic dans le secteur privé. Il correspond au traitement afférent à l'indice majoré 309 depuis le 1er janvier 2013. De plus, aucun agent public ne peut percevoir une rémunération inférieure au Smic. Une indemnité différentielle est donc versée à l'agent dont le traitement indiciaire (y compris les avantages en nature) est inférieur, pour un temps complet, au montant du Smic mensuel brut.

Minimum vieillesse : le « minimum vieillesse » recouvre un ensemble d'allocations qui permettent aux personnes âgées de 65 ans au moins (60 ans en cas d'inaptitude au travail ou d'invalidité) disposant de faibles revenus d'atteindre un seuil minimal de ressources. Depuis 2007, pour les nouveaux bénéficiaires, le système d'allocations à deux étages est remplacé par une allocation unique : l'allocation de solidarité aux personnes âgées (ASPA).

Mise en chantier : une construction est considérée comme mise en chantier (ou commencée) après réception de la déclaration d'ouverture de chantier (DOC) envoyée par le pétitionnaire (ou maître d'ouvrage).

Mode de faire-valoir : type de relations existant entre le propriétaire des terres agricoles et l'exploitant. Lorsque le propriétaire exploite lui-même ses terres, on parle de faire-valoir direct. Lorsque l'exploitant prend la terre en location, moyennant un loyer d'un montant fixe, on parle de fermage. Dans le cas du métayage, l'exploitant cède un pourcentage de sa production au propriétaire. Le métayage est devenu si marginal depuis quinze ans qu'il a été regroupé, dans cet ouvrage, avec la catégorie « fermage ».

Morts violentes : causes externes de décès dans la classification internationale des maladies (CIM 10).

Musée national : les musées nationaux sont les musées dont les collections appartiennent à l'État et qui sont placés sous la tutelle de la Direction générale des patrimoines du ministère de la Culture et de la Communication. Ce sont soit des établissements publics, soit des services à compétence nationale. Ils font partie des musées de France.

N

NAF : voir **Nomenclature d'activités** française.

Naissance : toute naissance survenue sur le territoire français fait l'objet d'une déclaration à l'état civil. Cette déclaration doit être faite dans les trois jours suivant l'accouchement, le jour de l'accouchement n'étant pas compté dans ce délai. En outre, si le dernier jour du délai est férié, celui-ci sera prorogé jusqu'au premier jour ouvrable qui suit le jour férié. Depuis mars 1993, l'officier de l'état civil enregistre un acte de naissance si l'enfant a respiré. Dans le cas contraire, il enregistre un acte d'enfant sans vie. Les renseignements sont demandés au déclarant, et chaque fois qu'il est possible, contrôlés d'après le livret de famille.

Nationalisation, privatisation : ces termes traduisent les mouvements des entreprises entre le secteur public et le secteur privé. Lorsque l'État prend le contrôle direct d'une entreprise, c'est-à-dire lorsqu'il détient plus de 50 % de son capital, on parle de nationalisation. Lorsque l'État perd le contrôle direct d'une entreprise au profit du secteur privé, on parle de privatisation.

Nationalité : lien juridique qui relie un individu à un État déterminé. De ce lien découlent des obligations à la charge des personnes qui possèdent la qualité de Français, en contrepartie desquelles sont conférés des droits politiques, civils et professionnels, ainsi que le bénéfice des libertés publiques. La nationalité française peut résulter soit d'une attribution par filiation (droit du sang) ou par la naissance en France (droit du sol) soit d'une acquisition à la suite d'évènements personnels (mariage avec un Français, par exemple) ou d'une décision des autorités françaises (naturalisation). La nationalité française est attribuée de plein droit à la naissance à l'enfant, légitime ou naturel, dont l'un des parents au moins est français (droit du sang) ou à l'enfant, légitime ou naturel, né en France lorsque l'un de ses parents au moins y est lui-même né (double droit du sol).

Naturalisation : le fait de naturaliser français un étranger consiste à lui accorder la condition de citoyen français à part entière. Une naturalisation, par décision de l'autorité publique, ne peut être accordée qu'à l'étranger justifiant d'une résidence habituelle en France pendant les cinq années qui précèdent le dépôt de sa demande (sauf cas de réduction ou de suppression du stage de cinq ans prévus par le code civil).

Niveau de formation : la nomenclature nationale des niveaux de formation (fixée en 1969 par la Commission statistique nationale) sert à répartir les élèves selon leur niveau de formation et à repérer le niveau atteint au terme de leur formation initiale. Le niveau VI correspond aux années intermédiaires du premier cycle de l'enseignement secondaire (6e, 5e, 4e) et aux formations préprofessionnelles en un an. Le niveau V bis correspond à l'année terminale du premier cycle (troisième) et aux années intermédiaires du second cycle professionnel court (CAP et BEP). Le niveau V correspond aux années terminales du second cycle court (CAP/BEP) ainsi qu'aux années intermédiaires du second cycle long (secondes et premières générales, technologiques et professionnelles ainsi que la première année de préparation des brevets professionnels). Le niveau IV correspond aux années terminales des seconds cycles longs et aux sorties de l'enseignement supérieur sans diplôme. Le niveau III correspond aux diplômes sanctionnant les deux premières années d'études supérieures (DUT, BTS, DEUG, écoles de formations sanitaires ou sociales, etc.). Le niveau II correspond aux diplômes de l'enseignement supérieur obtenus trois ans ou quatre ans après le baccalauréat (licence, licence professionnelle, maîtrise). Le niveau I correspond aux diplômes obtenus cinq ans ou plus après le baccalauréat (master, DEA, DESS, doctorat) et aux diplômes de grande école.

Niveau de vie : revenu disponible du ménage divisé par le nombre d'unités de consommation (UC), qui permettent de tenir compte de la taille du ménage et des économies d'échelle réalisées en son sein. Le niveau de vie est donc le même pour tous les individus d'un même ménage. Les unités de consommation sont généralement calculées selon l'échelle d'équivalence dite de l'OCDE modifiée qui attribue 1 UC au premier adulte du ménage, 0,5 UC aux autres personnes de 14 ans ou plus et 0,3 UC aux enfants de moins de 14 ans.

Nomenclature agrégée (NA) : avec le passage à la NAF rév. 2 (nomenclature d'activités française révisée au 1er janvier 2008), la nomenclature économique de synthèse (NES) associée à la NAF rév. 1 disparaît en tant que telle. En effet, cette nomenclature strictement française ne permettait pas de comparaisons internationales car elle ne s'emboîtait pas dans l'arborescence de la CITI et de la NACE. La NAF rév. 2 contient deux niveaux agrégés « standard » : les sections et divisions en, respectivement, 21 et 88 postes. Ces niveaux sont communs à la nomenclature internationale d'activités CITI rév. 4, à la nomenclature européenne d'activités NACE rév. 2 et à la NAF rév. 2. Il était toutefois nécessaire de disposer de niveaux de regroupements supplémentaires pour répondre aux besoins de l'analyse économique et de la diffusion en matière de données de synthèse. Sept niveaux d'agrégation sont ainsi associés à la NAF rév. 2, qui constituent la nomenclature agrégée (NA) :
- A 10 : niveau international, regroupement de sections ;
- A 17 : niveau français intermédiaire entre les niveaux A 10 et A 38.

Au niveau des sections (A 21), l'industrie manufacturière est détaillée en cinq postes et, inversement, certaines activités de services sont regroupées :
- A 21 : sections, niveau standard de l'arborescence de la NAF rév. 2 ;
- A 38 : niveau international, intermédiaire entre sections et divisions ;
- A 64 : niveau européen, intermédiaire entre les niveaux A 38 et divisions (A 88), provisoire ;
- A 88 : divisions, niveau standard de l'arborescence de la NAF rév. 2 ;
- A 129 : niveau français intermédiaire entre les niveaux divisions (A 88) et groupes.

Nomenclature d'activités française (NAF) : la nomenclature des activités économiques en vigueur en France depuis le 1er janvier 2008 est la nomenclature d'activités française (NAF rév. 2). La NAF a la même structure que de la nomenclature d'activités de la Communauté européenne (NACE rév. 2) mais elle comporte un niveau supplémentaire, spécifique à la France, celui des sous-classes.
La NAF rév. 2 comporte cinq niveaux comprenant respectivement 21, 88, 272, 615 et 732 postes. La NAF rév. 2 s'est substituée à la NAF rév. 1 datant de 2003 (entrée en vigueur au 1er janvier 2003).

Nouveaux États membres (NEM) : zone géographique composée des 13 États ayant rejoint l'Union européenne depuis 2004. Les NEM sont la Pologne, la République tchèque, la Hongrie, la Slovaquie, l'Estonie, la Lituanie, la Lettonie, Malte, Chypre, la Slovénie, la Roumanie, la Bulgarie et la Croatie.

Nuitées : nombre total de nuits passées par les clients dans un établissement ; deux personnes séjournant trois nuits dans un hôtel comptent ainsi pour six nuitées.

***Numerus clausus* :** dans le domaine de la santé, nombre fixe d'étudiants admis dans certains cursus chaque année, principalement dans les professions de santé qui sont réglementées. La loi du 7 juillet 2009 crée une première année commune aux études médicales, odontologiques, pharmaceutiques et de sage-femme. Le nombre des étudiants admis dans chacune des filières à l'issue de la première année est fixé par voie réglementaire, en fonction des besoins de santé de la population.

O

Objectif national des dépenses d'assurance maladie (Ondam) : montant prévisionnel établi chaque année pour les dépenses de l'assurance maladie. Il constitue un outil efficace de maîtrise des dépenses de santé. Créé par une ordonnance de 1996, l'Ondam englobe les soins de ville, d'hospitalisation dispensés dans les établissements privés ou publics et les établissements médico-sociaux. Il est voté chaque année par le Parlement dans le cadre de la loi de financement de la sécurité sociale (LFSS).

Obligation d'emploi des personnes handicapées (OETH) : Tout employeur occupant au moins 20 salariés depuis plus de 3 ans est tenu d'employer des travailleurs handicapés dans une proportion de 6 % (ou 2 % à Mayotte) de l'effectif total de l'entreprise. Les établissements ne remplissant pas ou que partiellement cette obligation doivent s'acquitter d'une contribution à l'Agefiph, le fonds pour l'insertion professionnelle des personnes handicapées.

Odac : voir **Organismes divers d'administration centrale**.

Omnipraticien : médecin généraliste. La médecine générale est la branche de la médecine prenant en charge le suivi durable et les soins médicaux généraux de la population, sans se limiter à des groupes de maladies relevant d'un organe, d'un âge ou d'un sexe particulier. Le médecin généraliste est donc le spécialiste de la santé assurant le suivi, la prévention, les soins et le traitement des malades, dans une vision à long terme de la santé et du bien-être de ceux qui le consultent.

OPCVM : voir **Organisme de placement collectif en valeurs mobilières**.

Organisation des Nations unies (ONU) : l'Organisation des Nations unies a été fondée en 1945, après la Seconde Guerre mondiale, par 51 pays déterminés à maintenir la paix et la sécurité internationales, à développer des relations amicales entre les nations, à promouvoir le progrès social, à instaurer de meilleures conditions de vie et à accroître le respect des droits de l'homme. De par son statut unique à l'échelon international et les pouvoirs que lui confère sa charte fondatrice, l'Organisation peut prendre des mesures pour résoudre un grand nombre de problèmes. En outre, elle constitue un forum où ses 192 États membres expriment leur opinion par l'intermédiaire de l'Assemblée générale, du Conseil de sécurité, du Conseil économique et social, des autres organes et comités. L'activité des Nations unies couvre toutes les parties du globe. Si les opérations de maintien et de consolidation de la paix, de prévention des conflits et d'assistance humanitaire sont bien connues, l'influence des Nations unies et de son système (institutions spécialisées, fonds et programmes) se manifeste également de multiples façons dans notre quotidien et contribue à créer un monde meilleur. L'Organisation se consacre à un grand nombre de questions fondamentales, comme le développement durable, la protection de l'environnement et des réfugiés, les secours en cas de catastrophe, la lutte contre le terrorisme, le désarmement et la non-prolifération, la promotion de la démocratie, les droits de l'homme, la gouvernance, le développement économique et social, la santé publique, le déminage et l'augmentation de la production alimentaire et bien plus encore. Ce faisant, elle s'attache à atteindre les objectifs fixés et à coordonner les efforts afin de créer un monde plus sûr pour les générations présentes et futures.

Organisation des pays exportateurs de pétrole (OPEP) : créée en 1960 (Conférence de Bagdad), l'organisation siège à Vienne et regroupe désormais quatorze pays (Algérie, Angola, Arabie saoudite, Émirats arabes unis, Équateur, Gabon, Indonésie, Irak, Iran, Koweït, Libye, Nigeria, Qatar et Venezuela), suite à la réintégration de l'Indonésie et du Gabon, respectivement en janvier et juillet 2016. Elle se fixe pour objectif de coordonner les politiques pétrolières des États membres, à la fois pour rentabiliser les investissements des producteurs et assurer l'approvisionnement des consommateurs.

Organisme d'assurance maladie complémentaire : mutuelle, société d'assurance ou institution de prévoyance.

Organisme de placement collectif en valeurs mobilières (OPCVM) : intermédiaire financier qui donne à ses souscripteurs la possibilité de diversifier leurs investissements en particulier sur des marchés financiers auxquels ils n'auraient que difficilement accès autrement. L'activité principale des OPCVM consiste à collecter des fonds en émettant des titres financiers auprès de divers agents (particuliers, entreprises, etc.) en vue d'acquérir certains actifs financiers. On distingue traditionnellement deux grandes catégories d'OPCVM selon leur mode d'organisation : d'une part, les sociétés d'investissement à capital variable (SICAV) qui sont des sociétés avec conseil d'administration et, d'autre part, les fonds communs de placement (FCP) ainsi que leurs déclinaisons (fonds commun de placement en entreprises, etc.) qui n'ont pas de personnalité juridique et qui sont créés à l'instigation d'une société de gestion et d'une banque dépositaire.

Organismes divers d'administration centrale (Odac) : organismes auxquels l'État a donné une compétence fonctionnelle spécialisée au niveau national. Contrôlés et financés majoritairement par l'État, ces organismes ont une activité principalement non marchande. Le Centre national de la recherche scientifique (CNRS), le Commissariat à l'énergie atomique (CEA), Météo-France ou encore le Fonds national d'aide au logement (FNAL), l'Institut national de la santé et de la recherche médicale (Inserm) sont des Odac. Le plus souvent, les Odac sont des opérateurs de l'État.

Orientation technico-économique : classement des exploitations selon leur spécialisation, en fonction de la contribution de chaque surface ou cheptel à la production brute standard.

P

Pacte civil de solidarité (Pacs) : contrat entre deux personnes majeures, de sexe différent ou de même sexe, pour organiser leur vie commune. Il a été promulgué par la loi du 15 novembre 1999. Il établit des droits et des obligations entre les deux contractants, en terme de soutien matériel, de logement, de patrimoine, d'impôts et de droits sociaux. En revanche, il est sans effet sur les règles de filiation et de l'autorité parentale si l'un des contractants est déjà parent. Le pacs peut être dissous par la volonté de l'un ou des deux contractants en adressant une déclaration au tribunal d'instance. Il est automatiquement rompu par le mariage ou par le décès de l'un ou des deux contractants.

Parc national : territoire classé en Conseil d'État, sur lequel la conservation de la faune, de la flore, du sol, du sous-sol, de l'atmosphère, des eaux et en général d'un milieu naturel présente un intérêt spécial. Il importe de le préserver contre toute dégradation et de le soustraire à toute intervention artificielle susceptible d'en altérer l'aspect, la composition et l'évolution. La nouvelle loi d'avril 2006 introduit les notions de « cœur » et d'« aire d'adhésion », nouvelles appellations respectivement pour la zone centrale et la zone périphérique.

Cette loi prévoit pour chaque parc la mise en place d'une charte, plan de préservation et d'aménagement conçu comme un projet de territoire (description des mesures de protection stricte dans le cœur et des aménagements autorisés dans l'aire d'adhésion).

Parc naturel régional (PNR) : territoire classé en Conseil d'État pour protéger et mettre en valeur de grands espaces ruraux habités. Peut être classé parc naturel régional un territoire à dominante rurale dont les paysages, les milieux naturels et le patrimoine culturel sont de grande qualité mais dont l'équilibre est fragile. Un parc naturel régional s'organise autour d'un projet concerté de développement durable, fondé sur la protection et la valorisation de son patrimoine naturel et culturel.

Parité : la notion de parité constitue le fondement des politiques de lutte contre les inégalités entre les hommes et les femmes. Au nom de ce principe ont été édictées plusieurs lois visant à réduire les disparités dans les domaines des salaires, de l'emploi, de l'éducation, de la représentation des femmes dans les instances de pouvoir politique et économique.

Parité de pouvoir d'achat (PPA) : taux de conversion monétaire qui permet d'exprimer dans une unité commune les pouvoirs d'achat des différentes monnaies ou bien d'une même monnaie dans différents pays (cas de l'euro). Ce taux exprime le rapport entre la quantité d'unités monétaires nécessaire dans des pays différents pour se procurer le même « panier » de biens et de services. Ce taux de conversion peut être différent du « taux de change » ; en effet, le taux de change d'une monnaie par rapport à une autre reflète leurs valeurs réciproques sur les marchés financiers internationaux et non leurs valeurs intrinsèques pour un consommateur.

Parquet : ensemble des magistrats travaillant dans les cours et tribunaux de l'ordre judiciaire, chargés de représenter les intérêts de la société et de veiller au respect de l'ordre public et à l'application de la loi. Le ministère public est hiérarchisé (procureur général, procureur, procureur-adjoint, vice-procureur et substitut) et subordonné au garde des sceaux. Il ne bénéficie pas de l'inamovibilité des magistrats du siège (magistrat qui ne peut être déplacé, suspendu ou révoqué sans son avis, sauf pour raison disciplinaire ou en cas de maladie).

Passager kilomètre transporté : unité de mesure correspondant au transport d'un voyageur sur une distance d'un kilomètre. Cette unité est équivalente au voyageur-kilomètre utilisé plus généralement pour les autres modes de transport (routier et ferroviaire).

Patrimoine : différence entre la valeur des actifs (financiers et non financiers) et celle des passifs (par nature financiers). Les comptes de patrimoine de la comptabilité nationale recensent les actifs et passifs économiques, c'est-à-dire ceux sur lesquels des droits de propriété peuvent être exercés et qui peuvent procurer des avantages économiques à leurs propriétaires. Ils peuvent être financiers ou non financiers ; ces derniers peuvent être le résultat de processus de production ou avoir une origine naturelle.

Patrimoine national : patrimoine des résidents sur le territoire national. Il repose sur la propriété d'actifs économiques susceptibles de faire l'objet de transactions. En particulier, il ne comprend pas les monuments historiques.

Pauvreté en condition de vie ou privation matérielle : désigne une situation de difficulté économique durable. Selon Eurostat, une personne s'y trouve lorsqu'elle cumule au moins 3 privations ou difficultés matérielles parmi les 9 de la liste suivante :
- avoir eu des arriérés de paiement du loyer, d'un emprunt hypothécaire ou des factures d'eau/gaz/électricité dans les 12 derniers mois ;
- pouvoir chauffer son logement ;
- faire face à des dépenses imprévues ;
- pouvoir consommer de la viande ou une autre source de protéines au moins tous les 2 jours ;
- pouvoir s'offrir une semaine de vacances hors du logement ;
- posséder un téléviseur couleur ;
- posséder un lave-linge ;
- posséder une voiture personnelle ;
- posséder un téléphone.

Pavillon : le pavillon d'un véhicule est généralement défini par son pays d'immatriculation. Le terme de pavillon recouvre par extension l'ensemble des véhicules de transport d'un pays donné. Dans le cas du transport routier, le pavillon permet de distinguer des catégories spécifiques de transport : le transport bilatéral au sein du transport d'échange (pays d'origine et de destination différents) qui peut être réalisé soit par un véhicule immatriculé dans l'un de ces deux pays, soit par un transporteur de pavillon tiers (immatriculé dans un pays autre que celui d'origine ou de destination) ; et enfin le cabotage où l'origine et la destination sont réalisées dans un même pays mais où le pavillon du transporteur est celui d'un pays tiers.

Pauvreté monétaire et seuil de pauvreté : un individu (ou un ménage) est considéré comme pauvre lorsqu'il vit dans un ménage dont le niveau de vie est inférieur au seuil de pauvreté. L'Insee, comme Eurostat et les autres pays européens, mesure la pauvreté monétaire de manière relative alors que d'autres pays (comme les États-Unis ou l'Australie) ont une approche absolue. Dans l'approche en termes relatifs, le seuil est déterminé par rapport à la distribution des niveaux de vie de l'ensemble de la population. Eurostat et les pays européens utilisent en général un seuil à 60 % de la médiane des niveaux de vie. La France privilégie également ce seuil, mais publie des taux de pauvreté selon d'autres seuils (40 %, 50 % ou 70 %) conformément aux recommandations du rapport du Cnis sur la mesure des inégalités.

Pays de la Mer du Nord : les pays de la Mer du Nord producteurs de pétrole ou de gaz sont le Royaume-Uni, la Norvège, les Pays-Bas et le Danemark.

Pays du Proche et Moyen-Orient : Liban, Syrie, Irak, Iran, Israël, Jordanie, Arabie Saoudite, Koweït, Qatar, Bahreïn, Émirats arabes Unis, Oman et Yémen.

PCH : voir **Prestation de compensation du handicap**.

Pêches : on distingue deux grands types de pêches professionnelles. La pêche maritime est pratiquée en mer ou en estuaire. Selon la transformation réalisée à bord des navires, on distingue ensuite pêche fraîche et pêche congelée (ou transformée). La pêche continentale est pratiquée en eau douce (étang, rivière), elle est peu développée en France. La navigation à la pêche est subdivisée en quatre types de pêches :
– petite pêche : absence du port inférieure ou égale à 24 h ;
– pêche côtière : absence du port supérieure comprise entre 24 et 96 h ;
– pêche au large : absence supérieure à 96 h, lorsque cette navigation ne répond pas à la définition de la grande pêche ;
– grande pêche ; elle comprend les navires de plus de 1 000 tonneaux de jauge brute (tjb), les navires de plus de 150 tonneaux s'absentant habituellement plus de 20 jours de son port d'exploitation ou de ravitaillement et les navires de plus de 150 tonneaux dont le port d'armement est éloigné de plus de 20 jours du port d'exploitation ou de ravitaillement.

Peine alternative : permet au juge de remplacer une peine d'emprisonnement ou d'amende par une autre peine, par exemple un placement sous bracelet électronique, des travaux d'intérêt général ou un suivi socio-judiciaire.

Pension de retraite : somme versée à un assuré en contrepartie de ses cotisations après l'arrêt, au moins partiel, de son activité professionnelle. Par souci de simplification, le mot retraite remplace souvent celui de pension de retraite. La pension de retraite peut être composée de plusieurs éléments distincts, régis par des règles d'attribution différentes. Le premier élément est l'avantage principal de droit direct. Il est acquis en contrepartie de l'activité professionnelle et donc des cotisations versées (et des validations de trimestres acquis) qui y sont liées. Cet avantage peut être transféré au conjoint survivant lors du décès du bénéficiaire. On parle alors davantage de droit dérivé, souvent appelé pension de réversion, qui peut être cumulé à un avantage principal de droit direct. À ces deux éléments peuvent s'ajouter, selon les régimes et les situations individuelles, d'autres éléments qualifiés d'avantages accessoires. Le plus répandu est la « bonification pour trois enfants ou plus «. Elle est servie par presque tous les régimes aux retraités ayant élevé au moins trois enfants. Enfin, si les ressources du ménage auquel appartient le retraité sont inférieures au montant du minimum vieillesse, celui-ci peut demander à bénéficier de ce dispositif.

Permis de construire : formulaire établi lors d'une opération de construction de logements ou de locaux non résidentiels. Un unique permis de construire peut s'appliquer à un seul logement (ou à un local non résidentiel) ou à plusieurs selon le type de la construction.

Personne âgée dépendante : personne âgée de 60 ans ou plus, ayant « besoin d'une aide pour l'accomplissement des actes essentiels de la vie ou dont l'état nécessite une surveillance régulière » (cf. loi du 20 juillet 2001 relative à l'APA). Il s'agit des personnes classées en GIR 1 à 4 selon la grille AGGIR d'évaluation des pertes d'autonomie.

Personne mise en cause : personne ayant été entendue par la police ou la gendarmerie et à l'encontre de laquelle sont réunis dans la procédure transmise au parquet des indices ou éléments graves attestant qu'elle a commis ou tenté de commettre un ou plusieurs délit ou crime. Ne figurent pas dans les comptabilisations présentées les infractions relatives à la circulation routière. Toutes les personnes mises en causes ne seront pas reconnues coupables par la justice.

Petites et moyennes entreprises (PME) : cette catégorie est constituée des entreprises qui occupent moins de 250 personnes, et qui ont un chiffre d'affaires annuel inférieur à 50 millions d'euros ou un total de bilan n'excédant pas 43 millions d'euros. Il s'agit de l'une des quatre catégories d'entreprises définies par la loi (article 51 de la loi de modernisation de l'économie) pour les besoins de l'analyse statistique et économique.

Pétrole, produits pétroliers : huile minérale naturelle, mélange complexe d'hydrocarbures liquides (éléments chimiques contenant de l'hydrogène associé à du carbone), qui se forme naturellement dans des nappes souterraines présentes dans les roches sédimentaires. Les formes primaires comprennent le pétrole brut, les liquides du gaz naturel et les autres hydrocarbures. Elles sont transformées par distillation en raffinerie. Il en résulte toute une gamme de produits pétroliers, propane, butane, naphta, essence, kérosène, fioul, bitume... La pétrochimie élabore les dérivés du pétrole pour les usages non énergétiques.

PIB : voir **Produit intérieur brut**.

Pisciculture : élevage de poissons. On distingue pisciculture marine ou continentale. Parfois, par extension, la pisciculture désigne également l'élevage des crustacés.

Plainte : moyen par lequel une personne qui se dit victime d'une infraction saisit la justice. Les plaintes peuvent être déposées auprès des services de police, de gendarmerie ou adressées au procureur de la République.

Plan d'épargne entreprise (PEE) : permet aux salariés de se constituer une épargne sous la forme d'un portefeuille de valeurs mobilières, avec l'aide de leur entreprise. Bloquées pendant 5 ans minimum, les sommes détenues proviennent des versements volontaires des salariés et de l'abondement de l'entreprise. Le PEE peut également être alimenté par l'intéressement et la participation.

Plan d'épargne pour la retraite collective (PERCO) : ce dispositif d'épargne salariale, qui peut être mis en place par accord collectif dans chaque entreprise qui le souhaite, permet à tous les salariés de l'entreprise de se constituer un complément de retraite. L'entreprise abonde généralement les versements des salariés.

Plan d'épargne retraite d'entreprise (PERE) : régime de retraite supplémentaire, où l'entreprise et les salariés cotisent selon la répartition prévue dans l'accord d'entreprise et qui offre en plus la possibilité aux salariés d'effectuer librement des versements individuels.

Plan d'épargne retraite populaire (PERP) : contrat d'assurance, souscrit de façon individuelle et facultative, accessible à tous. Il permet de constituer un complément de revenu pour la retraite, en effectuant des versements tout au long de la période d'activité. L'épargne est reversée à partir de la date du départ en retraite sous forme de rente ou depuis 2011 en capital, pour 20 % au maximum du capital accumulé.

PLF : Projet de loi de finances.

PME : voir **Petites et moyennes entreprises**.

Pôle urbain : voir **Aire urbaine**.

Population active au sens du BIT : population active occupée au sens du BIT (« personnes ayant un emploi ») et chômeurs au sens du BIT.

Population active occupée au sens du BIT : personnes ayant effectué au moins une heure de travail rémunéré au cours de la semaine de référence ou ayant un lien formel avec leur emploi (congés annuels, maladie, maternité...).

Population handicapée : le handicap peut être reconnu par différents organismes et donner droit à des pensions versées sous forme de rente ou de capital, des allocations ou des cartes prioritaires. La reconnaissance peut également se décliner sous la forme d'une orientation professionnelle vers le milieu ordinaire de travail ou le milieu protégé et adapté. Parmi les différentes reconnaissances du handicap d'une personne, certaines ouvrent en outre droit à l'obligation d'emploi de travailleurs handicapés (OETH). Dans l'enquête Handicap et santé ménages (HSM) de 2008, les différentes catégories de reconnaissance font l'objet d'un grand nombre de questions permettant de repérer de façon précise si la personne est concernée par l'une ou plusieurs d'entre elles. Selon cette enquête, 2,5 millions de personnes déclarent avoir une reconnaissance administrative de leur handicap appartenant à la liste des reconnaissances du handicap et donnant droit au bénéfice de l'OETH. Cette estimation est nettement supérieure à celle issue de la dernière enquête complémentaire à l'enquête Emploi de 2007, qui appréciait cette population à 1,8 million de personnes. L'écart entre les deux enquêtes peut s'expliquer par deux principaux facteurs. Le champ de l'enquête de 2007 était tout d'abord plus étroit : seules les personnes ayant déclaré une maladie ou un accident du travail au cours des douze derniers mois étaient interrogées sur l'obtention d'une reconnaissance du handicap, alors que ces questions sont posées quel que soit l'état de santé dans l'enquête HSM de 2008. La reconnaissance du handicap était par ailleurs approchée de façon moins précise dans l'enquête de 2007 où une même question recouvrait des types très variés de reconnaissances (allocations, cartes, orientations professionnelles, etc.) sans précision et distinction de l'organisme qui les attribue. Or les enquêtés ne connaissent pas toujours avec précision le type de reconnaissances dont ils disposent. Dans l'enquête HSM, les questions sont distinctes selon la nature de la reconnaissance et l'organisme qui la délivre. Enfin, des questions sur les démarches nécessaires pour obtenir les reconnaissances sont également posées (par exemple, l'enquête comporte des questions sur le dépôt des dossiers de demande à la maison départementale des personnes handicapées). Cette multiplicité de questions très précises permet sans doute de collecter une information plus fiable.

Population légale : le terme générique de « populations légales » regroupe pour chaque commune sa population municipale, sa population comptée à part et sa population totale qui est la somme des deux précédentes. Les populations légales sont définies par le décret n°2003-485 publié au Journal officiel du 8 juin 2003, relatif au recensement de la population. Désormais, elles sont actualisées et authentifiées par un décret chaque année. Environ 350 textes législatifs ou réglementaires font référence à ces populations. La population municipale est celle qui est utilisée à des fins statistiques ; la population totale est la plus souvent utilisée pour l'application de dispositions législatives ou réglementaires.

Population mondiale (estimations et projections) : estimations de population effectuées par les Nations unies, fondées sur les recensements et enquêtes nationales récentes. Les effets de mouvements de réfugiés, du grand nombre de travailleurs étrangers et des changements de population attribuables à la conjoncture politique sont, autant que faire se peut, pris en considération. Les projections des Nations unies sont fondées sur des hypothèses quant à l'évolution de la fécondité, de la mortalité et de la migration. À court terme, c'est-à-dire à 20 ou 30 ans, les projections démographiques relatives à la population mondiale sont relativement sûres. La plupart des hommes qui vivront alors sont en effet déjà nés, on connaît leur nombre et on peut estimer sans trop d'erreur ceux qui seront encore en vie. Concernant les nouveau-nés, leur nombre peut également être estimé car les femmes qui mettront au monde des enfants dans les 20 prochaines années sont déjà nées, on connaît leur effectif et on peut faire une hypothèse sur leur fécondité.

Population municipale : le concept de population municipale est défini par le décret n°2003-485 publié au Journal officiel du 8 juin 2003, relatif au recensement de la population. La population municipale comprend les personnes ayant leur résidence habituelle (au sens du décret) sur le territoire de la commune, dans un logement ou une communauté, les personnes détenues dans les établissements pénitentiaires de la commune, les personnes sans-abri recensées sur le territoire de la commune et les personnes résidant habituellement dans une habitation mobile recensée sur le territoire de la commune. La population municipale d'un ensemble de communes est égale à la somme des populations municipales des communes qui le composent. Le concept de population municipale correspond désormais à la notion de population utilisée usuellement en statistique. En effet, elle ne comporte pas de doubles comptes : chaque personne vivant en France est comptée une fois et une seule. En 1999, c'était le concept de population sans doubles comptes qui correspondait à la notion de population statistique. La population municipale se distingue du concept de « populations légales ».

Poste principal dans la fonction publique au 31 décembre : poste actif et non annexe qu'un agent occupe au 31 décembre (le plus rémunérateur s'il en occupe plusieurs). Un poste est actif s'il donne lieu à une rémunération d'activité ; il est non annexe si cette rémunération et le volume de travail associé sont suffisants.

Pouvoir calorifique : quantité de chaleur dégagée par la combustion complète d'une unité de combustible. Le pouvoir calorifique supérieur (PCS) donne le dégagement maximal théorique de la chaleur lors de la combustion, y compris la chaleur de condensation de la vapeur d'eau. Le pouvoir calorifique inférieur (PCI) n'inclut pas la chaleur de condensation de l'eau supposée restée à l'état de vapeur à l'issue de la combustion. En pratique, le rapport PCS/PCI est de l'ordre de 90 % pour le gaz naturel, de 91 % pour le gaz de pétrole liquéfié, de 92-93 % pour les autres produits pétroliers et de 95 % à 98 % pour les combustibles solides.

Pouvoir d'achat : quantité de biens et de services que l'on peut acheter avec le revenu disponible brut (RDB). Son évolution est liée à celles des prix et des revenus. Ainsi, si les prix augmentent quand les revenus sont constants, le pouvoir d'achat diminue, alors que si la hausse des revenus est supérieure à celle des prix, le pouvoir d'achat augmente. Voir aussi : **Revenu disponible brut des ménages**.

Pouvoir de réchauffement global d'un gaz (PRG) : rapport entre l'énergie renvoyée vers le sol en 100 ans par kg de gaz et celle que renverrait 1 kg de CO_2. Ce rapport dépend de la concentration et des durées de vie des gaz. Par exemple, 1 kg de CH_4 et 21 kg de CO_2 auront réchauffé de la même manière l'atmosphère au cours du siècle qui suit leur émission. Le PRG est donc de 21 pour le CH_4, de 310 pour le N_2O, variables de 140 à 11 700 selon les molécules considérées pour le HFC, variables de 6 500 à 9 200 selon les molécules considérées pour le PFC et 23 900 pour le SF_6.

PREFON : créé en 1967, ce contrat permet aux fonctionnaires de compléter leurs revenus au moment de leur retraite. Il est soumis aux même règles de déduction fiscale que le plan d'épargne retraite populaire (PERP).

Prélèvements d'eau par usage : les volumes sont estimés à partir des déclarations des usagers auprès des Agences de l'eau pour tous les usages sauf l'irrigation. Pour l'irrigation, les volumes « forfaitaires » des Agences de l'eau ont été réévalués entre 2000 et 2004 à partir du recensement agricole de 2000 et de la partie des volumes connue par des relevés de compteurs. Au-delà de 2004, la part forfaitaire diminuant, le redressement n'est plus nécessaire.

Prélèvements obligatoires : impôts et cotisations sociales effectives reçues par les administrations publiques et les institutions européennes. Cotisations sociales et impôts sont comptabilisés pour leurs montants dus, mais les prélèvements obligatoires sont nets des montants dus non recouvrables.

Première contrepartie : principe préconisé par le FMI pour établir les statistiques relatives aux investissements directs étrangers, selon lequel la ventilation géographique de ces investissements est effectuée en fonction du pays de provenance ou de destination immédiate des flux.

Presse écrite : ensemble des moyens de diffusion de l'information écrite. Cela englobe notamment les journaux quotidiens, les publications périodiques et les organismes professionnels liés à la diffusion de l'information. Cette expression différencie la presse par rapport aux autres médias tels que la radio et la télévision.

Prestation de compensation du handicap (PCH) : mise en place en 2006, elle est versée par les conseils départementaux aux personnes handicapées, qu'elles vivent à leur domicile ou qu'elles résident en établissement. C'est une aide personnalisée, visant à financer les besoins de compensation des personnes au regard de leur projet de vie. Elle concerne les aides humaines, les aides techniques et matérielles (par exemple : aménagement du logement et du véhicule), les aides animalières. Peuvent en bénéficier les personnes reconnues éligibles par les commissions des droits et de l'autonomie des personnes handicapées (CDAPH).

Prestations sociales ou **transferts sociaux :** transferts effectifs attribués personnellement à des ménages sans contrepartie équivalente ou simultanée. Les prestations sociales sont ventilées en six risques : vieillesse-survie (pensions de retraite et de réversion, etc.), santé (prise en charge totale ou partielle de frais liés à la maladie, à l'invalidité, aux accidents du travail et aux maladies professionnelles), maternité-famille (prestations liées à la maternité, allocations familiales, aides pour la garde d'enfants, etc.), emploi (indemnisation du chômage, prestations d'insertion ou de réinsertion professionnelle, etc.), logement (aides au logement) ainsi que pauvreté-exclusion sociale (revenu de solidarité active – RSA, etc.).

Prévalence : pour une affection donnée, elle est calculée en rapportant à la population totale, le nombre de cas de maladies présents à un moment donné dans une population (que le diagnostic ait été porté anciennement ou récemment). La prévalence est une proportion qui s'exprime généralement en pourcentage.

Prévention : voir **Dépense de prévention**.

Prévenu : personne (en liberté ou incarcérée dans un établissement pénitentiaire) poursuivie pour contravention ou délit, et qui n'a pas encore été jugée ou dont la condamnation n'est pas définitive.

Principe directionnel étendu : l'application de la règle du « principe directionnel étendu » consiste à classer les prêts entre sociétés sœurs (*id est* sans lien direct en capital social entre elles ou avec une participation de l'une au capital de l'autre inférieure à 10 %) en investissements directs français à l'étranger ou en investissements directs étrangers en France en fonction du lieu de résidence de la tête de groupe, alors que dans les statistiques traditionnelles, les prêts et les emprunts entre sociétés sœurs d'un même groupe international sont enregistrés, à l'instar des autres flux financiers de balance des paiements, comme des créances et des engagements vis-à-vis des non-résidents. Cette méthode ne change pas le solde net des IDE mais fait diminuer significativement tant les IDE sortants que les IDE entrants. Les données de source française sont présentées selon cette méthode, celles d'Eurostat selon la méthode traditionnelle.

Prix courants et prix constants : les prix courants sont les prix tels qu'ils sont indiqués à une période donnée, ils sont dits en valeur nominale. Les prix constants sont les prix en valeur réelle c'est-à-dire corrigés de la hausse des prix par rapport à une donnée de base ou de référence. On utilise de la même façon les termes euros constants et euros courants.

Prix des logements : prix à la réservation hors frais de notaire et frais divers. Les prix de vente sont mesurés en milliers d'euros pour une maison et en euros/m^2 pour un appartement.

Procès-verbal : retranscription écrite d'un fait, d'une déposition ou d'un interrogatoire.

Production au prix de base (agriculture) : la valeur de la production au prix de base est égale à la valeur de la production hors subventions augmentée des subventions sur les produits (directement liées à la production).

Production (au sens de la comptabilité nationale) : activité exercée sous le contrôle et la responsabilité d'une unité institutionnelle qui combine des ressources en main-d'œuvre, capital et biens et services pour fabriquer des biens ou fournir des services, et résultat de cette activité. Les processus purement naturels sans intervention ou contrôle humain ne font pas partie de la production.

Production brute d'électricité : production mesurée aux bornes des groupes de centrales. Elle inclut par conséquent la consommation des services auxiliaires et les pertes dans les transformateurs des centrales.

Production brute standard (PBS) : indicateur permettant de déterminer la dimension économique d'une exploitation. Les coefficients de production brute standard (PBS) utilisés par la statistique agricole ne constituent pas des résultats économiques observés. Ils constituent des ordres de grandeur définissant un potentiel de production des exploitations agricoles. La variation annuelle de la PBS d'une exploitation traduit l'évolution de ses structures de production (par exemple agrandissement ou choix de production à plus fort potentiel) et non une variation de son chiffre d'affaires. Pour la facilité de l'interprétation, la PBS est exprimée en euros, mais il s'agit surtout d'une unité commune qui permet de hiérarchiser les productions entre elles. On peut donc ramener les PBS en équivalent hectares de blé par exemple.

Production des pêches maritimes : les captures sont les quantités de poissons, crustacés, mollusques et algues pêchées par les navires et conservées à bord. Elles sont exprimées en poids vif. Certains navires stockent leurs captures en l'état, d'autres transforment à bord les produits pêchés (éviscération ou congélation par exemple). Lorsqu'ils reviennent au port, les navires débarquent leur cargaison. Les quantités mises à terre sont appelées débarquements. Les débarquements sont exprimés en poids présenté ou en équivalent poids vif. La plus grande partie des débarquements est vendue (soit à la criée, soit de gré à gré à des mareyeurs, des restaurateurs, des transformateurs,...). Ces ventes sont exprimées en poids présenté, en équivalent poids vif ou en euros. Une partie des débarquements peut être retirée du marché (pour être détruite ou transformée en farine, par exemple), notamment en cas de chute des prix : ce sont les retraits.

Production halieutique : exploitation des ressources vivantes aquatiques. Elle regroupe les différents modes d'exploitation et de gestion (pêche, aquaculture) des espèces vivantes (végétales ou animales) exercés dans tous les milieux aquatiques (mer et eau douce).

Production marchande : comprend principalement les produits vendus à des prix « économiquement significatifs ». Elle est évaluée au prix de base. Ce prix correspond au montant que le producteur reçoit de l'acheteur diminué, le cas échéant, des impôts sur les produits (TVA, droits sur les alcools et les tabacs, taxe intérieure sur les produits pétroliers, etc.) et augmenté des subventions sur les produits (principalement sur les transports et les produits agricoles). Le prix de base exclut les frais de transport facturés séparément par le producteur, mais il inclut les frais de transport non isolés.

Production non marchande : désigne une production livrée gratuitement ou à des prix sans signification économique. Elle est évaluée aux coûts de production, c'est à dire comme la somme des consommations intermédiaires, de la rémunération des salariés, de la consommation de capital fixe et des autres impôts sur la production.

Productivité apparente du travail : rapport entre la richesse créée et le facteur travail. La richesse créée est mesurée par la valeur ajoutée (évaluée en volume) et seul le volume de travail mis en œuvre dans le processus de production est pris en compte. Elle ne tient compte que du facteur travail comme ressource mise en œuvre. Le terme « apparente » rappelle que la productivité dépend de l'ensemble des facteurs de production (capital et travail) et de la façon dont ils sont combinés. Plusieurs mesures sont possibles :
– si le volume de travail est mesuré par le nombre d'heures travaillées, on parle de « productivité horaire apparente du travail » ;
– si le volume de travail est mesuré par le nombre de personnes en emploi (personnes physiques), on parle de « productivité par tête ».

Productivité matières : rapport entre le produit intérieur brut (PIB) exprimé en volume (*i.e.* hors évolution des prix) et la consommation apparente de matières de l'économie (DMC).

Produit intérieur brut (PIB) : agrégat représentant le résultat final de l'activité de production des unités productrices résidentes. Il peut se définir de trois manières : la somme des valeurs ajoutées brutes des différents secteurs institutionnels ou des différentes branches d'activité, augmentée des impôts moins les subventions sur les produits (lesquels ne sont pas affectés aux secteurs et aux branches d'activité) ; la somme des emplois finals intérieurs de biens et de services (consommation finale effective, formation brute de capital fixe, variations de stocks), plus les exportations, moins les importations ; la somme des emplois des comptes d'exploitation des secteurs institutionnels (rémunération des salariés, impôts sur la production et les importations moins les subventions, excédent brut d'exploitation et revenu mixte).

Profilage : analyse des groupes afin d'identifier en leur sein, par delà leur organisation juridique en unités légales, des entreprises pertinentes au sens économique. Le profilage implique ensuite de reconstituer des comptes et la ventilation par activité de la partie française de ces entreprises.

Projections de population : une projection de population fournit une image de ce que pourrait être la population à venir, à partir de la connaissance du passé et en prenant, pour le futur, des hypothèses sur trois composantes : la fécondité, la mortalité et les migrations. Les projections démographiques sont réalisées par l'Insee à partir des résultats du recensement de la population. Elles peuvent être réalisées sur l'ensemble du territoire ou sur toute zone composée de plusieurs communes et ayant au total plus de 50 000 habitants. Les comportements individuels ainsi que certaines actions de politiques publiques voire même des chocs imprévus tels que la canicule de l'été 2003 peuvent sensiblement influencer ces évolutions tendancielles. Les projections ont l'avantage de servir de base à la réflexion, notamment en termes d'aménagements collectifs mais ne constituent en aucun cas des prévisions pour l'avenir.

Projections de population active : projections visant à appréhender l'évolution future des ressources en main-d'œuvre (nombre d'actifs au sens du BIT), disponibles pour contribuer à la production. Ces projections sont réalisées selon divers scénarios d'évolution de la démographie et des comportements d'activité. Sur une période relativement longue, on dispose ainsi des effectifs d'actifs, par sexe et tranche d'âge quinquennale ainsi que de leurs taux d'activité moyens sur l'année.

Proportion de bacheliers dans une génération : proportion de bacheliers d'une génération fictive d'individus qui auraient, à chaque âge, les taux de candidature et de réussite observés l'année considérée. Ce nombre est obtenu en calculant, pour chaque âge, le rapport du nombre de lauréats à l'ensemble de la population de cet âge.

Propriétaires accédants : propriétaires qui ont un ou plusieurs prêts immobiliers en cours pour l'achat de leur résidence principale. Les propriétaires non accédants sont eux dégagés des charges de remboursements d'emprunts liés à leur résidence principale.

Propriété industrielle : elle a pour objet la protection et la valorisation des inventions, des innovations et des créations. Les droits de propriété industrielle s'acquièrent en principe par un dépôt (dépôt d'un brevet, d'un dessin ou modèle ou d'une marque). Les droits de propriété industrielle donnent un monopole d'exploitation (sanctionné par l'action en contrefaçon) et constituent à la fois une « arme » défensive et offensive pour les entreprises détentrices de ces droits.

Protection sociale : recouvre, selon les concepts retenus au niveau européen de comptabilité nationale, tous les mécanismes institutionnels, publics ou privés, prenant la forme d'un système de prévoyance collective ou mettant en œuvre un principe de solidarité sociale, et qui couvrent les charges résultant pour les individus ou les ménages de l'apparition ou de l'existence de certains risques sociaux identifiés (santé, vieillesse-survie, maternité-famille, emploi, logement, pauvreté-exclusion sociale). Elle implique le versement de prestations aux individus ou aux ménages confrontés à la réalisation de ces risques. Ces mécanismes compensent tout ou partie de la diminution de ressources ou de l'augmentation de charges, sans qu'il n'y ait contrepartie simultanée et équivalente des bénéficiaires. Ce dernier terme implique en particulier que le bénéficiaire n'est pas soumis, contrairement au cas des assurances classiques, au versement de primes ou de cotisations établies en fonction des risques spécifiques qu'il présente (âge, morbidité antérieure, antécédents familiaux...). Conformément à cette définition, la protection sociale recouvre non seulement les régimes obligatoires tels que le régime général de la Sécurité sociale, les institutions chargées de l'indemnisation du chômage ou les régimes de retraite complémentaires, mais aussi les assurances collectives telles que les contrats gérés par les institutions de retraite supplémentaire ou de prévoyance, alors que les assurances individuelles en sont exclues. Les prestations versées par les mutuelles régies par le Code de la mutualité, à adhésion individuelle, entrent également dans le champ de la protection sociale.

Protocole de Kyoto : afin de lutter contre le changement climatique, deux accords majeurs ont été adoptés au niveau international. Il s'agit de la convention-cadre des Nations unies sur les changements climatiques (CCNUCC), adoptée en 1992 à Rio, et le protocole de Kyoto, adopté en 1997. La CCNUCC, lors du Sommet de la Terre à Rio, prévoyait une conférence des parties chaque année. Elle a pour but de stabiliser la concentration des gaz à effet de serre (GES) dans l'atmosphère à un niveau empêchant toute perturbation dangereuse du système climatique pour l'homme. Pour les pays industrialisés, l'objectif était de stabiliser, avant l'an 2000, les émissions de GES à leur niveau de 1990. La 3e conférence des parties à Kyoto a débouché sur l'adoption du protocole dit « Protocole de Kyoto ». Il est entré en vigueur le 16 février 2005. Certains pays signataires se sont fixés des objectifs quantitatifs. Ainsi, les pays industrialisés se sont engagés, pour la période 2008-2012, à réduire de 5,2 % leurs émissions des principaux GES par rapport à leur niveau de 1990. Le protocole de Kyoto a été ratifié en 2002 par l'Union européenne. Cette dernière a un objectif collectif de réduction de 8 % des GES. La COP21 a permis de conclure à un accord historique permettant de remplacer le prolongement du protocole de Kyoto, et ce dès 2020 grâce à la signature de l'accord de Paris. Celui-ci entérine que la communauté internationale fera tout son possible pour contenir le réchauffement climatique bien en-dessous de + 2 °C, voire le limiter à + 1,5 °C. Pour atteindre cet objectif très ambitieux, tous les États se sont engagés à publier leurs propres objectifs de réductions des émissions de GES. Ils sont aujourd'hui accessibles sur le site des Nations unies. Si on additionne l'ensemble des contributions nationales, il apparaît que le réchauffement climatique devrait être de + 3,5 °C en 2100, ce qui reste encore loin de l'objectif fixé. L'enjeu de l'après COP21 est donc d'engager pleinement les entreprises, collectivités et citoyens dans des actions de réduction. Par ailleurs, d'autres mécanismes seront discutés au cours des prochaines COP, comme la mise en place d'un prix du carbone ou d'un fonds vert pour le climat.

Pyramide des âges : répartition par sexe et âge de la population à un instant donné. Elle est constituée de deux histogrammes, un pour chaque sexe (par convention, les hommes à gauche et les femmes à droite), où les effectifs sont portés horizontalement et les âges verticalement. Les effectifs par sexe et âge dépendent des interactions passées de la fécondité, de la mortalité et des migrations. Mais la forme de la pyramide et les variations de celles-ci avec les années sont avant tout tributaires des variations de la fécondité.

R

Ratio élève / enseignant : calculé par Eurostat en divisant l'équivalent du nombre d'élèves suivant des cours à temps plein par l'équivalent du nombre d'enseignants donnant des cours à temps plein. Seuls les enseignants en poste (y compris les éducateurs scolaires spécialisés) sont pris en compte. Le ratio élève / enseignant ne doit pas être confondu avec la taille moyenne d'une classe, car cette dernière ne tient pas compte des cas spéciaux, comme les petits groupes d'élèves ayant des besoins spécifiques ou les matières spécialisées / minoritaires, ou bien de la différence entre le nombre d'heures d'enseignement dispensées par les enseignants et le nombre d'heures d'instruction conseillées par élève, par exemple dans le cas d'un enseignant qui travaille dans un système par équipes.

Ratios d'endettement : généralement exprimés en pourcentage du PIB, leur suivi permet d'apprécier l'adéquation des financements obtenus sous forme d'emprunts par les agents économiques aux évolutions de l'économie réelle. La répartition par instruments des financements obtenus (crédits, titres de créance) fournit des indications sur les substitutions entre les différentes formes d'endettement.

RDB : voir **Revenu disponible brut des ménages**.

Réassurance : technique permettant aux sociétés d'assurances d'assurer auprès des sociétés de réassurance une partie des risques pour lesquels elles sont engagées auprès de leurs assurés. Les engagements entre la société d'assurances dénommée « assureur direct » et le réassureur sont matérialisés par un traité. L'assureur direct et le réassureur se répartissent les risques garantis.

Recensement de la population : il a pour objectifs le dénombrement des logements et de la population résidant en France, ainsi que la connaissance de leurs principales caractéristiques (sexe, âge, activité, professions exercées, taille et composition des ménages, conditions de logement, modes de transport, déplacements quotidiens). Institué en 1801, le recensement s'est déroulé tous les 5 ans jusqu'en 1936. De 1946 à 1999, les intervalles intercensitaires ont varié de 6 à 9 ans. Les informations recueillies intéressent les collectivités territoriales, les services de l'État, mais aussi les entreprises, les sociologues, les urbanistes... Elles sont une aide pour définir, au niveau national, les politiques sociales et les infrastructures à mettre en place et, au niveau local, les politiques urbaines, les politiques de transport, de logement, d'équipements culturels et sportifs, les infrastructures scolaires et la mise en place de structures d'accueil pour les jeunes enfants et les personnes âgées. Pour les acteurs privés, le recensement sert aux projets d'implantation d'entreprises, de commerces et de services. La loi du 27 février 2002, relative à la démocratie de proximité, a modifié en profondeur les méthodes de recensement. Depuis janvier 2004, le comptage traditionnel est remplacé par des enquêtes de recensement annuelles. Les communes de moins de 10 000 habitants continuent d'être recensées exhaustivement, comme lors des précédents recensements, mais elles le sont une fois tous les 5 ans au lieu de tous les 8 ou 9 ans. Les communes de 10 000 habitants ou plus font désormais l'objet d'une enquête annuelle auprès d'un échantillon de 8 % de la population, dispersé sur l'ensemble de leur territoire. Au bout de 5 ans, tout le territoire de ces communes est pris en compte et les résultats du recensement sont calculés à partir de l'échantillon de 40 % de leur population ainsi constitué. À la fin de l'année 2008, à l'issue des cinq premières enquêtes de recensement, l'Insee a publié, pour la première fois selon la nouvelle méthode, la population légale de chaque commune, puis à partir de 2009, les résultats statistiques complets sur les habitants et leurs logements.

Recherche et Développement (R&D) : les travaux de recherche et développement ont été définis et codifiés par l'Organisation de Coopération et de Développement économiques (OCDE), chargée d'assurer la comparabilité des informations entre les pays membres de l'organisation (Manuel de Frascati, 2002). Ils englobent les travaux de création entrepris de façon systématique en vue d'accroître la somme des connaissances, y compris la connaissance de l'homme, de la culture et de la société, ainsi que l'utilisation de cette somme de connaissances pour de nouvelles applications. Ils regroupent de façon exclusive les activités suivantes : la recherche fondamentale (ces travaux sont entrepris soit par pur intérêt scientifique, recherche fondamentale libre, soit pour apporter une contribution théorique à la résolution de problèmes techniques, recherche fondamentale orientée), la recherche appliquée (qui vise à discerner les applications possibles des résultats d'une recherche fondamentale ou à trouver des solutions nouvelles permettant d'atteindre un objectif déterminé choisi à l'avance) et le développement expérimental (fondé sur des connaissances obtenues par la recherche ou l'expérience pratique est effectué, au moyen de prototype ou d'installations pilotes, en vue de lancer de nouveaux produits, d'établir de nouveaux procédés ou d'améliorer substantiellement ceux qui existent déjà).

Réclusion : peine criminelle de droit commun, privative de liberté, d'une durée comprise entre dix ans et la perpétuité.

Reconnaissance de la qualité de travailleur handicapé (RQTH) : est considérée comme travailleur handicapé au sens de la présente section toute personne dont les possibilités d'obtenir ou de conserver un emploi sont effectivement réduites par suite de l'altération d'une ou plusieurs fonctions physique, sensorielle, mentale ou psychique. Cette reconnaissance peut être attribuée à toute personne, âgée de 16 ans ou plus, exerçant ou souhaitant exercer une activité professionnelle, et dont les capacités physiques ou mentales sont diminuées par un handicap. La personne doit résider en France métropolitaine, être de nationalité française ou ressortissant de l'espace économique européen ou disposer d'un titre de séjour régulier pour les personnes de nationalité étrangère.

Recyclage : retraitement de matériaux ou de substances contenus dans des déchets au moyen d'un procédé de production, de telle sorte qu'ils donnent naissance ou sont incorporés à de nouveaux produits, matériaux ou substances aux fins de leur fonction initiale ou à d'autres fins. Cela inclut le retraitement des matières organiques, mais n'inclut pas, notamment, la valorisation énergétique, la conversion pour l'utilisation comme combustible, les procédés comportant une combustion ou une utilisation comme source d'énergie, y compris l'énergie chimique ou les opérations de remblayage.

Réforme de la voie professionnelle : entamée en 2008, elle a été généralisée en 2009 avec pour objectif de conduire davantage de jeunes à une qualification de niveau IV (niveau baccalauréat). Cela s'est traduit par la mise en place du baccalauréat en trois ans, directement après la classe de troisième, en remplacement du cursus en quatre ans « BEP + baccalauréat professionnel en deux ans ».

Région : la loi n° 2015-29 du 16 janvier 2015 a modifié à compter du 1er janvier 2016 le contour des régions métropolitaines. Elles sont désormais au nombre 13. Avant même cette modification législative, la région constituait déjà la structure la plus récente de l'administration locale française; Elle est en effet devenue collectivité territoriale à la suite des lois de décentralisation, le 16 mars 1986, date de la première élection des conseillers régionaux élus au suffrage universel ; son existence a été consacrée par la révision constitutionnelle du 28 mars 2003. Les conseillers régionaux élisent le président du conseil régional. La loi du 7 août 2015 portant nouvelle organisation territoriale de la République (dite loi NOTRe) précise que « le conseil régional a compétence pour promouvoir le développement économique, social, sanitaire, culturel et scientifique de la région, le soutien à l'accès au logement et à l'amélioration de l'habitat, le soutien à la politique de la ville et à la rénovation urbaine et le soutien aux politiques d'éducation et l'aménagement et l'égalité de ses territoires, ainsi que pour assurer la préservation de son identité et la promotion des langues régionales, dans le respect de l'intégrité, de l'autonomie et des attributions des départements et des communes ». La collectivité territoriale de Corse est le plus souvent assimilée à une région.

Rémunération nette moyenne des personnes en place (RMPP) : salaire net moyen des personnes présentes chez le même employeur avec la même quotité de travail, au cours d'une période de temps considérée (par exemple deux années consécutives).

Renouvellement des générations : le renouvellement des générations est assuré à la naissance si le nombre de filles dans la génération des enfants est égal au nombre de femmes dans la génération des parents. En l'absence de mortalité, 2,05 enfants par femme seraient suffisants pour assurer le remplacement d'une génération (2,05 et non 2 car il naît 105 garçons pour 100 filles).

Répertoire des entreprises contrôlées majoritairement par l'État (Recme) : créé par un décret du 22 octobre 1984, il est géré par l'Insee. Une entreprise est inscrite au répertoire dès lors que l'État détient, directement ou par l'intermédiaire d'autres entreprises contrôlées, la majorité du capital ou des droits de vote dans les instances délibérantes.

Répertoire du parc locatif social (RPLS) : permet de connaître chaque année la composition du parc social ainsi que les mouvements l'ayant affecté (nouvelles constructions, réhabilitation, ventes, etc). Il a succédé en 2011 à l'enquête sur le parc locatif social (EPLS). Les bailleurs sociaux inclus dans son champ sont les organismes d'habitations à loyer modéré visés à l'article L.411-2 du Code de la construction et de l'habitation (CCH), les sociétés d'économie mixte visées à l'article L.481-1 du CCH, l'établissement public de gestion immobilière du Nord-Pas-de-Calais et la société anonyme Sainte-Barbe, l'Association Foncière Logement mentionnée à l'article L.313-34 du CCH et les sociétés civiles immobilières dont les parts sont détenues pour au moins 99 % par cette association, ainsi que les organismes bénéficiant de l'agrément prévu à l'article L.365-2 du CCH.

Réseau téléphonique communal (RTC) : réseau téléphonique public classique à commutation de circuits à 64 kbit/s.

Réserves prouvées : quantités d'hydrocarbures, de charbon qui, selon les informations géologiques et techniques disponibles, ont une forte probabilité (supérieure à 90 %) d'être récupérées dans le futur, à partir des gisements connus et dans les conditions technico-économiques existantes. Cette estimation est donc continuellement réévaluée en fonction des nouvelles découvertes et de l'amélioration de la récupération sur les champs existants.

Résidence principale : logement occupé de façon habituelle et à titre principal par une ou plusieurs personnes qui constituent un ménage. Depuis 2005, une résidence principale peut comporter plusieurs ménages si ceux-ci ont des budgets séparés.

Résidence secondaire : logement utilisé pour les week-ends, les loisirs ou les vacances. Les logements meublés loués (ou à louer) pour des séjours touristiques sont également classés en résidences secondaires. La distinction entre logements occasionnels et résidences secondaires est parfois difficile à établir, c'est pourquoi les deux catégories sont souvent regroupées.

Résidents : personnes physiques ayant leur domicile principal en France, quelle que soit leur nationalité (française ou étrangère), à l'exception des fonctionnaires et militaires étrangers en poste en France qui sont non-résidents quelle que soit la durée de leur mission. Sont également considérés comme résidents, les fonctionnaires et militaires français en poste à l'étranger et les fonctionnaires français mis à la disposition d'une organisation internationale ou de tout autre employeur non-résident. Enfin, les résidents désignent aussi des personnes morales (françaises ou étrangères) pour leurs seuls établissements situés en France. Les ambassades, missions diplomatiques, consulats français à l'étranger et les unités de l'armée française stationnées à l'étranger sont considérés comme des résidents.

Ressources matérielles : matières ou substances utilisables produites à partir de ressources naturelles. Elles comprennent les vecteurs énergétiques, les minerais métalliques et les métaux, les minéraux de construction et autres, les sols et la biomasse. Cette définition exclut l'eau en tant que ressource.

Revenu arbitrable : obtenu après déduction des dépenses pré-engagées du revenu disponible.

Revenu de solidarité active (RSA) : le revenu de Solidarité active (RSA), entré en vigueur le 1er juin 2009 en France métropolitaine et à partir du 1er janvier 2011 dans les DOM, se substitue au revenu minimum d'insertion (RMI créé en 1988) et à l'allocation parent isolé (API). Depuis le 1er septembre 2010, le champ du RSA s'est élargi aux moins de 25 ans (sous conditions de travail). Le revenu de solidarité active est une allocation qui complète les ressources initiales du foyer pour qu'elles atteignent le niveau d'un revenu garanti. Jusqu'au 31 décembre 2015, le revenu garanti est calculé comme la somme : d'un montant forfaitaire, dont le montant varie en fonction de la composition du foyer et du nombre d'enfant(s) à charge, et d'une fraction des revenus professionnels des membres du foyer, fixée par décret à 62 %. Si les ressources initiales du foyer sont inférieures au montant forfaitaire, la différence s'appelle le RSA socle. Le complément de revenu d'activité éventuel, s'appelle le RSA activité. Selon le niveau de ressources du foyer par rapport au montant forfaitaire et la présence ou non de revenus d'activité, un foyer peut percevoir une seule composante du RSA ou les deux. À partir du 1er janvier 2016, seule la composante socle du RSA subsiste, la composante activité étant remplacée par la prime d'activité.

Revenu disponible brut des ménages (RDB) : au sens de la comptabilité nationale, revenu résultant de la répartition de la valeur ajoutée, de la distribution des revenus de la propriété et des opérations de redistribution. Plus concrètement, le revenu disponible brut (RDB) est la part de revenu qui reste à disposition des ménages pour la consommation et l'épargne une fois déduits les prélèvements sociaux et fiscaux. Le RDB comprend les revenus d'activités (salaires et traitements bruts des ménages, augmentés des bénéfices des entrepreneurs individuels), les revenus du patrimoine hors plus values latentes ou réalisées (dividendes, intérêts et loyers), les transferts (notamment les indemnités d'assurance nettes des primes) et les prestations sociales (prestations familiales, minima sociaux, pensions de retraite, indemnités de chômage…). Le RDB est diminué des impôts directs (impôts sur le revenu, taxe d'habitation, CSG, CRDS…) et des cotisations sociales versées. En revanche, les droits de succession ne figurent pas dans ce décompte. Dans l'Enquête revenus fiscaux et sociaux (ERFS), le revenu disponible comprend les revenus déclarés au fisc (revenus d'activité, retraites et pensions, indemnités de chômage et certains revenus du patrimoine), les revenus financiers non déclarés et imputés (produits d'assurance-vie, livrets exonérés, PEA, PEP, CEL, PEL) et la plupart des prestations sociales (hors certains régimes employeurs). Tous ces revenus sont nets d'impôts directs. Il est proche du concept de RDB au sens de la comptabilité nationale, mais son champ est un peu moins étendu, aussi bien au niveau des composantes du revenu (loyers imputés aux propriétaires occupants en particulier) que de la population couverte (Dom, personnes vivant en collectivités).

Revenu mixte : solde du compte d'exploitation pour les entreprises individuelles. Il contient deux éléments indissociables que sont la rémunération du travail effectué par le propriétaire et éventuellement les membres de sa famille, et son profit en tant qu'entrepreneur.

Revenu primaire : revenu directement lié à une participation des ménages au processus de production. La majeure partie des revenus primaires des ménages est constituée de la rémunération des salariés, laquelle comprend les salaires et les cotisations sociales. Ces revenus comprennent aussi des revenus de la propriété résultant du prêt ou de la location d'actifs financiers ou de terrains (intérêts, dividendes, revenus fonciers, etc.).

Revenu salarial : somme de tous les salaires perçus par un individu au cours d'une année donnée, nets de toutes cotisations sociales, y compris contribution sociale généralisée (CSG) et contribution au remboursement de la dette sociale (CRDS). Plus précisément, on passe du salaire horaire au salaire journalier en prenant en compte la quotité de temps de travail, puis au revenu salarial annuel en multipliant ce salaire journalier par le nombre de jours rémunérés dans l'année. Par définition, le revenu salarial n'intègre pas les revenus des activités non salariées, dont un salarié peut éventuellement bénéficier (par exemple le cas d'un médecin exerçant à la fois comme salarié à l'hôpital et dans un cabinet privé), ni les revenus de transfert, même ceux déterminés par l'activité (comme la prime pour l'emploi) ou assurantiels (comme les allocations de chômage). Pour passer du revenu salarial d'un individu au revenu disponible d'un ménage, il faut agréger l'ensemble des revenus des différents membres du ménage (y compris les revenus d'une éventuelle activité non salariée, et les revenus du patrimoine) et prendre en compte l'ensemble des transferts sociaux (minima sociaux, prestations familiales, aides au logement) nets des prélèvements (comme l'impôt sur le revenu).

RP : voir **Recensement de la population**.

S

SA : voir **Société**.

Salaire brut ou net : le salaire est le paiement du travail convenu entre un salarié et son employeur. Le salaire brut correspond à l'intégralité des sommes perçues par le salarié au titre de son contrat de travail, avant toute déduction de cotisations obligatoires. Il intègre les participations. Dans la fonction publique, le salaire brut s'obtient en ajoutant au traitement indiciaire brut toutes les primes et indemnités diverses. Le salaire net (de prélèvements sociaux) est le salaire que perçoit effectivement le salarié. Calculé dans les secteurs privé et semi-public à partir du salaire net fiscal disponible dans les DADS, il est net de toutes cotisations sociales, y compris CSG (contribution sociale généralisée) et CRDS (contribution au remboursement de la dette sociale). Il ne comprend pas les participations (qui ne sont pas imposables). Depuis le 1er janvier 2013, les cotisations patronales de complémentaire santé obligatoire (CPCSO) rentrent dans le champ du salaire net fiscal déclaré dans les DADS. Dans la fonction publique de l'État, le salaire est calculé à partir du Système d'information sur les agents des services publics (Siasp).

Salaire horaire de base ouvrier et employé (SHBOE) : il s'agit du salaire horaire brut de base, avant déduction des cotisations sociales et avant versement de prestations sociales dont les salariés pourraient bénéficier, pour la population des ouvriers et employés. Le salaire horaire de base ouvrier et employé (SHBOE) ne comprend donc ni les primes (sauf, le cas échéant, la prime liée à la réduction du temps de travail), ni les heures supplémentaires.

Salaire minimum dans l'Union européenne : un salaire minimum légal national s'applique dans 22 des 28 États membres de l'Union européenne. Il s'agit des Pays-Bas depuis 1969, de la France depuis 1970, du Luxembourg depuis 1973, du Portugal et de Malte depuis 1974, de la Belgique depuis 1975, de l'Espagne depuis 1980, de la Hongrie depuis 1988, de la Bulgarie, de la Pologne et de la Roumanie depuis 1990, de l'Estonie, de la Grèce, de la Lettonie, de la Lituanie, de la République tchèque et de la Slovaquie depuis 1991, de la Slovénie depuis 1995, de la Croatie depuis 1998 (loi modifiée en 2008), du Royaume-Uni depuis 1999, de l'Irlande depuis 2000 et de l'Allemagne depuis 2015.

Salaire minimum interprofessionnel de croissance (Smic) : salaire horaire minimum légal en France métropolitaine ainsi que dans les départements d'outre-mer (DOM) et dans la collectivité territoriale de Saint-Pierre-et-Miquelon. Il a été institué par une loi du 2 janvier 1970 et il a pris, avec le minimum garanti, la succession du SMIG (salaire minimum interprofessionnel garanti), créé en 1950. Un salaire au moins égal au Smic est versé à tout salarié du secteur privé, âgé d'au moins 18 ans. Bénéficient également de ce minimum les salariés du secteur public employés dans des conditions de droit privé. Un taux réduit du Smic peut être pratiqué pour : les apprentis et les jeunes salariés en contrat de professionnalisation, en fonction de leur âge et de la durée du contrat ; les jeunes salariés âgés de moins de 18 ans qui ont moins de 6 mois de pratique professionnelle dans la branche d'activité. Un abattement de 10 % peut ainsi être pratiqué lorsque le jeune

salarié est âgé de 17 à 18 ans et de 20 % lorsque le jeune salarié est âgé de moins de 17 ans. Sont exclus du bénéfice du Smic les salariés dont l'horaire de travail n'est pas contrôlable (certains VRP). Le Smic est revalorisé au 1er juillet de chaque année jusqu'en 2009, puis au 1er janvier de chaque année à partir de 2010. Depuis 2013 (décret n°2013-123 du 7 février 2013), le Smic est revalorisé :
– chaque 1er janvier, en tenant compte de l'évolution de l'indice mensuel des prix à la consommation hors tabac des ménages du premier quintile de la distribution des niveaux de vie, augmentée de la moitié du gain de pouvoir d'achat du salaire horaire de base des ouvriers et des employés (avec possibilité pour le gouvernement de décider d'une revalorisation supplémentaire) ;
– en cours d'année lorsque cet indice des prix à la consommation atteint un niveau correspondant à une hausse d'au moins 2 % par rapport à l'indice constaté lors de l'établissement du Smic immédiatement antérieur.
Jusqu'en 2012, le Smic était revalorisé en fonction de l'évolution de l'indice des prix à la consommation (IPC) hors tabac des ménages urbains dont le chef est ouvrier ou employé, augmenté de la moitié de la croissance du pouvoir d'achat du salaire horaire de base ouvrier (SHBO).

Salaire moyen en équivalent-temps plein (EQTP) : le salaire moyen en équivalent-temps plein est calculé en prenant en compte tous les postes de travail des salariés (y compris les postes à temps partiel). Chaque poste de travail est pris en compte au prorata de son volume horaire de travail rapporté à celui d'un poste à temps complet. Par exemple, un poste à mi-temps durant 12 mois pour un salaire total de 10 000 euros compte pour 0,5 « année - travail » rémunérée 5 000 euros. Le même poste d'une durée de 6 mois aura un poids de 0,25 rémunéré 2 500 euros.

Salarié permanent agricole : personne qui effectue un travail agricole régulier tout au long de l'année, à temps plein ou partiel.

SARL : voir **Société à responsabilité limitée**.

SAS : voir **Société par actions simplifiée**.

Satisfaction dans la vie : mesurée à partir des réponses apportées par les individus à la question « sur une échelle allant de 0 (pas du tout satisfait) à 10 (très satisfait), indiquez votre satisfaction concernant la vie que vous menez actuellement ».

SAU : voir **Superficie agricole utilisée**.

Scolarisation des jeunes en situation de handicap : la scolarisation des enfants et adolescents en situation de handicap dans les écoles ou les établissements scolaires du second degré peut être collective ou individuelle. La scolarisation collective concerne la scolarisation dans une classe spécialisée de type classe d'intégration scolaire (Clis) ou de type unité pédagogique d'intégration (Upi). Ces classes accueillent des élèves présentant un handicap mental, auditif, visuel ou moteur, mais pouvant tirer profit, dans une école, d'une scolarité adaptée à leur âge, à leurs capacités, à la nature et à l'importance de leur handicap. La scolarisation individuelle concerne la scolarisation d'un jeune handicapé dans une classe ordinaire.

Secteur d'activité : regroupe des entreprises de fabrication, commerce ou service qui ont la même activité principale (au regard de la nomenclature d'activité économique considérée). L'activité d'un secteur n'est donc pas tout à fait homogène et comprend des productions ou services secondaires qui relèveraient d'autres items de la nomenclature que celui du secteur considéré. Au contraire, une branche regroupe des unités de production homogènes.

Secteur hosptialier public (SHP) : sous-ensemble de la fonction publique hosptialière. Le SHP regroupe les agents hors internes, externes, exerçant dans un établissement public ayant une activité économique principale hospitalière (APET 8610Z) ou relevant de la catégorie juridique « établissements d'hospitalisation » (7364). À ce titre, les établissements médico-sociaux rattachés aux centres hospitaliers sont comptabilisés dans le présent champ. Le SHP ayant historiquement été construit dans une finalité de comparaison entre secteur public et secteur privé, il comprend les agents de quatre établissements hospitaliers classés dans la FPE (l'Institution nationale des Invalides, l'établissement public de santé national de Fresnes, le centre hospitalier national d'ophtalmologie des Quinze-Vingts et le CHU de Montpellier). Compte tenu de leur faible poids dans l'ensemble et de leur proximité avec les autres, ces établissements influencent peu les indicateurs de salaires établis sur l'ensemble du SHP.

Secteur institutionnel : la comptabilité nationale regroupe les différents acteurs de la vie économique dans des ensembles considérés comme pertinents. Les unités, dites institutionnelles, constituent les unités de base : ce sont des unités susceptibles de posséder elles-mêmes des actifs, de souscrire des engagements, de s'engager dans des activités économiques et de réaliser des opérations avec d'autres unités. Les secteurs institutionnels regroupent les unités institutionnelles ayant des comportements économiques similaires caractérisés par leur fonction principale et la nature de leur activité. On distingue cinq secteurs institutionnels résidents :
– les sociétés non financières (SNF) (S.11) ;
– les sociétés financières (SF) (S.12) ;

– les administrations publiques (APU) (S.13) ;
– les ménages (S.14) ;
– les institutions sans but lucratif au service des ménages (ISBLSM) (S.15).
Enfin, le reste du monde (S.2) regroupe l'ensemble des unités non-résidentes, dans la mesure où elles entretiennent des relations économiques avec des unités résidentes.

Secteur tertiaire : recouvre un vaste champ d'activités qui va du commerce à l'administration, en passant par les transports, les activités financières et immobilières, les services aux entreprises et les services aux particuliers, l'éducation, la santé et l'action sociale. Le périmètre du secteur tertiaire est de fait défini par complémentarité avec les activités agricoles et industrielles (secteurs primaire et secondaire).

Sections d'enseignement général et professionnel adapté (SEGPA) : depuis la circulaire du 20 juin 1996 relative à l'organisation de la formation au collège, ces sections accueillent essentiellement des élèves en grande difficulté scolaire ou sociale. Elles sont implantées dans les collèges et dans les EREA.

Séjours : les voyages se décomposent en séjours, définis par le fait d'avoir passé au moins une nuit en lieu fixe. La durée des séjours est comptabilisée en nuitées.

Services d'intermédiation financière indirectement mesurés (Sifim) : part des services rendus par les intermédiaires financiers qui n'est pas facturée à la clientèle. Pour ces services, les intermédiaires financiers se rémunèrent en prenant une marge de taux d'intérêt sur les dépôts de leurs clients et sur les prêts (crédits) qu'ils leur accordent.

Services de communications : activités permettant la transmission d'informations à distance. Ce poste comprend la téléphonie fixe, la téléphonie mobile, les services avancés (numéros gratuits ou à coûts partagés, audiotel à revenus partagés...), les liaisons louées (location de capacités de transmission entre deux points, réservé à un client par un opérateur, à partir de réseaux terrestres, satellitaires ou sous-marins), le transport de données y compris les SMS (acheminement de données à la carte), l'interconnexion (services offerts ou achetés à d'autres opérateurs résultant d'accords d'interconnexion entre opérateurs titulaires d'une licence ou prestataires spécialisés), les services d'accès au réseau Internet, les services de diffusion d'émissions de télévision et de radio et d'autres services (gestion de réseau privé intégré, services mobiles privés de radio, services de location, vidéoconférence).

Services marchands : services vendus, par une unité, à des prix économiquement significatifs (en grande partie ou en totalité). En toute rigueur, il faudrait parler de services principalement marchands car pour certaines activités coexistent des parties marchandes et non-marchandes ; certains services sont considérés comme toujours marchands (les transports par exemple), d'autres comme toujours non marchands (l'administration générale par exemple). Les services marchands sont définis par l'Insee à partir de la NAF rév.2. Leur champ exclut le commerce, le transport et les services financiers.

Services non marchands : services fournis par une unité, gratuitement ou à des prix qui ne sont pas économiquement significatifs.

Seuil de pauvreté : voir **Pauvreté monétaire**.

Seuil de renouvellement des générations : le renouvellement des générations est assuré à la naissance si le nombre de filles dans la génération des enfants est égal au nombre de femmes dans la génération des parents. En l'absence de mortalité, 2,05 enfants par femme seraient suffisants pour assurer le remplacement d'une génération (2,05 et non 2 car il naît 105 garçons pour 100 filles).

Sifim : voir **Services d'intermédiation financière indirectement mesurés**.

Sirene : voir **Système informatisé du répertoire national des entreprises et des établissements**.

Sit@del2 : base de données du système statistique public relative à la construction neuve de logements et de locaux non résidentiels. Cette base est alimentée par les informations des permis de construire, permis d'aménager, permis de démolir et déclarations préalables. Ces données sont transmises chaque mois par les centres instructeurs des directions départementales de l'équipement et par les communes (ou groupements de communes) autonomes. Sit@del2 est la continuité de Sitadel, prenant en compte les nouvelles variables des formulaires mis en place lors de réforme du droit des sols en octobre 2007.

Smic : voir **Salaire minimum interprofessionnel de croissance**.

SNF : voir **Sociétés financières**.

Société : entité dotée de la personnalité juridique. Elle est créée dans un but marchand, à savoir, produire des biens ou des services pour le marché, qui peut être une source de profit ou d'autres gains financiers pour son ou ses propriétaires ; elle est la propriété collective de ses actionnaires, qui ont le pouvoir de désigner les administrateurs responsables de sa direction générale. Les sociétés exercent leur activité sous de nombreuses formes juridiques ; les plus fréquentes sont :

– la SARL, société groupant des associés dont la responsabilité est limitée à leur apport personnel ;
– la Société Anonyme (SA) où l'exercice de l'activité est séparé de la responsabilité des actionnaires ;
– la société civile, présente notamment dans les professions libérales et l'immobilier.
Voir aussi : **société par actions simplifiée (SAS), Société à responsabilité limitée (SARL)**.

Société à responsabilité limitée (SARL) : société groupant des associés dont la responsabilité est limitée à leur apport personnel et dont les pouvoirs (droits de vote, droits sur les bénéfices...) sont proportionnels à la part du capital détenue. Une SARL unipersonnelle (ou EURL) est une SARL constituée par une seule personne qui en détient donc toutes les parts.

Société de financement de l'économie française (SFEF) : société créée en octobre 2008 dans le cadre du plan de soutien des pouvoirs publics au financement de l'économie française. Elle est classée, suite à la décision d'Eurostat du 15 juillet 2009 sur le traitement comptable des interventions publiques en faveur du secteur financier, dans le secteur des institutions financières.

Société innovante : une société est innovante au sens large lorsqu'elle introduit une innovation dans au moins une des quatre catégories d'innovation possibles (produits, procédés, organisation, marketing) ou lorsqu'elle s'engage dans des activités d'innovation en produits ou en procédés, une société pouvant combiner plusieurs catégories d'innovation.

Société par actions simplifiée (SAS) : société groupant des associés dont la responsabilité est limitée à leur apport personnel et qui ont la possibilité de disposer de prérogatives indépendantes de leur part de capital. La SAS est une société de capitaux, ce qui la rapproche de la société anonyme (SA). Elle peut être unipersonnelle, on parle alors de société par actions simplifiée à associé unique (Sasu).

Sociétés financières : ensemble des sociétés et quasi-sociétés dont la fonction principale consiste à fournir des services d'intermédiation financière (banque et assurance) et/ou à exercer des activités financières auxiliaires.

Sociétés non financières (SNF) : ensemble des unités institutionnelles qui sont des producteurs marchands dont la fonction principale consiste à produire des biens et des services non financiers, et dont les opérations de répartition et les opérations financières sont séparées de celles de leurs propriétaires.

Soins ambulatoires : voir **soins de ville**.

Soins de ville : effectués en cabinet de ville ou en centre de santé, les soins de ville (ou soins ambulatoires) sont composés des soins dispensés au titre de l'activité libérale par les médecins, les chirurgiens-dentistes et les auxiliaires médicaux (infirmiers, kinésithérapeutes, orthophonistes, orthoptistes), des actes d'analyse effectués en laboratoire et des soins de cures thermales reconnus par la Sécurité sociale (soins de médecins et d'auxiliaires médicaux et hors hébergement).

Sol artificialisé : surface retirée de son état naturel (friche, prairie naturelle, zone humide etc.), forestier ou agricole, qu'elle soit bâtie ou non et qu'elle soit revêtue (exemple : parking) ou non (exemple : jardin de maison pavillonnaire). Les surfaces artificialisées incluent donc également les espaces artificialisés non bâtis (espaces verts urbains, équipements sportifs et de loisirs etc.) et peuvent se situer hors des aires urbaines, à la périphérie de villes de moindre importance voire de villages, à proximité des dessertes du réseau d'infrastructures ou encore en pleine campagne (phénomène d'urbanisme diffus).

Solde apparent des entrées et des sorties : différence entre la variation totale de la population au cours de la période considérée et le solde naturel. Il diffère du solde migratoire en raison de l'aléa de sondage et des erreurs de mesures liées au recensement de la population. La différence entre le solde apparent et le solde migratoire est appelée « ajustement ».

Solde du commerce extérieur : différence entre la valeur des exportations et celle des importations entre deux pays (ou deux zones). Il peut être relatif à un produit ou à l'ensemble des échanges. Le rapport entre ces deux valeurs est appelé taux de couverture. Voir aussi : **Taux de couverture**.

Solde migratoire : le solde migratoire est estimé de manière différente selon l'année. Jusqu'en 2005, il était évalué à partir d'une combinaison entre données administratives de l'année (pour la mesure des entrées des ressortissants des pays hors Union européenne) et report des tendances passées, appréciées à partir des recensements. Depuis que le recensement est annuel (2006), il est mesuré indirectement par différence entre l'évolution de la population mesurée à deux recensements successifs et le solde naturel de l'année déduit de l'état civil : on parle alors de solde apparent. Les évolutions de ce solde apparent peuvent refléter des fluctuations des entrées et des sorties, mais également l'aléa de sondage du recensement. Le dernier recensement disponible étant celui du 1er janvier 2014, les soldes migratoires de 2014, 2015 et 2016 doivent être estimés autrement. Le solde 2014 est estimé par la moyenne des trois derniers soldes apparents définitifs (2011, 2012 et 2013). Ce solde est reporté pour 2015 et 2016 de façon provisoire.

Solde naturel : différence entre le nombre de naissances et le nombre de décès enregistrés au cours d'une période. Les mots « excédent » ou « accroissement » sont justifiés par le fait qu'en général le nombre de naissances est supérieur à celui des décès. Mais l'inverse peut se produire, et le solde naturel est alors négatif.

Sorties précoces du système éducatif : jeunes âgés de 18 à 24 ans qui n'étudient plus et n'ont pas terminé avec succès l'enseignement secondaire de second cycle (Classification internationale type de l'éducation-CITE 3). Ils sont classés comme sortants avec le niveau CITE 2. En France, il s'agit des 18-24 ans qui ne poursuivent ni études, ni formation et n'ont ni CAP, ni BEP, ni diplôme plus élevé. Voir aussi : **Classification internationale type de l'éducation (CITE)**.

Sous-emploi : personnes actives occupées au sens du BIT qui :
– soit travaillent à temps partiel, souhaitent travailler davantage, et sont disponibles pour le faire, qu'elles recherchent activement un emploi ou non ;
– soit travaillent à temps partiel (et sont dans une situation autre que celle décrite ci-dessus) ou à temps complet, mais ont travaillé moins que d'habitude pendant la semaine de référence en raison de chômage partiel ou mauvais temps.

Standard de pouvoir d'achat (SPA) : unité monétaire artificielle qui élimine les différences de niveaux de prix entre les pays. Ainsi, un SPA permet d'acheter le même volume de biens et de services dans tous les pays. Cette unité permet des comparaisons en volume significatives des indicateurs économiques entre les pays. Les agrégats exprimés en SPA sont calculés en divisant les agrégats à prix courants et en monnaie nationale par les parités de pouvoir d'achat (PPA) respectives. Le niveau d'incertitude caractérisant les prix et les données de comptabilité nationale de base ainsi que les méthodes utilisées pour calculer les PPA impliquent que les différences entre des pays ayant des indices d'une valeur proche ne doivent pas être sur-interprétées.

Statuts des agents de la fonction publique : on distingue les salariés de la fonction publique par leur statut de fonctionnaire, contractuel, militaire, bénéficiaire de contrat aidé ou « autre catégorie et statut ». Les militaires sont regroupés au sein d'une catégorie unique, la source Siasp ne permettant pas pour l'instant de distinguer les militaires de carrière des militaires sous contrat. Un fonctionnaire (ou titulaire) est un agent civil ayant réussi un concours de la fonction publique ou devenu titulaire à l'issue d'un plan de titularisation. Dans certains cas, un agent peut être titularisé en catégorie C sans avoir passé de concours. L'emploi des « autres catégories et statuts » relève de contrats particuliers non régis par les règles de droit commun des agents non titulaires stricto sensu. Cette catégorie recouvre principalement les enseignants d'établissements privés sous contrat et des ouvriers d'État dans la FPE, des assistants maternels dans la FPT, des médecins dans la FPH et des apprentis dans les trois versants. Un contractuel est un agent civil de la fonction publique qui n'est ni fonctionnaire, ni bénéficiaire de contrat aidé, ni relavant d'« autres catégories et statuts ». Voir aussi : **Système d'information sur les agents des services publics (Siasp)**.

Stocks d'entreprises et établissements (REE/Sirene) : les bases de stocks issues du (REE/Sirene) regroupent les entreprises et les établissements actifs en France métropolitaine et dans les DOM au 1er janvier de l'année considérée. Les données de l'année n sont disponibles en n+1. Ces bases portent sur deux champs économiques distincts : le champ marchand non agricole et le champ complémentaire au champ marchand non agricole (dit champ complémentaire).

Stratégie nationale de transition écologique vers un développement durable 2015-2020 (SNTEDD) : issue des engagements pris au niveau international lors du Sommet de la Terre à Rio en 1992 et adoptée en Conseil des ministres le 4 février 2015, cette troisième stratégie succède à la stratégie nationale de développement durable 2010-2013 et fixe le nouveau cap en matière de développement durable. Elle identifie quatre enjeux écologiques majeurs : le changement climatique, la perte accélérée de la biodiversité, la raréfaction des ressources et les risques sanitaires environnementaux et propose des actions et leviers pour que la société s'engage dans la voie de la transition écologique vers un développement durable. Elle est assortie d'un ensemble de 39 indicateurs essentiels et de 33 indicateurs complémentaires pour en assurer le suivi.

***Streaming* :** technologie utilisée sur Internet et permettant la lecture d'un flux audio ou vidéo à mesure qu'il est diffusé. Elle s'oppose à la diffusion par téléchargement qui nécessite d'avoir récupéré l'ensemble des données de l'extrait pour pouvoir le lire.

Subventions à l'agriculture : comprennent les subventions sur les produits (aides associées à certains types de production), qui ont pour la plupart disparu en 2010, et les subventions d'exploitation, entièrement restructurées dans le cadre de la PAC 2015, telles que le paiement de base (DPB), le paiement vert (aide agro-environnementale) et les aides pour calamités agricoles.

Superficie agricole utilisée (SAU) : comprend les terres arables (y c. pâturages temporaires, jachères, cultures sous verre), la superficie toujours en herbe et les cultures permanentes (vignes, vergers, etc.).

Supermarché : entreprise de vente au détail en libre-service non classé en hypermarché qui a au moins un magasin réalisant plus des deux tiers de son chiffre d'affaires en alimentation et dont la surface de vente est comprise entre 400 et 2 500 m^2. Voir aussi : **Hypermarché**.

Sursis : voir **Emprisonnement correctionnel**.

Surpeuplement : le caractère surpeuplé d'un logement fait intervenir le nombre de pièces, en considérant que sont nécessaires :
– une pièce de séjour pour le ménage ;
– une pièce pour chaque couple ;
– une pièce pour les célibataires de 19 ans et plus ;
– et, pour les célibataires de moins de 19 ans : une pièce pour deux enfants s'ils sont de même sexe ou s'ils ont moins de sept ans ; sinon, une pièce par enfant.
De plus, la surface est prise en compte, ce qui constitue un enrichissement par rapport à d'autres indicateurs publiés par l'Insee. Pour ne pas être surpeuplé, un logement doit également offrir au minimum :
– 25 m^2 pour une personne seule vivant dans un logement d'une pièce ;
– 18 m^2 par personne pour les autres ménages.

Système d'information sur les agents des services publics (Siasp) : produit par l'Insee à partir de 2009, Siasp recense les données sur l'emploi et les rémunérations des agents des trois versants de la fonction publique. Le périmètre de la fonction publique recouvre les personnes morales et organismes soumis au droit administratif dans lesquels le recrutement est effectué sur la base du droit public. La détermination de chacun des versants (État-FPE, Territoriale-FPT et Hospitalière-FPH) s'appuie essentiellement sur la catégorie juridique de l'employeur. Dans Siasp, les agents des établissements médico-sociaux rattachés à un centre hospitalier sont comptabilisés dans les effectifs des hôpitaux. Par conséquent, les statistiques d'emploi concernant les hôpitaux correspondent à un périmètre plus large que celui de la Statistique annuelle des établissements de santé (SAE) qui se restreint aux personnels de la seule activité sanitaire.

Système informatisé du répertoire national des entreprises et des établissements (Sirene) : système dont la gestion a été confiée à l'Insee et qui enregistre l'état civil de toutes les entreprises et leurs établissements, situés en métropole, dans les DOM (Guadeloupe, Guyane, Martinique, La Réunion et Mayotte) et à Saint-Pierre-et-Miquelon, et ce quelle que soit leur forme juridique et quel que soit leur secteur d'activité. Les entreprises étrangères qui ont une représentation ou une activité en France y sont également répertoriées.

T

Taux d'accroissement naturel ou **taux d'excédent naturel :** taux de croissance démographique imputable au mouvement naturel de la population, c'est-à-dire, celui qui ne résulte que des naissances et des décès. Il se calcule comme le rapport du solde naturel pendant une période à la population moyenne de cette période. Il est aussi égal à la différence entre le taux de natalité et le taux de mortalité.

Taux d'activité : rapport entre le nombre d'actifs (actifs occupés et chômeurs) et l'ensemble de la population.

Taux d'autofinancement : rapport de l'épargne brute à la formation brute de capital fixe (FBCF).

Taux de change : cours d'une monnaie (ou devise) par rapport à une autre. Le taux de change est nominal, si le rapport entre les devises est mesuré sans prendre en compte les différences de pouvoirs d'achat entre les pays ou zones monétaires auxquelles ces devises se rapportent. Le taux de change est réel, s'il tient compte de ces différences de pouvoir d'achat.

Taux de change effectif nominal : taux de change d'une zone monétaire, mesuré comme une somme pondérée des taux de change avec les différents partenaires commerciaux et concurrents. On mesure le taux de change effectif nominal avec les parités nominales (sans prendre donc en compte les différences de pouvoir d'achat entre les deux devises), et le taux de change effectif réel, avec la prise en compte pour ce dernier des indices de prix et de leurs évolutions.

Taux de chômage : rapport entre le nombre de chômeurs et le nombre d'actifs (actifs occupés et chômeurs).

Taux de couverture : rapport entre la valeur des exportations et celle des importations entre deux pays (ou deux zones). Il peut être relatif à un produit ou à l'ensemble des échanges. La différence entre les deux valeurs est appelée solde du commerce extérieur. Voir aussi : **Solde du commerce extérieur**.

Taux de création d'entreprises : rapport du nombre des créations d'entreprises d'une année au stock d'entreprises au 1er janvier de cette même année.

Taux de dépendance : rapport entre la population dépendante au sens de l'Allocation Personnalisée d'autonomie (APA) et la population âgée de 60 ans et plus.

Taux de divorce : rapport du nombre de divorces prononcés dans l'année à la population totale moyenne de l'année.

Taux de fécondité : le taux de fécondité à un âge donné (ou pour une tranche d'âges) est le nombre d'enfants nés vivants des femmes de cet âge au cours de l'année, rapporté à la population moyenne de l'année des femmes de même âge. Par extension, le taux de fécondité est le rapport du nombre de naissances vivantes de l'année à l'ensemble de la population féminine en âge de procréer (nombre moyen des femmes de 15 à 50 ans sur l'année). À la différence de l'indicateur conjoncturel de fécondité, son évolution dépend en partie de l'évolution de la structure par âge des femmes âgées de 15 à 50 ans.

Taux d'effort : rapport entre la somme des dépenses liées à l'habitation principale et les revenus des ménages. Les dépenses comprennent pour les propriétaires les remboursements d'emprunt pour l'achat du logement, la taxe foncière et les charges de copropriété. Pour les locataires, elles comprennent les loyers et les charges locatives. Pour tous les ménages, elles incluent la taxe d'habitation, les dépenses en eau et en énergie associées au logement. Le taux d'effort est dit « net », s'il est calculé en déduisant du montant des dépenses les aides au logement et « brut » dans le cas contraire.

Taux de marge : rapport de l'excédent brut d'exploitation (EBE) à la valeur ajoutée. Voir aussi : **Excédent brut d'exploitation (EBE)** et **Valeur ajoutée**.

Taux de mortalité : rapport du nombre de décès de l'année à la population totale moyenne de l'année.

Taux de mortalité infantile : rapport entre le nombre d'enfants décédés à moins d'un an et l'ensemble des enfants nés vivants.

Taux de mortalité standardisé : taux de mortalité d'une population présentant une distribution standard par âge. Il permet la comparaison entre périodes et entre pays, ces taux visant à chiffrer les décès indépendamment des différences entre les pyramides des âges des populations.

Taux de motorisation : pourcentage de ménages disposant au moins d'une voiture. À partir de deux véhicules, le ménage est dit multi motorisé.

Taux d'emploi : rapport entre le nombre de personnes ayant un emploi (actifs occupés) et le nombre total de personnes. Il peut être calculé sur l'ensemble de la population d'un pays, mais on se limite le plus souvent à la population en âge de travailler, généralement définie, en comparaison internationale, comme les personnes âgées de 15 à 64 ans.

Taux d'emploi sous-jacent (ou standardisé) : permet de gommer les poids démographiques inégaux des tranches d'âge inclus dans le taux d'emploi. Il est égal à la moyenne arithmétique des taux d'emploi par âge détaillé. Ainsi par exemple, le taux d'emploi sous-jacent permet d'avoir un taux d'emploi des seniors qui ne tient pas compte du fait que les générations du baby-boom arrivent progressivement à l'âge de la retraite et gonflent le poids des classes d'âges élevés.

Taux de natalité : rapport du nombre de naissances vivantes de l'année à la population totale moyenne de l'année.

Taux de nuptialité : rapport du nombre de mariages de l'année à la population totale moyenne de l'année.

Taux d'épargne des ménages : rapport entre l'épargne des ménages et le revenu disponible brut (non ajusté).

Taux d'épargne financière : rapport entre la capacité de financement des ménages et le revenu disponible brut (non ajusté).

Taux de pauvreté : correspond à la proportion d'individus (ou de ménages) dont le niveau de vie est inférieur pour une année donnée à un seuil exprimé en euros, dénommé seuil de pauvreté (voir définition de la pauvreté monétaire).

Taux de pénétration du téléphone mobile ou d'Internet : rapport entre le nombre d'abonnés à un service de téléphonie mobile ou d'utilisation d'Internet et la population totale. Ce taux peut être supérieur à 100 % puisqu'une personne peut posséder plusieurs abonnements.

Taux de prélèvements obligatoires : rapport des prélèvements obligatoires au PIB. Voir aussi : **Prélèvements obligatoires**.

Taux de scolarisation : pourcentage de jeunes d'un âge de scolarisation donné qui sont scolarisés par rapport à la population totale du même âge.

Taux d'excédent naturel : voir **Taux d'accroissement naturel**.

Taux d'indépendance énergétique : rapport entre la production nationale d'énergie primaire (charbon, pétrole, gaz naturel, nucléaire, hydraulique, énergies renouvelables) et la consommation nationale d'énergie primaire, une année donnée. Ce taux peut se calculer pour chacun des grands types d'énergie ou globalement toutes énergies confondues. Un taux supérieur à 100 % (cas de l'électricité) traduit un excédent de la production nationale par rapport à la demande intérieure et donc un solde exportateur.

Taux d'intérêt : indique le prix à payer par un emprunteur pour disposer d'une somme d'argent. Par rapport au taux d'intérêt nominal, le taux d'intérêt réel tient compte des fluctuations de valeur de la monnaie. Les taux d'intérêt à court terme sont en général associés au bons du Trésor ou à des instruments comparables ayant une échéance à trois mois. Ils sont fixés par l'autorité monétaire (e.g. la Banque centrale européenne pour la zone euro). Les taux d'intérêt à long terme sont souvent associés aux obligations à 10 ans (des instruments dont l'échéance est à 5 ans ou 30 ans peuvent également entrer dans cette catégorie). L'Union européenne retient comme référence les bons du Trésor à 10 ans pour déterminer le taux d'intérêt à long terme. Le niveau des taux d'intérêt à long terme est déterminé par des mécanismes de marchés.

Taux d'investissement : rapport de l'investissement à la valeur ajoutée.

Taux d'investissement en logement : rapport entre la formation brute de capital fixe des ménages (hors entrepreneurs individuels) et le revenu disponible brut.

Taux d'occupation : rapport du nombre de chambres (ou d'emplacements ou d'unités d'hébergement) occupées au nombre de chambres (ou d'emplacements ou d'unités d'hébergement) effectivement offertes sur une période donnée, c'est-à-dire en excluant les fermetures saisonnières.

Taxe : prélèvement obligatoire perçu d'autorité, à l'occasion d'une opération, mais qui ne constitue pas la contrepartie monétaire de ce service. Il diffère de l'impôt par son assiette (il est payé à l'occasion d'une opération) et par son redevable (l'usager). Il diffère de la redevance, qui est la contrepartie monétaire d'un service rendu. Toutefois, le législateur a nommé, à tort, « taxe » des prélèvements obligatoires qui sont, en réalité, des impôts ou des redevances. La taxe d'habitation ou la taxe sur la valeur ajoutée sont en réalité des impôts car ils ne donnent lieu à aucune contrepartie.

Taxe sur la valeur ajoutée (TVA) : impôt sur les produits collecté par les entreprises et intégralement supporté par l'acheteur final en dernier ressort. Au 1/01/2014 le taux normal est fixé à 20 %, le taux intermédiaire passe à 10 % et le taux réduit reste à 5,5 % (pour les produits alimentaires notamment). Un taux spécifique de 2,1 % est appliqué aux médicaments remboursables, entre autres. Certaines dispositions sont particulières à la Corse et aux DOM.

Technologies de l'information et de la communication (TIC) : sont qualifiés de secteurs des technologies de l'information et de la communication (TIC) selon l'OCDE, les secteurs producteurs de TIC (fabrication d'ordinateurs et de matériel informatique, de TV, radios, téléphone,...), les secteurs distributeurs de TIC (commerce de gros de matériel informatique,...) et les secteurs des services de TIC (télécommunications, services informatiques, services audiovisuels,...). Par complémentarité, les secteurs « non-TIC » désignent toutes les autres activités. Dans la nouvelle base de comptabilité nationale, on parle de produits de l'économie de l'information, champ un peu plus large que le champ traditionnel des TIC.

Télévision de rattrapage (TVR) : consiste à proposer aux téléspectateurs équipés et reliés, la rediffusion d'un programme peu de temps après sa première diffusion et généralement pendant une période de quelques jours.

Temps non complet : les emplois à temps non complets regroupent les personnes embauchées sur des postes à temps complet qui ont fait le choix de travailler à temps partiel et les personnes embauchées sur des postes à temps non complet.

Temps partiel : temps de travail inférieur à la durée légale du travail ou à la durée conventionnelle si celle-ci est inférieure. Le travail à temps partiel peut être mis en place sur l'initiative de l'employeur ou du salarié.

Termes de l'échange : rapport, pour un produit donné, entre l'indice du prix des exportations et celui des importations. Les indices sont exprimés selon une même année de base. Une amélioration des termes de l'échange de 1 % signifie que la croissance du prix des exportations est 1 % plus forte que celle du prix des importations. Elle signifie aussi une détérioration de la compétitivité-prix française. Inversement une baisse des termes de l'échange signifie une amélioration de la compétitivité-prix.

TIC : voir **Technologies de l'information et de la communication**.

Tirage (d'un support de presse) : nombre total d'exemplaires d'un support de presse qui est imprimé.

Titre de capital : titre émis par une société par actions représentant un droit sur la propriété de l'entreprise et permettant normalement à leur porteur de participer à la distribution des bénéfices et de l'actif net en cas de liquidation et aux décisions stratégiques (droits de vote). Ils comprennent les actions cotées et les actions non cotées.

Titre de créance : désignent les bons du Trésor (BTF et BTAN), les titres de créances négociables émis sur le marché français (billets de trésorerie, certificats de dépôt, bons à moyen terme négociables), le *commercial paper* émis à l'étranger et les *Euro medium term notes* (EMTN) et les obligations, dont les obligations assimilables du Trésor (OAT). Au sein des titres de créance, les titres à court terme sont les titres d'échéance initiale inférieure à un an et les titres à long terme ceux dont l'échéance à l'émission est supérieure à un an.

Titre de séjour : document sécurisé assurant la reconnaissance par l'autorité publique du droit à séjourner sur le territoire national pour un ressortissant étranger majeur. Un titre de séjour se définit par sa nature juridique, son motif d'admission et sa durée de validité. Les cartes de séjour temporaires, les cartes de séjour et les cartes de résident sont des titres de séjour. Le suivi des flux migratoires est assuré au Ministère de l'Intérieur grâce à l'Application de gestion des dossiers des ressortissants étrangers en France (AGDREF), sur la base de la délivrance des premiers titres de séjour. Les chiffres définitifs ne sont connus qu'après un temps de latence, dans la mesure où le délai entre le dépôt d'une demande de titre et sa délivrance peut varier dans des proportions importantes du fait de nombreux facteurs. Aussi, les statistiques définitives de délivrance des titres ne sont arrêtées pour une année donnée qu'au 31 décembre de l'année suivante.

Tonne-équivalent pétrole (tep) : quantité d'énergie contenue dans une tonne de pétrole brut. Cette unité est utilisée pour exprimer dans une unité commune la valeur énergétique des diverses sources d'énergie. Selon les conventions internationales, une tonne-équivalent pétrole équivaut par exemple à 1 616 kg de houille, 1 069 m^3 de gaz d'Algérie ou 954 kg d'essence moteur. Pour l'électricité, 1 tep vaut 11,6 MWh.

Tonne-kilomètre : unité de mesure sommable correspondant au transport d'une tonne sur une distance d'un kilomètre. Par rapport aux tonnes, les tonnes-kilomètres ont l'avantage d'être « additives » : un déplacement de 10 tonnes sur 100 kilomètres suivi d'un déplacement de 10 tonnes sur 50 kilomètres donnent au total 1 500 tonnes-kilomètres, alors que l'addition des poids transportés n'a pas de sens.

Tourisme : activités déployées par les personnes au cours de leurs voyages et séjours dans des lieux situés en dehors de leur environnement habituel pour une période consécutive qui ne dépasse pas une année, à des fins de loisirs, pour affaires et autres motifs non liés à l'exercice d'une activité rémunérée dans le lieu visité.

Touriste : voir **Visiteur**.

Touriste international : personne qui passe au moins une nuit dans un pays, autre que son pays de résidence habituelle, sans y exercer une activité rémunérée localement. L'unité retenue par l'organisation mondiale du tourisme (OMT) pour la mesure du tourisme international est l'arrivée de touriste international. Une arrivée de touriste international correspond à une visite d'un touriste dans un pays autre que son pays de résidence habituelle, indépendamment de sa nationalité. Ainsi les statistiques internationales de l'OMT dénombrent des visites et pas des individus. Par exemple une même personne, un même touriste donc, venant en France consécutivement pour cinq séjours différents, d'au moins une nuit, sera à l'origine de cinq arrivées dans les statistiques.

Traité de Maastricht : traité constitutif de l'Union européenne qui affirme les objectifs de l'Union. Il a été signé par les douze États membres de la Communauté économique européenne à Maastricht (Pays-Bas) le 7 février 1992. Il impose notamment aux États membres de satisfaire simultanément à cinq critères de convergence pour participer à la monnaie unique : stabilité des prix, maîtrise des déficits publics et de la dette publique, stabilité des changes et caractère durable de la convergence mesuré par le niveau du taux d'intérêt nominal à long terme. Voir aussi : **critères de convergence du Traité de Maastricht**.

Traitement indiciaire brut : il s'obtient en multipliant l'indice majoré par la valeur du point de la fonction publique. C'est le traitement avant compléments et retenues.

Traitements et cures ambulatoires : traitements interactifs organisés en séquences d'une demi-journée environ et nécessitant des équipements spécifiques.

Transport de marchandises : comprend tout mouvement de marchandises à bord d'un mode de transport quel qu'il soit : ferroviaire, routier, fluvial, maritime, aérien... Il se mesure en tonnes-kilomètres ou en tonnes, sur un trajet donné.

Transport de voyageurs : comprend tout mouvement de voyageurs à bord d'un mode de transport quel qu'il soit : ferroviaire, routier, maritime, aérien, etc. Le transport de voyageurs se mesure en voyageurs-kilomètres ou, sur un trajet donné, en nombre de voyageurs.

Transport express : livraison d'objets dans des délais garantis et à une distribution point à point, du seuil de la porte de l'expéditeur jusqu'à celui du destinataire. Les expressistes font bénéficier leurs clients d'un suivi informatisé et d'une preuve de livraison de leurs objets. La distinction avec le transport de marchandises est basée sur les limites supérieures de poids fixées pour les colis (30 kilos maximum).

Transport ferroviaire de voyageurs : comprend le transport de voyageurs du Transilien (réseau de trains de banlieue en Île-de-France dont les titres de transport sont propres à la zone du syndicat des transports d'Île-de-France) et le transport de voyageurs du réseau principal, composé du transport « grandes lignes », y compris Eurostar et les ID-TGV, et des services ferroviaires régionaux hors Île-de-France.

Transport maritime de voyageurs : somme des passagers embarqués et des passagers débarqués (y compris transport international de voyageurs et cabotage national et services côtiers non compris).

Transports intérieurs : transports ou portion des transports réalisés sur le territoire d'un État donné, indépendamment de la nationalité du véhicule et de l'origine ou de la destination de la marchandise et du véhicule. Ainsi, en France, outre les transports nationaux, les transports intérieurs comptabilisent la seule partie des transports internationaux réalisée sur le territoire français (Paris-Mulhouse pour un transport d'échange Paris-Berlin, Vintimille-Portbou pour un transport de transit Turin-Barcelone).

Transports internationaux : transports de marchandises pour lesquels le pays d'origine et le pays de destination sont différents. Il peut s'agir de marchandises entrant ou sortant du territoire français ou en transit. Les statistiques relatives aux transports internationaux ne concernent ici que la portion réalisée sur le territoire français.

Travail d'intérêt général (TIG) : peine prononcée à titre principal ou en complément d'une peine d'emprisonnement assortie du sursis, par le tribunal correctionnel pour les majeurs ou par le tribunal pour enfants (à l'encontre des mineurs délinquants âgés de 16 à 18 ans) et consistant à effectuer, dans un temps déterminé, un travail non rémunéré, au profit d'une collectivité publique ou d'une association agréée.

Très haut débit (THD) : terme faisant référence à des capacités d'accès à internet supérieures à celles de l'accès par l'ADSL dans le domaine du fixe et à celles de l'accès par l'UMTS dans le domaine du mobile. Dans le fixe, le THD est porté par la fibre et dans le mobile par les technologies regroupées sous le terme de 3,5G (HSDPA) ou 4G (LTE).

U

Union européenne (UE) : association volontaire, économique et politique, de 28 États européens, visant à assurer le maintien de la paix en Europe et à favoriser le progrès économique et social. Sans équivalent dans le monde, l'UE est dotée d'institutions communautaires auxquelles les États membres délèguent ou transmettent l'exercice de certaines compétences. L'UE dispose ainsi de compétences propres dans des domaines comme la politique agricole commune, la pêche ou la politique commerciale. L'un des objectifs majeurs de la construction européenne, le marché intérieur, constitue un marché unique au sein duquel les biens, les services, les capitaux et les personnes doivent pouvoir circuler librement. L'euro est la monnaie commune de 19 États membres.

Unité de consommation (ou équivalent-adulte) : système de pondération attribuant un coefficient à chaque membre du ménage et permettant de comparer les niveaux de vie de ménages de tailles ou de compositions différentes. Avec cette pondération, le nombre de personnes est ramené à un nombre d'unités de consommation (UC). L'échelle actuellement la plus utilisée (dite de l'OCDE) retient la pondération suivante : 1 UC pour le premier adulte du ménage, 0,5 UC pour les autres personnes de 14 ans ou plus et 0,3 UC pour les enfants de moins de 14 ans.

Unité de mesure d'énergie : les statistiques de production et de consommation d'énergie sont généralement exprimées en kilowatt-heure (1 kWh ou 10^3 Wh), en mégawatt-heure (1 MWh ou 10^3 kWh), en gigawatt-heure (1 GWh ou 10^6 kWh) et en térawatt-heure (1 TWh ou 10^9 kWh).

Unité de travail annuel (UTA) : mesure du travail fourni par la main-d'œuvre agricole. Une UTA correspond au travail d'une personne à plein temps pendant une année entière. Le travail fourni sur une exploitation agricole provient, d'une part de l'activité des personnes de la famille (chef compris), d'autre part de l'activité de la main-d'œuvre salariée, à savoir les permanents, saisonniers, salariés des entreprises de travaux agricoles (ETA) et coopératives d'utilisation de matériel agricole (CUMA).

Unité de travail annuel non salarié (Utans) : équivaut à la quantité de travail agricole fournie par une personne non salariée occupée à plein temps pendant une année.

Unité légale : entité juridique de droit public ou privé. Cette entité juridique peut être une personne morale, dont l'existence est reconnue par la loi indépendamment des personnes ou des institutions qui la possèdent ou qui en sont membres ou une personne physique, qui, en tant qu'indépendant, exerce une activité économique. Elle est obligatoirement déclarée aux administrations compétentes (Greffes des tribunaux, Chambres de commerce et d'industrie, Chambres de Métiers, Organismes de sécurité sociale, DGFiP, etc.). L'existence d'une telle unité peut ne dépendre que du choix des propriétaires ou de ses créateurs et n'exister que pour des raisons organisationnelles, juridiques ou fiscales. L'unité légale est l'unité principale enregistrée dans Sirene et connue des différentes administrations. Cette définition de l'unité légale ne doit pas être confondue avec celle de l'entreprise, considérée comme unité statistique ayant une pertinence économique notamment parce qu'elle possède « une certaine autonomie de décision ».

Unité urbaine : voir **Agglomération.**

UTCF : utilisation des terres, leur changement et la forêt. C'est une catégorie utilisée dans les inventaires d'émissions de gaz à effet de serre qui couvre les émissions et les absorptions de ces gaz liées à l'utilisation des terres, leur changement et à la forêt.

V

Vaccins : seuls les vaccins financés par les collectivités locales et le fonds national de prévention d'éducation et d'information sanitaires (FNPEIS) font partie de la prévention au sens des Comptes de la santé ; le solde, financé par l'assurance maladie et les ménages, est inclus dans la consommation de soins et de biens médicaux (CSBM).

Valeur ajoutée : solde du compte de production. Elle est égale à la valeur de la production diminuée des consommations intermédiaires.

Vandalisme contre la voiture : type de victimation du questionnaire « ménage » défini, pour l'enquête «Cadre de vie et sécurité» 2011, par les réponses à la question suivante : en 2009 ou 2010, en dehors des vols déjà abordés, avez-vous été victimed'actes de destruction ou de dégradation volontaire de votre voiture ? Exemple : carrosserie abîmée, peinture rayée, arrachage de rétroviseur ou bris de glace qui ne résultent pas d'un accident de la circulation, véhicule incendié, pneus crevés, etc.

Vandalisme contre le logement : type de victimation du questionnaire « ménage » défini, pour l'enquête «Cadre de vie et sécurité» 2011, par les réponses à la question suivante : En 2009 ou 2010, en dehors des vols déjà abordés, avez-vous été victime d'actes de destruction ou de dégradation volontaire de votre résidence principale ? Exemple : inscriptions ou tags sur les murs, destruction de boîte aux lettres, dégradation de portail ou de clôture, vitres cassées ou volets arrachés, plantes piétinées, etc.

Véhicule industriel : véhicule affecté au transport de marchandises ayant un poids total autorisé en charge supérieur à cinq tonnes. Cette catégorie comprend les tracteurs routiers conçus pour être attelés à une semi-remorque.

Véhicule utilitaire léger : véhicule servant en principe au transport des marchandises et ayant un poids total autorisé en charge jusqu'à cinq tonnes. Les minibus (jusqu'à cinq tonnes) sont compris dans cette catégorie.

Vidéo à la demande (VàD) : technique de diffusion de contenus vidéo numériques offerts ou vendus par les réseaux câblés, comme Internet ou les réseaux non câblés, comme la téléphonie 3G. La vidéo à la demande se développe depuis le début des années 2000 suite à l'explosion des accès très haut débit proposés aux particuliers.

Ville : voir **Agglomération** ou **Unité urbaine**.

Ville-centre : lorsqu'une unité urbaine est constituée de plusieurs communes, on la désigne sous le terme d'agglomération multicommunale. Les communes qui la composent sont soit ville-centre, soit banlieue. Si une commune représente plus de 50 % de la population de l'agglomération multicommunale, elle est seule ville-centre. Sinon, toutes les communes qui ont une population supérieure à 50 % de celle de la commune la plus peuplée, ainsi que cette dernière, sont villes-centres. Les communes urbaines qui ne sont pas villes-centres constituent la banlieue de l'agglomération multicommunale.

Violences physiques ou sexuelles (hors ménage, intra-ménage) : ensemble d'atteintes comprenant les « violences physiques hors ménage », les « violences sexuelles hors ménage » et les « violences physiques ou sexuelles au sein du ménage » (intra-ménage). Par « hors ménage », on entend « de la part d'une personne qui ne vit pas au moment de l'enquête dans le même logement que la personne enquêtée ». Inversement, « intra-ménage » signifie de la part d'une personne qui, au moment de l'enquête, vit dans le même logement que la personne enquêtée.

Violences physiques ou sexuelles (par conjoint ou ex-conjoint) : les victimes de ces violences comprennent les victimes de violences physiques (ou de violences sexuelles) hors ménage qui ont dit que l'auteur de l'acte le plus récent sur deux ans est un ex-conjoint ou les personnes s'étant déclarées victimes de violences physiques ou sexuelles intra-ménage par le conjoint « actuel » (« au moment de l'enquête ») sur deux ans.

Visiteur : tous les voyageurs intéressant le tourisme sont appelés visiteurs. La durée du séjour permet de distinguer deux catégories de visiteurs : les touristes qui passent au moins une nuit (et au plus un an) hors de leur environnement habituel, et les excursionnistes, qui n'en passent aucune.

Voiture particulière : véhicule à moteur ayant au moins quatre roues, servant uniquement au transport de personnes et comportant, outre le siège du conducteur, huit places assises au maximum.

Vols et tentatives de vol liés aux véhicules à moteur : ensemble d'atteintes comprenant les « vol et tentatives de vol de voiture », les « vols et tentatives de vol dans ou sur la voiture » et les « vols et tentatives de vol de deux-roues à moteur » (moto, scooter ou cyclomoteur).

Vols et tentatives de vol visant les résidences : ensemble d'atteintes comprenant les « cambriolages et tentatives de cambriolage de la résidence principale » (vol avec effraction, avec escalade ou usage de fausses clés), les « vols sans effraction dans la résidence principale » et les « les vols avec ou sans effraction et les tentatives de vol avec effraction dans les résidences secondaires ou les autres lieux possédés ou loués par les ménages ».

Voyageur : voir **Voyageur transporté**.

Voyageur-kilomètre : unité de mesure correspondant au transport d'un voyageur sur une distance d'un kilomètre.

Voyageur transporté : personne physique transportée sur tout ou partie d'un trajet. Le personnel affecté au service du mode de transport utilisé n'est pas assimilé à des voyageurs.

Vracs : dans le transport maritime, ils désignent des marchandises transportées directement dans la cale des navires ou dans des emplacements prévus à cet effet. Les vracs solides correspondent à des matières telles que le charbon, les minerais ferreux et non ferreux, les engrais, le ciment, etc. Les vracs liquides concernent les hydrocarbures (pétrole et produits pétroliers), les produits chimiques et certains produits alimentaires (vins et huiles).

W

Web **:** voir **Internet.**

Z

Zone euro : zone monétaire qui regroupe les pays de l'Union européenne qui ont adopté l'euro comme monnaie unique. Les dix-neuf États membres constituant la zone euro sont l'Allemagne, l'Autriche, la Belgique, Chypre, l'Espagne, l'Estonie, la Finlande, la France, la Grèce, l'Irlande, l'Italie, la Lettonie, la Lituanie, le Luxembourg, Malte, les Pays-Bas, le Portugal, la Slovaquie et la Slovénie. La zone a été créée en 1999 par onze pays, rejoints par la Grèce en 2001, la Slovénie en 2007, Chypre et Malte en 2008, la Slovaquie en 2009, l'Estonie en 2011, la Lettonie en 2014 et la Lituanie en 2015.

Adresses utiles

Agence centrale des organismes de sécurité sociale @ www.acoss.fr	Acoss
Agence de l'environnement et de la maîtrise de l'énergie @ www.ademe.fr	Ademe
Agence de services et de paiement (ex-CNASEA) @ www.asp-public.fr	*ASP*
Agence des participations de l'État @ www.economie.gouv.fr/agence-participations-etat	APE
Agence européenne pour l'environnement @ www.eea.europa.eu/fr	AEE
Agence internationale de l'énergie @ www.iea.org	AIE
Agence nationale de sécurité du médicament et des produits de santé @ www.ansm.sante.fr	ANSM
Agences de l'eau @ www.lesagencesdeleau.fr	
Assemblée permanente des chambres de métiers et de l'artisanat @ www.artisanat.fr	APCM
Association de gestion du fonds pour l'insertion professionnelle des personnes handicapées @www.agefiph.fr	Agefiph
Association des constructeurs européens d'automobiles @ www.acea.be	ACEA
Association française des investisseurs pour la croissance @ www.afic.asso.fr	Afic
Autorité de régulation des communications électroniques et des postes @ www.arcep.fr	Arcep
Autorité des marchés financiers @ www.amf-france.org	AMF
Banque centrale européenne @ www.ecb.int	BCE

Banque de France BdF
@ www.banque-france.fr

Bureau international du travail BIT
@ www.ilo.org

Caisse centrale de la mutualité sociale agricole CCMSA
@ www.msa.fr

Caisse nationale d'assurance maladie des travailleurs salariés CNAMTS/Ameli
@ www.ameli.fr

Caisse nationale d'assurance vieillesse Cnav
@ www.lassuranceretraite.fr

Caisse nationale des allocations familiales Cnaf/Caf
@ www.caf.fr

Centre d'analyse stratégique CAS
@ www.strategie.gouv.fr

Centre d'études et de prospective CEP
Ministère de l'Agriculture, de l'Agroalimentaire et de la Forêt
@ http://agriculture.gouv.fr/prospective-evaluation

Centre d'études et de recherches sur les qualifications Céreq
@ www.cereq.fr

Centre d'études prospectives et d'informations internationales CEPII
@ www.cepii.fr

Centre de recherche pour l'étude et l'observation des conditions de vie Crédoc
@ www.credoc.fr

Centre d'épidémiologie sur les causes médicales de décès CépiDc
Inserm
@ www.cepidc.inserm.fr

Centre interprofessionnel technique d'études de la pollution atmosphérique Citépa
@ www.citepa.org

Centre national du cinéma et de l'image animée CNC
@ www.cnc.fr

Comité des constructeurs français d'automobiles CCFA
@ www.ccfa.fr

Comité professionnel du pétrole — **CPDP**
@ www.cpdp.org

Commissariat général au Développement durable — **CGDD**
Ministère de l'Écologie, du Développement durable et de l'Énergie
@ www.developpement-durable.gouv.fr

Commissariat général à l'égalité des territoires — **CGET**
Premier ministre
@ www.cget.gouv.fr/

Commission européenne — **CE**
@ http://ec.europa.eu/index_fr.htm

Confédération de l'artisanat et des petites entreprises du bâtiment — **Capeb**
@ www.capeb.fr

Conférence des Nations Unies sur le commerce et le développement — **Cnuced**
@ http://unctad.org

Conseil d'orientation des retraites — **Cor**
@ www.cor-retraites.fr

Conseil économique, social et environnemental — **Cese**
@ www.lecese.fr

Délégation à la Sécurité et à la Circulation routières — **DSCR**
Ministère de l'Intérieur
@ http://www.securite-routiere.gouv.fr

Délégation générale à l'emploi et à la formation professionnelle — **DGEFP**
Ministère du Travail, de l'Emploi de la Formation professionnelle et du Dialogue social
@ http://www.emploi.gouv.fr/acteurs/dgefp

Département des études, de la prospective et des statistiques — **Deps**
Ministère de la Culture et de la Communication
@ http://www.culturecommunication.gouv.fr

Direction centrale de la police judiciaire — **DCPJ**
Ministère de l'Intérieur
@ www.police-nationale.interieur.gouv.fr

Direction de l'administration pénitentiaire — **DAP**
Ministère de la Justice
@ www.justice.gouv.fr

Direction de l'animation de la recherche, des études et des statistiques — **Dares**
Ministère du Travail, de l'Emploi de la Formation professionnelle et du Dialogue social
@ http://travail-emploi.gouv.fr/etudes-recherches-statistiques-de,76

Direction de l'évaluation, de la prospective et de la performance — **Depp**
Ministère de l'Éducation Nationale, de l'Enseignement Supérieur et de la Recherche
@ www.education.gouv.fr

Direction de l'information législative et administrative — **Dila**
La documentation française
Premier ministre
@ http://www.ladocumentationfrancaise.fr

Direction de la recherche, des études, de l'évaluation et des statistiques — **Drees**
Ministère des Affaires sociales, de la Santé et des Droits des femmes
@ www.drees.sante.gouv.fr

Direction des Pêches maritimes et de l'Aquaculture — **DPMA**
Ministère de l'Écologie, du Développement durable et de l'Énergie
@ http://www.developpement-durable.gouv.fr/-Les-peches-maritimes-et-l-.html

---

Direction générale de l'administration et de la fonction publique — **DGAFP**
Ministère de la Décentralisation et de la Fonction publique
@ www.fonction-publique.gouv.fr

Direction générale de l'offre de soins — **DGOS**
Ministère des Affaires sociales, de la Santé et des Droits des femmes
@ www.sante.gouv.fr

Direction générale des collectivités locales — **DGCL**
Ministère de l'Intérieur
Ministère de la Décentralisation et de la Fonction publique
@ www.collectivites-locales.gouv.fr

Direction générale des douanes et droits indirects — **DGDDI**
Ministère des Finances et des comptes publics
@ www.douane.gouv.fr
@ http://lekiosque.finances.gouv.fr

Direction générale des entreprises — **DGE**
Ministère de l'économie, de l'industrie et du numérique
@ http://www.entreprises.gouv.fr

Direction générale des finances publiques — **DGFiP**
Ministère des Finances et des comptes publics
Ministère de l'économie, de l'industrie et du numérique
@ www.economie.gouv.fr/dgfip/

Direction générale des infrastructures, des transports et de la mer @ www.developpement-durable.gouv.fr/La-direction-generale-des,7237.html	DGITM
Direction générale des médias et des industries culturelles **Ministère de la Culture et de la Communication** @ www.ddm.gouv.fr	DGMIC
Direction générale des patrimoines **Ministère de la Culture et de la Communication** @ www.culturecommunication.gouv.fr	DGP
Établissement national des produits de l'agriculture et de la mer **Ministère de l'Agriculture, de l'Agroalimentaire et de la Forêt** @ www.franceagrimer.fr	
Eurostat - Office statistique des communautés européennes @ http://ec.europa.eu/eurostat	Eurostat
Fédération bancaire française @ www.fbf.fr	FBF
Fédération française des sociétés d'assurances @ www.ffsa.fr	FFSA
Fonds Monétaire International @ http://www.imf.org/external/french	FMI
Groupement des Cartes Bancaires « CB » @ www.cartes-bancaires.com	CB
Haut conseil à l'égalité entre les femmes et les hommes **Premier Ministre** @ http://www.haut-conseil-egalite.gouv.fr/parite	HCEfm
Institut national de la propriété industrielle @ http://www.inpi.fr	INPI
Institut français des sciences et technologies des transports, de l'aménagement et des réseaux (ex. INRETS) @ http://www.ifsttar.fr	Ifsttar
Institut français du pétrole Énergies nouvelles @ www.ifpenergiesnouvelles.fr	IFPEN
Institut GfK (Growth from Knowledge) @ www.gfk.fr	GfK

Institut national d'études démographiques — **Ined**
@ www.ined.fr

Institut national de la santé et de la recherche médicale — **Inserm**
@ www.inserm.fr

Institut national de prévention et d'éducation pour la santé — **INPES**
@ www.inpes.sante.fr

International Telecommunication Union — **ITU**
Union internationale des télécommunications
@ www.itu.int/fr

Mesure de l'audience médias, télévision, radio, cinéma, internet — **Mediametrie**
@ www.mediametrie.fr

Météo-France
@ www.meteofrance.com

Ministère de l'Intérieur
@ www.immigration.gouv.fr

Ministère du Travail, de l'Emploi, de la Formation professionnelle et du Dialogue social
@ http://travail-emploi.gouv.fr r

Mission des études, de l'observation et des statistiques — **Meos**
Ministère de la ville, de la Jeunesse et des Sports
@ www.sports.gouv.fr

Euronext - Marchés financiers — **Euronext**
@ www.euronext.com

Observatoire de l'économie numérique — **Idate**
@ www.idate.org

Observatoire de la musique
@ http://observatoire.cite-musique.fr/observatoire/

Observatoire français des conjonctures économiques — **OFCE**
@ www.ofce.sciences-po.fr

Observatoire national de la délinquance et des réponses pénales — **ONDRP/INHESJ**
Institut national des hautes études de sécurité et de la justice
Premier Ministre
@ **www.inhesj.fr**

Observatoire national de la pauvreté et de l'exclusion sociale ONPES
@ www.onpes.gouv.fr

Observatoire national interministériel de la sécurité routière ONISR
@ www.securite-routiere.gouv.fr

Oil and Gas Journal OGJ
@ www.ogj.com

Ordre national des pharmaciens ONP
@ www.ordre.pharmacien.fr

Organisation de coopération et de développement économiques OCDE
@ www.oecd.org

Organisation des Nations unies ONU
@ www.un.org/fr

Organisation des Nations unies pour l'alimentation et l'agriculture FAO
@ http://www.fao.org/home/fr/

Organisation mondiale du tourisme OMT
@ http://www2.unwto.org

Pôle Emploi
@ www.pole-emploi.org

Population reference bureau PRB
@ www.prb.org

Service de l'observation et des statistiques SOeS
Commissariat général au développement durable
Ministère de l'Écologie, du Développement Durable et de l'Énergie
@ http://www.statistiques.developpement-durable.gouv.fr

Service de la statistique et de la prospective SSP/Agreste
Ministère de l'Agriculture, de l'Agroalimentaire et de la Forêt
@ www.agreste.agriculture.gouv.fr

Service statistique ministériel de la sécurité intérieure SSMSI
Ministère de l'intérieur
@ www.interieur.gouv.fr/Interstats

Sous-direction de la statistique et des études SDSE
Ministère de la Justice
@ www.justice.gouv.fr

Sous-direction des systèmes d'informations maritimes **Ministère de l'Écologie, du Développement Durable et de l'Énergie** @ www.mer.gouv.fr	**SDSIM**
Syndicat de l'édition vidéo numérique @ www.sevn.fr	**SEVN**
Syndicat national de l'édition @ www.sne.fr	**SNE**
Syndicat national de l'édition phonographique @ www.snepmusique.com	**SNEP**
Systèmes d'information et études statistiques **Ministère de l'Éducation nationale, de l'Enseignement supérieur et de la Recherche** @ www.enseignementsup-recherche.gouv.fr	**SIES/MENESR**
TNS Sofres @ www.tns-sofres.com	**TNS Sofres**
Union interparlementaire @ www.ipu.org	**UI**
Union nationale interprofessionnelle pour l'emploi dans l'industrie et le commerce @ www.unedic.org	**Unédic**
World federation of exchanges @ www.world-exchanges.org	**WFE**

Index alphabétique

A

B

E

F

G

H

I

J

K

L

M

N

O

P

R

S

T

U

V

Dans la même collection

Parus

Les entreprises en France, édition 2016

France, portrait social, édition 2016

Les conditions de logement en France, édition 2017

À paraître

Femmes et hommes, l'égalité en question, édition 2017

L'économie française, édition 2017

Emploi, chômage, revenus du travail édition 2017

Imprimerie JOUVE – 1, rue du Docteur Sauvé – 53100 Mayenne

Dépôt légal : mars 2017 – n° 2512211D